Heinz-Werner Kubitza

Der Dogmenwahn
Scheinprobleme der Theologie

Holzwege einer angemaßten Wissenschaft

Tectum

Heinz-Werner Kubitza
Der Dogmenwahn.
Scheinprobleme der Theologie. Holzwege einer angemaßten Wissenschaft

© Tectum Verlag Marburg, 2015
ISBN: 978-3-8288-3500-9
Umschlagabbildung: fotolia.com, © andròmina, © Carmen Steiner

Druck und Bindung: Finidr, Český Těšín

Alle Rechte vorbehalten

Besuchen Sie uns im Internet
www.tectum-verlag.de

Bibliografische Informationen der Deutschen Nationalbibliothek
Die Deutsche Nationalbibliothek verzeichnet diese Publikation in der
Deutschen Nationalbibliografie; detaillierte bibliografische Angaben sind
im Internet über http://dnb.ddb.de abrufbar.

*Susanne,
für nun fast
30 Jahre Freundschaft*

Inhalt

Vorwort — 13

Theologie, die gläubige Wissenschaft — 17
- Die Königin der Wissenschaften — 18
- Ist Theologie sogar Weisheit? — 20
- Theologie im Wissenschafts-TÜV — 22
- Dogmatik: Ein Problemfall als Kerndisziplin — 24
- Theologie will sogar kritische Wissenschaft sein — 25

Warum Theologie keine Wissenschaft sein kann — 27
- Theologie als Wissenschaft ohne Gegenstand — 28
- Theologie als betendes Denken — 29
- Theologie als kirchliche Wissenschaft — 30
- Die Uneinsichtigkeit theologischer Sätze — 32
- Die Schriftgemäßheit einer Wissenschaft — 33

Beliebte Fluchtstrategien von Theologen — 34
- Phrasenhafte Aufgabenbeschreibungen — 34
- Theologie ist sogar mehr als Wissenschaft — 35
- Ein eigener Wissenschaftsbegriff für Theologen? — 36
- Anbiederungsstrategien der Theologie — 36
- Aber andere Wissenschaften haben doch auch Glaubenssätze? — 37
- Die seltsamen Axiome der Theologie — 39
- Theologie, ein Relikt im Wissenschaftsbetrieb — 41

Der Mythos von der Offenbarung — 43
- Tausend Religionen – Tausend Offenbarungen — 44
- Die Offenbarung im Christentum — 45

Grundfragen der Offenbarung — 47
- Die drei Weisen der Offenbarung — 47
- Natürliche Offenbarung – Biblische Grundlagen — 47
  - Natürliche Theologie – die Befürworter — 48
  - Natürliche Theologie – die Gegner — 50
- Andere Religionen – »Arme, gänzlich verlorene Heiden« — 52

Scheinprobleme der Theologie: Offenbarung — 56
- Wie unterscheidet man richtige von falscher Offenbarung? — 57

Ist die Offenbarung abgeschlossen?	58
Gibt es Offenbarung auch in anderen Religionen?	59
Warum ist die Offenbarung so offenbar unscheinbar?	59
Theologie als Sprachgymnastik	61

Der Wahrheitswahn des Christentums — 63

Was macht das Christentum überlegen?	64
Moderne Theologen und vormoderne Absolutheit	67
Die Absolutheit des Christentums: Ein Scheinproblem	69

Der Glaube — 71

Wofür Theologen den Glauben halten	72
Glaube – (K)ein Geschenk Gottes	73
Das Gerücht von der kritischen Funktion des Glaubens	76
Glaube ist Aberglaube	79
Ist der Glaube ein Hirnvirus?	82
Religiöse Krankheitsbilder	85
Glaube als Kardinals-(Un-)Tugend	89

Die Bibel und ihre Vergötzung — 91

Die Entstehung Heiliger Schriften	92
Die Ummöblierung der Heiligen Schriften	93
Der mehrfache Schriftsinn und der Wunsch nach Harmonisierung	94
Was tun mit dem Alten Testament?	96
Theologische Eiertänze	100
Bibelvergötzung im Protestantismus	103
Was macht die Bibel heilig?	104
Der göttliche Urheber	104
Die angebliche literarische Qualität der Bibel	105
Das hohe Alter der Bibel	107
Die Wahrheitsliebe der Verfasser	107
Kirche und Märtyrer beglaubigen die Bibel	109
Die Göttlichkeit der Wunder	111
Die Bibel erklärt sich selbst	112
Die göttliche Inspiration der Heiligen Schrift	112
Wie moderne Theologen mit der Inspirationslehre umgehen	116

Welche Schriften sind denn nun heilig? – Der biblische Kanon	119
Theologen auf der Suche nach der *Mitte der Schrift*	121
Ein schreibfauler Gottessohn	123
Auf der Suche nach dem Gotteswort im Menschenwort	125
Bibelkritik	127
Die Flucht ins Kerygma	129
Ist die Bibel Gottes Wort?	130

Gotteslehre	133
Jahwe, ein orientalischer Gott der Spätbronzezeit	133
Götter oder Götzen – eine Vorbemerkung	133
Die Herkunft Jahwes	135
Jahwe als Wettergott	137
Jahwe als Kriegsgott	138
Jahwe war noch Polytheist	139
Jahwes Gemahlin Aschera	143
Der bronzezeitliche Gott und »moderne« Gläubige	146
Jahwe als geschichtlich wirkender Gott	149
Das geschichtliche Versagen Jahwes	149
Geschichtsmythen im Alten Testament	150
Gab es die Erzväter wirklich?	152
Kein Auszug aus Ägypten	155
Keine Wüstenwanderung	157
Die angebliche Eroberung der kanaanäischen Städte	159
Die Israeliten waren Kanaanäer	162
Die Ideologie vom Großreich Davids und Salomos	163
Die Geschichtsideologie der Theologie	166
Der Gott der Philosophen und der Gott der Liebe	168
Die Versuche, Gott zu beweisen	170
Die Ablehnung von Gottesbeweisen	172
Warum beweist Gott sich nicht selbst?	174
Ist Gott eine Person?	177
Ist Gott eine Frau?	181
Die *Bibel in gerechter Sprache*	182
Die Eigenschaften Gottes	184
Gottes Allmacht	186
Die Liebe als moderne Haupteigenschaft Gottes	187

Die Problematik des Liebesbegriffs	188
Der Zorn Gottes	190
Das Scheinproblem der Theodizee	193
Die Holocaust-Theologie	195
Gott leidet mit	196
Die finale Lösung des Theodizeeproblems	199
Die Trinitätslehre	201
Aller guten Götter sind drei	202
Trinität als unbiblische Spekulation	203
Die Trinitätslehre als Höhepunkt der Theo-Logik	205
Für und wider die Trinitätslehre	208
Das verzwickteste Problem der Theologie	211
Der Heilige Geist – Das Gespenst der Theologie	213
Der Heilige Geist ist überflüssig	214
Der Heilige Geist ist gefährlich	216
Die seltsamen Gaben des Heiligen Geistes	219
Der Heilige Geist und moderne Theologen	222
Gespensterprobleme	224
Ist der Heilige Geist eine Person?	225
Kann sich der Heilige Geist wandeln?	225
Wie vertragen sich menschlicher und göttlicher Geist im Menschen?	226
Warum werden manche Menschen vom Geist erreicht und andere nicht?	227
Wirkt der Heilige Geist auch außerhalb der Kirche?	227

Schöpfungslehre – Der christliche Gott als Erschaffer des Universums?

	229
Theologen auf dem Rückzug	230
Rückzugsgefechte	235
Die Flucht in die *creatio continua*	237
Der Urknall und eine Schöpfung aus dem Nichts	238
Scheinprobleme der Schöpfungslehre	241
Ist die Schöpfung gut oder schlecht?	241
Was machte Gott vor der Schöpfung?	244
Braucht Gott die Schöpfung?	245
Wie ist das Verhältnis Gottes zu den Tieren?	245
Ist auch das Böse von Gott geschaffen?	245

Wie passen naturwissenschaftliches und biblisches Weltbild zusammen?	246
Wie passen Schöpfung und Erlösung zusammen?	246
Die Welt der Engel und Dämonen	247
Aliens auf Papstaudienz	253
Die göttliche Vorsehung	257
Wie sinnvoll sind Gebete?	259
Wunder	260

Theologische Anthropologie – Absurdes über den Menschen 265

Der Mensch als Sünder	266
Das Aufblasen des Sündenbegriffs	266
Die Ableitung des Menschenbilds aus der Mythologie	269
Die peinliche Lehre von der Erbsünde	271
Die Erbsünde der Theologen	274
Gefallene Engel und Gottes Teufel – Woher kommt die Sünde?	276
Die Sünde in anderen Religionen	277
Der tiefere Grund des christlichen Sündenwahns	278
Moderne Theologen und die Sünde	280
Die Gottebenbildlichkeit des Menschen	281
Auf der Suche nach der Gottebenbildlichkeit?	282
Jesus als Bild Gottes	285
Fragwürdiges am christlichen Menschenbild	288
Bürgerliche Freiheit, oder doch nur christliche Freiheit?	288
Ein Mensch ohne Gott ist kein Mensch	291
Vom Niedertreten der Kreatur – Der biblische Herrschaftsauftrag	293
Die Abwertung der Frauen	295
Die Defizite des christlichen Menschenbilds	298

Christologie – Die Erfindung des Gottmenschen 309

Die Christologie als Zentrum der Theologie	309
Historischer Jesus und dogmatischer Christus	310
Wie beurteilt die Forschung Jesus von Nazareth?	312
Kindheit und Jugend Jesu	312
Taufe und Täufer	314
Jesus als Apokalyptiker	315
Beschränkung auf Israel	317

Die Lehre Jesu	318
Wunder und Exorzismen	319
Für was hat sich Jesus gehalten?	322
Zwischenfazit: Jesus ohne Kitsch	325
Dogmatiker und ihr Desinteresse am historischen Jesus	327
Der historische Jesus ist unwichtig	330
Professorale Schwärmereien	331
Nüchtern betrachtet:	
Positives und Negatives im Wirken Jesu	334
Kreuz und Auferstehung	338
Die Anfänge des Auferstehungsglaubens	341
***Moderne* Theologen und eine mirakulöse Auferstehung**	345
Vom Aufblasen des christologischen Luftballons	349
Stationen der Vergöttlichung des Menschen Jesus von Nazareth	350
Die Dogmenbildung der Alten Kirche	352
Christologische Spitzfindigkeiten	355

Soteriologie – Das Werk des Gottmenschen   357

Ein absurdes Erlösungsgeschehen am Kreuz	357
Ein Blutopfer im 21. Jahrhundert?	360
Zurück zur Erde: Der Absturz Jesu in der Aufklärung	362
Was wird aus dem Heilswerk Jesu?	364
Dogmatik wider besseres Wissen	366
Moderne Theologen und die Kreuzigung der intellektuellen Redlichkeit	368

Schlusswort: Das Elend der Theologie   375

Literaturverzeichnis	378
Endnoten	381

Vorwort

Die Theologie ist eigentlich ein Kuriosum an modernen Universitäten. Während andere Fachbereiche einen klar abgegrenzten Forschungs- und Lehrbereich haben, ist bei den Theologen nicht einmal klar, ob es den zentralen Gegenstand, der ihrer Wissenschaft Theologie den Namen leiht, ob es diesen *Theos* überhaupt gibt. Selbst wenn der Nachweis gelänge (in den letzten 2000 Jahren hat dies leider nicht geklappt), wäre immer noch zu klären, ob es sich um den christlichen Gott oder einen der Tausend anderen Götter handelt, die irgendwo auf dieser Erde von Gläubigen verehrt werden. Gelänge aber auch dieser Nachweis und wäre es tatsächlich der christliche Gott, der existiert, bliebe immer noch die Frage, ob es die katholische oder die protestantische Variante ist. Denn wenn die Theologie ihren Gegenstand auch nicht nachweisen kann, gibt es sie dafür gleich doppelt, nämlich als katholische und als evangelische Theologie. Eine Wissenschaft mit konfessionellem Vorbehalt also, eine evangelische und eine katholische Wissenschaft? Auch dies ist eigentlich höchst kurios, denn träte die Physik z. B. als evangelische oder katholische Physik auf, würde alleine schon diese Benennung für eine Aura von Unseriosität sorgen. Bei der Theologie aber hat man sich augenscheinlich im Laufe der Jahrhunderte an diese Aura gewöhnt.

Wenn man die Theologie schon nicht gleich so radikal wie der Nietzsche-Freund Franz Overbeck als »Parasit an der Tafel der Wissenschaften« bezeichnen will, so ist sie doch zweifellos ein Fremdkörper in einer modernen Universität. In der Wissenschaftsfamilie ist sie eigentlich so etwas wie ein Schwarzes Schaf, eine verschrobene Verwandte, bei der man sich zuweilen fragt, warum ausgerechnet *die* wieder eingeladen werden musste. Sie bekommt den Katzentisch.

Und doch kann sie darauf verweisen, dass sie die älteren Rechte hat, dass ihr Stammbaum sich bis in die Antike zurückführen lässt, als die anderen Wissenschaften, die jetzt so bestimmend tun, allesamt noch im Teich der Hoffnung schwammen. Die Theologie ist in jeder Hinsicht ein Relikt. Sie ist die einzige Wissenschaft, die unter Denkmalschutz steht. Als solche wird sie *nolens volens* akzeptiert, auch von Wissenschaftlern, die mit Kirche und Glauben nun gar nichts mehr anfangen können – und hinter vorgehaltener Hand Witze über sie machen.

Dabei dürften die wenigsten wissen, was Theologen an Universitäten eigentlich machen. Womit beschäftigen sich vor allem Dogmatiker? Wie gehen sie um mit ihrem Gott, den sie nicht beweisen können, den sie aber dennoch beschreiben müssen? Wie verhalten sie sich zu einem »Erlöser«, der nach Ausweis ihrer neutestamentlichen Kollegen gar nicht sich selbst verkündigt hat, keine neue Religion gründen und schon gar nicht religiös verehrt werden wollte? Wie rechtfertigen sie ihre »konfessionelle Wissenschaft« gegenüber den anerkannten Wissenschaften einer Universität? Wie gehen sie um mit modernen und nicht zu leugnenden Erkenntnissen über Welt und Mensch, wo diese Erkenntnisse im Widerspruch zu kirchlichen Lehren stehen?

Als Königsdisziplin innerhalb der Theologie gilt nach wie vor die Dogmatik (bzw. die sog. Systematische Theologie). Sie versucht so etwas wie eine Gesamtschau der christlichen Glaubensinhalte zu liefern. Krönender Höhepunkt eines Dogmatikerlebens ist die Abfassung einer eigenen Dogmatik. Diese werden vor allem von Studenten der Theologie gelesen und haben so einen nicht geringen Einfluss auf das, was die angehenden Priester und Pfarrer dann selbst glauben und verkünden. Dogmatik-Professoren an Universitäten sind die Scharnierstellen, von denen die Inhalte des Glaubens intellektuell verantwortbar (so zumindest der Anspruch) an die nächste Theologengeneration übertragen werden.

Das Schreiben von Dogmatiken wäre eine ganz wunderbare Sache, würden die Dogmatiker dabei nicht immer wieder unsanft mit der Wirklichkeit zusammenstoßen. Das war im Prinzip schon immer so, doch im 20. und 21. Jahrhundert ist der Gegenverkehr besonders heftig. Denn stärker als früher sieht man sich durch eine moderne Welt und die Vielzahl der Religionen herausgefordert, die dogmatischen »Systeme« gegenüber der Wirklichkeit rechtfertigen zu wollen und zu müssen. Doch das führt in den Dogmatiken (wie sollte es anders sein) zu imposanten Ausweichversuchen, Selbstwidersprüchen, verbalen Ablenkungsmanövern, sprachlichen Vernebelungen, kühnen Neudefinitionen wie unbeholfenen Rettungsversuchen traditioneller Lehrstücke, und auch nicht selten zu fragwürdigen bis peinlichen Aussagen, die man bei Gelehrten, die immerhin zu den besten ihres Fachs gehören und die an einer staatlichen Universität lehren, nicht für möglich halten würde. Oft genug werden wir in diesem Buch beobachten können, wie intelligente Männer und

Frauen von einer als zwingend empfundenen dogmatischen Tradition sich wie Tanzbären in der Manege herumführen lassen und auch im 21. Jahrhundert noch Weltsichten verbreiten, die für ernsthafte Wissenschaftler nicht einmal diskussions*würdig* sind. Wir folgen in diesem Buch fasziniert den dogmatischen Darbietungen und Kunststückchen, die »moderne« Dogmatiker für uns ersonnen haben und die uns Einblick geben in eine Parallelwelt, die gewöhnlichen Sterblichen zumeist verborgen bleibt.

Zum Aufbau des Buches
Es wurden für dieses Buch vor allem Dogmatiken und Kompendien berücksichtigt, die meist jüngeren Datums sind und wo davon auszugehen ist, dass sie besonders von Studenten der Theologie, also den angehenden Multiplikatoren des christlichen Glauben, z. B. zur Examensvorbereitung Verwendung finden. Zur Sprache kommen insbesondere die Dogmatiken und Kompendien von Hans-Martin Barth, Christofer Frey, Wilfried Härle, Wilfried Joest, Rochus Leonhardt, Heinrich Ott, Horst Georg Pöhlmann, Gunda Schneider-Flume und Wolfgang Trillhaas.[1] Als Nichttheologe muss man diese Namen nicht kennen. Und natürlich wäre auch eine etwas andere Auswahl denkbar gewesen. Unser Buch folgt in seinen Kapiteln den Bahnen der traditionellen »heilsgeschichtlichen« Dogmatik, an die sich auch die zitierten Dogmatiker im Wesentlichen halten. Über die Prolegomena mit der Frage nach der Wissenschaftlichkeit der Theologie führt uns der Weg über die fragwürdigen Begriffe *Offenbarung* und *Glaube* hin zum Verständnis der Bibel, dann über die Gottes- und Schöpfungslehre zur theologischen Anthropologie, weiter zur Christologie und schließlich zur Soteriologie (christlichen Heilslehre). Traditionell kämen dann noch die Lehre von der Kirche (Ekklesiologie) und die Sakramentenlehre, auf deren Darstellung aber hier verzichtet wird, um den Umfang eines lesbaren Buches nicht zu überschreiten. Denn wie ein Pfarrer über alles predigen darf, aber nicht über 20 Minuten, darf auch ein Autor über alles schreiben, aber nicht über 400 Seiten. Deshalb fehlt hier ebenso die Eschatologie, ein weites und überaus interessantes Feld, dessen Darstellung vielleicht einmal Gegenstand eines eigenen Buches wird.

Theologie, die gläubige Wissenschaft

Die Theologie führt an den Universitäten eine seltsame Existenz. Während Physiker die Gegenstände nachweisen oder berechnen können, über die sie forschen, Literaturwissenschaftler sich mit gegebenen Texten beschäftigen, und die Notwendigkeit einer Medizin als Wissenschaft von niemandem ernsthaft in Frage gestellt wird, wissen die Theologen nicht einmal, ob ihr primärer Gegenstand, ob *Gott* überhaupt existiert. Und ob die dicken Dogmatiken, die Auskunft über ihn und sein Werk geben, nicht überhaupt als geistvolle Luftnummern zu betrachten sind, wenn der beschriebene »Gegenstand« sich als ebensolcher entpuppt.

Die Existenz Gottes wird einfach vorausgesetzt. Gäbe es einen allgemein nachvollziehbaren Existenznachweis, hätten uns Theologie und Kirche dies sicher längst mitgeteilt. Theologen meinen sich das leisten zu können. Die Sache wird noch merkwürdiger, wenn man sich klarmacht, dass es gar nicht um die Frage nach Gott *im Allgemeinen* geht, also um die theoretische Frage (heute kaum noch betrieben), ob ein irgendwie übernatürlich geartetes Wesen Teil der Wirklichkeit ist oder diese Wirklichkeit gar konstituiert hat. Es geht nicht um den Gott der Philosophen und auch nicht um das offenbar weltweit vorhandene Bedürfnis nach Transzendenz, nicht um ein pantheistisches Ahnen, von dem Giordano Bruno, Goethe oder auch Einstein sprachen. Nicht von *Welterfahrung* oder einem *Ahnen des Unendlichen* ist die Rede, wenn Theologen von Gott reden. Universitätstheologen meinen einen ganz konkreten Gott, sie reden vom *Gott Abrahams, Isaaks und Jakobs*, einem ganz und gar unphilosophischen Gott, der sich vor 3000 Jahren einer bronzezeitlichen Hirten- und Nomadenkultur an heiligen Bäumen, in Stürmen oder in Träumen geoffenbart haben soll. Halblegendarische Anfänge im historischen Niemandsland und wenig vertrauenserweckend. Ein solcher Gott ist eigentlich ein Kuriosum für Universitäten. Ganz zweifellos war Jahwe damals ein Provinzgott, ein Emporkömmling unter den vielfältigen Göttergestalten im Alten Orient, anfangs noch ohne festen Wohnsitz, sondern verehrt in einer Art Wanderheiligtum, das später von den Anhängern anderer (stärkerer?) Götter zeitweise gestohlen wurde. Um *diesen* Gott, nicht um den *Gott der Philosophen* geht es auch im 21. Jahrhundert der Theologie an staatlichen Universitäten.

Was hat überhaupt eine Religion an einer wissenschaftlichen Hochschule verloren? So werden auch viele Professoren »seriöser« Fachbereiche fragen (ohne dies freilich unbedingt öffentlich zu äußern). Doch muss die Anwesenheit einer solchen »Wissenschaft« nicht das Ansehen westlicher Universitäten und deren Fachbereiche insgesamt schädigen? Wenn an der Universität Kairo der Islam gelehrt wird, trägt dies ja auch nicht gerade zu einem erhöhten Renommee bei.

Die Königin der Wissenschaften

Dass die Theologie an den Universitäten immer noch geduldet wird, hat historische Gründe. Sie ist ein Relikt, aber eben eines mit Tradition. Und manche hängen an ihr wie an einem alten, durchgesessenen Sofa, das eigentlich längst auf den Sperrmüll gehört. Doch wie das alte Möbel einst bessere Zeiten gesehen hat, war auch das Ansehen der Theologie einst höher, ja sie galt als die Wissenschaft schlechthin, ging es doch in ihr, wie man lange meint, um die allerletzten Dinge, um das, was die Welt im Innersten zusammenhält. Demgegenüber wurde selbst die Philosophie zu einer Sklavin oder bloßen Dienerin der Theologie und war jahrhundertelang Stichwortgeber und Formulierungsgehilfin für theologische Spitzfindigkeiten.

Doch geht man noch weiter zurück, hatte der Begriff »Theologie« auch schon früher eine wenig schmeichelhafte Konnotation. Denn bei Platon ist damit noch keine *Wissenschaft* gemeint. Theologie war der Sammelbegriff für Göttermythen, die wilden Erzählungen und Gesänge über den zweifelhaften Lebenswandel des griechischen Pantheons. Theologie meinte Mythologie. Und damit wollten jedenfalls die gebildeten alten Griechen immer weniger zu tun haben. Bei ihnen blühte die Philosophie, und zwar nicht nur eine bestimmte, sondern mit Platonismus, Stoa, Epikureismus, Skepsis, den Eleaten, Kynikern etc. eine ganze Reihe unterschiedlicher Richtungen. Im römischen Kaiserreich verband sich die philosophische Vielfalt mit einer erstaunlichen Bildung in der herrschenden Schicht. Doch auch breitere Volkskreise, ja selbst viele Sklaven konnten lesen und schreiben und hatten Zugang zu der Vielzahl der öffentlichen Bibliotheken, von denen etliche mehr als 100.000 Bände beherbergten (und damit in *einer* Bibliothek wohl mehr Bände als in allen Klosterbibliotheken des christlichen Mittelalter zusammen). Es gab eine Vielzahl von Meinungen und Philosophien, wie es auch eine bunte Vielfalt an religiösen Kulten gab, die sich in der Regel gegenseitig akzeptierten und tolerierten.

Der Siegeszug des Christentums hat dem allen ein Ende gesetzt. Viele Kirchenväter verachteten die antike, heidnische Bildung und beschworen den Glauben statt der Vernunft. Sie sorgten dafür, dass die alten Kulte verboten, ihre Kultstätten geschleift, die Priesterschaften vertrieben und Götterstatuen geköpft wurden. Unersetzliche Werke heidnischer Schriftsteller wurden alleine schon dadurch vernichtet, dass sie nicht mehr kopiert wurden. Das Christentum mit seiner Diesseitsverachtung und religiösen Rechthaberei hat der antiken Kultur, die eine überaus reiche und vielseitige Kultur war, vielleicht mehr den Todesstoß versetzt als die üblicherweise hierfür verantwortlich gemachten Germanenhorden oder die vielbeschworene spätrömische Dekadenz. Rolf Bergmeier jedenfalls erkennt im Christentum den Hauptgrund für den Untergang der antiken Bildung und Kultur.[2]

Nur in einer solcherart geistig entvölkerten Kultur, einem Tal der geistesgeschichtlichen Entwicklung des Abendlands, konnte die Theologie die Königin der Wissenschaften werden. Ausgelacht hätte man im ersten Jahrhundert noch jeden, der diesen Anspruch ernsthaft im Namen dieses Ablegers des Judentums erhoben hätte, so wie man Paulus (wenn die Geschichte historisch ist; vermutlich nicht) in Athen ausgelacht hat, als er sein Evangelium vom unbekannten Gott unter die Leute bringen wollte. »Den Griechen eine Torheit« (1. Kor 1,23), so beschreibt Paulus selbst treffend die Resonanz, die eine Lehre auf die gebildeten Schichten haben musste, die einer der vielen umlaufenden Mysterienreligionen viel zu ähnlich sah, als dass man sie ernst nehmen konnte. Gebildete rümpften die Nase über die religiöse Niveaulosigkeit, die von Christen hier angepriesen wurde; man war Besseres gewohnt. Doch nach den langen Jahrhunderten geistiger Trockenheit, die auf die Spätantike folgten, und wo selbst findige Historiker Mühe haben, Vertreter von Geistigkeit und höherer Bildung namhaft zu machen, war der Erwartungshorizont so herabgesetzt, dass die Theologie auch als Aschenputtel den Schönheitspreis gewann. Wenn die Sonne tief steht, werfen auch Zwerge lange Schatten.

Über Jahrhunderte hatte das Abendland nur Mönchsgelehrte vorzuweisen, was kein Wunder ist, da es längst keine öffentlichen Schulen mehr gab und eine gewisse Grundbildung nur im Kloster zu erlangen war, und selbst dort nicht für alle. Es gab keine profane Literatur, keine profane Kunst, natürlich keine Philosophie, die diesen Namen verdient hätte, keine Theater, eine gegenüber der Antike nur noch rudimentäre Bildhauerei. Dass gerade die Klöster die antike Gelehrsamkeit irgendwie bewahrt oder gerettet hätten, ist ein weit verbreiteter Irrtum. Der Gedanke scheitert schon an nackten Zahlen. Denn man schätzt, dass sich vermutlich nur 1 Promille bis 1 Prozent der antiken Texte in den Klosterbibliotheken des Mittelalters befanden. Das war keine Bewahrung, sondern ein Traditionsabriss. Zudem waren viele Bücher in Klosterbibliotheken religiösen Inhalts. Man hatte offenbar keine Bedenken, einen (für uns heute sehr wertvollen) Tacitus-Text mit einer (für uns heute fast wertlosen) Bibelauslegung eines Kirchenvaters zu überschreiben. Antike Texte haben offenbar vielfach nur überlebt, weil man sich an deren Latein üben wollte. Also nicht *wegen*, sondern *trotz* der Inhalte.[3] Wie sollte man auch Schonung für antike Traditionen ausgerechnet von Mönchen erwarten, die sich *per se* als Extremisten der neuen Religion zu erkennen gaben und von gebildeten Römern auch so bezeichnet wurden. Gerade die Mönche haben viel mehr zerstört als bewahrt.

Nur in einer Zeit geistiger Armut also konnte die Theologie als Königin der Wissenschaften angesehen werden, und nur bei einer auch politisch durchgesetzten Dominanz des christlichen Glaubens diesen Anspruch auch durchsetzen. Doch die Entwicklung ist an ihr vorbeigegangen. Während viele andere Wissenschaften seit der Aufklärung gewaltige Wissenszuwächse und einen enormen Erkenntnisgewinn verzeichneten, konnte sich die Theologie kaum in positiver Weise bewegen. Eine Ausnahme sind hier die exegetischen Disziplinen, wo eben moderne historische Methoden Einzug gehalten und Fortschritte gebracht haben. Und diese haben dann auch schonungslos die fragwürdigen Grundlagen nicht nur des alttestamentlichen Gottes aufgezeigt, sondern auch die Vergöttlichung des Menschen Jesus und die Problematik der Evangelienüberlieferung über ihn deutlich gemacht. Gott ist heute fragwürdiger denn je.

Ist Theologie sogar Weisheit?

Doch die Theologie wollte zuweilen nicht nur Wissenschaft (*scientia*) sein, sie beanspruchte sogar Weisheit (*sapientia*) für sich. So wie der Glaube nach Meinung der Kirche »höher ist als alle Vernunft«, so steht auch die Weisheit dabei höher als die bloße Wissenschaft. Die Theologie hat lange einen eigenen Erkenntnisbereich für sich reklamiert, wo es – wie sie meinte – um die eigentlichen, die wirklich wichtigen Dinge geht. Augustinus wollte klassisch der Vernunft nur einen partiellen Gegenstandsbereich der Wirklichkeit zuweisen, nämlich eine Erkenntnis »der zeitlichen Dinge«. Die Weisheit sei demgegenüber eine »geistige Erkenntnis der ewigen Dinge«.[4] Thomas von Aquin und viele andere Theologen des Mittelalters sind ihm darin gefolgt. Auch nach David Hollaz, einem Theologen der Altprotestantischen Orthodoxie, ist die Theologie vor allem Weisheit. Denn die wichtigen Glaubensartikel (Hollaz nennt sie reine Artikel oder *articuli puri*) übersteigen die Vernunft und betreffen die göttlichen Geheimnisse. Woher kommt aber eine solche Weisheit? Diese kann nur eine Gabe des Heiligen Geistes sein (1. Kor 2,12).

Die Art und Weise, wie der Heilige Geist hier wie ein Kaninchen aus dem Hut gezaubert wird, war für frühere Zeiten vielleicht als Argument ausreichend. Und es ist in der Tat erstaunlich, wie oft auch heutige Theologen noch auf diese Weise argumentieren. Wir kommen noch darauf zurück. Was aber an dieser Unterscheidung zwischen Wissen und Weisheit auch heutige Theologen stört, ist die Scheidung der Wirklichkeit in zwei unterschiedliche Bereiche. Modernes Denken sucht die Wirklichkeit nicht in Hierarchiebereiche aufzuteilen, sondern mehr ganzheitlich zu sehen (um diesen von der Esoterik völlig verhunzten Begriff einmal positiv aufzugreifen). Schroffe Trennungen wie gut und böse, Himmel und Hölle, gerettet oder verdammt werden eher vermieden. Dass frühere Theologenjahrhunderte in der Regel aber genau so gedacht haben, berührt viele moderne Theologen eher unangenehm.

Und es bleibt natürlich die Unklarheit des Begriffs »Weisheit«. Wie will man diesen vermitteln, wenn ein Kennzeichen gerade darin besteht, unvermittelt zu sein? Und wenn man sich auf höhere Einsichten, auf Heilige Schriften, auf Offenbarungen beruft; dann ist nicht einzusehen, warum man ausgerechnet zu den *christlichen* Wahrheiten gelangen sollte. Denn auf Weisheit beruft sich z. B. auch der Islam. Und so mancher esoterische Aberglaube geht mit ihr hausieren. Sprächen Theologen z. B. gegenüber Professoren anderer Fakultäten von Weisheit, würden sie sicherlich nur ein mitleidiges Lächeln ernten. Eben deshalb versuchen »moderne« Theologen nach Möglichkeit keine Sonderbereiche der Wirklichkeit zu reklamieren, wenn sie ernst genommen werden wollen. Dass dies nicht immer so ist und auch nicht immer gelingt, zeigt z. B. der Theologe Wolfgang Trillhaas: »Aber der Glaube an Gott, den Vater, der Glaube an Jesus Christus richtet sich nach keiner Wissenschaft. Er ist mehr als alle Wissenschaft.«[5] Das war im Jahre 1962. Heute, fünfzig Jahre später, würde man eher vorsichtiger formulieren. Doch auch der Theologe Christofer Frey meint: »Theologie braucht nicht um jeden Preis Wissenschaft zu sein, sie kann und muss auch Weisheit sein«.[6] Wenn sie tatsächlich Weisheit sein *muss*, dann aber hat die Theologie ein Problem. Der verständliche Wille, die lange theologische Tradition immer noch mit zu bedienen, führt die

Theologie als Wissenschaft immer wieder in Aporien. Wir werden dies noch oft beobachten können.

Theologie im Wissenschafts-TÜV

Königin der Wissenschaften konnte die Theologie nur in einer religiös verwirrten Zeit genannt werden. Viel näher liegt für uns heute die Frage, ob sie denn überhaupt noch *Wissenschaft* genannt werden kann.

Die Antwort auf diese Frage muss berücksichtigen, dass die Theologie aus verschiedenen Disziplinen besteht. Diese sind an einer evangelischen Fakultät im Wesentlichen Altes und Neues Testament, Kirchengeschichte, Systematische Theologie (Dogmatik und Ethik) und Praktische Theologie. Während die historischen Disziplinen (AT, NT und Kirchengeschichte) eruieren wollen, was geschehen ist, versucht die Systematische Theologie eine gewisse Zusammenschau der Inhalte des christlichen Glaubens zu formulieren. Die Praktische Theologie hingegen beschäftigt sich mit Fragen der Verkündigung (Homiletik) oder der christlichen Unterweisung (Katechetik) oder Fragen des Gottesdienstes (Liturgik) etc.

Problematisch sind in der Regel weniger die historischen Disziplinen AT, NT und Kirchengeschichte. Denn hier unterscheiden sich die Arbeitsmethoden nicht von denen der Profanhistoriker. Neutestamentler und Kirchengeschichtler können sich durchaus als Historiker verstehen, die sich wie andere Historiker eben einem besonderen Forschungsgegenstand zuwenden (also z. B. der Evangelienforschung oder z. B. der Geschichte des christlichen Mönchtums). Forschung hat vorurteilsfrei zu erfolgen, und um z. B. über Paulus zu forschen, muss man kein Mitglied der Kirche sein.

Jedenfalls in der Theorie. In der Praxis ist jedoch schon der Zugang zum Lehrstuhl problematisch. Denn Theologen können meist nur mit ausdrücklichem Einverständnis der Kirchen an Universitäten lehren, die Kirchen haben sich ein Mitbestimmungsrecht (auf diese vom Staat bezahlten Lehrstühle!) sichern können. Die zu Berufenden wissen das und nehmen darauf natürlich Rücksicht, wenn sie beruflich vorwärts kommen wollen. Ohne ein gewisses Maß an Opportunismus bekommt man als Wissenschaftler keinen Fuß in die theologische Fakultät. Und auch wer schon drin ist, tut gut daran, sich ruhig zu verhalten und solche die Institution Kirche hinterfragende Ergebnisse der Forschung (etwa dass sich Jesus mit ziemlicher Sicherheit nicht für den Messias gehalten hat und dass er mit ziemlicher Sicherheit keine Kirche gründen wollte) nicht allzu laut kund zutun. In neutestamentlichen Kommentaren sind diese Positionen erlaubt, denn sie werden ohnehin nicht von einfachen Gläubigen gelesen. Theologen an Universitäten wissen also, was von ihnen verlangt wird, und verhalten sich entsprechend. Für Atheisten oder auch nur aus der Kirche Ausgetretene gilt: Sie müssen draußen bleiben, selbst wenn sie ein noch so genialer Forscher und Historiker wären.

Neben den Opportunisten (die man nicht nur in der Theologie findet) gibt es natürlich auch solche, die sich selbst als gläubige Christen verstehen. Viele Professoren an theologischen Fakultäten waren ehemals Pfarrer oder haben zumindest ein kirchliches Vikariat absolviert. Je mehr sie aber gläubig sind, desto mehr darf man ihre wissenschaftliche Vorurteilsfreiheit in Frage stellen. Egal ob Opportunismus oder persönliche Gläubigkeit: Beides verwässert die von Theologen reklamierte Wissenschaftlichkeit ihres Fachbereichs.

Beurteilt man jedoch die wissenschaftliche Methodik derer, die diesen kirchlichen Eingangsvoraussetzungen genügen, und sieht sich deren Ergebnisse an, kann man, wenn man den Profanhistorikern Wissenschaftlichkeit zubilligt, diese den Neu- und Alttestamentlern in der Regel auch nicht verwehren. Dies gilt zumindest für die protestantische Theologie an staatlichen Universitäten (die in diesem Buch im Mittelpunkt steht). Es gilt aber nicht für die Vielzahl z. B. freikirchlicher oder evangelikaler Ausbildungsstätten, und es gilt nur eingeschränkt für die katholischen Fakultäten an staatlichen Universitäten, wo mindestens bis zum Zweiten Vatikanischen Konzil (1962-1965) eine freie Forschung für die Gelehrten nicht möglich war, ohne mit Repressionen bei »unkatholischen« Ergebnissen zu rechnen.[7] Ohnehin sind die meisten Forschungen nicht direkt »bekenntnisrelevant«, etwa wenn man sich mit der Umwelt des Urchristentums beschäftigt oder als Kirchengeschichtler sein Hauptgebiet z. B. in der Reformationsgeschichte hat. Ja man kann ein ganzes Gelehrtenleben eifrig und aufrichtig forschen, ohne je auch nur in Kontakt mit Fragen zu kommen, die für die Kirchen unangenehm werden könnten.

Aber völlig frei ist die Forschung eben nicht, auch wenn sie an staatlichen Universitäten stattfindet. Ein genialer Wissenschaftler, der aber eben katholisch ist, hätte eben keine Chance auf einen Lehrstuhl an einer evangelischen Fakultät. Es ist deshalb zu einfach, wenn der Theologe Wolfgang Trillhaas meint: »Nimmt man die Dogmatik von der Theologie weg, dann bedeutet die Frage der Wissenschaftlichkeit kein Problem mehr.«[8]

Dogmatik: Ein Problemfall als Kerndisziplin

Auf die Ergebnisse vor allem der Neutestamentler werden wir in diesem Buch noch deutlich zu sprechen kommen. Die sog. Praktische Theologie interessiert uns in diesem Buch jedoch nicht. Unser Hauptinteresse gilt der sog. Systematischen Theologie, insbesondere der Dogmatik. Sie ist das Fachgebiet, das elementar das Selbstverständnis der Theologie zum Ausdruck bringt.

Nicht alle Religionen haben eine so umfangreiche Dogmatik ausgebildet wie das Christentum. Das Judentum beispielsweise »kennt keinen systematisierbaren Gegenstand des Glaubens, mithin auch kein Glaubenssystem oder eine Dogmatik. Shalom Ben-Chorin findet, das Judentum habe Dogmen, aber eben keine Dogmatik.«[9] Dem Judentum ging es, wie übrigens auch dem Islam, immer stärker um ein Ethos als um Dogmatik.

Der christliche Glaube versuchte demgegenüber schon früh, sich Rechenschaft über seine Glaubensinhalte zu geben. Die Urform der kirchlichen Dogmen waren dabei kurze Bekenntnissätze, so z. B. »Jesus ist der Messias« (Mk 8,29) oder »Gott hat Jesus von den Toten erweckt« (Röm 10,9). Mit solchen Formeln haben sich die frühen Christen ihrer Zugehörigkeit zur Jesusbewegung versichert. Erst später wurden daraus größere Bekenntnisse, die bei der Taufe oder beim Gottesdienst von der Gemeinde gesprochen wurden. Das bekannteste von ihnen ist das sog. Apostolische Glaubensbekenntnis. Origenes hat mit *De principiis* eine erste eigene Dogmatik geschrieben. Im Mittelalter wurden die christlichen Glaubensinhalte in den *Summen* zusammengefasst, deren bekannteste die *summa theologica* von Thomas von Aquin. Im Zuge der Reformation entstanden mit den *Loci communes* von Melanchthon und der *Institutio* von Calvin die ersten protestantischen Dogmatiken. Es folgten *Der christliche Glaube* von Schleiermacher und im 20. Jahrhundert die *Kirchliche Dogmatik* von Karl Barth. Natürlich waren dies noch nicht alle und noch nicht einmal alle wichtigen. Vielmehr sind weltweit inzwischen Tausende Dogmatiken geschrieben worden. Und auch heute noch gilt es als Höhepunkt eines Dogmatikerlebens, eine möglichst dickbauchige Dogmatik vorzulegen. Nur wenige schaffen das.

Dogmatik war lange Zeit ein Synonym für Theologie überhaupt. Biblische Stellen wurden vorkritisch in die »dogmatische Beweisführung« einfach eingebaut, Unterschiede in den biblischen Schriften weginterpretiert oder harmonisiert. Erst mit dem Erwachen des historischen Bewusstseins im Zuge der Aufklärung entstanden die exegetischen Disziplinen Altes und Neues Testament als eigene Teilgebiete der Theologie. Und während die Dogmatiker noch bis zur Stunde mit bestimmten Jesuszitaten argumentieren, haben ihre neutestamentlichen Kollegen längst nachgewiesen, dass Jesus viele dieser Worte gar nicht gesagt haben kann. Damit stellt sich eigentlich die Frage, ob denn die Theologie insgesamt noch eine Einheit darstellt, oder ob sie in verschiedene Disziplinen zerfällt. Die Theologie hat ein Interesse daran, die Einheit zu betonen. Der Theologe Härle etwa meint, dass auch die historischen Disziplinen das Ganze der Theologie im Blick haben sollten; es müsse »das gesamte komplexe Beziehungsgefüge des christlichen Glaubens im Blick sein.«[10] Und vor ihm schon betonte der Theologe Gerhard Ebeling:

> »Die Theologie ist ein unteilbares Ganzes, weil sie es mit einem Einzigen, Grundeinfachen zu tun hat: dem Worte Gottes, das nicht vielerlei, sondern eines ist.«[11]

Doch schon der Theologe Rochus Leonhardt sieht weniger ein Miteinander, als ein unverbundenes Nebeneinander der Disziplinen, und er meint, dass die Bibelwissenschaften und die Kirchengeschichte gerade nicht auf das »Wort Gottes« stoßen, wenn sie richtig betrieben werden.[12] Wenn Dogmatiker sich auf neutestamentliche Forschungsergebnisse berufen können, erhöht dies den Wert ihrer Aussagen. Doch anders herum tun Neutestamentler gut daran, sich nicht allzu sehr mit Dogmatikern einzulassen, da das Ansehen ihrer eigenen Forschungen dabei nur verlieren kann. Und es stellt sich noch drängender die Frage: Ist das eigentliche Fach der Theologie, die Dogmatik, nicht gerade das unwissenschaftlichste?

Theologie will sogar kritische Wissenschaft sein

Würden Theologen verneinen, dass sie Wissenschaft betreiben, könnte man mit Recht fragen, was sie dann eigentlich an einer Universität verloren haben. Nicht nur ihr Fach, auch ihre eigene berufliche Zukunft stünde dann zur Disposition. Dennoch scheint es nicht nur Eigennutz zu sein, wenn Theologen die Wissenschaftlichkeit ihres Fachbereichs behaupten; viele sind offenbar tatsächlich davon überzeugt.

In älteren Dogmatiken findet sich der Anspruch auf Wissenschaftlichkeit noch unverblümt. Nach dem Theologen Trillhaas hat die Theologie die Absicht, »vom christlichen Glauben eine wissenschaftliche Rechenschaft zu geben.«[13] Für ihn tritt die Dogmatik »mit dem Anspruch auf, Wissenschaft zu sein und wissenschaftlich zu verfahren.«[14] Für die Dogmatik gilt, »dass sie nur kritisch geprüfte Aussagen dulden kann.«[15] Dabei habe sie die Pflicht zu »höchster begrifflicher Sorgfalt«. Ja Trillhaas kann sich gar zu dem Satz versteigen: »die Einsichten der Theologie beanspruchen universelle Geltung.«[16] Dogmatik ist für ihn nicht nur eine Wissenschaft, sondern sogar eine »kritische Wissenschaft«,[17] und spricht geradezu von einer »Logik des theologischen Denkens«.[18]

Trillhaas erweckt den Anschein, selbst und persönlich von der Wissenschaftlichkeit der Theologie überzeugt zu sein. Und wie die *Logik* aussieht, davon gibt er dann selbst Zeugnis, wenn er meint, der Dienst der Dogmatik »geschieht in intellektueller Redlichkeit, im Bemühen um Wahrheit und Wahrhaftigkeit unterhalb der großen Mysterien Gottes, die höher sind als alle Vernunft«.[19] Da wirkt es aber zumindest widersprüchlich, wenn er noch auf der gleichen Seite meint: »Wir dürfen in der Dogmatik nicht über unsere Verhältnisse leben und mehr sagen, als wir redlicherweise verifizieren können.« Wie geht Beides zusammen? Fallen Trillhaas die inneren Widersprüche nicht auf? Dies scheint nicht so. Wir werden auf dieses Phänomen noch häufiger stoßen.

Theologen berufen sich quasi aus Tradition auf Wissenschaft. Sie verzehren die Rente eines im Mittelalter aufgehäuften Vermögens, als ein Gott noch das »Wissen Gottes und der Seligen« (Thomas von Aquin) und mithin die Wahrheit der Theologie verbürgte. Das ist in der Moderne natürlich problematisch geworden, wurde aber im 20. Jahrhundert immer noch behauptet. Für den Theologen Karl Barth war die Theologie schon allein deshalb eine Wissenschaft, weil sie sich um einen bestimmten Erkenntnisgegenstand bemühe, dies auf einem folgerichtigen Erkenntnisweg tue und darüber jedermann Rechenschaft ablegen könne.[20] Schon der Theologe Pöhlmann bezeichnet das als »Minimalprogramm«.[21] Und machen das islamische Theologen nicht auch so? Und für sie wie für Barth war und ist Theologie eine »kritische Wissenschaft«.[22]

Theologen spüren, dass man Wahrheit heute nicht einfach mehr dekretieren kann, und dass Wissenschaftlichkeit kein Luxus, sondern eine Notwendigkeit ist. Vor der Schranke der Vernunft hat auch die Theologie zu erscheinen und darf sich nicht mit ihren Gläubigen auf eine Insel der Seligen zurückziehen. Schon Dietrich Bonhoeffer hat in der Haft kurz vor seiner Hinrichtung von der »mündig gewordenen Welt« gesprochen, an der es kein Vorbei mehr geben kann, und die sich nicht in altväterlicher Weise von Kirche und Theologie die Welt erklären lassen will. Der Theologe Joest betont denn auch:

»Dass die Theologie in diesem Sinne auf die Standards wissenschaftlicher Arbeit verpflichtet ist, sollte nicht bestritten werden … Und *Begründen* müsste da dann doch heißen, dass die dazu eingesetzten Argumente

grundsätzlich jedem Denkfähigen, nicht nur und erst dem Glaubenden, müssten einleuchten können.«[23]
Der Theologe Christofer Frey betont, dass die Theologie »auf eine angemessene wissenschaftstheoretische Reflexion verwiesen« sei. Sie will nicht vorrational sein, will intersubjektiv sein, will keine »autoritäre Zumutung« sein.[24] Schöne Worte, mit Überzeugung vorgetragen; offenbar handelt es sich um ein wirkliches Anliegen »moderner« Theologie. Selbst Trillhaas, der eben noch von den großen Mysterien Gottes gesprochen hat, die »höher sind als alle Vernunft«, spricht nun davon, »den Zweifel ernst zu nehmen«. Man könne Theologie »nicht mehr an Vernunft und Gewissen vorbei betreiben«.[25]

Was gilt denn nun? Die Theologen wollen *auf Beides* nicht verzichten. Sie sind tatsächlich davon überzeugt, dem Bären den Pelz waschen zu können, ohne ihn nass zu machen, halten die Quadratur des Kreises nicht nur für möglich, sondern sogar für einen Ausweis höherer Vernunft. Gerade im Widerspruch scheinen sie sich wohl zu fühlen. Dieses *Sowohl-als-auch*, der als Dialektik getarnte Widerspruch, ist eine der theologischen Hauptdisziplinen. Wir begegnen ihr in den zeitgenössischen Dogmatiken auf Schritt und Tritt. Er ist der oft sehr beredsame, zuweilen verzweifelte, weil bei schärferem Hinsehen aussichtslose Versuch, das neuzeitliche Denken, dem sich auch ein Professor der Theologie weder entziehen kann noch will, mit der Tradition der Väter und den Lehren der Kirche irgendwie noch in Einklang zu bringen. Und derjenige gilt unter Theologen als ein Großer, dem es gelingt, die Scheinprobleme der Theologie nicht nur als echte Probleme erscheinen zu lassen, sondern den Lesern auch noch zu suggerieren, sie gelöst zu haben. Wer das schafft und wer die Defizite der Logik mit einem Mehr an Rhetorik originell kompensieren kann, der findet eine Anhängerschaft unter Theologiestudenten und kann daran denken, eine Schule zu begründen.

> *Am besten ist's auch hier, wenn ihr nur einen hört,*
> *und auf des Meisters Worte schwört,*
> *im Ganzen, haltet euch an Worte*
> *dann geht ihr durch die enge Pforte*
> *zum Tempel der Gewissheit ein. (Faust I)*

Warum Theologie keine Wissenschaft sein kann

Das hehre Bekenntnis zur Wissenschaft und zu einer wissenschaftlichen Methodik wird freilich schon durch die Dogmatiker selbst konterkariert. Man muss nicht erst eine externe Kritik bemühen, um hinter dem Anstrich der Wissenschaftlichkeit die marode Fassade zu erkennen.

Theologie als Wissenschaft ohne Gegenstand

Theologen meinen zuweilen ihre Wissenschaftlichkeit dadurch zu belegen, dass sie sich mit einem einheitlichen Gegenstandsbereich beschäftigen und dort systematisch fragen und forschen. Die Aussagen, die die Theologie trifft, würden untereinander in einem sinnvollen Zusammenhang stehen. Die Homogenität ihres Sachbereiches wird als Erfüllung des Kohärenzpostulats verstanden. Gott selbst aber sei der »eigentliche Gegenstand der Dogmatik«, so z. B. der Theologe Joest.[26]

Die Theologie ist damit die einzige »Wissenschaft«, die nicht belegen oder gar beweisen kann, dass ihr Gegenstand, um den sich bei ihr alles dreht, überhaupt existiert. Theologen müssen sich mit Recht fragen lassen, ob ihr Fachgebiet damit nicht insgesamt – und das seit 2000 Jahren – ein reines Hirngespinst hochgezüchteter Einbildungen ist, das auch dann nicht an Wirklichkeit gewinnt, wenn es von zumeist intelligenten Menschen an staatlichen Universitäten betrieben wird. Es wäre doch die erste Forderung an eine Theologie als Wissenschaft, die Existenz ihres Gegenstands zunächst einmal schlüssig zu beweisen. Doch das kann sie offenbar nicht, denn sonst hätte sie uns dies längst präsentiert. Die mittelalterliche Theologie hat es mit Gottesbeweisen zumindest versucht. Diese Verfahren haben jedoch heute auch für Theologen keine Beweiskraft mehr. »Gott lässt sich nicht beweisen«; das ist eine Binsenweisheit, für die Theologen aber geradezu Lob zu erwarten scheinen, wenn sie dies zuweilen freimütig eingestehen. Stattdessen tun Theologen einfach so, als wäre die Existenz ihres Gegenstands bewiesen, und halten sich nicht lange mit den Grundlagen auf. Man kann bestenfalls dann Theologie betreiben, wenn man mit dem kritischen Denken einfach *etwas später* anfängt.

Und es geht ja nicht um Gott im Allgemeinen. Mit dem *Gott der Philosophen* kann die Theologie wenig anfangen. Um den geht es leider nicht. Rochus Leonhardt z. B. versucht dies für die Theologie zu konkretisieren: »Es geht um Gott, sofern dieser sich dem Menschen geoffenbart hat und in einem Verhältnis zu ihm steht.«[27] Aber auch dies ist noch viel zu abstrakt. Immer weiter sehen sich Theologen gezwungen, die an sich schon nicht beweisbare philosophische Gottesvorstellung auf das niedrige Niveau kirchlicher Bekenntnisse herunterzubrechen, d.h. dem schon nicht schlüssig zu beweisenden Gott dann gleich auch noch die Menschwerdung einer Teilgottheit und seinen angeblichen Tod für uns am Kreuz zu unterstellen. Mit der Gotteslehre (der sog. *Speziellen Theologie*), werden wir uns noch eingehend beschäftigen. Hier bleibt nur festzustellen, dass es eben bei weitem für die Beurteilung der Wissenschaftlichkeit nicht ausreicht, einen einheitlichen Gegenstandsbereich zu definieren. Wäre dem so, dann könnten nicht nur Islam, Buddhismus und Hinduismus, sondern auch z. B. die Astrologie Lehrstühle an deutschen Universitäten beanspruchen.

Theologie als betendes Denken

Wenn schon der Gegenstand der Theologie fragwürdig ist, dann soll wenigstens die Methodik wissenschaftlichen Grundsätzen genügen. Man braucht nicht viel Phantasie, um auch diesen oft geäußerten Anspruch von Theologen als Wunschdenken zu erweisen. In der Theologie kommt nämlich eine Kategorie zur Sprache, die mit Wissenschaftlichkeit nicht gerade befreundet ist: der Glaube. Damit ist nicht das Einräumen einer Möglichkeit gemeint, die dann z. B. in einem Versuch überprüft werden kann. Es geht um eine existenzielle Entscheidung zur Gläubigkeit.

»Christliche Theologie war von Anfang an immer *betendes Denken*, also existenziell betroffenes, *nie neutrales Denken*«, referiert korrekt der Theologe Pöhlmann.[28] »Die Wirklichkeit Gottes will im Glauben erkannt werden«, meint der Theologe Joest.[29] Auch für den protestantischen Kirchenvater Karl Barth ist Dogmatik »nur als Glaubensakt möglich«.[30] Es bedarf dazu der »Haltung des Gebets«. Ferdinand Ebner drückte das so aus: »Der Mensch kann von Gott eigentlich gar nicht in der dritten Person reden.« Das gehe nur in der zweiten Person.[31] Wenn man gesehen hat, wie sehr den Theologen an der Betonung ihrer Wissenschaftlichkeit liegt, ist man erstaunt, wie schnell sie hier bereit sind, den Kernpunkt aller wissenschaftlichen Forschung, nämlich das Bemühen um Objektivität, um Distanz, um Neutralität über Bord zu werfen, als hätten sie nie davon gehört. Glauben soll man, beten soll man, sonst kann man kein Theologe sein. Der Theologe Trillhaas meint: »Die ganze Theologie geschieht weitgehend im Medium solcher Folgerungen aus Glaubenssätzen, welche unmittelbare Gewissheit des Glaubenden sind.«[32] So ähnlich hätte es auch ein Anhänger des altorientalischen Baals-Kults formulieren können (freilich unter der Voraussetzung, dass er in Heidelberg oder Tübingen studiert hätte). Der Theologe Pöhlmann bringt es auf den Punkt: »Wenn die Neutralität oder Voraussetzungslosigkeit das Wesen der Wissenschaft ausmacht, dann ist die Theologie keine Wissenschaft.«[33]

Man fragt sich, welchen Sinn wissenschaftstheoretische Abhandlungen machen, die mit formalen Kriterien den Wissenschaftsanspruch der Theologie klären wollen, wenn die Theologen ihre Unwissenschaftlichkeit oft genug selbst einräumen. Es genügt schon, ein wenig in den aktuellen Dogmatiken zu lesen, um zu merken, dass Neutralität eher keine theologische Tugend ist. Wieder Pöhlmann: »Gänzlich inakzeptabel ist für die Theologie auf jeden Fall das Vorurteilslosigkeitspostulat, da sie von dem Vorurteil der Offenbarung und des Glaubens ausgeht.«[34] Trillhaas stellt klar:

> »Alle dogmatischen Aussagen sind ja Glaubensaussagen, sie sind nicht unmittelbare Sätze wissenschaftlicher Erkenntnis, die als solche schon jedem vernünftigen Menschen wenigstens potenziell einsichtig sind.«[35]

Und der persönliche religiöse Glaube der nach eigenen Angaben wissenschaftlich arbeitenden Theologen findet sich deshalb ebenso immer wieder in ihren Dogmatiken. Sie sind oft selbst gläubig (oder versuchen zumindest so zu erscheinen). Hans-Martin Barth wünscht den Lesern seiner Dogmatik, »dass ihnen Gott dabei größer wird«.[36] Und Karl Barth rühmt sich, bei seinen Vorlesungen in Bonn im Jahre 1947 mit seinen Studenten »jeweils zu unserer Ermunterung einen Psalm oder ein Kirchenlied gesungen« zu haben.[37] Gesang hört man bei Physikvorlesungen dann doch eher selten.

Theologie als kirchliche Wissenschaft

Psalmen singen, Theologie treiben in der Haltung des Gebets – das lässt eher an eine Kirche denken als an eine staatliche Universität. Und in der Tat gibt es auch hier natürlich wieder keine Unabhängigkeit der Theologie von der Kirche. Die Theologen *wollen aus Prinzip* gar keine Abgrenzung von den Kirchen. Im Gegenteil, die Kirche ist die Zielbestimmung der Theologie insgesamt.

Schon für Schleiermacher war die Theologie nie Selbstzweck. Er sah ihre Funktion vor allem in praktischer Hinsicht. Und als ihr praktisches Ziel bestimmte er die Kirchenleitung. Die einzelnen Fachgebiete der Theologie verschmolzen für ihn zu diesem Zweck. Theologie geschieht deshalb im Wesentlichen aus kirchlichem Interesse heraus. Der kirchliche Nachwuchs will ausgebildet, die Kirche will geleitet sein.

Vom Ideal einer zweckfreien Forschung und Wissenschaft sind wir damit denkbar weit entfernt. Theologie ist aus Sicht der Theologen sogar zugespitzt eine »Funktion der Kirche.«[38] So haben es nicht nur die theologischen Schwergewichte des 20. Jahrhunderts, Karl Barth und Paul Tillich, gesehen. Barth schreibt: »Das Subjekt der Dogmatik ist die christliche Kirche«. Und

»wo Dogmatik getrieben wird, sei es lernend, sei es lehrend, da befindet man sich im Raum der Kirche.«[39] Auch nach Meinung des Theologen Emil Brunner treibt man Dogmatik nur »als Glied der Kirche, mit dem Bewusstsein eines Auftrages der Kirche.«[40] Für Wolfgang Trillhaas hat die Dogmatik »eine Verantwortung gegenüber der Kirche.«[41] Theologie wird für ihn ebenfalls »im Blick auf die Heranbildung und die fachlichen Bedürfnisse von Religionslehrern, Pfarrern usw. getrieben.«[42] Eberhard Jüngel definierte in seinen Tübinger Dogmatikvorlesungen die Theologie geradezu als »kirchliche Wissenschaft«. Dabei wäre eine *kirchliche Wissenschaft* schon vom Begriff her fragwürdig, denn wie es keine katholische oder evangelische Wissenschaft geben kann, keine schwarze und keine weiße Wissenschaft, so kann es auch keine »kirchliche Wissenschaft« geben. Der Begriff wäre genauso unsinnig wie eine »seriöse Astrologie«. Doch dreihundert Studenten schrieben brav mit, der Autor übrigens auch.

Und doch tritt die Theologie immer konfessionell als evangelische oder katholische Theologie auf. Theologie ist nicht nur »Wissenschaft« einer bestimmten Religion, sondern immer auch einer bestimmten Konfession. »Dogmatiker sind ohne einen konfessionellen Charakter nicht denkbar«, so Trillhaas.[43] Theologie ist also auch deshalb unwissenschaftlich, weil sie konfessionell ist. Dass Ergebnisse vor allem in den historischen Disziplinen durchaus wissenschaftlichen Standards entsprechen können, ändert an diesem Gesamtbefund nichts.

Die Theologie fühlt sich also einem unbeweisbaren Gegenstand verpflichtet (Gott), den sie dogmatisch aufbläst (zu einem »dreieinigen« Gott), sie bringt fragwürdige Determinanten in ihr Denken ein (Glaube und persönlicher Glaube), und sieht sich als Funktion der Kirche. Dass die Theologie trotz dieser Selbstaussagen immer noch Recht und Stimme an staatlichen Universitäten hat, lässt sich wohl nur geschichtlich erklären. Es sind ererbte Privilegien, die Theologie lebt vom einst unangefochtenen Anspruch dunkler vorwissenschaftlicher Zeiten. Sie lebt an der Universität in einer Art Reservat, genießt so etwas wie religiösen Denkmalschutz, eine Kuriosität im Wissenschaftsbetrieb, nur von wenigen bekämpft, doch von vielen belächelt. Eigentlich beeinträchtigt sie durch ihre bloße Existenz das Ansehen einer wissenschaftlichen Universität. Die Theologie ist, wie der Nietzsche-Freund Franz Overbeck einst treffend bemerkte, ein »Parasit an der Tafel der Wissenschaften.«[44]

Die Uneinsichtigkeit theologischer Sätze

Und doch ist bei der Kritik an der angeblichen Wissenschaftlichkeit der Theologie gerade erst mal Halbzeit. Der Anspruch der Theologie, Wissenschaft sein zu wollen, muss vor fast jeder kritischen Anfrage kapitulieren. So auch nach der Frage der Methode, der Nachvollziehbarkeit oder dem Kontrollierbarkeitspostulat. Methodisch will sie zwar sein, die Theologie, ja sogar kritisch, wir hörten es bereits. Und Trillhaas meint sogar, jeder theologische Satz müsse »in einem unbedingten Sinne wahr sein«.[45] Solche vollmundigen Bekenntnisse klingen wie die Versicherung eines Gebrauchtwagenhändlers, natürlich sei der Wagen in Ordnung.

Wissenschaft besteht u. a. gerade darin, dass sie intersubjektiv vermittelt werden kann. Und diesem Anspruch kann keine Religion genügen. Nachvollziehbar und einsichtig ist die theologische Vorgehensweise nur für Insider, also für andere Theologen oder Gläubige, die die gleichen Prämissen teilen. Wie ja auch nur für Muslime die Kernaussagen der muslimischen Theologie nachvollziehbar und einsichtig sind. Man muss schon selbst gläubig sein, um die Inhalte des Glaubens als wahr (v)erkennen zu können.

Ähnlich verhält es sich mit der Methodisierbarkeit. Auch diese ist nur Theologen einsehbar und hält einer wirklich kritischen Nachfrage nicht stand. Und man muss immer damit rechnen, dass von Theologenseite die Flucht ins Mythologische angetreten wird. So findet Hans-Martin Barth aus »pneumatologischen« Gründen die Methodisierbarkeit schwierig, da »die christliche Theologie, weil sie um das Angewiesensein des Menschen auf das erleuchtende Wirken des Heiligen Geistes weiß, die Leistungsfähigkeit von Methoden als grundsätzlich begrenzt beurteilen muss.«[46] Trillhaas meint, es gäbe »Gegenstände des Glaubens«, »die eben nur im Glauben gleichsam zugänglich sind und von denen man nur im Glauben sinnvoll reden kann.«[47] Wie man unter solchen Voraussetzungen zu kontrollierbaren Aussagen kommen will, bleibt schleierhaft. Wissenschaftliche Sätze sind allgemein einsichtig. »Demgegenüber ist der Glaubenssatz in seiner Einsehbarkeit – kurz gesagt – vom Glauben abhängig, also nicht allgemein einsehbar.«[48] Wer mit dem Heiligen Geist argumentiert, darf sich nicht wundern, wenn seine Wissenschaftlichkeit und Methode in Zweifel gezogen wird. So etwas gehört in die Kirche, aber nicht an eine Universität.

Die Schriftgemäßheit einer Wissenschaft

Weitere Hürden wären zu nennen, die die Theologie zu nehmen nicht in der Lage ist. Zu denken ist an das Identitätsprinzip, wonach ein Ding nicht zugleich ein anderes sein kann (vgl. z. B. die Zweinaturenlehre oder die Realpräsenz beim Abendmahl), oder das Konkordanzprinzip, wonach z. B. Wunder, die in anderen Wissenschaften nicht vorkommen, auch den Theologen nicht zugestanden werden können. Heinrich Scholz folgert, dass eine Dogmatik bei einem solchen Wahrheitsverständnis aus dem Ring der Wissenschaften heraustritt und zu »einem jeder irdischen Nachprüfung entzogenen persönlichen Glaubensbekenntnis« wird.[49]

Sind alle diese Forderungen an Wissenschaftlichkeit von der Theologie nicht zu leisten, so bringt sie eigene Postulate mit ein, die ihrerseits ebenfalls unwissenschaftlich sind. Das ist für den Protestantismus in erster Linie die »Schriftgemäßheit«. Karl Barth formuliert, stellvertretend für wohl alle Theologen: »Dogmatik misst die Verkündigung der Kirche nach dem Maßstab der hl. Schrift Alten und Neuen Testaments. Die hl. Schrift ist das Dokument des Grundes, des innersten Lebens der Kirche, das Dokument der Epiphanie des Wortes Gottes in der Person Jesu Christi. Wir haben kein anderes Dokument.«[50] Kürzer Eberhard Jüngel: »Theologische Sätze müssen ... dem Kriterium der Schriftgemäßheit genügen«, so Jüngel. Doch die Schriftgemäßheit genügt natürlich ihrerseits nicht dem Anspruch auf Wissenschaftlichkeit. Die Behauptung heiliger Schriften verträgt sich nicht mit einem wissenschaftlichen Anspruch. Vor Zeiten noch traulich vereint, leben sie heute getrennt. Auf die Lehre von der »Heiligen Schrift« werden wir später noch zu sprechen kommen.

Ähnlich verhält es sich mit den christlichen Bekenntnissen. Auch an sie ist die Theologie gebunden, ist also auch von dieser Seite keine voraussetzungslose Wissenschaft. Professoren, wenn sie früher Pfarrer waren, sind auf sie vereidigt worden. Für den Protestantismus sind hier die altkirchlichen Bekenntnisse bestimmend, vor allem die Trinitätslehre und die Zweinaturenlehre. Nur innerhalb dieser Grenzen arbeitet die Theologie und will sie arbeiten. Trillhaas formuliert: »Es gibt keine christliche Dogmatik ohne Tradition.«[51]

In der Tradition sucht die Theologie ihr Heil. Anders die Wissenschaft: Sie hat ihren Siegeszug erst angetreten und führt ihn fort, als sie sich eben von den Traditionen befreit hat, von denen sich viele als Aberglaube erwiesen haben. Sie folgt nicht den Alten und kennt keine heiligen Schriften. Michael Schmidt-Salomon hat dies treffend formuliert:

»Der Unterschied zwischen den Vertretern des Wissens und den Vertretern des Glaubens besteht darin, dass Wissenschaftler wissen, dass sie nur etwas »glauben« (= für »wahr« halten), was heute zwar angemessen erscheint, morgen aber möglicherweise schon überholt ist, während Gläubige glauben, etwas zu wissen, was auch morgen noch gültig sein wird, obwohl es in der Regel schon heute widerlegt ist.«[52]

Beliebte Fluchtstrategien von Theologen

Professoren der Theologie, vor allem Dogmatiker, haben ein Identitätsproblem. Einerseits können sie sich als Universitätsangehörige schlecht vom Anspruch auf Wissenschaftlichkeit verabschieden. Täten sie es, wäre es so, als würden sie selbst die Tür öffnen, durch die man sie bitten würde, die Universität zu verlassen. Andererseits aber wissen sie ganz genau, dass ihre »Wissenschaft« nie die hohen Hürden nehmen kann, die ein ebenso modernes wie erfolgreiches Wissenschaftsverständnis aufstellt, und dass die Theologie also »aus Prinzip« am modernen Anspruch auf Wissenschaftlichkeit scheitern muss.

Was also tun? In solch einer Situation bleiben nur noch Ausweichstrategien. Einige typische sollen hier vorgestellt werden.

Phrasenhafte Aufgabenbeschreibungen

Eine Strategie besteht darin, die Aufgabe der Theologie so allgemein und mit positiver Wortwahl zu beschreiben, dass der Leser auf den ersten Blick nur zustimmen kann. Der Theologe Deuser beschreibt die Aufgabe der Theologie in schönen Worten: »Die Theologie vertritt ... die Religiosität gegenüber der akademischen Öffentlichkeit: in den Universitäten, d. h. dort, wo bezüglich aller Wirklichkeitserkenntnis die Wahrheitsbestimmung zur Diskussion steht.«[53] Auch viele andere Theologen möchten sich so verstanden wissen: als Mitarbeiter an dem großen Werk, die Wirklichkeit zu erkennen und dem, was Wahrheit ist, zumindest etwas näherzukommen. Wer könnte da etwas dagegen haben?

Doch ein solches Ansinnen ist zunächst einmal ein Allgemeinplatz. Auch die Astrologie und mit ihr jeder esoterische Unsinn kann sich in einer solchen Zielbestimmung wiederfinden. Sie ist deshalb nur eine wohlklingende Phrase. Der Weg zu dieser *Wirklichkeitserkenntnis*, die Prämissen und das dahinterstehende Weltbild dürfen nicht außer Acht gelassen werden. Doch eben da hat die Theologie ja ihre Schwierigkeiten.

Ebenso allgemein und nichtssagend liest man bei Wolfgang Trillhaas: »Dennoch wird die Wissenschaft insgesamt durch den Glauben an eine Wahrheit zusammengehalten. Die Theologie nimmt an diesem Glauben teil.«[54] Trillhaas räumt dabei schon selbst ein, dass seine Konzeption »einen sehr harmonistischen Eindruck macht.« Darüber hinaus ist sie aber auch falsch. Denn Glaube, Kirche und Theologie sind ja keineswegs *auf der Suche* nach Wahrheit, sondern der Meinung, diese im Wesentlichen schon (in Christus, Bibel, Offenbarung) gefunden zu haben. Indem sie so tun, als suchten sie auch, behindern sie eher die Wahrheitsfindung und den Erkenntnisgewinn. Und außerdem würden sich die Vertreter anderer Wissenschaften, z. B. der Naturwissenschaften oder selbst der Philosophie, gegen eine Umarmungsstrategie im Sinne von »Letztlich suchen wir ja alle die Wahrheit« mit Recht wehren. Es ist dem Ansehen der Wissenschaft abträglich, sich allzu sehr mit der Theologie einzulassen. Die Dame hat einen zu zweifelhaften Ruf.

Theologie ist sogar mehr als Wissenschaft

Nicht so beliebt, weil zu leicht durchschaubar, ist die Aussage von Theologen, die Theologie überschreite mit ihrem besonderen Erkenntnisgebiet geradezu die Wissenschaft, sie überbiete sie. Aus der offensichtlichen wissenschaftstheoretischen Schwäche der Theologie wird eine besondere Stärke gemacht. So hatte schon die mittelalterliche Theologie argumentiert. Der Theologe Joest formuliert im Rückgriff auf Karl Barth:
> »Es ist nicht zu leugnen, dass die Dogmatik, indem sie von dieser Voraussetzung ausgeht, die Grenze dessen, was nach einem heute weithin vorherrschenden Wissenschaftsbegriff *Wissenschaft* heißt, überschreitet und überschreiten muss.«[55]

Joest meint sogar, es sei der Sache des Glaubens angemessen, dass er eine gedankliche Begründung »nicht zu leisten vermag«. Und es sei erinnert an den schon zitierten Satz von Trillhaas: »Aber der Glaube an Gott, den Vater, der Glaube an Jesus Christus richtet sich nach keiner Wissenschaft. Er ist mehr als alle Wissenschaft.«[56] Es ist auch im 20. und 21. Jahrhundert offenbar immer noch der Wunschtraum der Theologie, irgendwie ein direkteres Verhältnis zur Wirklichkeit, einen besseren Draht zur Wahrheit zu haben. Solche überheblichen Aussagen lösen das Problem mangelnder Wissenschaftlichkeit jedoch nicht, sondern sind eher ein Beispiel dafür. Was in der Theologie geschieht, ist eben keine *Über*schreitung des Wissenschaftsbegriffs, sondern seine schlecht kaschierte *Unter*schreitung. Wie ein Hochspringer, der jubelt, weil er die Latte tatsächlich nicht gerissen hat. Aber eben weil er drunter durchgelaufen ist.

Ein eigener Wissenschaftsbegriff für Theologen?

Abgeschwächter, aber ebenfalls auf Sonderrechte für die Theologie abzielend, sind Aussagen wie: Die Theologie sei zwar Wissenschaft, aber eben mit einem eigenen Wissenschaftsbegriff. Dem Theologen Pöhlmann merkt man etwas den Ärger über den Wissenschaftsbegriff an, der sich partout nicht unter das theologische Joch beugen will:

»So sehr der Glaube selbst wissenschaftlich unausweisbar ist, so kann und muss sich doch die Wissenschaft vom Glauben durch einen Wissenschaftsbegriff ausweisen, den sie allerdings selbst wählt und sich nicht von außen aufoktroyieren lassen kann.«[57]

Ähnlich sah es auch Karl Barth, der es der Theologie selbst überlassen wollte, wie sie Wissenschaft versteht. Auch dies sind Fluchtversuche angesichts des mit guten Argumenten viel zu stark gerüsteten Gegners. Nicht alle Theologen wollen hier mitgehen, denn es bedeutet eben gerade *keine* Stärkung für die Wissenschaftlichkeit der Theologie, wenn sie Sonderrechte beansprucht. So etwas isoliert sie eher vom Wissenschaftsbetrieb, als dass es sie einbindet. So hat z. B. der Theologe Pannenberg ein solches Vorgehen abgelehnt. Die Theologie habe sich am allgemeinen Wissenschaftsbegriff zu orientieren. Und auch der Theologe Härle meint, es wäre nicht sachgemäß, »wenn die Theologie den Wissenschaftsbegriff unabhängig von der Philosophie und den Einzelwissenschaften für sich definierte.«[58] Doch auch in seiner eigenen Dogmatik flüchtet sich Härle nur allzu bald in nebulöse und für Nichttheologen absurde theologische Begriffe, die das Tageslicht der Wissenschaftlichkeit fürchten müssen.

Anbiederungsstrategien der Theologie

Mathematik und Naturwissenschaften gelten als Wissenschaften im strengen Sinne. Die Möglichkeit, über praktische Versuche, empirische Auswertungen und in Verbindung mit einer mathematischen Beschreibbarkeit die Natur zu befragen, ist etwas, was so in den Gesellschafts- und Kulturwissenschaften, – und in einem weiteren Verständnis in den Geisteswissenschaften insgesamt – nicht erreicht werden kann. Wenn also kein eigener Wissenschaftsbegriff entwickelt werden soll, würde sich für die Theologie doch eine Anlehnung an die Geisteswissenschaften nahe legen. Und in der Tat ist dieser Weg beliebt, weil er scheinbar am wenigsten zum Widerspruch reizt. So glaubt Trillhaas, »die Theologie einfach den Geisteswissenschaften zurechnen« zu können.⁵⁹ Auch andere Wissenschaften hätten wie die Theologie »eine spezifische Einstellung zum Gegenstand.«

> »Denn es gibt sehr viele Bereiche – wir denken statt vieler anderer an die Kunst –, bei denen eine besondere Einstellung zum Gegenstandsbereich gefordert werden muss, die nicht ohne weiteres mit der bloßen Vernünftigkeit gegeben ist.«⁶⁰

Natürlich sei die Theologie keine exakte Wissenschaft, aber das beträfe die anderen Geisteswissenschaften ja auch, meint man. Der Theologe Frey verweist auf die Einteilung der Wissenschaften durch Jürgen Habermas. Dieser unterscheidet empirisch-analytische Wissenschaften, die auf eine direkte technische Verwertung zielen, von den historisch-hermeneutischen Wissenschaften. Diese »helfen, Traditionen zu interpretieren, die uns unser Selbstverständnis besser erschließen«.⁶¹ Hier wäre dann auch die Theologie einzuordnen.

Nun hätten z. B. die Historiker sicherlich geringe Probleme, Neu- und Alttestamentler (immer abgesehen vom Geburtsfehler ihrer Berufung unter kirchlichem Einfluss) als gleichrangige Wissenschaftler anzusehen. Was die Theologie zur Theologie macht, sind jedoch gerade nicht diese exegetischen, sondern die systematischen Fächer, vor allem eben die Dogmatik. Systematiker bzw. Dogmatiker sind die eigentlichen Exoten eines sich längst überlebten Fachgebiets an den Universitäten. Mit Dogmatikern möchte man eher nichts zu tun haben, nicht einmal die Philosophen, denen sie doch über viele Jahrhunderte eng verbunden waren. Und selbst die Kunst, die gerne bemüht wird, hat es bei aller sicher auch vorhandenen Unschärfe doch immer noch mit Dingen zu tun, an deren Realität nicht gezweifelt werden kann. Gott, der Hauptgegenstand der Theologie, ist nach Theologenauskunft allmächtig und allwissend, aber zumindest auch unsichtbar und vielleicht gar nicht existent.

Aber andere Wissenschaften haben doch auch Glaubenssätze?

Die intelligentesten Stellungnahmen zur Wissenschaftlichkeit der Theologie, aber auch diese unzureichend, folgen einer anderen Strategie. Sie versuchen nicht die Theologie den »anerkannten« Wissenschaften anzudienen, ihnen quasi mit der Räuberleiter auf deren Niveau zu verhelfen, sondern umgekehrt die anderen Wissenschaften zu ihnen »herunterzuziehen«. Denn, so ist zu hören, auch die anderen Wissenschaften seien letztlich genau so unbeweisbar wie die Theologie. Auch sie enthalten Glaubenssätze.

So die Kurzfassung. Die Langversion setzt ein beim Wissenschaftsverständnis des 19. Jahrhunderts. Dieses ging von unverrückbaren Naturgesetzen aus, die es nur zu entdecken galt. Fortschrittsoptimismus paarte sich mit einer gewissen Wissenschaftsgläubigkeit, die sich durch die unabweisbaren Erfolge der Naturwissenschaften fortwährend selbst zu bestätigen schien. Den Naturwissenschaften lagen nicht anzuzweifelnde Axiome zugrunde. Doch das 20. Jahrhundert zwang dann aber zu einem Umdenken. Einsteins Entdeckungen der Relativität von Raum und Zeit oder die Heisenbergsche Unschärferelation im subatomaren Bereich erzwangen eine neue Sicht der Wirklichkeit. Die Wissenschaften mussten vorsichtiger in ihren Aussagen werden. Der Kritische Rationalismus Karl Poppers formulierte auch für die Naturwissenschaften die Erkenntnis, dass man nicht davon ausgehen dürfe, dass bestimmte Theorien die Wirklichkeit 1:1 abbilden, sondern dass auch die am meisten gesicherten Theorien immer nur als eine Annäherung an die Wirklichkeit begriffen werden dürften. Neue Erkenntnisse könnten ganze Paradigmen umwerfen und zu einer neuen Weltsicht zwingen. Auch die Naturwissenschaften können sich also ihrer Erkenntnisse nie so ganz sicher sein. Und ein allzu fester Standpunkt birgt immer die Gefahr des Dogmatismus, und wäre einer freien und ergebnisunabhängigen Forschung unangemessen.

Diese unter den genannten Einschränkungen sicher richtigen Erkenntnisse versuchen nun einige Theologen für ihre »Wissenschaft« zu instrumentalisieren. Nicht nur die Theologie fuße letztlich auf nicht hinterfragbaren Glaubenssätzen, alle anderen Wissenschaften tun das doch auch. Der Theologe Eilert Herms meint, dass »der traditionelle Gegensatz zwischen der angeblichen Glaubensgebundenheit der Theologie und der beanspruchten Rationalität der Wissenschaft ... im Rahmen dieser Argumentation hinfällig« wird.[62] Alle fischen doch im Trüben, und wichtig sei nur, dass man sich Mühe gebe. Nach Wilfried Härle ist kein rationales Schlussverfahren

»in der Lage, Letztbegründungen für Wissensansprüche zu geben. Stets muss entweder das Wahrsein der Axiome oder Prämissen, aus denen Theoreme oder Einzelaussagen zwingend gefolgert werden können, schon vorausgesetzt werden, oder die Folgerungen haben selbst keinen zwingenden Charakter. ... Die Wahrheit genereller (affirmativer) Aussagen muss letztlich offenbleiben ... Die Wissenschaft ... kann keine Letztbegründung und damit keine Verbürgung eines Wahrheitsanspruchs liefern.«[63]

Die seltsamen Axiome der Theologie

Schlüsselbegriff sind hier die Axiome. Axiome sind grundlegende Annahmen einer Wissenschaft. Sie werden beweislos vorausgesetzt, und aus ihnen dann weitere Erkenntnisse abgeleitet. In der Logik sind das z. B. der *Satz der Identität* oder der *Satz vom ausgeschlossenen Dritten*. Es sind Grundsätze, die für einen entsprechend gebildeten und ausgebildeten Menschen klar und nachvollziehbar sind. Sie galten einst als unbedingt wahr, im Rahmen der oben beschriebenen Entwicklung gelten sie nur noch als bislang aussagekräftige und bislang einleuchtende Beschreibungen der Wirklichkeit.

Die Theologie möchte nun ebenfalls Axiome annehmen, weil man hofft, der Begriff *Axiom* alleine sei vielleicht schon geeignet, weiter als Stimme im Chor der Wissenschaften akzeptiert zu werden, wobei man gleichzeitig hofft, indem man diesen Begriff verwendet, dem Anspruch einer Verifizierung entgehen zu können. Der Theologe Wilfried Joest formuliert den Anspruch und gibt auch schon eine Vorstellung, was er sich unter Axiomen vorstellt.

»Der Theologe kann jeden seiner Sätze, in denen er die Offenbarung Gottes in Christus auslegend entfaltet, als vorläufig und auf künftige Bewährung so formuliert verstehen und damit dem Dialog und der Korrektur offen halten. Aber *die Wahrheit der Gottesbekundung in Christus selbst*, deren Weiterbezeugung er mit seinen auslegenden Sätzen dienen will, kann er nicht als eine vorläufige und problematische These behandeln. … [Sie] kann er nicht als Hypothese verstehen, die, wenn die besseren Gründe gegen sie sprechen, auch wieder fallen gelassen werden kann.«[64]

Trillhaas nennt weitere Axiome. Die Theologie führt

»alle ihre Aussagen … auf Axiome zurück, welche alles wissenschaftlich Fassbare, nämlich jede Art von innerweltlicher Gegenständlichkeit überschreiten. Es ist der *Glaube an Gott, den Schöpfer und Herrn der Welt* … es ist ferner der Glaube daran, dass sich *Gott in Christus offenbart* hat … Diese Axiome können nicht übersehen werden; denn sie sind schlechterdings die Bedingungen dafür, dass alle anderen theologischen Sätze als Theologie noch sinnvoll sind.«[65]

Für die Theologie lassen sich leicht noch weitere Axiome benennen. Es sind dies der grundlegende Wert der Heiligen Schrift, die Existenz Gottes in der von den altkirchlichen Konzilien beschlossenen trinitarischen Form, die Bedeutung Jesu als wahrer Gott und wahrer Mensch, die Heil schaffende Wirkung des Todes Jesu für die Sünden der Menschen am Kreuz, die Sündhaftigkeit der Menschen überhaupt, die Begleitung und Bewahrung der Schöpfung durch den Heiligen Geist, ein Gericht nach dem Tode und ein ewiges Leben, und natürlich die Kirche als die Anstalt, der die Bewahrung dieser Inhalte anvertraut ist.

Sieht man sich diese unvollständige Liste an, merkt man, dass es im Prinzip die Inhalte des *Glaubensbekenntnisses* sind, die hier als Axiome vorgestellt werden. Was sonst in der Kirche die Gläubigen im Gebet stehend bekennen, soll nun hier in der Universität die Arbeitsgrundlage einer »Wissenschaft« sein? Offenbar hoffen die Theologen, dass die wirklichen Wissenschaften schon nicht so genau hinsehen und den Karren der Theologie an der Grenze zur Wissenschaft schon durchwinken werden.

Als Trittbrettfahrer von kritischem Rationalismus und modernem, weil vorsichtiger gewordenem Wissenschaftsverständnis hofft die Theologie, dass ihr Mietvertrag im Haus der Wissenschaften auch künftig verlängert wird. So einfach geht es ja nun nicht. So was hat der gute Karl Popper nicht verdient und natürlich auch nicht gewollt. Natürlich ist keine Wissenschaft voraussetzungslos. Aber das kann doch nicht dazu führen, dass jetzt jede Religion oder auch jeder esoterische Unsinn mit dem Hinweis auf als Axiome getarnte Glaubenssätze eine Dauerkarte für die Universität erhält. Denn es ist ja nicht einzusehen, warum man, wenn man der christlichen Theologie den Status einer Wissenschaft gewährt, diesen Status z. B. dem Islam, dem Hinduismus oder Buddhismus verwehren könnte. Oder den Astrologen, die dann auch erwarten könnten, dass deren Aberglauben bitte auch als Wissenschaft anzusehen sei. Hochtrabende »Axiome« kann jeder religiöse oder esoterische Unsinn leicht hervorzaubern. Dies ist eine rein sprachliche Übung.

Gegen die Anwesenheit solcher »Kollegen« hätte dann auch die Theologie sicher die heftigsten Einwände. Die Schärfung des Wissenschaftsbegriffs des Kritischen Rationalismus würde hier von der Theologie in ihr Gegenteil verkehrt. Der Theologe Härle hebt zwar hervor, dass »alle Wissenschaft hinsichtlich der Wahrheitserkenntnis unter einem letzten Vorbehalt steht.« Damit meint er dann aber u. a. »das Angewiesensein des Menschen auf die ihm unverfügbare Selbsterschließung Gottes (*Offenbarung*).«[66] Doch eine solche Verquickung von rationaler und irrationaler Argumentation war ja gerade für den Erkenntnisstillstand der Wissenschaft über Jahrhunderte verantwortlich gewesen. Und pure Glaubenssätze gehören in die Kirche oder an eine Bibelschule, aber nicht an vom Staat finanzierte und wissenschaftlich arbeitende Universitäten. Die Theologie kann allein durch ihre Existenz und trotz aller persönlichen Integrität ihrer Professoren nichts anderes sein als ein ständiges

Ärgernis und eine Beeinträchtigung des wissenschaftlichen Ansehens der Universität.

Theologie, ein Relikt im Wissenschaftsbetrieb

Auch wenn in den exegetischen und geschichtlichen Fächern durchaus wissenschaftlich gearbeitet wird, ist die Theologie als Ganzes natürlich keine Wissenschaft. Sie ist es deshalb nicht, weil es ihr nicht gelingt und auch nach eigenem Anspruch nicht gelingen kann, ihren Gegenstand »Gott« überhaupt nachzuweisen. Sie ist es deshalb nicht, weil die Kirchen wissenschaftsfremde Einflüsse auf die Besetzung von Professuren nehmen und ein der Kirche genehmes, opportunistisches Verhalten eines Bewerbers vor der Berufung provozieren. Sie kann auch deshalb nicht wissenschaftlich sein, weil sie konfessionell ist, und es keine evangelische oder katholische Wissenschaft geben kann. Sie ist es deshalb nicht, weil in den Dogmatiken der Theologen selbst freimütig eingeräumt wird, dass wissenschaftsfremde Bedingungen (eigene Gläubigkeit, Bibel, Bekenntnisse) die Grundlagen bestimmen, und dass man ohne diese nicht *Theologie treiben* kann. Sie will nach eigenen Aussagen keine neutrale und unvoreingenommene Wissenschaft, sondern eben »betendes Denken« sein. Dogmatik als Kernbereich der Theologie sei nur »als Glaubensakt möglich«. Die evangelischen Dogmatiken verwahren sich an vielen Stellen regelrecht gegen den Vorwurf der Unvoreingenommenheit und Neutralität, so dass man zur Frage, ob die Theologie eine Wissenschaft ist, nicht erst wissenschaftstheoretische Argumente bemühen muss. Theologie versteht sich selbst als »Funktion der Kirche«, es ging und geht ihr nie um zweckfreie Forschung. Wo Theologie gelehrt wird, also im Bereich staatlicher Universitäten, »da befindet man sich im Raum der Kirche« (Karl Barth). Theologie unterschreitet in ihrer Kerndisziplin das wissenschaftliche Niveau einer Universität. Ihre Erkenntnisse – auch das geben Theologen zu – sind nicht intersubjektiv vermittelbar, sie sind nicht methodisierbar, weil auch hier mythologische Reste (sehr beliebt sind hier der *Heilige Geist* und die *Heilige Schrift*) mit in die *Beweis*führung eingebaut werden.

Wenn die Theologen dennoch Wert auf Wissenschaftlichkeit legen, geschieht dies offenbar aus dem Antrieb heraus, ihre Existenz gerade an einer wissenschaftlichen Universität gegenüber ihren Studierenden, anderen Fachbereichen und der Öffentlichkeit zu rechtfertigen. Obwohl der Anspruch auf Wissenschaftlichkeit also vorderhand nicht aufgegeben wird, findet sich in allen untersuchten Dogmatiken eine übergroße Zahl an Stellen, die die beanspruchte Wissenschaftlichkeit selbst wieder relativieren.

Aus diesem Dilemma heraus versuchen Theologen verschiedene Bewältigungsstrategien. Aggressive Theorien versuchen die Theologie wie im Mittelalter als eine Überschreitung, eine Transzendierung der Wissenschaft zu vermitteln. Dieser Weg wird selten gegangen, weil er in die Lächerlichkeit führt. Häufiger sind Strategien, die die Theologie ganz allgemein in den großen Strom derer einreihen wollen, die sich um Erkenntnisse, um ein Wirklichkeitsverständnis, um eine Bemühung um Wahrheit verstehen. Man versucht die Theologie in die Nähe der Geisteswissenschaften, der Kunst oder der Philosophie anzusiedeln.

Doch auch diese im Vergleich zu Naturwissenschaften niedrigere Hürde kann die Theologie nicht nehmen, denn ihre Kernbestandteile, von einigen Theologen in Anlehnung an seriöse Wissenschaften »Axiome« genannt, sind im eigentlichen Sinn lediglich religiöse Bekenntnisse. Was die Wissenschaftlichkeit belegen soll, ist somit das Problem selbst.

Theologie ist demnach keine Wissenschaft, nicht in der Theorie und auch nicht nach den wesentlichen Aussagen der Dogmatiker selbst. Sie bleibt ein Relikt im Wissenschaftsbetrieb, Überbleibsel vorwissenschaftlichen Denkens aus einer Zeit religiöser Bevormundung. Die Unterhaltung theologischer Fakultäten, an der der kirchliche Nachwuchs ausgebildet wird, lässt sich der Staat (und nicht etwa die Kirchen!) jährlich fast 280 Millionen Euro kosten.[67] Als Gegenleistung verwässern und beschädigen die theologischen Fakultäten den Wissenschaftsanspruch der Universität, die sich dies, aus Tradition, immer noch gefallen lässt.

Der Mythos von der Offenbarung

Die mangelnde Wissenschaftlichkeit der Theologie wird uns auch weiterhin begleiten. Sie äußert sich häufig in problematischen Zentralbegriffen, hier zunächst in der Vorstellung einer *Offenbarung*. Religionen und Gläubige erheben den Anspruch, mehr zu wissen als andere, von einer besonderen Sphäre der Wirklichkeit Kenntnis zu haben und Botschaften aus dieser Sphäre zu erhalten. Sie berufen sich auf Offenbarung. Das Christentum, aber auch das Judentum und den Islam bezeichnet man deshalb als *Offenbarungsreligionen*.

Dabei ist Offenbarung jedoch keine Erfindung des Monotheismus. Vielmehr ist Offenbarung ein religionsgeschichtlicher Topos, der weltweit verbreitet ist und sicherlich bis weit in die Steinzeit zurück reicht. Denn es ist anzunehmen, dass sich bis weit vor die schriftliche Phase der Kulturentwicklung Menschen immer schon auf Offenbarungen berufen haben. Sie erlebten die Ansprache numinoser Mächte in Naturerscheinungen, in Gewittern, Stürmen, dem Brand der Sonne, in heiligen Bergen und Bäumen, in Flüssen, im Wechsel der Jahreszeiten, bei der Jagd, bei Geburt und Tod. Offenbarung erlangten sie in schamanistischen Ritualen, Ahnenkulten und kultischen Mahlzeiten, in der mündlichen Überlieferung der Alten, durch Mythen und Legenden und in heiligen Kriegen. In späterer Zeit errichtete man Tempel und Kultstätten an Plätzen, wo man Transzendenz vermutete oder wo eine Gottesbegegnung berichtet wurde. Die Welt war in einem Maße offenbarungsgläubig, dass die Religionsgeschichte ein buntes Panoptikum sich offenbarender Götter war, die um die Anbetung der Gläubigen buhlten. In der Antike lebten Tausende Kulte nebeneinander her, von denen sich viele irgendwie auf Offenbarungen beriefen. Und selbst heute noch sammeln sich Gläubige um Gurus, selbsternannte Propheten und angebliche Mittler anderer Sphären. Sie erwarten von ihnen Einblicke in höhere Welten, in den Zusammenhang der Dinge, Aussagen zum Sinn des Lebens oder auch nur Tipps, welches Auto man kaufen soll.

Schon als die Frage nach einer vernunftmäßigen Begründung von Religion noch gar nicht gestellt wurde, waren Offenbarungen präsent. Und für

Offenbarungsgläubige scheint eine vernünftige Weltsicht ja gerade *nicht* erstrebenswert zu sein; sie scharen sich oft gerade um das Absurde, das Peinliche und Lächerliche. Denn keine noch so große Lächerlichkeit, kein noch so blasser Prophet ist vor einer gläubigen Anhängerschar sicher. Eine Lehre muss weder in sich schlüssig noch originell sein. Inflationär breiten sich heute durch neue Medien wie das Internet auch Offenbarungen aus, von denen man in früheren Zeiten verschont geblieben wäre. Allenthalben trifft man ihre Jünger in Fußgängerzonen an, oder sie klopfen an unsere Tür, werden in Talkshows präsentiert und stellen den Betrachter vor die Frage, ob man lachen oder weinen soll. Es kann als Faustregel gelten: Vorsicht vor Zeitgenossen, Gruppen, Sekten oder Religionen, die sich auf Offenbarungen berufen.

Tausend Religionen – Tausend Offenbarungen

Als *Offenbarung* und als *Inhalte der Offenbarung* bezeichnen wir die Einbildungen und Wahnvorstellungen einer bestimmten Religion. Dieser Definition, die auf Gläubige zunächst radikal und unversöhnlich wirken mag, können diese bei näherer Betrachtung im Wesentlichen sogar zustimmen. Denn die zigtausendfache Behauptung von Offenbarung in Tausenden von Religionen mit Zehntausenden von Göttern verweist den Offenbarungsbegriff schon rein statistisch in den Bereich der Illusion als eine Form tradierter Einbildung. Religionen zeichnen sich meist durch einen Wahrheitsanspruch aus. Gläubige können zwar ihre Götter nicht beweisen, sind aber existenziell in einem Maße von ihrem Glauben überzeugt, dass dieser Glaube zu einer für sie unbestreitbaren Wirklichkeit wird. Andere Religionen aber werden für Gläubige dann genau zu dem, was sie sind, nämlich Einbildungen und Wahnvorstellungen. Welcher Gläubige würde heute bestreiten, dass es sich bei den Blutgöttern der Maja, den germanischen Göttern oder dem griechischen Götterpantheon um Einbildungen gehandelt hat? Gehen wir rein von einander ausschließenden Religionen aus, und setzen wir diese Zahl beispielsweise bei 1000 an, könnte nur maximal eine Religion die richtige sein, die Gläubigen der anderen Religionen (99,9%) wären Einbildungen und Wahnvorstellungen erlegen. Die Vielzahl der Religionen belegt den prinzipiellen Wahncharakter von Religion quasi mathematisch. Und dass es überhaupt eine wahre Religion gibt – den Beweis sind uns die Gläubigen noch schuldig. Fazit: Zu den falschen Religionen gehört immer eine mehr, als jeder Gläubige meint. Gläubige sind zum Irren verdammt.

Nicht alle Religionen sehen ihre religiösen Konkurrenten als feindlich an. Der Buddhismus z. B. hat hier einen etwas anderen Ansatz. Doch in unserem Zusammenhang interessiert uns hier nur das Christentum. Und dieses hat sich, bis auf jüngere Strömungen, immer exklusiv verstanden, hat also anderen Religionen keine gleichen religiösen Rechte eingeräumt. Ebenso verhält es sich mit dem Islam und dem Judentum. Die zentrale Stellung von Jesus von Nazareth im Christentum ist völlig inkompatibel mit der Stellung Mohammeds im Koran. Und mit diesen beiden Religionen kann das Judentum *aus Prinzip* keine Einigung herstellen, ohne sich selbst aufzugeben. Gut gemeinte Versöhnungsangebote im Sinne von »Wir glauben doch alle an den gleichen Gott« missachten den Charakter aller dieser drei Religionen und schaffen eine vierte.

Die Offenbarung im Christentum

Solche Überlegungen finden sich natürlich nicht in den untersuchten Dogmatiken. Vielmehr wird die Authentizität ausgerechnet der christlichen Offenbarung naiv, aber in Übereinstimmung mit der Tradition vorausgesetzt. Und es wird ebenso naiv wie traditionell betont, dass die christliche Offenbarung nicht widervernünftig sei, sondern einer irgendwie höheren Vernunft entspricht.

»Mit der theologischen Tradition ist daran festzuhalten, dass die Offenbarung zwar *supra rationem* ist, weil sie von der Vernunft nicht erdacht werden kann, aber nicht *contra rationem*.«[68]

Nicht nur die Offenbarung, auch die Vernunft wird reklamiert. Und da das Christentum aus dem Judentum heraus erwachsen ist und mit ihm auch Heilige Schriften gemeinsam hat, hat es auch deren *Offenbarungsbestand* übernommen. Wilfried Härle, wie seine Kollegen bemüht moderner zu denken, bleibt auch hier ganz in den eingefahrenen Bahnen:

»Grundlegend ist die Gewissheit, dass der Gott Abrahams, Isaaks und Jakobs sich seinem Volk geoffenbart hat. Diese Offenbarung ist durch Taten (z. B. Exodus) und durch Worte (z. B. den Dekalog) geschehen und ihr Gehalt besteht darin, dass Gott Israel als sein Volk auserwählt und sich ihm als sein Gott zugesagt hat. Er geht mit Israel einen Bund ein, der diesem Volk eine heilvolle Zukunft verheißt.«[69]

Offenbarung in Christen- und Judentum wird verstanden als eine Bewegung Gottes auf die Menschen zu. Christliche Theologen betonen gerne, dass die Initiative ja nicht vom Menschen, sondern von Gott ausgegangen sei. Ludwig

Feuerbach sah das bekanntlich anders. Jedenfalls hat Gott für die Theologen offenbar ein Bedürfnis nach Selbstbekundung. Für Trillhaas ist Offenbarung »Gemeinschaftseröffnung: Gott kommt zum Menschen, er lässt ihn nicht mit sich und der Welt allein.«[70] Für Härle ist die Offenbarung »Selbsterschließung Gottes« durch göttliche Initiative, Offenbarung ein »Erschließungsgeschehen, das von Gott erschlossen wird.«[71] Und für Hans-Martin Barth ist die Offenbarung Selbsterschließung des »dreieinigen« Gottes, mit dem Hans-Martin Barth ebenso wie sein großer Namensvetter Karl Barth[72] immer gerne argumentiert. Als Empfangsorgan für den Anruf des dreieinigen Gottes habe der Mensch seine »Transzendierungsfähigkeit«. Diese sei zwar »durch die Sünde beschädigt«, aber damit wisse »der christliche Glaube umzugehen.«[73] Das beruhigt dann doch.

Tatsächlich hat die Theologie bei der Offenbarung ein Problem. Sie fühlt sich an die jüdische Tradition gebunden, betont deren Offenbarungen als auch für sie verbindlich, doch muss dann im Widerspruch zu dieser auch irgendwie die dogmatischen Entscheidungen späterer Jahrhunderte unterbringen. Jesus als »der Christus« muss ebenso eingebaut werden wie eine Trinitätslehre; alles Punkte, die jüdischem Verständnis massiv widersprechen. Trotz dieser gravierenden Differenzen im Gottesbild halten christliche Theologen an der Identität des Gottes Jahwe mit dem trinitarischen Gott der Kirche fest. Nicht die Vernunft, die Tradition verlangt dies so.

Trotz aller Behauptung der Verbindlichkeit jüdischer Gottesoffenbarung auch für Christen, haben diese aber nur Vorspielcharakter. Die Gottesoffenbarung in Jesus dem Christus ist für das Christentum konstitutiv geworden. Sie stellt alles in den Schatten, was bisher geschah, nicht nur die Offenbarungen von Engeln und Propheten, sondern auch das mosaische Gesetz. Da auch das Erscheinungsbild des alttestamentlichen Gottes sich stark vom neutestamentlichen Verständnis unterscheidet, und man geradezu von zwei unterschiedlichen Göttern sprechen könnte, wirkt die Klammer künstlich, die Judentum und Christentum verbindet. Der in der Theologiegeschichte vielfach als Erzketzer verschriene Markion hat dies schon im zweiten Jahrhundert beklagt und eine Trennung der Christen vom bösen Gott (Demiurgen) des Alten Testaments verlangt. Doch die Theologie ist diesen Weg nicht gegangen.

Grundfragen der Offenbarung
Die drei Weisen der Offenbarung

Christliche Offenbarung kann Unterschiedliches meinen. Einfache Christen werden *Offenbarung* mit der Bibel identifizieren, also mit einem geschriebenen Wort. Doch die heutigen Heiligen Schriften, z. B. die Paulusbriefe, waren meist Gelegenheitsschriften, und hätte man Paulus gefragt, ob seine Briefe heilig seien, hätte er sicher eine seiner Invektiven vom Stapel gelassen. Und auch die unbekannten Verfasser der Evangelien sahen diese nicht als heilige Schriften an. Sie sind es erst in späterer Zeit und für spätere Christen geworden.

Trotz Bibelvergötzung vor allem im evangelikalen Protestantismus: Theologen weisen darauf hin, dass für eine »reflektierte« Theologie die Bibel nur Hinweischarakter haben kann. Theologen weisen hin auf die eigentliche Offenbarung, das sog. *Christusgeschehen*, also das Auftreten des Gottessohnes Jesus von Nazareth und seine Predigt. Jesus bzw. Christus wird verstanden (z. B. von Karl Barth und seiner Schule) als das offenbarte *Wort Gottes*, als das Wort Gottes schlechthin. Jesus selbst ist dabei Offenbarer und zugleich der Offenbarte. Und viele Theologen sprechen auch noch von einer dritten Gestalt der Offenbarung, vom *verkündigten Wort*, wie es z. B. in einer Predigt sich ereignen soll. Auf diese Weise bleibe die Offenbarung nicht in der Vergangenheit, sondern wirke Gott direkt in unsere Zeit hinein.

Eine schöne Konstruktion. Und es stellt sich für die Theologie dann natürlich die Frage, wie die drei Gestalten der Offenbarung zu beschreiben und voneinander zu unterscheiden sind. Die Lösung dieser Aufgabe füllt in den Dogmatiken oft viele Seiten. Wir lassen das Problem hier beiseite, es ist ohnehin nur ein Scheinproblem.

Natürliche Offenbarung – Biblische Grundlagen

Alle Gläubigen sind Religionskritiker, viele sogar gänzlich unversöhnliche Religionskritiker. Jedenfalls in Hinsicht auf andere Religionen. Doch *wirkliche* Religionskritik ist im Wesentlichen die Einsicht in die Relativität auch der eigenen Religion, das Bewusstwerden des Umstands, dass, wenn milliardenfach Gläubige von der Wahrheit ihrer Religionen subjektiv überzeugt sind, und sich, wir sagten es schon – alleine weil es eben viele sich widersprechende Religionen gibt – damit objektiv irren *müssen*, auch sie selbst vielleicht sich etwas vormachen, einer Einbildung oder einer Wahnvorstellung erlegen sind.

Dass primitive Mythen und Legenden von Religionen, wie ein jungfräulich geborener Halbgott oder das Diktat einer Heiligen Schrift durch den Erzengel Gabriel nicht eben vertrauenswürdig sind, ist die eine Sache. Aber gibt es vielleicht doch, unabhängig von einer konkreten Religion, so etwas wie eine *natürliche Theologie*, eine Art Gottesbewusstsein, dass allen Menschen eingepflanzt ist? Existiert so etwas wie eine religiöse anthropologische Konstante? Die christliche Theologie jedenfalls ist oft davon ausgegangen.

Sie beruft sich dabei vor allem auf einige Aussagen von Paulus im Brief an die Römer.

»Der Zorn Gottes wird vom Himmel herab offenbart wider alle Gottlosigkeit und Ungerechtigkeit der Menschen, die die Wahrheit durch Ungerechtigkeit niederhalten. *Denn was man von Gott erkennen kann, ist ihnen offenbar; Gott hat es ihnen offenbart.* Seit Erschaffung der Welt wird seine unsichtbare Wirklichkeit *an den Werken der Schöpfung mit der Vernunft* wahrgenommen, seine ewige Macht und Gottheit. Daher sind sie unentschuldbar. Denn sie haben Gott erkannt, ihn aber nicht als Gott geehrt und ihm nicht gedankt.« (Röm 1,18-21a)

Gott kann also an den Werken der Schöpfung durch die Vernunft erkannt werden. In einer Zeit, da die Vorgänge der Natur noch viel geheimnisvoller auf die Menschen gewirkt haben mussten, und wo ein Regenbogen schon als göttliches Zeichen durchging, lag die Rückführung der Welt auf so etwas wie Schöpfung sicher näher als heute. In Röm 2,14-16 wird das Gewissen als göttlich gegeben verstanden. Deshalb könnten auch »Heiden, die das Gesetz nicht haben, *von Natur aus* das tun, was im Gesetz gefordert ist«. (Röm 21,14)

Heutige Weltsicht sieht das anders. Ein Schöpfergott ist nicht mehr nötig, um die Vielfalt des Lebens und der Welt zu erklären. Er würde sogar eher stören. Die Natur erschafft sich in evolutionären Entwicklungen permanent selbst, mit allen Sackgassen, Katastrophen und Neuanfängen, die, wollte man sie auf einen Gott zurückführen, diesen als doch reichlich planlos und dilettierend erscheinen ließen. Ähnliches gilt für Moralität und Gewissen. Auch diese sind nicht ohne Evolution und dann auch durch Sozialisation denk- und erklärbar. Die Anwendung der Vernunft belegt heute, anders als dies Paulus noch meinte, gerade *nicht* die Existenz eines Gottes.[74]

Natürliche Theologie – die Befürworter

Immerhin argumentiert Paulus aber hier zumindest in Ansätzen allgemeinphilosophisch. Doch mit der bloßen Existenz eines Gottes ist weder ihm noch der auf ihn sich berufenden Kirche gedient. Denn Christologie und

Erlösung – also das, was die christliche Dogmatik eigentlich ausmacht – wird damit noch nicht berührt. Für Thomas von Aquin gab es deshalb zwei Weisen von Wahrheit, zur Vernunftoffenbarung musste noch die Heilsoffenbarung treten. Die Vernunftoffenbarung erkennt, dass es einen Gott gibt, aber die Heilsoffenbarung erkennt ihn als dreieinigen Gott. Die Reformatoren und die altprotestantische Orthodoxie sind dieser Zweistufigkeit der Erkenntnis gefolgt. Man unterschied eine allgemeine Offenbarung (*revelatio generalis*) von der speziellen Offenbarung, die Christus gebracht haben sollte (*revelatio specialis*). Das erste Vaticanum hat aus der Erkenntnis Gottes durch die Vernunft sogar ein Dogma gemacht. Und im 20. Jahrhundert unterschied noch der ev. Theologe Paul Althaus im Sinne der Tradition zwischen »Uroffenbarung« und »Heilsoffenbarung«.

Aber auch die Theologen merkten zunehmend, dass sich eine »natürliche Theologie« immer schwerer begründen ließ. Dazu beigetragen hatte sicher auch der Umstand, dass die religiöse Vielfalt im 20. Jahrhundert unübersehbar wurde, dass es immer mehr Atheisten gab, und dass sogar Religionen (z. B. Teile des Buddhismus) ganz ohne eine Gottesvorstellung auskommen. Also konnte Gotteserkenntnis eben doch keine anthropologische Konstante sein. Dennoch versuchten Theologen zumindest die Empfänglichkeit für die Offenbarung im Menschen zu behaupten. Ähnlich wie die Radiovorbereitung bei einem neuen Auto: Es ist zwar nicht drin, »wartet« aber darauf. Vor allem der vor den Nazis in die USA emigrierte Theologe Paul Tillich hat hier interessante und geistreiche Überlegungen angestellt. Unter Verwendung ontologischer und existenzphilosophischer Denkmuster versucht er Gott, der von ihm modern als das *Sein Selbst* bezeichnet wird, als Grundlage auch des Menschseins zu bestimmen. Von diesem Grund sei der Mensch aber entfremdet. Tillich ist ein Meister darin, bei einer allgemein-anthropologischen Betrachtung zu beginnen, um diese dann kaum spürbar in eine theologische zu verwandeln. Das geht natürlich nur, wenn man auch eine neue Begrifflichkeit verwendet. So wird aus Sünde *Entfremdung* und aus Gott das Sein selbst, und aus dem Glauben wird ein *Transzendieren der Wirklichkeit* oder das *neue Sein*. Doch auch Tillich muss bei aller Musikalität der Sprache letztlich die Karten auf den Tisch legen. Auch bei ihm wird Christus zu einer »letztgültigen Offenbarung«, die alles Vorläufige in der Vernunft des Menschen und auch in anderen Religionen qualitativ übersteigt.

Bekanntester »Anknüpfungstheologe« ist heute jedoch Hans Küng. Sein *Projekt Weltethos* fußt auf der Annahme eines Verbindenden der Religionen. Küng hofft im Grunde auf so etwas wie einen vernünftigen Gottes- und Religionsbegriff, und er meint sogar bei allen Religionen eine grundsätzliche Tendenz zur Humanität erkennen zu können. So erhofft er sich von den Religionen Hilfe bei der Lösung gesellschaftlicher Probleme. Ein hehrer Ansatz, aber sicher zu europäisch und zu blauäugig gedacht. Denn Religionen eignen sich eben gerade nicht zum Problemlösen, sind sie doch, wie viele Konflikte weltweit immer wieder zeigen, selbst das Problem.[75] Und wenn man hin zu einer weltweiten Humanität kommen will: Warum den Umweg über die Religionen nehmen, die schwer kompatibel sind und oft in die Barbarei führen, statt anzuknüpfen bei der allen Menschen zugänglichen Vernunft und den weitgehend gleichen menschlichen Bedürfnissen?

Auf einen vernünftigen Gottesgedanken und eine ebenso im Menschen vorhandene vernünftige Moralität haben die Aufklärer und der spätere Rationalismus Wert gelegt. Wie die Kirche das vernunftmäßige Erkennen übersteigen wollte, um zur eigentlichen Offenbarung mit Gottessohn, Sühnetod und Jüngstem Gericht zu gelangen, so versuchten die Deisten der Aufklärung, eben dieses mythologische Brimborium loszuwerden und einen vernünftigen Gott und eine vernünftige Religion zu begründen. Alles bloß Kultische wurde ausgesondert oder wegdefiniert. Sittengesetz und Gottesgesetz fielen zusammen: »Jesus wurde als Prediger und vorbildlicher Erfüller dieses Gesetzes verstanden.«[76]

Natürliche Theologie – die Gegner

Für Glauben und Kirche wäre es natürlich von Vorteil, könnten sie darauf verweisen, dass jeder Mensch allein durch seine Vernunft ein Stückchen von Gottes Schatten sehen könnte. Doch diese Hoffnung wird nicht erst von einer kritischen Philosophie und Psychologie infrage gestellt, sondern bereits durch manche Theologen selbst.

Luther hielt wenig von Philosophie und Vernunft. Vernunft war für ihn eine »Hure«,[77] und auch das mit der Vernunft gewonnene Wissen über Gott war für ihn kein »Schritt auf dem Weg von der Unwahrheit zur Wahrheit … sondern galt lediglich als eine andere Variante von Unwahrheit. Gerade Luther hat die philosophische Theologie nicht als Überwindung, sondern nur als eine weitere Spielart des Götzendienstes verstanden.«[78] Die Vernunft »weiß, dass es einen Gott gibt. Aber wer oder welcher es ist, der richtigerweise Gott heißt, das weiß sie nicht. […] Und so spielt die Vernunft *Blinde Kuh* mit Gott und liegt ständig daneben und greift fehl, so dass sie das Gott nennt, was nicht Gott ist…«[79]

Menschen können sich über Gott einiges zusammenphantasieren, das hat Luther schon richtig gesehen. Wie ein Religionskritiker sieht er an dieser Stelle die Unzulänglichkeiten eines philosophischen Gottesbegriffs. Was er aber dann quasi als Gegenmittel empfiehlt, ist nicht weniger absurd. »Das ander leret alleine der heylige geyst.«

Eifrigster Kämpfer gegen eine natürliche Theologie war aber dann im 20. Jahrhundert Karl Barth. Es gehört zu den Prämissen der Barthschen Theologie, dass Barth jeden Versuch des Menschen, einen Pfad zu Gott schlagen zu wollen, ablehnt. Wenn es zu einer Erkenntnis Gottes kommt, zu einer Offenbarung, dann müsse die Initiative von Gott ausgehen und Gott zum Menschen kommen, wie er es in Jesus Christus, dem »Wort Gottes« ja dann tatsächlich getan habe. Barth schert sich nicht darum, ob dieses »Wort Gottes« in die Welt passt oder nicht. Er grenzt sich scharf ab gegen jede Anknüpfungstheologie, gegen alle, die meinen, der Mensch habe von sich aus die Fähigkeit, zu Gott vorzudringen oder ihn zu erkennen. Für all die unsinnigen Versuche, die der Mensch anstellt, um von sich aus zu Gott zu kommen, hat Barth nur das eine, bei ihm bewusst sehr negativ gemeinte Wort: *Religion*. Religion meint nicht nur die Vielzahl der nichtchristlichen Religionen, sondern ebenso negativ den Versuch von Strömungen innerhalb des Christentums, einen Kompromiss mit der Welt und mit einer modernen Kultur einzugehen, wie es besonders in der Nachfolge Schleiermachers und im Kulturprotestantismus geschehen sei. »Religion ist Unglaube; Religion ist eine Angelegenheit, man muss geradezu sagen: die Angelegenheit des gottlosen Menschen.«[80] Naturerkenntnis lehrt uns nichts über Gott, die Vernunft lehrt uns nichts über Gott, die Gottesbeweise führen uns nicht zu ihm.[81] Das alles ist von Menschen gemacht und irrig.

Was Barth hier bietet, kann man durchaus als eine Religionskritik von theologischer Seite bezeichnen. Religionskritiker, die ebenfalls der Meinung sind, dass Religionen Menschenwerk sind, brauchen nicht nur *gegen* diesen Kirchenvater des 20. Jahrhunderts zu argumentieren; sie können ihn hier auch zitieren. Jedenfalls teilweise; denn natürlich sieht Barth *seinen* Offenbarungsglauben als etwas Besseres an. Denn dieser geht ja nicht von unten hinauf, sondern kommt von oben herab, wie sich Barth einredet. Und das macht eben aus dem recht verstandenen Christentum eine Wahrheit: »Die christliche Religion ist die wahre Religion.«[82] Wortreich und mit den bei Barth meist wirklich guten Formulierungen, aber inhaltlich dann doch mehr behauptend als belegend, glaubt Barth sich mit seiner Offenbarungstheologie vom Unrat der anderen Religionen und den Verschmutzungen der eigenen Religion abgrenzen, und sich so auch an Feuerbach vorbeimogeln zu können. Wortreicher und ausgefeilter in den Formulierungen als bei einfachen Gläubigen reicht bei den Theologen jedoch die Religionskritik immer nur zur Kritik an anderen Religionen. Wer hätte auch etwas anderes erwartet?

Wegen des beträchtlichen Einflusses der Theologie Barths, aber sicher auch aus allgemeinen philosophischen und religionsphänomenologischen Erwägungen ist es jedenfalls still geworden um die Möglichkeit, mit der Vernunft so etwas wie göttliche Wahrheit oder göttliches Wirken zu erkennen. Der Theologe Joest resümiert: »Der Gottesgedanke ist nicht mehr ein selbstverständlicher Gedanke der Vernunft.«[83]

Und der Theologe Hans-Martin Barth meint: »Die Vorstellung von einer allgemeinen Offenbarung, der eine besondere gegenüberstünde, muss aufgegeben werden. Das *Allgemeine* ... ist im Anthropologischen zu suchen, nicht in irgendwelchen *Offenbarungs-Inhalten*.«[84] Lange hat die Theologie für solche Einsichten gebraucht. Wenn sie sie nur ernst nehmen und durchhalten würde! Denn wie hier noch weiter belegt werden soll, leben auch die jüngeren Dogmatiken gerade dadurch, dass sie das gerade nicht tun, sondern oft zwanghaft auf der Suche nach natürlichen Anknüpfungspunkten für ihre Theologie sind.

Andere Religionen – »Arme, gänzlich verlorene Heiden«

Für Gläubige sind Andersgläubige ein Problem. Ja die bloße Existenz anderer Religionen muss ein Ärgernis sein. Denn andere Gläubige behaupten ja ebenfalls, im Besitz von Offenbarungen ihrer Götter zu sein oder die wahre Religion zu haben. Dadurch beschneiden sich die Religionen permanent gegenseitig ihre Glaubwürdigkeit. Man fühlt sich erinnert an die Reihe predigender Propheten im Film »Das Leben des Brian«, wo jeder auf dem religiösen Jahrmarkt versucht, Jünger zu finden. Die Kirchen müssen sich wohl oder übel zu diesem Anspruch anderer Religionen irgendwie verhalten, sie können sie nicht (wie die Religionswissenschaftler) einfach nur zur Kenntnis nehmen oder nur beschreiben.

Welch glückliche Zeiten hatte noch die alte Theologie. Die anderen Religionen wurden kurzerhand als heidnisch oder als Aberglaube verstanden und bezeichnet. Es gab eben nur eine wahre Religion, der Rest war Einbildung. In der Neuzeit, da die Vielzahl der Religionen erst so richtig in den Blick geriet, geht das nicht mehr. Theologen wollen das auch nicht, denn es würde arrogant wirken, wenn man die religiöse Gymnastik anderer Religionen gänzlich für wertlos erachten würde. Auf der anderen Seite droht natürlich aber immer der von Theologen als noch größere Gefahr empfundene Relativismus. So sind die Theologen wie in vielen anderen Fragen auch hier zu einem Eiertanz gezwungen, nämlich einerseits auch andere Religionen in gewissem Maße zu würdigen, andererseits aber dennoch die Überlegenheit der christlichen Offenbarung hochzuhalten.

Eine erste positive Sicht auf andere Religionen findet sich bei Schleiermacher. Er gesteht anderen Religionen immerhin ein gewisses Gottesbewusstsein zu. Sie sind nicht gänzlich in Dunkelheit befangen. Das Gottesbewusstsein zeigt sich nach Schleiermacher in der Geschichte immer wieder in genialen Einzelpersönlichkeiten, die das religiöse Gefühl voranbrachten. Jesus war eine dieser Gestalten. Aber mehr noch: Er hat das Gottesbewusstsein in seiner reifsten Gestalt hervorgebracht, es zur vollen Entfaltung geführt.[85]

Damit hat Schleiermacher die Richtung »moderner« Theologie vorgegeben. Andere sind ihm gefolgt. Auch Tillich kann andere Religionen durchaus als Vorläufer verstehen, aber Jesus Christus ist für ihn, wie schon erwähnt, die »letztgültige« Offenbarung. Der Theologe Pannenberg meint Gottesbekundungen ebenfalls auch in anderen Religionen erkennen zu können. Christus sei aber das *Telos*, das Ziel der Offenbarung. Darüber geht nichts mehr. Und selbst bei Karl Barth, der ja solche »Anknüpfungen« aus tiefster theologischer Seele verachtet, finden sich gewisse Zugeständnisse in seiner sog. »Lichterlehre«. Christus sei zwar das einzige Licht, aber es könne durchaus ein Streulicht dieses Lichtes auch in anderen Religionen geben.[86] Selbst wenn man darin im Zeitalter des *Dialogs der Religionen* gerne ein Zugehen auf andere Gläubige sehen möchte; Barth selbst macht wieder das Pflänzchen des Dialogs zunichte, er kann nicht aus seiner Haut. Mit dem ihm eigenen Hang zu spitzen Formulierungen liest man,

> »dass zwischen Wahrheit und Lüge in den Religionen nur eines entscheidet. Dieses Eine ist der Name Jesus Christus.«[87] Die »Heiden« mögen durchaus Strukturen einer Gnadenreligion kennen und sogar in ihnen leben, »ohne darum weniger Heiden, arme, gänzlich verlorene Heiden zu sein.«[88]

Noch Fragen? So etwas formuliert man selbst bei den Katholiken inzwischen etwas freundlicher. Karl Rahner, bedeutendster katholischer Theologe im letzten Jahrhundert, meinte anderen Religionen etwas entgegen zu kommen, in dem er von einem »anonymen Christentum« gesprochen hat. In der von ihm verantwortlich mit verfassten Dogmatischen Konstitution *Lumen gentium* (1964) wird von einer »Einheit des Gottesvolkes« gesprochen, die zwar katholisch ist, zu der aber alle Menschen berufen sind. Auch Nichtchristen, die das Evangelium »ohne Schuld nicht kennen, Gott jedoch mit aufrichtigem

Herzen suchen … können das ewige Heil erlangen«.[89] Das ist aus Sicht der katholischen Kirche schon mal ein erstaunliches Zugeständnis. Doch Nichtkatholiken sollten sich dennoch nicht zu früh freuen. Denn immer noch ist der Himmel katholisch und die katholische Kirche die einzige Kirche, die im Vollbesitz der Wahrheit ist. Und dem Protestantismus oder auch allen anderen, die mit der katholischen Kirche in Berührung gekommen sind, also nicht »ohne Schuld« nichts von ihr wissen, haben keine Entschuldigung. Für Protestanten, die von der katholischen Kirche wissen, aber sich nicht zur ihr bekennen, bleibt der Himmel verschlossen. Sie müssen draußen bleiben oder mit dem dunklen, aber zumindest gut geheizten Keller Vorlieb nehmen. Man soll es ja mit der Gnade auch nicht übertreiben.

Wir sehen also bei der Frage, wie Theologen die anderen Religionen beurteilen, in neueren Dogmatiken zumindest das Bemühen, ihnen mit einem gewissen Wohlwollen gegenüber zu treten, sie und ihre Gläubigen auch irgendwie ernst zu nehmen. Aber das geschieht dann immer aus einer gewissen christlichen Gutsherrenmentalität heraus. Andere Religionen sind wie unmündige Kinder mit zwar guten Anlagen, aber ohne das Wissen um die wahre Religion, ohne die wahre Offenbarung, nur mit Keimen der Wahrheit ausgestattet. Sie sind in ihrer Religion defizitär und hilfebedürftig, und natürlich hilft man gern.

Der Theologe Hans-Martin Barth klingt hier in mancher Hinsicht anders. Man merkt seiner Dogmatik an, dass er sich bemüht, andere Religionen als Gesprächspartner ernster zu nehmen als seine Kollegen. Immerhin will er ja geradezu eine Dogmatik »im Kontext der Weltreligionen« schreiben. Das hat bisher noch keiner getan und macht den besonderen Wert seines Buches aus. Dennoch kann auch er nicht umhin, andere Religionen im Lichte (das ist das falsche Wort!) des christlichen Glaubens zu sehen. Dabei entwickelt Barth eine seltsame Konstruktion. Wie andere geht er davon aus, dass der christliche Gott auch irgendwie in anderen Religionen handelt.

»Will man es [das Handeln Gottes in nichtchristlichen Religionen] aber, was ich für unumgänglich halte und wofür ich plädiere, wirklich theologisch würdigen, so muss man bereit sein zu fragen, was Gott mit seinem außerhalb des Christentums ergangenen und ergehenden Walten der Christenheit zu sagen haben könnte. Vom trinitarischen Glauben ausgehend, kommt man nicht umhin, diese Frage zu stellen.«[90]

Der christliche Gott handelt demnach in anderen Religionen, um damit den Christen etwas zu sagen? So muss man Hans-Martin Barth hier wohl verstehen. Eine solche Aussage kommt aber kaum weniger christlich-chauvinistisch daher als die Rede Karl Barths von den »verlorenen Heiden«. Völlig befremdlich dürfte es für die Angehörigen anderer Religionen sein, wenn Barth nicht bei einem allgemeinen Gottesverständnis ansetzt (hier ließen sich ja vielleicht noch Übereinstimmungen denken), sondern mit der Trinitätslehre, einer rein innerchristlichen Spekulation. Barth scheut sich nicht, diese sowohl für Juden wie Muslime wie ein rotes Tuch wirkende Anschauung auch sonst in seinem Buch an vielen Stellen zu verwenden, um dadurch zu einer Würdigung anderer Religionen zu kommen. Die Frage, ob dies sachgerecht sei, wird »in theologischer Manier« beantwortet. »Es ist Sache des dreieinen Gottes, auf welch verborgene Weise auch immer sein Wirken in nichtchristlichen Religionen sich vollzieht.«[91] Sollen Juden und Muslime doch sehen, wie sie klar kommen; aber der dreieinige Gott wirkt unsichtbar auch in ihnen. Und ganz allgemein darf man fragen: Wenn es eine »Sache des dreieinigen Gottes« ist, und dann auch noch »auf verborgene Weise« geschieht; wie will Hans-Martin Barth da je zu belastbaren Aussagen kommen? Aber die Theologen haben sich auch untereinander insoweit arrangiert, dass man so genau nicht nachfragt. Es ist nicht nötig, dass theologische Aussagen den Anschein von Rationalität wahren, eher genügt es, wenn man das Gefühl hat, sie befänden sich mit der Glaubenslehre der Kirchen in Übereinstimmung. Als Dogmatiker kommt man mit so was durch.

Aber es bleibt nicht beim dreieinigen Gott: Hans-Martin Barth vereinnahmt auch die Heiligen Schriften anderer Religionen. Auch sie werden von ihm zu Hinweisen auf das Christentum und auf Christus selbst:

> »Sollten die außerchristlichen heiligen Schriften vielleicht ebenso auf Jesus Christus hin – und damit von ihm her – lesbar sein, wie den Christen dies im Blick auf das Alte Testament vertraut ist? Ich vermute: ja! Wenn der Gott Jesu Christi providentiell auch hinter der Abfassung, Bewahrung und Verehrung außerchristlicher heiliger Schriften steht, muss von dieser Möglichkeit ausgegangen werden.«[92]

Der Koran also, mehr als 600 Jahre nach dem Christentum entstanden, soll ein Hinweis auf Jesus sein? Hierzu möchte man gerne mal ein islamisches Gutachten der Universität Kairo einholen. Doch in der Tat gibt es ja von islamischer Seite genau die umgekehrte Tendenz, nämlich Judentum und Christentum als Vorstufen zur eigentlichen Offenbarung durch Mohammed zu sehen. Solchen Unsinn kann man muslimischen Theologen schwer verbieten, wenn christliche Theologen das ihrerseits auch in ihren Dogmatiken unwidersprochen tun. Doch Hans-Martin Barth legt sogar noch nach und zeigt anschaulich, wohin »christliche Logik« führen kann:

»Im Blick auf das Verständnis nichtchristlicher Religionen und Weltanschauungen heißt das zunächst, dass keine von ihnen in Bausch und Bogen abgelehnt werden darf. Das gilt, so schwer es mir auch fällt, dies zuzugeben, sowohl für eine Religion mit kannibalistischen Zügen als auch für eine Weltanschauung wie den Nationalsozialismus. In jeder Religion (und Weltanschauung) äußert sich Suche nach Sinn und Heil, wird um Deutung und Gestaltung des Lebens gerungen. Schon diese Suche und solches Ringen sind im Glauben als Angebote Gottes zu verstehen: Sie verdanken sich dem Schöpfer, der zugleich auf die Erlösung und Vollendung seiner Schöpfung bedacht ist.«[93]

Barth stolpert hier über die eigenen theologischen Fußangeln. Weil er damit rechnet, dass sich Gott überall äußern kann, verbietet sich eine vorschnelle Verurteilung sogar des Nationalsozialismus? Auch dieser könnte als Suche nach Sinn und Heil (sic!), als Angebot Gottes verstanden werden? Hier hat sich Hans-Martin Barth offensichtlich vergaloppiert. NS-Vergleiche verbieten sich ohnehin, weil damit immer ungewollt eine Relativierung der nationalsozialistischen Verbrechen einhergeht. Und Barth, ein durchaus freundlicher und angenehmer Mensch, dem jeder Extremismus fremd ist, führt sich hier selbst durch das Durchziehen einer theologischen Schnurre (Gott kann sich überall äußern) ins argumentative Abseits.

Scheinprobleme der Theologie: Offenbarung

Als *Offenbarung* bzw. als *Inhalte der Offenbarung* bezeichnen wir die grundlegenden Einbildungen und Wahnvorstellungen von Religionen; so lautete die Eingangsthese dieses Kapitels. Offenbarung ist deshalb grundlegend, weil sie den Beginn einer Religion markiert. Offenbarung ist somit sogar einem Gottesbegriff noch ontologisch vorgeordnet, sie ist der Kreißsaal, in dem die jungen Götter das Licht der Welt erblicken, die Leinwand, auf der das Kopfkino der Religionen zur Aufführung gelangt. Die Filme, die gezeigt werden, sind vielfältig wie die Unzahl an Religionen selbst. Und alle Religionen wissen um die Fiktion, das Nichtreale von Offenbarungen. Nur den Film ihrer eigenen Religion halten sie für real, für die Leinwand transzendierend, für den Einbruch einer überirdischen, göttlichen Realität.

Doch wehe, wenn das Licht angeht! Aus Furcht davor schauen sie sich ihren Film lieber immer wieder von neuem an. Auch die christlichen Theologen nehmen an dieser Vorstellung teil, ja setzen sie in Szene und halten mit immer neuen Dogmatiken die Vorstellung aufrecht, als sei die christliche Offenbarung etwas genuin anderes als die Wahnvorstellungen eines Mohammed oder die Götzenbilder keltischer Druiden. Die inflationäre Berufung auf sich selbst ausschließende »Offenbarungen« bezeichnen die grundsätzliche Unseriosität der Religionen insgesamt. Es sind Euphemismen und Wunschträume, wenn man meint, die christliche Gottesoffenbarung sei »ein (umfassendes) Wirklichkeitsverständnis« (Härle) oder es ginge in den Religionen um »die Vermittlung transrationaler, ganzheitlicher Erkenntnis« (Hans-Martin Barth).

Eine vernünftige Sicht auf die Offenbarungsphänomene als menschliche Einbildungen und Wahnvorstellungen ist mühelos in der Lage, die allermeisten ihrer Phänomene zu erklären. Die Theologie kann sich zu einer solchen Sicht, die ja ihre Selbstauflösung oder zumindest ihre Überführung in Religionsphänomenologie bedeuten würde, natürlich nicht durchringen. Damit treten aber notwendigerweise »theologische« Probleme auf, an denen sich die Theologen abarbeiten können und müssen. Aus vernünftiger Sichtweise handelt es sich bei allen theologischen Problemen um selbst eingehandelte Scheinprobleme.

Wie unterscheidet man richtige von falscher Offenbarung?

Die Frage ist ein Scheinproblem, wenn man von der Prämisse ausgeht, dass es eine richtige, also wahre Offenbarung einfach nicht gibt. Schon das Alte Testament kennt falsche Offenbarungen (Dtn 18,21) und auch falsche Propheten. Schon dort wurde (korrekt) die Nichtigkeit von Göttern anderer Völker erkannt, schon dort geschah also Religionskritik. Dass es neben den falschen Gottesoffenbarungen auch so etwas wie richtige Gottesoffenbarungen gibt, ist in etwa so, als wenn man behauptet, es gäbe neben der vulgären Astrologie in Tageszeitungen und im Astro-TV noch so etwas wie eine *seriöse* Astrologie. Mit gebremstem Schaum kommen die Mahnungen von Theologen daher, die Geister zu prüfen:

> »Aber unter den behaupteten Selbsterschließungen kann es immer auch trügerische Selbstverhüllungen des Bösen geben, das mit dem Anspruch und Schein der Gottesoffenbarung auftritt. Deswegen mahnt das Neue Testament zur wachsamen Prüfung.«[94]

Und wer prüft das Neue Testament? Es gibt keine seriöse Gottesoffenbarung, sondern es gibt immer nur einen eingebildeten Gott mehr, als jeder Gläubige meint. Legt man diese Prämisse zugrunde, dann beschreibt sich plötzlich die Wirklichkeit viel besser als in den Kategorien irgendwelcher Religionen.

Ist die Offenbarung abgeschlossen?

Zu viel Offenbarung ist ungesund, das wissen selbst die Gläubigen. Religionen haben Anlass genug, sich vor übermäßiger Offenbarung zu schützen. Denn auch in den eigenen Reihen treten immer wieder Offenbarungen und Offenbarer auf, mit denen man dann doch lieber nichts zu tun haben möchte. So war es in der Antike nötig, den Umfang der sog. Heiligen Schriften festzulegen, weil die fromme Phantasie immer mehr vermeintliche Schriften von Aposteln hervorbrachte, dass es selbst der jungen Kirche zu viel wurde. Also erklärte sie den Kanon des Neuen Testament im vierten Jahrhundert für abgeschlossen. Ähnliches hatte vorher schon das Judentum getan, später tat es auch der Islam. Bei den Christen traten dann immer wieder Propheten, Spiritualisten, Schismatiker, religiöse Ekstatiker und Neurotiker auf den Plan, die sich auf göttliche Offenbarung beriefen und für sich und ihre Botschaft Autorität beanspruchten. Diese Leute waren für die Kirche schwer zu kontrollieren und konnten schnell zu einer Bedrohung werden. Sie beriefen sich oft auf den *Geist Gottes*, der in ihnen wirke. Tatsächlich hatte das Neue Testament von solcher Art Geistesgaben gesprochen und davon, dass der Geist wehe, wo er will. (Joh 3,8).

Ist die Offenbarung also abgeschlossen oder nicht? Ein Scheinproblem, denn wo es einfach keine Offenbarung gibt, wird die Frage, ob diese abgeschlossen ist, bedeutungslos. Man wird besser sagen können, dass die religiöse Einbildungskraft nie abgeschlossen sein wird. Auch in Zukunft werden sich Menschen Offenbarungen einbilden und im Gestus der Überzeugung andere Menschen zu Jüngern an ihren Zwangsvorstellungen oder Phantastereien machen.

Der republikanische Herausforderer des US-Präsidenten Barack Obama war z. B. Mormone. Die Mormonen haben neben der Bibel noch weitere Heilige Schriften und verehren den selbsternannten Propheten Joseph Smith. Was er als Offenbarungen verkündete, ist kritisch und historisch betrachtet ein solcher Unsinn, dass die Behauptung von Muslimen, Mohammed habe den Koran vom Erzengel Gabriel diktiert bekommen, fast wissenschaftlich wirkt. Dennoch verstehen die Mormonen sich als Christen und bringen es in den USA auf über 6 Millionen Mitglieder.

Der Geist weht eben, wo er will. Die katholische Kirche muss sich ständig mit irgendwelchen Marienerscheinungen herumplagen, die Gläubige gehabt zu haben vorgeben. Zuweilen erkennt sie sogar die Echtheit von einigen dieser Erscheinungen an. Wegen entsprechender biblischer Texte sind aber auch protestantische Theologen gezwungen, die Möglichkeit künftiger Offenbarungen nicht gänzlich auszuschließen. Man will dem »Geist« ja nicht den Mund verbieten. Hans-Martin Barth z. B. versteht die Offenbarung nicht als abgeschlossen, »wenn die Christen die Rede vom Wirken des Heiligen Geistes und vom Wirken des Schöpfers ernst nehmen.« Auch künftig wird also die Theologie gezwungen sein, dieses Scheinproblem weiter als echtes Problem zu behandeln. Die Verschwendung geistiger Ressourcen wird dabei nicht beklagt; man ist daran gewöhnt.

Gibt es Offenbarung auch in anderen Religionen?

Wer hat sie denn nun, die wahre Gottesoffenbarung? Schon zwischen Juden und Christen gibt es in dieser Frage tödliche Differenzen. Da sich keine belastbaren Argumente finden, um die Wahrheit einer behaupteten Offenbarung zu erweisen, ist der religiösen Rechthaberei Tür und Tor geöffnet. So werden dann selbst bei Theologen des 20. Jahrhunderts aus Menschen mit anderem Glauben »arme, gänzlich verlorene Heiden«. Religionen und deren Wahrheitsansprüche gefährden so seit Jahrtausenden das friedliche Zusammenleben der Völker. Also: Inwieweit ereignet sich Offenbarung auch in anderen Religionen? Ist die Christusoffenbarung unbedingt notwendig (exklusives Verständnis) oder eignen sich auch andere Religionen (inklusives Verständnis) als Sprungbrett ins Paradies?

Akzeptiert man die Hauptthese dieses Kapitels, dann sind auch diese Fragen alle Scheinprobleme. Denn wenn man davon ausgeht, dass Offenbarung sich *nirgendwo* ereignet, braucht man sich um abgestufte Offenbarungen keine Gedanken mehr zu machen. Und auch die Fragen von Theologen, wie sich die biblische Überlieferung zur »Christusoffenbarung« verhalte, und wie das gepredigte zum geschriebenen Wort; all dies sind dann lediglich Bewegungen im selbstgebastelten theologischen Hamsterrad. Sie treffen die Wirklichkeit nicht, täuschen Bedeutsamkeit nur vor.

Warum ist die Offenbarung so offenbar unscheinbar?

Die Christen sind einst aufgebrochen, um, wie es in einem (übrigens unechten) Jesuswort heißt, »alle Völker zu Jüngern« zu machen. Doch nach immerhin 2000 Jahren ist gerade mal ein Drittel der Menschen christlich geprägt. Andere Religionen wachsen stärker. Warum schaffen es die Christen nicht, wenn ihre Offenbarung doch die wahre Offenbarung ist, ihren Glauben wirklich weltumspannend zu verbreiten? Immerhin steht doch Gott selbst hinter ihnen. Warum ist ihre Offenbarung so kraftlos?

Und was ist das überhaupt für eine Offenbarung, auf die sich Christen, aber auch Juden und Muslime berufen? Brennende Dornbüsche mit Gottesoffenbarungen vor einer vermutlich nicht einmal historischen Person (Mose) in einer halbmythischen Welt? Mirakelspielchen mit einem über das Wasser laufenden Prediger, der nach seinem Tode seinen Anhängern (aber offenbar nur diesen) erscheint? Oder göttliche Offenbarungen, die sich wie bei Mohammed zufällig immer gerade dann einstellen, wenn sie gebraucht werden? Und sich dann immer im Sinne des Propheten äußern? Haben Religionen tatsächlich nicht mehr zu bieten als die Berufung auf durchaus unseriöse Geschichtchen von vor 2000 Jahren, die niemand überprüfen kann und die vielleicht von Anfang an nicht mehr waren als Literatur? Religionen müssen sich deshalb immer wieder auf den Glauben berufen, weil ihre Offenbarungen offenbar nichts hergeben.

Dabei sollte man schon beim Wort »Offenbarung« anderes erwarten, nämlich etwas Großes, Unbedingtes, auch ohne Glauben Nachvollziehbares, etwas, dem sich niemand entziehen kann – aber eben nicht Geschichten aus Tausendundeiner Nacht. Warum offenbart sich Gott, wenn er sich denn schon offenbaren will, so schüchtern, so zurückhaltend, so als wolle er niemanden stören? Warum gibt er sich nur einigen Wenigen zu erkennen, in kaum nachvollziehbaren oder überprüfbaren Situationen? Warum nicht öffentlich, so dass von der Offenbarung auch wirklich jeder etwas mitbekommt? Das Austreiben von Dämonen und das Verwandeln von Wasser in Wein, das ist doch Kinderkram. Jede Zaubershow hat da mehr zu bieten. Ein Gott sollte doch mehr Phantasie besitzen, um sich etwas wirklich Originelles auszudenken, wenn er sich denn unbedingt offenbaren will. Warum übermittelt er nicht per E-Mail an ein paar Naturwissenschaftler von Zeit zu Zeit einige bahnbrechende Erkenntnisse, die sie so unmöglich selbst gefunden hätten? Warum lässt er nicht von Zeit zu Zeit alle Zeitungen auf der Welt und in allen Sprachen morgens mit der gleichen Headline erscheinen?[95] Warum verwandelt er nicht den Petersdom zum Entzücken der Gläubigen in pures Gold oder Marzipan? Oder wenn er wenigstens den 1. FC Köln fünfmal hintereinander gewinnen ließe; dann müssten doch wirklich alle von der Existenz Gottes überzeugt sein.[96]

Also will er nun von den Menschen verehrt werden oder nicht? Dann würde man aber schon seinerseits etwas mehr Mühe erwarten. Weinende Madonnen (mit männlicher DNA) und das Verbannen einer Legion von Dämonen in eine Schweineherde: Welchen halbwegs gebildeten Mitteleuropäer soll das bitte überzeugen?

Den Theologen ist dieses Missverhältnis von Offenbarungs*willen* und Offenbarungs*wirklichkeit* (anders als Gott selbst) durchaus nicht entgangen. Sie sprechen von einer geheimen oder *verborgenen Offenbarung*, was aber schon rein sprachlich ein Widerspruch ist. Doch der Theologe Trillhaas macht aus der Not eine Tugend und kann sich die Offenbarung gar nicht anders vorstellen.

»Gottes Selbstkundgabe kann nur quer durch die Geschichte und durch die Natur hindurch geschehen. Sie ist nur als *verhüllte Selbstkundgabe* denkbar.«[97]

Das Geheimnis des Glaubens muss herhalten, wenn man sich bei den theologischen Fesselspielen nicht mehr aus eigener Kraft befreien kann. Oder der Heilige Geist, der schon wieder weht, wo er will. Oder die *providentia dei*, die Vorsehung Gottes, die ihr Brot bei Muslimen und Christen gleichermaßen verdient. Hans-Martin Barth stellt fest:

«Wenn der christliche Glaube bislang die nichtchristlichen Religionen nicht einfach überflüssig gemacht und ersetzt hat, hängt das für Christen und Christinnen in irgendeiner Weise auch mit dem *Wollen* des *Herrn*, ihres Gottes, zusammen.«[98]

Und im Übrigen haben sich alle Religionen längst daran gewöhnt, dass ihre Götter sich nicht klar zu erkennen geben. Aber warum ist das so? Auch diese Frage ist wieder ein Scheinproblem. Auch dieses Scheinproblem löst sich wieder auf, wenn man einfach davon ausgeht, dass es keine Götter gibt, die sich offenbaren könnten. Dieser Ansatz erklärt im Handumdrehen, warum Gläubige sich immer nur auf halbseidene Legenden berufen können, wenn sie von Gott sprechen, und warum die Welt nicht längst christlich, muslimisch oder sonstwas ist. Es passt doch alles wunderbar zusammen. Jedenfalls wenn man sich entschlossen hat, keine Gespenster sehen zu wollen.

Theologie als Sprachgymnastik

Ein Politiker wird von einem anderen Politiker gefragt, was er denn in seiner letzten Rede gesagt habe. »Ach, eigentlich nichts Besonderes«, entgegnet dieser. »Das weiß ich doch«, meint der erste, »aber wie haben Sie es formuliert?«

Jede Religion muss die Überlegenheit ihrer eigenen Offenbarung behaupten. Doch den Theologen kommt die undankbare Aufgabe zu, sie auch noch zu belegen. Wie spricht man aber über etwas, das es gar nicht gibt? Dies geht nicht ohne Unaufrichtigkeiten, das Verschanzen hinter Bibelversen oder die Strategie der sprachlichen Vernebelung, der Flucht ins theologische Geschwurbel. Der Theologe Eilert Herms kann dies sehr schön:

»Als *Offenbarung* bezeichnen wir umgangssprachlich [sic!] ... das Zustandekommen des Wirklichkeitsbezuges von welthaftem Personsein, wie es sich in all denjenigen Erschließungsvorgängen vollzieht, in die sich Personen schlechthin einbezogen erleben. Als *religiöse Offenbarungen* bezeichnen wir diejenigen – ebenfalls rein passiv erlebten – Erschließungsvorgänge, in denen eben der Sachverhalt dieses schlechthin passiven Zustandekommens des Spielraums menschlicher Handlungsmöglichkeiten ... selbst erschlossen wird und in denen somit der spezifische Sach- und Wirklichkeitsbezug einer religiösen Gestalt menschlichen Lebens zustande kommt. Als *religiöse Offenbarung* bezeichnen wir also eine Klasse von Erschließungsvorgängen, die ... durch einen ganz spezifischen Inhalt ausgezeichnet sind (nämlich: die passive Teilhabe menschlicher Macht an der überlegenen Ursprungsmacht).«[99]

Sprachliche Vernebelung kommt in der Theologie gerne im Gewand von Definitionen daher. Wenn man schon nichts Greifbares vorweisen kann, möchte man wenigstens niveauvoll darüber reden. Und der Gegenstand selbst, wie fragwürdig er auch an sich sein mag, wird dadurch aufgewertet. Obige Definition will ja möglichst allgemein sein und nicht nur vom Christentum reden. Grotesk wird es, wenn man sie liest und dabei an die bei den Maya beliebte Sitte denkt, den Göttern Menschenopfer in großer Zahl darzubringen. Versuchen Sie es mal!

Theologische Sprachgymnastik wird uns als Disziplin noch häufiger begegnen.

Der Wahrheitswahn des Christentums

Der Wahrheitswahn ist so etwas wie ein »notwendiger Geburtsfehler« von Religionen. Notwendig deshalb, weil Religionen sich auf göttliche Offenbarung berufen, und damit gezwungenermaßen *Wahrheit* für sich reklamieren *müssen*. Doch das Elend der Religionen ist die Vielzahl der Götter in Verbindung mit der kindischen Rechthaberei, nur man selbst habe die wahre Religion, die wahre Offenbarung. Auch das Christentum ist von Beginn an mit dem Anspruch aufgetreten, die einzige und wahre Religion zu sein. Schon das Judentum hat diesen Anspruch für seinen Glauben verfochten. Auch wenn dessen Monotheismus sich im Wesentlichen erst in nachexilischer Zeit herausgebildet hat, wurde der Kampf Jahwes gegen die fremden Götter bald in frühere Zeiten, ja bis weit in die vorstaatliche Zeit zurückdatiert. Jahwe kämpft gegen die fremden Götter, seine Propheten verkünden den einzigen Gott, der einen zentralen Kult im Tempel von Jerusalem verlangt. Eine Geschichtskonstruktion. Propheten und Priester anderer Religionen werden bekämpft und getötet, sofern man die Macht dazu hat, wie in der Elia-Geschichte erzählt (1. Kön 18). Die Götter anderer Religionen werden als »Nichtse« (Jer 10,3) bezeichnet. Doch Hans-Martin Barth relativiert apologetisch:

> »Theologisch wichtig ist dabei, dass der Sinn solcher Aussagen nicht in der Diskreditierung fremder Religionen liegt, sondern in dem Appell an Israel, seinen Gott nicht zu verlassen und ihm allein zu vertrauen.«[100]

Doch so harmlos war die Sache nicht. Die Überlegenheit eines Gottes bedeutete in der Antike oft kriegerische Überlegenheit. Die Götter siegender Staaten erwiesen sich eben durch militärische Siege als überlegen. Auch Jahwe wurde als kriegerischer Gott verstanden, der die »Rosse und Reiter [der Feinde] ins Meer wirft« (Ex 15,21).[101] Der Auszug aus Ägypten und die Landnahme (beide hat es so nicht gegeben; dazu unten mehr) sollten für spätere Zeiten die Überlegenheit Jahwes verdeutlichen. Doch diese angebliche Überlegenheit des kleinen Provinzgottes Jahwe und seines winzigen Volkes von Verehrern wurde sicher schon in der Antike belächelt. Gegenüber den Göttern Ägyptens und Mesopotamiens konnte Jahwe nie mehr sein als nur ein Randbauer beim göttlichen Schach, Herrscher in einem Gebiet, für das sich die antiken Großmächte meist nicht sonderlich interessierten. So musste dieser Gott Jahwe denn auch eine Reihe schwerer Demütigungen hinnehmen. Sein Volk Israel verlor die staatliche Unabhängigkeit unter dem Andrang stärkerer Völker und Götter. Der Tempel Jahwes wurde zerstört, die Oberschicht in Feindesland deportiert. Und auch in späteren Jahrhunderten konnte die Staatlichkeit nur kurz wieder hergestellt werden, Israel und sein Gott gerieten dauerhaft unter Fremdherrschaft, der Staat Israel verschwand für fast 2000 Jahre aus der Geschichte. Es ist erstaunlich, dass die Juden trotz allem an ihrem Gott festgehalten haben, obwohl die Machtlosigkeit gerade *ihres* Gottes sich doch bis zu den Gräueln des 20. Jahrhunderts mehr als deutlich gezeigt hat. Doch Gläubige sehen so etwas nicht und wollen es auch nicht sehen.

Was macht das Christentum überlegen?

Jesus war gläubiger Jude und wollte keine neue Religion gründen. Seine ersten judenchristlichen Anhänger hielten sich an die Thora und die Beschneidung und nahmen am Synagogengottesdienst teil. Nachdem sie aber von einer jüdischen Sekte zu einer eigenen Religion mutiert war, verstand sich die christliche Kirche als das *wahre Israel* und vertrat nun ihrerseits einen Absolutheitsanspruch auch gegenüber ihrer Mutterreligion. An der Haltung zur Person Jesu wurde nun der wahre Glaube festgemacht. Die neutestamentlichen Schriften lassen daran keinen Zweifel, auch wenn dieser Jesus noch als besonders begabter Mensch oder als Messias, aber noch lange nicht als Gott verstanden wurde.

»In keinem anderen ist das Heil, auch ist kein anderer Name unter dem Himmel den Menschen gegeben, durch den wir sollen selig werden.« (Apg 4,12)

»Ich bin der Weg, die Wahrheit und das Leben, niemand kommt zum Vater denn durch mich.« (Joh 14,6)

»Wer da glaubt und getauft wird, der soll selig werden, wer aber nicht glaubt, der soll verdammt werden.« (Mk 16,16)[102]

Wenn solche Sätze religiöser Rechthaberei und Überheblichkeit erst einmal den Weg in Heilige Schriften gefunden haben, braucht man sich über aggressiv auftretende Religionen nicht wundern. Und anders als das Judentum haben die Christen mit etwas Anlauf sogar die römischen Kaiser auf ihre Seite ziehen können. Aus dem Wunsch nach Religionsfreiheit, den die junge Kirche gegenüber den staatlichen Gewalten geltend machte, jedenfalls solange sie selbst noch nicht anerkannt war, wurde nach der konstantinischen Wende die selbstverständliche Verpflichtung, Andersgläubige zu verfolgen. Das Wort Jesu aus einem Gleichnis »Nötiget sie, hereinzukommen« (Lk 14,23) wurde von Augustinus zur Rechtfertigung von Zwangstaufen und der Unterdrückung Andersgläubiger verwendet. An die Stelle einer religiös toleranten Antike trat eine Religion mit Wahrheitswahn, die Religionsfreiheit als Kapitalverbrechen begriff. Judenpogrome und Kreuzzüge sind verständliche Schlussfolgerungen dieses religiösen Logik.

Aus anderen Religionen wurden in Mittelalter und früher Neuzeit perverse Entartungen, die zu bekämpfen man nicht nur das Recht, sondern auch die Pflicht hatte. Die von Luther vom Zaun gebrochene Reformation hat eher wieder zu einem geistesgeschichtlichen Rückschritt geführt, weil sie einen neuen scholastischen Winter eingeläutet und die zarten Pflanzen von Renaissance und Humanismus verdrängt hat. Erst im Zuge der Aufklärung, in Klassik und Romantik lockerte die Kirche den Griff am Hals anderer Religionen. Doch noch immer verstand man das Christentum als die überlegene Religion. Der große Gelehrte Ernst Troeltsch, selbst kein Theologe, hat in seinem Buch »Die Absolutheit des Christentums und die Religionsgeschichte« (1902) ein schönes Beispiel gegeben. Troeltsch zieht das Fazit aus der vergleichenden Betrachtung der Religionen und stellt zwar fest, dass die Theologen seiner Zeit aus Sicht einer kritischen Geschichtsforschung heraus nicht mehr von der Absolutheit des Christentums ausgehen:

> »Die Konstruktion des Christentums als der absoluten Religion ist von historischer Denkweise aus und mit historischen Mitteln unmöglich. ... Der Verzicht auf den Erweis des Christentums als absoluter Religion durch geschichtsphilosophische Spekulation ... ist daher in weiten Kreisen der gegenwärtigen Theologie anerkannt.«[103]

Dennoch versucht Troeltsch dann doch so etwas wie objektive Gründe für die Höchstgeltung des Christentums einzubringen. Besonders führt er den *Personalismus* ins Feld, der im Christentum besonders ausgeprägt sei. Der Mensch sei im Christentum von der Naturbedingtheit weitgehend gelöst und gestalte die Welt in ethischer Selbstverantwortung. Im Christentum kann der Mensch deshalb im eigentlichen Sinne *Person* sein.

> »Das Christentum ist in der Tat unter den großen Religionen die stärkste und gesammeltste Offenbarung der personalistischen Religiosität. ... Es ist der einzige vollkommene Bruch mit den Grenzen und Bedingungen der Naturreligion und die Darbietung der höheren Welt als unendlich wertvollen, alles andere erst bedingenden und gestaltenden persönlichen

Lebens. ... [Die] personalistische Erlösungsreligion des Christentums ist die höchste und folgerichtigst entfaltete religiöse Lebenswelt, die wir kennen.«[104]

Es dürfte keine Frage sein, dass diese Wertung nur von einem Menschen kommen kann, der in einem sozialen Umfeld lebte, das geprägt war von einer Offenbarungsreligion und dem Wissen vom »unendlichen Wert der Menschenseele« (Harnack). Troeltsch gibt als Kind seiner Zeit und seines Kontextes die Richtlinien selbst vor, die er dann im Christentum »wiederfindet«. Doch allein schon die anderen monotheistischen Religionen berufen sich ebenfalls auf Offenbarungen, und jede wird aus ihrer Sicht zu begründen in der Lage sein, warum gerade ihre Religion die höchste Form von Religiosität darstellt.

Wie kann man die Höchstgeltung des Christentums noch begründen? Vielleicht dadurch, dass man meint, der *Erlösungsgedanke* sei im Christentum am ausgeprägtesten entfaltet? Dies vertrat der 2012 verstorbene englische Theologe John Hick, der in diesem Sinne von »soteriologischer Effizienz« gesprochen hat. Hans-Martin Barth wendet dagegen mit Recht ein, dass dies für viele Religionen gar kein Thema ist. So fragen bestimmte Traditionen im Buddhismus gar nicht nach dem Heil.[105]

Oder ist das Christentum deshalb die höchste Religion, weil die mit ihr verbundene Ethik besonders leistungsfähig sei? Betrachtet man heutige Werte wie Demokratie und Rechtsstaatlichkeit, Menschen- und Freiheitsrechte, Toleranz und Gleichberechtigung, die eine moderne Gesellschaft bestimmen (sollten), dann muss man feststellen, dass eben diese Werte in der mittelalterlichen Vorherrschaft des Christentums über 1000 Jahre *keine* Rolle gespielt haben, im Gegenteil. Diese Werte konnten erst durchgesetzt werden, nachdem der Einfluss des Christentums zurückgedrängt worden ist, und sie wurden vielfach *gegen* Christentum und Kirchen zur Geltung gebracht. Hätte das Christentum *in sich* die Tendenz zu Freiheit und Toleranz, zur Achtung der Persönlichkeit und ein Interesse an der Entfaltung der menschlichen Fähigkeiten gehabt, hätte sich dies in vielen Jahrhunderten christlicher Vorherrschaft doch irgendwie bemerkbar machen müssen. Dass dies nicht geschah, sagt viel mehr über das Wesen des Christentums aus als uns telegen auftretende Vertreter eines EKD-Protestantismus vermitteln wollen, die uns Freiheits- und Gleichheitsrechte in vollem Ernst als *christliche Tradition* verkaufen wollen.

Fast schon etwas aus der Mode gekommen sind Versuche, die Absolutheit des Christentums aus der Bibel oder aus dem kirchlichen Lehramt abzuleiten. Fromme Protestanten sehen in der Bibel fast so etwas wie einen Gottesbeweis und suchen in der vorgeblich heiligen Schrift Richtschnur und Wahrheit. Es ist wahr, weil es in der Bibel steht; und weil es in der Bibel steht, ist es wahr. Mit solchen Zirkelschlüssen kann man natürlich alles Mögliche beweisen. Das ist kein Standpunkt, sondern bei Frommen ein meist unentdeckter Denkfehler. Und primitiv und bevormundend ist natürlich auch die katholische Lösung, die Absolutheit des Christentums anzunehmen, weil Rom das so festgelegt hat.

Moderne Theologen und vormoderne Absolutheit

»Moderne« Theologen haben es auch hier schwer. Sie wissen, dass sie sich irgendwie lächerlich machen, wenn sie zwar in Übereinstimmung mit der theologischen Tradition, aber im Widerspruch mit dem gesunden Menschenverstand weiter die Absolutheit des Christentums behaupten. Doch als christliche Theologen können sie eigentlich gar nicht anders. Denn wenn das Christentum eine Religion unter vielen wäre, dann könnten sie ja gleich Religionswissenschaftler werden. Dies wollen sie aber nicht. Und deshalb kommt es in den neueren Dogmatiken auch bei diesem Scheinproblem zu den bekannten theologischen Eiertänzen und sprachlichen Fluchttendenzen.

Ein Meister hierin ist der Theologe Wilfried Härle. Ihm gelingt am besten, wortreich den Eindruck zu vermitteln, als sei ihm die Quadratur des Kreises tatsächlich gelungen. Vordergründig wendet er sich gegen den Absolutheitsanspruch des Christentums:

> »Ein solcher Absolutheitsanspruch wäre ein das Gewissen der Adressaten vergewaltigender Unterwerfungsanspruch, der unter Berufung auf den christlichen Glauben niemals erhoben werden darf. Deshalb kann es sich nur um *den* Anspruch handeln, den die *Offenbarung* selbst an den Menschen erhebt, dem sie *zuteil* wird.«[106]

Statt Kirche und Christentum erhebt nun also die »Offenbarung« einen Absolutheitsanspruch, und zwar an jeden, der glaubt. Indem das Problem sprachlich etwas verschoben wird, meint man es quasi wegdefinieren zu können. Doch es geht auch weniger subjektiv und auch in nur einem einzigen Satz:

> »Ich gebrauche ... bewusst nicht mehr die irreführende Formel vom *Absolutheitsanspruch des Christentums*, sondern spreche von der Absolutheit, d. h. von der (universell gültigen) Wahrheit der Gottesoffenbarung in Jesus Christus, also des in ihm von Gott her erschlossenen umfassenden Wirklichkeitsverständnisses.«[107]

Zumindest freut man sich zu hören, dass Härle nicht irreführen will. Doch macht er im zweiten Teil des Satzes nicht genau das, was er im ersten Teil vehement ablehnt? Das Theologen sich widersprechen müssen, liegt in ihrem Gegenstand begründet; doch hier sieht man, dass sie die Kunst des Selbstwiderspruchs auch in einem einzigen Satz beherrschen. Und was ist mit dem »von Gott her erschlossenen umfassenden Wirklichkeitsverständnis«? Sicherlich wird er sich etwas dabei gedacht haben, auch wenn nach dem Sinn noch gefahndet wird. Es ist eine der typischen theologischen Phrasen, die Bedeutsamkeit vortäuschen, es ist Begriffskulisse. Schön verschwurbelt auch die folgende Aussage von Härle:

»Ist das [Faktum, dass Abraham für alle drei monotheistischen Religionen eine Bedeutung hat] mit der These von der *Exklusivität* der Heilsoffenbarung in Jesus Christus vereinbar? Ja, aber nur dann, wenn man diese Exklusivität als Aussage über den *Gehalt* der Offenbarung versteht und nicht als Aussage über ihre *Gestalt*. Allerdings gehört es zum Gehalt der Gottesoffenbarung als Heilsoffenbarung, dass sie sich in dieser Gestalt erschließt.«[108]

Trillhaas meinte: »In der Dogmatik kommt die Wahrheitsfrage unmittelbar auf uns zu.«[109] Doch in Härles Dogmatik hat man den Eindruck, er ist mit ihr zusammengestoßen. Seine Dogmatik ist voll von solchen Ungereimtheiten und Vernebelungen, kruden Definitionen und bedeutungsschwangerem Geraune. Man muss ihm zugutehalten, dass es eben der Stoff ist, der sich so spröde zeigt, dass man ihn begrifflich lieber etwas verhüllt. Auch an anderen Stellen funktioniert die theologische Verdauung ähnlich. Man baut einen Metasinn ein, argumentiert auf einer anderen Ebene, bringt ein paar schöne Vergleiche, jongliert mit der Sprache; und schon geht der dicke Brocken glatt die theologische Kehle runter. Und dann fällt es einem schon nicht mehr auf, dass Härle meint, dass »Mission *und* Dialog« zwischen den Religionen »gleichermaßen sinnvoll und notwendig« seien,[110] obwohl beides sich doch ausschließen sollte wie Feuer und Wasser.

Also aufgegeben wird der Wahrheitsanspruch bei Härle nicht. Und es scheint zu genügen, wenn Theologen betonen, dass sie dessen Problematik verstanden haben, um dann in die *Sünden der Väter* zurückzufallen. Deutlicher bei Hans-Martin Barth:

»Christliche Dogmatik wird von der in ihr bezeugten und reflektierten Wahrheitsgewissheit nicht abgehen. Auch die nichtchristlichen Religionen haben im Übrigen ihren jeweiligen Wahrheitsanspruch.«[111]

Also wenn die das dürfen, dürfen wir das auch! Nicht gerade eine bestechende Argumentation. Dass vielleicht alle falsch liegen, wird nicht einmal angedacht. Ein solcher Fall ist in der Theologie nicht vorgesehen. Und natürlich darf auch der Verweis auf das Unverfügbare nicht fehlen:

»Christliche Wahrheitsgewissheit sieht sich letztlich weder durch unumstößliche Information noch durch selbstevidente Plausibilität begründet ... Sie lebt aus der Begegnung mit dem Gott Jesu Christi...«[112]
Andere Religionen dürfen anstelle des christlichen Gottes hier natürlich andere Götter einsetzen. Hans-Martin Barth kann sich eben auch nicht von traditionellen Aporien verabschieden. Und will es auch nicht. Dabei beschreibt er in seiner Dogmatik doch selbst, dass es durchaus auch andere Religionen gibt, die ohne oder zumindest mit vermindertem Wahrheitsanspruch auskommen können. In den hinduistischen Religionen kommt man seit Jahrtausenden ohne einen Absolutheitsanspruch aus. »Ein Absolutheitsanspruch gilt ihnen schlichtweg als *Einengung des Bewusstseinshorizontes*.[113] Der Buddhismus betont seit jeher die Vorläufigkeit jeder Lehre, auch der Lehre Buddhas selbst. Damit ist der Buddhismus, zumindest in dieser Frage, gar nicht so weit von einem modernen Wissenschaftsverständnis entfernt, wo es ja auch keine ewigen Wahrheiten gibt, sondern bestenfalls sich bewährende Theorien.

Und in diesem Zusammenhang müssen wir dann auch die Eingangsthese dieses Kapitels korrigieren, welche lautete: »Der Wahrheitswahn ist so etwas wie ein *notwendiger Geburtsfehler* von Religionen«. Religion ist offenbar auch ohne Wahrheitsanspruch denkbar und lebbar. Im abendländischen Zusammenhang jedoch, der von den drei monotheistischen Religionen bestimmt wird, ist dies nicht der Fall. Sie kommen ohne Wahrheitswahn nicht aus.

Die Absolutheit des Christentums: Ein Scheinproblem

Scheinprobleme der Theologie im Kontext unseres Kapitels sind also z. B. die folgenden Fragen: Worin zeigt sich die Wahrheit des Christentums? Wodurch ist das Christentum anderen Religionen überlegen? Wie verhalten sich die Offenbarungen anderer Religionen zur christlichen Offenbarung? Gibt es in anderen Religionen Anknüpfungspunkte, die die christliche Wahrheit aufnehmen oder als Vorbereitung für diese dienen können? Wie kann man die Wahrheit des Christentums so beschreiben, dass man die Türen zu anderen Religionen nicht zuschlägt?

Die Scheinprobleme ergeben sich daraus, dass man überhaupt dem Christentum eine höhere Wahrheit einräumt und es nicht einfach religionsphänomenologisch als eine rein innergeschichtliche und anthropogene Ausprägung von Religion versteht. Oder einfacher ausgedrückt: Wie man andere Religionen selbstverständlich nur als Ausdruck menschlicher Phantasie ansieht, sollte man eben auch das Christentum sehen. Dann lösen sich alle oben genannten

Probleme in ein Logikwölkchen auf, und die Welt wird wieder ein Stück verständlicher. Doch dies können Theologen schon qua Amt nicht zugestehen. Nimmt man ihnen ihre Scheinprobleme, werden sie arbeitslos.

In der Brust der Theologen kämpfen zwei Seelen. Einerseits ist es ein modernes Bewusstsein, das sich auch einfach sträubt, in der religiösen Überschwemmung ein einzelnes Treibgut als Rettungsfloß ins Elysium zu deklarieren. Denn die historische Betrachtung lehrt einfach, dass jede religiöse Wahrheit irgendwann einmal schal geworden ist und von Nachgeborenen nur noch belächelt wird. Heutiger Glaube ist der Aberglaube von morgen. Niemand würde heute noch zu Jupiter beten, Flussgöttinnen verehren oder irgendwelchen Göttern Schlachtopfer darbringen. Die Relativität aller Glaubenssysteme geht deshalb auch an Theologen nicht spurlos vorüber, und sie scheuen sich, anders als noch ihre Vorgänger, die Absolutheit des Christentums und seine unbedingte Wahrheit der Welt einfach vorzusetzen. Gerade im heutigen *Dialog der Religionen* ziemt sich ein solch religiöser Chauvinismus einfach nicht mehr. Es schickt sich heute einfach nicht mehr zu betonen, dass man aus besserem Hause kommt.

Doch andererseits ist das Bewusstsein der besseren Herkunft auch bei »modernen« Theologen immer noch vorhanden. Man darf davon ausgehen, dass sie trotz aller Aufgeschlossenheit immer noch davon überzeugt sind, vorsichtig formuliert, der Wahrheit *zumindest ein Stück näher* zu sein. Und Theologen sind – und dies werden wir noch an vielen Stellen sehen – immer auch Gefangene der theologischen Tradition. Das gilt längst nicht nur für Katholiken. Sie sind gezwungen, denkerische Sackgassen, die sich längst als solche erwiesen haben, immer noch irgendwie als Durchgangsstraßen auszuweisen. Eben weil dies Tradition hat, weil es Bibelstellen dazu gibt, weil die Kirchenväter dies auch schon getan haben, weil Thomas von Aquin oder Bonaventura dicke Bücher dazu geschrieben haben, weil Luther und die Reformatoren meinten, dies ihrem Gewissen oder ihrem Gott schuldig zu sein, weil irgendein Konzil hier ein Dogma definiert hat, auf das man Rücksicht nehmen muss und auch will.

Der Ballast von zweitausend Jahren Kirchen- und Dogmengeschichte hängt wie ein Mühlstein am Hals der Theologie und verwehrt den Blick nach vorn. Ein dichter Wald von theologischen Scheinproblemen lässt wenig Bewegungsfreiheit für Theologen, die an sich vielleicht schon gerne neue Wege gehen möchten, aber immer wieder Rücksicht auf die toten Überväter der Tradition nehmen müssen. So kommt es denn zu den pittoresk anmutenden Versuchen, doch noch irgendwie zusammenzudenken, was doch immer mehr auseinanderstrebt. Ungewollt arbeiten Theologen mehr an der Verrätselung der Welt als an ihrer Ent-Deckung.

Der Glaube

Religiöser Glaube ist die persönliche Übernahme und Einwilligung in ein meist traditionelles System von Fremdbestimmung. Statt selbst zu leben, übernimmt der Gläubige ein *Modell* des Lebens und ordnet sich diesem unter. Da jeder religiöse Glaube letztlich auf Phantasien und Wahnvorstellungen beruht, hat der religiöse Glaube zumindest eine tendenzielle Neigung zu neurotischen und pathologischen Kategorien.

Die Religionen fordern von ihren Anhängern den Glauben, weil die Behauptung einer Offenbarung offenbar rational nicht belastbar ist. Denn wäre es den Religionen möglich, anhand vernünftiger Argumente die Existenz eines Gottes nachzuweisen und Nichtgläubigen anzudemonstrieren; natürlich würden die Religionen dann diesen Weg der Vernunft nutzen. Oder würde ein Gott sich, unabhängig von dürren und nicht mehr überprüfbaren Legenden der Vorzeit, für alle Menschen deutlich zu erkennen geben, wäre ebenfalls kein Glaube mehr nötig. Doch Götter tun so etwas nicht, und die Religionen haben alle Mühe, Gründe für diesen Sachverhalt zu finden.

Wer nichts weiß, muss alles glauben. Wenn Kirchen vom *Glauben* sprechen, bedeutet das eigentlich eine Bankrotterklärung, denn die Aufforderung zu glauben ist das Eingeständnis, nichts Greifbares vorweisen zu können. Glaube ist ein defizitärer Begriff, der aus der Not, aus dem Mangel heraus entstanden ist. Durch seine bloße Existenz bereits verweist der Glaubensbegriff auf die Fragwürdigkeit und Unglaubwürdigkeit religiöser Systeme überhaupt. Nichts Belastbares, nichts für alle Einsichtiges: Weil die Religionen keine feste Nahrung anbieten können, sollen die Menschen an diese glauben wie an den Weihnachtsmann. Doch man hat sich so sehr daran gewöhnt, dass zur Religion immer auch ein Glaube gehört, dass dieses Defizit gar nicht auffällt. Gläubige akzeptieren die Unsichtbarkeit des sich angeblich Offenbarenden, der Widerspruch fällt ihnen nicht mehr auf. Und aus der Not haben die Christen nun wahrlich eine Tugend gemacht, nämlich die Tugend des Glaubens, eine der drei christlichen Kardinaltugenden.

Wofür Theologen den Glauben halten

Es wundert nicht, dass Theologen dies ein klein wenig anders sehen. Bei ihnen ist natürlich keine Rede von defizitärer Struktur, im Gegenteil: Glaube wird zum entscheidenden Kriterium rechten Menschseins hochgelobt. Glaube ist nach dem Theologen Paul Tillich *das Ergriffensein von dem, was uns unbedingt angeht*. Er bezeichnet »das innerste Anliegen im personhaften Leben des Menschen.«[114] Härle betont, dass »der Glaube erst die Welt und den Menschen zur Wahrheit bringt.«[115] Keineswegs verstellt er für ihn die Erkenntnis der Wirklichkeit:

> »Der Glaube gibt Gott, Welt und Mensch auf eine neue Weise zu verstehen, er deckt eine Tiefendimension auf, die der *normalen* Wahrnehmung verborgen bleibt.«[116]

Glaube ist nicht etwa Wahnerleben, sondern er avanciert euphemistisch zu einem »Wirklichkeitsverständnis«, das das »Wesen, das Geheimnis der Wirklichkeit auf-deckt«.[117] Glaube ist für den Theologen Rochus Leonhardt ein »personales Vertrauensverhältnis«[118], für Trillhaas ein »zentraler Akt der Person« und »ein totaler Akt der Person.«[119]

Natürlich denken die Dogmatiker dabei immer an den *christlichen* Glauben, und man hat den Eindruck, sie stellen sich dabei friedliche Mönche beim Stundengebet oder Mystiker vor, die dem Geheimnis des Glaubens nachspüren. Zur Ernüchterung hilft es da schon, sich klarzumachen, dass die obigen Definitionen auch aus den Federn z. B. islamischer Gelehrter stammen könnten. Erst der Islam *bringe die Menschen zur Wahrheit*, und auch er *eröffnet eine Tiefendimension*. Selbst die Attentäter des 11. September sahen sich sicher in einem *personalen Vertrauensverhältnis*, ihr Glaube war sicher ebenso *ein totaler Akt der Person*, ihre Taten für sie sicherlich auch Ausdruck für das *innerste Anliegen im personhaften Leben des Menschen*.

Es sind eben gut klingende Allgemeinplätze, Schreibtischphrasen, die das Rühmen des Glaubens begleiten, ihn zu einem *Wert* hochjubeln und ihn nicht als das erkennen, was er eigentlich ist: Ausdruck einer unzulänglichen, weil religiös verbrämten Weltsicht. Es stört nicht, dass Glaube widervernünftig ist, ja dieser Mangel wird bisweilen sogar als Auszeichnung gerühmt. Glaube sei *höher als alle Vernunft*, er kann »weder durch Wissenschaft noch durch Philosophie widerlegt werden.«[120] Kierkegaard wird bemüht, der vom »Sprung« in den Glauben gesprochen hat, also der existenziellen Entscheidung, den (vor) rationalen Überlegungen. Und tendenziell ist es dann ganz egal, wohin man »springt«, wenn es nur unbedingt und im Bewusstsein der Eigentlichkeit geschieht. Jeder Sektenglaube, jeder tödliche religiöse Wahn wie harmlose esoterische Kapriolen lassen sich so mit dem Nimbus der Bedeutsamkeit umgeben.

Die Betonung des individuellen Glaubens und der eigenen Entscheidung sind natürlich jüngeren Datums. Früheren Zeiten war diese Form von Subjektivität eher verdächtig. Für eine mittelalterliche Kirche, aber auch noch für große Teile der katholischen Kirche heute geht es um für alle verbindliche Glaubensinhalte, wobei vor allem an die Bekenntnisse gedacht war. Wer sie nachsprach, reihte sich in die Gemeinde der Gläubigen ein, wenn man auch emotional dabei völlig unbeteiligt war. Sakramente wirkten aus sich heraus, Gläubige konnten sich darauf verlassen. Ob eine religiöse Wahnstruktur aber nun aus einem Sprung begründet oder durch ein kirchliches Lehramt legitimiert wird, muss uns hier weniger interessieren.

Glaube – (K)ein Geschenk Gottes

Es ist eine der vielen Widersprüchlichkeiten der Theologie, dass die Menschen aufgerufen werden, an das Evangelium zu glauben, aber anderseits der Glaube als ein Geschenk Gottes verstanden wird. Im Neuen Testament finden sich Aussagen zu beidem.

Als Jesus, schon als gereifter Mann, sein Wanderpredigerdasein begann, war der Inhalt seiner Predigt: »Das Reich Gottes ist nahe herbeigekommen. Kehrt um und glaubt an das Evangelium.« (Mk 1,15) Neutestamentler sind sich einig, dass hier der Kern von Jesu Botschaft authentisch wiedergegeben wird (Naherwartung, Umkehrruf und ein Evangelium, das nicht ihn selbst beinhaltet). Der Mensch *soll* etwas tun, er *soll* glauben und umkehren. Die Aufforderung macht ja nur dann Sinn, wenn der Mensch dies im Prinzip auch *kann*.

Doch dem stehen ebenfalls im Neuen Testament und in der theologischen Tradition gewichtige Äußerungen entgegen. Für Paulus ist der Glaube kein menschliches Werk, sondern ein göttliches Geschenk.

»Aufgrund der Gnade, die mir gegeben ist, sage ich einem jeden von euch: Strebt nicht über das hinaus, was euch zukommt, sondern strebt danach, besonnen zu sein, jeder nach dem Maß des Glaubens, das Gott ihm zugeteilt hat.« (Röm 12,3)

»Denn Gott ist es, der in euch das Wollen und das Vollbringen bewirkt, noch über euren guten Willen hinaus.« (Phil 2,13)

Und an anderen, nichtpaulinischen Stellen:

»Denn aus Gnade seid ihr durch den Glauben gerettet, nicht aus eigener Kraft – Gott hat es geschenkt.« (Eph 2,8)
»Sie lobten Gott und waren beim ganzen Volk beliebt. Und der Herr fügte täglich ihrer Gemeinschaft die hinzu, die gerettet werden sollten.« (Apg 2,47)
Gott selbst schafft den Glauben, behaupten deshalb die christlichen Theologen. Luther hatte Wert darauf gelegt, dass der Mensch dies nicht selbst bewirken kann; der Glaube ist für ihn und die Tradition eine Wirkung des Heiligen Geistes. Der Glaube kommt aus der Predigt (Röm 10,17). Der Glaube ist auch z. B. für Trillhaas »das Werk des Heiligen Geistes«. Er ist »Gottes eigene Tat.«[121] »Der Glaube verdankt sich der Selbstmitteilung Gottes«, teilt der Theologe Joest mit.[122] Und der Glaube sei nicht durch den Willen bewirkt, meint auch Wilfried Härle. Der Mensch habe es nicht in der Hand, ob der Glaube ihn erreiche. »Insofern ist es zutreffend, wenn der Glaube – seiner Konstitutionsbedingung nach – als Werk Gottes bezeichnet wird.«[123] Für Hans-Martin Barth ist Glaube »menschlicher Kapazität grundsätzlich entzogen«, der Glaube »äußert sich im Menschen, aber er kommt nicht vom Menschen, sondern von Gott ... Glaube ist die – von Gott geschenkte – Gottesbeziehung des Menschen.«[124]

Die Beispiele ließen sich beliebig vermehren. Dabei liegt ein (Schein-)Problem gegen eine solche Konstruktion schon auf der Hand. Wenn der christliche Gott den christlichen Glauben schenkt, was ist dann mit den anderen Religionen? Denn in diesen wird ja auch geglaubt. Wecken andere Götter dann einen anderen Glauben? Weckt Allah etwa den Glauben der Muslime? Tatsächlich glauben dies die Muslime. Aber hat der römische Jupiter den Glauben an ihn etwa selbst geweckt? Man verfängt sich schnell im theologischen Unterholz. Dabei wäre die Lösung so einfach.

Der Gedanke, dass Gott den Glauben weckt oder schenkt; so häufig sich dieser Gedanke in der Theologiegeschichte findet; er ist ebenso fromm wie falsch. Er ergibt keinen Sinn. Er erklärt bestenfalls den Glauben einer einzigen Religion, nicht aber den Glauben als religionsgeschichtliches Phänomen. Weil der christliche Glaube aber lange kein Interesse an anderen Religionen hatte, und weil es eben einschlägige Stellen in der sog. Heiligen Schrift gibt, konnte eine solche Scheinerklärung sich bis in allerjüngste Dogmatiken fortpflanzen. Es zeigt sich erneut, dass das Eingeschworensein auf die theologische Tradition den Blick vernebelt für eine realistische Sicht auch auf den Glauben.

Kein Gott weckt einen Glauben. Paulus hat unrecht. Ein religiöser Kurzschluss hat auch hier sein Denken lahmgelegt. Das Phänomen Glaube erklärt sich viel besser ohne Metaphysik, und alle ernsthafte Wissenschaft, zu denen die Theologie eben *nicht* gehört, sieht das auch klar. Religiöser Glaube ist in erster Linie durch Sozialisation bedingt. Menschen werden gläubig, weil sie in einer gläubigen Umgebung aufwachsen oder zu Gläubigen Kontakt haben. Deshalb übernehmen sie ja in der Regel auch die vorherrschende Religion. Man wird Katholik, wenn man in Italien, und Protestant, wenn man in Hamburg aufgewachsen ist. Und Muslim, wenn man in Teheran oder Kairo seine Wurzeln hat. Soziales Umfeld, Freunde, Erziehung, religiöse Praxis, ein religiöses Elternhaus machen aus einem Menschen einen Gläubigen. Aber reale Götter braucht es dazu nicht.

Und natürlich scheint auch eine gewisse religiöse Musikalität eine Rolle zu spielen. Menschen, die (wenn es so etwas gibt) eine gewisse Veranlagung zur Religion haben, entwickeln diese auch unabhängig von den konkreten Ausformungen einer Religion vor Ort. Der ehemalige Papst Ratzinger, wenn er nicht in Bayern, sondern in Afghanistan aufgewachsen wäre (böse Zungen behaupten, der Unterschied sei so groß nicht), hätte vielleicht auch dort den Weg durch die religiösen Institutionen gemacht und wäre vielleicht ein bekannter Mullah an der Universität von Kairo geworden. Statt über Jesus und die Kirche hätte er über Mohammed und den Koran Bücher verfasst. Seine offensichtlich konservative, hierarchisch gefasste, frauen- und modernefeindliche Grundeinstellung, die er selbst in einem liberalen staatlichen Umfeld wie Deutschland (obwohl: Bayern!) ausgeprägt hat, hätte zu einer Karriere in der arabischen Welt ohnehin viel besser gepasst. Man kann sich eben seinen Geburtsort nicht aussuchen.

Natürlich ist Glaube deshalb kein Geschenk eines Gottes, sondern Resultat von Sozialisation. Doch Theologen behaupten in ihren Dogmatiken etwas anderes, sprechen von *geistgewirkt, gottgewirkt*, von *Selbstmitteilung Gottes*, weil sie hier wie anderswo eine überholte und auch falsche Tradition bedienen wollen und müssen. Ob sie selbst immer im Sinne der Tradition glauben, scheint zumindest fraglich. Auf alle Fälle perpetuieren sie in ihren Dogmatiken falsche und absurde Vorstellungen auch für die nächste (Theologen)Generation, machen Denkirrwege und Scheinprobleme salonfähig und »denkbar«, und reichen falsche theologische Wahrheiten feierlich weiter wie einen Abendmahlskelch.

Dabei wissen sie durchaus von der bestimmenden Kraft der Sozialisation und sagen das sogar in ihren Dogmatiken.

> »Die Vertreter nahezu jeder Religion gehen davon aus, dass sie selbst es
> sind, die die letztgültige Wahrheit vertreten – und haben ihre Überzeu-
> gung doch oft »nur« auf dem Weg über ihre Sozialisation gewonnen.«[125]

So Hans-Martin Barth. Derselbe Autor hatte ein paar Seiten vorher noch behauptet, dass der Glaube »menschlicher Kapazität grundsätzlich entzogen«
sei.[126] Wie bitte geht beides zusammen? Wenn dann doch der Versuch einer
Vermittlung gemacht wird, so muss wieder der Heilige Geist herhalten:

> »Die biblische Botschaft ... transzendiert alle Vermittlungsversuche, so
> eben auch den via Sozialisation, dadurch, dass ihre Rezeption unverfügbar
> bleibt – vorbehalten einzig dem Wirken des Heiligen Geistes...«[127]

Es ist der Heilige Geist, das imaginierte Gespenst der Theologie, das die Theologen selbst geschaffen und herbeigerufen haben, und das sie nun am Denken
hindert und sie verleitet, einen an sich doch recht einfachen Vorgang wie die
Glaubensentstehung zu mystifizieren und zu verkomplizieren. Theologen wollen eben beides, abgestandene theologische Traditionen bedienen und gleichzeitig den Lesern vermitteln, dass sie als Theologen dennoch auf der Höhe der
Zeit stehen. Wen wundert es, wenn die theologische Weltsicht zuweilen ins
Lächerliche gerät.

Das Gerücht von der kritischen Funktion des Glaubens

Glaube wird von den Religionen gefordert, weil die Glaubensinhalte das
Licht der Vernunft scheuen müssen. Denn weil es nicht möglich ist, Götter
zu beweisen, und diese Götter sich angeblich zwar offenbaren wollen, aber
dies dann doch nur sehr dilettantisch tun, deshalb sollen Menschen an sie
glauben. Weil Religionen ihre Götter nicht beweisen können, bleibt nur die
Aufforderung des Glaubens an diese. Glaube ist deshalb per se ein Begriff des
Defizitären.

Und religiöser Glaube befindet sich damit in einer bedenklichen Nähe zur
Ideologie. Auch Ideologien sind wenig rational und in sich konsistent, auch
sie appellieren mehr an das Es als das Ich und fordern zum Glauben auf. Sie
ignorieren die Fakten, verdrehen sie, wo sie nicht ins ideologische Konzept
passen, fälschen die Wirklichkeit, lassen sich nichts sagen. Vielleicht ist der
naheliegende Ideologievorwurf gerade der Grund, warum Theologen nun behaupten, dass ausgerechnet der Glaube kritisch macht.

Denn man ist wirklich überrascht. Immer wieder liest man in den Dogmatiken von einer *kritischen Funktion* des Glaubens. Trillhaas unterscheidet dabei
den christlichen Glauben von einem »blinden Glauben«:

»Würde man die kritische Funktion des Glaubens aber verneinen, dann wäre die unausweichliche Folge der Autoritätsglaube, d. h. blinder Glaube...«[128]
Und der Theologe Pöhlmann schreibt:
»Glaube und Wissenschaft schließen sich nach dem Neuen Testament nicht aus. Der Glaube macht nicht unkritisch, sondern gerade kritisch.«[129]
Sätze, die man so nicht unbedingt erwartet hätte. Wenn Glaube aber kritisch macht, und nicht unkritisch, dann macht Alkohol auch nicht betrunken, sondern nüchtern. Glaube ist in gleichem Maße kritisch wie Theologie eine Wissenschaft ist. Theologen scheinen im Kontext ihrer Ausführungen die Vielzahl der Glaubenskonstrukte in Hunderten von Religionen dabei nicht in den Blick zu nehmen. Denn würden sie es tun und dann immer noch behaupten, Glaube habe eine kritische Funktion, dann würde man sich das gerne einmal anhand eines Schlachtopfers im alten Israel, der Steinigung des Teufels in Mekka oder einer ebenso aufdringlichen wie naiven Marienfrömmigkeit erklären lassen. Kritik*losigkeit* kann man da leicht ableiten, aber doch nicht Kritik*fähigkeit*. Offenbar sprechen die Theologen aber nicht vom Glauben allgemein, sondern nur vom christlichen Glauben, und da auch nicht von Volksfrömmigkeit, sondern von einem sich selbst als reflektiert verstehenden Glauben. Eigentlich meinen die Theologen sich selbst und *ihren* Glauben, wenn sie von einem kritischen Glauben sprechen. Man nimmt einen Teil für das Ganze, der Schwanz wedelt mit dem Hund. Doch ein universitärer und mit einer modernen Gesellschaft abgeglichener Glaube ist ein relativ junges Gewächs. Es ist endemisch auf den engen Kreis einer (halb-)aufgeklärten Theologenzunft beschränkt, und kommt schon in den Gemeinden viel seltener vor. Dass gerade der Glaube kritisch machen soll, ist schon vom Wort her Unsinn und steht höchstens auf dem Wunschzettel von Theologen.

Doch Hans-Martin Barth meint allen Ernstes: »Glaube macht skeptisch ... Der christliche Glaube wagt Skepsis ... Für den Glaubenden aber bekommt die Skepsis, die er sich leisten kann [sic!], eine potenziell bereichernde und im Endeffekt stabilisierende Funktion. ... Der Glaube selbst löst die Skepsis aus.«[130]

Wenn es denn tatsächlich so wäre, dass der Glaube die Skepsis auslöst, dann sollte doch das christliche Mittelalter mit seiner Glaubensüberzeugung das kritischste Zeitalter überhaupt gewesen sein. Anderseits hätte sich eine Aufklärung eigentlich gar nicht herausbilden dürfen, denn sie ist ja gerade geprägt durch Relativierung des Glaubens. Das passt also alles vorne und hinten nicht. Man muss Hans-Martin Barth hier vom Kopf auf die Füße stellen und konstatieren: Religiöser Glaube ist zu allen Zeiten der natürliche Feind von Kritik und Skepsis gewesen. Beide ergänzen sich nicht, wie sich Glaube und Vernunft auch nicht ergänzen, sondern schließen einander aus. Der Versuch, religiösen Glauben mit den in unserer Zeit positiv besetzten Begriffen *Kritik* und *Skepsis* zu verehelichen, ist nur eine von Theologen arrangierte Hochzeit.

In diesem Zusammenhang versuchen protestantische Theologen auch gerne die Aufklärung quasi zu taufen, also sie als letztlich aus dem Glauben und der Theologie hervorgegangene Bewegung zu sehen. Man ist wirklich erstaunt, wie gerne Theologen mit diesem Gedanken kokettieren: Aufklärung und Säkularisierung als eine legitime Frucht des Christentums. Besonders hat sich hier der Theologe Friedrich Gogarten hervorgetan. »Das neuzeitliche Weltverhältnis stehe dann nicht im Widerspruch zum christlichen Glauben, sondern stelle dessen *legitime Folge* dar.«[131] Und auch Hans-Martin Barth spricht davon, dass der christliche Glaube die europäische Aufklärung »selbst mit heraufgeführt hat«.[132]

Auch hier gilt jedoch: Wenn im Christentum tatsächlich eine Tendenz zur Aufklärung vorhanden gewesen wäre, hätte sich diese dann nicht schon viel früher zeigen müssen? Der Umstand, dass das Christentum das Abendland fast 1000 Jahre fest im Griff hatte und sich solche Tendenzen *eben nicht* gezeigt haben, spricht doch eher dafür, dass Aufklärung eben nicht zum Wesen des Christentums wie auch anderer Religionen gehört. Erst als der Einfluss des Christentums zurückging, konnte sich die Aufklärung durchsetzen, ist da aber in der Regel auf den erbitterten Widerstand der Kirchen gestoßen. Es handelt sich also um eine Geschichtsklitterung, das Schmücken mit fremden Federn. Doch auch bei erklärten Gegnern der Aufklärung hat sich die Meinung, das Christentum habe die Aufklärung irgendwie heraufgeführt, so festgesetzt, dass sie sogar zu einem Schuldbekenntnis bereit sind. So hat der lutherische Altbischof Ulrich Wilckens anlässlich eines Treffen des Ratzinger-Schülerkreises mit dem Meister selbst in Castel Gandolfo dazu aufgerufen:

> »Die Kirchen sollten ein gemeinsames Schuldbekenntnis im Blick auf die Entstehung der Aufklärung und ihrer Wirkung bis in die heutige Zeit ablegen ... Mit diesem Vorschlag sei er auf breite Zustimmung gestoßen, so Wilckens.«[133]

Man versteht, warum Wilckens bei solchen Meinungen als erster Protestant überhaupt an einem Schülertreffen bei Papst Ratzinger hat teilnehmen dürfen. Beide treffen sich eben in der grundsätzlichen Ablehnung der Aufklärung. Ob Ratzinger aber wie Wilckens die Schuld dafür im Christentum, und nicht lieber beim Teufel und der Sündhaftigkeit der Menschen sucht, wäre noch zu klären.

Der Versuch jedenfalls, Glaube mit Begriffen wie Kritik, Skepsis und Aufklärung in Verbindung zu bringen, ist nicht nur mehr als fragwürdig, sondern in seiner Absicht auch allzu schnell zu durchschauen. Der Versuch, durch das Wort »Ideologiekritik« von der eigenen religiösen Ideologie abzulenken, verfängt wohl nur bei unkritischen Zeitgenossen. Glaube macht nicht kritisch, ja religiöser Glaube ist geradezu Ausdruck einer verminderten Kritikfähigkeit.

Glaube ist Aberglaube

Aberglaube war lange ein Kampfbegriff, mit dem eine Religion sich von anderen abgrenzte. Besonders das Christentum hat von diesem Begriff regen Gebrauch gemacht. Schon im Kampf gegen die polytheistischen Gottheiten der Antike meinte das Christentum sich mit diesem Begriff von diesen absetzen zu können. Auch bei Religionen, die das Christentum etwas ernster nahm, bei Judentum und Islam, grenzte man den eigenen Glauben von deren Aberglauben ab. Mit der Erweiterung des geographischen Horizonts, der Entdeckung fremder Kontinente, Völker und Religionen, wurde der Begriff zur Sammelbezeichnung all dessen, was sich nicht *bei drei* gleich unter die lutherischen Bekenntnisschriften oder den römischen Katholizismus subsumieren ließ. Ein Verständnis anderer Religionen ohne diese Abwertung gibt es im Christentum erst seit einigen Jahrzehnten und auch nur bei wenigen. Auch die in diesem Buch behandelten Theologen sind da durchaus Exoten. Doch der größte Teil der Christenheit weltweit wird auch heute noch ihren »Glauben« in Abgrenzung vom »Aberglauben« anderer Religionen vollziehen.

Das Interessante daran ist, dass die Gläubigen mit diesem Kampfbegriff im Wesentlichen durchaus richtig liegen. Das Wort »Aberglaube« erkennt richtig, dass Menschen sich irrige oder absurde Vorstellungen über Gott und die Welt machen, die einer kritischen Überprüfung nicht standhalten. Sie leben ein Leben unter falschen Voraussetzungen, unterwerfen sich erfundenen Göttern, scannen die Wirklichkeit nach Zeichen und Wundern, die als Bestätigung dessen dienen, wozu sie sich bekannt haben. Wenn man von anderen Religionen spricht, wird dies sofort deutlich. Die Opferriten und magischen Orakel von Eingeborenen im brasilianischen Regenwald sind deren Glaube, aber natürlich auch deren Aberglaube, weil dem religiösen Glauben keine reale Welt entspricht. Man lebt in einer Scheinwelt. Demjenigen, der sich innerhalb des religiösen Zirkels einer Religion befindet, fehlt der feste Standpunkt, dies zu erkennen. Zwar lässt sich nie mit hundertprozentiger Sicherheit ausschließen, dass gerade dieser Indiostamm in Brasilien die nun wirklich wahre Religion hat, etwa weil die Göttin im Himmel sich langweilt und ihre einzige Freude darin besteht, sich köstlich über Religionen zu amüsieren, die sich selbst für eine *Hochreligion* halten. Aber wegen der Vielzahl der Religionen, die sich gegenseitig ausschließen, liegt natürlich derjenige falsch, der behauptet: *Meine Religion ist die wahre Religion*. Ein solches Bekenntnis zu einer bestimmten Religion wäre mit fast hundertprozentiger Sicherheit ein Holzweg. Dagegen liegt derjenige, der behauptet *Ein bestimmter religiöser Glaube ist Aberglaube* in fast hundert Prozent der Fälle richtig. Wer würde einen Weg durch einen dunklen Wald wählen, wenn er sich klarmachen würde, dass die Möglichkeit, sich zu verlaufen, bei fast einhundert Prozent liegt? Gläubige tun genau das, weil sie von ihrem je eigenen Holzweg eben überzeugt sind.

Zudem gilt: Die Zeit heilt allen Glauben. Jeder religiöse Glaube der Menschheit in allen Kulturen und sicher in allen Zeiten wurde irgendwann zum Aberglauben. Mag er noch so jung und kraftvoll, identitäts- und sinnstiftend gewesen sein; irgendwann kommt auch er in die Jahre, wird verdrängt durch andere Offenbarungen, junge Götter oder stirbt einfach aus, weil seine Verehrer aussterben. Man muss sich dieses religionsgeschichtliche Grundgesetz klar machen: Die ehrliche, existenzielle und für die aktuell Gläubigen unerschütterliche Glaubenswahrheit, für die sie leben und für die sie möglicherweise sogar ihr Leben zu geben bereit sind, verwandelt sich für die Nachgeborenen immer in eine Ansammlung von Skurrilitäten, Fehldeutungen und ein Verfehlen von Wirklichkeiten.

Die innere Überzeugung früherer Generationen ist der Aberglaube der späteren. Es ist das unabwendbare Schicksal des Glaubens, irgendwann als Aberglauben erkannt zu werden. Glaubensernst, wenn auch mit noch so viel Entschiedenheit vorgetragen und gelebt, wird von den Nachgeborenen irgendwann immer als lächerlich empfunden. *Wie haben die nur damals an so was glauben können?*

Glaube ist Aberglaube, das müssen deshalb selbst Gläubige im Prinzip zugestehen. Ausgenommen ist für sie lediglich die eigene Religion, der sie die Deutungshoheit über ihre Welt einräumen. Denn diese halten sie ja für etwas Besseres. Religionskritik besteht so vor allem darin, die an sich richtige Relativierung der Religionen auch der eigenen angedeihen zu lassen, und zu erkennen: Wenn andere trotz bester Absicht sich fundamental irren, bin auch ich selbst vielleicht nicht davor gefeit. Nur wenn man zumindest versucht,

Distanz auch zur eigenen Religion zu bekommen, kann man ihre Umrisse besser erkennen und einordnen.

Es wäre natürlich eine Überforderung, wollte man gerade von Theologen, also von Vertretern einer bestimmten Religion, diesen Blick *über den Dingen* erwarten. Da unterscheidet man natürlich immer noch zwischen richtig und falsch, Glaube und Aberglaube. Man zeigt mit dem Finger auf andere: In der Enzyklika *fides et ratio* warnt Johannes Paul II. vor der Gefahr des Glaubens, »auf Mythos oder Aberglaube verkürzt zu werden«.[134] Besonders im Katholizismus ist diese voraufgeklärte Position noch an der Tagesordnung. Für Trillhaas wird die Kirche »immerfort durch falsche Lehren angefochten.«[135] Und er meint: »Ebenso muss und kann der Glaube vom Aberglauben deutlich unterschieden werden.«[136] Trillhaas gibt auch gleich eine Charakterisierung des Aberglaubens:

> »Der Aberglaube ist hier vielfach abgesunkenes Überbleibsel, Restbestand ... vom alten Glauben ... Er ist nicht in ein alles umfassendes Verstehen der Welt eingebettet, sondern bruchstückhaft und geheimnisvoll ... er hat keine Ethik, sondern läuft auf *Praktiken* hinaus, die man probiert. Demgegenüber ist der Glaube immer ein Verstehensentwurf des Daseins, der das ganze Leben trägt und der seine innere Kraft auch gegen den Augenschein zu bewähren vermag.«[137]

Trillhaas scheint bei seiner Charakterisierung sog. Sekten und magische Praktiken im Blick zu haben. Aberglaube zeigt sich für ihn im Abweichen vom religiösen Mainstream und in magisch-esoterischen Praktiken. Es wäre jedoch ein Leichtes, auch das Christentum als eine Art herabgesunkenes Judentum zu verstehen oder lediglich als eine besondere Spielart von Mysterienreligion zu beschreiben. Und andererseits wäre es auch leicht möglich, anderen Religionen zuzugestehen, dass auch sie ein »Verstehensentwurf des Daseins, der das ganze Leben trägt«, sind. Trillhaas definiert hier also nicht einmal so, dass andere Religionen wirksam ausgeschlossen werden. Dennoch findet sich bei ihm die christliche Überheblichkeit ungebremst:

> »Die christliche Berufung auf den Glauben setzt immer die Einzigartigkeit des christlichen Glaubens voraus. Der Glaube ist ein unmittelbares, rettendes Erfassen der Wahrheit und Wirklichkeit Gottes, er ist nach christlichem Verständnis analogielos, einzigartig, so dass es keinen Überbegriff zu diesem christlichen Glauben gibt...«[138]

Ist der Glaube ein Hirnvirus?

Die christliche Anschauung, Gott selbst bewirke den Glauben, bedient zwar biblische und theologiegeschichtliche Traditionen und wird deshalb auch von neueren Theologen weiterhin vertreten, scheitert jedoch am gesunden Menschenverstand. Religion wird nicht von Göttern geschenkt, sondern von Menschen und Umwelt auf dem Weg über die Sozialisation übertragen. Götter würden bei der Erklärung des Phänomens *Glaube* nur stören.

Ist dann wenigstens das weltweite Phänomen des Glaubens ein Hinweis auf eine irgendwie geartete *Wirklichkeit hinter den Dingen*? Ist das unscharfe »Ahnen des Göttlichen« so etwas wie ein indirekter Gottesbeweis quer durch alle Religionen? Vor hundert Jahren wäre dieses Argument noch durchgegangen, und auch heute taucht es in der Diskussion über Gott und Glauben immer wieder auf.

Doch dass Religion und Glaube keine anthropologische Konstante sind, zeigt sich eindrücklich daran, dass es, nachdem die religiösen Zügel gelockert worden sind, immer mehr Menschen gibt, die ganz ohne religiöse Gehhilfe auskommen. Sie glauben nicht und leben trotzdem. Sie sind der lebendige Beweis dafür, dass der Mensch auch ohne Religion und ohne Glauben verantwortlich leben kann. In Ostdeutschland sind mehr als 80 Prozent der Menschen negativ gesprochen Ungläubige, positiv Religionsfreie. In Europa und den meisten entwickelten Ländern kommen Millionen Menschen ohne Religion und Glaube aus. Glaube und Religion gehören also nicht zwangsläufig zum Menschsein hinzu. Man muss nicht an ein Jenseits glauben, um im Diesseits verantwortlich leben zu können. Es ginge also auch ohne Religion. Doch der überwiegende Teil der Menschheit war und ist irgendwie religiös okkupiert. Wenn Glaube keine anthropologische Konstante ist, er aber dennoch so verbreitet ist, ist er dann vielleicht evolutionär bedingt? Bringt religiöser Glaube evolutionäre Vorteile?

Zweifellos ist das so und das Faktum wurde auch oft schon beschrieben. Religiöser Glaube war in der Vergangenheit der menschlichen Entwicklung ein Identifikationsmerkmal für den Familienverband, die Sippe, den Stamm, für halbstaatliche und staatliche soziale Gebilde. Mit Hilfe des Glaubens erklärte man sich die Naturgewalten, Krankheit und Tod, die Beziehung von Mann und Frau, den Himmel und die Erde. Dass die Welterklärungen der Steinzeitjäger (die Inhalte kennen wir nicht) natürlich völlig an der Wirklichkeit vorbeigingen, änderte nichts an deren »Erklärungspotenzial«. Ein Glaube muss nicht *wahr* sein. Evolutionär genügt es, wenn er nützlich ist. Und wenn man heute die *Wahrheit* von Religion schon nicht mehr retten und vertreten kann, sucht man wenigstens noch deren Nützlichkeit zu erweisen. Selbst Kirchenvertreter wollen zuweilen mit dem Hinweis auf Nützlichkeit die Existenzberechtigung ihrer Religion belegen.

Doch religiösen *Glauben* verstehen wir hier per se als *Aberglaube*. Und er bleibt Aberglaube bis zum von den Gläubigen zu erbringenden Erweis des Gegenteils. Und neben utilitaristischen Erwägungen und der Frage nach der Nützlichkeit von Religion muss man auch nach deren Schädlichkeit fragen. Und da ist Sinnstiftung und Welterklärung von Religionen fast immer erkauft durch Abgrenzung von anderen Religionen, durch Intoleranz, religiöse Selbstgerechtigkeit, durch religiös motivierte Unterdrückung von Minderheiten, fast immer durch eine Abwertung der Frau, durch ein Befangensein in längst überholten und rückständigen Weltsichten und hoffnungslos provinzieller Gruppenethik. Religiöser Glaube – dies scheint die Geschichte klar zu belegen – ist offenbar auch nicht zu haben ohne religiöse Kriege. Ein Großteil der Kriege hatte religiöse Ursachen oder war zumindest durch religiöse Faktoren mitbedingt. Noch bis in jüngste Zeit bedeutet religiöser Wahn – z. B. der Glaube mancher US-Präsidenten, die Endschlacht zwischen Gut und Böse stünde unmittelbar bevor – oder der Wille von islamischen Terroristen, sich in den Besitz von Atomwaffen zu bringen, um diese dann gegen »die Ungläubigen« einzusetzen, eine weltweite Gefahr.

Es wundert daher nicht, wenn manche Menschen Religion per se als Hindernis für ein friedliches Zusammenleben der Völker und geradezu pathologisch sehen. Religion als Menschheitsproblem. Für den Evolutionsbiologen Richard Dawkins ist religiöser Glaube ein parasitärer Hirncode, ein »Gedankenvirus aus der Bronzezeit«.[139] Religiöser Glaube ist ein Nebenprodukt und eine »Fehlfunktion eines eigentlich nützlichen Mechanismus«.[140] Denn Religion macht sich einen Umstand zunutze, der evolutionär sinnvoll ist, nämlich das Vertrauen von Kindern in das, was ihnen Erwachsene sagen. »Bade nicht zusammen mit den Krokodilen« (ein Beispiel von Dawkins) oder »Fass nicht auf die heiße Herdplatte«: Mit solchen Sätzen werden Kinder vor Gefahren gewarnt, die sie selbst noch nicht als solche erkennen können. Und es sichert das Überleben von Kindern, den Erwachsenen in manchen Fällen blind zu gehorchen. Damit können sich aber auch Vorstellungen in Kinderhirnen festsetzen, die gar nicht so gemeint waren, wie die Warnung vor dem *schwarzen Mann* oder die Realität des Osterhasen. Kinder sind leicht zu beeinflussen, das wissen politische und religiöse Ideologien sehr genau, weshalb sie versuchen, Kinder möglichst früh in ihre Gewalt zu bringen.

»So ist es kein Wunder, dass Kinderhirne leichtgläubig sind, offen für fast jede Suggestion, anfällig für subversive Einflüsse, leichte Beute für Munies, Scientologen und Nonnen. Wie Immunschwäche-Patienten sind Kinder sehr anfällig für mentale Infektionen, mit denen Erwachsene ohne weiteres fertig werden.«[141]

Der Glaube als Infekt, als eine Form von Hirnvirus, von den Erwachsenen vererbt und weiter an die nächste Generation vererbt. Die Inhalte, sei es nun »römisch katholisch oder Voodoo«, sind egal. Dawkins meint,

»... dass es keine Rolle spielt, welche besondere Form von Unsinn das Kindergehirn befällt. Einmal angesteckt, wächst das Kind auf und infiziert die nächste Generation mit dem gleichen Unsinn, wie er auch aussehen mag.«[142]

Religion wird vererbt, sie ist ein Sozialisationsschicksal. Nicht eine Wahrheit setzt sich durch, sondern das, was die Umgebung für Wahrheit hält.

»Dennoch ist es eine aufschlussreiche Tatsache, dass die meisten Kinder der Religion ihrer Eltern folgen und nicht irgendeiner anderen verfügbaren Religion. Die Befehle zum Niederknien, sich Richtung Mekka zu verneigen, einer Wand gegenüber rhythmisch mit dem Kopf zu nicken, wie ein Verrückter zu zittern, *in Zungen* zu sprechen – allein die Liste dieser willkürlichen und nutzlosen Bewegungsmuster, welche die Religionen bieten, ist endlos – all das wird befolgt; zwar nicht sklavisch, aber doch mit recht hoher statistischer Wahrscheinlichkeit.«[143]

Für Religionen wenig schmeichelhaft nimmt Dawkins kein Blatt vor den Mund. Ohnehin wendet er sich gegen die übertriebene Achtung vor sog. religiösen Überzeugungen (nach unserer Definition also *Aberglauben*). Er spricht von einem *parasitären Code*, von *Informationsparasiten* und immer wieder auch von Viren.

»Auch DNA enthält parasitären Code. Die Zellmaschinerie ist dermaßen DNA-freundlich, dass es nicht verwundert, wenn Zellen auch DNA-Parasiten beherbergen – Viren, Viroide, Plasmide und anderes mitreisendes Gesindel.«[144]

Mit einem religiösen Virus Infizierte wissen selbst nicht, dass sie infiziert sind, und verstehen sich keineswegs so. Dawkins listet einige typische »Symptome« dieser »Infektion« auf.

»Der Patient fühlt sich typischerweise getrieben von einer tiefen inneren Überzeugung, dass etwas wahr oder richtig oder tugendhaft ist: eine Überzeugung, die anscheinend auf keinerlei Beweisen oder Überlegungen be-

ruht, die er aber dennoch als völlig zwingend und überzeugend empfindet. Wir Ärzte bezeichnen eine solche Überzeugung als *Glauben.*
Patienten machen typischerweise eine Tugend daraus, einen starken, unerschütterlichen Glauben zu haben, obwohl er nicht auf Beweisen beruht. Oft meinen sie sogar, je weniger Beweise es gebe, desto vorbildlicher sei der Glaube.
Ein verwandtes Symptom, das am Glaubenskranken eventuell auch auftritt, ist die Überzeugung, dass *Geheimnisse* etwas Gutes seien: Es sei nicht gut, Geheimnisse zu lüften. Man solle sie vielmehr genießen, gar in ihrer Unlösbarkeit schwelgen.«[145]

Unschwer erkennt man in dieser Charakterisierung Merkmale dessen wieder, was wir bereits beschrieben hatten. Mit Schmunzeln erwähnt Dawkins auch den *elektrischen Mönch* von Douglas Adams, »ein arbeitsparendes Gerät, das stellvertretend für Menschen glaubt und sogar *Dinge glauben konnte, mit denen man in Salt Lake City Schwierigkeiten hätte*«.[146] Die Lächerlichkeit von religiösen Lehrsätzen spiele keine Rolle, da es gerade für Gläubige mehr Prestige brächte, an besonders unglaubwürdige Dinge zu glauben.

»Möglicherweise werden manche religiösen Lehrsätze nicht trotz ihrer Lächerlichkeit bevorzugt, sondern gerade weil sie lächerlich sind! Jeder Schwächling im Glauben könnte annehmen, dass das Brot den Leib Christi symbolisiert, aber um an so einen Unfug wie die Wandlung zu glauben, muss man schon ein echter Vollblut-Katholik sein.«[147]

Religiöse Krankheitsbilder

Darf man so über religiöse Bekenntnisse reden, wie Dawkins es hier tut? Sie als Krankheiten, Viren, Parasiten oder – wie Daniel Dennett – als *trojanische Pferde* bezeichnen? Solche Redeweisen werden auch von Religionskritikern wie Joachim Kahl als »plakative Parolen« bezeichnet und als ein Religionsverständnis, das »unterkomplex« sei.[148]

Doch Dawkins akzeptiert den Nimbus des religiösen Bekenntnisses als etwas Unantastbares bewusst nicht. Es liegt ihm fern, *niedere* von *höherer* Religiosität zu unterscheiden. Und er hält es für Ausflüchte, dass Religiöse mit der Religion ein Refugium geschaffen haben, das sie der Diskussion entzogen wissen wollen. Im Falle von politischen Überzeugungen tut dies ja auch niemand, sondern ein politisches Bekenntnis fordert geradezu zur Diskussion heraus. Dawkins hält es für einen Irrglauben, »dass jeder Glaube um seiner selbst willen respektiert werden müsse, egal, wie widerlich seine Folgen sind.«[149]

Schießt Dawkins über das Ziel hinaus? Mit einzelnen Formulierungen vielleicht, aber sicher nicht in der Sache. Dawkins hat vielmehr ein neues Verständnis von Religion aus evolutionärer und pathologischer Sicht eröffnet, das der realen Sicht auf die Phänomene näher kommt als die allgemein übliche Achtung vor religiösen Bekenntnissen. Indem er mit dieser vorauseilenden Anerkennung Schluss macht, schubst er Gläubige von ihrer religiösen Hängematte und zwingt sie, sich einem Diskurs über die Inhalte ihres Glaubens zu stellen. Und was macht wacher als eine provokante These?

Ein Krankheitsbild kann sich äußern in einer Beeinträchtigung des Einzelnen wie auch in negativen Auswirkungen auf dessen Umfeld. Dass es zumindest Formen von Religiosität gibt, die man als pathologisch bezeichnen muss, dürfte nicht zu leugnen sein. Zu denken ist an ekklesiogene Neurosen, also von Kirche und Glauben hervorgerufene Zwangsvorstellungen, z. B. von Sünde und persönlicher Schuld, die geeignet sind, das persönliche Wohlbefinden massiv zu beeinträchtigen (dazu sind sie gedacht). Man denke an Tilman Mosers Buch *Gottesvergiftung*, an die über Jahrhunderte von der Kirche verbreitete Angstreligion eines auch kleine Vergehen mit Höllenstrafen ahndenden Gerichtsgottes, der so gar nichts mit der heute angesagten harmlosen EKD-Gottheit gemein hat. Oder man denke an die Verteufelung der Sexualität, die Angst- und Schuldvariante für Erwachsene, die ein Heer von religiösen Neurosen und Schuldkomplexen hervorrufen musste, die sogar die Liebe und die Ehe zwischen Mann und Frau unter das Minuszeichen der Sünde stellte und schon die neugeborenen Kinder mit der Nachgeburt der Erbsünde belastete. Die die Natürlichkeit des Menschen, Essen, Trinken, Sexualität, seinen Wunsch nach Freiheit, Selbstbestimmung und einem aufrechten Gang unter das Joch einer freudlosen, asketischen und lebensfeindlichen Religion gebeugt hat.

Oder man denke an religiöse Psychosen wie den Prophetenwahn, der sich in Selbstüberhebung, Messiasglaube und der Einbildung, einen Auftrag direkt von Gott zu haben, manifestiert. Menschen, die sich für Werkzeuge und Sprachrohre Gottes halten und die in der Regel in der Psychiatrie verschwinden, von denen es aber einigen sogar gelingt, eine Weltreligion zu begründen. Der Medizinhistoriker Armin Geus diagnostiziert in einem lesenswerten Buch bei Mohammed eine »paranoide Schizophrenie«.[150] Der Aberglaube, in göttlichem Auftrag zu handeln, legitimiert dann jegliche Gewalt gegen Denkende und Andersglaubende.

Gewalt wurde und wird im Namen von Religion nicht nur begangen, sondern auch gerechtfertigt, der Aberglaube Einzelner oder religiöser Gruppen äußert sich gesamtgesellschaftlich in religiösen Kriegen und Terrorakten. In der Bereitschaft, für seinen Aberglauben in den Tod zu gehen (oder andere in den Tod gehen zu lassen), zeigt sich der *potenziell* pathologische Charakter von Religion überdeutlich. Religion hat dabei umso mehr die Tendenz ins Pathologische, je überzeugter Gläubige von ihrem Aberglauben sind. Bei Menschen mit einem religiösen Glauben – und gerade bei den gläubigsten – besteht immer die Gefahr der Schädigung von sich und anderen. Markantestes Beispiel dafür sind heute natürlich Islamisten, die ihrerseits aber auch alles dafür tun, diesen Ruf ja nicht zu verlieren.

Heutige extreme Christen sind da relativ harmlos und töten bei Gelegenheit höchstens mal den Chef einer Abtreibungsklinik. Doch das war nicht immer so, und geschichtlich gesehen war wohl das Christentum die aggressivste Religion, die sich im Verbund mit politischer Herrschaft am verheerendsten weltweit ausgewirkt hat. Doch in weiten Teilen ist das Christentum heute durch die Aufklärung domestiziert und christliche Vertreter oft mehr von den Werten der Aufklärung beeinflusst, als ihnen bewusst ist.

Pfingstler, Evangelikale, Freikirchler und andere Vertreter eines christlichen Fundamentalismus spielen jedoch im Gesamterscheinungsbild zumindest des europäischen Christentums nur eine geringe Rolle.[151] In Deutschland ist ein volkskirchlich liberaler Protestantismus tonangebend und spiegelt sich auch in den in diesem Buch behandelten neueren Dogmatiken wider. Dieser Protestantismus ist vergleichsweise »harmlos«. Er ist überwiegend linksliberal anzusiedeln, steht auf dem Boden des Grundgesetzes und ist in der Regel tolerant anderen Religionen gegenüber. Eine telegene Vertreterin wie Margot Käßmann spricht die Menschen ja nicht deshalb an, weil sie besonders religiös wäre (das sind ja große Teile auch des organisierten Protestantismus nicht), sondern eher weil sie das nicht ist, weil sie sympathisch rüberkommt, weil ihre Haltung als in Übereinstimmung mit Grund- und Menschenrechten verstanden wird. Die christlichen Werte, die sie zu vermitteln vorgibt (Gleichheit, Toleranz, Menschenrechte überhaupt), sind in Wahrheit gar nicht christlich, sondern Werte der Aufklärung. Wenn also Religion sich offenbar selbst nicht so ernst nimmt, wird sie auch für viele Nichtreligiöse erträglich. Vom derzeitigen Protestantismus sind, anders als von den protestantischen Vätern, keine Hexenverfolgungen, keine Pogrome gegen Juden, keine Terrorakte mehr zu erwarten. Steckt also auch im blassen EKD-Protestantismus noch der Glaube als Virus?

Man muss dies bejahen, solange Menschen bereit sind, ihr Leben religiösen Kategorien unterzuordnen, und gehindert werden oder sich selbst daran hindern, unabhängig und selbstbestimmt ihr Leben zu gestalten. Solange sie in die Illusion einer religiösen Parallelwelt flüchten, die aus wissenschaftlicher Sicht zunehmend lächerlicher wird, solange sie an einen Christus glauben, den selbst die eigenen Neutestamentler in seinen Grenzen und Beschränktheiten erkannt haben, und solange sie sich und ihre Religion als etwas Besonderes, Herausgehobenes, Einzigartiges begreifen, und nicht als die lediglich ortsübliche Variante des weltweit anzutreffenden Phänomens des Aberglaubens.

Religion ist immer Wirklichkeitsflucht. Sie bleibt es selbst dort, wo Religion Menschen tatsächlich hilft, mit ihrem Leben besser klar zu kommen, Trost in Lebenskrisen und Schicksalsschlägen zu finden. Natürlich hatten der Glaube an und die Opfer für die germanischen oder griechischen Götter für die Gläubigen eine stabilisierende Funktion. Aber es stand eben nur eine eingebildete Wirklichkeit dahinter. Glaube ist ein Placebo. Er wirkt, obwohl er auf einer Einbildung beruht.

Nun wird es wohl kein Mensch schaffen, sich immer und überall von Einbildungen frei zu halten. Und kleine Fluchten sind ja auch erlaubt. Wer jedoch sein ganzes Leben bewusst und total einer religiösen Einbildung opfert, verfehlt sein Leben, ganz gleich wie er sich subjektiv dabei fühlt, und ganz gleich, welche hehren Werte mit einer solchen Religion angeblich transportiert werden. Glaube ist die Lockung in die Uneigentlichkeit, die Fremdbestimmung, das Leben zwischen den Kulissen eines religiösen Theaters. Bleiben Sie lieber im Foyer!

Auch Theologen sprechen davon, sich vom Glauben »anstecken« zu lassen.[152] Ist also der Glaube doch ein Virus? Auch ohne Heilige Kriege und ekklesiogene Neurosen: Er ist es, weil er Menschen dazu bringt, in Scheinwelten abzugleiten, weil seine angebotenen Wirklichkeitsverständnisse ungedeckte Schecks sind, weil er eine realistische Weltsicht behindert, weil er dazu verleitet, ethische Prinzipien aus dem Willen nicht vorhandener Götter abzuleiten, weil er die jeweilige Provinzreligion zum Dreh- und Angelpunkt der Welt erklärt. Und er ist ein Virus, weil sein »parasitärer Code« die Tendenz hat, sich fortzupflanzen, weil Eltern und soziales Umfeld ihre Kinder »in gutem Glauben« schon früh damit infizieren und diese die kindliche Fehlprägung nie mehr ganz abschütteln können. Er ist ein Virus, weil nicht nur Einzelne und Gruppen, sondern ganze Länder und Kulturen von ihm ergriffen werden und er sie für Jahrhunderte nicht wieder aus seinen Krallen lässt. Starke Religionen spiegeln deshalb keine höheren Wahrheiten wider, sondern belegen nur die Effektivität und Überlebenstüchtigkeit von Hirnviren gegenüber nicht so leistungsfähigen Varianten.

Glaube als Kardinals-(Un-)Tugend

Weil Götter zu unfähig sind, sich eindeutig zu zeigen oder zu offenbaren, sind Religionen gezwungen, zum Glauben aufzufordern. Der Aufruf zum Glauben ist im eigentlichen Sinn das Eingeständnis der Religionen, den Menschen nichts Handfesteres anbieten zu können. Aus der Not, nichts beweisen zu können, destillieren Religionen die Tugend des Glaubens. Sie haben es so seit Jahrtausenden verstanden, den intellektuellen Mangel geschickt zu verwalten und zu kaschieren. Und im Christentum wird der Glaube sogar zu einer Kardinaltugend verbrämt.

Immer wird der Glaube positiv gesehen, als Geschenk Gottes oder als menschliche Tugend verstanden. Es wird Zeit, sich von dieser Sicht zu verabschieden. Glaube ist kein Schatz, sondern ein Mangel, er ist kein Geschenk Gottes, sondern Ausdruck einer gewissen Schwäche im kritischen Unterscheidungsvermögen, Glaube ist kein *totales Wirklichkeitsverständnis*, sondern ein partieller Realitätsverlust, er ist keine Tugend, sondern eine Untugend. An die Stelle des Glaubens muss die Kritik an Glaubenssystemen treten. An die Stelle der religiösen Wahrheit die Einsicht in die Relativität gerade auch der eigenen Religion. Kinder sollen zu kritischen Menschen erzogen werden, nicht zu Nachbetern jahrtausendealten Aberglaubens an moralisch höchst fragwürdige Götter. Religiöse Führer in Vergangenheit und Gegenwart und gleich welcher Religion verdienen nicht länger unseren Respekt. Ihr Glaube, ihre oft gerühmte Ausstrahlung und Authentizität sollte uns eher verdächtig sein. Glaube ist keine Haltung, die moralisch, menschlich und intellektuell höher zu bewerten wäre als Glaubenskritik. Glaube ist nicht »höher als alle Vernunft«, er ist untervernünftig. Glaube ist eine Haltung, die für einen Lebensentwurf genauso ungeeignet ist wie ein aktueller Glaube an die Aussage eines Gebrauchtwagenhändlers, natürlich habe der Wagen keine Mängel.

Auch Kritik bewahrt nicht vor Irrtümern, aber ohne sie wird der Irrtum zum nörgelnden Dauergast, der beherbergt und verköstigt werden will, zum Mietnomaden im neuronalen Oberstübchen. Zur Rationalität gehört auch die Einsicht, dass sich das Irrationale selbst bei bestem Willen nicht gänzlich verbannen lässt. Doch diese Einsicht sollte das Aufräumen mit abergläubischen Vorstellungen nicht verhindern. Man kann die Welt zwar nicht vernünftig machen. Aber vernünftiger, das geht schon.

Die Bibel und ihre Vergötzung

Die sog. Heiligen Schriften der Religionen sind im Vollsinne als historische Texte zu sehen und zu interpretieren. Sie sind geschichtlich entstanden und haben geschichtliche Wirkung entfaltet. Die Anschauung, dass sie besondere Offenbarung von Göttern sind oder zumindest eine besondere Offenbarung enthalten, dass sie sich also als Ganzes oder in Teilen auf göttliche Urheberschaft zurückführen lassen, ist traditioneller Aberglaube, der auch als solcher benannt werden kann und muss.

Wie Menschen sich Götter schaffen, an die sie glauben wollen, schaffen sie sich auch Heilige Schriften. Dies geschieht sicherlich nicht zuletzt aus dem Bestreben, der Gottheiten, die sich ja partout nicht zeigen wollen, doch irgendwie habhaft zu werden, sie doch irgendwie erkennen und beschreiben zu können (zumindest in einigen Eigenschaften) und sie als Spender und Garant ethischer wie kultischer Gesetze zu verhaften. Mit Hilfe Heiliger Schriften werden menschliche Stammes-, Glaubens- und Rechtsordnungen sakralisiert und mit Autorität ausgestattet. Ein Vergehen gegen die Rechtsordnung wird so zu einem Vergehen gegen die Götter selbst. Kaum eine Kultur möchte auf diese religiöse Legitimationsinstanz verzichten, und selbst in eigentlich säkularen Staaten findet man zuweilen noch Diskussionen über einen Gottesbezug in der Verfassung.

Wieder einmal vergegenwärtigen wir uns die Vielzahl der Religionen; wie die Unzahl der Götter die Ansprüche jedes einzelnen Gottes und damit auch aller Götter insgesamt karikiert, so ist auch die Vielzahl Heiliger Schriften eben gerade kein Ausweis von Heiligkeit. »Schon eure Zahl ist Sünde« (Stefan George). Auch in der Bibel äußert sich kein Gott, kein göttlicher Geist oder sonst eine Gestalt aus einem bloß vorgestellten Pantheon. Wohl aber spiegelt sich in ihr eine vergangene Kultur wider mit Wertekanon, Rechtssetzungen und kultisch-religiöser Praxis. Die indirekten und direkten Gottesworte der Bibel sagen so zwar nichts über Gott aus, wohl aber viel über die Menschen und den kulturellen Kontext, in dem sie lebten. Und das macht auch »heilige« Schriften für Nichtreligiöse interessant.

Die Entstehung Heiliger Schriften

Heilige Schriften fallen nicht vom Himmel, sondern sind das Ergebnis einer literarischen und gesellschaftlichen Entwicklung. Sie kommen nicht als heilige Schriften auf die Welt, sondern werden irgendwann dazu erklärt. Sie sind Endpunkt einer oft langen Entwicklung. So haben das alte Israel und auch der Jahwe-Kult schon Jahrhunderte bestanden, bevor deren Heilige Schriften fixiert worden sind. Natürlich gab es auch schon früh mündliche Überlieferungen, Legendenkränze, Lokaltraditionen und vielleicht sogar frühe Geschichtswerke. Den »Aufstieg Davids« (1. Sam 16 - 2. Sam 5) oder die »Thronnachfolge Davids« (2. Sam 7; 1. Kön 1-2) hatte man lange als solch frühe Äußerungen verstanden, bis die Archäologie erkannte, dass das Großreich Davids insgesamt eine Fiktion ist und sich in den überlieferten Geschichten ein sehr viel unspektakuläreres Geschehen oder sehr viel spätere Zeiten widerspiegeln.[153] Die Überlieferungen waren aber insgesamt noch im Fluss und einem mannigfaltigen Veränderungsprozess ausgesetzt. Im Alten Testament kann man dieses Werden der Überlieferung noch an vielen Stellen erkennen und vielleicht sogar bestimmten Quellenschichten zuweisen. Selbst die Thora der Juden, worunter man die Bücher Genesis bis Deuteronomium versteht, ist relativ spät festgezurrt worden. Erst lange nach dem babylonischen Exil wurden aus der Thora Heilige Schriften. Die überlieferten Gesetze incl. der Zehn Gebote gehen ohnehin nicht auf einen Moses oder auf eine Offenbarung an einem »Gottesberg« zurück, sondern sind nach Ausweis der Forschung in viel späterer Zeit und für eine viel spätere Zeit literarisch geschaffen worden. Dass es Mose als historische Person überhaupt gegeben hat, wird von vielen Alttestamentlern mit guten Gründen bestritten. Gleiches gilt für die Existenz der Erzväter. Wir werden darauf unten noch ausführlich zu sprechen kommen. Die geschichtlichen Wurzeln jedenfalls, auf die sich das Judentum bis heute beruft, die aber auch für das Christentum und den Islam von Bedeutung sind, hat es so nicht gegeben. Sie sind von der Forschung weitgehend als Geschichtskonstruktionen weit späterer Jahrhunderte entlarvt.

Auch als die Thora dann anerkannt war, waren wichtige Teile des späteren Alten Testaments (des jüdischen *Tenach*) noch nicht sakralisiert, darunter auch z. B. die Psalmen. Teile des Judentums, wie die Samaritaner, akzeptierten ohnehin nur die Thora als heilige Schriften. Erst Ende des ersten Jahrhunderts nach Christus wurde der jüdische Kanon festgelegt. So hat es je nach Grenzziehung 500 bis 1000 Jahre gedauert, bis sich die Heiligen Schriften des Judentums entwickelt hatten. Sie werden für gewöhnliche Gläubige mit dem alten Israel identifiziert, es hat sie aber über den weitaus größten Teil der israelitisch-jüdischen Geschichte in Palästina noch nicht gegeben.

Als der Kanon des Alten Testaments festgelegt wurde, war Jesus schon lange tot. Jesus und auch seine ersten Anhänger hatten sich noch ganz in den Grenzen des Judentums verstanden und wollten diese keineswegs sprengen. Die Heiligen Schriften der Juden waren auch ihre Heiligen Schriften, denn sie selbst waren Juden. Heilige Schriften der Christen gab es noch nicht. Zwar kursierten zwischen den Gemeinden zuweilen Abschriften der Paulusbriefe und in der zweiten Hälfte des ersten Jahrhunderts entstanden die ersten Evangelien. Doch niemand wäre darauf gekommen, darin heilige Texte zu sehen. Die Briefe des Paulus waren oft Gelegenheitsschreiben, und Paulus selbst hätte sich vermutlich vehement dagegen verwahrt, dass fromme Christen seinen Briefen später einmal quasigöttlichen Charakter zuerkennen würden. Paulus, der betonte, dass nicht der Buchstabe, sondern der Geist lebendig mache, wäre über die Bibelvergötzung heutiger evangelikaler Christen entsetzt gewesen, von den Inhalten ihres Glaubens (Trinitätslehre, Zweinaturenlehre etc.) ohnehin. Und was die ersten Evangelien anbelangte: Hier war die Überlieferung so im Fluss, dass Evangelisten keine Probleme damit hatten, Worte Jesu bei Bedarf hinzuzuerfinden oder vorgefundene Worte bei Bedarf wegzulassen. Dies bezeugen die biblischen Evangelien an Hunderten von Stellen, ganz zu schweigen von den ins Kraut schießenden anderen Evangelien, die es nicht in den neutestamentlichen Kanon geschafft haben.

Also auch die Schriften des Neuen Testaments wurden erst nach und nach heilig. Doch der Prozess lief immerhin etwas schneller ab als die Kanonisierung der alttestamentlichen Schriften. Um das Jahr 200 stand der Kanon im Wesentlichen fest, auch wenn es zu einzelnen Schriften noch Diskussionen gab. Als formaler Abschluss der Kanonbildung gilt der 39. Osterfestbrief des Athanasius im Jahre 367.

Die Ummöblierung der Heiligen Schriften

Dass die Christen die alten Schriften der Juden übernahmen, war anfangs keineswegs sicher. Denn mit der Wandlung der Christen von einer jüdischen Sekte hin zu einer eigenständigen Religion, die zudem weit mehrheitlich von Heidenchristen bestimmt wurde, also von Menschen, die bisher kaum Kontakt mit dem Judentum hatten, wurde die Frage drängender, wie man sich zu den alten Schriften des Judentums verhalten sollte. Ein Problem dabei war, dass Jesus selbst Jude gewesen ist, und nach ihm auch Paulus als Propagandist des Heidenchristentums. Wären beide Hellenisten gewesen und beispielsweise in Korinth geboren; das Christentum hätte keine Rücksicht auf einen alttestamentlichen Gott nehmen müssen, der ethisch fragwürdig und provinziell als »Gott der Juden« einer Weltmission im Prinzip entgegenstand. Aber an dem jüdischen Erbe kam man nicht vorbei, man musste es integrieren und eine gewisse Kontinuität betonen.

Die Schaffung eigener Heiliger Schriften bei Beibehaltung des Alten Testaments war also die Strategie. Allein schon die Bezeichnung »Altes« Testament bedeutet für jüdische Ohren eine Abwertung. Aber schon weit vorher hatte sich das entstehende Christentum von seiner Mutterreligion entfernt. Während sich Jesus und die Urgemeinde noch an die jüdischen Gesetze, an Opferkult und Beschneidung gehalten haben, hat Paulus, obwohl selbst Jude wie Jesus, mit diesen Heilsnotwendigkeiten ein Ende gemacht. Sie waren ihm bei der Verkündigung seines Evangeliums im heidnisch-hellenistischen Umfeld einfach im Wege. Aber natürlich argumentiert auch er noch mit Zitaten aus der Thora und den Propheten. Auch die Evangelisten nach ihm haben sich noch nach Kräften aus den Heiligen Schriften derjenigen bedient, von denen man sich immer mehr entfernte.

Das Alte Testament wurde gewaltig uminterpretiert, seine kultischen Gesetze galten nicht mehr, die Beschränkung auf das Volk Israel wurde aufgehoben, der jüdische Partikularismus durch einen christlichen Universalismus verdrängt. Das bedeutete auch für den alten Gott Jahwe eine enorme Umstellung. Er wurde gezwungen, sich von einer autoritären Führerfigur in den liebenden Gott des Neuen Testaments zu verwandeln. Und ungefragt wurden ihm zwei Teile einer Trinität zugesellt, dazu später noch Maria als »Gottesmutter«. Auch als Gott hat man es nicht immer leicht, und ist seinen Gläubigen zuweilen hilflos ausgeliefert.

Der mehrfache Schriftsinn und der Wunsch nach Harmonisierung

Es hatte zwar kaum einer bemerk, doch für die Christen galt der verheißene Messias als angekommen. Das Alte Testament wurde dem Neuen dienstbar gemacht und auf Jesus hin gelesen und interpretiert. Überall sahen die Christen nun Hinweise auf ihn, selbst in den kleinsten Details. Es liegt im Wesen Heiliger Schriften, dass sie überinterpretiert werden. Fromme Geister, die über Heiligen Schriften brüten und über sie predigen müssen, finden immer Anknüpfungspunkte und vorgebliche Parallelen, suchen und finden Stichwortassoziationen. Das Alte Testament ist so reich und vielfältig, dass man fast alles darin finden kann, wenn man nur lange genug sucht. Beliebt blieb fast bis heute die *allegorische Auslegung*, die hinter einer Geschichte einen anderen Sinn als angedeutet erkennt. So handelt es sich z. B. beim *Hohelied* eigentlich um profane Liebeslyrik. Weil Origenes und viele andere sie aber als Abbild der Liebe zwischen Christus und den Gläubigen verstanden, wurde das Hohelied auch für ein inzwischen in Prüderie erstarrtes Christentum salonfähig. Die für Heiden und Nichtjuden sehr unappetitliche Sitte der Beschneidung wurde zu einer unblutigen *Beschneidung der Herzen* stilisiert. Real gemeinte Speisegebote wurden als Hinweis auf Reinheit allgemein umgedeutet, das Reich Gottes, das sich Jesus noch ganz real diesseitig vorstellte, ins Jenseits oder in die Seele verlegt. Hinzu kam eine *typologische Auslegung*. Jesus wurde als der neue Adam verstanden, der anders als der alte Adam den göttlichen Willen erfüllt. Abraham, obwohl weder Jude noch Christ noch Moslem, wird von allen drei Religionen als Vorbild des Glaubens gerühmt. Wer sich heute wundert, wie z. B. in Predigten Theologen weit hergeholte Vergleiche und Bezüge kunstvoll aus dem Hut zaubern, wäre in früheren Zeiten noch viel erstaunter gewesen. Nicht der offen zutage liegende Sinn war entscheidend:

> »Der sog. Barnabasbrief (um 130) erklärte diese geistige Deutung sogar für den eigentlichen Sinn des im Alten Testament Gemeinten; den Juden wird ihr ‚historisches' Verständnis dieser Schriften als Grundfehler zum Vorwurf gemacht«.[154]

Die Kirchenväter überboten sich in solcherart biblischen Spekulationen. Origenes sprach von einem dreifachen Schriftsinn, dem grammatischen, dem moralischen und dem allegorischen Sinn der Schrift, Cassian und Augustinus vertraten sogar einen vierfachen Schriftsinn.[155] Das Wort »Jerusalem« bedeutet bei Cassian die Stadt Jerusalem, aber auch die Kirche, die Seele und das himmlische Jerusalem. Eine Inflation von exegetischem Unsinn war die Folge. Die Lehre vom vierfachen Schriftsinn

> »öffnet ... dem hermeneutischen Missbrauch Tor und Tür, indem sie erlaubt, Auslegungsprobleme, die sich vom Literalsinn her ergeben, mittels Moralisierung oder Allegorisierung, also durch Wechsel der Auslegungsart zu beheben oder zu umgehen.«[156]

Doch über 1000 Jahre war diese »Auslegung« in Gebrauch und hat zu einer Fülle heute unlesbarer Kommentare zu biblischen Büchern geführt. Der Katholizismus hat sogar heute noch den vierfachen Schriftsinn immer noch im Programm.[157] Luther, der Wert darauf legen musste, dass die Schrift klar und nicht verschwommen ist, da er ja keine lehramtliche Auslegungstradition mehr akzeptierte, hielt vom vierfachen Schriftsinn nichts. Der einfache, augenscheinliche Sinn sei entscheidend. Manche sehen deshalb in Luther den Wegbereiter einer modernen Exegese.[158] Sieht man allerdings, was die Reformatoren und besonders ihre Nachfolger der altprotestantischen Orthodoxie an Bibelvergötzung betrieben haben, wird man einem solchen Urteil nur wenig abgewinnen können.

Was tun mit dem Alten Testament?

Das Alte Testament blieb dennoch ein Problem. Denn es kannte nur in einigen sehr jungen Stellen so etwas wie eine Messiasfigur. Erst recht kannte es keinen gekreuzigten Messias. Es kannte keine göttlichen Personen, keine Trinität, ja nicht einmal eine Seele und den Gedanken einer Auferstehung der Toten. Dass die Christen sich des Alten Testaments bemächtigten und in ihrem Sinne umdeuteten, muss man als Akt einer geistesgeschichtlichen Vergewaltigung begreifen, als einen Gewaltakt. Fast schon militant formuliert Trillhaas:
»Indem aber Jesus Christus, den Israel verworfen hat, der ist, der allein den Schlüssel zum Alten Testament verwaltet, wird dem Judentum das Alte Testament aus der Hand geschlagen.«[159]

Unter der Glaubensprämisse, dass ein gescheiterter und schändlich hingerichteter Wanderprediger der verheißene Messias gewesen sei, wurde die Mitte des Alten Testaments, die bisher der Gott Jahwe und der Bund mit seinem Volk Israel gewesen ist, verschoben und Christus auch zur Mitte des Alten Testaments erklärt. Christologie nun überall. Luther lehnte zwar einen mehrfachen Schriftsinn ab, deutete aber das Alte Testament selber derart christologisch, dass er »selbst Mose als Meister aller Propheten und *guten Christen* zu würdigen weiß.«[160] Und auch für Karl Barth ist das Alte Testament gegen alle historische und exegetische Vernunft »Christuszeugnis«: »Jesus Christus als der Erwartete ist tatsächlich auch im Alten Testament offenbar«.[161] Die Präsenz Jesu schon im Alten Testament wurde zur fixen Idee der Theologie vom ersten Jahrhundert bis in unsere Zeit. Exegetisch völliger Unsinn, aber dogmatisch unverzichtbar; wir werden dies noch an vielen anderen Stellen beobachten können.

Das Neue Testament war aus Sicht der Christen dem Alten natürlich überlegen. Die Christen vereinnahmten das Alte Testament und interpretierten es vom Neuen her. So wurde das Verhältnis AT zu NT oft nach dem Schema

Verheißung – Erfüllung verstanden. Was im AT (nur) angekündigt wurde; im NT habe es sich erfüllt. Dabei wurden nicht nur die späten und spärlichen Messias-Weissagungen auf Jesus hin gedeutet, sondern auch bisher gar nicht als messianisch verstandene Stellen des AT messianisch vereinnahmt. Am bekanntesten erfolgte dies bei den Gottesknechtsliedern bei Jesaja, vor allem Jes 53. Ein Knecht Jahwes leidet stellvertretend bis zum Tode, und wird doch ewig leben. Diese Stelle wurde im Judentum eindeutig *nicht* messianisch gedeutet. Und auch für die ersten Christen spielte sie offenbar keine Rolle. Dann aber wurde sie quasi »entdeckt« und auf Jesus bezogen. Angesichts der Menge der alttestamentlichen Texte lassen sich, wie schon gesagt, immer irgendwelche Anklänge zu allem Möglichen finden. Doch Joseph Ratzinger spricht raunend hier von *wartenden Worten* oder *herrenlosen Bibelworten*, deren tieferer Sinn sich erst Späteren voll erschließe.[162] Auch die Jungfrauengeburt in Jes 7,14, die eindeutig auf einem schlichten Übersetzungsfehler beruht, will er so verstanden wissen.

Natürlich ist eine solche Vorgehensweise völlig unwissenschaftlich. Sie besteht aus einem Zirkelschluss, sie setzt die Bedeutung dessen, was sie erweisen will, schon voraus. Doch dieses Vorgehen ist Usus bei der Verteidigung und Interpretation Heiliger Schriften und wird uns ebenfalls noch beschäftigen. Und keine Rede ist natürlich von den vielen »Weissagungen« des AT, die definitiv *nicht* eingetroffen sind. Vom Neuen Testament und der mit bislang 2000 Jahren geringfügig verzögerten Wiederkehr des Herrn gar nicht zu reden.

Die lutherische Theologie hat seit ihrem Entstehen das Verhältnis AT zu NT gerne als *Gesetz und Evangelium* verstanden. Die Gesetzesreligion des Judentums im Alten Testament wird abgelöst und überboten durch das Evangelium des Neuen Testaments. Wie das Alte Testament den Menschen durch das mosaische Gesetz als Sünder erweist, spricht ihm das Neue Testament das Heil als Evangelium (frohe Botschaft) dennoch zu. Auch hier finden wir Aufnahme und Abwertung des AT zugleich. Dass auch dieses im Protestantismus lange beliebte Auslegungsschema aber nicht passt, wurde in jüngerer Zeit immer wieder von Theologenseite angemerkt. Ihm liegt der Gesetzesgedanke *als Zwang* zugrunde, was inzwischen als christliches Zerrbild erkannt worden ist. Denn im Judentum wird das Gesetz eben nicht als Zwang, sondern als Gnade verstanden. Und ebenso findet man im Neuen Testament nicht nur *Evangelium*, sondern auch gesetzliche Schriften und Passagen. Betont Paulus die Gnade ohne Werke, ruft der Jakobusbrief gerade zum Tun guter Werke auf. Das Schema Gesetz – Evangelium ist eben, wie das Schema Verheißung – Erfüllung eine theologische Abstraktion, die über ihre eigenen Prämissen stolpert.

Eine Verknüpfung von AT und NT meinte man durch die Bundesschlüsse Jahwes bewerkstelligen zu können. Demnach hat Jahwe immer wieder Bundesschlüsse mit einzelnen Menschen und seinem Volk vollzogen. Im AT mit Adam, mit Noah, mit Abraham, am Sinai dann mit Mose und dem Volk Israel, später mit David. Im NT wird das Abendmahl als »der Neue Bund in meinem Blut« (LK 22,20) bezeichnet. Man will ja kein Spielverderber sein, aber Theologen seien darauf aufmerksam gemacht, dass es sich auch hier wieder um rein biblische oder theologische Luftgespinste handelt, denn es hat (was »moderne« Theologen gerne zugestehen) nie einen Adam gegeben, mit dem ein Gott einen Bund hätte schließen können, und es hat auch nie einen Noah gegeben, mit dem Gott nach der Sintflut (die es ebenfalls nicht gegeben hat) einen Bund geschlossen hat. Auch Abraham ist mit ziemlicher Sicherheit keine historische Person. Die Historizität Moses ist in der Forschung zumindest stark umstritten. Und das Großreich Davids war, wie schon erwähnt, (trotz der als erwiesen geltenden Existenz eines Davids) nach Ausweis der Archäologie ein »literarisches Reich« aus viel späterer Zeit. Die Überlieferung zum Abendmahl, das wissen Theologen ebenfalls, ist ungewöhnlich kompliziert und sicherlich immer wieder überformt worden. Ob überhaupt und was Jesus da tatsächlich gesagt haben könnte, ist schlicht nicht mehr zu ermitteln. Und es hülfe wenig, wenn er sich seinerseits auf die (rein legendarischen) Bundesschlüsse im AT bezogen hätte.

Mit dem Begriff der *Heilsgeschichte* versucht die Theologie ebenfalls das Alte mit dem Neuen Testament zu verknüpfen. Eine Nähe zur Bundestheologie ist dabei gegeben. Die Konzeption der Heilsgeschichte meint, dass Jahwe immer wieder an bestimmten Punkten in die Geschichte seines Volkes eingreife. Der Geschichte Gottes mit seinem Volk liege ein Plan zugrunde, sie habe einen Beginn und läuft auf ein Ziel zu. Als Mitte der Zeit (Gal 4,4; Eph 1,10) wird dabei das Christusgeschehen angesehen. Deshalb beginnt mit Jesus eine neue Zeitrechnung. Am Ende steht dann das eschatologische Heil.

Nun ist das mit Geschichtskonstruktionen so eine Sache. Karl Marx hat mit seinem *historischen Materialismus* einen nichtreligiösen Entwurf vorgelegt. Wie im Religiösen der Weg vom Paradies über die Sünde und die Befreiung von ihr zum himmlischen Jerusalem verläuft, geht bei Marx die gesellschaftliche Entwicklung von der Urgesellschaft über die Entfremdung und die Befreiung von ihr hin zum irdischen Jerusalem einer klassenlosen Gesellschaft. Ärgerlich nur, dass sich die Geschichte offenbar partout nicht an solche Fahrpläne halten will. Und dass andererseits ein sich geschichtlich offenbarender Gott das Weltverständnis nicht vereinfacht, sondern verkompliziert.

Natürlich lässt sich die Verbindung zwischen Altem und Neuem Testament immer irgendwie begründen. Doch es bleibt unabweisbar das Gefühl des Unangemessenen, des Künstlichen. Eigentlich sind es zwei Heilige Schriften, die zwei unterschiedlichen Religionen angehören. Die Verbindung, die die christliche Kirche zieht, ist kirchengeschichtlich vermittelt, aber nicht inhaltlicher Natur und auch nicht zwangsläufig. Im zweiten und dritten Jahrhundert war das, was sich später als »orthodox« durchsetzte, nur eine christliche Strömung unter anderen. Es gab ein Heidenchristentum, das auf die alten Schriften der Juden und den alttestamentlichen Gott naturgemäß wenig Wert legte. Und es gab ein gnostisierendes Christentum, das den alttestamentlichen Gott geradezu in einen Gegensatz zum christlichen Gott stellte.

Marcion, ein reicher Reeder aus Pontus am Schwarzen Meer, kam Mitte des zweiten Jahrhunderts in die römische Gemeinde, wurde dort aber bald wieder hinausgeworfen. Er gründete daraufhin eine Gegenkirche, die über mehr als 100 Jahre größer war als die spätere orthodoxe Kirche. Marcion wertete das AT völlig ab, der Gott des AT war für ihn nicht der Vater Jesu Christi, sondern ein böser Demiurg, aus dessen Macht uns Christus gerade erlöst hat. An die Stelle der Gesetzesreligion der Juden sei das Evangelium getreten. Marcion berief sich auf einen von Judaismen gereinigten Paulus, und es hätte nicht viel gefehlt und das frühe Christentum hätte sich vollends vom Judentum und dessen Heiligen Schriften gelöst.

Doch so weit kam es nicht. Wenn auch die Christen die Juden immer wieder blutig verfolgten; ihre Heiligen Schriften haben sie sich angeeignet und auf ihren Gott hin umgedeutet. Das Gotteswort wurde geehrt, das Gottesvolk aber bekämpft. Doch auch die Begeisterung für das Alte Testament war schwankend. Abwertung musste das Alte Testament besonders seit der Aufklärung erfahren, wo das alte Gottesbild nicht mehr zu einem modernen Religionsverständnis und einer Universalreligion passten. Wo der alttestamentliche Gott mit seinen Heiligen Kriegen und mancherlei ethisch fragwürdigen Eigenschaften nicht mehr die Hürde zu einer verfeinerten Auffassung von Sittlichkeit und Moral nehmen konnte. In Lessings »Erziehung des Menschengeschlechts« war er gewissermaßen nur die erste Stufe der religiösen Entwicklung der Menschheit, in der man das Gute aus Gehorsam tat, um Strafe zu vermeiden. Lessing wünschte sich aber eine Welt, in der die Menschen das Gute um des Guten willen tun. Dazu taugte das Alte Testament nicht. Es war ein Buch für eine Gesellschaft, die entwicklungsgeschichtlich einfach noch nicht so weit war, wie ein Elementarbuch für Grundschüler. Auch für Theologen wie Schleiermacher war das Alte Testament überwunden, seine Ge-

setzlichkeit dem Christentum fremd. Weissagungsbeweise wie Schriftbeweise überhaupt seien unzureichend.[163] Und wie Schleiermacher die Trinitätslehre nur noch quasi im Anhang seiner »Glaubenslehre« verhandelte, plädierte er dafür, auch das Alte Testament nur noch als Anhang zum Neuen Testament zu sehen. Griffig formulierte es Adolf von Harnack vor bald 100 Jahren:
»Das AT im 2. Jahrhundert zu verwerfen, war ein Fehler, den die große Kirche mit Recht abgelehnt hat; es im 16. Jahrhundert beizubehalten, war ein Schicksal, dem sich die Reformation noch nicht zu entziehen vermochte; es aber im 19. Jahrhundert als kanonische Urkunde im Protestantismus noch zu konservieren, ist die Folge einer religiösen und kirchlichen Lähmung.«[164]

Theologische Eiertänze

Die Frage, auf welche Weise man Altes und Neues Testament als Einheit verstehen kann, beschäftigt die Theologen immer noch. Sie muss sie auch künftig beschäftigen, denn als »Vater« Jesu Christi wird eben der alttestamentliche Gott Jahwe behauptet. Die Frage der Einheit ist jedoch ein Scheinproblem, das sich auflöst, wenn man auf die dogmatische Nötigung einer Zusammengehörigkeit verzichtet. Es gibt keine gemeinsame innere theologische Verbindung zwischen AT und NT, jedenfalls keine, die über natürliche überlieferungsgeschichtliche Bedingungen hinausgeht. Keine Heilsgeschichte, kein Geschichtsschema von Verheißung und Erfüllung, von Gesetz und Evangelium, kein Christusereignis als Mitte der Zeit; all dies sind Scheinlösungen für ein Scheinproblem.

Seit Ende des 19. Jahrhunderts denkt man in der Theologie auch religionsgeschichtlich. Noch länger betrachtet man auch die biblischen Texte historisch-kritisch. Altes wie Neues Testament sind religionsgeschichtliche Dokumente bzw. Dokumentensammlungen und sind als solche zu untersuchen. Ein Orientalist, der indische Texte aus verschiedenen Epochen analysiert, macht sich unglaubwürdig, würde er (etwa weil er selbst Hindu ist) neben überlieferungsgeschichtlichen Aspekten auch religiöse Prämissen mit einbauen, und statt die Texte kritisch zu scheiden, sie dogmatisch zu verklammern. Dabei kommt Religion, aber keine Wissenschaft heraus. Persönliche Glaubensfragen und aus der religiösen oder politischen Dogmatik aufgenötigte Geschichtskonstruktionen haben in der Wissenschaft nichts verloren. Auch deshalb ist die Theologie keine Wissenschaft.

Zum Ideal der Vorurteilslosigkeit und einer religiös ausgenüchterten Forschung bekennen sich vorderhand zwar auch unsere Theologen. So schreibt Joest sehr deutlich und richtig:

»Das Alte Testament ist zu lesen als Dokument der Religionsgeschichte seiner Zeit, nicht als verschlüsselte Vorausdarstellung einer künftigen Zeit.«
Und einige Seiten weiter: »Dass Jesus das Wort Gottes, die Selbstzusage des Gottes Israels in Person ist, ist aus dem alttestamentlichen Zeugnis nicht ableitbar.«[165]

Für solche Sätze wäre er im Mittelalter möglicherweise noch verbrannt worden. Heute formulieren solche Sätze Ergebnisse der wissenschaftlichen Auseinandersetzung, zu der sich auch Theologen bekennen können. Eigentlich: Denn gleichzeitig scheint Joest von solchen eben erst formulierten Erkenntnissen nichts mehr wissen zu wollen.

»Das Neue Testament ist im Lichte des Alten auszulegen, weil und insofern eben im Alten Testament das Wort des ewigen Gottes, das in Ewigkeit bleibende Wort (Jes 40,8; vgl. 1. Petr 1,25), zu vernehmen ist.«[166]

Fast übergangslos fällt Joest wieder in eine typische Theologensprache, wird vom Forscher zum Dogmatiker und bringt Bibelzitate, die offenbar Begründungscharakter haben sollen. Und völlig ungeschichtlich behauptet er nun:

»Das neutestamentliche Christuszeugnis wird zum Kriterium, an dem sich die Wahrheit des alttestamentlichen Gotteszeugnisses entscheidet.«[167]

Oder der Theologe Trillhaas: Auch er sieht durchaus klar die Gefahren einer Überinterpretation:

»Die christliche Theologie lebt bei der Auslegung des Alten Testamentes leicht über ihre Verhältnisse und sagt dem hohen Rang der Hl. Schrift zuliebe mehr als glaubhaft ist.«[168]

Wahre Worte. Doch wie um auch selbst einen Beweis für das gerade Gesagte zu liefern, liest man noch auf derselben Seite:

»Weil das Evangelium die Wahrheit ist, darum empfängt das Alte Testament von ihm her den Beweis seiner (korrelaten) Wahrheiten.«

Geht man zu weit, wenn man hier von einer gewissen Bewusstseinsspaltung spricht? Merken die Theologen das selbst? Klar scheint nur zu sein, *warum* sie so intellektuell zweigleisig fahren. Denn zwei Seelen schlagen in ihrer Brust. Eine ist ein kritisches Bewusstsein, das sie als Hochschullehrer haben und haben wollen, und das sie auch in ihren (sicher in erster Linie) von Theologiestudenten gelesenen Dogmatiken zeigen möchten. Das andere ist die leidige Rücksicht auf die theologische Tradition, die sie, eben weil sie Theologen sind, immer wieder nehmen müssen und aber auch nehmen wollen. Es ist geradezu ein Charakteristikum moderner Theologie, dass sie weder auf das eine noch das andere verzichten will. Also muss auch beides in die Dogmatiken rein, und deshalb springt das Wirklichkeitsverständnis wie ein Pingpong-Ball hin und her.

Dogmatikern kann man dabei einiges durchgehen lassen. Sie operieren in eingebildeten Wirklichkeiten mit nicht existenten Gegenständen, verknüpfen diese in scheinrationalen Schlüssen, um Probleme zu lösen, die es ohne sie gar nicht gäbe. Unter Theologen kursiert der Witz, dass Karl Barth nur deshalb so alt geworden sei, weil Gott noch mehr über sich erfahren wollte. Doch leider sind es neben Dogmatikern auch immer wieder Neu- und Alttestamentler, die es für eine gute Idee halten, den einigermaßen festen Grund ihrer Disziplin zu verlassen, um mit auf dem dogmatischen Eis zu tanzen. Es sind meist konservative Exegeten, die sich hier hervortun und so vielleicht auch ihre Verbundenheit mit der Kirche zum Ausdruck bringen wollen. Zeitweise Beachtung fand vor allem die sog. *Biblische Theologie*, die von dem Tübinger Neutestamentler Peter Stuhlmacher (den auch Benedikt XVI. immer gerne zitiert) und dem Tübinger Alttestamentler Hartmut Gese propagiert worden ist.[169] Eine Erkenntnis der Forschung war es, dass jede Schrift der Bibel eigene theologische Aussagen hat (die sich dann auch widersprechen können), und dass es deshalb eine übergreifende »Theologie der Bibel« nicht gibt. Doch eben eine solche gesamtbiblische Theologie wollen Gese und Stuhlmacher propagieren. Das Alte Testament wird mit den Augen des Neuen gelesen, obwohl die Texte des NT erst Jahrhunderte später verfasst wurden. Kein Profanhistoriker würde so arbeiten, schon aus der berechtigten Furcht heraus, man könnte ihm Zweckdenken und mangelnde wissenschaftliche Sorgfalt unterstellen. Der Alttestamentler Hermann Spieckermann ist ebenfalls auf dem Weg zu einem mehr als fragwürdigen Verständnis, wenn er meint, Jesus als den Christus schon im Alten Testament zu finden.

> »Beide Testamente bezeugen Jesus Christus auf je eigene Weise. Das Alte Testament tut es dergestalt, dass es nicht direkt von Jesus Christus redet. Der Erkenntnisgrund für die eine Wahrheit der beiden Testamente liegt im Neuen Testament.«[170]

Eine solche Sicht ist schlicht unhistorisch und wird nur verständlich aus dem Willen heraus, das, was die Wissenschaft mit guten Gründen getrennt hat, doch irgendwie im Sinne von Kirche und Glauben zusammenzubringen. Den Schriften des Alten Testaments wird ihr Wert genommen, wenn man sie im Nachhinein als Vorspiel auf das Neue versteht. Die Absicht aber erinnert an muslimische Theologen, die dem Neuen Testament ihren Wert nehmen wollen, indem sie behaupten, Allah und der Koran seien dort irgendwie schon präfiguriert. Diese Art von religiösem Imperialismus, der im Blick auf eine vorwissenschaftliche muslimische Theologie absurd ist, sollte sich für (sich wissenschaftlich verstehende) christliche Theologen doch erst recht verbieten.

Bibelvergötzung im Protestantismus

Wie Götter jeglicher Nationalität und jeglichen Stammbaums bis zum Erweis des Gegenteils als Geschöpfe menschlichen Wunschdenkens, als Projektion und folgenreicher Selbstbetrug angesehen werden müssen, sind auch heilige Schriften Geschöpfe von Menschen und nicht von Göttern. Doch während die Götter eher die Öffentlichkeit scheuen und sich bestenfalls in fragwürdigen Situationen vor Kindern und Jungfrauen exhibitionieren, mithin also selbst für die Gläubigen schwer zu greifen sind, ist das bei Heiligen Schriften anders. Sie können gelesen, gedruckt, rezitiert und memoriert werden, man kann sie sehen und berühren, der Gläubige besitzt sie schwarz auf weiß und kann sie getrost nach Hause tragen. Ohne ihre Heiligen Schriften wüssten Juden, Christen und Muslime von ihren Göttern heute nichts. Ist es da ein Wunder, dass Gläubige den Wert ihrer Heiligen Schriften nicht hoch genug ansetzen können? Dass sie sie verehren, sie mit Abstammungslegenden (Sinai-Offenbarung, Diktat eines Erzengels oder des Heiligen Geistes) ausstatten und ihnen selbst auch quasigöttliche Eigenschaften zuschreiben?

Besonders der Protestantismus legt gesteigerten Wert auf »die Schrift«. Er verstand sich ja geradezu als eine Rückkehr zu ihr. Und er musste ihre Autorität verfechten, da er ja nach Ablehnung der römischen Tradition kein zweites Standbein mehr zur Verfügung hatte. Nun musste die Heilige Schrift alles leisten: die Offenbarung beanspruchen, sie auslegen, und dann auch noch Anleitung zu einem gottgefälligen Leben geben. Die nachlutherische, sog. altprotestantische Orthodoxie (ca. 1580-1730) erschuf eine verbrämende Lehre von der Heiligen Schrift und sprach ihr in einem solch hohen Maße göttliche Autorität zu, wie das bisher noch nie geschehen war. Wie der Katholizismus den Papst 1870/71 unfehlbar machte, schrieb der Protestantismus der Bibel Unfehlbarkeit zu, freilich ohne dies für alle Gläubigen verbindlich zu erklären. Die Namen der altprotestantischen Theologen, wie Abraham Calov, David Hollaz oder Johann Gerhard kennt heute außerhalb des theologischen Elfenbeinturms keiner mehr, ihre Schriftlehre aber ist im evangelikalen Protestantismus leider immer noch lebendig.

Was macht die Bibel heilig?

Für die altprotestantische Orthodoxie war die Bibel Grundlage und Inhalt aller Theologie, »oberste dogmatische Autorität«.[171] Als Fundament von Kirche und Glauben musste sie sicher sein. Deshalb stand die Lehre von der Schrift in den damaligen Dogmatiken oft gleich am Anfang. Die Bibel erlebte die höchste ideologische Aufrüstung ihrer Geschichte. Mehrere Aussagen kombinierte man, um die Autorität der Bibel zu erweisen

Der göttliche Urheber

Gott selbst wurde als Urheber der biblischen Schriften verstanden, oft in Gestalt des Heiligen Geistes. Durch die göttliche Autorschaft erhielten die biblischen Schriften ihre Vollmacht (*auctoritas*). Was nicht selbst als direktes Gotteswort formuliert war, wurde durch eine mehr oder minder streng ausgelegte Inspirationslehre erklärt. Darauf kommen wir gleich noch zu sprechen.

Heute gehen Theologen der Frage nach der göttlichen Autorschaft der Bibel lieber aus dem Weg. Die direkten Gottesworte des Alten Testaments sind viel zu zeitgebunden, als dass sich darin ein universaler Gott spiegeln könnte. Viel besser lassen sich in den vermeintlichen Gottesworten soziale und religiöse Strukturen, Priester- und Kultordnungen, zeitgenössische Rechtssatzungen und Anschauungen finden. Spräche wirklich ein Gott in den alttestamentlichen Texten, müsste man sich schon wundern, warum er sich z. B. derart intensiv und mit Liebe fürs Detail für den richtigen Ablauf von Schlachtopfern im Tempel von Jerusalem interessiert, und noch dafür sorgt, dass ausgerechnet diese Texte erhalten bleiben, die doch für Christen wie Juden gleichermaßen keine Rolle mehr spielen. Das Alte Testament liest sich denn auch über weite Strecken wie ein Telefonbuch aus einer Stadt, in der man niemanden kennt.

Zudem ist die ethische Qualität vieler Gottesworte mehr als fragwürdig. Der alttestamentliche Gott ruft an viel zu vielen Stellen zu Mord und Völkermord auf, tritt als Kriegsgott auf und zeigt sich derart oft von seiner schlechten Seite, dass er geradezu peinlich wirkt. Doch Theologen wie Gläubige haben hier die Schere im Kopf und beachten unbewusst die negativen Stellen im Gottesbild und in der biblischen Ethik nicht. Und im 16. Jahrhundert konnte ein Kriegsgott vielleicht noch vermittelt werden; aber heute wollen ihn so selbst Gläubige nicht mehr ins Haus lassen.

Und selbst die beliebten Teile der Bibel, wie die Zehn Gebote oder die Psalmen Davids, würden Theologen heute nicht als Gotteswort bezeichnen wollen. Zu sehr weiß man um das Gewordensein von Vorstellungen und

Überlieferungen und dass z. B. kein einziger Psalm Davids wirklich von David stammt. Theologen sprechen denn auch eher nebulös vom *Geist Gottes*, der die heiligen Schriften *durchwehe*. Wenn Sie einen Theologen mal in Verlegenheit bringen wollen, fragen Sie ihn, inwiefern die Bibel *Gottes Wort* ist. Sie werden staunen, was Sie da zu hören bekommen. Mehr als vom Gotteswort sprechen vor allem EKD-Theologen lieber von *Erfahrungen, die Menschen mit Gott gemacht haben,* und öffnen damit die Tür zur Subjektivität zur Hälfte schon selbst.

Die angebliche literarische Qualität der Bibel

Auch aus der Sprache selbst meinten die altprotestantischen Theologen ein Indiz für die Göttlichkeit der Schrift zu erkennen. Doch die literarische Qualität von Heiligen Schriften wird von Gläubigen meist überschätzt. Jedes Wort wird dann heilig und für lesenswert erachtet, auch wenn es sich z. B. nur um Ortslisten längst untergegangener Dörfer in Palästina oder die Entschädigung für einen in den Brunnen des Nachbarn gefallenen Esel handelt. Die altprotestantischen Theologen meinten allen Ernstes, dass das Griechisch des Neuen Testaments dem klassischen Griechisch nicht nachstehe. Der Heilige Geist habe einen neuen Stil geschaffen. So etwas würde heute auch kein Theologe mehr behaupten, und man weiß heute auch, dass die Sprache des NT das volkstümliche Koine-Griechisch war. Doch damals vertrat man dies ernsthaft, obwohl man doch das holprige Griechisch des Markusevangeliums wie das überaus simple Griechisch des Johannesevangeliums kannte. Letzteres war nun wieder Hinweis auf die *Einfachheit des Stils*, die man auch wieder als göttliche Eigenschaft ausgeben konnte. Gläubige sind eben um keine Erklärung verlegen.

Die Bibel profitiert von einem Klassikerkult, der auch denen Respekt abnötigt, die sie gar nicht gelesen haben. Für die Forschung sind es natürlich außerordentlich interessante Schriften, für lesewillige Gläubige aber oft eine Zumutung. Kapitel und ganze Bücher behandeln für den Gläubigen völlig irrelevante Fragen und sind grottenlangweilig. Das fromme Werk, die Bibel einmal durchzulesen, wird zum nervtötenden Geduldsspiel und mit guten Gründen gerne abgebrochen. Schon in den ellenlangen und am Leben der Gläubigen völlig vorbeigehenden Gesetzestexten der Bücher Levitikus bis Deuteronomium, vielleicht schon beim Buch Exodus werden viele das Handtuch werfen. Für das eigene Glaubensleben erbauliche Passagen werden zudem immer wieder durch die vielen Kriege, Morde an Andersgläubigen oder Abweichlern stimmungsmäßig gestört. Redundanzen, Aufzählungen von irgendwas, Dopplungen ganzer Erzählkreise (z. B. in den Chronikbüchern) machen das Lesen der Bibel zu keinem Vergnügen. Das Buch ist über weite Strecken einfach unlesbar und ist deshalb sicher das am meisten überschätzte Buch der Weltliteratur.

Im Islam haben wir ein ähnliches Phänomen. Was dessen Schriftlehre betrifft, befindet er sich mit dem Christentum auf der geistigen Höhe der Zeit, aber nur, wenn man darunter das 17. Jahrhundert versteht. Hier gilt der Koran als dem Mohammed direkt vom Erzengel Gabriel eingegeben. Muslime sind begeistert und preisen seine Schönheit bis in die Punktierungen des Textes in den höchsten Tönen. Sie nötigen Kinder dazu, seine 6200 Verse auswendig zu lernen, »anstatt sie mit kritischem Denken bekannt zu machen«.[172] Auch der Koran ist Weltliteratur, aber auch er, nüchtern betrachtet, völlig überschätzt und voller fragwürdiger Stellen. Auch Allah muss sich Kritik gefallen lassen. Der iranische Islamkritiker Ali Dashti bemerkt z. B. zur Sure 111:

»Es passt schlecht zum Erhalter der Welten, einen unwissenden Beduinen zu verfluchen und sein Weib als Brennholzträgerin zu beschimpfen.«[173]

Der Islamwissenschaftler Theodor Nöldeke verweist auf die stilistischen Schwächen des Korans:

»... das Buch [ist] vom ästhetischen Gesichtspunkt aus betrachtet ein keineswegs erstklassiges Erzeugnis ... Es fiel zuvor schon auf, wie heftig und unvermittelt sie [die narrativen Passagen] sind ... Oft fehlen die unentbehrlichen Bindeglieder, sowohl in sprachlicher Wendung als auch in der Ereignisabfolge ... Dazu kommt eine Menge oft überflüssigen Wortschwalls, und nirgends finden wir eine ununterbrochene Abfolge der Erzählung ... Die Gedankenverbindungen sind überaus locker, sogar die Syntax weist große Schwächen auf ... Wiederum beweist das häufige und unnötige Wiederholen bestimmter Ausdrücke und Wendungen keine große literarische Begabung ... Kurzum, Mahomet ist in keiner Weise ein stilistischer Meister zu nennen.«[174]

Die Heiligen Schriften der Religionen sind zwar Weltliteratur, aber nicht immer auch von literarischer Qualität. Gläubige sehen das nicht, werten ihre Heiligen Schriften auf, geheimnissen Erklärungen hinein, die fernab liegen, finden sich gar selbst irgendwie in den antiken Texten wieder, überinterpretieren, allegorisieren, paraphrasieren, und machen sich die Welt gerade wie sie ihnen gefällt. Aus dem Aschenputtel wird eine Prinzessin. Man kann es den Gläubigen nicht einmal verübeln, denn sie müssen mit dem leben, was sie als Gott und als Heilige Schrift vorfinden. Es wäre so eine schöne Gelegenheit für einen Gott gewesen, wenn er sich denn schon nicht selbst zeigen will, zumindest seine Heiligen Schriften in perfekter und tadelloser Form zu hinterlassen. Doch auch diese Chance haben die Götter vertan.

Das hohe Alter der Bibel

Das Alter der biblischen Texte wurde ebenfalls als Hinweis auf deren Autorität angesehen. Dies konnte nur in einer Zeit geschehen, da das Christentum noch nicht wirklich über den religiösen Tellerrand geblickt hatte und man von der Vielzahl der religiösen Vorstellungen und anderer heiliger Schriften noch nichts wissen konnte. Denn natürlich gibt es deutlich ältere religiöse Texte in vielen Kulturen. Sind diese also wahrer, weil sie älter sind? Alter schützt vor Torheit nicht. Andererseits ist auch das Christentum nicht als alter Mann auf die Welt gekommen: War es also weniger wahr, als es jünger war?

Man ist verwundert, wie nachdenkende Theologen des 17. Jahrhunderts allen Ernstes das *Alter* der Bibel als zumindest einen Hinweis auf deren Autorität bringen konnten. Auch ohne die religionsgeschichtlichen Kenntnisse der Späteren hätte man das durchaus auch schon vor 300 Jahren kritisch sehen können. Doch der »Erkenntnisweg« ging eben noch in umgekehrter Richtung. Denn man war ja schon grundsätzlich von der Autorität der Bibel überzeugt. Nun interpretierte man alles darauf hin. Wie jemand, der an die Sterne glaubt, auch ständig in Horoskopen Bestätigungen findet.

Mit dem Alter argumentieren Theologen heute in aller Regel nicht mehr. Doch Zirkelschlüsse erfreuen sich bei Gläubigen und Theologen nach wie vor höchster Beliebtheit.

Die Wahrheitsliebe der Verfasser

Auch die Wahrheitsliebe der biblischen Autoren war nicht Ergebnis einer Untersuchung, sondern stand von vornherein fest. Niemand hätte in nachreformatorischer Zeit die Glaubwürdigkeit der Evangelisten oder die von Paulus in Frage gestellt. Sie waren über jeden Zweifel erhaben. In der mittelalterlichen Kirche bereits hatten sie als heilig gegolten, und zweifellos hatte Paulus für die lutherische Theologie auch ohne offiziellen Heiligenschein ein nicht geringeres Ansehen.

Diesem Sachverhalt lag neben dem Nebel des Glaubens, der die Sicht auf die Dinge immer erschwert, auch der Umstand zugrunde, dass eine historisch-kritische Beschäftigung mit den biblischen Autoren und ihren Texten erst ab Mitte des 18. Jahrhunderts erfolgte. Heute weiß man, dass man auch die biblischen Autoren aus ihrer jeweiligen Situation heraus verstehen muss. Die Evangelien richteten sich zuerst an die Gemeinden der unbekannten Autoren, die einzelnen Geschichten hatten einen konkreten »Sitz im Leben«, man hatte mit ihnen eine bestimmte Absicht. Paulus schreibt seine Briefe immer aus konkreten Anlässen heraus an konkrete Adressaten. Die heutigen Gläubigen lagen außerhalb seines Gesichtsfelds. Zudem sind heutige Gläubige geneigt, gerade seine Worte als Ausdruck des rechten Glaubens zu verstehen. Dabei war das paulinische Christentum jedoch nur eine Variante unter mehreren anderen. Es gab das ältere Judenchristentum und später christlich-gnostische Gemeinden, daneben auch Marcion und seine Kirche. Die Vielzahl der Glaubensmöglichkeiten spiegelt sich in den Paulusbriefen noch wider. Das paulinische Christentum hatte anfangs nicht einmal die Mehrheit und hat sich erst durchsetzen müssen. Das war ein kirchengeschichtlicher Prozess und hat mit Wahrheit nichts zu tun. Die Geschichtsschreibung haben auch damals schon die Sieger bestimmt. Und die Sieger legten später auch fest, was schon in früheren Zeiten orthodox gewesen war und was nicht.

Auch die Evangelien betrachtet man heute nicht so blauäugig wie in früheren Zeiten. Man weiß heute, dass sie einen vielfältigen und oft nicht mehr zu durchschauenden Überlieferungsprozess hinter sich haben. Sie wurden nicht von Augenzeugen geschrieben. Sie sind entstanden 40-80 Jahre nach dem Geschehen und zu einer Zeit, wo man nicht in alten Zeitungen oder bei Google Lebensdaten und Ereignisse recherchieren konnte. Da Jesus bald nach seinem öffentlichen Auftreten auch schon hingerichtet wurde, und er auch für zeitgenössische Historiker offenbar nicht erwähnenswert war, blieb fast nur die mündliche Überlieferung seiner Worte und Taten. Versuchen Sie mal, ein Leben von Konrad Adenauer zu schreiben, ohne Zuhilfenahme von Büchern und Bibliotheken, ohne Archive, ohne Zeitungen und ohne Internet und auch ohne seinen privaten Nachlass einsehen zu können.

Vor einer solchen schier unlösbaren Aufgabe standen die Evangelisten. Da bleibt nur der Rückgriff auf umlaufende Legenden und Zeitzeugen. Doch was werden Sie dann finden nach 50 Jahren? Bei einer deutlich niedrigeren Lebenserwartung dürften um das Jahr 80 die Jünger Jesu schon lange tot gewesen sein, und seine Eltern ohnehin. Die Gemeinde selbst befindet sich zu dieser Zeit nicht mehr in Jerusalem, sondern seit ca. 66 im Ostjordanland. Da hätte ein Evangelist erst einmal hinreisen müssen, denn die Evangelien sind offenbar nicht in Palästina entstanden.

Also selbst wenn ein Evangelist tatsächlich und aufrichtig den Willen zur Wahrheit gehabt haben sollte; es wäre ihm schlicht nicht möglich gewesen, uns eine wirkliche Biographie dieses Jesus von Nazareth zu hinterlassen, noch hätte er sicher sein können, dass er nicht doch Legenden aufgesessen ist. Markus gilt in der Forschung als der Schöpfer der Gattung »Evangelium«. Woher er sein Material hat, ist meist unklar. Aber Markus schafft den verbindenden Rahmen der einzelnen Geschichten, macht aus den Einzeltraditionen einen Geschehenszusammenhang. Lukas und Matthäus hatten es leichter, sie verwendeten überwiegend Quellenmaterial, Markus und die sog. Logienquelle Q, und hielten auch den Markus-Aufriss weitgehend bei.

Doch schon der Vergleich der Evangelien hat für die Forschung deutlich gemacht, dass es die Evangelisten mit der Wahrheit nicht ganz so genau nahmen. Denn es gibt in den synoptischen Evangelien Hunderte von Stellen, wo die Evangelisten mit oft klarer Absicht Worte Jesu in anderen Kontext stellen, weglassen oder an vielen Stellen sogar hinzuerfinden. Das Johannesevangelium gilt fast vollständig als eine Erfindung des Evangelisten. Die Evangelisten waren keine Historiker, sie wollten von vornherein keine Biographie schreiben, sondern sie waren Exponenten der Gemeinden, für die sie schrieben. Sie waren selbst gläubig und wollten Glauben wecken, und sie taten dies u. a. auch dadurch, dass sie Worte und Taten Jesu einfach hinzuerfanden. Der Zweck heiligte für sie die Mittel. Weil dieser Umstand heute ein Allgemeinplatz in der neutestamentlichen Forschung ist, sprechen Theologen in ihren Kommentaren schon lange nicht mehr von der *Wahrheitsliebe der Verfasser*, sondern von deren Glauben.

Kirche und Märtyrer beglaubigen die Bibel

Auch bei diesem Argument der Altprotestanten liegt wieder zirkuläres Denken vor. Die Bibel beglaubigt die Kirche und die Kirche wiederum die Bibel. Es ist ein Pochen auf die Tradition, das man von den Nachfolgern der Reformatoren eher nicht erwartet hätte. Und es würde auch gut z. B. auf den Islam und den Koran zutreffen. Die Existenz einer Religion beweist nur die Existenz einer Religion, nicht die Richtigkeit ihrer religiösen Inhalte. Auch die erfolgreiche Verbreitung des Christentums und der Bibel, die ebenfalls von Altprotestanten angeführt wird, beweist natürlich nichts. Irgendwelche Religionen sind seit Tausenden von Jahren immer irgendwie verbreitet und setzen sich irgendwie durch.

Märtyrer, also Menschen, die bereit sind, für ihren Glauben zu sterben, beeindrucken die Menschen zu allen Zeiten. Und es gibt sie auch in anderen Religionen. Die Kirche hat Märtyrerlegenden immer nach Kräften gefördert. Dabei hat sie nach einer Seite meist stark übertrieben, denn tatsächlich waren es bis zur Akzeptanz des Christentums im römischen Reich nur wenige, die wegen ihres Glaubens hingerichtet wurden. In der Antike herrschte weitgehend religiöse Toleranz, ein Wert, den man sich im christlichen Mittelalter bald schon nicht mehr vorstellen konnte. Systematische Christenverfolgungen hat es in der Antike lange nicht gegeben, wo sie auftraten, waren sie meist von kurzer Dauer, regional begrenzt und forderten nur wenige Todesopfer. Erst unter Decius und Diokletian kam es zu kurzzeitigen reichsweiten Verfolgungen. Für die weitaus meisten Märtyrer sind nicht die Römer, sondern die christliche Geschichts- und Legendenschreibung verantwortlich zu machen. Darin besteht für eine kritische Forschung heute nicht der leiseste Zweifel. Doch lange versuchte man ausgerechnet mit erfundenen Geschichten die Wahrheit des Christentums zu erweisen.

Anders sieht es mit Märtyrern aus, die meist gar nicht als solche verstanden werden, dem Heer der christlichen Mönche. Sie starben zwar nicht als »Blutzeugen« in Auseinandersetzung mit einer heidnischen Obrigkeit oder mit Ungläubigen. Aber sie sind dennoch Opfer ihres Glaubens geworden. Die asketische Strenge war im Verlauf der Kirchengeschichte oft sehr unterschiedlich ausgeprägt, doch wo sie ernst genommen wurde, führte sie durch vielfältigen und vorsätzlichen Raubbau an der Gesundheit zu einem oft frühen Tod. Schlafentzug, Kälte, karge und unzureichende Nahrung, mangelnde Hygiene (die als Ausdruck von Askese verstanden wurde), Geißelungen des »sündigen Fleisches« auf vielfältige Art, Redeverbote, Schuldgefühle führten dazu, dass die Lebenserwartung in Klöstern noch einmal deutlich niedriger war als beim normalen Volk und oft nur bei 30 Jahren lag. Doch das war vielen Novizen gerade recht, glaubten sie doch den Lehren einer Kirche, die Diesseitsverachtung predigte und mit einem paradiesischen Jenseits lockte. Über Hunderte von Jahren und Dutzende von Generationen waren Millionen junger Menschen bereit, ihr Leben wegzuwerfen und es einer fixen Idee zu opfern. Geködert mit der bloßen Vorstellung eines Himmelreichs waren sie bereit, ihre reale Jugend, Gesundheit, Leben, soziale Beziehungen, Freund- und Liebschaften zu opfern für einen Luftballon, der mit ihrem Tode zerplatzte. Freilich ohne dass ihnen dies noch bewusst geworden wäre. Die Kirche bekämpft nach wie vor das Recht auf Suizid, den religiös begründeten Suizid hat sie jedoch fast immer als verdienstvolles Werk zu preisen gewusst.

Die heute oft vorherrschende Klosterromantik, die das Mönchtum als frühe Form des Brauereiwesens versteht oder sich an der Pracht bayerischer Barockklöster erfreut, macht sich keinen Begriff davon, was es für Menschen wirklich bedeutete, in einem Kloster auf den frühen Tod zu warten. Diese Form des namenlosen Märtyrertums war real, anders als die aufgeputzten und mit perversen Details versehenen Märtyrerlegenden. Beides jedoch ist geboren aus dem Geist eines religiösen Fanatismus.

Die Göttlichkeit der Wunder

Für die Altprotestanten wurden auch die Wunder zu einem Erweis der Wahrheit der Bibel. Das sehr gläubige, aber auch sehr naive Vertrauen zur Bibel adelte auch die erzählten Wunder. Man war noch weit entfernt von einer religionsgeschichtlichen Betrachtung der Bibel oder von historischer Kritik. Wunder mussten für die Gläubigen noch in der frühen Neuzeit als rein christliche Phänomene erscheinen. Doch es gibt wohl keine Religion, wo sie nicht behauptet werden. Schon in der Antike begegnen sie auf Schritt und Tritt. Wundertätige »göttliche Menschen« findet man im Volksglauben des Hellenismus. Im Alten Testament und in rabbinischen Texten kommen Wunder ebenso vor wie im Koran und der muslimischen Überlieferung. Die neutestamentliche Forschung hat die Wunder Jesu vielfach als Übertragungen von heidnischen Motiven auf Jesus erkannt (z. B. das Weinwunder zu Kana als Übertragung eines Dionysos-Wunders auf Jesus). Mehr noch sind sie aber aus der Vorprägung alttestamentlicher Wundergeschichten (z. B. den Wunder von Elia und Elisa) entstanden, aus einzelnen Logien herausgesponnen oder einfach Dubletten (Speisung der 3000 und der 5000).[175] In nicht geringem Maße sind sie einfach im Laufe der mündlichen Überlieferung gebildet worden.

Dass dies sehr schnell gehen kann, zeigt z. B. die Heiligsprechung der Heiligen Elisabeth. Ihr Beichtvater Konrad von Marburg war bei ihrem Tod 1231 etwas in Verlegenheit. Er wollte die Heiligsprechung seines Schützlings erreichen, konnte aber keine Wunder vorweisen. Doch siehe da: Nach einem entsprechenden Aufruf fanden sich innerhalb von wenigen Jahren mehr als 100 Wunder, und Elisabeth konnte heiliggesprochen werden. Auch in den apokryphen Schriften des frühen Christentums findet sich eine Vielzahl weiterer Wunder, die von Jesus und den Aposteln berichtet werden. Man sieht: Wer an Gespenster glaubt, der kann sie auch sehen, und wer an Wunder glaubt, für den ist die Welt voll davon.

Der Wunderglaube ist heute aber selbst unter Theologen anrüchig, und niemand würde heute ernstlich damit argumentieren. Eine populäre Ausnahme ist Benedikt XVI., der sogar die Details der Weihnachtsgeschichte (übrigens sowohl bei Lukas wie bei Matthäus) für historisch hält, incl. Jungfrauengeburt, diversen Engelsverkündigungen, Stern über Bethlehem, Weisen aus dem Morgenland, Gold, Weihrauch und Myrrhe und den Kindermord des Herodes.[176] Es ist dabei überhaupt keine Frage, dass Ratzinger ähnliche

Geschichten z. B. im Koran sofort als Legenden und Mythen identifizieren würde. Ratzinger ist in erster Linie Dogmatiker. Und man kann eben nicht erst *in zweiter Linie* Wissenschaftler sein.

Die Bibel erklärt sich selbst

Wenn Kriterien wie das Alter der biblischen Texte, die Wahrheitsliebe der Verfasser oder das Zeugnis der Kirche einmal Argumente für die Wahrheit der Bibel waren; heute sind sie es jedenfalls nicht mehr. Hans-Martin Barth bezeichnet einen solchen Glauben als »einfältig«, meint aber doch, in der üblichen Verneigung vor der Tradition, die abgehalfterten Argumente ernst nehmen zu müssen.[177] Dem protestantischen Bibelverständnis lag und liegt ein Mythos zugrunde, der klassisch als das *innere Zeugnis des Heiligen Geistes* (*testimonium spiritus sancti internum*) verstanden wurde. Die frühen Protestanten im Besonderen mussten die Schrift vergöttlichen, um dem definierenden katholischen Lehramt Paroli bieten zu können. Der Heilige Geist musste besonders von der reformatorischen Theologie in die biblischen Schriften hineingeblasen werden, damit sie ihn an anderer Stelle wieder herauswehen lassen konnte. Die Geschichte der Bibel ist der fortgesetzte Akt einer maßlosen Überschätzung antiker Texte, der im frühen Protestantismus seinen Höhepunkt gefunden hat. Die Bibel wurde zur obersten dogmatischen Autorität, aus der alle andere Dogmatik abgeleitet wurde. Wer die Welt erschaffen hat, wer Christus ist, wie die Zukunft der Welt aussieht: Hier stand es schwarz auf weiß. Die Bibel galt als vollkommen (*perfectio*), sie enthielt alles, was man zum eigenen Heil wissen muss (*sufficientia*). Sie galt als klar und eindeutig. Sie war irrtumslos zumindest in den heilsnotwendigen Aussagen. Sie erklärt sich selbst, man braucht keine fremden Ausleger. Für Abraham Calov war die Bibel sogar vom Geschöpflichen getrennt, *aliquid Dei*.[178] Die Altprotestanten hatten einen Bibelgötzen ins Leben gerufen, dem auch heute noch in vielen protestantisch-fundamentalistischen Gruppen gedankenlos geopfert wird.

Die göttliche Inspiration der Heiligen Schrift

Wenn die Zeugen Jehovas zu zweit nächstens wieder vor Ihrer Tür stehen und mit sehr freundlichen Worten sehr absurde religiöse Überzeugungen feilbieten, werden sie auch die Inspirationslehre wieder mit dabei haben. Je stärker Gläubige mit dem religiösen Virus infiziert sind, desto mehr neigen sie zur Bibelvergötzung. Gott selbst oder der Geist Gottes gilt als Urheber der Bibel, die biblischen Texte sind vom Geist Gottes inspiriert. In Freikirchen, frommen

Konventikeln, christlichen Sekten, bei Fundamentalisten, Evangelikalen und sogar bei Pfingstlern wird der papierne Gott hochgehalten wie einst das kleine rote Buch im China Maos. Das sehen auch aufgeschlossene Protestanten durchaus mit gemischten Gefühlen. Und Theologen weisen gerne darauf hin, dass die Bibel nicht selbst Offenbarung *ist*, sondern von Offenbarung *zeugt*, oder dass das eigentliche *Wort Gottes* sich nicht zwischen den Buchdeckeln der Bibel findet, sondern dass Christus selbst es sei.

Die neutestamentlichen Schriften galten bald nach ihrer Entstehung als vom Geist Gottes irgendwie inspiriert. Schon der Apologet Justin vertritt im zweiten Jahrhundert eine ausgebildetere Inspirationslehre. Und die Kirchenväter und Theologen des Mittelalters sind immer von einer Inspiration ausgegangen. Vorbild waren natürlich die alttestamentlichen Schriften, die seit der Erstellung des jüdischen Kanons ebenfalls als gottgewirkt galten. Vor allem mit zwei Bibelstellen soll die Inspiriertheit der Heiligen Schriften bewiesen werden:

2. Tim 3,16: »Denn alle Schrift, von Gott eingegeben, ist nütze zur Lehre, zur Zurechtweisung, zur Besserung, zur Erziehung in der Gerechtigkeit.«

2. Petr 1, 20-21: »Und das sollt ihr vor allem wissen, dass keine Weissagung in der Schrift eine Sache eigener Auslegung ist. Denn es ist noch nie eine Weissagung aus menschlichem Willen hervorgebracht worden, sondern getrieben von dem Heiligen Geist haben Menschen im Namen Gottes geredet.«

Mit einer dieser Stellen werden die beiden Zeugen Jehovas oder andere Frömmler Sie überzeugen wollen. Hierzu sind drei Dinge anzumerken:

Das Argument ist natürlich ein Zirkelschluss. Mit einem biblischen Zitat soll die Geltung des biblischen Wortes beglaubigt werden. Das ist in etwa so, als wäre der Koran wahr, weil es so im Koran steht. Kein Gläubiger würde bei einer fremden Religion auf solch eine durchsichtige Argumentation hereinfallen. Sehr gläubige Christen merken die Zirkelstruktur bei der eigenen Heiligen Schrift jedoch nicht, Glaube ist hier wie anderswo mit der Logik nur flüchtig bekannt.

Zu der Zeit, als die beiden zitierten Briefe geschrieben wurden, gab es überhaupt noch kein Neues Testament. Bei dem Wort »Schrift« hätten die beiden Autoren damit bestenfalls an alttestamentliche Texte gedacht.

Die beiden Zitate stammen aus einem Brief des Petrus und einem Brief des Paulus an Timotheus. Die kritische neutestamentliche Forschung ist sich einig, dass es sich dabei um Fälschungen (vornehm ausgedrückt: Pseudepigraphen) handelt. Weder stammen die Timotheusbriefe von Paulus noch die

Petrusbriefe von Petrus. Es zeigt sich also der pikante Umstand, dass mit gefälschten Zitaten die Wahrheit der biblischen Schriften belegt werden soll.

Die Reformatoren und ihre Nachfolger im 17. Jahrhundert konnten so etwas noch nicht wissen. Sie waren von der Göttlichkeit und Widerspruchslosigkeit der Schrift überzeugt. Um die Bibel gegenüber dem Katholizismus wasserdicht zu machen, umgaben sie sie mit einer besonders radikalen Inspirationslehre. Während für Luther durchaus nicht alle Stellen der Schrift gleich wichtig waren und es auch einige dunkle Stellen für ihn gab, wurde die Vergöttlichung der Bibel nach ihm durch eine radikale Orthodoxie vorangetrieben. Für Johannes A. Quenstedt z. B. war die Bibel geradezu ein »Diktat des Heiligen Geistes«, die Schreiber lediglich Marionetten in der Hand Gottes.[179] Die Bibel galt als widerspruchsfrei, scheinbare Widersprüche wurden mangelndem menschlichem Verständnis zugeschrieben.

Quenstedt und andere vertraten damit eine extreme Form von Inspiration, eine sog. *Verbalinspiration*, nach der der biblische Text bis in den Wortlaut hinein von Gott vorgegeben worden sei. Widersprüche oder auch nur formale Mängel des Gotteswortes musste eine solche Sicht konsequent leugnen. So etwas ließ sich jedoch nur schwer durchhalten und geht eigentlich nur mit religiösen Scheuklappen, weshalb die Inspiration sich für andere Theologen auch nur auf bestimmte Gegenstände oder Lehren beziehen konnte, z. B. die paulinische Rechtfertigungslehre (*Realinspiration*). Gegenstände der Bibel, die für das Heil unwichtig waren, Mitteldinge (*Adiaphora*), mithin auch viele Widersprüche, konnten von der Inspiration ausgeschlossen werden. Denkbar war es auch, die Inspiration an bestimmte Menschen, z. B. den Apostel Paulus zu knüpfen (*Personalinspiration*).

Eine Verbalinspiration zumindest wird heute von Theologen an staatlichen Universitäten natürlich nicht mehr vertreten und sogar heftig bestritten. »Nur bei geschlossenen Augen könnte die orthodoxe Lehre von der Hl. Schrift durchgehalten werden«, meint z. B. Trillhaas.[180] Für Werner Elert war sie wie für Karl Barth eine »Irrlehre«. Sie richte »unermesslichen Schaden an«.[181] Und Christofer Frey meint:

> »Der Typus von Orthodoxie, der sich heute in halb- oder ganz fundamentalistischer Manier auf die Schrift beruft, ist autoritär, er huldigt, um die Sprache der Sozialpsychologen zu gebrauchen, dem Ethnozentrismus (der Selbstbestätigung durch Abwertung anderer Gruppen) und ist … voll von Freund-Feind-Schablonen.«[182]

Frey meint, der »Glaube an die Verbalinspiration ist zu einer fragwürdigen Randerscheinung geworden.«[183] Doch da hat er offenbar nur den fundamentalistischen Protestantismus vor Ort im Blick. Eine Entwarnung ist nicht angesagt, denn wo der christliche Glaube sich weltweit ausbreitet, breitet er sich neben einer pfingstlerischen vor allem in einer fundamentalistischen und biblizistischen Form aus. Schon die Protestanten der USA unterscheiden sich fundamental vom relativ freien Umgang mit der Schrift, auf die der hiesige Protestantismus fast schon stolz ist. Vielleicht nirgendwo ist die Differenz zwischen den Lehren der Theologieprofessoren und den naiven Gläubigen so groß wie bei der Verbalinspiration. Die Gespenster, einst von Theologen erschaffen, werden sie nun nicht mehr los, und es ist durchaus möglich, dass weltweit gesehen der biblische Fundamentalismus seine besten Zeiten noch vor sich hat.

Pfahl im Fleisch des gesunden Menschenverstands sind auch für gemäßigte Christen die drei Chicago-Erklärungen, die ab 1978 vom *Internationalen Rat für biblische Irrtumslosigkeit*(!) verabschiedet wurden, einer Vereinigung streng konservativer Theologen vor allem aus den USA. In einem Glaubensbekenntnis mit dazu gehörigen Verwerfungen bekennen sie sich zur Irrtumslosigkeit und Unfehlbarkeit der biblischen Texte:

»Wir bekennen, dass die Schrift als Ganzes und alle ihre Teile bis zu den einzelnen Wörtern des Urtextes von Gott durch göttliche Inspiration gegeben wurden.« (Art. 6)

»Wir bekennen, dass die Schrift in ihrer Gesamtheit irrtumslos ist und damit frei von Falschheit, Betrug oder Täuschungen.« (Art. 12)

Allen modernen Fluchtversuchen liberaler Theologen wird eine Absage erteilt. Die Bibel *enthalte* nicht nur Gottes Wort, sie *ist* Gottes Wort. Sie ist nicht nur *in Teilen*, sondern *zur Gänze* unfehlbar. Es gibt keine Teile der Bibel, die von dieser Unfehlbarkeit ausgeschlossen sind. Jeder Bibelkritik wird eine strikte Absage erteilt.

»Wir verwerfen die Berechtigung jedes Umgangs mit dem Text und jeder Suche nach hinter dem Text liegenden Quellen, die dazu führen, dass seine Lehren relativiert, für ungeschichtlich gehalten oder verworfen werden oder dass man seine Angaben zur Verfasserschaft ablehnt.« (Art. 18)

Bei »Forschungen« dürfen nur Ergebnisse herauskommen, die der Bibel nicht widersprechen. Religiöse Borniertheit und Bibelfetischismus werden hier auf die Spitze getrieben. Gefordert wird von den biblischen Fundamentalisten ein Verständnis ihrer heiligen Schriften, das sie in ähnlicher Weise z. B. für den Koran strikt ablehnen und als Ausdruck von primitivem Aberglauben ansehen würden.

Es ist ein seltsam Ding mit bibelgläubigen Christen. Einerseits loben sie die sog. Heilige Schrift in den höchsten Tönen, geben vor, ihr Leben nach ihr auszurichten, und greifen andere Christen an, die sich zu solch vollmundigen Erklärungen nicht bereitfinden können. Andererseits sind sie aber gar nicht daran interessiert, die Bibel wirklich verstehen zu wollen. Sie sind gar nicht an einem tiefen und umfassenden Verständnis interessiert, sondern geben sich damit zufrieden, sie als Projektionsfläche einer vorher übernommenen Dogmatik vom »Wort Gottes« benutzen zu können. Es interessiert sie eigentlich gar nicht, wie Teile von ihr entstanden sind, wie hier durchaus unterschiedliche theologische Meinungen sich widerspiegeln und vielleicht auch widersprechen, wie Zeitumstände sichtbar werden, und wo sich die biblischen Texte vielleicht selbst relativieren. Sie haben sich zum Tanz um das Goldene Kalb entschlossen und lassen sich auch von den biblischen Texten selbst ihre vorgefasste Dogmatik nicht kaputt machen. Was an der Bibel kantig ist, wird rundgeglaubt.

Die ethische Rückständigkeit vor allem des Alten Testaments und seines Gottes nehmen sie nicht wahr, sondern reden im Sinne der Dogmatik von einem liebenden Gott. Dass Jesus in den Evangelien als Rabbi, Prophet und Lehrer angesprochen wird, überlesen sie, denn für ihre Dogmatik ist er ja bereits wahrer Gott und Teil einer Trinität, die erst Jahrhunderte später dogmatisiert wurde. Dass er selbst und seine Anhänger noch Jahrzehnte der festen Überzeugung waren, das Reich Gottes stünde unmittelbar bevor, wie er es »vorausgesagt« hatte, ignorieren sie, denn der Gottmensch Jesus kann sich ja nicht geirrt haben. Es kann nicht sein, was nicht sein darf. Ignoranz wird als Glaubensstärke verkauft, kritisches Nachfragen als Anfechtung.

Wie moderne Theologen mit der Inspirationslehre umgehen

Wilfried Härle versucht in seiner Dogmatik die Inspirationslehre spitzfindig zu retten.[184] Dass der Hinweis auf biblische Stellen, die die Inspirationslehre belegen sollen, auf einem Zirkelschluss beruht, sieht er natürlich ein und lässt sich natürlich auch schwer leugnen. Doch das scheint ihn wenig zu stören. Dies zeige *nur* (sic!), »dass es sich hierbei um eine Argumentation handelt, die allenfalls *in sich* kohärent, aber nicht *nach außen* beweiskräftig sein kann.«[185] Wer würde auch schon von der Theologie Aussagen erwarten, die *nach außen*, also im kritischen Diskurs, beweiskräftig wären? Auch dass die neutestamentlichen Stellen (2. Tim 3,16; 2. Petr. 1,20-21), auf die sich Inspirationsfreunde berufen, nicht selber schon das Neue Testament im Blick haben können, weil es damals eben noch kein Neues Testament gab, ist für ihn »kein ernsthafter Einwand«. Was ihn aber stört, ist die Gefahr, dass sich die »Bibel gegenüber der Gottesoffenbarung in Jesus Christus verselbstständigt«.[186] Tatsächlich scheint vor allem ein biblizistischer Protestantismus an der Bibel mehr interessiert zu sein als am wirklichen Jesus. Was er war und wollte, kann man nicht aus Bibelversen herauslesen. Härle übersieht jedoch, dass auch das, was er und andere Theologen mit »Gottesoffenbarung in Jesus Christus« meinen, in der Regel auch nicht besser ist als ein naiver Biblizismus. Denn weder frommer Biblizismus noch gelehrter Dogmatismus sind in der Regel an der historischen Person Jesus von Nazareth wirklich interessiert. Wir werden hierauf noch zu sprechen kommen.

Das Elend der Theologie muss man deshalb auch im Blick auf die Inspirationslehre erneut konstatieren. Krampfhaft versucht man selbst noch im 21. Jahrhundert an ihr festzuhalten oder zumindest so zu tun, als täte man dies. Offenbar fühlt man sich als protestantischer Professor dazu verpflichtet. Härle schreibt:

»Problematisch ist also weder die Inspirationslehre im Allgemeinen noch die Lehre von der Verbalinspiration im Besonderen. Beide sind vielmehr richtig und wichtig.«[187]

Mit solchen Sätzen bedient Härle die kirchliche Tradition ebenso wie den frommen Fanatismus der in allen Gemeinden zu findenden Biblizisten, für die die Stellung zur Inspirationslehre so etwas wie ein Prüfstein des rechten Glaubens ist. Gleichzeitig entleert Härle aber auch die Inspiration, denn er sieht sie nicht nur in den biblischen Schriften walten, sondern überall dort »wo Glaubensgewissheit entsteht. Der göttliche Geist ist allen Glaubenden verheißen und gegeben.«[188] So haben es die altprotestantischen Väter (Mütter gab es keine) aber gerade nicht verstanden, wenn sie von der *Inspiration der Bibel* sprachen. Außerdem behauptet Härle, dass die Inspiration nicht bedeute, dass menschliches Denken, Fühlen und Wollen damit ausgeschaltet sei. Aber auch dies haben (unterschiedlich ausgeprägt) die altprotestantischen Theologen durchaus und tendenziell so gemeint. Härle kann schließlich sogar einräumen, dass die Bibel nicht unfehlbar und auch nicht irrtumslos ist. Würde Härle etwas anderes behaupten, bekäme er zwar Beifall aus der evangelikalen Ecke, würde sich aber bei seinen Fachkollegen lächerlich machen.

Wieder sehen wir die Taktik und Tragik theologischer Argumentation. Man versucht verzweifelt, die überkommene Tradition irgendwie zu berücksichtigen, und sei es nur, dass man die Hülle beibehält, die Vorstellungen aber völlig neu füllt. Man deutet modernes Problembewusstsein an, um sich dann doch zumindest verbal als rechtgläubig zu positionieren. Theologen wandeln ständig auf der Grenze zwischen realer Welt und der Scheinwelt theologischer Traditionen. Sie trauen sich nicht, überkommene und offensichtlich falsche Vorstellungen über Bord zu werfen, auch wenn die Welt dann plötzlich viel klarer würde. Sie halten sich selbst in einer babylonischen Gefangenschaft der Halbaufgeklärtheit. Anders ist Theologie nicht zu betreiben.

Hans-Martin Barth jongliert ähnlich virtuos wie Härle mit der Inspiration:

»Die Inspirationslehre ist als metaphysische Theorie der Entstehung der Bibel zwar nicht haltbar; sie erweist ihre Wahrheit jedoch darin, dass die Bibel zu inspirieren und zum Glauben zu führen vermag.«[189]

Aus dem real verstandenen dogmatischen Topos einer *Inspiration* wird hier die blumige Aussage, die Bibel vermöge *zu inspirieren*. Das ist so allgemein, dass sich Gleiches auch vom Koran sagen ließe, ja von jeder Heiligen Schrift. Und tatsächlich vereinnahmt Barth mit Hilfe der rein christlichen Trinitätslehre hier wie noch öfter in seiner Dogmatik die Schriften anderer Religionen:

»So muss die Heilige Schrift zwar gegen Manipulation und Verfremdung jeglicher Art geschützt, darf aber keinesfalls von Gottes aktuellem dreifaltigen Handeln isoliert werden. Auch die Entstehung außerchristlicher Heiliger Schriften ist ohne das Handeln des dreieinen Gottes nicht denkbar; sie müssen daher gerade im Interesse einer vollen Anwendung des *sola scriptura*-Prinzips zur Erklärung der Heiligen Schrift herangezogen werden.«

Die Heiligen Schriften anderer Religionen verdanken sich also letztlich dem trinitarischen Gott der Christen? Das wird bei den Gläubigen anderer Religionen sicherlich Gelächter hervorrufen. Doch Barth meint dies ernst:

»In Analogie dazu, wie für Christen das Alte Testament vom Neuen Testament her zu interpretieren ist, sind außerchristliche heilige Schriften von Jesus Christus her und auf ihn hin zu lesen. Dies gilt auch für den Koran als nachchristliches Buch.«[190]

Auch der Koran versteht sich seinerseits als zentrale und abschließende Offenbarung, auf die die Offenbarungen der Juden und Christen zu lesen seien, hat also eine ähnlich unhistorische Sicht der Dinge. Nur vertritt sie hier eben ein vom Staat bezahlter Professor der Theologie im 21. Jahrhundert.

Welche Schriften sind denn nun heilig?
– Der biblische Kanon

Wenn man die Existenz von übernatürlichen Schriften annimmt, entsteht das Scheinproblem, wie man sie von natürlichen Schriften abhebt. In welchen Schriften hat Gott gesprochen und wo nicht? Fromme Christen machen es sich einfach und verweisen auf ihre Bibel. Was da drin steht, gehört für sie zu Heiligen Schrift. Doch problematisch ist hier schon der Hinweis, dass es katholische und evangelische Bibeln gibt. So enthält die katholische Bibel einige Schriften mehr als die evangelische. In der evangelischen fehlen u. a. die Bücher Judith, Tobit, Jesus Sirach, die Makkabäerbücher und das Buch Baruch. Dies liegt daran, dass Luther sich bei seiner Zusammenstellung der alttestamentlichen Schriften am hebräischen Kanon orientierte, die Katholiken im Tridentinischen Konzil aber an der Septuaginta, einer ca. 200 v.Chr. entstandenen griechischen Übersetzung des Alten Testament. Die orthodoxe Kirche hat demgegenüber noch das dritte und vierte Makkabäerbuch mit drin, die Psalmen Salomos und Pseudo-Esra. Und in der syrischen Bibel fehlt bei den neutestamentlichen Schriften die Offenbarung des Johannes.

In den ersten vier Jahrhunderten war der Streit darüber, was denn nun zu den heiligen Schriften gehört, noch präsenter. Viele der heute als apokryph geltenden und nicht in den biblischen Kanon aufgenommenen Schriften waren umstritten, so z. B. der *Hirt des Hermas*, die *Didache*, der *Barnabasbrief*, die *Offenbarung des Petrus*, das *Hebräerevangelium* oder die beiden *Clemensbriefe*. Daneben gab es noch eine wahre Fülle von weiteren Schriften, die teils nur in Fragmenten bekannt sind und von denen kaum ein heutiger Gläubiger gehört haben dürfte: etwa 20 Evangelien (z. B. die *Ägypterevangelien*, das *Ebioniterevangelium*, das *Protevangelium des Jakobus*, die *Kindheitsevangelien*, das *Petrusevangelium*), etwa 10 Apostelgeschichten (z. B. die *Andreasakten*, die *Paulusakten*, die *Petrusakten*, *Thomasakten* etc.) und weitere Paulusbriefe (so den *3. Korintherbrief*, den *3. Brief an die Thessalonicher*) und ein halbes Dutzend Apokalypsen.

Als Kennzeichen einer heiligen und bewahrenswerten Schrift galt die *Apostolizität*, also die Abstammung von einem Jünger Jesu. So wurde das Johannes- und das Matthäusevangelium seit der Antike auf Jünger Jesu zurückgeführt, das Markus- und das Lukasevangelium auf Begleiter des Paulus. Paulus hat sich selbst betont als Apostel verstanden, obwohl er Jesus nie getroffen hat. Von der Urgemeinde wurde sein Anspruch auf das Apostelamt zurückgewiesen, kirchengeschichtlich hat er sich aber durchgesetzt. Die Petrusbriefe hielt man für Schriften des Petrus, der Jakobusbrief sollte ein Brief des leiblichen Bruders von Jesus sein, der die Urgemeinde bis zu seinem Tod im Jahre 62 leitete. Die Apokalypse des Johannes wurde dem Autor des Johannesevangeliums und Jünger Johannes zugeordnet.

Alle diese Zuordnungen gelten in der Forschung schon seit Langem als nicht mehr haltbar. Man ist heute der Meinung, dass es vor allem der Wille späterer Zeiten war, die als wertvoll erachteten Schriften mit dem ersten Jüngerkreis Jesu in Verbindung zu bringen. Keiner der Evangelisten war ein Augenzeuge, die Synoptiker verwenden eindeutig Quellenmaterial, das Johannesevangelium im Wesentlichen durch den Evangelisten selbst erfundene Reden Jesu mit wenig Anklängen an die Historie. Viele Briefe sind als Fälschungen erkannt, darunter auch sechs der angeblich dreizehn Paulusbriefe, die Petrus- und die Johannesbriefe sowie der Jakobusbrief. Auf der anderen Seite führte das Argument der Apostolizität auch dazu, dass an sich hochwertige, aber eben nichtapostolische Schriften wie die Clemensbriefe es nicht in den neutestamentlichen Kanon geschafft haben. Sie wären für die kirchliche Verkündigung viel nützlicher gewesen als z. B. der Hebräer- oder der Jakobusbrief oder die Johannesoffenbarung.

All dies wird von den neutestamentlichen Forschern heute klar erkannt. Dennoch umranken ihre dogmatischen Kollegen auch die Zusammensetzung des Kanons mit geweihtem Nebel.

Für den Theologen Joest gehört die Bibel zwar »ganz auf die Seite des Geschöpfes«. Noch auf der gleichen Seite aber widerspricht er sich schon: »In dieser Wirksamkeit hat sie als menschliches Wort doch teil an der schöpferischen Kraft des Wortes Gottes, deutet sie hin auf die göttliche Autorschaft des Heiligen Geistes«.[191] Auch den Kanon sieht er als göttlich gewirkt:

»Gewiss: Die Definition und Abgrenzung des Kanons war eine Maßnahme der Kirche. Aber das Geschehen, in dem seine Schriften *kanonisch*, nämlich eben als jenes besondere Werkzeug wirksam wurden und sind, ist Handeln Gottes an der Kirche.«[192]

Die Strategie von Theologen, *alles ein wenig* zu behaupten, damit sich der Leser das, was ihm persönlich am meisten zusagt, aussuchen kann, bringt Joest auch bei der Frage der Apostolizität. Auf Seite 54 seiner Dogmatik stellt er fest: »Aber die These von seiner [des Kanons] apostolischen Herkunft im formalen Sinn der Verfasserschaft ist nicht haltbar.« Zwei Seiten weiter liest man dann jedoch: »Soweit man damals meinte, im Neuen Testament Apostelschriften zu haben, ist das ja tatsächlich weithin der Fall.« Mit dem ersten Satz

holt man den Stand der Forschung, mit dem zweiten sogar noch konservative Katholiken ins Boot. Im Rheinischen könnte man das so formulieren:
Allen Wohl und niemand Weh,
Karneval beim MCC.

Theologen auf der Suche nach der *Mitte der Schrift*

Die Bildung eines Kanons von heiligen Schriften war das Ergebnis einer kirchengeschichtlichen Entwicklung. Kein Gott und kein Heiliger Geist hat daran mitgewirkt, das Entstehen der Sammlung erklärt sich rein innergeschichtlich. Die religiöse Aufladung dieser Entwicklung ist künstlich und hinderlich für das Verständnis. Künstlich ist auch der Versuch, nicht nur den einzelnen Schriften, sondern auch der Sammlung als Ganzes so etwas wie eine göttliche Adelung zukommen zu lassen. Die Altprotestanten waren oft der Meinung, die »unmittelbare göttliche Offenbarung … nur in den Dokumenten des Kanons zu finden.«[193]

Dies würde heute kaum noch ein Theologe so sehen. Zumindest in der Theorie. In der Praxis haben viele noch den »Kanon im Kopf«, d. h. sie argumentieren stärker aus den kanonischen Schriften als aus anderen Texten, bringen von dort mehr Zitat-Belege. Zwar wissen sie um die natürliche Entstehung des Kanons, legen aber dennoch immer wieder seine Übernatürlichkeit nahe.

Historische Forschung ist oft desillusionierend. Denn selten wird ein spektakuläres Ereignis im Nachhinein kleingeredet, viel eher aber ein unscheinbarer Vorgang nachträglich mit Bedeutung aufgeladen. Aus einzelnen Gelegenheitsschriften und Texten für den Gemeindegebrauch vor Ort wurden im zeitlichen Abstand heilige Texte, und diese dann wiederum zu einem Kranz von heiligen Texten, dem Kanon. Die kritische Forschung jedoch ist in umgekehrter Richtung unterwegs. Sie sucht die Texte wieder aus ihrer Zeit heraus zu verstehen, befreit von den Deutungen einer erst nachträglich entstandenen Dogmatik. Den heiligen Kranz löst sie auf und lässt wieder die Einzeltexte sprechen. Die Einheit, die nie eine war, geht dabei verloren.

> »Unter dem Einfluss historisch-kritischer Forschung hat sich die Bibel in eine Sammlung von Dokumenten einer vorderasiatischen Volksreligion und ihrer Abspaltungen aufgelöst.«[194]

Das sind Konsequenzen, denen Theologen gerne aus dem Wege gehen, ja aus dem Wege gehen müssen, weil solche Erkenntnisse auch das Existenzrecht von Theologie und Kirche als Ganzes untergraben. Gibt es nicht doch etwas,

was dem Zerfall der Bibel in eine ziemlich heterogene Ansammlung antiker Texte entgegengesetzt werden kann? Etwas, das den Schriftenkanon im Innersten zusammenhält? Da muss doch irgendwas sein?

Theologen sind auf der Suche nach der *Mitte der Schrift* oder dem *Kanon im Kanon*. Doch der Versuch, Schriften, die in einer Zeitspanne von über 1000 Jahren entstanden sind und zwei völlig unterschiedlichen Religionen angehören, um ein Zentralthema zu vereinen, muss scheitern. Nimmt man Luthers bekannte Definition, dass besonders das wichtig ist »*was Christum treibet*«, führt dies schon zu einer gewissen Ratlosigkeit bei heutigen Theologen. Denn dass der Christus in vielen Schriften des Alten Testaments eben *keine* Rolle spielt, ist offenkundig. Neutestamentliche »Schriftbeweise« z. B. im Matthäusevangelium haben sich als frühchristliches Wunschdenken und leicht zu durchschauende dogmatische Konstruktionen erwiesen. Nicht zuletzt widerspricht ja auch das Judentum entschieden der christlichen Ideologie, dieser Jesus von Nazareth sei der erwartete Messias gewesen. Die christliche Suche nach einer Mitte der Schrift ist so in der Regel auch immer ein Schlag ins Gesicht des Judentums, der stille Vorwurf, die Juden hätten ihre eigenen Heiligen Schriften eben nicht verstanden und bedürften christlicher Hilfestellung.

Für Hans-Martin Barth ist der Kanon im Kanon »Gottes Initiative zur Rettung des sündigen Menschen.«[195] Selbst bei dieser recht allgemeinen Definition spiegelt sich in den Wörtern *Rettung* und *Sünde* eine spezifisch christliche Sicht der Dinge wider, denen ein frommer Jude nie zustimmen könnte. Dass Hans-Martin Barth seinen Gott mit Vorliebe trinitarisch denkt (oder besser: glaubt), macht die Sache nicht besser. Ähnliches gilt für Luther und seine Mitte der Schrift, *dass Gott Sünde vergibt* (in Anlehnung an Röm 3,25). Pöhlmann sieht wie viele andere als »Sachmitte: das Kerygma von der Heilstat Gottes in Jesus Christus … Jesus Christus ist der Gesamtsinn der Schrift, von dem her und auf den hin sie zu lesen ist.«[196] Dabei weiß natürlich auch er um die vielen Theologien, die sich in den neutestamentlichen Schriften spiegeln. Auch Joest zeigt sich problembewusst, man

> »muss den Befund ernst nehmen, den die kritische Bibelforschung erhoben hat: Das Neue Testament zeigt eine Vielfalt und Unterschiedlichkeit theologischer Aussagen und übrigens auch ethischer Weisungen, die nicht in ein widerspruchsfrei geschlossenes Lehrsystem überführt werden können … Die Unterschiede müssen ehrlich wahrgenommen, der Vielfalt der Stimmen muss standgehalten werden.«[197]

Der Theologe Ernst Käsemann hat zu dieser Aussage sichtlich die Vorlage geliefert und in einem Aufsatz von 1951 festgestellt, dass der Kanon nicht die *Einheit der Kirche*, sondern die *Vielfalt der Konfessionen* begründet.[198]

Die Suche nach der »Mitte der Schrift«, dem »Kanon im Kanon« kann als gescheitert angesehen werden. Sie musste scheitern, weil die Frage erneut ein Scheinproblem der Theologie ist. Ohne den aus der Dogmatik geborenen Wunsch, eine solche Mitte zu finden, gäbe es dieses Problem einfach nicht.

Ein schreibfauler Gottessohn

Jesus selbst hat nichts Schriftliches hinterlassen. Im Nachhinein betrachtet war das nicht gerade ein sinnvolles Vorgehen für einen Gottessohn. Wenn sein Leben und seine Lehre eine göttliche Offenbarung war, wie die Christen ja glauben, dann war diese Offenbarung doch eher schlampig organisiert. Die vielen Richtungen der frühen Kirche, die Unzahl von Sekten, die blutigen Religionskämpfe und -kriege hätten ein paar eigene Schriften des Herrn vielleicht verhindern können. Er hätte die Richtung vorgeben können. Alles Schriftliche von ihm wäre doch sicher von seinen Jüngern bewahrt worden. Aber der später zum Gott Erklärte, von Zeitgenossen als »Fresser und Weinsäufer« (Mt 11,19) verschrien, war offenbar auch äußerst schreibfaul.

Das hatte er nun davon. Nach seinem Tode war der Falschinterpretation seines Wollens Tür und Tor geöffnet. Das ursprüngliche Judenchristentum, das zu ihm wohl noch die größte Nähe hatte, verlor an Bedeutung und wurde später sogar verketzert. Es hatte Jesus noch (nur) als Propheten verstanden und – offenbar wie Jesus selbst – sich an die Thora und die Beschneidung gehalten. Mit Ungläubigen (also Nichtjuden) wollte das Judenchristentum wie auch schon sein Herr eher nichts zu tun haben. Doch das Heidenchristentum unter Berufung auf Paulus setzte sich durch. Dem jüdischen Gesetz und der Beschneidung wurde der Todesstoß versetzt, trotz der eigenen Herkunft Pauli aus dem Judentum.

Die Übereinstimmung der Theologie des Paulus mit der Lehre Jesu wird von der Forschung als äußerst gering angesehen. Paulus als Hauptpropagandist des neuen Glaubens hatte sich schon weit von seinem Herrn entfernt. Auf das irdische Leben Jesu legte Paulus keinen Wert. Zwar war er schon ca. im Jahre 35 nach Jerusalem gereist und hatte zwei Wochen bei Petrus verbracht (Gal 1,18); und natürlich werden sie sich nur über eines unterhalten haben: über Jesus und das, was er gesagt und getan hatte. Paulus hatte zweifellos viele Informationen über Jesus aus erster Hand. Doch seltsam: In seinen Briefen schweigt er darüber, erklärt stattdessen sogar, dass uns der irdische Jesus (gr. der Jesus *kata sarka*) nichts mehr angeht. Man muss vermuten: Was er von Petrus über diesen Jesus hörte, war offenbar so spektakulär nicht.

Doch die Späteren schufen eine Überlieferung über Jesus, die immer phantastischer und legendenhafter wurde, so dass schon die kanonischen Evangelien uns kein verlässliches Bild des historischen Jesus mehr vermitteln. Und jeder selbsternannte Evangelist bastelte nun sein eigenes Bild von Jesus zusammen (schon das Johannesevangelium zeigt dies deutlich). Gnostiker und Marconiten konnten je nach persönlicher Neigung bei Johannes oder bei Paulus ansetzen und ihre eigenen Kirchen gründen, die vielerorts lange erfolgreicher waren als die spätere katholische Orthodoxie. Von gesetzlichem Judaismus mit einem innigen Glauben an Jahwe über einen gesetzesfreien Glauben bis hin zu einem Glauben, der den alttestamentlichen Gott geradezu als bösen Herrscher, als feindlichen Demiurgen sah, der mit Jesus nichts zu tun hatte: Alles war im ersten bis dritten Jahrhundert noch möglich.

Diese ins Kraut schießenden Reiche religiöser Phantasie, die schroffe Gegensätzlichkeit von um Anerkennung ringenden Theologien, die wilde Vielzahl legendenhafter Jesusbilder: All dies hätte ein göttlicher Offenbarer, der etwas von seinem Handwerk versteht, und dem wirklich an seiner Offenbarung gelegen ist, verhindern können und müssen. Eigene Schriften des Herrn hätten sicherlich so manchen späteren Fabulierer zum Schweigen veranlasst, und auch schon eine Umdeutung der Lehre Jesu, wie sie der selbsternannte Apostel Paulus vorgenommen hatte, erschwert oder unmöglich gemacht. Wie Gott Vater selbst permanent jede Möglichkeit auslässt, sich eindeutig und für alle sichtbar zu offenbaren, hat auch sein Sohn seine Möglichkeiten nicht genutzt. Zweifellos beherrschen heutige Kirchen das Geschäft der Außendarstellung wesentlich besser als ihr vorgeblicher Gründer.

Erklärungen für dieses göttliche Versagen lassen sich denken. Sie liegen nicht nur in der religionskritischen Behauptung, dass es weder einen Gott noch einen Gottmenschen, wie ihn die Kirche verkündet, gegeben hat. Sie könnte auch ganz unspektakulär einfach darin begründet sein, dass Jesus als galiläisches Landkind vielleicht weder lesen noch schreiben konnte. Aber sie liegt sicher auch darin, dass sich Jesus selbst als Endzeitprediger verstanden hat, der mit dem baldigen Anbruch des Reiches Gottes rechnete. Warum also noch lange Traktate verfassen? Das Reich Gottes kommt doch bald und macht alles neu. Dass er sich damit geirrt hatte, konnte er ja nicht ahnen.

Sechshundert Jahre später hat es Mohammed übrigens besser gemacht. Er hinterließ eigene Worte, die er als göttlich verstanden wissen wollte. So trat der Islam viel einheitlicher und über Jahrhunderte viel erfolgreicher ins Leben als das Christentum. Aber es muss natürlich auch berücksichtigt werden: Jesus wollte keine neue Religion schaffen. Mohammed offenbar schon.

Auf der Suche nach dem Gotteswort im Menschenwort

Das Hauptproblem der Theologen bei der Frage der Inspiration lautet: Wie können göttliches und menschliches Wirken zusammen gedacht werden? Wenn die Bibel »Anfang und Grund allen theologischen Denkens«[199] oder »oberste dogmatische Autorität«[200] ist, scheint es sinnvoll, ihre Texte dadurch abzusichern, dass Gott oder der Heilige Geist irgendwie an ihrer Abfassung beteiligt gewesen ist. Mancher Dogmatiker hat dies auf die Spitze getrieben und die biblischen Schriftsteller zu reinen Sekretären ohne eigenen Willen degradiert. Spätestens mit dem Aufkommen von Begriffen wie *Personalität* und *Individualität* in der Moderne wurde dies als unpassend empfunden. Zudem entdeckte man immer mehr Widersprüche in biblischen Texten, die ja nicht auf Gott zurückgehen konnten. Also sah man meist im Entstehen biblischer Texte eine Art Koproduktion von Gott und Mensch. Die Inhalte waren dann göttlich, für das schlechte Griechisch aber konnte man den Evangelisten verantwortlich machen. Das Problem aber blieb, denn auch viele Inhalte waren so gar nicht auf göttlichem Niveau, wie die Verfluchung von Feigenbäumen oder die im Alten Testament so beliebten Aufrufe zu Vernichtungskriegen. Also unterschied man zwischen Personal, Real- und Verbalinspiration. Aber auch das führte in Aporien.

Dabei ist die Lösung überaus einfach. Denn die Frage, wie die göttliche Inspiration heiliger Schriften vonstattengeht, ist wieder ein klassisches theologisches Scheinproblem. Es löst sich in Luft auf, wenn wir annehmen: Es gibt keine göttliche Inspiration, in keiner Weise. Wie alle antiken Texte und wie Texte überhaupt sind auch die biblischen Schriften literarische Erzeugnisse von Menschen, die diese in einer bestimmten Zeit und unter dem Einfluss individueller und sozialer Faktoren geschrieben haben. Ein Gott zeichnet sich auch hier vor allem durch Unnötigkeit aus. Er erschwert das Verständnis eher, als dass er es erleichtert.

Natürlich vertritt kein Theologe an einer Universität heute noch eine Verbalinspiration. Er würde sich lächerlich machen. Und selbst ein Konservativer wie Karl Barth hat in der Inspirationslehre insgesamt eine »Irrlehre« gesehen.[201] Man darf annehmen, dass die meisten Theologen die Entstehung der biblischen Schriften nicht anders verstehen als die Entstehung profaner

Literatur. Also nach rein innerweltlichen Kriterien ablaufend. Dennoch reden sie in ihren Dogmatiken fast alle so, als sei ein Gott irgendwie daran beteiligt gewesen. Würde man fragen, welche Stellen denn und welche Gedanken denn spezifisch göttlich seien, würde man vermutlich Schweigen ernten oder die schon bekannte Flucht in ebenso gestelzte wie nichtssagende Sprachblasen finden. *Zehn Gebote?* Man weiß, dass sie nicht vom Himmel gefallen, sondern eine recht späte Zusammenfassung von Rechtsgrundsätzen sind, die mit einem Mose nichts zu tun haben. *Bergpredigt?* Man weiß, dass sie so nie stattgefunden hat, sondern dass sie eine Komposition des Evangelisten ist, mit etlichen unhistorischen Jesuszitaten. *Paulinische Rechtfertigungslehre?* Man weiß, dass dies nur eine (wenn auch erfolgreiche) Ausprägung des frühen Christentums war und Paulus u. a. deshalb und wegen der damit verbundenen faktischen Abschaffung des jüdischen Gesetzes von der Urgemeinde als Ketzer angesehen worden ist. *Die Jesusreden des Johannesevangeliums?* Man weiß, dass sie zum größten Teil freie Erfindungen sind und so gut wie kein historisches Material enthalten.

Theologen werden also den Teufel tun und eine göttliche Inspiration irgendwo in einem bestimmten Text dingfest machen. Also muss wieder der Heilige Geist herhalten, der die Texte insgesamt so überschattet, wie er es wohl einst bei Maria getan hat. Der Theologe Joest ist der Meinung, »dass der heilige Geist durch menschliche Zeugnisse hindurch wirkt.«[202] Joest nennt natürlich keine Details, sondern bleibt im sicheren Ungefähr:

> »Die Bibel ist im Geiste ihres göttlichen Autors zu verstehen, der sich in ihr auf vielstimmige Weise äußert … In diesem Sinne gilt es die Bibel als Gesamtkunstwerk eines göttlichen, in vielfältig menschlicher Sprache redenden und schreibenden Autors zu verstehen.«[203]

Und selbstredend entzieht sich für Joest die Autorschaft des Heiligen Geistes der kritischen Forschung.

»Die Frage nach dem Gotteswort im Menschenwort, also die eigentlich theologische Frage, bleibt gestellt«, meint Joest.[204] Das müsste nun wirklich nicht so sein. Die meisten Theologen glauben sicher selbst nicht an irgendeine Art von Inspiration noch können sie sie begründen. Dennoch vertreten sie sie, wenn auch nicht alle. Sie bedienen die Tradition und lehren im Rahmen eines offenbar so empfundenen kirchlichen Auftrags, suchen sich so gut es geht an den Bekenntnisschriften zu orientieren, auf die viele von ihnen ordiniert worden sind. Sie sorgen dafür, dass naheliegende und natürliche Erklärungen von Phänomenen zugunsten von theologischen Scheinproblemen ignoriert und diese auch noch der nächsten Theologengeneration aufgebürdet werden.

Bibelkritik

Noch als die altprotestantische Orthodoxie im 17. Jahrhundert die Bibel zu einer quasigöttlichen Instanz erhob, begann im Zuge der frühen Aufklärung schon eine Gegenbewegung, die die Bibel aus den himmlischen Sphären wieder auf die Erde zurückholte. Schon der Philosoph Spinoza war in seinem *tractatus theologico-politicus* von 1670 allen protestantischen, katholischen und auch jüdischen Lobhudeleien der Heiligen Schriften voraus, indem er eine wörtliche Inspiration ablehnte, an die biblischen Schriften kritische Fragen stellte und z. B. mit vielen Argumenten belegte, dass die fünf Bücher Mose nicht von Mose stammen konnten. Der Philosoph Spinoza lieferte so ein frühes Werk einer historisch-kritischen Sicht auf die Bibel. Der Theologe Johann Salomo Semler (1725-1791) veröffentlichte 1771 seine »Abhandlung von freier Untersuchung des Kanons«, in der er gegen die Anschauung, in der Bibel befänden sich zeitlos gültige Wahrheiten, auf deren geschichtliche Entstehung verwies. Die bis ins zweite Jahrhundert reichende mündliche Überlieferung habe in der Bibel zu Widersprüchen und Ungereimtheiten geführt, die Texte seien aus der damaligen Zeit zu verstehen und nicht als unmittelbar auf die heutige Zeit gerichtet. Kräftiger noch fiel die Bibelkritik in den von Lessing von 1774-78 veröffentlichten *Fragmenten* des Hermann Samuel Reimarus aus.

Es ist im Rahmen dieses Buches nicht der Ort, die Geschichte der Bibelkritik im Detail nachzuzeichnen:[205] Wichtig ist festzuhalten, dass Bibelkritik auch bei den Vertretern einer sich als wissenschaftlich verstehenden Theologie angekommen ist, ja sogar wesentlich von ihnen befördert wurde. Es gibt sie noch, die Bibelvergötzung im Protestantismus, doch sie ist das Ergebnis einer reichlich simplen und reichlich uninformierten Gläubigkeit von Evangelikalen, Freikirchlern, Pfingstlern und christlichen Sekten. Das *Nicht-Wissen-Wollen*, die Verstocktheit[206] wird zur Tugend des Glaubens verbrämt.

Professoren der Theologie tun das nicht, sie kennen einfach zu viele Hintergründe, um sich in diese Phalanx des Pietkong einzureihen. Ja man kann von Theologen heute zuweilen erstaunlich offene Worte über die Bibel hören. Hans-Martin Barth z. B. kann einräumen:

»Aber auch der gutwillige und einigermaßen vorgebildete Leser hat mit der Bibel Schwierigkeiten. Sie enthält Aussagen, die unerträglich sind – für unvoreingenommene Leser (Ps 137,9: *Wohl dem, der deine jungen Kinder nimmt und sie am Felsen zerschmettert!*) ebenso wie für Glaubende (1. Tim 2,15: Die Frau wird *selig werden dadurch, dass sie Kinder zur Welt bringt, die im Glaube und in der Liebe bleiben*). Es geht ja gar nicht nur um

Widersprüche! Frauen schließlich erleben die Bibel in besonderem Maße als ein *garstiges Buch* (Catharina Halkes). Wenn es sogar praktizierenden Christen und Christinnen schwerfällt, eine tägliche Bibellese durchzuhalten, so liegt das jedenfalls auch bis zu einem gewissen Grade an der Bibel selbst!«[207]

Aussagen, die freilich von säkularer Seite längst deutlicher formuliert worden sind.[208] Dennoch »für einen Theologen« durchaus lobenswerte Feststellungen. Man hat es auch auf theologischer Seite längst erkannt: »historische Kritik relativiert die Urkunden des christlichen Glaubens«, so der Theologe Christofer Frey.[209] Und Rochus Leonhardt meint:

»Angesichts der Ergebnisse der historisch-kritischen Methode ist es nicht mehr ohne weiteres möglich, die Bibel als verbindliche Norm aller theologischen Urteilsbildung im traditionellen Sinn zu betrachten…«[210]

Willkommen in der Gegenwart! Auch dies ein Zugeständnis, das *säkularen* Historikern schon lange klar ist.

Was deshalb eigentlich auch schon lange nicht mehr geht, ist der sog. *Schriftbeweis*, die Bestätigung einer Anschauung als richtig, wenn der passende Bibelvers dazu gefunden wird. Er war über Jahrhunderte konfessionsübergreifend das Hauptargument der Dogmatiker, und ist auch heute noch das tägliche Brot in Bibelkreisen und frommen Konventikeln. Frey meint:

»Das alte Verfahren der Dogmatik, nahezu beliebig biblische Aussagen als Belege zu nutzen, geht eben nicht mehr.«[211]

Eine Aussage eigentlich auch im Sinne vieler anderer Dogmatiker. Doch der Schriftbeweis ist nicht tot, er lebt. Und keine noch so moderne Dogmatik kommt ohne ihn aus. Die Beispiele auch in den modernen Dogmatiken gehen in die Tausende.

»Mit Apg 17,27f. ist von der beständigen Gegenwart und Wirksamkeit des Schöpfers in seiner gesamten Schöpfung auszugehen.«[212]

»Das Wort Gottes ist die Wahrheit (Joh 14,6; 17,17; vgl. Ps 119,43;86;151; Eph 1,13; Kol 1,5; 2. Tim 2,15).«[213]

»… erst ein dem Christlichen geöffnetes Wahrheitsbewusstsein ist wahrhaft menschlich, so wahr Christus der zweite Adam ist, durch den das Bild Gottes wiedergebracht ist (Kol 3,10).«[214]

Das Dilemma von Theologen: Genau zu wissen, dass die biblischen Grundlagen fragwürdig und widersprüchlich sind, aber dennoch nicht auf sie verzichten zu können. Denn sie haben nichts anderes.

Die Flucht ins Kerygma

Eine beliebte Strategie unter Theologen, den für den Glauben unangenehmen Ergebnissen der eigenen Neu- und Alttestamentler aus dem Wege zu gehen, ist es, deren Bedeutung für den Glauben einfach zu leugnen. Etwas überspitzt kann diese Haltung folgendermaßen charakterisiert werden: Auch wenn das alles über Jesus Erfindungen sind, kann es den Gläubigen dennoch als Gotteswort ansprechen. Es geht nicht um den *historischen Jesus*, wird gesagt, sondern um den *kerygmatischen Christus*, also den Christus, der den Gläubigen in der Predigt begegnet und an den geglaubt wird. Vor allem der Neutestamentler Rudolf Bultmann (gest. 1976) und viele seine Schüler schärften diese Unterscheidung ein. Bultmann, der als Theologe so kritisch mit der biblischen Überlieferung umging, dass er auch heute noch ein rotes Tuch für alle Frömmler und Evangelikale darstellt, und der eine Erlösung am Kreuz schon mal als »primitive Mythologie« bezeichnen konnte, gelang mit dieser Unterscheidung (die nicht von ihm stammte, sondern inhaltlich zumindest schon auf Kierkegaard zurückging) auch auf seine persönliche Existenz bezogen gleich beides: Einerseits eine kritische Forschung zu betreiben ohne Rücksicht auf dogmatische Verluste, andererseits behaupten zu können, dass damit der persönliche Glaube überhaupt nicht tangiert werde.

Auch Nicht-Bultmannianer übernehmen die Unterscheidung gerne. Bei Joest z. B. liest sich das so:

»Auch Texte, die nach den Maßstäben historischer Kritik als unhistorisch gelten oder als sekundäre Weiterbildung der *Gemeindetheologie* eingestuft werden, können als Wort Gottes verstanden werden.«[215]

Und Trillhaas meinte schon:

»Ob ein Text Wort Gottes ist bzw. ob er in der Begegnung mit dem hörenden Menschen dazu wird, das ist von den historischen Urteilen weitgehend unabhängig ... so unabhängig ist doch auch der Glaube von der Richtigkeit historisch-kritischer Urteile ... denn die Wahrheit Gottes bezeugt sich uns am Gewissen und im Glauben. Insofern sind Schöpfung, Erlösung, Tod und Auferstehung Jesu jenseits des historischen Urteils.«[216]

Sogar der »Vorwurf« der Mythologie wird relativiert. Hans-Martin Barth schreibt:

»Der Verweis darauf, dass es sich bei dem überlieferten Material um *Mythologie* handelt, die von einem modernen Menschen nicht ernst genommen werden dürfe, hat seine größte Bedeutung ebenfalls längst gehabt.«[217]

Mythologie hält Barth sogar besonders dafür geeignet, nicht voll zu Erfassendes zur Sprache zu bringen, und er verweist auf die Archetypenlehre von C. G. Jung.

Dreierlei muss hier angemerkt werden. Erstens wird von theologischer Seite heute gerne der Eindruck erweckt, als sei die historische Forschung gar nicht so wichtig und als hätten diejenigen, die die Theologen mit historischen Einwänden und Anfragen konfrontieren, irgendwie den Anschluss verpasst. Doch ebenso wie die historisch-kritische Methode im Feld der »profanen Historie« wenig an Bedeutung verloren hat (bestenfalls ergänzt wird, z. B. durch eine soziologische Analyse), hat sie ihre Bedeutung bei der Analyse von biblischen Texten natürlich behalten. Sie ist einfach zu erfolgreich, um ignoriert zu werden. Viel eher zeigt sich hinter dem Kleinreden ihrer Bedeutung eine Fluchtbewegung der Theologie, die nur zu verständlich ist. Weil sie von der historischen Forschung wenig für die Kirche und für ihr Glaubensleben zu erwarten hat, tritt sie die Flucht ins Kerygma an. Was gehen sie Forschungsergebnisse an, Hauptsache sei das persönliche Ergriffensein durch das *Wort Gottes*. Selbst wenn Historiker das Christentum als Erfindung erweisen würden; den rechten Glauben dürfte das nicht stören.

Es ist zweitens klar, dass eine solche Haltung mehr als naiv ist, denn sie hat sich theoretisch völlig von der Frage nach dem »Grund« des Glaubens verabschiedet. Es interessiert nur noch der Glaube als Akt, es interessieren aber nicht mehr die Inhalte dieses Glaubens. Doch damit wäre der Glaube eigentlich auch nicht mehr an *christliche* Inhalte gebunden und es wäre überhaupt nicht einzusehen, warum dann nicht auch der Glaube an Mohammed, an Zeus oder an das fliegende Spaghettimonster möglich und richtig wäre. So weit wollen die christlichen Theologen es dann aber doch nicht treiben.

Also stellen sie sich drittens unausgesprochen unter dem an sich nebulösen Begriff des *Kerygmas* christliche Inhalte vor. Wo haben sie diese aber her? Wieder aus der Bibel und einer unkritischen Interpretation derselben. Erneut begegnet uns der Zirkelschluss, die beliebteste logische Operation in der Theologie.

Ist die Bibel Gottes Wort?

Wie sich im Kanon kein göttlicher Wille, keine Fügung, kein Wirken eines Heiligen Geistes dingfest machen lässt, sondern eine solche Sichtweise das Verständnis nur erschwert, sind auch die Einzelschriften der Bibel am besten auf natürliche Weise erklärbar, ohne dass man Götter oder Gespenster bemüht. Es ist eine der falschen Prämissen der Theologie, dass die Bibel *Wort Gottes* ist, Wort Gottes sich darin findet oder Wort Gottes sich in ihr spiegelt. Theologen sind auch nach 2000 Jahren nicht in der Lage, einen klaren Nachweis für diese ständig wiederholte Behauptung zu liefern, der sich in mehr erschöpft als dogmatischem Wunschdenken. Man darf nach so langer Zeit als Außenstehender dann ruhig einmal konstatieren, dass sich diese Prämisse der Theologie *nicht* bewährt hat, dass sie am Gegenstand vorbeigeht und dass man sich von der Konstruktion »Wort Gottes« in Bezug auf die Bibel am besten verabschiedet. Natürlich können Theologen diesen Schritt nicht selbst vollziehen. Sie würden ja den Ast absägen, auf dem sie sitzen.

Aus diesem *Wort-Gottes-Gespenst*, der sich nicht bewährt habenden Prämisse der Theologie, muss aber mit Notwendigkeit eine Reihe von Scheinproblemen erwachsen. Die Frage des Zusammenwirkens von Gottes- und Menschenwort wurde schon als Scheinproblem benannt. Wo es kein göttliches Wirken gibt, löst sich das Problem in Luft auf und dies macht all die Tausende theologischer Bücher, die sich mit der Lösung dieses Problems beschäftigt haben, zu geistiger Makulatur, zu einem Ausdruck letztlich sinnlos verschwendeter geistiger Ressourcen.

Ein Scheinproblem ist dann auch die Frage, wie die kanonischen Schriften sich von den nichtkanonischen unterscheiden und inwiefern die kanonischen Schriften ein *Mehr an heiligem Geist* enthalten. Warum Schriften es in den biblischen Kanon geschafft haben, lässt sich historisch hinreichend erklären. Ein *Heiliger Geist*, der breitbeinig im Flur steht, behindert nur den Einzug ins Haus einer natürlichen Welterklärung.

Ein Scheinproblem ist ebenso auch die Frage und die Aussage, dass die Schrift sich selbst bezeugt und auslegt. Natürlich gibt es Auslegungshilfen, die andere Bibelstellen bereitstellen. Aber das ist bei allen Texten, nicht nur bei biblischen Texten so. Dass die biblischen Schriften aber alles Nötige für das Heil beinhalten und dass die biblischen Texte in diesen glaubensnotwendigen Dingen klar und eindeutig sind; das wird fünfhundert Jahre nach der Reformation von keinem an einer Universität lehrenden Theologen mehr behauptet.

Ein Scheinproblem ist schließlich auch die Frage, wie der Primat der christlichen heiligen Schriften hervorzuheben ist angesichts der Tatsache, dass es heilige Schriften auch in vielen anderen Religionen gibt. Denn nur wenn man meint, dass *eine* Religion doch die richtige sei, tritt das Problem überhaupt auf. Geht man aber davon aus, dass alle Religionen nur je unterschiedliche Ausprägungen religiösen Aberglaubens sind (und damit auch deren heilige Schriften), müssen wir uns auch um diese Frage, die ohnehin nur Theologen interessiert, nicht mehr kümmern. Wenn es einer Religion doch noch irgendwie gelingen sollte, ihre Wahrheit zu beweisen, denken wir gerne wieder darüber nach.

Bis dahin aber wäre dies Zeitverschwendung.

Gotteslehre

Jahwe, ein orientalischer Gott der Spätbronzezeit

Religionsgeschichtlich ist *Jahwe*, der Gott des Alten Testaments, den die Christen später für den »Vater« von Jesus halten, nur eine von vielen Göttergestalten des Vorderen Orients. Seine Herkunft lag nicht im israelitischen Siedlungsgebiet, seine Funktionen waren wie bei allen Göttern/Götzen Wechseln unterworfen. Er ist entstanden in einem polytheistischen Umfeld und wurde erst spät als der einzige Gott im Sinne eines Monotheismus bekannt. Über viele Jahrhunderte wurde die weibliche Gottheit *Aschera* als seine Gefährtin oder Gemahlin verehrt.

Götter oder Götzen – eine Vorbemerkung

In einer beachtenswerten Stelle in seinem Brief an die Römer (Röm 1) macht der Apostel Paulus eine folgenreiche Unterscheidung. Er unterscheidet zwischen dem Glauben an den einzigen und wahren Gott, der allen Menschen erkennbar sei, und dem Glauben an Götzen, also der Verehrung der von Menschen gemachter Götter, die z. B. in Tiergestalt verehrt werden. Im Hintergrund steht hier u. a. die alttestamentliche Erzählung von der Anbetung des goldenen Kalbs, die von Gott mit einem Mordbefehl geahndet wird.

So spricht der HERR, der Gott Israels: Ein jeder gürte sein Schwert um die Lenden und gehe durch das Lager hin und her von einem Tor zum andern und erschlage seinen Bruder, Freund und Nächsten. Die Leviten taten, wie ihnen Mose gesagt hatte; und es fielen an dem Tage vom Volk dreitausend Mann. (Ex 32, 27-28)

Die Christen haben die Ideologie vom ungeschaffenen Gott und den von Menschen geschaffenen Götzen gerne übernommen. Dem biblischen Beispiel folgend haben sie in der Kirchengeschichte vielfach den Auftrag Gottes, die

Ungläubigen zu töten, erfüllt. Sie taten dies im Bewusstsein, dem wahren Gott zu dienen.

Die Sprachregelung *hier Gott – dort Götze* wird heute jedoch selbst von großen Teilen der Christenheit nicht mehr beibehalten. Von evangelikalen Hardlinern oder verbohrten Katholiken zwar schon; für viele Gläubige jedoch ist die Abwertung Andersgläubiger heute nicht mehr opportun. Denn das stört das angestrebte friedliche Nebeneinander der Religionen, behindert den interreligiösen Dialog. Niemand spricht mehr von Götzen. Fortschrittliche Christen gestehen stattdessen lieber auch den Göttern anderer Religionen den Gottstatus zu. Und an dieser liberalen Haltung könnte sich der blutsüchtige HERR von Ex 32 ruhig mal ein Beispiel nehmen.

Dennoch gibt es gute Gründe, die paulinische Definition, nach der die (anderen) Götter lediglich von Menschen geschaffene Götzen sind, beizubehalten. Und sie aber auch gegenüber dem Christentum selbst zu verwenden. Das hieße dann: Auch das Christentum, und vor ihm schon das Judentum, auch der Islam verehren keinen Gott, sondern einen Götzen, also einen von Menschen selbst geschaffenen Gott. Es gibt immer einen Götzen mehr als jeder Gläubige meint. Paulus hat den Begriff des Aberglaubens und des Götzentums wie alle Gläubigen eben nicht zu Ende gedacht. Erkenntnistheoretisch ist der Begriff »Götze« viel genauer und trifft die Wirklichkeit viel besser als der Begriff »Gott«, indem er zumindest offen lässt, ob ein Gott nicht doch mehr ist als ein Hirngespenst. Das Wort »Gott« ist bereits ein Euphemismus. Ein »Gottesdienst« ist bei Lichte betrachtet dann eigentlich ein »Götzendienst«, so wie religiöser »Glaube« bei Lichte betrachtet eigentlich ein »Aberglaube« ist.

Aber spräche man so, würde allein dies schon als Angriff auf die Religion verstanden. In diesem Buch wird deshalb überwiegend (nicht immer!) von »Glaube« statt »Aberglaube« und von »Gott« statt »Götze« gesprochen. Dies geschieht nicht aus inhaltlichen Erwägungen, sondern eher aus Rücksichtnahme auf Gläubige, für die der Gedanke, einem Götzenkult anzuhängen, einfach noch zu schwer verdaulich ist. Doch es ist durchaus erwünscht, wenn Leser bei den Wörter »Gott«, »Gottesdienst« und »Glaube« die treffendere Bezeichnung mitdenken.

Wer im Umfeld des Christentums sozialisiert ist, wird den Gott der eigenen Religion immer mit etwas anderen Augen sehen als das Heer der fremden Götter. Für Gläubige ist der eigene Gott naturgemäß einzig, und alle anderen Götter werden zu Nichtsen erklärt. Und selbst für Nichtgläubige ist der Gott des eigenen Kulturkreises immer ein Stück weniger irreal als die anderen irrealen Götter. Schließlich geht eine Beeinflussung durch das Elternhaus, den

Freundeskreis, das nähere und ferne Umfeld nicht spurlos an einem vorüber. Wie weit man selbst schon auf der Leiter der religiösen Aufklärung hinaufgestiegen ist, zeigt sich deshalb in dem Maße, wie man geneigt ist, den Haus- und Familiengöttern keine höhere Realität zuzubilligen als z. B. den Göttern der Eingeborenen auf Borneo. Oder anzunehmen, dass der Gott Jahwe irgendwie doch etwas anderes sei als einer der anderen antiken orientalischen Gottheiten. Solange man noch meint, dass dem Gott *Baal* oder der Gott *El* weniger Realität zukommt als *Jahwe*, dass die anderen Götter zwar Ausdruck eines eingebildeten Aberglaubens, aber der Gott Jahwe irgendwie schon weniger Ausdruck eines solchen Aberglaubens sei, hat man das Problem der Religion noch nicht bis zu Ende gedacht, seine Sozialisationshypothek noch nicht vollständig abbezahlt.

Die Herkunft Jahwes

Für einen Gott, der später als vor dem Ursprung der Welt zeitlich verortet wird, taucht Jahwe erst recht spät auf. Erst in der späten Bronzezeit finden sich erste Spuren von ihm. Da waren seine Götterkollegen in Ägypten, in Mesopotamien und Syrien schon viele Jahrhunderte im Amt. Jahwe kommt aus der religiösen Provinz, er entstammt nicht dem Götterpantheon der Ägypter, Babylonier oder Assyrer, ja er kommt nicht einmal aus Israel. In zwei ägyptischen Ortsnamenslisten finden sich die ältesten Belege. Der älteste geht auf die Zeit Amenophis III. zurück (1390-1353 v. Chr.), der jüngere Beleg ist eine Kopie zur Zeit Ramses II. (1279-1213 v. Chr.). Die Rede ist vom »*Land der Schasu-Nomaden von Jahwe*«. Hier ist noch nichts über den Ort gesagt, wohl aber über den Charakter dieses Gottes. »Jahwe war demnach ursprünglich ein Gott von Nomaden und nicht ein Gott des Kulturlandes.«[218]

Wo aber kam er her? Die Forschung ist sich weitgehend einig, dass Jahwes früher Wirkungskreis am ehesten im edomitischen Bergland südlich von Israel zu suchen ist, im heutigen südlichen Jordanien. Es sind vor allem drei alttestamentliche Texte, die offenbar noch alte Traditionen hierüber bewahrt haben. An erster Stelle das sog. *Deborahlied* im Richterbuch. Es gehört zu den ältesten Teilen des Alten Testaments überhaupt.

> Herr, als Du *von Seir* auszogst,
> einhergingst vom Gefilde *Edoms*,
> da erzitterte die Erde, der Himmel troff,
> und die Wolken troffen von Wasser.
> Die Berge flossen vor Jahwe, *dem vom Sinai*,

vor Jahwe, dem Gott Israels. (Ri 5,4f.)
Seir und Edom werden hier parallelisiert, später noch durch Sinai ergänzt. Der Sinai als Gottesberg ist auch heute noch bekannt, nur sucht man ihn gewöhnlich auf der Sinai-Halbinsel. Doch diese Ortszuschreibung ist erst 1500 Jahre alt, tatsächlich lag der Berg Sinai irgendwo im südlichen Jordanien oder im Norden der arabischen Halbinsel. Eine ähnliche Ortsangabe findet sich Dtn 33:
> Der Herr ist *vom Sinai* gekommen,
> er erstrahlte seinem Volk *von Seir* her,
> er ist erschienen vom Berge Paran her… (Dtn 33, 2)

Wo der Berg Paran sich befindet, ist dabei zunächst unklar. Eine dritte Tradition weist wieder auf Edom.
> Gott kam vom *Teman*
> Und der Heilige vom Gebirge *Paran*. (Hab 3,3)

Die Landschaft Teman verweist auf den Norden Edoms, hier wäre dann nach den Gesetzen des hebräischen *Parallelismus Membrorum* auch Paran als Berg oder Gebirge anzusetzen. Zudem gibt es noch einen außerbiblischen Text aus *Kuntilet Arjud*, der die Heimat Jahwes im edomitischen Gebiet bestätigt. Der Alttestamentler Wolfgang Zwickel zieht das Fazit: »All diese Textüberlieferungen sind voneinander unabhängig und bestätigen die ursprüngliche Herkunft Jahwes im Bereich des südlichen Ostjordanlandes. Jahwe scheint ein nomadischer Gott im Gebiet der späteren Edomiter und der Midianiter gewesen zu sein.«[219] Und der Alttestamentler Bernhard Lang verdeutlicht: »Jahwe war ursprünglich nicht der Gott der Hebräer, sondern einer der edomitischen Götter.«[220]

Lang weist auch darauf hin, dass das Volk Edom in der Bibel genealogisch von Esau hergeleitet wurde, dem Bruder Jakobs. »Wie Jakob und Esau als Zwillingsbrüder galten, so galten auch Israeliten und Edomiter als eng verwandte Völker. *Der Edomiter soll dir kein Greuel sein, denn er ist dein Bruder*, heißt es in der Gesetzgebung (Dtn 23,8).«[221]

Und auch die Beschreibung und Erwähnung von Bergen und Gebirgen (Sinai, Paran) lassen darauf schließen, dass Jahwe in seinen Anfängen ein Berggott war, wie auch andere altorientalische Götter mit Bergen in Verbindung gebracht und auf Bergen und Anhöhen verehrt worden sind. Auch Baal wurde schon so beschreiben. Die Sinaierzählung im Alten Testament, die zwar von Historikern als unhistorisch bewertet wird, hat zumindest diesen alten Aspekt des Gottes Jahwe bewahrt. Und er findet sich wieder in späterer Zeit, als Jahwe als der Gott vom *Zion* gilt, erneut ein Gottesberg.

Jahwe als Wettergott

Welche Bedeutung hat aber der Name »Jahwe«? Gläubige denken hier an Ex 3,14, wo diese Frage mit »Ich bin der, als der ich mich erweisen werde« beantwortet wird, einem geheimnisvollen Wort, dass auch philosophischer Spekulation scheinbar einen Weg ebnen kann. Die Septuaginta, eine griechische Übersetzung des Alten Testaments übersetzt dann auch: »Ich bin der Seiende« (gr. *ego eimi ho on*). Der Jahwename würde dann vom westsemitischen Verb *Hajah* (sein/da sein) abgeleitet Die meisten Forscher jedoch bevorzugen als etymologischen Beginn eher (für den edomitischen oder nordarabischen Gott) die Herleitung mit arabischen Wurzeln aus dem Verb HWJ und mit der Bedeutung von »wehen« oder »fallen«. Der Jahwename wäre dann wiederzugeben als »er weht«. Jahwe wäre dann ursprünglich ein Wettergott gewesen. Dass diese Deutung einiges für sich hat, lässt sich an alttestamentlichen Stellen vielfach zeigen. In 1. Kön 18 findet ein berühmter Götterwettstreit statt zwischen Jahwe und den Priestern und Propheten des Baal. Ziel ist es zu erweisen, wer der bessere Wettergott ist und es regnen lassen kann. Jahwe gewinnt, und die Anhänger Baals werden in großer Zahl erschlagen. Der Alttestamentler Zwickel meint: »Die Erzählung ist in ihrer Gestaltung sicher fiktiv, im Kern aber alt. Hier soll deutlich gemacht werden, dass der religionsgeschichtliche *Neuling* Jahwe als Wettergott leistungsfähiger als Baal ist.«[222] Jahwe beerbt und verdrängt den traditionellen Wettergott Baal. Zwickel bringt dies mit einer anhaltenden Dürreperiode in Verbindung, wo es nötig gewesen sei, die göttlichen Zuständigkeiten neu zu ordnen.

Auch im schon zitierten Deboralied Ri 5 wird Jahwe mit Wasser, Wolken und Wetter in Verbindung gebracht. An vielen Stellen wird Jahwe als Wolkenreiter und Regenspender bezeichnet. In Ps 18 lesen wir:

> Er neigte den Himmel und fuhr herab, zu seinen Füßen dunkle Wolken.
> Er fuhr auf dem Kerub und flog daher; er schwebte auf den Flügeln des Windes.
> Er hüllte sich in Finsternis, in dunkles Wasser und dichtes Gewölk wie in ein Zelt.
> Von seinem Glanz erstrahlten die Wolken, Hagel fiel nieder und glühende Kohlen.
> Da ließ der Herr den Donner im Himmel erdröhnen, der Höchste ließ seine Stimme erschallen.
> Er schoss seine Pfeile und streute sie, er schleuderte Blitze und jagte sie dahin.
> (Ps 18, 10-15)[223]

Es gibt kaum einen Zweifel, dass wir den Anfängen des Jahweglaubens hier sehr nahe sind. Und Juden und Christen werden sich mit dem Gedanken anfreunden müssen, dass ihr Gott in seinen Anfängen ein Wettergott im südlichen Jordanien gewesen ist, Teil eines Götterpantheons, und nicht einmal der höchste Gott, sondern zunächst nur einer unter vielen.

Jahwe als Kriegsgott

Doch es kommt noch schlimmer. Der alte Orient kennt die enge Verbindung von Wetter- und Kriegsgott. Der Donnerer, der von den Bergen tönt, soll auch den Sieg in den Kriegen garantieren. Viele Stellen des Alten Testaments beschreiben einen kriegerischen, kämpfenden und tötenden Gott, der von heutigen Gläubigen jedoch zumeist verdrängt wird. Doch Jahwe war in seinen Anfängen und über viele Jahrhunderte hinweg auch ein Kriegsgott. Dies geht aus unbestritten sehr alten Texten wie dem Deborahlied in Ri 5 und dem Mirjamlied Ex 15,21 hervor. Und offenbar hat es sogar ein Verzeichnis der »Kriege des Herrn« gegeben (Num 21,14). »Des Herrn Kriege« scheint fast ein stehender Ausdruck gewesen zu sein (1 Sam 18,17; 25,28). Mit dieser Einsicht, die in der alttestamentlichen Forschung nicht angezweifelt wird, erhellt sich plötzlich, dass die archaische Gewalt, das Streiten Jahwes, seine Heerscharen (Jahwe Zebaoth = Herr der Heerscharen) nicht symbolisch oder metaphorisch gemeint waren, wie dies friedensbewegte Christen heute gerne sehen wollen. Die aus heutiger Sicht menschenverachtenden und inhumanen Stellen des Alten Testaments waren keine Ausrutscher, die es zu entschuldigen galt. Dieser Gott war gewalttätig, weil man dies von ihm erwartete, weil dies seine Aufgabe war. Nächstenliebe, gar Feindesliebe hätte dieser Gott noch als romantischen Unsinn angesehen, er war ein Mann fürs Grobe, dafür wurde er verehrt und kultisch umsorgt.

Wolfgang Zwickel leitet seine letztliche Durchsetzung im Kulturland eben aus dieser seiner Kriegstauglichkeit ab. Denn warum wurde Jahwe plötzlich der Hauptgott eines Volkes oder von Stammesgruppen, die eigentlich den Gott El als Gottheit verehren? Tatsächlich findet sich im Wort »Isra-El« nicht Jahwe wieder, sondern eben der Gott El. »Israel« heißt übersetzt »El streitet«. Das Wort »Isra-El« spiegelt also noch eine Kriegsgottvorstellung wider, aber noch mit El, dem kanaanäischen Hauptgott. Isra-*El* müsste eigentlich Isra-*Jah* heißen (dies hieße dann »Jahwe streitet«). Es muss also irgendwann einen Wandel von El zu Jahwe gegeben haben. Zwickel geht davon aus, dass Jahwe ursprünglich »der Schutzgott der Truppe war, die David um sich geschart hatte und mit der er allmählich einen eigenständigen Machtfaktor im Palästina des ausgehenden 11. Jh.s v. Chr. bildete.«[224] Träfe dies zu (es ist schon nicht wenig spekulativ), dann hätte erst David den bis dahin noch wenig einflussreichen Gott Jahwe aufgewertet, ihn mit dem Nordreichsgott El identifiziert und zu einem neuen Nationalgott gemacht. Dies wäre zu einer Zeit geschehen, als der Name Isra-El für das sich bildende Gemeinwesen schon geläufig war. Die Identifikation mit El wurde so vollständig internalisiert und durchgeführt, dass heute selbst orthodoxe Juden keinen Anstoß am Wort »Isra-El« nehmen, obwohl doch – betrachtet man die Sache nicht religiös, sondern religionsgeschichtlich – hier von einem anderen Gott die Rede ist, und zwar ausgerechnet vom Hauptgott der im Alten Testament fortwährend geschmähten Kanaanäer.

Jahwe war noch Polytheist

Jahwe also nicht nur Berg- und Wettergott, sondern auch noch Kriegsgott. Heutigen Gläubigen würde allerhand zugemutet, würden sie sich wirklich ernsthaft mit der Herkunft ihres Gottes beschäftigen. Doch solche Erkenntnisse finden sich zwar in den Kommentaren und Darstellungen von Alttestamentlern und Archäologen, dringen jedoch praktisch nicht ans Ohr der Gläubigen. Und was machte es auch für einen Sinn, wenn Kirche und Pfarrer, die schon gerne mal exegetische Informationen in Predigten einstreuen, ausgerechnet diese Erkenntnisse vermitteln?

Und für Gläubige ist die Tour der Leiden noch immer nicht vorüber. Wir haben es schon angedeutet: Lange bevor Jahwe zum Aushängeschild für den Monotheismus wurde, war er über vielleicht sogar 1000 Jahre ein natürlicher Spross einer polytheistischen Umwelt.

Als Begründer des Monotheismus wird gerne der ägyptische Pharao Echnaton (Amenophis IV.) um die Mitte des 14. Jhd. v. Chr. bezeichnet, der nur noch seinen Gott Aton verehrt wissen wollte. Er scheiterte am Widerstand der Priesterschaft, die nach seinem vielleicht gewaltsamen Tode die alten Verhältnisse wieder herstellte. Ständig taucht in der Literatur der Gedanke auf, dass Mose auf dem Weg über dieses ägyptische Vorspiel den Hebräern den Monotheismus gebracht habe.[225] Doch dies scheint schon deshalb unmöglich, weil es sich bei Mose trotz ägyptischem Namen vermutlich nicht um eine historische Person gehandelt hat. Seine Zeichnung als Gesetzgeber entstammt einer Zeit, die mindestens 500 Jahre nach den behaupteten Geschehnissen erfolgt ist.

Der Monotheismus wurde in Israel nicht per Dekret eingeführt, sondern hat sich über Jahrhunderte entwickelt. Daran gibt es nicht den geringsten Zweifel. Das Volk Israel bildete sich nicht nur in einer durch und durch polytheistischen Umgebung, es unterschied sich auch über Jahrhunderte religionsgeschichtlich kaum von dieser Umwelt. Die Zahl der Götter war Legion, jeder Stadtstaat und jede Region hatte eigene Götter. Es gab Sippen- und Familiengötter, Volks-, Stadt- und Reichsgötter und eine bunte Vielfalt an Zwischentönen. Jahwe war nur einer von ihnen. Die meisten Götter/Götzen waren untereinander kompatibel und traten selten in Konkurrenz zueinander. Gläubige konnten verschiedenen Göttern anhängen, die jeweils unterschiedliche Zuständigkeitsbereiche hatten, ähnlich wie die Heiligen der katholischen Kirche. Es gab Hauptgötter, über die man relativ viel weiß, und Hunderte von kleineren Göttern, wo oftmals nur der Name bekannt ist. Wir haben gesehen, dass Funktionen zuweilen auch weitergegeben werden konnten, Götter die Gunst ihrer Gläubigen verlieren und neue Götter sich Raum schaffen konnten.

In Jerusalem wurde offenbar der Stadtgott *Schalim* verehrt und mit ihm auch *Zedek*, der Gott der Gerechtigkeit. Sie wurden auch nach einer Eroberung der Stadt durch David weiter verehrt. Allerdings kann man einen Verschmelzungsprozess feststellen, in der Antike nicht selten. Der neue Gott Jahwe verdrängte allmählich die Stadtgottheiten. Dabei übernahm Jahwe wohl von Zedek die Eigenschaft der Gerechtigkeit, die er vorher nicht hatte. Und wieder müssen Gläubige schlucken: Denn die so hoch gerühmte göttliche Gerechtigkeit, die z. B. für Teile des Jesajabuches eine so große Rolle spielt, hat Jahwe, wenn diese Ableitung stimmt, von einem anderen Gott übernommen. Er hatte sie nicht *von Geburt an*.

Und ähnlich verhält es sich wohl auch noch mit dem Friedensgott, als der Jahwe in der Bibel auch gerühmt wird. »In nachexilischer Zeit wurde Jahwe zu einem Friedensgott (Jes 2,2-5; Mi 4,1-3), wohl bedingt durch die politische Machtlosigkeit Israels, das militärisch stark geschwächt war.«[226] Als wichtiger Charakterzug Els wird in ugaritischen Texten auch »sein Erbarmen« genannt. Auch das Erbarmen hat Jahwe so vielleicht von seinem Vorgänger übernommen, wenn ihn die Bibel als »barmherzig und gnädig« (z. B. Ex 34,6) versteht. Jahwe ist auch der Vorsitzende eines himmlischen Rates (z. B. Ps 82). Als solcher wurde El schon viel früher verstanden. Und auch Jahwes Schöpferqualitäten, die vor allem in nachexilischer Zeit eine Rolle spielten, hatte vor Jahwe schon der kanaanäische Hauptgott El inne. Die Lade, die im Jerusalemer Tempel bis zur Eroberung durch die Babylonier stand, war ursprünglich mit El und nicht mit Jahwe verbunden.

»Dort [im Heiligtum in Silo, wo die Lade früher stand] könnte sie als Untersatz für ein Götterbild des thronenden Gottes El gedient haben. In den ältesten Texttraditionen ist ausdrücklich von der Lade Els (1 Sam 3,3; 4,18; 2 Sam 6,2-7; 7,2) die Rede.«[227] Im Tempel von Jerusalem wird also ein Thron aufgestellt, der kanaanäische Anklänge hat. Und auch Kultstätten wurden okkupiert. So war das im Alten Testament häufig erwähnte *Beth-El*, wir sehen dies schon an der Endung, ursprünglich ein El-Heiligtum (Haus des El). In der Königszeit wurde es zu einem Jahwe-Heiligtum umgewidmet.

Überhaupt nehmen heutige Gläubige einen einheitlichen Jahwe-Kult an, mit dem Tempel in Jerusalem als einzigem legitimem Zentrum. Diese Sicht wird ihnen bei der Bibellese durch die ersten Bücher der Bibel bis hin zu den Königsbüchern vermittelt. Man weiß heute jedoch, dass die Schilderung der frühen Königszeit und der Königszeit insgesamt uns überwiegend durch die sog. deuteronomistische Redaktion vermittelt wird, deren frühester Beginn großzügig gerechnet mit der Kultreform Josias um 622 v. Chr. anzusetzen ist. Alle bisherige Geschichte Israels wird den Bibellesern nur durch diese deuteronomistische Brille vermittelt, die die Könige vorwiegend danach bewertet, ob sie für einen einheitlichen Kult und eine Kultzentralisation eintraten oder nicht.

Doch selbst die deuteronomistische Redaktion vertritt noch keinen Monotheismus, sondern nur eine Monolatrie, trat also für die Verehrung nur eines Gottes ein (»Du sollst keine anderen Götter haben *neben mir*«).

Immer wieder wird aber selbst vom Deuteronomisten berichtet, dass »auf den Höhen geopfert« wird und dass fremde Götter verehrt werden. Vielgötterei überall. Und selbst der Jahwe-Kult ist noch nicht einheitlich. Es gab offenbar einen »Jahwe von Jerusalem«, einen »Jahwe von Samaria« und einen »Jahwe von Teman«. Und auch die Bildlosigkeit, die als Zeichen der Religion Israels angesehen wird, musste sich erst entwickeln. An den damaligen Grenzorten Beth-El und Dan wurden goldene Stierbilder aufgestellt (1. Kön 12,28), die Jahwe repräsentieren sollten. »Das Stierbild kann zwar Fruchtbarkeit symbolisieren, versinnbildlicht aber in der Eisenzeit vor allem Macht, Stärke und Kraft. Der Gott Jahwe, der hier in theriomorpher Gestalt [Tiergestalt] aufgestellt wurde, sollte gerade in einem Grenzheiligtum als dynamischer und schützender Gott, der Feinde aufhalten und zurückschlagen kann, präsentiert werden.«[228] Auch in Jerusalem gab es diese Götterbilder. In der Regel wurden solche Bilder aber nicht direkt als Götter verstanden, sondern als deren Repräsentation oder als Attributtier. Im Tempel von Jerusalem wurde Jahwe als auf dem Kerubenthron sitzend vorgestellt, aber nicht wirklich abgebildet. Diese

Abstraktion war unterschiedlich ausgeprägt, in den Kultbildern von Dan und Beth-El aber stellte man sich den Gott realer vor.

Da haben heutige Gläubige noch mal Glück gehabt, denn könnte man in einem Museum auf eine Stierfigur zeigen und sagen »Dieser Stier wurde als Jahwe verehrt«, würde dies das religiöse Koordinatensystem, dass ja mit solchen handgreiflichen Sachen heute nichts mehr anfangen kann (anders als in der Antike), doch sehr ins Taumeln bringen. Eine einzige bildliche Darstellung von Jahwe jedoch gibt es. Sie findet sich auf einer Münze aus dem frühen 4. Jhd. v. Chr. und zeigt einen Gott auf einem Flügelrad. Lange hat man sie für eine Darstellung des Zeus gehalten, heute geht man aufgrund der Beschriftung davon aus, dass der dargestellte Gott tatsächlich Jahwe ist.

Abb. 1: Münzdarstellung von Jahwe auf dem Flügelrad, 4. Jh. v. Chr.

Man muss sich dies klarmachen: Erst nach dem babylonischen Exil wurde in Israel ein Monotheismus ausgebildet, vielleicht erst im 4. Jahrhundert v. Chr. Die längere Zeit (wenn man von der Reichsgründung durch David, die umstritten ist, einmal ausgeht), nämlich 500-600 Jahre, war der Polytheismus auch in Israel an der Tagesordnung. Und örtlich offenbar sogar noch länger. So gab es in Elephantine, einer jüdischen Kolonie in Oberägypten, auch noch in späterer Zeit mehrere Götter. Genannt werden neben Jahwe auch die Götter *Eschem-Bethel*, ein *Anat-Bethel*, ein *Anat-Jahwe* und ein *Herem-Bethel*. Und obwohl in Israel eine Kultzentralisation längst durchgesetzt war, gab es dort einen eigenen Jahwe-Tempel, der 410 v. Chr. erst zerstört wurde, und dann noch nicht einmal durch Juden, sondern durch die ägyptischen Priester des benachbarten Chnum-Tempels.[229] Einen weiteren jüdischen Tempel gab es in Leontopolis, 35 Kilometer südlich von Kairo.

Jahwes Gemahlin Aschera

Man sieht, Jahwe ist als Gott überhaupt nicht zu trennen von seiner polytheistischen Verwandtschaft. Religionsgeschichtlich ist er Teil der vorderasiatischen Göttervielfalt und steht mehr in einer Linie mit Göttern wie El und Baal, als dass er sich von ihnen unterscheidet. Dies wird auch daran deutlich, dass auch Jahwe lange mit einer Gefährtin oder Gemahlin gedacht wurde. Jahwe war verheiratet. Für gläubige Christen und Juden sind diese Erkenntnisse der archäologischen Forschung wieder eine arge Zumutung. Aber da müssen sie jetzt noch durch.

Jahwes Frau hieß *Aschera,* und sie war als kanaanäische Göttin lange die Ehefrau des Gottes *El* gewesen. Götterpaare waren in der Antike nichts Seltenes, und ebenso waren Wechsel der Konstellationen durchaus möglich. So hat Jahwe, wie schon beschrieben, verschiedene Zuständigkeitsbereiche des kanaanäischen Gottes El geerbt. Und dabei hat er auch dessen Gemahlin quasi mit übernommen.

Im Alten Testament sind die Hinweise auf Jahwes Gemahlin weitgehend getilgt worden, es war irgendwann nicht mehr opportun, dieses biographische Detail Jahwes zu tradieren. Jedoch liefert die Archäologie klare Beweise. So hat man Inschriften entdeckt, die die ehemalige Verbindung von Jahwe und Aschera belegen. In *Kuntilet Ajrud*, einer ehemaligen Karawanenstation, ca. 50 km südlich von *Kadesch Barnea*, wurde ein Vorratskrug aus dem 7.-8. Jahrhundert v. Chr. entdeckt mit u. a. folgender Inschrift:

Ich habe euch gesegnet durch *Jahwe und seine Aschera.*
Amaryo sprach zu seinem Herrn: ...
Ich habe dich gesegnet durch *Jahwe und seine Aschera.*
Er möge dich segnen, und er möge dich behüten,
und er möge sein mit meinem Herrn...

In weiteren Inschriften aus Kuntilet Ajrud heißt es:

Ich segne dich gegenüber *Jahwe von Teman*
und *durch seine Aschera.* Er segne dich und behüte dich und sei mit deinem Herrn

Und mit Erwähnung einer anderen Jahwe-Variante:

Ich segne euch gegenüber *Jahwe von Samaria*
und seiner Aschera.

Aschera wird in diesen Texten noch häufiger erwähnt.

In einer Grabkammer in *Khirbet el-Kom* in der Nähe von Hebron fand man Folgendes:

Uriyahu, der Reiche, hat dies geschrieben:
Ein Gesegneter ist Uriyahu durch *Jahwe*.
Aus seinen Bedrängnissen hat er ihn *durch Aschera gerettet*.
»Die parallele Erwähnung Jahwes und Ascheras legt es nahe, dass Aschera hier als Göttin an der Seite Jahwes verstanden wurde. Angesichts der Ausprägung Ascheras als Fruchtbarkeitsgöttin ist sie eine logische Partnerin für Jahwe, wenn er, wie andere Götter des Vorderen Orients auch, eine Partnerin hatte.«[230]

Dass Aschera sich hoher Beliebtheit unter den Gläubigen erfreute, beweisen die Funde einer Vielzahl von Kleinfiguren aus Ton (Figurinen), die eine weibliche Göttin zeigen, die ihre Brüste als Zeichen der Fruchtbarkeit präsentiert. Mehr als 1500 dieser Figurinen wurden bereits gefunden, bei der dünnen Besiedlung des Landes dürfte fast in jedem Haus eine vorhanden gewesen sein. Diese Aschera-Figurinen waren damit so etwas wie die antiken Vorläufer der Kruzifixe oder der Marienbilder. Und wie heutige Katholiken sich Vermittlung und Hilfe von Maria versprechen, haben dies im alten Israel die Menschen von Jahwes Aschera erwartet.

Der Ascheraglaube ist ein weiterer Beleg für den verbreiteten Polytheismus im vermeintlichen Eingottland Israel. Für den Bochumer Alttestamentler Christian Frevel, der seine über 1000-seitige Dissertation[231] zu diesem Thema geschrieben hat, war der Aschera-Kult ein »akzeptiertes Moment der vorexilischen Religion«. Die Jahwereligion war für ihn zunächst nicht mehr als ein »Unterfall« der syrisch-kanaanäischen Religion.[232] Anders als Baal wurde Aschera offenbar lange mitverehrt. König Manasse von Juda ließ sogar im Tempel von Jerusalem ihr Bildnis aufstellen (2. Kön 21,7), was ihm von der frommen deuteronomistischen Redaktion später ein negatives Führungszeugnis einbringt.

Dass Jahwe und Aschera einst ein Götterpaar bildeten, davon muss man aufgrund des archäologischen Befundes wohl sicher ausgehen. Das Alte Testament, in seiner erst Jahrhunderte nach dem Geschehen erfolgten Darstellung bzw. Vorstellung der Geschichte, hat im Rahmen der deuteronomistischen und der noch späteren sog. priesterschriftlichen Redaktion diese Hinweise alle getilgt. Denn für den inzwischen monotheistisch verehrten Jahwe war eine Gattin natürlich undenkbar geworden.

Der Alttestamentler Frevel meint jedoch, dass sich die Scheidung Jahwes von Aschera noch im Alten Testament widerspiegelt. Beim Propheten Hosea liest man:

»Sprecht das Urteil über eure Mutter. Sie sei nicht mehr mein Weib und ich will sie nicht mehr haben.« (Hos 2,4)

In der Exegese herrscht Einigkeit, dass hier eine Scheidungsformel zitiert wird, die vermutlich auch sonst in Gebrauch und bekannt war, und mit der sich ein Mann von seiner Frau offiziell trennen konnte. In der Exegese geht man aber zumeist davon aus, dass hier die Scheidung Jahwes von seinem Volk zumindest angedroht wird.

Abb. 2: Tonfigur der Göttin Aschera, ca. 10. bis 7. Jahrtausend v. Chr.
(akg images / Bible Land Pictures / Jerusalem Z.Radovan)

Aber dann wäre die »Mutter« als Volk Israel zu verstehen, das doch gleichzeitig angesprochen wird. Ein exegetisches Problem. Der Text liest sich in der Tat viel schlüssiger, wenn man annimmt, dass hier Jahwe sich von Aschera trennt. Hosea, der gegen die Verbindung Jahwes mit Aschera polemisiert, legt Jahwe hier die Scheideformel in den Mund. Er bestätigt uns damit aber indirekt, dass die Verbindung Jahwe-Aschera überhaupt besteht und dass Aschera als so etwas wie eine Mutter verstanden worden ist.[233] Dazu würde es dann auch passen, dass beim Götterwettstreit (1. Kön 18) um den erfolgreichsten Regenmacher am Ende 450 Baalspropheten erschlagen werden, die 400 Propheten der Aschera, die auch zugegen waren, aber offensichtlich nicht. Der Aschera-Kult war offenbar noch allgemein akzeptiert, was sicher auch damit zusammen hängt, dass Jahwe als ihr Gemahl verehrt wurde.

Der bronzezeitliche Gott und »moderne« Gläubige

Das Bild, das uns Archäologie und alttestamentliche Wissenschaft von den frühen Ursprüngen des Jahwe-Kults liefern, muss auf Gläubige außerordentlich befremdlich wirken. So genau möchten sie es gar nicht wissen. Plötzlich fühlt man sich zurückversetzt in das archaische Götterwirrwarr und die (aus heutiger Sicht) primitiven altorientalischen Kulte. Jahwe, den Gläubige heute als den Schöpfer und Herrscher der Welt bekennen, schrumpft zusammen auf den regenmachenden und kriegführenden Götzen einer Nomadengruppe im nördlichen Arabien, einen Berggott in einer unwegsamen Gegend des edomitischen Gebirges. Er steht nicht den anderen Göttern gegenüber, sondern ist Teil der orientalischen Göttermythologie, und anfangs noch nicht einmal ein führender Kopf. Eigenschaften, die Gläubige heute besonders an ihm schätzen und die in Predigten allsonntäglich von Tausenden Kanzeln verkündet werden; seine Gerechtigkeit, seine Schöpferkraft und seine Friedensbotschaft, hat er von seinen Vorgängern und Lokalgöttern übernommen, deren Kult er verdrängt und beerbt hat. Vor allem hat er vom Gott El entscheidende Impulse seiner Wirksamkeit übernommen, und wenn Gläubige Jahwe verehren, gilt ihre Gunst (natürlich ohne dass ihnen das bewusst wird) eigentlich auch immer den Göttern El, Baal, dem Jerusalemer Stadtgott Zedek und sicher auch noch anderen Gestalten der Götterwelt. Spätere Zeiten und auch die biblische Überlieferung zwar sahen ihn im Gegensatz zu den kanaanäischen Kulten. Jetzt aber wird man sagen müssen: Jahwe war selbst ein kanaanäischer Gott. Sein Volk Isra-El führt noch heute den kanaanäischen Gott im Namen. Und über Jahrhunderte stand die kanaanäische Fruchtbarkeitsgöttin Aschera an seiner Seite, die er vom kanaanäischen Hauptgott El übernommen hatte. Noch über die Kultreform Josias im Jahre 622 v. Chr. hinaus ist ihre Verehrung archäologisch nachweisbar. Der Jahwe-Kult war eben nicht nur der hehre Gottesdienst im salomonischen Tempel, sondern ebenso seine lokale Verehrung auf Anhöhen und mit Stierbildern. Antike Gläubige werden dabei nicht immer den feinen Unterschied zwischen bloß göttlicher Repräsentation und dem Tierbild als wahrem Gott beachtet haben.

Gläubige finden nicht den Allherrscher vor, den Monotheos, der sich selbst absolut setzt, sondern einen Jahwe, der sich lange wie selbstverständlich in das orientalische Götterpantheon eingefügt hatte und nicht mit Allmachtsphantasien über die Stränge schlug. Selbst seine treuesten Anhänger vertraten lange keinen Monotheismus, sondern propagierten lediglich die Monolatrie. Der alttestamentliche Monotheismus ist eine in der Geschichte Israels recht späte Erscheinung und hat sich erst lange nach dem babylonischen Exil durchgesetzt. Vorher haben wir einen Gott im Wandel, der Orte und Aufgaben wechselt und neuen Gegebenheiten sich anpasst bzw. angepasst wird.

Es sind ernüchternde Fakten, die die wissenschaftliche Forschung hier erhoben hat. Desillusionierend für die Gläubigen, weil sie ihren Gott Jahwe plötzlich quasi nackt sehen, ohne den Glanz und die Pracht behaupteter Größe und Ewigkeit. Sie sehen Jahwe im Lichte seiner Herkunft, und was sie sehen, kann sie wenig erfreuen. Doch die wenigsten dürften ihn so zu Gesicht bekommen, denn kaum ein Gläubiger wird sich in die alttestamentliche oder archäologische Forschungsliteratur vertiefen. Er hat ja die Bibel und die »moderne« Verkündigung, er orientiert man sich eher am Gott des Neuen Testaments und heutigen zeitgenössischen Vorstellungen. Nun, zum neutestamentlichen Gott werden wir später noch kommen. Beim alttestamentlichen aber wollen wir noch etwas verweilen.

Sog. Kerygma-Theologen (zu ihnen gehörte Bultmann und seine Schule) behaupten gerne, dass sich der Glaube nicht von historischer Kritik abhängig machen darf. Glaube sei ein Ereignis, das jenseits von Überprüfbarkeit stattfinden kann und muss. Wenn wir uns aber hier die frühesten Anfänge des Jahwe-Kults ansehen: Ist es da denkbar, dass der Glaube von solchen Fakten unbeeindruckt bleiben kann? Muss er nicht vielmehr zusammenzucken, erschreckt oder zumindest stark befremdet sein von dem Gott, der ihm hier gegenübertritt? Egal, wie Jahwe später gesehen wurde: Kann man an einen Gott glauben, der solche Wurzeln hat? Der so offensichtlich Exponent einer aus heutiger Sicht absurden und rückständigen religiösen Umwelt ist? Einen Gott aus der Bronzezeit, mit wenig eigenem Charakter? So offensichtlich entstanden, verändert, zurechtgestutzt von menschlichen Bedürfnissen? Ein Produkt seiner Gläubigen. Mit abstoßenden Zügen, zumindest für uns heute. Die archaische Primitivität des frühen Jahwe-Kults starrt uns aus den hohlen Augen seiner aus Ton hergestellten Fruchtbarkeitsgöttin und Göttergattin Aschera an. Ein solcher Gott lässt sich nicht spiritualisieren. Die ganze Unseriosität dieser Gotteserscheinung dürfte auch von seinen Gläubigen empfunden werden, wenn sie sich ihr wirklich stellen würden. An einen solchen Gott, wenn man ihn so ungeschminkt gesehen hat, kann man doch unmöglich noch glauben.

Damit gerät dann auch die Kerygma-Theologie an ihre Grenze. Denn ein Glaube, der angesichts dieser Fakten noch stolz darauf ist, sich nicht davon beeindrucken zu lassen, darf nun wirklich als Aberglaube bezeichnet werden. Es kommt eben nicht nur auf den Glaubensakt, sondern auch ein klein wenig auf die Inhalte an.

Dass man überhaupt noch angesichts dieser Wurzeln seriös meint, vom Gott des Alten Testaments sprechen zu können, lässt sich nur durch Nichtwissen, Verdrängung oder Nichtbeachtung erklären. Bei einfachen Gläubigen ist es sicher Nichtwissen. Bei Theologen an staatlichen Universitäten jedoch sollte man das Wissen um die Fakten voraussetzen, und zwar auch bei Dogmatikern, die sich anschicken, eine »moderne Gotteslehre« oder eine »zeitgemäße Dogmatik« zu verfassen.

Alttestamentler und Archäologen haben es dabei natürlich einfach. Wenn sie den historischen Befund erhoben haben, ist ihre Arbeit weitgehend getan. Doch Dogmatiker müssen ja noch die Kurve zur Gegenwart bekommen. Und dabei werden viele von ihnen zu Geisterfahrern.

Es ist bezeichnend, dass sich in den besprochenen Dogmatiken nichts über die Ursprünge des Jahweglaubens findet. Die Ergebnisse ihrer alttestamentlichen Kollegen und aus der Archäologie liegen zwar vor und können nachgelesen werden, an theologischen Fakultäten sind sie Thema in Vorlesungen zum Alten Testament, in Lexikonartikeln lassen sich die Grundzüge der Herkunft Jahwes finden. Doch in den Dogmatiken werden sie nirgendwo erwähnt. Dabei dürfte doch gerade die Vermittlung solcher Informationen auf nicht geringes Interesse stoßen.

Doch der Grund für das Schweigen ist natürlich der, dass sich damit heute keine Theologie treiben lässt. Heutige Dogmatiker sind bemüht, den Glauben irgendwie glaub*würdig* zu machen, sie wollen zeigen, wie der Glaube an Gott auch heute noch irgendwie möglich oder sogar nötig ist. Und sie betreiben dazu einen beachtlichen sprachlichen und argumentativen Aufwand. Da würde ein Gott, dem allzu sehr der Geruch altorientalischer Kulte samt den heute als primitiv und anstößig empfundenen Tieropfern (wovon hier noch gar nicht die Rede war!) anhaftet, nur stören. Damit kann man keine Punkte sammeln, schon die bloße Erwähnung würde irritieren. Also lässt man es lieber bleiben. Und weil es die anderen Dogmatiker ebenso halten, hält man dies auch für vertretbar. Doch was bringen hochgestochene theologische Distinktionen, was bringen theologische Sprachvirtuosität und philosophische

Anleihen bei der Gotteslehre, wenn der Gott, auf den sich dies alles bezieht, als orientalischer Götze die Bühne der Religionsgeschichte betritt?

Jahwe als geschichtlich wirkender Gott
Das geschichtliche Versagen Jahwes

Erlauben wir uns einmal das Gedankenexperiment und legen wir Jahwe fest auf seine frühen Eigenschaften als Wetter- und als Kriegsgott. Nehmen wir ihn und nehmen wir seine frühen Gläubigen einmal beim Wort. Dann wird man kaum sagen können, dass der alttestamentliche Gott seinen Aufgaben auch nur annähernd gerecht geworden ist. Es ist ihm nicht gelungen, das karge Land Israel in blühende und fruchtbare Landschaften zu verwandeln. Das Gebiet des späteren Israel war vor seiner Ankunft und auch danach ein Land, das vor allem durch Kargheit und ungünstige klimatische Verhältnisse gekennzeichnet war. Er hat die Wüsten nicht begrünen und die Dürren, die das Land immer wieder heimsuchten, nicht verhindern können. Israel wurde, entgegen der biblischen Propaganda, nie ein Land, wo »Milch und Honig fließen.«

Noch vernichtender ist das Ergebnis des Kriegsgottes Jahwe. Trotz großspuriger Reden und peinlichem Machtgehabe im Alten Testament hat er sein Volk nicht beschützt, hat es nicht stark gemacht, hat ihm nie über seine kleine Bedeutung im Gegenüber der Großmächte Ägypten und Babylonien hinweggeholfen. Die Götter Mesopotamiens und Ägyptens waren immer erfolgreicher als dieser Provinzgott Jahwe, der im kleinen und unbedeutenden Palästina, seinem Herrgottswinkel, versucht hat, seine Alleingeltung durchzusetzen. Er hat seinem Volk nicht geholfen gegen die übermächtigen Assyrer, Babylonier, Perser, Griechen, Römer, nicht die Eroberung des Nordreichs 722 v. Chr. verhindert, nicht der Zerstörung seines eigenen Tempels durch Nebukadnezar 586 v. Chr. gewehrt. Er hat der politischen Bedeutungslosigkeit Israels tatenlos zugesehen, der Besetzung des doch angeblich von ihm verheißenen Landes nichts entgegengesetzt, den Befreiungsversuchen seiner Gläubigen in den Aufständen gegen die Römer nicht beigestanden, die Zerstreuung seines Volkes nicht verhindert, ihrer Verfolgung vor allem durch die Christen tatenlos zugesehen.

Dieser Gott hat seinen Bund, den er angeblich mit Noah, mit Abraham, mit Mose, mit David geschlossen hat, nicht gehalten. Und als hätte es noch eines letzten, blutigen Beweises dafür gebraucht, hat er auch das Schreien seines

Volkes in den deutschen Konzentrationslagern nicht gehört und ihr Leiden nicht gesehen. »Und ob ich schon wanderte im finsteren Tal, fürchte ich kein Unglück, denn Du bist bei mir. Dein Stecken und Stab trösten mich« (Ps 23). Angesichts des Grauens entlarven sich solche Sätze als leeres Gerede, als frommes Geschwätz, als religiöser Kitsch.

Nach 3000 Jahren der Geschichte Jahwes mit seinem Volk muss es erlaubt sein, das Fazit zu ziehen, dass dieser Gott auf ganzer Linie versagt hat. Dieser Gott hat sich so für sein Volk eingesetzt, als hätte es ihn nie gegeben, als hätte ihn sich sein Volk nur eingebildet.

Und eben dies ist das letzte Geheimnis seiner Existenz.

Geschichtsmythen im Alten Testament

Dennoch behaupten Theologen gerne, dass ihr Gott wirkmächtig sei und dass er in die Geschichte eingreift. »Gottes Sein erschließt sich in seinem Wirken«, so der Theologe Pöhlmann. »Er ist nur, indem er handelt.«[234] Gott sei einer, der sein Volk leitet und ihm beisteht, der es als sein Gott durch die Geschichte führt. Vor allem die protestantische Theologie versteht Jahwe gerne als geschichtlichen Gott, in Abgrenzung sowohl von dem regungs- und bewegungslosen Gott des Hellenismus und der Philosophie als auch vom katholischen Mittelalter, wo Albertus Magnus, Thomas von Aquin und andere Gott gerne vor allem in aristotelischer Begrifflichkeit beschreiben wollten.

Gespeist wird die Vorstellung eines geschichtlich wirkenden Gottes vom Alten Testament. Die Anfänge der Geschichte werden in der Bibel als Heilsgeschichte präsentiert. Folgt man dem Alten Testament, sind die Eckdaten dieser Heilsgeschichte folgende: Jahwe sei es gewesen, der die Erde geschaffen hat, und der nach der Sintflut schon mit Noah und später mit Abraham einen Bund geschlossen und Segen und Nachkommenschaft verheißen hat. Jahwe sei es gewesen, der sich um Joseph, einen der zwölf Söhne Jakobs gekümmert hat, als dieser nach Ägypten kam. Jahwe hat auch dessen Brüder gerettet, als eine Hungersnot ihr Leben bedrohte. Als sie in Ägypten in Fronarbeit unterdrückt wurden, hat er ihnen den Moses gesandt, der sie aus Ägypten herausgeführt hat. Vierzig Jahre seien die Israeliten durch die Wüste gewandert. Am Gottesberg auf dem Sinai habe Jahwe mit seinem Volk erneut einen Bund geschlossen und seine Gesetze dem Mose offenbart. So gerüstet hat Jahwe sein Volk in das gelobte Land geführt, das freilich von kanaanäischen Stadtstaaten besiedelt war. Mit starker Hand und in vielen Kriegen hat Jahwe dafür gesorgt, dass sein Volk das Land in Besitz nehmen konnte. Als das Volk vor allem von den Philistern bedroht wurde und nach einem König verlangte, hat Jahwe ihm murrend diesen Wunsch erfüllt, und ihm zuerst Saul, dann David und Salomo als Könige geschenkt. David wurde König des ganzen Landes und machte Jerusalem zu seiner Hauptstadt. Mit Gottes Hilfe unterwarf er alle umliegenden Völker und errichtete ein Großreich. Sein Sohn Salomo erbaute Jahwe einen Tempel in Jerusalem und herrschte in Weisheit und unvorstellbarem Reichtum.

Soweit die biblische Darstellung, die den Gläubigen auch heute noch in Predigten allsonntäglich vermittelt wird. Präsentiert wird ein Gott, der sich um sein Volk kümmert, der es aus dem Haus der Knechtschaft in die Freiheit geführt hat. Der Exodus als heilvolles Urerlebnis Israels hat sich tief in das kollektive Gedächtnis von Juden und Christen eingegraben. Die Befreiungstheologie der 1970er- und 80er-Jahre sah im Exodus metaphorisch den Auszug aus ungerechten und entfremdeten Verhältnissen ins gelobte Land einer gerechten Gesellschaft.

Lange ist diese biblische Sicht nicht hinterfragt worden, und man las die Bibel naiv als historische Quelle, oft bis in die Schilderung der Schöpfung hinein. Doch mit dem Aufkommen historischer Kritik im Zuge der Aufklärung wurden zunehmend auch die bisher als unantastbar geltenden heiligen Schriften einer Kritik unterzogen. Einer der ersten war der Philosoph Baruch Spinoza mit seinem schon erwähnten *Theologisch-Politischen Traktat* von 1670, der Daten der Heilsgeschichte im Alten wie im Neuen Testament infrage stellte. Bis zu einer auch fundiert kritischen Sicht war es da noch ein Stück Wegs. Wobei die Bibel selbst in der Archäologie noch lange als sichere Quelle angesehen wurde, bis man herausfand, dass die relevanten Texte bis zu 1000 Jahre (!) nach dem behaupteten Geschehen aufgeschrieben worden sind. Der überwiegende Teil und die abschließende Redaktion fanden erst nach dem babylonischen Exil statt. Da lag das Großreich eines Königs David schon 500 Jahre zurück. Dennoch fand die Archäologie bis zum Anfang des 20. Jahrhunderts noch »mit der Bibel in der Hand« statt. Wo immer es darum ging, einen Schutthügel im alten Israel zu benennen, zog man die Bibel zurate. Entdeckte man z. B. in *Meggido* die Grundrisse großer Bauten, brachte man dies mit den Pferdeställen und der Bautätigkeit von König Salomo in Verbindung, die in der Bibel ausführlich beschrieben wird. Und damit meinte man die Bauten datiert zu haben.

Ganz zweifellos sind die Schriften des Alten Testaments wichtige Texte auch für die Archäologie. Und es waren erstaunlicherweise gerade die Archäologen, die die Bibel, im Gegensatz zu den Alttestamentlern, also den Theologen, lange zu wörtlich genommen haben. Denn während Alttestamentler längst literarisch ältere und jüngere Quellenschichten identifizierten und benannten, nahmen die Archäologen »die historischen Berichte der Bibel dagegen oft als bare Münze. Statt die archäologischen Daten als unabhängige Quelle für die Rekonstruktion der Geschichte der Region zu nutzen, verließen sie sich weiterhin auf die biblische Darstellung ... um ihre Funde zu interpretieren.«[235] Diese Sicht änderte sich erst seit den 1970er-Jahren. Das Vertrauen in die historische Zuverlässigkeit des Alten Testaments wurde zunehmend hinterfragt und durch neue archäologische Untersuchungs- und Datierungsmethoden auch vielfach widerlegt. Und wenn die historische Forschung Jahwe, den Gott des Alten Testaments, auf seine wenig schmeichelhaften Anfänge als Nebengott des altorientalischen Götterpantheons zurückgeführt hat, so hat sie ebenso sein angebliches Geschichtshandeln an Israel als Erfindungen und Idealisierungen viel späterer Zeiten aufzeigen können. Ein viel späteres Israel hat seine frühe Geschichte im Wesentlichen erfunden und sich und seinem Gott damit geschichtliche Bedeutsamkeit verliehen.

Gab es die Erzväter wirklich?

Wir übergehen hier die Schöpfungsgeschichten und fragen nicht danach, ob sich in ihnen irgendein »historisches Material« findet. Diese Texte sind rein literarisch zu verstehen, und auch formal durchaus ansprechend gestaltet. Wurden sie in der Vergangenheit als Berichte von tatsächlichen Geschehnissen verstanden, so ist dies auf Unwissenheit zurückzuführen. Werden sie heute noch von Gläubigen wörtlich verstanden, so ist dies Ausdruck von frommer Naivität (um stärkere Bezeichnungen zu vermeiden). Wir fragen hier nur nach den Texten, die von ihrer Form her zumindest den Anspruch erheben, historisches Geschehen widerzuspiegeln.

Lange Zeit galten die Erzählungen von den Erzvätern Abraham, Isaak und Jakob als zumindest im Kern so zuverlässig, dass man von der Historizität der Erzväter ausging. Man war der Überzeugung, sie hätten wirklich gelebt. Dafür sprach ihre Schilderung als Nomaden oder Halbnomaden, der Kampf um Wasserrechte oder der Streit um Weideland. Doch schon bei der Frage, wann sie denn gelebt hätten, kam man letztlich zu keinem Ergebnis. Der amerikanische Gelehrte William Albright war von der Historizität der Erzväter überzeugt und lokalisierte sie um 1500-1200 v. Chr. als Teil der sog. aramäischen oder amoritischen Wanderung. Doch die Archäologie hat inzwischen diese These widerlegt: Es ist zu dieser Zeit offenbar zu keiner größeren Wanderungsbewegung gekommen.²³⁶ Und die Beschreibungen der Erzväter sind einfach so allgemein und stilisiert, dass sie sich keiner konkreten Zeit zuweisen lassen, zumindest keiner vorstaatlichen Zeit.

Zudem wurde der Blick vieler Forscher durch ihren Glauben arg getrübt: «Viele der frühen biblischen Archäologen waren Geistliche oder Theologen. Sie waren aufgrund ihres Glaubens davon überzeugt, dass Gottes Verheißung an Abraham, Isaak und Jakob – das Geburtsrecht des jüdischen Volkes und das Geburtsrecht, das an die Christen weitergegeben wurde, wie vom Apostel Paulus in seinem Brief an die Galater erklärt – echt war.«²³⁷ Kritischere Forscher wie Julius Wellhausen vertraten hingegen schon früh die Meinung, dass die Erzvätergeschichten erst aus der späten Königszeit stammten, die »das Leben der sagenhaften Väter in eine weitgehend mythische Vergangenheit projiziert« hatten. »Demnach seien die biblischen Geschichten als nationale Mythen zu betrachten, mit keiner stärkeren historischen Grundlage als Homers Odyssee oder Vergils Geschichte von der Gründung Roms durch Äneas.«²³⁸

Doch dies stimmt nicht ganz, denn es gibt durchaus historische Züge in den Erzvätergeschichten. Diese verweisen jedoch nicht in die vorstaatliche Zeit, sondern spiegeln die Verhältnisse im Südreich Juda im 7. Jahrhundert wider. Finkelstein/Silberman verweisen auf eine ganze Reihe von Anachronismen, die sich in den Erzvätererzählungen finden. Hierzu gehört die häufige Erwähnung von Kamelen, die zur Zeit der angenommenen Erzväter im Gebiet des späteren Israel noch gar nicht domestiziert waren. In der Josephsgeschichte transportiert eine Kamelkarawane »Harz, Balsam und Myrrhe«, und damit die Haupterzeugnisse eines Handels, der erst zur Zeit des assyrischen Reiches im 7.-8. Jhd. v. Chr. blühte.²³⁹ Auch die in den Erzvätergeschichten genannte Philisterstadt Gerar (Gen 26,1) gab es zur Zeit der Erzväter noch gar nicht, wohl aber im 7.-8. Jhd. Ähnlich verhält es sich mit weiteren Ortsnamen. Auch einige Nachbarn Israels werden auf eine Weise beschrieben, was in der Zeit der Erzväter einfach nicht passt. Solche Anachronismen verraten uns die vermutliche Redaktion der Erzväterlegenden in den Jahren 750-650 v. Chr.

Die Erzählungen über gleich mehrere Erzväter haben Gelehrte wie den Alttestamentler Martin Noth dazu veranlasst, von mehreren ursprünglich nicht verbundenen Traditionssträngen auszugehen, die erst in später Königszeit zusammengefügt worden sind. Demnach hätte es eine Gruppe gegeben, die Abraham als Erzvater verehrt habe, eine weitere, die Isaak verehrt habe, und so fort.²⁴⁰ Dafür würden auch die sog. *Vätergötter* sprechen, die mit diesen Erzvätern verbunden sind, z. B. der »Gott Isaaks« (Gen 31,42) oder der »Starke Jakobs« (Gen 49,24). Erst in einem zweiten Schritt wurden die Erzväter genealogisch verbunden. Und damit auch die Sippen und Gruppen, die sie verehrten. Für ursprünglich selbstständige Überlieferungen würde auch sprechen, dass manche Erzählungen von mehreren Erzvätern erzählt werden, so z. B. die sog. *Gefährdung der Ahnfrau*, die in Gen 12, 20 und 26 berichtet wird.

Der Bund Gottes mit den Erzvätern, die Land- und die Nachkommensverheißung an Abraham, die für Juden, Christen und Muslime eine wichtige Rolle spielen, verschwinden für die Forschung so in einer poetisch-legendarischen Vorzeit. Spätere Zeiten haben damit Gebietsansprüche gerechtfertigt (orthodoxe Juden tun dies heute noch) und für einen innerstaatlichen Zusammenhang gesorgt. Denn Abraham errichtet »zufällig« in Sichem und Bethel, den beiden Kultzentren des Nordreichs Altäre, ebenso wie in Hebron, dem wichtigsten Zentrum des Südens nach Jerusalem.

Aber könnte Gott nicht doch die Erzväter mit Verheißungen bedacht haben? Gläubige suchen verständlicherweise, ihre Glaubenshabe vor dem reinigenden Gewitter der historischen Kritik in Sicherheit zu bringen. Doch selbst wenn man einmal annimmt, Gott habe es als eine gute Idee angesehen, als Modus seines Fast-Erstkontakts ausgerechnet halbnomadische Viehhirten in einer halbmythischen Umgebung auszuwählen, und er habe es in Kauf genommen, dass später Geborene darin eigentlich nur den Niederschlag von Legenden sehen können, dann bliebe immer noch die Frage, wer dieser Gott war, der sich da offenbarte. Bleiben wir im biblischen Koordinatensystem, dann kann es ja nicht Jahwe gewesen sein, der sich ja erst später am Sinai als der zu erkennen gibt, der er ist. Abraham ist nach biblischen Angaben in Ur in Chaldäa geboren, einer Stadt im Süden des heutigen Irak. Von dort ist er nach Haran ausgewandert, einer Stadt an der heutigen syrisch-türkischen Grenze gelegen. Die Sinaitradition kommt aber aus einer ganz anderen Gegend viel weiter südlich. Haben die Erzväter existiert, dann haben sie sicher an Götter geglaubt. Aber diese Götter hätten dann mit dem späteren Jahwe nichts zu tun.

»Besonders im Hinblick auf Abraham ist das bemerkenswert, da dieser ja später sowohl in christlicher als auch jüdischer Tradition geradezu als Vorbild des Glaubens herausgestellt wird. Und dieser Abraham soll noch an fremde Götter geglaubt haben? Im Alten Testament ist die Erinnerung daran, dass die Jahweverehrung noch jung ist, aber sogar noch vorhanden. *Gott redete mit Mose und sprach zu ihm: Ich bin Jahwe. Ich bin Abraham, Isaak und Jakob als El-Schaddai erschienen, aber unter meinem Namen Jahwe habe ich mich ihnen nicht zu erkennen gegeben.* (Ex 6,2-3)«[241]

Was hier wie eine Offenbarung aussieht, ist religionsgeschichtlich gesehen eine Götteridentifikation. Götter, die ursprünglich nichts miteinander zu tun hatten (wie die El-Gottheiten mit Jahwe) werden verbunden, und damit auch deren Verehrergruppen. Diese Vereinheitlichung und Verschmelzung der Kulte und von Glaubensinhalten war einfach nötig, wenn unterschiedliche Bevölkerungsgruppen auf Dauer in einem einheitlichen Staatsgebilde zusammenleben wollten.

Ob die Erzväter jemals gelebt haben, muss wohl offen bleiben. Viele Alttestamentler, wohl die meisten, scheinen dies skeptisch zu sehen. Abraham, Isaak, Jakob und Joseph lassen sich nicht ablösen von ihrem legendenhaften und halbmythischen Umfeld, und sie lassen sich auch zeitlich nicht zuordnen. Und die Redaktion von alten Überlieferungen (sofern es diese gegeben hat) fand im Südreich Juda erst nach Ende des Nordreichs Israel 722 v. Chr. statt, also 700-1400 Jahre nach deren behauptetem Leben. Die Überlieferung wurde vom Südreich Juda dazu genutzt, eigene Herrschaftsideologien zu begründen. Und selbst wenn es die Erzväter tatsächlich gegeben hätte, wären sie noch keine Jahwe-Verehrer gewesen, sondern glaubten vielleicht an El, an Baal oder andere illustre Gestalten der orientalischen Götterwelt. Zumindest ihr Glaube ist eine Erfindung späterer Zeiten, vermutlich sie selbst als Personen ebenso.

Kein Auszug aus Ägypten

Mehr noch als die Erzväterlegenden ist die Exodustradition fest im Glauben von Juden und Christen verhaftet. Für heutige Juden stellt es das zentrale Heilsereignis der Geschichte dar, das alljährlich in verschiedenen Festen (Passah, Laubhüttenfest) rekapituliert wird. Nach biblischer Lesart lebte das Volk Israel im Frondienst für den Pharao und wurde unterdrückt. Mit Hilfe des Mose und dessen Bruder Aaron und verheerender Plagen, die durch Jahwe geschickt werden, soll der Auszug Israels (Exodus) erzwungen werden. Doch erst als Jahwe alle Erstgeborenen sterben lässt, darunter auch den Sohn des Pharao, lässt dieser das Volk Israel ziehen. Später wird eine ägyptische Streitmacht, die den Auszug doch noch verhindern will, von Jahwe auf wundersame Weise vernichtet. Israel ist nun auf dem Weg ins gelobte Land, muss jedoch erst 40 Jahre in der Wüste bleiben, bevor das Land betreten werden kann (die sog. Wüstenwanderung). Wie sind diese Überlieferungen historisch und archäologisch zu beurteilen?

Sicher ist, dass immer wieder westsemitische Stämme und Bevölkerungsteile Zuflucht in Ägypten suchten, vor allem in Zeiten wirtschaftlicher Not.

Denn anders als die kanaanäischen Städte war Ägypten durch die alljährliche Nilschwemme besser vor Hungersnöten gefeit. Sicher ist ebenso, dass für die gewaltigen ägyptischen Bauten, vor allem zur Zeit Ramses II. (1290-1223 v. Chr.) viele Fremdarbeiter im Einsatz waren. Über diese Grundgegebenheiten hinaus gibt es jedoch außerhalb der Bibel keine, wirklich keine historischen oder archäologischen Hinweise, dass es so etwas wie den Exodus wirklich gegeben hat.

Dies beginnt neben vielen legendarischen Zügen schon in der Josephsgeschichte und der Schilderung der Plagen Jahwes, die er über den Pharao verhängt, damit, dass nirgendwo der Name dieses Pharao genannt wird. Immer ist nur vom »Pharao« die Rede, und dies, obwohl im Alten Testament an anderer Stelle durchaus Pharaonen konkret mit Namen genannt werden. Warum bei dieser doch für das spätere Israel wichtigsten Geschichte nicht? Deshalb gibt es auch hier zunächst wieder Spekulationen, welcher Pharao und welche Zeit gemeint sein könnten. Ex 1,11 erwähnt, dass die Israeliten beim Bau der Städte Ramses und Pithom beteiligt gewesen sind. Man hat deshalb den Exodus gerne zur Zeit des außerordentlich mächtigen Herrschers Ramses II.[242] angesetzt. Zu dieser Zeit sollen die Israeliten schon lange Zeit, gedacht ist an mehrere Generationen, im Lande gewesen sein.

Doch seltsam: Nirgendwo tauchen sie in offiziellen Dokumenten oder Inschriften auf. Die erste Erwähnung Israels findet sich auf der berühmten Merenptah-Stele um das Jahr 1200 v. Chr. Pharao Merenptah war ein Sohn von Ramses II., die Stele beschreibt seinen Feldzug nach Kanaan und erwähnt auch Israel, das er schwer dezimiert habe.[243] Israel wird als eine Volksgruppe oder ein Volk neben anderen erwähnt. In keinster Weise wird auf Israel dabei näher eingegangen, dabei wäre doch, folgt man der Bibel, ausgerechnet dieses Israel es gewesen, welches den Ägyptern nur wenige Jahre zuvor eine solch schwere Niederlage beigebracht hätte. Und es wäre ebenso am Tode des Sohnes des Pharao schuld gewesen. Dies wäre dann ein Bruder jenes Merenptah gewesen, der doch dann sicher Rachegefühle gehabt haben müsste; doch davon wird nichts erwähnt. Die Merenptah-Stele weiß weder etwas von einer Anwesenheit dieser Volksgruppe kurze Zeit vorher in Ägypten, noch von einem spektakulären Auszug. Dagegen scheint sie vorauszusetzen, dass die Israeliten eine unter anderen Volksgruppen waren, die eben in Kanaan ansässig waren.[244]

Dabei weiß die Archäologie über die Zeit von 1500-1100 v. Chr. relativ gut Bescheid. Dazu haben viele Inschriften und vor allem die Auffindung des großen Archivs von *Tell el-Amarna* beigetragen, die uns z. T. sehr genaue Einblicke in das ägyptische Leben dieser Zeit gewähren. Finkelstein/Silberman resümieren:

> »Dennoch enthalten die reichen ägyptischen Quellen, die die Zeit des Neuen Reichs im Allgemeinen und das 13. Jahrhundert insbesondere beschreiben, keinerlei Hinweise auf die Israeliten, nicht einmal einen kleinen Anhaltspunkt. Man weiß von Nomaden aus Edom, die aus der Wüste nach Ägypten kamen. Die Merenptah-Stele erwähnt Israel als eine Gruppe von Menschen, die schon in Kanaan leben. Aber es gibt keine Hinweise, nicht einmal ein einziges Wort über die frühen Israeliten *in* Ägypten: weder in den monumentalen Inschriften an den Wänden von Tempeln noch in Grabinschriften und auch nicht auf Papyrus. Israel gibt es nicht – weder als möglichen Feind Ägyptens noch als Freund und auch nicht als versklavte Nation. Ebenso wenig gibt es Funde in Ägypten, die man direkt mit einer bestimmten fremden ethnischen Gruppe … in Verbindung bringen könnte, die in einem Gebiet im Ostdelta lebte, wie es im Bericht über die Israeliten, die zusammen im Land Gosen wohnten, erzählt wird (Gen. 47,27).«[245]

Ägypten zur Zeit von Ramses II. war ein überaus machtvolles Land. Es hatte seine Grenzen befestigt und seine nähere Umgebung, auch Kanaan, fest im Griff, dazu natürlich die volle Kontrolle über die Küstenstraße entlang nach Norden. Es ist völlig unmöglich, dass eine größere Gruppe gegen den Willen des Pharao hätte ausbrechen können. Und es gibt dazu auch keinerlei Dokumente, archäologische Spuren oder sonst irgendwelche Anhaltspunkte. Der Exodus, worauf Christen und Juden in unterschiedlichem Maße stolz sind, weil er die Führung des Volkes durch seinen Gott machtvoll demonstriert, hat in Wirklichkeit nie stattgefunden. Es handelt sich wohl um eine Volkslegende darüber, wie das kleine Volk einst seinen so großen Nachbarn mit Hilfe seines Gottes besiegt hat. Schmeichelhaft für jeden Israeliten. Doch der Sieg fand nur in Erzählungen, in der Literatur statt, aber nicht in Wirklichkeit.

Keine Wüstenwanderung

Dass es sich beim Exodus um ein literarisches Produkt handelt, wird noch bestätigt durch die sog. Wüstenwanderung, die in der biblischen Abfolge auf den Exodus folgt. Laut Altem Testament ziehen die Israeliten nicht sofort ins kanaanäische Land ein, sondern wandern 40 Jahre auf der Sinai-Halbinsel umher und werden in dieser Zeit von Jahwe mit Nahrung versorgt. Jahwe kümmert sich um sein Volk, er lässt es auch in der Wüste nicht verschmachten.

Zudem finden in der Wüste am Berg Sinai die Gesetzesverkündigung und der Bundesschluss Jahwes mit seinem Volk statt, vermittelt durch Mose.

Wieder interessieren uns hier nicht die vielfältig ausgeschmückten Geschichten von brennenden Dornbüschen, Manna vom Himmel und wunderbaren göttlichen Bewahrungen. Vieles davon gibt sich dem geübten Auge schon beim ersten Lesen als legendarisch zu erkennen. Hier interessiert uns nur, ob es über die biblischen Erzählungen hinaus Hinweise gibt, dass diese Wüstenwanderung *überhaupt* stattgefunden hat. Und auch hier lautet wie beim Exodus das Ergebnis: Es gibt keine außerbiblischen oder archäologischen Belege für eine solche Wanderung. Mal ganz abgesehen davon, dass es in höchstem Grade unsinnig ist, dass ein Volk von mehreren Tausend Menschen (die Bibel spricht in Übertreibung gar von 600.000) sich vierzig Jahre in der Wüste aufhält.

Achtunddreißig Jahre davon sei Israel in *Kadesch-Barnea* gewesen, einer Oase im Norden der Sinai-Halbinsel. Hier findet sich zwar ein alter Schutthügel aus der Eisenzeit II, jedoch keine Überreste aus der Spätbronzezeit. »Wiederholte Ausgrabungen und Sondierungen im gesamten Gebiet haben dagegen nicht einmal die geringsten Beweise für Leben in der Spätbronzezeit ans Licht gebracht, nicht einmal eine einzige Töpferscherbe, die eine winzige Gruppe verängstigter Flüchtlinge zurückgelassen haben könnte.«[246] Und ebenso verhält es sich am zweiten Lagerplatz, der identifiziert werden konnte, in *Ezjon-Geber*. Auch hier keine Spur von den Israeliten beim Durchzug. Finkelstein/Silberman wehren sich vehement gegen die Unterstellung, man habe nicht gründlich genug gesucht.

Genannt wird in den biblischen Texten auch der König von *Arad*, mit dem die Israeliten aneinandergerieten. Arad wurde ausgegraben, doch auch dort gibt es keine Reste aus der Spätbronzezeit. Der Ort hat zu dieser Zeit einfach nicht existiert. Ebenso verhält es sich mit den Amoritern und der Stadt *Hesbon*, dessen König die Israeliten laut Altem Testament am Durchzug hindern wollte. Es bedurfte der Archäologie und ihrer Methoden, um nachzuweisen, dass auch diese biblische Angabe nicht stimmen kann. Hesbon hat es in der Spätbronzezeit nicht gegeben. Und ähnlich verhält es sich mit den Staaten *Edom* und *Ammon*, mit denen die Israeliten angeblich zu kämpfen hatten. Im edomitischen Gebiet gab es zu dieser Zeit kaum Bevölkerung, geschweige denn ein Staatswesen. »Kurz: Die Archäologie hat bewiesen, dass es keine Könige von Edom gab, auf die die Israeliten hätten stoßen können.«[247]

Dennoch gab es diese in der Bibel genannten Orte, aber eben in viel späterer Zeit. Denn untersucht man die falschen Ortsangaben und fragt sich, in welche Zeit sie am besten passen würden, kommt man wieder ins 7. Jhd. v. Chr. »Schließlich waren alle wichtigen Orte, die in der Geschichte von den umherwandernden Israeliten eine Rolle spielten, im 7. Jhd. bewohnt; in einigen Fällen waren sie *nur* zu diesem Zeitpunkt besiedelt.«[248] Auch Edom und Ammon sind zu dieser Zeit als Staaten nachweisbar.

Es dürfte klar sein; auch die Wüstenwanderung der Israeliten hat nie stattgefunden, auch sie ist eine literarische Fiktion aus dem 7. Jahrhundert, entstanden wohl im Südreich Juda nach der Eroberung des Nordreichs Israel durch die Assyrer 722. Literarisch hat sich hier ein Volk ein Heldenepos geschaffen, eine heroische Geschichtskonstruktion. Wer die Schöpfer dieser Volksmythos gewesen sind, lässt sich nicht mehr klären. Viel spricht für Jerusalem und vielleicht das Umfeld des Tempels. Man braucht ja zumindest Leute, die lesen und schreiben konnten. Wenn nicht schon von Anfang an, so hat es zumindest nicht lange gedauert, bis diese Legenden als Historie verstanden worden sind. Ohnehin geht beides in der Antike Hand in Hand.

Die angebliche Eroberung der kanaanäischen Städte

Auf diese Weise destruiert die archäologische Forschung, ohne dass sie dies eigentlich beabsichtigt hatte, die biblische Überlieferung. Fromme Christen, die sich gerne über die historische Kritik am Neuen Testament aufregen, haben in der Regel keinen blassen Schimmer, wie sehr ihr gläubiges Weltbild auch von der anderen Seite, nämlich von der alttestamentlichen Forschung und der Archäologie immer mehr auseinandergebröselt und als Phantasie und Ideologie späterer Zeiten entlarvt wird.

Auch der Eroberungskrieg Josuas und die Verwüstung der kanaanäischen Städte, die verharmlosend gerne als »Landnahme« bezeichnet werden, kann so nicht stattgefunden haben. Das Josuabuch erzählt die Legende vom großen Feldherrn Josua, der das Volk Israel aus der Wüste ins gelobte Land führt. Zunächst wird die Stadt *Jericho* spektakulär eingenommen. Der Gott Israels lässt die Mauern der Stadt unter den Posaunenklängen der Israeliten einstürzen. Die Stadt *Ai* wird durch eine geschickte Kriegslist Josuas erobert, geplündert und verbrannt. Einige kanaanäische Könige schmieden daraufhin eine Koalition gegen den Eindringling Israel, darunter auch der König *Adoni-Zedek* von Jerusalem. Auch sie werden von Josua überlistet. Um möglichst viele Feinde töten zu können, bittet Josua darum, dass die Sonne stillstehen möge, d. h. dass es länger hell bleiben soll (Jos 10,12). Jahwe, hier unverblümt Kriegsgott, erfüllt Josua diesen Wunsch gerne. Anschließend kämpft Josua noch gegen eine weitere Koalition kanaanäischer Städte unter dem Oberbefehl des Feldherrn *Jabin von Hazor*. Auch hier erringt Josua einen Sieg. Das ganze Land gilt damit als eingenommen.

Tatsächlich schien die Archäologie die Eroberung der kanaanäischen Städte durch die Israeliten lange Zeit zu bestätigen. Bei Ausgrabungen in *Bethel*, *Hazor*, *Lachisch* und anderen Städten wurde festgestellt, dass sie tatsächlich um das Jahr 1200 v. Chr. durch Feuer zerstört, und danach wieder besiedelt worden sind. Konnte die Archäologie in diesem Fall die alttestamentlichen Angaben bestätigen?

Die Wende kam, als man den Schutthügel von *Jericho* auf diese Frage hin untersuchte, jener Stadt, deren Eroberung in der Bibel am großartigsten geschildert wird. Die Ergebnisse waren spektakulär. Jericho ist mit seiner langen Siedlungsgeschichte eine der interessantesten Ausgrabungsstätten überhaupt. Über Tausende von Jahren wurde die Stadt immer wieder zerstört, lag oft Jahrhunderte brach und wurde dann erneut besiedelt. Die Untersuchungen ergaben nun, dass Jericho zur Zeit der angeblichen »Landnahme« in der Spätbronzezeit eine Ruine war. Sie war überhaupt nicht besiedelt. Und es ist auch erwiesen, dass die Israeliten und ihr Gott die Mauern der Stadt *nicht* zum Einsturz gebracht haben konnten. Denn die Stadt hatte zu dieser Zeit überhaupt keine Stadtmauern. Die Geschichte der Eroberung im Josuabuch ist von vorne bis hinten erfunden.

Ähnlich verhält es sich mit der Stadt *Ai*. Auch sie wurde identifiziert und ausgegraben. Und auch sie war zur Zeit des angeblichen Krieges mit Israel längst eine Ruine, die intelligente Geschichte ihrer Eroberung durch Josua eine Legende. Das Wort *Ai* heißt übersetzt auch bereits »Trümmerstätte«. D. h. man kannte nicht einmal mehr den Namen dieser Stadt, die in der Frühbronzezeit ihre Blüte erlebt hatte. Und zu ähnlichen Ergebnissen kam die Archäologie auch bei den Gibeoniterstädten, die Josua angeblich vernichtet hatte. Auch in ihnen nicht die kleinsten Anzeichen für eine Besiedlung in der späten Bronzezeit.

Wie aber können die Zerstörungen erklärt werden, die sich bei anderen kanaanäischen Städten dieser Zeit tatsächlich nachweisen lassen? Diese Zerstörungen werden heute meist mit dem sog. »Seevölkersturm« in Verbindung gebracht, den Eroberungszügen ägäischer oder ostanatolischer Horden, die auch verantwortlich gemacht werden für den Untergang des hethitischen Großreichs und des Reiches auf Zypern. Vieles um diese »Seevölker« ist geheimnisvoll, nicht nur ihre Herkunft. Nachdem sie den blühenden Handel in der Spätbronzezeit zunichte gemacht hatten, konnte sie offenbar erst Ramses III. stoppen.

Weitere Ungereimtheiten gibt es zu den biblischen Berichten. Einige der zerstörten kanaanäischen Städte wurden offenbar nicht kurz nacheinander zerstört (wie es die Bibel nahelegt), sondern über einen Zeitraum von ca. 100 Jahren.[249] Das passt nicht zu Josuas Feldzug. Auch werden die kanaanäischen Städte als mächtig bezeichnet. Tatsächlich waren sie dies zu dieser Zeit in keinster Weise. Viele hatten nicht einmal eine Stadtmauer. Über das Briefarchiv vom *Tell el-Amarna* sind wir ziemlich gut über die Verhältnisse in Kanaan unterrichtet, zumindest für das 14. Jahrhundert. Und was die Bibel verschweigt: Die kanaanäischen Städte waren nicht selbstständig, sondern zu dieser Zeit ägyptische Vasallenstaaten. Dennoch wird Ägypten bei den Landnahmelegenden nie auch nur erwähnt. Dabei hatten die Ägypter sogar mehrere Garnisonen im Land und kontrollierten das kanaanäische Gebiet wie noch nie zuvor in dessen Geschichte. Eine israelitische Armee, die hier Städte angegriffen hätte, hätte es sofort mit der ägyptischen Hegemonialmacht zu tun bekommen. Doch es gibt nirgendwo auch nur den kleinsten Hinweis auf eindringende oder gar erobernde Israeliten. Und wie absurd wäre auch der Gedanke, dass ein wanderndes Volk, das die letzten Jahre angeblich in der Wüste verbracht hat, mit Alten, Frauen und Kindern im Tross die ägyptische Macht nicht nur angreifen, sondern auch besiegen könnte.

Auch die sog. »Landnahmeerzählungen« sind also klare Legenden. Es hat keine feindliche Eroberung Kanaans durch die Israeliten gegeben, auch dieser Teil der Heilsgeschichte Jahwes mit seinem Volk hat nie stattgefunden.

Wann wurden die Geschichten verfasst? Wieder weisen die Städtenamen auf das 7. Jhd. v. Chr., besonders Jos 15,21-62:

»Die Liste stimmt genau mit den Grenzen des Königreichs Juda unter Josias Herrschaft überein. Überdies entsprechen die in der Liste erwähnten Ortsnamen eng dem Besiedlungsschema im 7. Jahrhundert in dieser Region. Und einige der Orte waren *nur* in den letzten Jahrzehnten des 7. Jahrhunderts v. Chr. bewohnt.«[250]

Und von hier aus wird es auch verständlich, dass viele Forscher an der Historizität eines Josua überhaupt zweifeln. Denn wenn es keine gewaltsame Eroberung des Landes gegeben hat, verliert er auch seine Aufgabe als begnadeter Feldherr und General. Wie die Eroberung selbst dürfte auch der Eroberer Legende sein. Ein für Gläubige befremdlicher Gedanke. Aber es kommt noch schlimmer. Auch Mose hat, nimmt man die Ergebnisse der Archäologie ernst, plötzlich keinen Ort mehr. Es brauchte niemanden, der das Volk aus Ägypten herausgeführt hat, wenn es den Exodus gar nicht gab. Und gleiches gilt für die Wüstenwanderung. Lediglich in der Sinai-Offenbarung, die vielleicht einmal unabhängig vom Exodus und den Landnahmelegenden existiert hat, könnte Mose noch einen Platz beanspruchen. Aber nicht wenige Alttestamentler halten seine Historizität auch hier für legendär. Denn selbst sehr alte Teile des angeblich von ihm übermittelten Gesetzes, dazu das Deuteronomium insgesamt, stammen aus einer viel späteren Zeit. Und auch die Zehn Gebote, die Gläubige mit Mose in Verbindung bringen, führt heute kein ernstzunehmender Alttestamentler mehr auf Mose zurück. Wenn die Existenz eines Mose überhaupt historisch ist, dann war seine Rolle weit kleiner, als es die biblische Überlieferung 500 Jahre später erzählt. Ganz zweifellos jedenfalls dürfte das Allermeiste, das man in der Bibel über ihn liest, keinen historischen Ansatzpunkt haben.

Die Israeliten waren Kanaanäer

Wenn es keinen Auszug aus Ägypten, keine Wüstenwanderung und keine gewaltsame Eroberung des Landes gab; woher kamen dann die Israeliten? Die Antwort ist verblüffend: Die Israeliten waren selber Kanaanäer. Sie sind nicht ins Land eingewandert, sondern haben sich als soziales Gebilde vor allem im Bergland des Westjordanlandes langsam ausdifferenziert. Der Antagonismus zu den kanaanäischen Städten, wie ihn die Bibel schildert, ist künstlich und entsprach nicht den tatsächlichen Begebenheiten. Vermutlich waren die ersten Israeliten vorwiegend Hirtennomaden gewesen, die im Bergland sesshaft wurden. Die Archäologie kann heute eine Besiedlungswelle des Berglands für die frühe Eisenzeit nachweisen (1150-900 v. Chr.), die nicht die erste war.[251] Schon zwei frühere Besiedlungswellen im Bergland des späteren Israels und Judas, eine in der frühen Bronzezeit (3500-2200 v. Chr.) mit 100 nachgewiesenen Orten, und eine weitere in der mittleren Bronzezeit (2000-1550 v. Chr.) mit 220 nachgewiesenen Orten hatte es gegeben. Dazwischen war das Bergland immer wieder für Jahrhunderte fast unbesiedelt. Die Wellen geschahen offenbar in gewisser Abhängigkeit von der Entwicklung der Städte in der Küstenebene. Nur eine reiche Stadtkultur führte auch zur Gründung von Dörfern in den eher unfruchtbaren und schwer zugänglichen Bergregionen. Die letzte Besiedlungswelle hatte Bestand, die Zahl der Ortschaften wuchs bis 586 v. Chr. auf ca. 500 an.

Anders als in der Bibel geschildert, waren die Anfänge des späteren Israel unspektakulär. Auch die Nachbarn Israels, z. B. Ammon und Moab, sind in dieser Zeit auf ähnliche Weise entstanden. Es bedurfte keiner göttlichen Führung, keiner übernatürlichen Eingriffe – noch dazu durch einen Gott, der erst lange nach diesen Geschehnissen als Gott verehrt wurde. Soziale, klimatische und geschichtliche Gegebenheiten haben die Konstituierung von Volksgruppen befördert, die sich später als die beiden Staaten Juda und Israel verstanden. Allerdings haben sie, wie viele andere Staaten auch, in der Retrospektive die eigene Geschichte verherrlicht, idealisiert und divinisiert. In dieser Idealisierung viel späterer Zeiten ist die sog. Geschichte Israels dann verschriftlicht in den Büchern der Bibel auf uns gekommen.

Die Ideologie vom Großreich Davids und Salomos

Noch heute leiten orthodoxe Juden Gebietsansprüche gegenüber den Palästinensern aus den Eroberungen des Königs David ab, der nach biblischer Lesart durch göttlichen Beistand ein Großreich geschaffen habe, in dessen Grenzen Israel sicher habe wohnen können. Das davidisch-salomonische Reich mit Jerusalem und seinem Tempel im Mittelpunkt wurde zum Ideal, das in den folgenden Jahrhunderten immer wieder beschworen wurde, wurde zur Präfiguration eines künftigen neuen Reiches und eines neuen Davids, später eines Messias, der die einstige Größe und den einstigen Gottesgehorsam wiederherstellen sollte.

Idealisierungen sind immer verdächtig. Und nach dem, was wir bisher zur frühen Geschichte Israels gehört haben, muss man fragen: Sind wir hier auf historisch sicherem Grund? Oder ist auch das Großreich von David und Salomo Produkt einer viel späteren idealisierten Geschichtsschau? Oder noch radikaler gefragt: Haben David und Salomo überhaupt gelebt? Sind Sie vielleicht auch sie nur rein literarische Figuren, ähnlich wie König Arthur bei den Briten? Verdächtig war es immer schon, dass sich weder in ägyptischen noch in mesopotamischen Texten auch nur der kleinste Hinweis auf eine David-Dynastie finden ließ. Wenn es ein Großreich gegeben hat, warum wird es dann nirgendwo außerhalb der Bibel erwähnt?

Doch diese Frage scheint inzwischen gelöst. Im Jahre 1993 wurde in Nordisrael die sog. *Tell Dan*-Inschrift gefunden. Hintergrund ist der Angriff von Hasel, des aramäischen Königs von Damaskus, auf das Nordreich Israel ungefähr im Jahre 835 v. Chr. Hasael rühmt sich wie andere orientalische Herrscher ohne falsche Bescheidenheit seiner Taten. Dabei kommen auch die folgenden Zeilen vor:

»Ich tötete Joram, den Sohn von Ahab, König von Israel, und ich tötete Ahasja, den John von Joram, König aus dem *Hause Davids*.«
Dieser Fund der Archäologen hat die Frage, ob es sich bei David nur um eine literarische Figur handelt, eindeutig entschieden. Es hat offenbar ein Herrschergeschlecht gegeben, das sich auf einen David zurückführte. Fromme Christen und Juden können an dieser Stelle erst einmal aufatmen. Sie sind zumindest hier keiner reinen Legende aufgesessen. Doch stellt sich immer noch die Frage, ob man von einem Großreich und von einer Art goldenem Zeitalter sprechen kann. Und hiergegen gibt es wieder gravierende Einwände.

Da ist zunächst Jerusalem, die Hauptstadt des angeblich vereinigten Großreiches, für die die Bibel eine rege Bautätigkeit erwähnt. Doch die Archäologie kann keine nennenswerten Beweise für eine verstärkte Besiedlung liefern.

»Es fehlte nicht nur jegliches Anzeichen einer monumentalen Architektur, auch einfache Tonscherben fand man nicht. Funde, die an anderen Orten für das 10. Jahrhundert v. Chr. so typisch sind, sind in Jerusalem selten.«[252]
Dass spätere Bautätigkeit diese Spuren vernichtet hat, ist hierbei keine Lösung, denn aus noch früherer Zeit finden sich durchaus archäologische Spuren. Vielmehr scheint es so, dass Jerusalem zur Zeit des angeblichen davidisch-salomonischen Großreichs noch im Dornröschenschlaf lag. Weder lassen sich ein Tempel noch ein Palastbau nachweisen, noch andere in der Bibel erwähnte Bauten. Im 10. und auch noch im 9. Jahrhundert war Jerusalem offenbar nicht mehr als ein Bergdorf in einer vergleichsweise schwer zugänglichen Region. Und nicht nur das: Auch das Umfeld des Landes Juda, also der südlichen Bergregion, war noch lange Zeit kaum besiedelt. Die Bibel vermittelt den Eindruck, als sei das Südreich Juda die tonangebende Macht, das Nordreich Israel aber eher der kleinere Partner gewesen. Doch die Archäologie sieht es genau anders herum. Im Norden der Bergregion, also in Israel, lebten offenbar neun Zehntel der Bevölkerung (nach Finkelstein 40.000 Menschen), im Süden, in Juda, nur ca. 5000 in ca. 20 Dörfern. Die Region im Süden war viel zu dünn besiedelt, als dass sie Ausgangspunkt einer militärischen Expansion werden konnte, wie sie die Bibel erzählt.

Lange Zeit meinte man in den Städten *Meggido*, *Hazor* und *Geser* (1. Kön 9,15) Beweise für die Bautätigkeit Salomos nachweisen zu können. Tatsächlich fand man dort eine Reihe von Bauten, die man im Falle von Meggido mit den in der Bibel erwähnten Pferdeställen Salomos identifizierte. Und mehr noch: Alle drei Städte hatten charakteristische Torkonstruktionen (Sechskammertore), die auf eine gleichzeitige Entstehung schließen ließen. Ein ausgegrabener Palast in Meggido weist phönizische Einflüsse auf und wurde mit König

Hiram von Tyrus, einem Verbündeten von König Salomo, in Verbindung gebracht. Salomo habe diesen Stil von den Phöniziern übernommen.

Alles schien hervorragend zur biblischen Darstellung zu passen, und so gab man sich lange mit der Datierung der Funde zufrieden. Verbesserte Labortechniken, genauere Bestimmungsmöglichkeiten nach der Radiokarbonmethode und eine Neubewertung der Funde ergaben dann jedoch, dass die Funde viel jünger sind und nicht in die salomonische Zeit passen.

»Die Archäologie datierte *davidische* wie *salomonische* Überreste im Wesentlichen um volle hundert Jahre zu früh. Die auf eine Zeit kurz vor David im späten 11. Jahrhundert datierten Funde stammen aus der Mitte des 10. Jahrhunderts, und die auf Salomos Zeit datierten gehören dem frühen 9. Jahrhundert v. Chr. an. Die neuen Daten stellen das Auftreten monumentaler Bauten, Befestigungen und anderer Anzeichen einer vollen Eigenstaatlichkeit somit in genau die Zeit, in der sie auch in der übrigen Levante zum ersten Mal auftauchen. ... Und mit ihrer Hilfe ist auch zu verstehen, warum Jerusalem und Juda im 10. Jahrhundert so arm an Funden sind. Der Grund dafür ist, dass Juda zu diesem Zeitpunkt noch eine entlegene, unterentwickelte Region war.«[253]

Die Bibel setzt in einem Rückblick (von ca. 400 Jahren) die Zeit Davids und Salomos als goldenes Zeitalter an, wo in Jerusalem unermesslicher Reichtum anzutreffen war, ein weiser König regierte und das ganze Land eine rege Bautätigkeit bestimmte. Ein noch nicht in Israel und Juda geteiltes Großreich mit später nie mehr erreichten Grenzen waren die Früchte, die Jahwe seinem Knecht David zugedeihen ließ. Für diesen Gott hatte Salomo in Jerusalem, der Hauptstadt des vereinigten Königreiches, einen Tempel bauen lassen. Ein reger Handel mit weit entfernten Regionen blühte und verschaffte dem Land einen nie gekannten Wohlstand.

Dass die David- und Salomoerzählungen auch legendäres Material enthalten, war für die Alttestamentler und Archäologen immer schon klar. Die legendäre Königin von Saba sowie die 1000 Frauen Salomos gehören hierher. Nun jedoch hat die Forschung auch das Reich als solches infrage gestellt. Es gibt keine tragfähigen Hinweise auf die Größe und Pracht eines schon existenten Großreiches. Was man bisher dafür hielt, kommt aus späterer Zeit. Möglicherweise hat es auch nie ein vereinigtes Reich gegeben, waren Israel und Juda nicht nur geographisch, sondern auch politisch immer schon getrennt gewesen. Außerhalb der Bibel findet sich kein Nachweis auf das Großreich Davids, es dürfte sich, auch wenn man von der Historizität eines *Hauses David* ausgeht, im Wesentlichen um Idealisierungen späterer Zeit gehandelt haben.

Die Geschichtsideologie der Theologie

Damit sind wir am Ende dieses längeren Abschnitts über den Gott des Alten Testaments angelangt. Der Anfang der traditionellen Gotteslehre schien der richtige Ort, um danach zu fragen, wer dieser Gott Jahwe eigentlich war. Tatsache ist: In keiner der verhandelten Dogmatiken wird auf die Ursprünge des alttestamentlichen Gottes so detailliert eingegangen, wie wir dies hier getan haben. Zwar finden die Dogmatiker natürlich viele Worte auch zum alttestamentlichen Gott, jedoch meist in seiner behaupteten Eigenschaft als Vater von Jesus, dem sog. Christus, oder in den Segenstaten, die dieser Gott angeblich für sein Volk bewirkt hat. Über die wahrhaft archaischen und primitiven Ursprünge dieses Gottes liest man in den aktuellen Dogmatiken kein Wort, nicht einmal die leiseste Andeutung. Dabei darf man schon unterstellen, dass man auch als Dogmatiker zumindest so weit über den Stand der Forschung der alttestamentlichen Kollegen unterrichtet ist, dass man über die Problematik der Herkunft dieses Gottes aus dem Dunst bronzezeitlicher Nomaden- und Stammesreligionen Bescheid weiß. Doch diese Seite des Gottes, seine Nähe zu Baal, El, Aschera und seinen anderen Götterkollegen, wird verschwiegen. Geschieht dies aus Scham?

Denn schämen kann man sich in der Tat, wenn man um die Wurzeln dieses Gottes weiß und trotzdem meint, auch im 21. Jahrhundert noch sein Anhänger sein zu können. Keine Spiritualisierung, kein Verweis auf eben andere Zeiten, kein Pochen auf den neutestamentlichen Gott kann die Makel beseitigen, die Jahwe aus seiner dunklen Vergangenheit mitgebracht hat. Der Gott, der uns hier begegnet, eignet sich nicht für gelehrte Distinktionen, für die Philosophie, nicht einmal für eine Talkshow. Selbst hartleibige Katholiken und unverbesserliche Evangelikale möchten sich eher nicht zu ihm bekennen, dem Kriegsgott, dem Wettergott, dem Göttergatten, dem Gott, der seine Gerechtigkeit vom Jerusalemer Stadtgott geerbt hat und der einst in Stierbildern verehrt wurde. Ein solcher Gott ist auch für sie ein Ärgernis, auch sie spüren etwas von der Fremdheit, dem Anwurf von Absurdität, die sie sonst nur von fremden Göttern gewöhnt sind.

Mit einem solchen Gott lässt sich keine »moderne« Theologie treiben. Über einen solchen Gott schweigt man besser. Und eben das ist notgedrungen die Strategie, der sich »moderne« Theologen unterwerfen müssen, wollen sie sich nicht lächerlich machen. Aufwertung durch Verschweigen – das ist ein theologisches Verfahren, das uns noch weiterhin begegnen wird, vor allem wenn es um den Gott des Neuen Testaments und dessen profane Wurzeln geht.²⁵⁴

Sprechen Theologen zwar ungern über die Wurzeln Jahwes, so doch viel angeregter über seine Taten, von denen das Alte Testament erzählt. Der alttestamentliche Gott wird geradezu als ein Gott der Geschichte verstanden, der sich sein Volk erwählt hat, einzelnen Vertretern Reichtum und Nachkommenschaft verheißt, der sich als treu erweist, sein Volk aus Ägypten herausführt, bei der Wüstenwanderung an dessen Seite steht und beim Einzug ins gelobte Land an seiner Seite kämpft. Das Alte Testament liefert so etwas wie einen Gottesbeweis aus der Geschichte heraus. Die Theologen sprechen von *Heilsgeschichte*. Weil das Alte und auch das Neue Testament voll sind von dieser Geschichtsideologie, müssen sich auch immer wieder Theologen darauf beziehen.

Das angebliche Heilshandeln Gottes an seinem Volk ist aber keine Geschichte, sondern nur Geschichtsideologie. Die zentralen Heilsereignisse, die den Ruf Jahwes als Lenker der Geschichte und Beschützer seines Volkes aufzeigen sollen, sind allesamt Erfindungen späterer Zeiten. Der späte vorexilische Staat Juda hat nach der Vernichtung des Nordreichs im Jahre 722 v. Chr. umlaufende Sagen gesammelt, sie mit einer Theologie versehen und durch die Verschriftlichung zur Glaubensgrundlage des nachexilischen Israel gemacht, aus dem wieder Jahrhunderte später das Judentum erwachsen ist. Legenden wurden zur Historie geadelt. Doch auch eine erfundene Geschichte kann einem Volk Identität geben, wie auch eine erfundene Religion eine Gruppenidentität schaffen kann.

Aber kann man – nachdem nun hinreichend belegt ist, dass die frühe Geschichte Israels eine Fiktion ist – immer noch so tun, als wäre alles so geschehen wie in der Bibel erzählt? Dass einfache Gläubige dies können, versteht sich von selbst. Sie lassen sich auch sonst kaum von Fakten beeindrucken. Und frühere Theologengenerationen haben es ebenfalls einfach nicht besser wissen können. Aber wie kann man *heute* als Professor einer Universität mit einem gewissen Anspruch an intellektuelle Redlichkeit eine nun klar erwiesene Geschichtsideologie nach wie vor in Dogmatiken propagieren? Wie kann man seine Glaubwürdigkeit nutzen, die man als Universitätslehrer zweifellos hat, um Unglaubwürdiges und längst Widerlegtes in schön gedruckten Büchern guter Verlage noch in die nächste Generation zu tragen? Weiter von einem geschichtlichen Gott sprechen, wo dies doch schon in der Antike nicht stimmte und erst recht im 21. Jahrhundert in absurde Wirklichkeitsverzerrungen und Aporien führen muss? Wird man nicht selbst zum Ideologen, wenn man eine solche Geschichtsideologie vertritt?

Der Gott der Philosophen und der Gott der Liebe

Während der Philosoph Blaise Pascal hinwollte zum »Gott Abrahams, Isaaks und Jakobs«, und eben nicht zum »Gott der Philosophen«, waren die Theologen meist in entgegensetzter Richtung unterwegs.[255] Überwiegend Mönchsgelehrte haben versucht, den Gott des Alten Testaments, dessen fragwürdige Launenhaftigkeit, sein Zorn und latente Gewaltbereitschaft sich offenbar auch in lateinischer Sprache unangenehm lesen, zu domestizieren. Ihn vorzeigbar, aus dem Kaspar Hauser einen angesehenen Bürger zu machen. Damit er sich nicht daneben benimmt, wurde er auf die Schule der Philosophie geschickt, die ihm auf das Niveau helfen sollte, um in einer gelehrten Abendgesellschaft zu bestehen.

Schon die griechischen Philosophen hatten versucht, ihre Götter, wenn sie sie denn nicht gleich völlig leugnen konnten, doch vom Geruch einer bäuerlichen Volksreligion weg und hin zu einem philosophischen Verständnis zu befördern. An die Stelle der homerischen Götter mit reichlich Ehebruch, Intrigen und allzu menschlichen Schwächen trat der Gott der Philosophen, z. B. bei Parmenides, Platon und Aristoteles, der sich vor allem durch seine schier unüberwindliche Distanz zu allem Menschlichen auszeichnete, seine Ruhe und seine Ewigkeit. Und eine ähnliche Intellektualisierung des Gottesbildes hat auch das christliche Mittelalter versucht. Auch hier wollten die (wenigen) Gebildeten weg von bunten Geschichten und hin zu kühlen Definitionen. Wie hier plötzlich von Gott gesprochen wird, unterscheidet sich fundamental von fast allem, was einem aus der Bibel bekannt ist.

Thomas von Aquin, Albertus Magnus und viele andere mittelalterliche Mönche beschrieben Gott nun als das Sein selbst (*esse ipsum*), als höchstes Gut (*summum bonum*), als unendliches Sein (*ens infinitum*), als etwas, über das nichts Größeres gedacht werden kann. Dabei bezogen sie sich in späterer Zeit vor allem auf den Heiden Aristoteles, dessen Werke die christliche Kirche einst weitgehend vernichtet hatte, die es aber über die islamische Welt und persische Übersetzungen schließlich doch in die mittelalterlichen Skriptorien schafften. Ein heidnischer Philosoph lieferte nun Begrifflichkeiten, die das Niveau der biblischen Schriften bei weitem übertrafen und so der christlichen Theologie auf die Sprünge halfen. Und der eigentlich fremde Einfluss blieb nicht auf das Mittelalter beschränkt, im Katholizismus hat der Neuthomismus auch heute offenbar noch viele Anhänger, und ein ehemaliger Papst wie Ratzinger hat nachdrücklich immer wieder den Wert der antiken Philosophie für die Formulierung christlicher Gedanken (Trinitätslehre, Zweinaturenlehre, Eucharistie) gerühmt. Und auch bei den Protestanten der altlutherischen Orthodoxie bediente man sich ähnlicher Definitionen Gottes. Erst »kürzlich« im vergangenen 20. Jahrhundert vor allem der Theologe Paul Tillich, der von Gott als dem *Sein selbst* oder von der *Tiefe des Seins* gesprochen hat, als von dem, was uns unbedingt angeht, und damit seiner Theologie eine (zumindest für Theologen) beeindruckende Tiefe gegeben. Der Theologe Joest spricht verklärend von Gott als vom »Leben selbst«.[256] Und der Theologe Härle definiert Gott als »der Allmächtige, d. h. die alles bestimmende Wirklichkeit. Diese von Bultmann eingeführte und von vielen Theologen übernommene Formel ist m. E. der relativ angemessenste *Definitions*-Vorschlag, den es zur Zeit für den Begriff *Gott* gibt.«[257] Wie leicht man bei einer mit Absicht abgehobenen Sprache ins theologische Geschwurbel gerät, zeigt Härle ebenso: »Gottes Wirklichkeit ist in sich selbst Bewegung, sein Sein ist *durch sich selbst bewegte[s] Sein*.«[258]

Der Weg, den viele Theologen gegangen sind, nämlich Gott möglichst abstrakt zu definieren, war jedoch anderen Theologen immer verdächtig. Allein schon, dass man sich für solche Beschreibungen der Philosophie bediente (Aristoteles, Schleiermacher, Heidegger u. a.), rief auch immer Widerstand hervor. Denn der Weg vom kühlen »Sein selbst« hin zum Gott der Bibel schien vielen allzu weit. Sie wollten es konkreter, persönlicher, wollten Gott eher lieben als erkennen. Luther hat sich deshalb an vielen Stellen sehr negativ über die Philosophie und den Aristotelismus geäußert, wie auch über die Vernunft überhaupt. Während die Scholastiker die Vernunft hoch schätzten (aber dennoch zu »religiösen« Ergebnissen kamen) sah Luther die Vernunft als »Hure« an. Und während die Scholastik sich mit Definitionen von der Bibel zu entfernen suchte, sah Luther die Bibel (und die Predigt) als das einzig sichere Erkenntnismittel für Gott an. Nur der Heilige Geist könne lehren, wer Gott sei. Den unterkühlten Definitionen der Scholastik setzte Luther seine Definition Gottes als eines »glühenden Backofens voller Liebe« entgegen.[259]

Im Hintergrund steht aber auch hier wieder die Phantasie einer »Heilsgeschichte«, und mehr noch der einseitige Blick auf den Gott des Neuen Testaments. Denn leiten die Juden ihre Heilsgeschichte aus legendären Erzählungen des Alten Testaments ab, so die Christen aus mythologischen »Fakten« des Neuen Testaments. Wer Gott ist, könne man am besten in Jesus sehen, wo nach christlichem Glauben uns ja Gott direkt begegnet. Der Theologe Pöhlmann drückt es klassisch aus und spricht von einer »Selbstdefinition [Gottes], die er sich in Jesus Christus gegeben hat. Es gibt keine andere Definition von Gott als die: Er ist der, der am Kreuz für uns gesiegt hat, er ist der, der paradoxerweise als Opfer siegt«.[260] Und die Theologin Gunda Schneider-Flume meint:

> »Gott wird erkannt, wenn sich seine Geschichte als lebensschöpferische Möglichkeit heute erschließt. Gott ist konkret in Jesus Christus, und er vergegenwärtigt und bewahrheitet sich im Geist, indem er Menschen in seine Geschichte verwickelt. Deshalb bekennt der christliche Glaube den dreieinigen Gott. Die Gottesbeweise und die natürliche Gotteserkenntnis sind zu bestreiten, weil sie einen metaphysischen, unbiblischen Gottesbegriff voraussetzen. ... Wer Gott ist, das kann nur in Jesus Christus erkannt werden.«[261]

Mit dem Rückgriff auf den neutestamentlichen Jesus entledigt sich die Theologie der göttlichen Unzulänglichkeiten, die der alttestamentliche Gott noch aufweist. Die Theologen und erst recht die einfachen Gläubigen sehen Jesus dabei in einer nicht mehr steigerungsfähigen Idealisierung. Er ist die Liebe geradezu in Person und ohne Fehl. Ja die Liebe ist geradezu sein göttliches Schicksal. Die Theologen werden nicht müde, dies immer wieder zu betonen:

> »Wenn Gott Liebe tut, ist er auch Liebe, wenn er seine Liebe als Vater im Sohn durch den Geist offenbart, dann ist er auch in sich die Liebe als Vater zum Sohn durch den Geist. Das Tun seiner Liebe ist nicht etwas Zufälliges, sondern sie ist sein Wesen, er tut sie nicht, obwohl er auch anders könnte, sondern weil er nicht anders kann.«[262]

Man sieht: Auch Götter haben es nicht immer leicht und sind zuweilen nervigen Zwängen unterworfen. Aber was tut man nicht alles, um seine Geschöpfe glücklich zu machen. Dass aber auch der Gott des Neuen Testament bei einem vom Glauben unvernebelten Blick einige uncharmante Züge und Befremdlichkeiten aufweist; darauf kommen wir im Kapitel zur Christologie noch zu sprechen.

Die Versuche, Gott zu beweisen

Gott lässt sich nicht beweisen; Das geben auch Christen heute freimütig zu. Bei vielen Theologen und über eine lange Zeit hinweg war dies jedoch anders. Gottesbeweise gehörten über Jahrhunderte zum Standardrepertoire der Dogmatik allgemein und der Gotteslehre im Besonderen. Gottesbeweise sind dabei Teil der sog. *Natürlichen Theologie*, der Anschauung, dass der Mensch aufgrund seiner Vernunft dazu in der Lage sei, Gott zu erkennen. Gestützt wurde dieser Glaube vom Apostel Paulus, der in der schon früher zitierten Stelle Röm 1 davon spricht, dass Gott durch die Vernunft erkannt werden kann (weshalb z. B. Heiden und Atheisten seiner Meinung nach schlechte Karten beim erwarteten Gericht hätten). Bei der mittelalterlichen Ausformulierung hat auch hier wieder der Heide Aristoteles Hilfestellung geboten. Vor allem über ihn und vermittelt durch Thomas von Aquin wurden die Gottesbeweise fester Bestandteil der Dogmatik.

Es soll an dieser Stelle keine eingehende Erläuterung der Gottesbeweis erfolgen. Dies ist schon in Tausenden von Büchern erfolgt, und jeder weiß, dass Gottesbeweise seit Kant als unhaltbar gelten. Uns interessiert hier primär, was einzelne »moderne« Theologen zu ihnen sagen.

Die Reformatoren standen den Gottesbeweisen wie auch anderer philosophischer Theologie kritisch gegenüber. Luther hat die Gottesbeweise nicht gelehrt. Doch in der nachlutherischen Orthodoxie fanden auch sie wieder ihren Weg in evangelische Dogmatiken. Heute haben sie in der protestantischen Theologie keinen Ort mehr. Dies hängt nicht unwesentlich mit dem reformierten Theologen Karl Barth und seinen Schülern zusammen, für die Gottesbeweise der klassische Versuch des Menschen waren, sich Gott gefügig zu machen, also letztlich ein Ausdruck von Aberglauben waren, wie Barth das ausdrückte. Aber auch lutherische Theologen wie Paul Althaus oder Regin Prenter argumentierten nicht mehr mit Gottesbeweisen. »Beweise im eigentlichen Sinn können sie nicht sein«, meint auch der Theologe Wilfried Joest.[263] Zum sog. *kosmologischen Gottesbeweis*, der von den Ursachen oder von der Bewegung auf eine erste Ursache oder einen ersten Beweger rückschließt, meint Joest:

> »Implizite Voraussetzung dieses Gedankengangs ist offenbar die zeitliche und räumliche Endlichkeit der Welt und damit auch die numerische Endlichkeit der in ihr existent werdenden Größen. Sonst könnte ja geantwortet werden: Es war innerhalb der unendlichen Reihe des Ursache-Wirkung-Zusammenhangs immer schon etwas vorher; die Frage nach dem Zustandekommen eines *ersten* Gliedes ist gegenstandslos. Aber dieser Gedanke eines *regressus in infinitum* innerhalb einer als unendlich gedachten Welt ist für den mittelalterlichen Denker völlig absurd.«[264]

Und Trillhaas fragt:

> »... warum sollen es nicht viele Ursachen sein? Was nötigt dazu, dass die Wirkungen bei einer Ursache zusammenlaufen müssen? Und was nötigt uns, diese ganz und gar in einer *weltlichen* Kausalreihe verlaufende Argumentation am Ende zu einer überweltlichen Ursache überspringen zu lassen?«[265]

Zum sog. *teleologischen Gottesbeweis*, der aus der planmäßigen Anordnung und Ausgestaltung der Welt auf einen intelligenten Schöpfer schließt, bemerkt Trillhaas:

»Wenn die Zweckmäßigkeit auch in der Natur liegt, so muss sie doch nicht über der Natur liegen. Und warum soll der Urheber der Zweckmäßigkeit zugleich auch der Urheber der Welt sein? Und ist die Teleologie in allen Welterscheinungen harmonisch? Widersprechen und widerstreiten sich die Zwecke im Einzelnen nicht geradezu …?«[266]

Der sog. *ontologische Gottesbeweis* geht davon aus, dass zu einem perfekten Wesen wie Gott eben auch dessen reale Existenz gehören müsse; diesen Beweis hatte Thomas von Aquin schon nicht für schlüssig gehalten, und Kant hatte sich darüber lustig gemacht mit seinem Diktum, hundert gedachte Taler seien noch keine wirklichen Taler. Allerdings sind hundert Taler aber auch nichts Perfektes. Allah hingegen, der Gott des Islam, wird z. B. als vollkommen geglaubt. Ist er deshalb also auch vorhanden? Gläubige, die sich auf diesen Gottesbeweis stützen, können so allen möglichen Göttern ins Sein verhelfen.

Was außerhalb der sinnlichen Erfahrung liegt, ist laut Kant prinzipiell nicht erkennbar, also sind dies prinzipiell auch keine Götter. Dennoch meinte Kant zumindest aus moralischen Gründen einen Gott postulieren zu müssen *(moralischer Gottesbeweis)*, der benötigt wird, um eine gerechte Weltordnung zu garantieren. Sonst gebe es keine Gerechtigkeit, und der Übeltäter komme ungeschoren davon. Das Tugendhafte muss auch belohnt, das Verwerfliche bestraft werden. Für den Theologen Trillhaas äußert sich darin ein »optimistisches Weltbild«.[267]

Tatsächlich gehört es zu den traurigen Tatsachen, dass Verbrecher oft ungeschoren davon kommen und ihren Opfern keine Wiedergutmachung geschieht. Dennoch würde wohl kaum einer sagen, dass deshalb moralisches Handeln sinnlos sei. Ein Gott – dies konnte sich Kant einfach noch nicht richtig vorstellen – ist für eine praktische Ethik eben nicht nötig.

Die Ablehnung von Gottesbeweisen

Gottesbeweise spielen heute weder in der Theologie noch in der Philosophie eine große Rolle. Ausnahmen finden sich in der britischen Religionsphilosophie nach 1945.[268] Richard Swinburne vertritt hier den Standpunkt, dass sich viele, auch naturwissenschaftliche Phänomene bei der Annahme eines Gottes leichter erklären lassen.[269] Im Grunde ist dies kein neuer, sondern ein uralter und vorwissenschaftlicher Ansatz, denn schon die Bibel erklärt den Regenbogen als ein Zeichen Gottes. Doch Theologen haben inzwischen gelernt, dass man nicht bei jedem unerklärbaren Phänomen Gott als Urheber ausmachen sollte, weil dieser Gott dann wieder seinen Platz räumen muss, wenn eine natürliche Erklärung gefunden wird. Ganz abgesehen davon, dass die Annahme eine Gottes ja nicht nur Probleme lösen, sondern in noch stärkerem Maße Probleme aufwerfen würde.

Zurückhaltung bei Gottesbeweisen ist deshalb die heute unter Theologen vorherrschende Haltung. Aus den *Be*weisen sind bestenfalls *Hin*weise geworden, so z. B. bei dem Theologen Paul Tillich. Hans Küng sieht die Gottesbeweise mehr als Fragen denn als Antworten.[270] Und Trillhaas meint:

»Aber diese sog. Beweise ermangeln doch der zwingenden Kraft. Als Beweise leisten sie eben nicht, was ein Beweis doch leisten soll. ... Die sog. Gottesbeweise können nicht beweisen, sie können nicht überzeugen und versagen vor der ihnen unter falschen Voraussetzungen gestellten Aufgabe. Sie bringen aber ein vielleicht unstillbares, jedenfalls auch nicht abzuweisendes Verlangen zum Ausdruck, nämlich das nach einer weltanschaulichen Rechenschaft vom Glauben.«[271]

Zudem haben Gottesbeweise noch einen ganz entscheidenden Mangel. Selbst wenn sie einen Gott beweisen würden, bewiesen sie noch lange nicht den *christlichen* Gott. Sie würden lediglich einen ersten Beweger beweisen, ein höchstes Gut, einen Anfangsgrund, mehr ein Prinzip als eine Person, einen distanzierten und unerreichbaren Impulsgeber des Alls, mehr den Gott der Deisten als der Christen. Damit kann kein Gläubiger etwas anfangen. Gläubige suchen den ansprechbaren Gott, der ihre Gebete erhört, der sich um sie kümmert, sie erlöst, ihnen ewiges Leben verschafft. Solche Aufgaben gehören nicht zum Berufsbild eines philosophischen Gottes. Ein rein metaphysischer Gottesbegriff, wie er sich in den Gottesbeweisen spiegelt, hilft also nicht weiter.

»Der Denkweg des metaphysischen Gottesbegriffes produziert einen Gottesbegriff, der heute für nicht Glaubende nicht unbedingt Plausibilität besitzt, zumal der metaphysische Gottesbegriff als formaler Rahmen inhaltlich geradezu beliebig gefüllt werden kann. ... Der Gottesbegriff konkreter Theologie muss von Kreuz und Auferstehung her gedacht werden.«[272]

Viel konkreter also. Doch eben dies kann auch zum Problem werden angesichts der Vielzahl von Religionen der modernen Welt. Hans-Martin Barth beklagt die Provinzhaftigkeit des christlichen Denkens in Bezug auf das Gottesbild.

»Die Denkleistung der abendländischen Theologie soll gewiss nicht gering geachtet werden, aber es ist nötig, sich bewusst zu machen, dass sie, global betrachtet, einen partikularen Ansatz darstellt und dass sie in ihrer Einseitigkeit auf einen Holzweg geführt hat.«[273]

Hans-Martin Barth bietet interessante Ansätze. Doch nur wenige Gläubige werden ihm darin folgen wollen. Und auch für die meisten anderen Theologen dürfte klar sein: Der im philosophischen Elfenbeinturm logierende Gott muss wieder heruntergebrochen werden auf den Gott Abrahams, Isaaks und Jakobs, muss wieder als Vater Jesu Christi Fleisch und Kontur gewinnen. Doch das Dilemma ist: Je mehr er dies wird, je mehr er als der sich um seine Gläubigen kümmernde Gott geglaubt wird, desto nutzloser wird er für die Philosophie und ein sich selbst als niveauvoll verstehendes Gottesbild.

Warum beweist Gott sich nicht selbst?

Die Sicht des Apostels Paulus, dass Gott jedem Menschen durch die Vernunft erkennbar sei, hat den Faktencheck nicht bestanden. Selbst Theologen wollen dem Stammapostel hier nicht mehr folgen. Doch Paulus brauchte die natürliche Gotteserkenntnis, damit sich kein Mensch herausreden könne, er habe ja nichts von Gott wissen können. Auf die daraus abgeleitete Todeswürdigkeit aller Menschen konnte er dann seine Gnadenlehre aufsetzen. Die Gnadenlehre haben die Theologen natürlich beibehalten, sie ist ein zu schöner Gedanke. Wen kümmert es, dass sie aus falschen Prämissen abgeleitet wird?

Die mittelalterliche Theologie baute mit Hilfe des heidnischen Philosophen Aristoteles den Holzweg zu einer breiten Straße aus, die aber dennoch hinter der Kurve zur Neuzeit in einer Sackgasse endete. Und auch wenn eingefleischte Katholiken trotzdem Gas geben; dieser Traditionsstrang ist zu Ende, der Traum von einem Beweis Gottes, den man Ungläubigen unter die Nase halten kann, ist ausgeträumt.

Am menschlichen Willen hat es wirklich nicht gelegen. Man kann den Theologen bescheinigen, sich über die Jahrhunderte wirklich aufrichtig Mühe gegeben zu haben. Und am Ende gelingt nicht einmal der Nachweis des Gottes der Philosophen, erst recht nicht der Beweis des christlichen Gottes. Wäre es nicht ein feiner Zug eines Gottes gewesen, hier mal mit anzupacken, seinen Theologen unter die Arme zu greifen und sich selbst zu beweisen? Immerhin mühen sie sich ja nur für ihn so ab, und ein einsichtiger Gottesbeweis wäre eben auch zur Ausbreitung seiner Religion doch dringend nötig. Aber Gott schweigt, sitzt griechisch unbewegt oder christlich-trinitarisch bewegt in seinem Himmel und rührt keinen Finger. Warum liefert Gott nicht selbst einen Beweis seiner Existenz, wenn er doch sehen kann, dass seine Theologen es nicht vermögen? Wäre das zu viel verlangt?

Wir haben hier einen ähnlichen Fall wie beim Gedanken der Offenbarung. Die Religionen und auch die christliche Religion behaupten, Gott habe sich offenbart oder wolle sich offenbaren. Doch was dann als Beweis angeführt wird, sind jahrtausendealte Legenden aus dem Alten Testament von brennenden Büschen und sprechenden Schlangen. Es sind fragwürdige Gottes- und Engelserscheinungen vor nomadisierenden Hirten, sind Himmelsstimmen oder von Propheten überbrachte Gottesworte, die ihre Herkunft aus sehr menschlichem und interessegeleitetem Denken nur schwer verbergen können. Und die auch oft genug mit ihrem »Gotteswort« falsch liegen. Nichts ist von Dauer, keiner der »Beweise« überprüfbar, schon die allerersten Gläubigen sollen und müssen sich auf fragwürdige Zeugnisse Dritter verlassen. Hat ein Gott, wenn er sich denn wirklich offenbaren will – und die Kirchen betonen dies doch ständig, – hat ein Gott dann nicht mehr zu bieten als diese bunte Ansammlung von Geschichtchen, die schon von der literarischen Form her klar als Legenden erkennbar sind?

Oder im Neuen Testament: Meint ein Gott denn wirklich, er hätte genug getan, wenn er die Geburt seines Sohnes von drei »Weisen aus dem Morgenland« bestätigen, ihn dann irgendwo am Rande des römischen Reiches predigend umherwandern lässt, begleitet von einer Jüngerschar, von denen die meisten vermutlich nicht einmal lesen und schreiben konnten? Und selbst wenn ihm daran nichts läge, er ein Faible für soziale Randgruppen hat; hätte er dann nicht zumindest dafür sorgen müssen, dass die Lehre seines Sohnes, die ja die Kirchen später auch als *seine* Lehre ausgeben, korrekt und einwandfrei überliefert wird? Hier liegt doch das eigentliche Versagen für ihn als »Offenbarer«, dass er nicht dafür gesorgt hat, dass Jesus etwas Schriftliches hinterlassen hat. Warum gibt es nicht eine einzige Zeile von diesem Jesus selbst, warum kommt die Offenbarung, sofern sie denn eine war, nur aus zweiter und dritter Hand? Auch Atheisten wüssten ja wirklich gerne, was dieser Jesus eigentlich gewollt hat, und man hätte es gern von ihm selbst vernommen. Stattdessen ist man verwiesen auf fragwürdige und oft auch komplett unhistorische Geschichten. Die Heilung einer Frau mit Unterleibsproblemen, die Verfluchung eines Feigenbaums, weil dieser keine Früchte trägt, Dämonen, die in eine Herde Schweine fahren, eine Auferstehung mit Himmelfahrt, von der nur seine Jünger berichten: Sieht so etwa eine geglückte Offenbarung aus? Ein Gott, der sich so dilettantisch offenbart, muss sich wirklich nicht wundern, dass man nicht an ihn glaubt. Diese Art der Offenbarung hebt das Christentum wirklich nicht heraus aus dem Wust der Religionsgeschichte. Man muss schon Gläubiger sein, wenn einem diese Art von Offenbarung mehr als ein Lächeln abringen soll.

Warum hat Gott so wenig aus seinem Talent gemacht, fragt Woody Allen? Die Geschichte Gottes mit den Menschen ist eine Geschichte verpasster göttlicher Chancen. Und in jüngerer Zeit kann ein Gott doch keineswegs so naiv sein anzunehmen, irgendwelche Marienerscheinungen, die ab und an sogar durch den Vatikan bestätigt werden, könnten für einen denkenden Menschen irgendeine Beweiskraft haben und könnten mehr sein als übersteigerte religiöse Phantasie oder die kreative Idee eines findigen Mitarbeiters vom Fremdenverkehrsamt. Was da vom Volksaberglauben an Erscheinungen präsentiert wird, ist so lächerlich und peinlich, dass ein Gott mit Niveau unmöglich damit rechnen dürfte, dass Menschen mit Niveau daran glauben. Anhänger, die tatsächlich so leichtgläubig sind, sollten einem Gott jedenfalls in höchstem Maße suspekt sein. Doch für die Gläubigen sind diese fragwürdigen Offenbarungen der Gottheit letzter Schluss. Wenn die Distanz fehlt, lassen sich Proportionen eben schlecht abschätzen.

Wenn aber ein Gott will, dass Menschen an ihn glauben, dann muss er sich schon etwas mehr Mühe geben. Warum macht ein Gott gerade seinen Anhängern das Leben so schwer? Doch der christliche Gott steht ja nicht alleine da, auch die anderen Götter wollen sich offenbar nur in Hinterzimmern der Wirklichkeit offenbaren, belästigen wie der christliche Gott den gesunden Menschenverstand mit ähnlich unseriösen Mirakeln und Offenbarungen.

Sind die Offenbarungen fragwürdig und nur etwas für das gemeine Kirchenvolk, so hätte eben ein Gott doch auch die Möglichkeit, sich von den Gebildeten unter seinen Verehrern finden zu lassen. Warum fällt es einem Gott so schwer, den Menschen einen gültigen und nachvollziehbaren, einen interkulturell vermittelbaren und vor dem Richterstuhl der intellektuellen Redlichkeit gültigen Beweis seiner Existenz zu liefern? Warum kann er sich nicht ausweisen? Sollen sich Menschen etwa auf Prediger und Priester verlassen, die ihnen sagen, wo es religiös langgeht? Und selbst wenn man dies ernsthaft wollte; welcher Schalmei sollte man dann folgen? Es sind einfach zu viele Prediger und Priester in Tausenden von Religionen unterwegs. Die Vielzahl derer, die genau wissen, wo es lang geht, muss dem Betrachter den Eindruck vermitteln, dass offenbar keiner es weiß. Auch hier wäre ein Gott gefragt, der dies ein für alle Mal regelt.[274]

Gibt es wirklich einen Gott, dann wäre er durch seine Trägheit, seine Einfallslosigkeit und sein Herumgeziere selbst das Haupthindernis des Glaubens an ihn. Den Menschen könnte man dagegen ebenso wenig einen Vorwurf machen wie einem Lottospieler, der die falschen Zahlen getippt hat.

Warum, und damit kehren wir in die Wirklichkeit zurück, warum verhalten sich die Götter so? Die Antwort liegt auf der Hand: Weil es sie nicht gibt. So einfach ist das. Ihre Nichtexistenz erklärt und entschuldigt gleichzeitig ihr Versagen. Sie kommen quasi in den Genuss einer Art säkularer Generalabsolution. Dann lösen sich alle soeben skizzierten Probleme in Nichts auf, die Welt wird wieder rund. Es gibt eben deshalb keinen Gottesbeweis, weil es einfach nichts zu beweisen gibt.

Ist Gott eine Person?

Doch dass es Gott gar nicht gibt, verraten wir den Theologen erst einmal nicht, sondern folgen ihnen weiter bei dem Versuch, das, was es nicht gibt, in ihren Dogmatiken zu beschreiben.

In den dogmatischen Gotteslehren wird eifrig die Frage diskutiert, ob Gott eine Person ist. Gläubige werden dieses Problem zunächst gar nicht verstehen, denn natürlich ist für sie Gott eine Person. Was soll er denn sonst sein? Bei der Frage des Personseins Gottes haben wir es mit einem interessanten Phänomen zu tun, nämlich der Problematisierung eines bislang als unproblematisch geltenden Sachverhalts. Nehmen wir die vor einiger Zeit kontrovers geführte Debatte um die Genitalverstümmelung kleiner Kinder, von den Religionen euphemistisch »Beschneidung« genannt. Dieser archaische und primitive Brauch, bei dem vor allem kleinen Jungen aus religiösen Traditionen heraus nach neuesten Erkenntnissen traumatische Schmerzen zugefügt werden, war viele Jahrhunderte kein Problem. Selbst in der Moderne, wo in westlichen Gesellschaften die körperliche Unversehrtheit ein allgemein akzeptiertes Grundrecht ist, hielt man lange an diesem Blutritual fest. Und praktiziert es noch weiterhin. Doch plötzlich geriet diese Praxis, die sicher auch für viele Religionskritiker allgemein akzeptiert war, durch ein Gerichtsurteil in die öffentliche Debatte. Ein wunderbares Beispiel für eine Wertediskussion und einen Wertewandel, mehr noch überhaupt für das Erwachen eines Problembewusstseins. Denn viele, die nun mitdiskutierten, werden sich vorher nie auch nur einen Gedanken zu dieser im Prinzip inhumanen Tradition gemacht haben.

Ähnlich verhält es sich nun mit der Frage nach dem Personsein Gottes. Diese war lange kein Problem und wurde eigentlich nicht diskutiert. Im Alten

Testament wird Gott als Person geschildert, der den Menschen begegnet, mit ihnen spricht, sie auf ihren Kriegen begleitet, der sich um sein Volk sorgt, der sich aber auch erzürnen, sich aufregen kann über die Verehrung anderer Götter, der nach eigener Aussage eifersüchtig ist, der seine Meinung ändert, sich umstimmen lässt und zu dem man deshalb auch beten kann.

Kurzum: Gott wird in typisch menschlichen Kategorien beschrieben, was seinen Ausdruck auch in dem vielzitierten Wort findet: »Und Gott schuf den Menschen nach seinem Bilde, zum Bilde Gottes schuf er ihn; und schuf sie als Mann und Frau.« (Gen 1,27) Der Vorwurf des Anthropomorphismus, der ja schon den homerischen Göttern arg zugesetzt hatte, kam jedoch so lange nicht auf, wie ihn keiner aussprach. Dies änderte sich mit dem Philosophen Johann Gottlieb Fichte und dem sog. Atheismusstreit um 1800. Fichte hatte behauptet, dass Gott unmöglich eine Person sein kann, denn der Personbegriff sei ein Begriff, der nur in menschlichen bzw. geschöpflichen Kategorien Sinn mache. Zum Personsein gehörten eben auch Sterblichkeit, Leiden und Endlichkeit hinzu. Wenn Gott also als Person sei, dann sei er endlich. Ähnlich wie in der Beschneidungsdebatte wurde hier ein Problem aufgezeigt, das vorher nicht empfunden wurde, dem Theologen sich nun aber stellen mussten. Das »Personsein Gottes« hatte seine Unschuld verloren.

Von nun an sahen sich Theologen genötigt, nicht zu sehr in anthropomorphe Kategorien abzugleiten. Und wenn man den Menschen als Abbild Gottes sieht, wie es die Kirchen tun, dann liegt der Umkehrschluss doch auf der Hand, dann kann man Gott auch als Bild des Menschen verstehen. Und damit ist man gleich bei Feuerbach und seinem Wort, dass nicht Gott die Menschen geschaffen hat, sondern umgekehrt. Wer Gott zu sehr an die Menschen heranrückt, muss Beschädigungen Gottes als Kollateralschaden akzeptieren. Wer Gott aber zu sehr von den Menschen abrückt, kriegt dann möglicherweise die Kurve nicht mehr zur Lehre von Christus (Christologie) und dem göttlichen Heilswerk an den Menschen (Soteriologie). Theologen können einem leidtun, wobei sich das Mitleid aber auch wieder in Grenzen hält, denn wer sich eine Scheinwelt aufbaut, der hat sich das Abmühen an Scheinproblemen auch redlich verdient.

Ein in der Moderne halbwegs akzeptables Gottesbild hinzubekommen, wird schon durch die biblischen Texte sehr erschwert. Eigentlich ist es kaum zu leisten, denn die Bibel ist mit Anthropomorphismen regelrecht durchsetzt. Muss ein christlicher Gott also nicht zwingend anthropomorph gedacht werden? Der Theologe Trillhaas meint:

»Unverkennbar ist das Bestreben, den Glauben an Gott aus den Versuchlichkeiten des Anthropomorphismus herauszuheben, was doch erst im Neuen Testament so weit gelingt, dass die mythologischen Elemente des Gedankens ganz zurückbleiben. ... Es ist aber schwer, im Gebet und in der Zuversicht zur Fürsorge Gottes jede menschliche Analogie zu vermeiden. Das Vermeiden der menschlichen Analogie führt sofort zu einem *anonymen* Pantheismus oder zum Abgleiten unserer Vorstellungen ins Untermenschliche, zu kosmischen Urgewalten, zu metaphysischen Begriffen oder zum Schicksal.«[275]

Und auch Härle benennt die Tragweite und Problematik:
»Die Frage nach der Personalität, also dem Personsein Gottes gehört zu den drängendsten und schwierigsten Fragen einer Dogmatik. Drängend ist die Frage, weil das biblische, kirchliche und religiöse Reden von Gott durch und durch personal ist«.[276]

Auch der Theologe Joest will – wie die meisten Theologen – nicht auf eine Personalität Gottes verzichten:
»Dass Gott mit dem Menschen kommuniziert und sich selbst mitteilt, setzt ein personales Selbst voraus. ... Das bedeutet jedenfalls, dass wir von Gott nicht a-personal reden können; jeder Versuch, sein *Wesen* in einen nicht personhaften, weniger *menschartigen Begriff* zu fassen, wäre nicht eine *eigentlichere*, sondern eine seine Lebendigkeit unterbietende Bezeichnung.«[277]

Doch schon wird es undeutlich, denn der Begriff »Lebendigkeit«, den Joest für Gott reklamiert, ist doch wie der Begriff »Person« ebenso innerweltlichen und zwischenmenschlichen Lebenszusammenhängen entnommen. Das ist auch für Theologen ein Problem. Und einem beliebten frommen Spruch wie »Jesus lebt« müsste ein Dogmatiker eigentlich widersprechen oder ihn zumindest problematisieren.[278]

Wenn ein philosophischer Gott für die Gläubigen uninteressant ist, aber ein personaler Gott sich auf Schritt und Tritt von Feuerbach verfolgt fühlen muss; vielleicht kann man ja Gott als *Relation*, als Beziehung oder Geschehen verstehen? Auch diesen Weg haben die Theologen versucht. Herausgekommen sind Konzeptionen, die von Beginn an unter dem Verdacht standen, das Eigentliche des Glaubens zu verraten. Heftig werden sie deshalb vor allem von den Frommen im Lande bekämpft.

Friedrich Schleiermacher wollte im Nachgang der Aufklärung auf einen Gottesbegriff nach Möglichkeit ganz verzichten und sprach lieber vom Gottesbewusstsein und vom »frommen Gemüt«, in dem sich dieses spiegele. Dabei gibt es das fromme Gemüt nicht nur im Christentum, sondern in allen Religionen, und deshalb ist auch der Gottesbegriff nur *eine* Ausdeutung religiöser Widerfahrnisse.[279] Gott will nicht begriffen, er will erlebt, will gefühlt werden. Und so bestimmt Schleiermacher Gott als das »Gefühl der schlechthinnigen Abhängigkeit«. Das brachte ihm von Karl Barth und seiner Schule das Verdikt des Subjektivismus ein, so als sei die alte Art, von Gott zu reden, etwas Besseres und könnte so etwas wie Objektivität für sich beanspruchen.

Doch auch Sätze wie »Von Gott reden, heißt vom Menschen reden« (Bultmann) standen im Verdacht, die Essenz des Christentums auf dem Altar der Moderne zu opfern. Kann man das bei Bultmann in dieser Schärfe nicht sagen, so haben Theologen wie Herbert Braun oder Dorothee Sölle eindeutig den Rubicon überschritten. Herbert Braun, ein Schüler Bultmanns, hat das Programm der Entmythologisierung seines Lehrers zu Ende geführt und auch die Rede von Gott als mythologischen Rest klassifiziert. Die Vorstellung eines Gottes sei den Menschen heute nicht mehr zuzumuten. Gott »ist« nicht, sondern er »geschieht in der Mitmenschlichkeit«.[280] Gott ist dort, *wo ich engagiert bin* in Liebe, er ist *eine bestimmte Art der Mitmenschlichkeit*. Gott ist kein Sein an sich, sondern ein Geschehen.[281]

Und nicht nur Nietzsche sprach vom Tode Gottes, auch Theologen haben dies getan. Nach Dorothee Sölle ist »der Gott, ... der das Dunkel liebt und die kindlichen Gemüter, der Gott des Aberglaubens und des unaufgeklärten, vorwissenschaftlichen Denkens ... tot«. »Es führt kein Weg zurück zum Kindervater, der Wolken, Luft und Winden Wege, Lauf und Bahn gibt.«[282] Gott »geschieht« für Sölle in der Mitmenschlichkeit.

Warum man angesichts dieses Kahlschlags in der Gotteslehre überhaupt immer noch von Gott und Glauben spricht, gar nebulös meint, »atheistisch an Gott glauben« zu können (so ein Buchtitel Sölles), erschließt sich dem Betrachter nicht. Ehrlicher, da haben Evangelikale ausnahmsweise mal recht, ehrlicher wäre es schon, sich dann lieber ganz vom Christentum zu verabschieden. Wer auf Werte wie Freiheit – auch Religionsfreiheit – Solidarität, Toleranz, Gleichheit von Mann und Frau und Mitmenschlichkeit Wert legt, der kann sich in einem säkularen Humanismus besser wiederfinden als in einer Religion, die zu fast allen diesen Werten über fast ihre ganze Geschichte eher auf Distanz getrimmt war.

Ist Gott eine Frau?

Moderne Protestanten können sich durchaus mit den soeben zitierten Werten und Zielperspektiven für eine gerechtere Welt identifizieren. Doch statt eine in die Jahre gekommene Weltreligion mit allerlei Absurditäten und Anachronismen endlich hinter sich zu lassen und sich zu einer säkular-humanistischen Weltsicht fortzuentwickeln, wird immer wieder versucht, den modernen Wertekanon in dem alten Gott und seiner Überlieferung wiederzufinden. Moderne Theologen wollen Gott zu einem Aufklärer und Kämpfer für die Menschenrechte machen, der bisher leider immer nur einseitig und falsch verstanden worden sei. Die sog. *Feministische Theologie*, die vor allem in den letzten Jahrzehnten des 20. Jahrhunderts von sich reden machte, versuchte u. a. die weiblichen Züge der Gottheit zu entdecken. Sie hatte recht mit ihrer Sicht, dass sich im Alten und Neuen Testament ein patriarchalisches und androzentrisches Weltbild spiegelt, das Gott männlich als Herr, als Vater, als Richter, König etc. beschreibt. Was hat man auch anderes erwartet? Wenn die Pferde Götter hätten, dann sähen sie aus wie Pferde, meinte schon der Vorsokratiker Xenophanes. Und wenn Männer eine Gottheit erschaffen, dann hat diese natürlich männliche Züge.

Die Bibel ist offen patriarchalisch, weil sie in Zeiten entstanden ist, die eben patriarchalisch waren. Daran ändert die Tatsache nichts, dass in der Bibel natürlich auch Frauen vorkommen. Bemüht und künstlich sprechen nun allerdings feministische Theologinnen von einer *verschütteten Weiblichkeit* in den biblischen Texten, die es wiederzuentdecken gälte, so als habe irgendwann einmal ein goldenes Zeitalter existiert, wo Frauen mehr waren als *Männersache*, mehr als Menschen minderen Rechts, geduldet und nützlich nur zum Kinder gebären. An den Haaren zieht man aus den alten Männertexten Hinweisstellen herbei, versucht den zuweilen erwähnten Frauen ein Gesicht zu geben und ihre Bedeutung für den Fortgang von Glauben und Kirche hervorzuheben. Dass man dabei nicht wissenschaftlich neutral sei, gibt man sogar unumwunden zu, ja erhebt die Einseitigkeit gar zum Konzept. Und positiv wird auf diese Weise tatsächlich der Blick gerichtet auf Details, die sonst eher überlesen wurden. Denn wer weiß schon etwas darüber, dass Jesus vielleicht auch Jüngerinnen hatte, wer etwas über Frauen der frühen Kirchenzeit wie Junia, Priska oder Phoebe?

Auch im Gottesbild versuchte man weibliche Züge zu finden bzw. das patriarchalische Bild als Vater und Herr zu relativieren. Dass Jahwe einst in Aschera eine Gemahlin hatte, war zu den Hochzeiten der feministischen Exegese zum Glück noch nicht bekannt. Gut vorstellbar, dass die feministische Theologie auch hier einen Anknüpfungspunkt gefunden hätte. Die Anknüpfung an Maria, die Mutter Jesu, verbot sich aus konfessionellen Gründen, denn Maria ist von der katholischen Kirche fest okkupiert und eignet sich als *gehorsame Magd* auch nur bedingt als Propagandistin einer neuen Weiblichkeit. Vielfach griffen feministische Theologinnen auf die Weisheitstradition (*Sophia*) zurück, die im Judentum, aber auch im übrigen orientalischen Raum eine Rolle gespielt hat, und auf alte Überlieferungen, die der Sophia eine gewisse Mitwirkung bei der Schöpfung zuerkannten (Sprüche 8, Sirach 24). Manche sehen auch im Johannesprolog im Neuen Testament einen alten Sophiahymnus als Grundlage.

Insgesamt ist die »Beweislage« einer feministischen Theologie aber mehr als dünn, was einfach daran liegt, dass man versucht, aus den Texten Dinge hervorzuholen, die einfach nicht in ihnen vorhanden sind. Man will die kulturelle Rückständigkeit der biblischen Texte im Blick auf eine Befreiung der Frau nicht akzeptieren. Lieber legt man in die Texte Wunschbilder hinein, die man dann mit großem *Hallo* wiederfindet.

Die *Bibel in gerechter Sprache*

Eine köstliche Blüte dieses Wunschdenkens findet sich in der sog. *Bibel in gerechter Sprache*, dem Projekt einer Bibelübersetzung von 40 Theologinnen und 12 Theologen des deutschsprachigen Raums. Wo Frauen mitgedacht seien, sollten sie in der Übersetzung auch genannt werden; so lautete eine Maßgabe des Projekts. Und deshalb tauchen (obwohl im Textbestand nicht erwähnt) dann Jüngerinnen, Pharisäerinnen, Prophetinnen und Apostelinnen auf. Nach der Herausgabe dieser Übersetzung hagelte es Kritik auch von ansonsten eher aufgeschlossenen Protestanten. Die Süddeutsche Zeitung sprach gar von einer »gesinnungsterroristische[n] Gerechtigkeitsbibel«.[283]

Was besonders erzürnte, war auch der Umgang mit dem Gottesnamen. Auch er sollte nicht in »patriarchalischer Herrschaftssprache« als »Herr« übersetzt werden.

> »Stattdessen bietet die Bibel in gerechter Sprache dort, wo im Grundtext der Eigenname Gottes steht oder gemeint ist, unterschiedliche Lesemöglichkeiten an: Der Lebendige, die Lebendige, ErSie, der Ewige, die Ewige, Schechina, Gott, Ich-bin-da (Ex 3,14) u. a.«[284]

Das wirkt nun nicht wenig lächerlich. Beim Versuch, Gott quasi geschlechtsneutral zu beschreiben, wird der Blick gerade auf die Geschlechtlichkeit gelenkt. Die »Bibel in gerechter Sprache« ist Ausdruck eines theologischen Gutmenschentums. Man verklärt die Bibel und versucht, die modernen Werte eines aufgeklärten Protestantismus aus ihr zu extrahieren. Sicher eine gute Absicht, aber dennoch ein ideologisches Projekt, denn es nimmt die Bibel als historisches Dokument nicht ernst. Patriarchalisches Herrschaftsgebaren und göttliche Aufrufe zum Völkermord sind meist tatsächlich so gemeint, wie sie da stehen. Jahwe war kein Frauenversteher, und auch sein Sohn, dem dies gerne nachgesagt wird, wäre vielleicht arm geworden, hätte er in den 80er-Jahren in einer WG gelebt und für jeden schrägen Spruch 5 Mark in die Chauvi-Kasse zahlen müssen.[285]

Über die »Bibel in gerechter Sprache« kursiert u. a. noch folgender böser Witz:

> Es stimmt, dass 50 Theologen die Bibel in eine *gerechte Sprache* übertragen haben. Es stimmt nicht, dass sie dies nun auch mit *Mein Kampf* tun wollen.

Gerechtigkeit, Freiheit, Gleichberechtigung der Frau, Toleranz gegenüber Andersdenkenden – diese Werte und Hoffnungen geben die Bibel und ihr Gottesbild einfach nicht her. Aber irgendwie in dieser Hinsicht zu interpretierende Verse lassen sich natürlich immer finden. Feministische Theologinnen lesen wie so viele ihr Wunschbild aus den biblischen Texten heraus unter Nichtbeachtung anderer, oft das glatte Gegenteil bekundender Stellen. Sie sind auf andere Weise halbaufgeklärt als ihre traditionellen Kollegen. Ihre Halbaufgeklärtheit zeigt sich dabei weniger in einem interessegeleiteten Forschen als vielmehr überhaupt in der auch von ihnen geteilten Prämisse: Die Bibel ist das Wort Gottes. Oder sanfter formuliert: Sie *enthält* das Wort Gottes. Oder noch sanfter formuliert: Sie *gibt Kunde* vom Wort Gottes. Oder noch sanfter: Sie *spiegelt Erfahrungen*, die Menschen mit Gott gemacht haben.

Die Auslassungen von Theologen über die Frage, ob Gott eine Person ist oder nicht, ob er besser in seiner Relation zu den Menschen beschrieben wird als in seiner absoluten Position als Allherrscher: All das sind natürlich wieder Scheinprobleme, geboren aus einer letztlich nach wie vor über einem mythologischen Weltei brütenden Theologie. Wo Gott scheinbar modern mit auch weiblichen Zügen verstanden wird, gar als *Göttin* oder als *die Ewige*, enthüllt gerade dieser moderne Sprachgebrauch ungewollt die Lächerlichkeit des ganzen Unternehmens.

Die Eigenschaften Gottes

Ein Gegenstand muss nicht wirklich existieren, um ihm Eigenschaften zuschreiben zu können. Wenn Menschen z. B. an Hexen oder Zwerge glauben, haben diese als Eigenschaften z. B. Flugtauglichkeit oder geringe Körpergröße. Fast könnte man sagen, die Eigenschaften sind realer als die Gegenstände selbst. Ähnlich verhält es sich mit den Eigenschaften Gottes. Man kann sie beschreiben, ohne dass es dazu einen Gott geben muss. Theologen sind allerdings von der Existenz Gottes zumeist (nicht immer!) überzeugt. Und so finden sich in den Dogmatiken vor allem früherer Zeiten auch immer Kapitel, die sich mit den Eigenschaften Gottes beschäftigten.

Die ältere Theologie kennt traditionell drei Wege, um zu den Eigenschaften Gottes zu kommen.

Durch die Steigerung von guten Eigenschaften (*via eminentiae*). Beispiel: Wenn es Gerechtigkeit gibt, dann muss Gott der Allergerechteste sein.[286]

Durch das Absprechen negativer Eigenschaften (*via negationis*). Beispiel: Der Mensch ist unwissend, also muss Gott allwissend sein.[287]

Notwendige Eigenschaften, die ein Gott einfach haben muss (*via causalitatis*): Beispiel: Gott muss Schöpfer und Herr der Welt sein.

Auf diese Weise versuchten die Theologen, Gott auf seine Eigenschaften festzulegen. Das Verfahren geht bis auf Pseudo-Dionysius Areopagita zurück, einen unbekannten Philosophen um 500 n. Chr. Die ersten beiden Wege (*viae*) hatten dabei einen stärker philosophischen Anspruch, während der dritte oft an der biblischen Heilsgeschichte orientiert war. Was in der Bibel über Gott gesagt wird, wurde in den theologischen Laboratorien als Eigenschaften Gottes destilliert. Dieser letzte Weg war theologisch sehr ertragreich, denn er ermöglichte es, Gott z. B. als »Liebe« zu beschreiben, was ein rein philosophischer Weg so nicht kann. Nun zeigt sich Gott aber vor allem im Alten Testament nicht nur von seiner freundlichen Seite. Er gibt sich zornig, nachtragend, zuweilen cholerisch, nach eigenen Aussagen eifersüchtig und auch grausam. Bei der theologischen Eigenschaftslehre fallen solche Eigenschaften in der Regel unter den Tisch, werden einfach nicht erwähnt. Die Theologen haben die kleinen Fehler ihres Gottes auch in der Antike schon schamhaft verschwiegen und dafür gesorgt, dass nur positive und sehr imponierende Eigenschaften übrig blieben.

Während Luther sich eher weniger für die Eigenschaften Gottes interessierte, waren seine direkten Nachfolger bei der Katalogisierung dieser Eigenschaften wieder besonders eifrig. Im 16. und 17. Jahrhundert unterschied man absolute Eigenschaften Gottes (*attributa absoluta*) von den relativen Eigenschafen (*attributa relativa*).[288] Absolute Eigenschaften waren auch ohne Bibel und Bekenntnis denkbar. Zu ihnen zählte man die Ewigkeit Gottes, seine Allgegenwart, seine Unveränderlichkeit oder seine Unendlichkeit. Relative Eigenschaften kamen Gott zu in Bezug auf Schöpfung und Heilswerk. Zu ihnen zählte man seine Heiligkeit und Liebe, seine Barmherzigkeit oder seine Weisheit. Der Theologe Quenstedt bestimmte die Eigenschaften Gottes als Vollkommenheit (*perfectio*), Glückseligkeit (*beatitudo*), Einheit (*unitas*), Unkörperlichkeit (*spiritualitas*), Wahrheit (*veritas*), Unabhängigkeit (*independentia*), Ewigkeit (*aeternitas*), Unermesslichkeit (*immensitas*), Unveränderlichkeit (*immutabilitas*), Unfassbarkeit (*incomprehensibilitas*), zudem als Lebendigkeit (*vita*), Unsterblichkeit (*immortalitas*), als Wille (*voluntas*), als Verstand (*intellectus*), als Allwissenheit (*omniscientia*), Allweisheit (*omnisapientia*), Freiheit (*libertas*), Güte (*benignitas*), Liebe (*amor*), Gnade (*gratia*), Barmherzigkeit (*misericordia*), Geduld (*patientia*), Heiligkeit (*sanctitas*), Gerechtigkeit (*justitia*), Macht (*potentia*) und Wahrhaftigkeit (*veracitas*).[289] Das Erste Vatikanische Konzil betonte,

> »... dass ein wahrer und lebendiger Gott ist, Schöpfer und Herr des Himmels und der Erde, allmächtig, ewig, unermesslich, unbegreiflich, an Vernunft und Willen sowie jeglicher Vollkommenheit unendlich«.[290]

Alles zusammen eine illustre Ansammlung ganz hervorragender Wesens- und Charaktereigenschaften Gottes, klar definiert. Ein Gott kann sich nun nicht mehr darauf berufen, er wisse nicht, was von ihm verlangt wird. Doch ebenso waren solche Auflistungen natürlich ein gefundenes Fressen für Feuerbach und seine Projektionsthese.

Schon im 19. Jahrhundert gab es jedoch auch von theologischer Seite Kritik an der Eigenschaftslehre, z. B. von David Friedrich Strauß. Und der Theologe Trillhaas formuliert einhundert Jahre später das Problem:

> »Jeder einzelne, vorab neuzeitliche Dogmatiker bestimmt die Eigenschaften anders als der andere, so dass man den Eindruck nicht von der Hand weisen kann, es walte hier eine gewisse aus der Fülle biblischer und zugleich philosophischer Überlieferung sich ernährende willkürliche Spekulation.«[291]

Trillhaas wundert sich über die »merkwürdige Sicherheit, in der gemeinhin in den dogmatischen Büchern die Eigenschaften Gottes ebenso zwingend wie vollzählig aufgezählt werden.« (S. 131) Und wenn schon keine Einheitlichkeit innerhalb des Christentums erreicht werden kann, so verschärft sich das Problem noch, wenn man andere Religionen mitbedenkt, die ja ebenfalls ihren

Göttern Eigenschaften zuweisen. Doch in den allermeisten Fällen spielen die Götter anderer Religionen auch in »modernen« Dogmatiken keinerlei Rolle.[292]

Gottes Allmacht

Besonders an der Allmacht Gottes war die Theologie lange interessiert, und sie stellte so etwas wie eine Kardinaleigenschaft Gottes dar. Theologen, die sich für diesen weitreichenden Allmachtsbau mit dürren Bibelversen als Stützen zufrieden geben, werden in Gen 18,14 fündig: »Sollte Gott etwas unmöglich sein?« Oder in Ps 115,3: Gott »kann schaffen, was er will«.

»Gott der Allmächtige« – das klingt gut und ist so in Gebeten und Bekenntnissen der Kirchen präsent. Die Theologin Gunda Schneider-Flume fragt:

»Kann Gott ein viereckiges Dreieck schaffen (Descartes)? Ist die göttliche potentia absoluta [Allmacht] erhaben über die Logik und den Satz vom Widerspruch? Kann Gott einen Stein schaffen, der so schwer ist, dass er ihn nicht aufzuheben vermag? Oder ist seine Allmacht an den Satz vom Widerspruch gebunden?«[293]

Und sie zitiert den Theologen Gerhard Ebeling mit den Worten: »Am Satz des Widerspruchs findet die Allmacht Gottes ihre Grenze.«[294] Eigentlich eine bemerkenswerte Aussage für einen Theologen. Doch auch der Theologe Härle fragt, »ob ein allmächtiges Wesen auch seine eigene Macht einschränken oder aufheben kann.«[295] Und gibt außerdem zu bedenken: »Ferner wohnt den Begriffen *Allmacht* und *Allwirksamkeit* eine bedenkliche Tendenz in Richtung auf ein deterministisches Wirklichkeitsverständnis inne.«[296]

Die *Allmacht* wie die *Macht* überhaupt, mit denen eine mittelalterliche Theologie ihren Gott noch beschreiben konnte, ist spätestens seit Mitte des 20. Jahrhunderts in die Kritik geraten. Denn sie repräsentiert den Herrschergott, den Herrn, der als absoluter Monarch auf seinem Thron sitzt und selbstredend in keinster Weise einer demokratischen Kontrolle unterliegt. Gottesglaube und der Wille von Gläubigen, sich einem himmlischen Monarchen unterzuordnen, steht immer in gewisser Spannung zu demokratisch-freiheitlichem Denken. Und von Macht zu Despotismus ist es nur ein kleiner Schritt, wie besonders das vergangene Jahrhundert gelehrt hat.

Die Liebe als moderne Haupteigenschaft Gottes

Doch *eine* Eigenschaft Gottes, die heutigen Theologen und Gläubigen besonders wichtig ist, tauchte z. B. in den orthodoxen lutherischen Dogmatiken nur am Rande auf: die »Liebe«. Zwar wurde sie immer wieder (von Augustinus, Luther u. a.) besonders betont, war bei vielen Theologen aber lange nur eine Eigenschaft unter vielen. Doch heute ist sie fast zum Inbegriff des göttlichen Wesens schlechthin geworden. Ein Satz wie »Gott ist die Liebe« (1. Joh 4,16), der heute allenthalben gerne zitiert wird, wäre den um Distinktion bemühten Theologen früherer Zeiten noch verdächtig oder (stünde er nicht in der Bibel) ketzerisch, zumindest aber sehr unscharf erschienen. Doch in der heutigen Theologie, wo begriffliche Unschärfe fast als theologische Tugend durchgehen kann, und wo Gläubige unter Religion vor allem etwas Gefühlsmäßiges verstehen, hat die *Liebe* Hochkonjunktur und wird zur vornehmsten Eigenschaft Gottes.

Die Eigenschaftslehre in ihrer barocken Ausführlichkeit aber hat ausgedient. Dennoch wird nur halb auf sie verzichtet. Theologen wie Emil Brunner und Regin Prenter bestimmen »Heiligkeit« und »Liebe« als Grundzüge des Wesens Gottes.[297] Früher hatte schon Karl Barth »Gottes Liebe und Gottes Freiheit« als die zwei Kardinaleigenschaften Gottes bestimmt.[298] Und er sprach auch nicht mehr von »Eigenschaften«, sondern von »Vollkommenheiten« Gottes.

Der Theologe Härle sieht »die Anzahl möglicher Eigenschaften Gottes grundsätzlich [als] unbegrenzt«.[299] Doch auch er bestimmt die Liebe als Haupteigenschaft. Sie ist das, »was Gott zu Gott macht«.[300] Härle versucht, die »Eigenschaften Gottes konsequent als Eigenschaften seiner Liebe zu denken«.[301] Abgeleitet wird dies aus dem Heilswerk Christi. In Christus zeige sich, wer Gott seinem Wesen nach sei. »Die Erkenntnis des Wesens Gottes, die aus der Person und dem Werk Jesu Christi gewonnen ist, lässt sich verdichten in dem Satz: *Gottes Wesen ist Liebe.*«[302]

Ähnlich sieht auch der Theologe Joest als Gottes Haupteigenschaften *Freiheit*, *Heiligkeit* und *Liebe*.[303] Die Liebe ist für Joest »das einzige unter allen diesen Worten, mit denen schließlich im Neuen Testament unmittelbar Gott selbst bezeichnet werden kann.«[304] Und auch Joest rekurriert dabei auf das Kreuzesgeschehen, in dem sich Gottes Liebe gezeigt habe.

»Verborgen ist die Macht seiner Liebe in der Ohnmacht eines gekreuzigten Menschen. Und dass dieser Macht die Zukunft und der Sieg gehört, ist verborgen unter dem Elend einer Welt, die nichts davon erkennen lässt.«[305]

Die Problematik des Liebesbegriffs

Gott ist ein Gott der Liebe. Diesem Satz würden heute wohl alle Gläubigen zustimmen. Er klingt freundlich und harmlos, und z. B. Margot Käßmann erreicht mit ihren Büchern erstaunliche Erfolge, weil sie diesen Satz in sehr gefälliger Sprache immer von neuem durchdekliniert. Es sind jedoch zumindest drei gewichtige Anmerkungen zu machen.

Erstens: Die Liebe Gottes wird aus dem Kreuzesgeschehen abgeleitet. Sie ist eine blutige Liebe. Im Martertod eines Hingerichteten, den die Kirche zudem noch für unschuldig hält, soll sich die Liebe Gottes zeigen? Ein befremdliches Geschehen und eine absurde Vorstellung. Eigentlich ein kranker Gedanke, der nur deshalb nicht als solcher empfunden wird, weil man durch religiöse Sozialisation schon lange mit ihm vertraut ist. Liebe und Hinrichtung: So etwas wollen auch heutige Theologen von sich aus gerne zusammenbekommen, auch ohne dass die kirchliche Tradition mit geladener Pistole hinter ihnen steht (was sie aber natürlich auch in dieser Frage tut). Und man darf fragen: Wenn ein Gott auf diese Weise schon seine Liebe zeigt, womit ist dann zu rechnen, wenn er wirklich mal böse wird?

Zweitens: Mit der *Liebe* suchen sich Gläubige und Theologen ausgerechnet diejenige Eigenschaft aus, die am meisten im Verdacht des Anthropomorphismus steht und am ehesten als menschliche Wunschvorstellung entlarvt werden könnte. Mit Recht empfinden Menschen die Liebe (zu ihren Partnern, den Eltern, ihren Kindern, zu Freunden) als besonders beglückend. Doch dabei handelt es sich um eine rein menschliche Relation, denn schon im Tierreich gibt es so etwas nur in stark veränderter Form oder überhaupt nicht. Versuchen wir uns dann das Universum mit seinen Abermilliarden Galaxien und dem grenzenlosen Nichts dazwischen vorzustellen, dann erscheinen göttliche Eigenschaften wie Unendlichkeit, Unermesslichkeit, Ewigkeit durchaus geeignet zur Beschreibung eines Gottes. Aber dass ein Gott ausgerechnet so empfinden soll wie eine bestimmte Spezies auf einem einzelnen Planeten, dass er *Liebe* nicht nur hat, sondern auch ist, das wäre doch mehr als absurd. Bei einer Beschreibung Gottes als *liebender Gott* klingeln doch alle Warnglocken bei denen, die Götter schon immer für Erfindungen, für menschliche Wunschvorstellungen oder Projektionen gehalten haben. Und dass ausgerechnet der Mensch dieses Gegenüber Gottes sei, gar sein Ebenbild? Der Mensch, der vor 270 Millionen Jahren noch einen gemeinsamen Vorfahren mit dem Huhn hatte, und dessen Genbestand zu immerhin 30 % mit einer Kartoffel übereinstimmt? Also diesen Gedanken der Gottebenbildlichkeit mit einer Spezies, die gerade eben erst das Rad erfunden und erst kürzlich bemerkt hat, dass die

Sonne *kein* Gott ist; eine solche Gottebenbildlichkeit würde ich mir als Gott jedenfalls strengstens verbitten.

Drittens: Die *Liebe* als Gottes vornehmste Eigenschaft ist selbst in weiten Teilen der Bibel unbekannt. Im Alten Testament kommt sie in der Regel erst in sehr späten Texten, z. B. den Psalmen, als eigenständiges Thema vor. Andere Themen wie der Bund Gottes mit Israel, sein Gesetz, die Grenzen des Landes, Opferkult und Tempel waren viel wichtiger. Wo von der Liebe Gottes die Rede war, bezog diese sich zudem nicht universal auf eine Liebe Gottes zu *allen* Menschen, sondern war exklusiv und streng begrenzt auf die Liebe zu einem Volk, das fast unbeachtet von der Weltgeschichte auf einer Fläche von der Größe Hessens sein Dasein fristete. Für alle anderen außerhalb dieses Bereichs war dieser Gott einfach nicht zuständig.[306] Nur naive Gläubigkeit meint, die Liebe wäre auch schon im Alten Testament das große Thema gewesen, und überhaupt die Mitte der Schrift.

Ja sie ist es sogar im Neuen Testament nur bedingt. So ist das große Thema von Jesus nicht die Liebe und das Liebesgebot, sondern die von ihm erwartete Ankunft des Reiches Gottes, die Wiederaufrichtung Israels in seiner alten Kraft und dann unter direkter Führung Gottes. Dass Jesus auch von Liebe gesprochen hat, scheint zumindest sehr wahrscheinlich, auch wenn dieser Gedanke im ältesten Markusevangelium noch eher schwach ausgeprägt ist. Doch zweifellos war die Liebe in weit geringerem Maße sein Thema als heutige Gläubige das wahrhaben wollen. Und wenn Jesus von ihr sprach, meinte er sie ebenfalls noch nicht in einem universalen Sinn. Seine Verkündigung war partikularistisch und richtete sich an seine Glaubensbrüder und an sein Volk. Keineswegs hatte er eine Botschaft »für die Menschheit«. Der Liebesgedanke Jesu, wenn er ihn vertreten hat, war zudem begrenzt durch Vorstellungen von einem Gericht, einer Hölle, von einem Teufel und ewiger Verdammnis. In diesen Vorstellungshorizont muss sein Liebesgedanke eingetragen werden und erhält von hier seine Beschränkung. Solche Vorstellungen hat Jesus schon vorgefunden und sah offenbar keine Veranlassung, sich von ihnen zu distanzieren. Jesus als Bringer einer neuen Botschaft und Ethik der Liebe und des Friedens für alle Menschen – das ist romantischer Unsinn und längst von der neutestamentlichen Forschung widerlegt. Jesus war aus rauerem Holz geschnitzt: mit gläubigen Bibellesekreisen und friedensbewegten Kirchentagsbesuchern hätte er wenig anfangen können.

Der Zorn Gottes

Auch wenn Professoren der Theologie den einfachen Gläubigen gerne Stichworte geben und auch schon mal auf Anfrage eine Predigt halten; sie sind zu reflektiert, um die Unzulänglichkeiten und Oberflächlichkeiten des christlichen Mainstreams nicht zu empfinden. Theologen wissen auch um eine dunkle Seite Gottes und entfalten diese auf zwei Fragestellungen hin: auf den »Zorn Gottes« und auf die Theodizeeproblematik.

Gläubige verdrängen diese Tatsache gerne, aber der zornige Gott ist im Alten Testament wesentlich häufiger anzutreffen als der liebende Gott. Dogmatiker müssen sich mit diesem zornigen Gott irgendwie auseinandersetzen. Man kann fragen, ob es nicht überhaupt ein seltsamer Umstand ist, dass ein Gott so unterschiedlich sein soll. Dies widerspricht eigentlich der Unwandelbarkeit, die Theologen ja als eine wichtige Eigenschaft Gottes gerne behaupten. Doch gehört für einen unvoreingenommenen Leser nicht viel dazu zu erkennen, dass sich der alttestamentliche und der neutestamentliche Gott massiv unterscheiden. Dabei hat der alttestamentliche Gott Jahwe eine Persönlichkeitsveränderung durchmachen müssen, die man aus therapeutischer Sicht durchaus als gelungen bezeichnen kann. Vom mürrischen und zuweilen cholerischen Gott, einem Herrn und Herrscher, wurde er zu einem liebenden Vater. Und dabei wandelte er sich ebenso von einem partikularistischen Provinz- und Volksgott zu einem universalistischen Gott potenziell aller Menschen. Zu verdanken hat er diese Wandlung seinem eingeborenen Sohn. Aber mehr noch den Konzilien des vierten und fünften Jahrhunderts.

Der alttestamentliche Gott hat noch nicht wissen können, dass ihm eine solch charakterliche Weiterentwicklung ins Haus steht. Christen sehen zwar ihren Herrn Jesus im Alten Testament schon vorgeprägt, doch für die Forschung ist seit Langem klar, dass dies eine rein apologetische Sicht ist und sog. Weissagungsbeweise auf mehr als dünnen Beinen stehen. Es sind Geschichtskonstruktionen im Nachgang des Geschehens, denn so einen wie Jesus hatte wirklich niemand erwartet. Die Juden, die die älteren Rechte am alttestamentlichen Gott haben, sahen dies stets richtiger als die Christen, und wurden dafür blutig verfolgt.

Doch der zornige Gott begegnet leider auch noch im Neuen Testament. Er findet sich in allen Strafandrohungen, die auch dort reichlich vorhanden sind, und schließlich vor allem in der Offenbarung des Johannes, wo unvermittelt ein Gott auftritt, der an Grausamkeit fast nicht zu überbieten ist, weshalb es Theologen auch vorziehen, dieses Buch als Ganzes nach Möglichkeit zu ignorieren. An gewichtiger Stelle taucht der Zorn Gottes aber auch bei Paulus im ersten Kapitel seines Römerbriefs auf. Paulus braucht ihn für sein theologisches System, und also müssen sich auch »moderne« Theologen mit dem Zorn Gottes beschäftigen. Wir hatten gesehen, dass nach paulinischer Vorstellung jeder Mensch die Möglichkeit hat, Gott aus seinen Werken und durch die Vernunft zu erkennen. (Röm 1,18ff.) Weil Menschen dies aber nicht tun, verfallen sie dem Zorn Gottes und haben den Tod verdient. Aus dieser Verfallenheit an die Sündhaftigkeit rettet sie dann aber Gott selbst durch das Heilswerk Christi.

Die Rede vom Zorn Gottes, die für frühere Jahrhunderte kein Problem war, ist heute eher anstößig und wird von Theologen gerne gemieden. Wo von Gottes Zorn die Rede ist, wird er entschuldigt. Er wird zur Voraussetzung(!) für die Liebe Gottes erklärt, zur Kehrseite der Liebe verbrämt und damit quasi sogar notwendig. Pöhlmann schreibt:

> »Sosehr die Liebe Gottes seinen Zorn voraussetzt [sic!], ist der Zorn doch selbst nicht Gottes zweites Wesen, sondern lediglich der Entzug seines Wesens, das einzig die Liebe ist. ... Gott ist Liebe. Gott ist aber nicht Zorn.«[307]

Auch hier versuchen sich Theologen wieder an der Quadratur des Kreises. Zorn, in normalen ethischen Kategorien ein niederer Affekt, wird zur Voraussetzung für die Liebe. Wie absurd, sprich: wie theologisch eine solche Aussage ist, wie sie Worte verdreht und mit ihren Bedeutungen jongliert, kann man ersehen, wenn man sich die Reaktion seiner Lebenspartnerin oder seines Lebenspartners vorstellt, wollte man ihm verständlich machen, dass ohne Zorn keine Liebe zu ihr/ihm möglich sei.[308]

Natürlich handelt es sich bei Gott aber nicht um einen gewöhnlichen, sondern um »heiligen Zorn«. Der Theologe Härle meint:

> »Der Zorn als Eigenschaft der Liebe [sic!] unterscheidet sich radikal von dem selbstsüchtigen, gekränkten Zorn, den wir aus zwischenmenschlichen Beziehungen kennen und der tatsächlich dem Wesen der Liebe widerstreitet. Der heilige Zorn bzw. die zornige Liebe Gottes [sic!] richtet sich um des geliebten Menschen willen gegen alles, was ihm bzw. wodurch er sich selbst schadet.«[309]

Und er versteigt sich nicht ohne innere Konsequenz zu dem Satz: »Liebe ohne solchen heiligen Zorn wäre keine echte Liebe.«[310] Ebenso klar wie schräg sieht es auch der Theologe Joest: »Vielmehr weil in Gott Liebe ist, darum kann sie nicht sein ohne Zorn.«[311]

Wie man sich die Situation vorzustellen hat, beschreibt wieder Pöhlmann:

»Nur wenn der Mensch unter der Heiligkeit Gottes zusammengebrochen ist, kann er von seiner Liebe aufgerichtet werden … Gnade ist immer nur Gnade durchs Gericht. … Gottes Liebe leuchtet nur auf dem dunklen Horizont seines Gerichts.«[312]

Ein kleiner Schwenk ans katholische Ufer: Die katholische Theologie versteht es ebenso, disparate Begriffe für ihre Dogmatik umzubiegen. Für sie ist die *Hölle* notwendig mit der *Freiheit* des Menschen verbunden: Der Mensch ist frei, doch wer seine Freiheit nicht im Sinne der Kirche nutzt, hat sich die Hölle verdient. Ebenso ist das Fegefeuer für sie keine barbarische Folter, sondern ein Heilmittel, denn mit ihr kann der Sünder »durch Leiden geläutert und gereinigt werden«.[313]

»Das Feuer lässt sich verstehen als die läuternde, reinigende und heiligende Kraft der Heiligkeit und Barmherzigkeit Gottes […]. Das Fegefeuer ist also Gott selbst in seiner reinigenden und heiligenden Macht für den Menschen.«[314] (KEK I, 425)

Das Foltern der Menschen im Fegefeuer ist also gut katholisch und geschieht in guter Absicht und zum Besten des Menschen. Natürlich ist es mit Schmerzen verbunden, aber der Gefolterte sollte sich eher bedanken als klagen, denn er sollte wissen: »Es handelt sich … um den reinigenden Schmerz der Liebe.«[315] Ein wenig fühlt man sich bei solchen Argumentationen dann doch erinnert ans christliche Mittelalter und darf ruhig berechtigte Zweifel hegen am Geisteszustand derer, die sich so etwas ausdenken.

Natürlich ist die Frage, wie man die Liebe Gottes mit seinem Zorn in Übereinstimmung bringen kann, erneut wieder ein Scheinproblem. Was die Theologen zu solch absurden Verknüpfungen disparater Begriffe treibt, ist wieder einmal das Bedienen der Tradition. Es sind einfach zu viele Bibelstellen, Konzilsbeschlüsse, Bekenntnistexte oder auch nur Lutherzitate, die berücksichtigt und zusammengebracht und -gedacht werden müssen, so dass man sich nicht wundern muss, wenn das Ergebnis zuweilen lächerlich und grotesk wirkt. Weiter käme die Theologie nur mit einem radikalen Traditionsbruch, wenn sie den jahrtausendealten Gedankenunrat eines zornigen Gottes, von Gericht und Hölle, von Sünde und Erlösung über Bord werfen würde. Aber dieser Bruch wäre so radikal, dass er einer Selbstauflösung der Theologie gleichkäme. Deshalb wird dies nicht geschehen. Ehrlicher wäre es zwar schon, aber nicht *Ehrlichkeit*, sondern *Wahrheit* steht auf den Bannern der Religionen.

Das Scheinproblem der Theodizee

Die meisten Probleme, mit denen sich Theologen herumschlagen, verlassen nicht die Mauern des theologischen Elfenbeinturms. Doch es gibt zumindest *ein* theologisches Problem, dass auch Nichttheologen bekannt ist und das viele Menschen im Laufe des Lebens auch selbst formulieren: Wenn es einen Gott gibt, warum lässt er dann das Leid zu? Was ist das ganze christliche Gerede von einem liebenden Gott noch wert, wenn kleine Kinder schon an Krebs sterben, wenn durch Regenfluten in Bangladesch denen, die ohnehin kaum mehr haben als ihr Leben, dieses auch noch geraubt wird, während anderswo auf der Welt Menschen verhungern, weil eben *kein* Regen fällt? Warum sieht der liebende Gott zu, wenn Menschen gefoltert und getötet und wenn sie in Lagern zu Tausenden vernichtet werden? Oder wenn eine junge Mutter durch einen betrunkenen Autofahrer ums Leben kommt: Warum lässt Gott den Fahrer nicht einfach zwei Sekunden später die Stelle passieren? Niemand würde das mitbekommen. Wäre das etwa zu viel verlangt?

Theodizee lautet der Fachbegriff, wenn man so fragt: Er meint die *Rechtfertigung Gottes* angesichts des Leids in der Welt. Und er trifft die christliche Religion verschärft, denn der christliche Gott wird ja als Gott der Liebe weltweit verkündigt. Das Theodizeeproblem ist ein Teil der klassischen Gotteslehre, es entspringt aus der Lehre von den göttlichen Eigenschaften. Theologen sind gezwungen, sich damit zu beschäftigen. Denn Gott gilt traditionell als allmächtig und allgütig. Beides geht schwer zusammen. Denn wenn er allgütig ist: Warum greift er nicht ein, wenn Menschen sich unverschuldet in ausweglosre Not befinden? Kann er aber nicht eingreifen, wäre er nicht allmächtig.

Das Theodizeeproblem ist der schwerste Brocken, den die Theologie zu schleppen hat. Denn einen Gott kann man behaupten und an eine Trinität kann man glauben, aber einen angeblich liebenden Gott mit all dem großen und kleinen Leid in Verbindung zu bringen – hier stoßen selbst um Erklärungen nie verlegene Theologen an ihre Grenzen. Und nicht wenige geben unumwunden zu, dass sie keine Lösung vorweisen können.[316]

Dabei hat es an Versuchen zu einer Lösung wahrlich nicht gefehlt. Doch keine konnte befriedigen. Schon alt sind die Versuche, all das Böse auf der Welt dem Teufel zuzuschreiben, der die guten Absichten Gottes immer wieder stört. Auf diese Weise behält Gott zwar seine weiße Weste, aber verliert auch seine Souveränität. Und das Problem, warum er das Böse nicht einfach verhindert, bleibt bestehen. Teufelslösungen waren in der Kirche zudem immer auch gefährlich, denn der Schritt hin zu einer völlig dualistischen Weltsicht war immer eine Gefahr. So ging es also nicht.

Auch die Sünde des Menschen als Grund für das Böse wurde gerne angeführt. Denkt man aber an kleine Kinder, die noch gar keine Gelegenheit zur »Sünde« gehabt haben, muss man schon mit der Erbsünde argumentieren, was heute aber selbst katholischen Priestern nicht mehr so leicht von den Lippen geht. Und warum werden ausgemachte Verbrecher und Diktatoren oft bis ans Lebensende verschont? Gäbe es hierzu ein göttliches System, die Theologen hätten es uns sicher längst stolz präsentiert.

Für Leibniz war diese Welt »die beste aller möglichen Welten«. Das Böse führt er auf den freien Willen der Menschen zurück, der eben für ihn zu einer guten Schöpfung dazu gehört. Aber einem jedem fällt sofort eine ganze Reihe von Dingen auf, die man hätte verbessern können. Dazu genügt schon ein Blick in den Spiegel. Leicht vorstellbar ist also eine Welt, die noch viel besser ist als die bestehende. Zudem passt der Gedanke der menschlichen Freiheit zwar zu moralischen Übeln, aber nicht zu Naturkatastrophen wie Erdbeben, Überschwemmungen oder auch nur Blitzschlag. Auch hier bleibt die Frage, warum Gott nicht wenigstens beim Wetter ein Einsehen hat, unbeantwortet. Auch Theologen argumentieren gerne mit der menschlichen Freiheit, die man für die Übel verantwortlich machen möchte. Aber diese Lösung scheitert an den unschuldigen Opfern (z.B. kleine Kinder), die nie die Möglichkeit hatten, ihre Freiheit zu artikulieren. Evangelikale beklagen die weltweit hohe Zahl von Abtreibungen und machen Menschen dafür verantwortlich. Sie sprechen sogar von Mord. In der evangelikalen Zeitschrift IDEA-Spektrum erscheinen in jeder Ausgabe Zahlen hierzu. Doch wie ist es bei der um ein Vielfaches höheren Zahl von Fehlgeburten und Aborten? Dafür lassen sich schwer Menschen verantwortlich machen, und wenn man auch hier von *Mord* sprechen will, fällt einem eigentlich nur noch einer ein, der hier anzuklagen wäre. Kaum ein Frommer dürfte sich diesen Umstand bisher klar gemacht haben.

Beliebt ist bei Theologen auch die Flucht ins Geheimnis. Gott wird sich schon etwas dabei gedacht haben. Und dem Menschen steht es nicht zu, nach dem Grund zu fragen und Gott zu richten. Glaube zeige sich gerade darin, dass man solche Fragen *nicht* stellt. Dabei wüssten sicherlich auch Gläubige gerne, warum Gott sich entschlossen hat, z. B. regional wegzusehen (oder regional zuzuschlagen), wenn eine Stadt in einem Erdbeben zerstört wird, andere aber bestehen bleiben. Und warum lässt Gott Erdbeben so gerne und häufig auf den Bruchkanten der Kontinentalplatten geschehen? Könnte er hier nicht wenigstens für eine gerechte Verteilung sorgen? Oder sind Menschen am Rande von Kontinentalplatten sündhafter als anderswo?

Halbwegs logisch ist da noch das deistische Gottesbild der Aufklärung. Demnach hat Gott die Welt zwar geschaffen, sie aber dann sich selbst überlassen. Tatsächlich kann man mit diesem Gottesbild einiges erklären, dennoch ist es für Theologen nicht zu gebrauchen. Denn die Kerninhalte der christlichen Dogmatik mit Christologie und Versöhnungslehre und einem Gott am Kreuz passen eben nicht zu einem bloßen Weltschöpfer. Von einem liebenden Gott wird einfach mehr Anteilnahme und Zuwendung erwartet als von seiner deistischen Variante. Der deistische Gott hat einfach zu wenig Extras, man muss befürchten, er hört nicht einmal zu, wenn man zu ihm betet.

Die Holocaust-Theologie

Besonders dringend wurde die Frage nach der Untätigkeit Gottes angesichts der Gräuel in den deutschen Konzentrationslagern. Wie konnte Gott so etwas zulassen? Warum hat er geschwiegen? Und wenn er sich hier nicht bewegt hat: Was muss noch geschehen, wann gedenkt er denn überhaupt, schreiendes Unrecht zu verhindern? Dem Leiden und der Vernichtung seines eigenen Volk zuzusehen, mit dem er doch nach biblischer Lesart einen Bund geschlossen hat: Dazu gehört schon eine gehörige Portion göttliche Kaltschnäuzigkeit. Hätte er nicht wenigstens hier so etwas wie eine moralische Pflicht gehabt, einzugreifen?

Solche Fragen und ihre Bewältigung haben eine eigene Theologie – die sog. »Holocaust-Theologie« bzw. eine »Theologie nach Auschwitz« – begründet. Vertreter finden sich unter Juden wie Christen, aber natürlich haben diese Fragen das Judentum am stärksten bewegt. Man versucht, das Unerhörte verstehbar zu machen. Und man darf sagen, es ist hier zu sehr ungewöhnlichen und auch absurden Ergebnissen gekommen.

Es mutet makaber an, wenn immer wieder versucht wird, absurdem und unmenschlichem Geschehen doch noch einen Sinn oder einen göttlichen Plan abzuringen. Der Rabbiner Ignaz Maybaum, der selbst nahe Angehörige im Holocaust verloren hat, vertrat die Anschauung, dass das Leiden der Juden stellvertretend geschehen sei. »In Auschwitz litten die Juden stellvertretend für die Sünden der Menschheit.«[317] Israel habe die Rolle des leidenden Gottesknechts übernommen, wie beim Propheten Jesaja geweissagt. Der Holocaust habe somit eine versöhnende Funktion gehabt.

Manche Vertreter eines ultraorthodoxen Judentums führen den Holocaust auf die Sünden des Volkes zurück, vor allem die Abkehr vom Gesetz und vom Sabbat und dem Einschwenken auf eine als dekadent empfundene westliche Zivilisation. »Und so ist es kein Wunder, dass der Herr im Zorn einen Schlag austeilte.«[318] Dabei sehen einige den Holocaust als Strafe *für* den Zionismus, andere als Strafe für *zu wenig* Zionismus.

Ähnliche Absurditäten finden sich auch bei christlichen Fanatikern. Einige von ihnen meinen, im Holocaust habe sich der Fluch erfüllt, von dem in Dtn 28,15-68 die Rede ist. Die Juden habe das Gericht ereilt, die christliche Gemeinde sei nun das »wahre Israel«.

Doch sind solche Positionen natürlich Randmeinungen und kaum ohne ein gerüttelt Maß an Religiotie zu erklären. Eine Antwort auf Gottes Schweigen aber bleibt weiter aus, und die Erfahrung des Holocaust hat sicherlich mit dazu beigetragen, dass sich viele Juden heute als bewusst säkular verstehen.

Gott leidet mit

Eine zumindest gut gemeinte Lösung des Problems der Theodizee mit Blick auf die NS-Gräuel lieferten Theologen wie Jürgen Moltmann oder Johann Baptist Metz. Gemeint ist deren Konzept vom »solidarischen Gott«. Moltmann hat ihm in seinem Buch »Der gekreuzigte Gott« Ausdruck verliehen. Gott wird hier nicht mehr als einer gesehen, der dem Leid gegenübersteht, sondern der selbst mitleidet, in Solidarität steht mit dem Leidenden. Denn auch Gott selbst weiß (durch das Kreuz), was es heißt, zu leiden; nichts Menschliches ist ihm fremd. Moltmann erzählt eine Geschichte des KZ-Überlebenden Eli Wiesel:

> »Die SS erhängte zwei jüdische Männer und einen Jungen vor der versammelten Lagermannschaft. ... Als nach langer Zeit der Junge sich immer noch am Strick quälte, hörte ich [einen] Mann wieder rufen: *Wo ist Gott jetzt?* Und ich hörte eine Stimme in mir antworten ... *Er hängt dort am Galgen.*«[319]

Moltmann führt aus:

> »Jede andere Antwort wäre Blasphemie. Es wird auch keine andere christliche Antwort auf die Frage dieser Qual geben. Hier von einem leidensunfähigen Gott zu sprechen, würde Gott zum Dämon machen. Hier von einem absoluten Gott zu sprechen, würde Gott zum vernichtenden Nichts machen. Hier von einem indifferenten Gott zu sprechen, würde Gott zur Gleichgültigkeit verurteilen.«[320]

Was bei wohlwollender Betrachtung wie ein schöner Ausweg aus dem Problem der Theodizee wirkt, entlarvt sich bei näherem Hinsehen als theologischer Kitsch. Der Gedanke der Solidarität sogar im Leid mag ja bei Menschen sinnvoll sein, bei einem Gott ist er aber völlig unpassend. Denn wie sollte ein Gott mitleiden, wenn er doch die Macht hat, über den Verhältnissen zu stehen? Wäre das dann nicht göttliches Theater, fromme Augenwischerei? Das ist so lächerlich wie ein Chef, der seinen Chauffeur nach Hause schickt und sich stattdessen zu seinen Arbeitern in die Straßenbahn setzt, um zu signalisieren: Seht her, ich bin einer von euch.

So einfach geht es ja nun nicht. Ein Gott, wenn er denn leidet, leidet aus freien Stücken. Er hat sich, im Gegensatz zu unschuldigen menschlichen Opfern, seine Situation ausgesucht. Er kann sich ihr auch entziehen und könnte die Situation auch insgesamt beenden. Solche Freiheiten haben Opfer nicht. Und auch der Hinweis auf einen leidenden Gott am Kreuz will nicht recht überzeugen. Denn bei allem Leid des Gottessohnes bleibt festzuhalten: Nach drei Tagen war der Spuk vorbei und Auferstehung angesagt. Der Tod des Gottessohns war für diesen kein immerwährendes Schicksal, sondern nur eine sicher interessante Episode, quasi ein Wochenendausflug. Für Menschen sieht der Tod ernster aus. Und selbst wenn man einräumt, dass ja auch auf den leidenden Menschen das Himmelreich warte, gilt immer noch: Erfahrenes Leid kann nicht rückgängig gemacht werden. »Wer gefoltert wurde, bleibt gefoltert.«[321] Thomas Rießinger bemerkt zu Recht, dass es »einem leidenden, einem einsamen, verlassenen und verworfenen Menschen nicht allzu viel nützt, dass vor 2000 Jahren jemand anders auch gelitten hat.«[322] Doch genau dies will uns der Theologe Moltmann offenbar vermitteln.

Der Gedanke ist im modernen Protestantismus beliebt. Auch z. B. Margot Käßmann möchte es ähnliches verstanden wissen.

»Gott ist bei den Leidenden. Gott zieht uns nicht plötzlich aus dem Leiden, aber wenn wir leiden und angefochten sind, steht Gott uns bei.«[323]
Bei aller religiösen Oberflächlichkeit gerade dieser prominenten Vertreterin des Protestantismus; hier schimmert offenbar ein Gedanke Dietrich Bonhoeffers aus seinem Buch »Widerstand und Ergebung« durch.

»Gott lässt sich aus der Welt herausdrängen ans Kreuz, Gott ist ohnmächtig und schwach in der Welt und gerade und nur so ist er bei uns und hilft uns. ... Die Bibel weist den Menschen an die Ohnmacht und das Leiden Gottes; nur der leidende Gott kann helfen.«[324]
Bonhoeffer steht heute in protestantischen Kreisen in hohem Ansehen, denn er war einer der wenigen Theologen, die bereit waren, auch politisch gegen

den Hitlerismus zu kämpfen, und nicht nur theologisch gegen die »Deutschen Christen«. Wie man dies heute rühmt, so hat ihm die Bekennende Kirche eben dies damals verübelt und ihn von ihrer Fürbittenliste gestrichen. Bonhoeffer wurde noch kurz vor Kriegsende im KZ umgebracht. Wie viele Theologen ist auch er ein Sprachvirtuose, doch seine Äußerungen haben, anders als die seiner EKD-Nachfolgerin, durchaus Tiefgang. Was er aber hier eigentlich gemeint haben könnte, wenn er Gott in die Opferrolle bringt und gerade vom leidenden Gott Hilfe erwartet, paraphrasiert zwar die Passionsgeschichte, wird aber auch nicht wirklich deutlich.

Eine solche Erklärung ist keine Rechtfertigung, aber wirkt zumindest wie eine Entschuldigung Gottes. Denn einem leidenden Gott, der sich offenbar selbst nicht helfen kann, mag man seine unterlassene Hilfeleistung verzeihen. Theologen haben die Allmacht eingeschränkt, um seine Liebesfähigkeit zu retten. Gott ist nicht allmächtig; nur so lässt sich für manche Theologen sein Nichteingreifen erklären. Prominent hat das der Philosoph Hans Jonas[325] zum Ausdruck gebracht. Wenn man überhaupt nach Auschwitz noch von Gott sprechen will, dann geht das nur, wenn man Gott gegen die Tradition eben *nicht* allmächtig sieht.

»Nach Auschwitz können wir mit größerer Entschiedenheit als je zuvor behaupten, dass eine allmächtige Gottheit entweder nicht allgütig oder … total unverständlich wäre. Wenn aber Gott auf gewisse Weise und in gewissem Grade verstehbar sein soll (und hieran müssen wir festhalten), dann muss sein Gutsein vereinbar sein mit der Existenz des Übels, und das ist es nur, wenn er nicht allmächtig ist.«[326]

Er hat die Welt zwar geschaffen, aber um den Menschen die Freiheit zu lassen, nimmt er sich selbst zurück und verzichtet auf eine Einflussnahme.

Andere haben die Enthaltsamkeit Gottes burschikoser ausgedrückt. In Wolfgang Borcherts Heimkehrerdrama »Draußen vor der Tür« hat Gott sich in den schönen alten Kirchen eingemauert und überhört deshalb die Schreie der Menschen. Und in Alfred Anderschs Roman »Sansibar oder der letzte Grund« ist er »in Honolulu oder auf dem Orion«, also entschuldigt.[327] Abwesend ist er auch für die Theologin Dorothee Sölle. Die Menschen müssen nun anpacken und eine bessere Welt schaffen.

Die finale Lösung des Theodizeeproblems

Warum leide ich? Diese Frage ist für Georg Büchner in seinem Drama *Dantons Tod* der »Fels des Atheismus«. Theologen aller Konfessionen haben sich wirklich redlich bemüht, diesen Felsen anzubohren und abzutragen, doch seit 2000 Jahren bekommen sie ihn nicht vom Fleck. Er übersteigt ihre Kräfte oder ihr Handwerkszeug ist offenbar ungeeignet. Und manche mögen ahnen: Bis die Zeit diesen Fels vielleicht wegerodiert hat, wird sich das Christentum in Geschichtsbücher verflüchtigt haben. Das Todesdatum steht zwar noch nicht fest, doch das Problem der Theodizee wird der christliche Glaube sicher mit ins Grab nehmen.

Es ist peinlich für die Theologie, dass dies ausgerechnet bei einem Problem passiert, wo alle hinsehen, und nicht bei einem Spezialproblem, von dem nur Dogmatiker Kenntnis haben. »Moderne« Theologen treten in dieser Situation gerne die Flucht nach vorn an und erklären (bevor andere das tun) schon von sich aus das Problem als prinzipiell unlösbar. Das Leiden lässt sich nicht erklären. Der Theologe Joest schreibt:

»Und dass Leiden … in seiner eigenen *Natur* nicht heilsam und sinnvoll, sondern zerstörend wirkt, ist eine Erfahrung, die durch keine philosophische oder theologische Theorie überspielt werden darf.«[328]

Die Theologin Schneider-Flume meint:

»Christliche Theologie kann Gott nur vom Kreuz Jesu Christi her als mit den Leidenden mitleidend denken. Auch das ist keine Antwort. Jede menschliche Antwort wäre Vermessenheit und Zynismus angesichts der Opfer. Die Klage bleibt offen.«[329]

Und Hans-Martin Barth ist sich der Lösung schon halb bewusst und formuliert wieder spitz:

»Sollte man aus Auschwitz irgendetwas anderes über Gott *erkennen* können, als dass er tot oder, wenn nicht tot, ein Satan ist?«[330]

Gut gebrüllt, Löwe! Doch für Theologen sind dies natürlich rhetorische Fragen, alle drei hier Zitierten schränken wie gewohnt das eben Gesagte bald wieder ein. Barth spricht ein paar Seiten später wieder von Gott, als hätte es einen Holocaust nie gegeben oder Barth ihn nicht verstanden: »… er [Gott] führt sein Volk – verdienter- oder rätselhafterweise – durch Katastrophen und bewährt sich gerade darin als der, der er ist«.[331] Schneider-Flume bringt als letzten Satz: »Und doch hält der Glaube sich an den Trost, dass Gottes Ewigkeit die Opfer bewahrt.«[332] Und der Theologe Joest relativiert seine Einsichten bald wieder eschatologisch. Der Eindruck drängt sich auf: Theologen erwarten offenbar sogar so etwas wie Beifall für ihre Ehrlichkeit, wenn sie zugestehen, für das Theodizeeproblem keine Lösung zu haben. Nur um ein paar Sätze später wieder in die als insuffizient erkannten Positionen zurückzufallen.

Dabei ist es auch hier wie bei allen Scheinproblemen nur ein kleiner Schritt und der Ausweg aus den Denkdilemmata gut ausgeschildert. Aber Theologen dürfen den Ausweg nicht nutzen, er ist ihnen verboten und sie verbieten ihn sich auch selbst. Das Theodizeeproblem, an dem sich Theologen seit 2000 Jahren abmühen und das vorher schon im Judentum ergebnislos verhandelt wurde, eines der größten, wenn nicht das größte Problem der Theologie überhaupt, ein Mühlstein am Hals der Kirche, die Frage, wie man einen liebenden Gott mit einer leidenden Welt unter einen Hut bekommt, löst sich in ein Logikwölkchen auf, wenn man einfach annimmt, es gebe keinen Gott. Mit einem Schlag und mit entwaffnender innerer Stringenz verschwinden alle eben noch aus der falschen Gottesprämisse erwachsenen Grund- und Detailfragen. Plötzlich muss man nicht mehr zwanghaft nach Rechtfertigungen für ein fehlendes göttliches Eingreifen suchen, sich nicht flüchten in absurde Ansichten über das Abbüßen einer Weltschuld oder die Sündhaftigkeit der Menschen, muss keine Zuflucht nehmen zu unbeholfenen Lächerlichkeiten wie einem verreisten Gott oder dunklem Geraune über einen verborgenen Gott, muss nicht mehr darüber phantasieren, ob die Nazis nun ein Werkzeug Gottes waren oder nicht. Lässt man die Gotteshypothese fallen, dann geschieht Erhellendes: Deutlicher als bei jedem anderen religiösen Scheinproblem heben sich die theologischen Nebel und geben den Blick frei auf eine zwar nicht perfekte, aber wenigstens im Prinzip verstehbare Welt.

Erdbeben erklären sich dann geologisch, Überschwemmungen und Dürren meteorologisch, der Tod erklärt sich aus evolutionärer Notwendigkeit heraus, Krankheiten und Seuchen erklären sich medizinisch, Lottogewinne wie Flugzeugabstürze statistisch, Diktaturen und Kriege politisch, psychologisch und geschichtlich, das Leid des Einzelnen, ohne das es kein menschliches Leben gibt, aus vielfachen und oft nicht zu beeinflussenden Vorgaben, Gegebenheiten und Zufällen. Der Beitrag der Theologie zu einer Welterklärung aber ist gleich null. Seit Tausenden von Jahren hält sie sich für unentbehrlich bei der Erkenntnis der Welt, dabei ist sie einfach nur hinderlich und steht im Weg, sieht Gespenster und plappert hinein, wenn Erwachsene sich unterhalten. So ist es auch bei der Theodizee. Das Theodizee-Problem ist doch längst gelöst. Das Problem gibt es überhaupt nur, weil es Theologie gibt. Es ist das theologische Scheinproblem *par excellence*. Gott ist wie ein fremdes und klobiges

Bauteil eines Autos, das auch ohne es prima läuft, das die Theologen aber dennoch unbedingt einbauen müssen und wollen.

Theologen können auf Gott natürlich schon *qua Amt* nicht verzichten und sind deshalb verurteilt, weiter im Trüben zu fischen. Sie können die klare und einsichtige Lösung des Theodizeeproblems nicht akzeptieren, auch wenn sie noch so auf der Hand liegt, keine Widersprüche produziert, die einsichtigere Konzeption und die bessere Theorie ist, sparsam und umfassend gleichermaßen, ohne Hilfskonstruktionen und die Annahme von unbewiesenen Faktoren wie Göttern, Engeln, Erzengeln, Dämonen, Hexen, Teufeln und heiligen Geistern.

Die Trinitätslehre

Die Überspanntheit der christlichen Religion zeigt sich auch im trinitarischen Gottesbild. Hier hagelt es Kritik von den anderen monotheistischen Religionen. Mit dem einfachen Gott des Judentums oder des späteren Islam gaben sich die Christen nicht zufrieden. Auch ein philosophischer Gott wird als unzureichend empfunden und von Kirchenfunktionären höchstens einmal in Talkshows gezeigt, in der Hoffnung, damit von den Diskussionspartnern erst genommen zu werden. Doch der christliche Gott ist nicht philosophisch, sondern trinitarisch. Nach heftigen Kämpfen in den ersten vier Jahrhunderten wurde dies in großen Konzilien dogmatisiert. Im Mittelalter wurde die Trinitätslehre nicht hinterfragt und auch die Reformatoren ließen sie unangetastet. Wurde es im Zuge von Aufklärung und Romantik stiller um sie, hat sie vor allem im Werk des protestantischen Theologen Karl Barth und seiner Schule im 20. Jahrhundert eine wahre Renaissance erlebt. Barth machte sie zum Ausgangspunkt jeder Theologie überhaupt und stellte sie an den Anfang seiner Dogmatik. Und zwar aus einer gewissen theologischen Folgerichtigkeit heraus, denn die Trinitätslehre ist die Klammer, die so unterschiedliche dogmatische Topoi wie die Schöpfungslehre, die Christologie und die Lehre von der Kirche (Ekklesiologie) zusammenhält. Verzichtet man auf sie, droht die christliche Dogmatik auseinanderzufallen. Doch vertritt man eine Trinitätslehre offensiv, wirkt man als Theologe so antiquiert wie diese selbst.

Außerdem weicht der Trinitätsglaube den Monotheismus bedrohlich auf. Wenn man in der Religionsgeschichte eine Entwicklung sehen will vom Animismus und Ahnenglauben über den Polytheismus hin zum Monotheismus – und viele tun dies – dann kann man das Gottesbild des Christentums durch aus als einen kulturgeschichtlichen Rückschritt verstehen, als Rückfall in den Polytheismus. Dieser Vorwurf wird von den eindeutig monotheistischen Religionen des Judentums und des Islam deshalb auch immer wieder erhoben, und christliche Theologie muss sich ständig gegen solche »Missverständnisse« wehren.

Aller guten Götter sind drei

Götterdreiheiten sind religionsgeschichtlich ein alter Hut. Es gibt sie weltweit und in vielerlei Spielarten, sie sind älter als das Christentum und haben vielleicht ihrerseits das frühe Christentum beeinflusst.

> »Und schon lange vor dem Christentum waren Götterdreiheiten bekannt und wurden verehrt. Es gab sie bereits bei den Sumerern und Babyloniern. In Ägypten wurden Isis, Osiris und Horus als Götterdreiheit verehrt, die römische Staatsreligion verehrte die drei Kapitolgötter Jupiter, Minerva und Juno. Der Gott Hermes wurde oft als der dreimal große Hermes, als *Hermes trismegistos* bezeichnet und verehrt. Auch dass ein Gott in drei Erscheinungsformen oder Prinzipien sich zeigte und verehrt wurde, war in der Antike nicht neu und gab es auch schon im Hinduismus und in Spielarten des Buddhismus. Die Religionsgeschichte kennt viele Belege einer Dreiheit, die oftmals als Sinnbild für Vollkommenheit gesehen wurde.«[333]

Der Theologe Hans-Martin Barth übertreibt im Rahmen seiner Theologie mal wieder, wenn er das trinitarische Denken geradezu als »Grundstruktur religiösen Bewusstseins« ansieht.[334] Zweifellos ist es das Wunschdenken eines eben christlich-trinitarisch sozialisierten Bewusstseins, denn neben den Parallelreligionen Judentum und Islam gab und gibt es auch dualistische Gottesbilder und einen sich nicht um monotheistisches Gedankengut scherenden Polytheismus. Doch richtig bleiben seine Hinweise auf den Religionswissenschaftler Friedrich Heiler, der eine Fülle an religionsgeschichtlichen Belegstellen gesammelt hat. Die Zahl *Drei* hat die Menschen immer schon fasziniert:

> »Es gibt Götter-Triaden in Sumer, im alten Ägypten und natürlich im hinduistischen Bereich, metaphysische Triaden, anthropologische (Leib, Geist, Seele), kosmologische (Himmel, Erde, Hölle/Unterwelt), ethische (Glaube, Hoffnung, Liebe) und sogar liturgische Triaden (im Christentum Weihnachten, Ostern, Pfingsten).«[335]

Dabei war die Trinitätslehre dem Christentum durchaus nicht in die Wiege gelegt. Eher könnte man sagen, sie kam zu ihr wie die Jungfrau zum Kinde, eben durch den Heiligen Geist, der selbst als ein Teil der Trinität angesehen wird. Eine kreißende antike Theologie erst hat den trinitarischen Gott nach langer und schwerer Geburt zur Welt gebracht.

Trinität als unbiblische Spekulation

Unter Theologen, die nicht gleich vom kirchlichen Bekenntnis her denken, herrscht weitgehende Einigkeit, dass die Trinitätslehre »nicht biblisch«[336] ist. Von »echten trinitätstheologischen Aussagen [kann] im NT keine Rede sein.«[337] Die Bibel kennt noch keine Trinitätslehre. Bestenfalls lassen sich einige und nur wenige sog. *triadische Formeln* finden.

»Geht nun zu allen Völkern und macht alle Menschen zu meinen Jüngern; tauft sie auf den Namen des Vaters und des Sohnes und des Heiligen Geistes.« (Mt 28,19)[338]

»Es gibt verschiedene Gnadengaben, aber den einen Geist. Es gibt verschiedene Dienste, aber den einen Herrn. Es gibt verschiedene Kräfte, die wirken, aber den einen Gott: Er wirkt alles in allen.« (1. Kor 12,4-6)

»Die Gnade Jesu Christi, des Herrn, die Liebe Gottes und die Gemeinschaft des Heiligen Geistes sei mit euch allen!« (2. Kor 13,13)

»Ein Leib und ein Geist, wie euch durch eure Berufung auch eine Hoffnung gegeben ist; ein Herr, ein Glaube, eine Taufe, ein Gott und Vater aller, der über allem und durch alles und in allem ist.« (Eph 4,4-6)

Jesus war für seine Verehrer in der Urgemeinde noch ein Mensch, wenn auch ein besonders hervorgehobener Mensch, den sie auf den Wolken des Himmels als Messias bald zurückerwarteten. Und der Geist Gottes, von dem Jesus gesprochen haben mag, wurde ebenfalls noch nicht als göttliche Person gesehen. Vielmehr stellte der Geist Gottes (im AT *Ruah Jahwe*) eine Eigenschaft Gottes da, so etwas wie Gottespräsenz oder Gotteskraft. Diese Eigenschaften haben die Christen später personifiziert. Auch dies ein häufig zu beobachtender Vorgang in der Religionsgeschichte. Paulus spricht zwar vom Geist Gottes, reflektiert aber (weil »nur« Eigenschaft Gottes) nicht weiter über ihn. Oder er identifiziert ihn mit Christus (2. Kor 3,17). Und selbst die Schwängerung Marias »durch den Heiligen Geist« sieht hier sicher noch Gott selbst am Werk, aber nicht eine von Gottvater unterschiedene göttliche Person. Erst im späten Johannesevangelium bekommt der »Geist« personhafte Züge.

Der »Geist« ist ohnehin problematisch und klappt bis zum heutigen Tag theologisch etwas nach.

»… wenn 2 Kor 3,17 der Geist freimacht, so ist dasselbe Joh 8,36 vom *Sohn* ausgesagt. Teils wird Christus als Empfänger des Geistes (Joh 1,32f.), teils als Spender des Geistes bezeichnet (Joh. 15,26 vgl. Lk 24,49), teils sendet der Vater den Geist (Joh. 14,16.26).«[339]

Neben triadischen Formeln kennt die Bibel auch binarische Formeln (Röm 1,7; Phil 1,2). In anderen Texten wird weiter Jesus mit dem Geist identifiziert (2. Clem 9,5; 14,2). Auch gibt es andere Formeln von Trinität, z. B. die von Gott, Menschensohn und Engel (1. Tim 5,21; Lk 9,26). Als entlarvt gilt in der Forschung das sog. *Comma Johanneum* in 1. Joh, 5,7. Hier hat eine spätere Redaktion die Trinität in einen Bibelvers hineingefälscht.

»Denn drei sind, die das bezeugen im Himmel: *der Vater, das Wort und der Heilige Geist, und diese drei sind eins; und drei sind es, die Zeugnis ablegen auf Erden*: Der Geist und das Wasser und das Blut; und die drei stimmen überein.« Die kursiv gesetzten Stellen kamen erst später hinzu.

Es gab also eine ganze Reihe von sich noch im Fluss befindlichen Vorstellungen. Und keine dieser Vorstellungen geht auf Jesus zurück. Bis zur Formulierung der Trinitätslehre war es noch ein weiter Weg. Und weder die Urgemeinde noch Petrus noch Paulus, ja nicht einmal Jesus selbst war rechtgläubig im Sinne der späteren Theologie der Kirche. In vielen, gerade konservativen und traditionalistischen Kirchen würde man ihn heute nicht einmal zum Abendmahl zulassen.

Noch absurder wird es, wenn man versucht, die Trinitätslehre gar schon im Alten Testament dingfest zu machen. Auch dies haben Theologen versucht. Und man sah dann überall da, wo die Zahl Drei vorkam, verborgene Hinweise auf die göttliche Trinität, die ja nach christlicher Dogmatik vor aller Zeit immer schon vorhanden war. So meinte man ernsthaft im dreimaligen *heilig, heilig, heilig* in Jes 6,3 einen Hinweis auf die Trinität zu finden, ebenso in den drei Jünglingen im Feuerofen von Dan 3. Dass Abraham im Hain Mamre in Gen 18 ausgerechnet *drei* Männern begegnet, musste ebenso als Argument herhalten wie »die drei Ranken, die der Mundschenk des Pharao im Traum erblickt (Gen 40,9f.).«[340] Auch Verse, die überhaupt nicht von einer Dreiheit sprachen, etwa das *Lasset uns Menschen machen* von Gen 1,26, wurden erst einmal vorläufig verhaftet. Solcherlei Deutungen, die in jedem Schüleraufsatz als *abwegig* oder als *Überinterpretation* vom Lehrer angestrichen würden, finden sich in ähnlicher Form und in großer Zahl z. B. noch in den Jesusbüchern des ehemaligen Papstes Ratzinger. Aber kein ernst zu nehmender Exeget kann sich dies heute noch erlauben.

Die Trinitätslehre als Höhepunkt der Theo-Logik

Weil man aus dem Menschen Jesus langsam einen Gott gemacht hat, musste Gott schließlich dreieinig werden. Die Trinitätslehre stand am Ende einer langen Entwicklung, die mit der Apotheose des galiläischen Wanderpredigers Jesus von Nazareth ihren Anfang nahm. Er wurde von seinen Anhängern nach seinem gewaltsamen Tode nicht nur als vom Tode auferstanden verkündigt, sondern auch als Messias zum kommenden Gericht und zur Aufrichtung der Gottesherrschaft erwartet. Anfangs als Prediger, als Rabbi, für manche vielleicht auch als ein Prophet angesehen, beförderte ihn die Gläubigkeit seiner Anhänger allmählich in immer luftigere Höhen. In Höhen, die bisher nur dem monotheistischen Gott selbst vorbehalten waren, und wo sich wegen Sauerstoffmangels schon mal Halluzinationen einstellen können. Dennoch galt Jesus noch bis Mitte des vierten Jahrhunderts für viele Gläubige als Gott klar untergeordnet, als subordiniert. Nicht anders haben ihn Petrus und Paulus, die synoptischen Evangelien, die Apologeten und die frühkatholischen Väter verstanden. Und vor allem hat er sich auch selbst so verstanden. Man kann Jesus nicht dafür verantwortlich machen, dass seine Gläubigen sogar eine Aufweichung des Monotheismus in Kauf nahmen, nur um ihn, der ja inzwischen die Sündenvergebung und ein ewiges Leben auch für die Gläubigen garantieren sollte, auf eine solche Stufe zu stellen, dass er dies auch leisten konnte. Bei keinem anderen Religionsstifter (der Jesus natürlich nie war) können die Historiker die Gottwerdung so nachverfolgen wie bei diesem Jesus aus Nazareth.

Die ausgebildete Trinitätslehre war Reaktion und Abschluss in diesem Entwicklungsprozess der frühen Kirchengeschichte. Den immer phantastischer ausgeschmückten Glauben der Gläubigen (nicht den Glauben Jesu!) hat die Theologie in Dogmatik überführt. Sie musste nun beschreiben, wie das Verhältnis zwischen Gott und Jesus und dann auch zum Heiligen Geist zu verstehen ist. Und sie tat dies unter Zuhilfenahme der spätantiken Philosophie. Von dieser findet sich in der Bibel bis auf ein paar Anleihen aus der Stoa zu gut wie nichts. Das Wort *Trinitas* taucht überhaupt erst bei Tertullian um das Jahr 200 auf. Tertullian prägte auch andere Begrifflichkeiten oder christianisierte sie, spricht von *una substantia in tres personae*, einem Wesen in drei Personen. Im Folgenden unterschied man in der Christologie wesens*gleich* von wesens*eins*, *gezeugt* von *geschaffen*, sprach von *Logos*, *Theos*, *Ousia* und *Hypostasis*.

Auf diese Weise meinte man damals, dem Wesen Gottes auf den Leib rücken zu können. Heutige Theologen sehen dies nüchterner. Selbst Hans-

Martin Barth, der trinitarisches Denken für so wertvoll im Dialog mit den Religionen ansieht, meint: »Die so gefundenen Kunstbegriffe erklären nichts. Sie versuchen zu beschreiben, was sich nicht erklären lässt.«[341] Barth spricht an anderer Stelle von einem »Hauch bodenloser Willkür« und von »seelenloser Rationalität«.[342] Wolfgang Trillhaas spricht von »für heutige Allgemeinbegriffe gar nicht nachvollziehbaren Vorstellungen«[343]. Und für die Theologin Schneider-Flume ist die »Geschichte des dreieinigen Gottes ... nicht notwendig im Sinne weltlicher Logik« zu verstehen.[344] Als gäbe es etwas anderes als eine weltliche Logik.

Theo-Logik jedenfalls versucht nicht die Welt zu verstehen, sondern Dogmen zu begründen. Sie ist nicht auf der Suche nach dem, was die Welt im Innersten zusammenhält, sondern verteidigt das, was die altkirchlichen oder reformatorischen Theologen als das Innerste meinten erkannt zu haben, als im Prinzip feststehend und als höchstens noch interpretierbar. Theologie ist somit als Ganzes ein konservatives Unterfangen. Die Trinitätslehre, nachdem sie einmal im 4. Jahrhundert festgelegt wurde, galt als geklärt und erledigt und wurde nun zu einem Prüfstein für Rechtgläubigkeit. Und gerade die Trinität bot eine Fülle von möglichen Missverständnissen, die in der theologischen Literatur oft ausführlicher behandelt werden als die Lehre selbst. Der Pfad, den rechtgläubige Theologen gehen mussten, war schmal und rechts wie links von Abgründen gesäumt.

Da ist zunächst die Gefahr, dass man Jesus nicht göttlich sehen wollte, sondern ihn als Gott untergeordnet verstand (*Subordinatianismus*). Was die ersten Christen noch wie selbstverständlich glaubten, wurde im Laufe des vierten Jahrhunderts in sein Gegenteil verkehrt. Jesus wurde ein Gott. Damit aber lag die Gefahr nahe, dass man mehrere Götter annahm, es drohte der »Rückfall« in einen Polytheismus. Um dies zu vermeiden, wurde die Einheit Gottes betont (*Monarchianismus*). Trieb man diese zu weit, wurde dabei die Selbstständigkeit der göttlichen Personen verwischt und diese nur als bloße Erscheinungsweisen Gottes, als Modi wahrgenommen (*Modalismus*). Hat bei einer recht verstandenen Trinität denn nicht auch der Vater am Kreuz gehangen? Dies vertraten die sog. *Patripassianer*, von denen es sich auch zu distanzieren galt. Und wie versteht man den Gottmenschen Jesus? Hier mischt sich die Zweinaturenlehre in die Trinitätslehre ein. Wenn Jesus gar kein wirklicher Mensch war, dann kann er auch nicht gelitten haben, dann hätte er vielleicht nur einen Scheinleib gehabt (*Doketismus*). Golgatha wäre dann reines Theater gewesen. War er aber ganz Mensch, dann verliert er seine Erlösungsfähigkeit, denn wie sollte ein bloßer Mensch die Welt erlösen können? Aber wie soll man sich dann göttliche und menschliche Natur in einer Person denken? Müsste nicht die göttliche Natur die menschliche unendlich dominieren?

Unglaublich viele Positionen gab es zu solchen Fragen in der Spätantike, die sich nur in Nuancen unterschieden und von einfachen Gläubigen (schon rein sprachlich) nicht nachvollzogen werden konnten. Der Heilige Geist wurde später als Garant für die reine Lehre angeführt. Dabei war dieser Geist aber doch selbst eine Erfindung von Theologen, die Personifizierung einer ehemals göttlichen Eigenschaft. Das Konzil von Nicäa 325 war am Heiligen Geist noch gar nicht interessiert, doch schon im Jahre 381 auf dem Konzil von Konstantinopel wurde auch der Heilige Geist im Vollsinne Gott. In heftigen Kämpfen mit mancherlei persönlichen und geschichtlichen Zufälligkeiten hat sich aus der Vielzahl der Möglichkeiten eine bestimmte Sichtweise durchgesetzt, die man dann erst später als katholisch oder als rechtgläubig (orthodox) bezeichnet hat, so als wären alle anderen von Anfang an nur häretische Abweichler von der reinen Lehre gewesen. So hat es die Kirche auch immer gelehrt. Historiker wissen es heute besser.

Aus heutiger Sicht absurde, weltfremde und (lässt man die Gottesidee insgesamt fallen) völlig gegenstandslose Streitigkeiten führten zu Kämpfen und Verfolgungen, Verdammungen und eitler religiöser Rechthaberei. Ein schönes Beispiel hierfür ist der sog. *Filioque-Streit*. Der Heilige Geist als göttliche Person wurde zunächst verstanden als aus dem Vater hervorgegangen. Ab dem 6. Jahrhundert tauchten aber dann im Westen Bekenntnisse auf, die den Geist aus dem Vater *und dem Sohn* (*filioque*) hervorgehen sahen. Die Streitigkeiten über dieses Scheinproblem waren schließlich einer der Gründe, warum sich im Jahr 1054 die Ostkirche von der Westkirche trennte.

Luther und die Reformation ließen die Trinitätslehre unangetastet, Luther hatte wenig Interesse an trinitarischen Spekulationen. Doch in Genf ließ Calvin den spanischen Arzt Michael Servet auf dem Scheiterhaufen brennen, weil der es gewagt hatte, gegen die Trinitätslehre zu publizieren. Die nachlutherische Orthodoxie systematisierte die Trinitätslehre wie sie alles systematisierte. Sie unterschied in Übereinstimmung mit der Tradition die Werke Gottes nach außen (*opera ad extra*) von den Werken Gottes nach innen (*opera ad intra*). Zu den Werken nach innen zählte sie die *Zeugung* (*generatio*) des Sohnes und die *Hauchung* (*spiratio*) des Geistes durch den Vater und den Sohn (*filioque*).[345] Für diejenigen, die das immer noch nicht begriffen haben, fasst dies Rochus Leonhardt schön zusammen:

> »Allein der Vater *zeugt*, allein der Vater (und der Sohn) *haucht*; weder der Sohn zeugt noch hauchet der Geist.«[346]

Fünf Merkmale im göttlichen Wesen (*notiones personales*) wurden unterschieden. Dem Vater kommen das *Ungezeugtsein*, die *aktive Zeugung* im Blick auf den Sohn sowie die *aktive Hauchung* im Hinblick auf den Geist zu. Dem Sohn kommen *die passive Zeugung* im Hinblick auf den Vater und *die aktive Hauchung* im Hinblick auf den Geist zu. Dem Geist selbst kommt *die passive Hauchung* zu im Hinblick auf Vater und Sohn.[347] Alles sehr schöne Exponate aus dem theologischen Museum, die heute von Theologen zuweilen gerne noch gezeigt, aber so natürlich nicht mehr geglaubt werden. Und sie leisten ja auch nicht das, was man einst beabsichtigte, denn es hat ja den Anschein, als sei innerhalb der Trinität dann doch der Vater der Tonangebende. Er ist der aktive Part bei Zeugung und Hauchung, der Geist aber muss alles über sich ergehen lassen. Wie das insgesamt zu verstehen ist, Hauchung und Zeugung und der ganze Rest; auch das lassen Sie sich am besten von Ihrem Priester oder Pfarrer erklären.

Für und wider die Trinitätslehre

Man kann Probleme zuweilen auch dadurch beseitigen, dass man sich gar nicht mit ihnen beschäftigt. Die Trinitätslehre wurde in der Theologie seit der Aufklärung immer weniger beachtet und aus dem Zentrum an den Rand der christlichen Dogmatik befördert. Das Gottesbild der Aufklärung war deistisch und meinte einen absoluten Gott, der wenig bis gar nicht in die Schöpfung eingreift. Mit einem trinitarischen Gott konnte die Aufklärungstheologie wenig anfangen. Und auch Schleiermacher verbannte später die Trinitätslehre quasi in den Anhang seiner Glaubenslehre. Selbst die lutherischen Theologen Althaus und Elert verfuhren ebenso. Der Theologe Trillhaas konstatiert eine gewisse »Verlegenheit« bei diesem Thema und gibt scheinbar einsichtig zu:

> »Es widerspricht unserem exegetischen Gewissen, Schriftstellen dogmatisch zu überanstrengen und ihnen Aussagen abzuzwingen, die sie nicht hergeben. Man kann nicht die Berichte vom Engel des Herrn (Num 22,22ff.; Ri 13,3ff.), die Hypostasierungen der Weisheit (Spr. 8,22ff.) oder des Wortes Gottes (Weish. 16,12; 18,14f.) als Belege für eine Selbstunterscheidung im ewigen Wesen Gottes deuten.«[348]

Die Theologin Schneider-Flume spricht schon vorab davon, dass sie sich mit der Trinitätslehre »nur am Rande« beschäftigen will, und hält sich lieber an »Jesus Christus«.[349] Auch der Theologe Joest räumt ein:

> »Die Trinitätslehre ist kein unmittelbarer Inhalt der Offenbarung und auch kein unmittelbarer Ausdruck des Glaubens. Sie ist in ihrer von der

Tradition vorgegebenen Gestalt das hoch formalisierte Ergebnis einer theologischen Reflexion…«[350]

Früher schon hatte es im Neuprotestantismus des 19. Jahrhunderts heftige theologische Kritik an der Trinitätslehre gegeben. Pöhlmann zitiert in seiner Dogmatik R. A. Lipsius:

»Seiner Meinung nach ist das traditionelle Dogma, Gott sei eine Substanz in drei Personen, also *in einem göttlichen Ich* seien *drei göttliche Iche*, ein *dem Denken aufgenötigter Widersinn*. Ebenso erweisen sich alle Speculationen über innere Wesensunterschiede in Gott theils als bloße Mythologie, theils als ein leeres Spiel mit Begriffen.«[351]

Doch es war der Theologe Karl Barth, der im 20. Jahrhundert eine Wende brachte und die Trinitätslehre wieder salonfähig machte, ja zum Schlüssel seiner Theologie überhaupt. Von vielen wurde dies als Fortschritt gesehen, und die immense Schar seiner Schüler durfte sich nun auch wieder an ihr versuchen. Dies ging nicht, ohne dass man versuchte, die Sprachvirtuosität, die der Schweizer Theologe bei oder wegen der Unklarheit seines Gegenstandes zweifellos hatte, nachzuahmen. Das gelang nicht immer. Der Theologe Eberhard Jüngel gerät ins Schwurbeln:

Gott Vater, Gott Sohn, Gott Hl. Geist bedeutet für Jüngel so viel wie: »Gott kommt von Gott, Gott kommt zu Gott, Gott kommt als Gott. Als Gott der Vater ist Gott der Ursprung seiner selbst.« Gott »tritt« aber »aus diesem Ursprung sich selbst so gegenüber, dass er sich selbst Partner ist« – im Sohn. »Gott ist sich auch Ziel. Gott kommt zwar von Gott. Gerade so kommt er aber auch zu sich selbst, kommt Gott zu Gott.« »Er ist sich selbst Ziel, weil er sich selber Ursprung ist. Doch als Ziel ist er von sich selber als Ursprung unterschieden. Er kommt wirklich zu sich selbst.« »Er zeugt nicht nur. Er ist auch der ewig gezeugte Sohn.«[352]

Jüngel galt lange als Vorzeigetheologe. Doch wie fern ist das 20. Jahrhundert den Erkenntnissen des oben zitierten R. A. Lipsius schon wieder geworden. Und wie lächerlich und peinlich würden solche Sätze empfunden werden, würde sich später einmal zwingend herausstellen, es gebe wirklich keinen christlichen Gott. Jüngels Hauptwerk heißt »Gott als Geheimnis der Welt«; er und seine Kollegen können froh sein, dass Gott sich offenbar entschlossen hat, weiter ein Geheimnis zu bleiben.

Doch trotz solcher Rückfälle in die nebligen Gründe der Mythologie zeugender und hauchender Götter: Wenn man die Trinitätslehre kritisieren will, braucht man kein Atheist oder Agnostiker zu sein. Theologen haben dies in den vergangenen 200 Jahren schon zur Genüge getan. Und können zuweilen darin sogar entwaffnend ehrlich sein. So räumt Hans-Martin Barth freimütig und sicherlich zu Recht ein:

> »Christliche Theologen haben den auf sie gerichteten Erwartungsdruck, sie müssten doch über Gott Auskunft geben können, oft nicht ertragen. Sie haben dann geredet, wo sie besser geschwiegen oder doch zugegeben hätten, dass sie nichts zu sagen haben.«[353]

Goldene Worte. Man sieht: Keime von Wahrheit finden sich zuweilen sogar in Dogmatiken. Bevorzugt natürlich da, wo es den Dogmatikern gelingt, sich von ihrem Aufgabengebiet etwas freizuschwimmen. Und natürlich gelten obige Einsichten nicht nur für die Trinitätslehre. Doch auch diese Einsicht hält nicht lange vor, denn an anderer Stelle (wir kennen das schon) finden sich bei den eben zitierten Autoren auch wieder ganz andere Aussagen.

Und besonders Hans-Martin Barth will von allen als letzter auf die Trinitätslehre verzichten, denn er meint ja allen Ernstes, dass ausgerechnet sie geeignet sei, um mit anderen Religionen ins Gespräch zu kommen. Und hatte er im letzten Zitat noch darüber geklagt, dass Theologen allzu viel sagen, wenn der Tag lang und das Scheinproblem groß ist, hat er seine eigene Einsicht gleich wieder vergessen.

> »Jedenfalls bleibt klar: Das trinitarische Bekenntnis ist keine unbegründete nachträgliche Spekulation, keine abstrakte Systematisierung, keine überflüssige Spitzfindigkeit.«[354]

Doch auf derselben Seite liest sich bei ihm ebenso:

> »Gottes Trinität ist nicht etwas, was man *verstehen* muss, sondern etwas, das man verstehen muss als etwas, das man nicht verstehen kann.«

Wie beides zusammengeht, muss er nicht begründen. Auf die Trinitätslehre aber will er nicht verzichten und schreibt dies auch den Juden ins Stammbuch:

> »Der Gott Israels ist, auch wenn das Judentum dies vehement bestreitet, der dreieine Gott.«[355]

Das klingt unversöhnlich und dem christlich-jüdischen Dialog eher wenig förderlich. Aber auch dies wird ein paar Seiten weiter schon wieder relativiert und darüber hinaus sogar dem Polytheismus die Tür geöffnet.

> »Ich kann vielleicht sogar die – polytheistische – Vorstellung, von *guten Mächten wunderbar geborgen* zu sein, nachvollziehen. Das Bekenntnis zum dreieinen Gott gestattet beide *Gottesbilder*.«[356]

Leser können sich aussuchen, welches Zitat am besten zu ihnen passt. Auch der Theologe Joest will sich bei aller Distanz natürlich nicht von der Trinitätslehre trennen. Für ihn ist sie trotz allem »keine glaubensfremde Spekulation«.³⁵⁷ Er versucht eine eigene Interpretation, auf deren Skizzierung wir an dieser Stelle verzichten.

Es scheint eine Strategie mancher protestantischer Theologen zu sein, Einwände gegen ihre dogmatischen Ansichten in einzelnen Abschnitten oder Sätzen selber zu formulieren, möglichst jede Position selbst einmal eingenommen zu haben. Kommt dann Kritik von konservativer evangelikaler oder von liberaler oder gar religionskritischer Seite: Immer können sie auf ein Zitat verweisen, das Problembewusstsein und ein Stehen auf der Höhe der Zeit vortäuschen kann. Die Beliebigkeit, die dem zugrunde liegt, ist Ausdruck einer weichgespülten EKD-Religiosität, wie sie in der Kirche und an den theologischen Fakultäten vorherrscht. Dagegen kann z. B. eine stockkonservative katholische Dogmatik richtig erfrischend sein. Und doch muss man noch froh sein, dass eben diese Beliebigkeit die Oberhand hat und nicht etwa der »Glaubensernst« evangelikaler oder betont konfessioneller Gruppen.

Das verzwickteste Problem der Theologie

Die Trinitätslehre schadet dem philosophischen Ansehen der christlichen Theologie. Denn bei allen gegenteiligen Beteuerungen bedeutet sie ein Aufweichen des behaupteten Monotheismus. Der Islam und das Judentum haben diesen Monotheismus in viel reinerer Form anzubieten. Man kann deshalb das Christentum, zumindest was das Gottesverständnis betrifft, durchaus als geistesgeschichtlichen Rückschritt verstehen. Die Trinitätslehre ist dabei ein Folgeproblem, das entstanden ist aus der zunehmenden Vergöttlichung des Menschen Jesus von Nazareth. Nun musste plötzlich das Verhältnis von Gott-Vater und Gott-Sohn geklärt werden. Dies allein war für die Theologie schon schwer genug. Dass auch noch der Heilige Geist hinzugestoßen ist, ist vielleicht nur einschlägigen Aussagen vor allem im Johannesevangelium zu verdanken, wo der Heilige Geist mit dem sog. *Parakleten* identifiziert wurde. Fortan mussten sich die Theologen mit dem Problem des Miteinander der drei Personen (*ad intra*) und ihrem Wirken nach außen (*ad extra*) beschäftigen. Gleichzeitig wurde die Erlösung, die Gott-Sohn den Menschen bringen sollte, wurden Christologie (Wer ist Christus?) und Soteriologie (Was hat er für uns getan?) mit der Trinitätslehre verbunden. Herausgekommen sind die als ewig verkündeten Dogmen der Alten Kirche, die in ihrer philosophischen Abstraktion schon für die allermeisten Gläubigen damals völlig unverständlich gewesen sein dürften, und die in modernen Ohren erst recht Unverständnis hervorrufen.

»Modernen« Theologen, die sich dieser Schwierigkeiten durchaus bewusst sind, gelingt aber eine Neuformulierung trotz vieler Versuche nicht. Der trinitarische Knoten lässt sich nicht auflösen. Zu sehr ist die Trinitätslehre mit anderen theologischen Topoi verbunden. Wie sich siamesische Zwillinge zuweilen nicht trennen lassen, ohne zum Tod eines oder beider Kinder zu führen, weiß auch die Theologie hier keine Lösung. Dies führt konservativere Theologen dazu, eben alles beim Alten lassen zu wollen und eine Trinitätslehre, so als wäre nichts geschehen, in der klassischen Form anzubieten. Dies ist auch der Weg, den die besonders Gläubigen, die Evangelikalen, konservative Katholiken, die Freikirchler, Pfingstler, Pietisten, aber auch sicher viele »normale« Anhänger der protestantischen Landeskirchen gehen. Sie realisieren dabei nicht, dass sie in ihrem Glauben eben nicht beim Jesus des Neuen Testaments, erst recht nicht beim historischen Jesus angekommen sind, sondern lediglich einer theologischen Richtung aus dem vierten Jahrhundert anhängen, die das Glück hatte, von späteren Zeiten eine orthodoxe Weihe erhalten zu haben, von der aber Theologen und Historiker mit guten Argumenten sagen, dass sie mit dem historischen Jesus von Nazareth und seinem Gottesverständnis nichts zu tun hat. Wie keltische Druiden nichts von den moderneren Göttern der Römer wissen wollten, sondern ihre Rechtgläubigkeit trotzig am althergebrachten Glauben ausrichteten, so klammern sich heute Evangelikale, Freikirchler, konservative Katholiken etc. an das morsche Floß der theologischen Tradition und hoffen, dass es sie dereinst ins gelobte Land tragen wird.

Doch de facto sind sowohl der gelehrte Weg »moderner« Theologie mit halbherzigen Neuformulierungen einer Trinitätslehre als auch der Weg der frommen Ewiggestrigen mit traditionellen Glaubensformeln nicht mehr gangbar. Theologie und Glaube, Kirche und Gläubige haben sich festgefahren und können sich aus eigener Kraft nicht mehr befreien. Dabei wäre auch beim Problem der Trinitätslehre die Lösung so einfach. Denn wie die Theodizee das *bekannteste* Scheinproblem der Theologie ist, so die Trinitätslehre das *verzwickteste*. Eine Lösung ist nach 1500 Jahren theologischen Nachdenkens einfach nicht mehr zu erwarten. Doch wie wenn man einen Lichtschalter umlegt und die Helligkeit die eben noch vorhandene Dunkelheit und Ungewissheit des Raumes auf einen Schlag beseitigt, so lösen sich auch die Geister und Gespenster, die Probleme und Aporien einer Trinitätslehre sofort in Luft auf, wenn man annimmt, dass es keinen Gott gibt, und damit auch der trinitarische Gott obsolet wird. Auch die Trinitätslehre ist ein Scheinproblem, theologische Makulatur, ein geistesgeschichtlicher und geistlicher Irrweg, der ausgehend von falschen Prämissen und scheinrationalen Schlüssen nur eine theo-logische, aber keine rationale Welt erschafft.

Wehe, wenn einer das Licht anmacht!

Der Heilige Geist – Das Gespenst der Theologie

In der DDR erzählte man sich den Witz über die *vier Feinde des Sozialismus*: Sie hießen: Frühling, Sommer, Herbst und Winter. Auf unser Thema bezogen lässt sich ähnlich antworten: Die drei Probleme der Trinitätslehre sind Gott-Vater, Sohn und Heiliger Geist. Mit dem *Vatergott* haben wir uns eingehend beschäftigt, zum *Sohn* werden wir noch kommen. Doch was ist mit dem Heiligen Geist? Können die Theologen auch von ihm »ein kräftig Wörtchen sagen«?

Nun, die Theologen tun sich schwer damit. Der Heilige Geist führt als Teil der Trinität und in der Theologie überhaupt ein wahres Schattendasein, lebt in einer theologischen Randexistenz. Während die Bücher über Gott-Vater oder seinen Sohn im Laufe der Jahrhunderte ganze Bibliotheken füllten, haben sich nur relativ wenige Theologen mit der dritten Person der Trinität überhaupt beschäftigt. Die explizite Lehre vom Heiligen Geist, so klagt Hans-Martin Barth, »kommt in den Lehrbüchern der Dogmatik oft zu kurz«.[358] Die Aussagen über ihn »sind gerade bei den kirchlich-positiven Dogmatikern auffallend karg«, stellt Trillhaas fest.[359] Der Heilige Geist »scheint ein spezielles Thema für besonders interessierte Gruppen und für spekulative Denker zu sein«, meint Härle.[360] Zuweilen hat der Heilige Geist gar kein eigenes Kapitel in den Dogmatiken, sondern wird in anderen Kapiteln verhandelt.[361] Wird über ihn geschrieben, dann oft der Vollständigkeit halber und im Duktus einer Pflichtübung. Theologen räumen freimütig ein, dass sie bei diesem Lehrstück Problem haben. Die Lehre vom Heiligen Geist (die *Pneumatologie*) »bringt ein Unruhe-Element in die christliche Gotteslehre, die mit alledem noch rätselhafter und unverständlicher [sic!] wird«, meint Hans-Martin Barth.[362] Eigentlich könne man gar nicht vom Heiligen Geist selbst sprechen, sondern nur »von seinen Wirkungen und Wirkungsweisen.« Man könne den Begriff *Geist*, so der Theologe Härle, »wenn überhaupt – nur mit Mühe und einem erheblichen Maß an Unschärfe und Offenheit näher bestimmen.«[363] Fast jeder Theologe zitiert deshalb die Worte: »Der Geist weht, wo er will« (in Anlehnung an Joh 3,8), um sich mit der »Erkenntnis«, dass sich der Geist nicht definieren lasse, auch eine Selbstabsolution für die unklaren Vorstellungen und Scheinprobleme zu erteilen, die mit der Lehre vom Heiligen Geist eben einhergehen.

> »Der Geist lässt sich nicht *definieren* ... Der Heilige Geist verweigert sich, unverrückbares konstruktives Element einer Systematischen Theologie zu sein; er will sie vielmehr durchwehen und durchdringen, ohne ein für allemal festgelegt zu werden.«[364]

Der Heilige Geist ist überflüssig

Der Heilige Geist verdankt seine Herkunft, wir hörten es schon, einer religiösen Metamorphose. Eine Eigenschaft Gottes wurde hier zu einer personalen Gottheit verselbstständigt. Im Alten Testament meinte der Geist Gottes die Präsenz Gottes, seine Gegenwart und Kraft, unsichtbar wie der Wind, aber dennoch als wirksam empfunden. Das hebräische Wort *ruach* und sein griechisches Äquivalent *pneuma* (lat. *spiritus*) waren so etwas wie ein Lebensprinzip, das man im Atem und in Atemkräften als gegenwärtig empfand. Deshalb wird der *Geist* auch mit der Schöpfung in Verbindung gebracht. Der Geist Gottes schwebte über der Urflut (Gen 1,2), bevor die Schöpfung begann.

Einzelne Menschen, Könige, Propheten werden immer wieder von ihm ergriffen, durch den Geist Gottes zu einzelnen Taten befähigt, mit Schlachtenglück bedacht oder mit Regierungsweisheit ausgestattet. Der Geist Gottes war auch anwesend bei der Herstellung der sog. Stiftshütte und heiliger Geräte (Ex 31,3; 35,31). Später hat der Geist dann in den Propheten gewirkt. Ja ganze Prophetenscharen sah man als von ihm getrieben an. Wilde Tänze und Ekstase, aber auch Trancezustände wurden mit dem Geist Gottes in Verbindung gebracht. Solche und ähnliche Vorstellungen und Äußerungen sind für die Religionswissenschaft ein alter Hut. Sie finden sich weltweit in vielen unterschiedlichen Religionen, sind also keineswegs einzigartig für das frühe Israel, was fromme Bibelleser freilich nicht wissen können.

Klar ist, dass der *Geist Gottes* im Frühjudentum niemals als eine eigenständige göttliche Person verstanden wurde. Und so verstehen ihn die Juden auch heute nicht. Der Heilige Geist der christlichen Dogmatik ist eine genuin christliche Erfindung. Und dabei wird selbst im Neuen Testament der Geist noch als Eigenschaft Gottes verstanden. Es kann als sicher gelten, dass Jesus ihn nicht als eigenständige Person neben Gott irgendwie verstanden hat, dies hätte seinem jüdischen Glauben radikal widersprochen.

Die christliche Legendenbildung hat den Geist Gottes mit der wundersamen Geburt Jesu in Verbindung gebracht. Jedenfalls bei Matthäus und Lukas. Bei Markus geht er erst mit der Taufe Jesu auf ihn über (Mk 1,10). Paulus und die Evangelisten hatten unterschiedliche Vorstellungen vom Geist,[365] wobei die johanneischen Stellen zwar deutlich später, aber kirchengeschichtlich wirksamer geworden sind. Der johanneische Jesus verkündet in einer seiner vom Evangelisten erfundenen Reden den Tröster (*Parakleten*), den Jesus seinen Gläubigen nach seinem Abschied zukommen lassen will (Joh 14,16f.; 16,13f.). Auch wenn Spekulationen über die Göttlichkeit des Geistes von hier ihren Ausgangspunkt genommen haben, war auch der jüngste Evangelist weit von den dogmatischen Festlegungen des vierten Jahrhunderts entfernt.

Denn wie um die Göttlichkeit Jesu lange gerungen wurde, war auch der Heilige Geist lange Zeit Gott deutlich untergeordnet oder wurde einfach weiter als eine Eigenschaft Gottes verstanden. Nachdem auf dem Konzil von Nizäa 325 die Göttlichkeit Jesu dogmatisiert wurde, gab es heftigen Widerstand gegen Versuche, dem Heiligen Geist eine ähnliche Beförderung angedeihen zu lassen. Die sog. Geistbekämpfer (*Pneumatomachen*) versuchten die personhafte Vergöttlichung des Geistes zu verhindern. Letztlich sind sie unterlegen, das Konzil von Konstantinopel 381 brachte die Trinitätslehre zum Abschluss und stempelte die Pneumatomachen zu Ketzern.

Interessant ist die Frage, was es bedeutet hätte, wäre es bei einer Dualität von Vater und Sohn geblieben. Der Gedanke erscheint christlich sozialisierten Zeitgenossen fremd, sie können sich eine Trinität besser »vorstellen« als eine Dualität von Gott-Vater und Gott-Sohn. Tatsächlich aber wäre ein solcher Gott weniger irrational als eine Trinität (sofern man von der *Rationalität eines Gottesbildes* überhaupt sprechen kann) und eher kompatibel zu einem philosophischen Gottesbegriff. Eine zweifache Persönlichkeitsspaltung erschiene gegenüber einer dreifachen zumindest als kleineres Übel. Oder wenn der Heilige Geist es nicht bis zur Gottheit geschafft hätte; wäre dann vielleicht Maria an seine Stelle getreten? Hätte auch sie, wie ihr Sohn, mit Hilfe der Gläubigen es bis zur Vergöttlichung gebracht? Ihre Verehrung hebt erst im vierten Jahrhundert so richtig an, und der Koran missversteht sie später sogar als Teil der Trinität. Als Gottheit der Alten Kirche wäre dann so etwas wie eine heilige Familie mit Gott-Vater, Sohn und Gottesmutter entstanden. Solche Familiengötter waren in der Antike beliebt und sind eben wegen der damit verbundenen Anthropomorphismen für einfache Gemüter leichter vermittelbar. Es ist deshalb gut möglich, dass mit einer solchen Götteraufstellung das Christentum noch erfolgreicher geworden wäre, als es dies ohnehin schon war. Und der patriarchalische Gott des Christentums wäre durch eine weibliche Seite gezähmt worden. Frauen hätten in Maria eine Identifikationsfigur finden können, und feministische Theologinnen hätten sich die Suche nach weiblichen Spuren im männlichen Gottesbild sparen können.

Doch Maria blieb Geschöpf, wenn auch, wie die katholische Kirche im Jahre 1950 und damit mitten im 20. Jahrhundert feststellte, an erster Stelle unter allen Geschöpfen. Ganzheitlich mit Leib und Seele sei sie in den Himmel aufgenommen worden, und das, ohne vorher sterben zu müssen. Denn da sie ohne Sünde war, war sie nach katholischem »Denken« auch dem Tod nicht unterworfen. In diesem Buch findet sich kein eigenes Kapitel zu Maria, obwohl sich aus der *Mariologie* eine ganze Reihe von reizvollen Spekulationen mit wirklich originellen Scheinproblemen ergeben. Doch man kann nicht jedem verlockenden Pfad folgen, sonst kommt man nicht an.

Jedenfalls hat der Heilige Geist das Rennen gemacht. Er und nicht Maria wurde Teil der Trinität. Doch damit einhergehend eher ein Prinzip statt einer greifbaren Person, eine Gottheit mit wenig Profil, schwer zu beschreiben und kaum brauchbar zur Anbetung. Da hält man sich lieber an Vater und Sohn und (dogmatisch inkorrekt) an Maria. Die Schemenhaftigkeit dieser Gottheit, seine Blutlosigkeit machen den Heiligen Geist zur grauen Eminenz innerhalb der Trinität, er erscheint mehr als Gespenst denn als Geist. Von den Gläubigen wird er weitgehend links liegen gelassen. Und selbst die Theologen – wir sahen es – können mit ihm wenig anfangen. Hinzu kommt dann auch noch, dass er für das Heilsgeschehen wie für die Dogmatik weitgehend funktionslos ist. Trillhaas formulierte wie viele andere die

»... Einsicht, dass die Lehre vom Hl. Geist gegenüber dem Glauben an Gott, den Schöpfer, und gegenüber dem Glauben an Jesus Christus und gegenüber dem durch ihn gewiesenen Weg zum Heil nichts sachlich Neues besagt. Es kommt durch die Wirklichkeit des göttlichen Geistes zum christlichen Glauben nichts anderes, es kommt kein neuer Heilsweg hinzu.«[366]

Dem Christentum würde nichts fehlen, gäbe es die dritte Person der Trinität nicht. Die Wirkungen, die dem Heiligen Geist nachgesagt werden und die »Geistesgaben« könnten dann ebenso gut und sogar besser aus der göttlichen Eigenschaft heraus verstanden und von Vater und Sohn quasi miterledigt werden. Hätte man sich also im vierten Jahrhundert anders entschieden und dem Heiligen Geist eine Vergottung verwehrt; kein Gläubiger würde ihn vermissen.

Der Heilige Geist ist gefährlich

Zum Imagegewinn des Heiligen Geistes hat es auch nicht beigetragen, dass sich immer wieder »Ketzer« gerade auf ihn berufen haben. Wenn es galt, Opposition zur verfassten Kirche zu begründen, beschwor man oft ihn als Garanten einer alternativen Wahrheit. Während der Reformation, als die Protestanten sich emanzipierten und selbst erst als neue Glaubensrichtung finden mussten, waren sie genötigt, sich an ihrem linken Flügel von allerlei Schwärmern abzugrenzen; Wiedertäufern, Enthusiasten, Propagandisten der Vielehe oder der freien Liebe, aber ebenso auch der Askese und Entsagung, Bekämpfern einer staatlichen Ordnung, selbsternannten Propheten und außer Rand und Band geratenen Predigern. Es gab eine ganze Reihe unruhiger Gestalten, die sich gegenüber Katholiken und Protestanten auf eine unmittelbare Gotteserfahrung, eine Geisterfahrung beriefen. Über die Bibel als geschriebenes Gotteswort waren diese schon hinaus, kramten den göttlichen Willen aus den Abgründen ihrer Subjektivität hervor und zeigten ihn überall herum. Luther und die Katholiken gingen gegen sie vor, wenn auch nicht gemeinsam. Die Katholiken unterwarfen die Geistgläubigen z. B. in Münster durch militärische Gewalt dem kirchlichen Lehramt, die Protestanten bedrängten die Obrigkeiten, die Schwarmgeister an Wort und Sakrament zu binden. Die Berufung auf den Heiligen Geist war schon halb ein Zeichen für Ketzerei.

Auch schon früher hatte der Abt Joachim von Fiore (1130-1202) aufgrund einer »Offenbarung« von einem *Dritten Reich* des Geistes gesprochen (nach dem Reich des Vaters und des Sohnes). Dieses Reich sollte im Jahre 1260 anbrechen, und vorher sollte noch der Antichrist auftreten. Einige radikale Franziskaner eigneten sich diese Lehre an und identifizierten dann sogar Papst Johannes XXII. (1316-34) mit dem Antichristen. Umberto Eco hat diese Zeitsituation in seinem Roman »Der Name der Rose« verarbeitet. Die radikalen Franziskaner (die sog. Spiritualen) drängten auf eine arme Kirche, wie ja auch Christus arm gewesen sei. Dieses Ansinnen bedeutete für die Papstkirche einen solchen Schock, dass erst im 21. Jahrhundert ein Papst es wagte (nach 16x Benedikt) sich den Namen Franziskus zu geben. Denn auch die radikalen Franziskaner beriefen sich auf den Geist Gottes.

Und auch sie waren nicht die ersten, denn schon im 2. Jahrhundert trat ein selbsternannter Prophet mit Namen Montanus auf. Er hielt sich selbst für ein Sprachrohr des Heiligen Geiste oder den im Johannesevangelium angekündigten Parakleten. Er vertrat eine rigoristische Ethik, sprach sich gegen Ehe und Geschlechtsverkehr überhaupt aus, zog jedoch selbst mit zwei Prophetinnen in Kleinasien umher und verkündete den nahen Weltuntergang. Dass dieser dann doch nicht eintrat, hat der Bewegung zwar geschadet, wurde aber als Ausdruck göttlicher Langmut verstanden. Der Montanismus hatte noch eine Zeitlang großen Einfluss.

Kirche und Theologie hatten also guten Grund, bei Bewegungen gewarnt zu sein, die sich explizit auf den Heiligen Geist beriefen oder auf angebliche neue Offenbarungen durch ihn. Diverse Abweichler brachten nicht nur sich selbst, sondern auch die dritte Person der Trinität immer wieder in Misskredit. Und auch heute gilt es vielen als Zeichen eines religiösen Fanatismus, sich allzu sehr auf den Geist und seine Geistesgaben zu berufen. Fragwürdig erscheinen deshalb heute vielen Gläubigen die Anhänger der Pfingstgemeinden oder der sog. charismatischen Gemeinden. Die Pfingstbewegung entstand Anfang des 20. Jahrhunderts in den USA. Ihre oft langen Gottesdienste sind geprägt von lauten und ekstatischen Gebeten, modernen Anbetungsgesängen mit Bewegungen und Tänzen. Pfingstler sehen ihre ekstatischen und enthusiastischen Gottesdienste, die für hiesige Gläubige nur peinlicher Ausdruck eines amerikanischen Coca-Cola-Christentums sind, als geistgewirkt und vom Heiligen Geist durchdrungen an. Auf die in der Tat etwas schläfrigen Großkirchen sehen sie herab, halten sich de facto (nicht unbedingt in der Lehre) für etwas Besseres und werfen den etablierten Kirchen ihre Unlebendigkeit und ihren Mangel an Geistesgaben gerne vor. Theologisch sehr konservativ vertreten sie eine Verbalinspiration der Bibel, einen naiven Kreationismus und die Erwachsenentaufe. Großen Wert legen sie auf angebliche Geistesgaben wie die Heilung, die Prophetie, Krankenheilungen und Zungenrede.

Alles Dinge, die für »moderne« EKD-Christen, die sich für aufgeklärt halten, mit Recht als primitiv und oberflächlich erscheinen. Und selbst evangelikalen Christen erscheinen sie suspekt. Man könnte sie belächeln, wenn die Pfingstler in den letzten 25 Jahren nicht zur am meisten wachsenden christlichen Bewegung, ja zur am stärksten wachsenden religiösen Bewegung der Welt überhaupt geworden wären. Ihre Anhänger werden schon auf über 500 Millionen geschätzt. Die Europäer leben dabei auf einer Halbinsel der Seligen. Sie bekommen von diesem grassierenden religiösen Virus (als solchen würden ihn in diesem Zusammenhang auch viele Gläubige bezeichnen) nichts mit, denn die Pfingstgemeinden wachsen inzwischen vor allem in Afrika und Lateinamerika und jagen den etablierten Kirchen jedes Jahr Millionen von Gläubigen ab. Kein europäischer Professor der Theologie dürfte sich als Pfingstler verstehen. Doch das Christentum im Weltmaßstab befindet sich insgesamt auf einer bedenklich schiefen Ebene in Richtung auf (noch mehr) religiösen Irrationalismus, einen bigotten Auserwählungsglauben, Wissenschaftsfeindlichkeit und religiöse Intoleranz. Die Kirchen der sog. Dritten Welt, die eine europäische Aufklärung oft ohnehin kaum erreicht hat, gehen unter in einer Flut religiösen Fanatismus und Obskurantismus. Und alle berufen sich auf den Heiligen Geist.

Die seltsamen Gaben des Heiligen Geistes

Theologen geben zu, dass sich über das Wesen des Heiligen Geistes wenig sagen lässt. Umso mehr meinen sie, etwas über seine Wirkungen sagen zu können. Woher sie dies zu wissen glauben? Aus dem Neuen Testament, denn auch dieser Teil der Trinität gibt sich nicht konkret und für alle nachvollziehbar zu erkennen, auch bei ihm sind die Theologen auf zweitausend Jahre alte Urkunden verwiesen. Vor allem bei Paulus werden sie fündig. Denn dieser Apostel, der Jesus nie persönlich getroffen hat und sich am irdischen Jesus uninteressiert zeigt, weiß erstaunlich viel zu berichten über die »Gaben des Geistes«, die sich in seinen Gemeinden zeigen.[367] Sehen wir und diese Gaben einmal näher an.

Eine erste Gruppe könnte man als Talente oder Befähigungen bezeichnen. Hier nennt der Apostel die *Fähigkeit zur Diakonie* (also zur Dienstleistung für andere), die *Gabe zur Lehre*, die *Fähigkeit, andere zu ermahnen*, die *Freigebigkeit* und die *Fähigkeit zur Gemeindeleitung*.[368] Es sind unspektakuläre Gaben. Keine dieser »Gaben«, die ja auch Lehrer und Krankenschwestern mitbringen, muss mit dem Heiligen Geist in Verbindung gebracht werden. Vielmehr muss man sie erwarten dürfen in soziologischen Bezugssystemen ab einer bestimmten Größe. Jeder Karnevalsverein bringt sie hervor.

Interessanter wird es bei den ungewöhnlichen Gaben. Paulus nennt die Fähigkeit zu »prophetischer Rede« oder zur »Weissagung« (1. Kor 12,10). Hier stockt man schon: Was soll damit gemeint sein? Es klingt ein wenig unseriös, nach Esoterik, nach Handlesen oder Wahrsagerei. Auch unsere Theologen benennen diese Geistesgabe nur, gehen aber nicht in Details. Was wurde in den ersten Christengemeinden geweissagt? Es scheint zumindest nicht so bedeutend gewesen zu sein, dass es sich in der kirchlichen Tradition stärker bemerkbar gemacht hätte oder in der Umwelt des Urchristentums stärker wahrgenommen worden wäre. Die reale Fähigkeit, Lottozahlen oder Börsenkurse »zu weissagen« oder in der Antike den Ausgang von Pferderennen vorherzusagen, hätte damals wie heute Scharen von Ungläubigen von heute auf morgen zu treuen Gliedern der Kirche gemacht. Doch dafür reichte die Kunst der »Weissagung« offenbar nicht. Wieder eine göttliche Chance vertan. Leider kann man diese behauptete Gabe auch nicht statistisch überprüfen. Aber offenbar trafen nicht alle »Weissagungen« ein, denn der Apostel warnt selbst vor falschen Weissagungen und falschen Propheten.

Heilungen und Wunder: Auch diese seien in den paulinischen Gemeinden vorgekommen und auf den Geist zurückzuführen. Eine erstaunliche Aussage, denn die Christen sind ja keineswegs die Einzigen, die sich in der Heilkunst versuchten. Körperliche Gebrechen und Schmerzen versuchte der Mensch sicherlich schon vor dem Entstehen der ersten Religion irgendwie zu heilen oder zu lindern. In der Antike gab es z. B. in Epidaurus ganze Heiligtümer, die sich der Heilkunst verschrieben hatten, und Patienten reisten von weit an, um sich helfen zu lassen. Und natürlich werden von allen Heiligtümern auch tatsächlich Heilungen berichtet – ganz gleich, welcher Konfession der Patient angehört. Ist es vorstellbar, dass in den frühen paulinischen Gemeinden Wunderheilungen erfolgt sind? Wenn es sie gab, scheinen offenbar auch sie die heidnische Umwelt wenig beeindruckt zu haben. Und die heidnische Heilkunst und Wunderkunst war längst vor dem Entstehen des Christentums da.

Hans-Martin Barth vermutet sicher mit Recht, dass die Erzählungen von den Heilungen Jesu bei der Vorstellung von Krankenheilungen in der frühen Gemeinde eine Rolle gespielt haben.[369] Und Wilfried Härle räumt ein, dass »dort Scharlatanerie und Betrug tatsächlich ihr Unwesen treiben konnten.«[370] Interessant ist nun, dass der Theologe Härle sich bemüßigt fühlt, Kranken- und Gebetsheilungen dennoch zu verteidigen:

»Im Blick auf das Phänomen sog. *Geistheilungen* oder *Glaubensheilungen* kann daraus nicht gefolgert werden, dass solche Phänomene zu bestreiten wären, bevor wir sie nicht wissenschaftlich erklären können. Was für ein armseliges Weltbild entstünde, wenn wir es auf das reduzierten, was wir wissenschaftlich erklären können!«[371]

Man müsste eher andersherum fragen, welches »armselige Weltbild« entstünde, wenn man die Tausende Heilungsberichte aus anderen Religionen, aus dem Mittelalter und heutigen esoterischen Quellen für diskussionswürdig ansehen würde. Denn es ist ja nicht einzusehen, warum die christlichen Heilungen geschehen, die anderen Heilungen aber bloße Einbildungen oder nur Belletristik sein sollen. Und Härle selbst beeilt sich gleich hinzuzufügen, dass natürlich geklärt sein muss, ob sich nicht hinter den ganzen Geschichten Ruhm- und Geltungssucht, finanzielle Interessen oder anderes mehr verberge.

In der Pfingstbewegung gibt es nach eigenen Aussagen auch heute noch Heilungen. Wäre dem tatsächlich so, dann wäre dies eine wissenschaftliche Sensation ersten Ranges, die sicherlich nicht weniger als den Nobelpreis für Medizin (in Ermangelung eines für Theologie) verdient hätte. Doch leider ist es hier weniger der Heilige Geist als vielmehr die illustre Gruppe smarter US-Erweckungsprediger in maßgeschneiderten Anzügen, die sich hier hervortun und die kein gesteigertes Interesse zeigen, ihre vorgeblichen Heilungswunder durch ein kritisches medizinisches Auge betrachten zu lassen. Es geht den

Erweckungspredigern um die Gläubigen vor Ort, und die sind ohnehin bereit, alles zu glauben.

Neben natürlichen und übernatürlichen Gaben des Geistes kann man als dritte Gruppe noch die ekstatischen Äußerungen nennen, vor allem die sog. Zungenrede (*Glossolalie*). Glossolalie meint ein Reden, auch lautes Reden in unverständlicher oder fremder Sprache, das in den paulinischen Gemeinden offenbar vorkam und als Ausdruck einer besonderen Verbindung Einzelner zu Gott angesehen wurde. Und hier sind wir erneut bei der Pfingstbewegung und anderen charismatischen Gruppen, bei denen diese Rede eine wichtige Rolle spielt. Sie wird geradezu als Beweis dafür angesehen, dass die urchristlichen Geistesgaben immer noch vorhanden sind. Und man verwendet das Auftreten dieser für Beobachter befremdlichen bis peinlichen »Geistesgabe« auch als Argument gegen die etablierten Kirchen, die sich von solchem höheren religiösen Unsinn mit gutem Gespür lieber fernhalten.

Ohnehin dürfte sich das heutige Phänomen der Zungenrede, die erst im Pietismus quasi wiederentdeckt wurde, einfacher als mit dem Einwirken des Heiligen Geistes erklären lassen. Der Anfang des Problems ist hier wieder einmal Paulus. Er übermittelt diese Äußerungsform einer religiösen Neurose in seinen Briefen. Er betont dabei, dass er auch selbst in Zungen reden kann (1. Kor 14,18). Ohne die einschlägigen Stellen in seinen Briefen wüssten heutige Pfingstler schlicht nichts davon. Gläubige wollen sich jedoch bewusst oder unbewusst so verhalten, wie es von ihnen erwartet wird. Die Richtschnur aber ist die vermeintlich Heilige Schrift. Dort lesen sie von Zungenrede und bringen diese in einem Akt der Angleichung an die ohnehin stark überschätzte erste Zeit der Kirche dann selbst hervor. Sie versichern damit sich selbst und ihren Glaubensbrüdern und -schwestern das Stehen im Windhauch des Heiligen Geistes. Das moderne Phänomen der Zungenrede gibt es nur, weil Paulus darüber schreibt und es als Geistesgabe positiv wertet (wenn auch nicht *zu* positiv). Hätte Paulus in seinen Briefen davon geschrieben, dass sich der Heilige Geist im *Bellen* und *Winseln* äußern würde, die Gottesdienste der Pfingstler klängen heute wie eine Direktübertragung aus dem Tierheim.

Außerhalb der Dunstkreise von Pfingstlern und Charismatikern spielt die Zungenrede heute keine Rolle mehr. Was für Pfingstler Ausdruck einer direkten Verbindung mit dem Heiligen Geist ist, erklärt sich auch für andere Gläubige wohl eher psychologisch. Es kommt noch hinzu, dass die Zungenrede ja überhaupt keinen Mehrwert für eine Gemeinde bringt. Organisationstalent und Wunderheilungen wären ja für das Gemeindeleben positiv. Einzelne unverständlich vor sich hinlallende Christen jedoch – davon hat eine Pfingstgemeinde nicht wirklich etwas außer vielleicht dem religiösen Schauer, der den Gläubigen den Rücken herunterläuft.

Und wieder einmal muss man fragen: Wenn ein Gott sich seinen Gläubigen oder der Welt gegenüber äußern will: Warum tut er es auf eine solch primitive und archaische Weise? Hätte er nicht andere Möglichkeiten? Unverständliches Gelalle in Gottesdiensten, laute und ekstatische Beterei – so macht eine religiöse Neurose auf sich aufmerksam, aber doch kein Gott mit einem Mindestmaß an Niveau! Götter, die sich auf solche Weise äußern zu müssen meinen, haben übersehen, dass die Menschheit sich nicht mehr auf der primitiven Stufe von Stammesreligionen der Steinzeit oder Bronzezeit befindet, wo man mit Verzückung, Trance und Ekstase noch religiösen Eindruck schinden konnte. Wenn Götter hier nichts hinzugelernt haben, brauchen sie sich nicht zu wundern, dass keiner mehr an sie glaubt.

Damit stellt sich das Fazit der von Paulus berichteten Geistesgaben sehr nüchtern dar. Einerseits werden natürliche Talente und Fähigkeiten (z. B. die der Gemeindeleitung) als geistgewirkt verstanden, die sich auch viel einfacher und ohne religiösen Überbau erklären ließen. Andererseits werden übernatürliche Wirkungen behauptet (Gebetsheilungen), die die Grenzen der jeweiligen Glaubensgemeinde nicht überschreiten oder überschreiten wollen, und wo der Verdacht des religiösen Selbstbetrugs oder auch Betrugs besonders naheliegt. Und schließlich werden Wirkungen des Geistes behauptet, deren Auftreten sich treffender psychologisch als theologisch erklären lassen.

Der Heilige Geist und moderne Theologen

Nein, mit solchen archaischen Glaubensäußerungen wie Wunderheilern und Zungenrednern wollen moderne Universitätstheologen nichts zu tun haben. Sie gehen Pfingstlern und Charismatikern aus dem Weg, weil es der wissenschaftlichen Reputation einfach nicht gut tut, zu oft mit diesen gesehen zu werden. Sie finden die Zungenrede sicherlich auch abgeschmackt und aufgesetzt, aber da Paulus über sie geschrieben hat, ist es inopportun, dies allzu deutlich zu sagen. Deshalb vermeiden die Dogmatiker ein allzu starkes Eingehen auf das paulinische Leistungsverzeichnis des Geistes Gottes und sprechen lieber allgemein von ihm. Modern klingt da eine Definition des Theologen Härle:

»Das Wirken des Heiligen Geistes ist dasjenige innere Erschließungsgeschehen, aufgrund dessen Jesus Christus als die Mensch gewordene Liebe Gottes erkannt und anerkannt werden kann, das also den Glauben ermöglicht, der durch die Liebe tätig ist (Gal 5,6).«[372]

Einen solchen Satz kann man sich statt des pfingstlerischen Gepolters schon eher in einem Hörsaal vorstellen. Bei den Geistesgaben gilt für Härle: »der Geber ist selbst die Gabe und folglich die Gabe selbst der Geber«.[373] Die Selbstgabe ist damit »das Äquivalent zur christologischen Selbsthingabe.« Das ist zweifellos ein schöner und gut formulierter theologischer Gedanke. Jedenfalls wenn man sich von Scheinproblemen erst einmal nicht stören lässt. Auch für Trillhaas ist »zunächst und in erster Linie ... der Geist selbst die Gabe, die durch die Taufe und die Handauflegung ... empfangen wird.«[374] Der Theologe Wilfried Joest geht ebenfalls wenig auf Details ein, sondern beschreibt den Geist als denjenigen, der Glaube, Hoffnung und Liebe wecke.[375] Damit und vor allem mit dem Zauberwort »Liebe« lässt sich ein Geistverständnis vermitteln, das für moderne Ohren verträglich und sogar angenehm klingt.

Überhaupt fällt auf, dass die Theologen sich trotz allem noch bemühen, die Wichtigkeit der Pneumatologie (Geistlehre) zu betonen. Obwohl man feststellt, dass die Sache verworren ist, man ein Wesen des Heiligen Geistes nicht erkennen, bestenfalls von seinen Wirkungen sprechen kann, und obwohl diese Wirkungen fragwürdig sind und diese auch in anderen Religionen behauptet werden, und obwohl auch eingeräumt wird, dass der Heilige Geist eigentlich nichts Neues, keinen dogmatischen Mehrwert bringt, fühlt man sich veranlasst, die Bedeutung dieser Lehre dennoch zu unterstreichen. So betont der Theologe Härle trotz allem, dass

> »die Beschäftigung mit dem Heiligen Geist zu den zentralen Themen einer Dogmatik auch im Kontext der gegenwärtigen Lebenswelt gehört. ... Die Rede vom Heiligen Geist [gehört] zu den zentralen, also unaufgebbaren Themen der christlichen Glaubenslehre«.[376]

Man hat trotz solcher Bekenntnisse dennoch den Eindruck, dass viele Theologen gerne auf diesen Topos ihrer Dogmatik verzichten möchten, aber mit Rücksicht auf die theologische Tradition dies eben nicht können. Also bekennt man sich zumindest verbal dazu.

Wilfried Härle, dessen Dogmatik oft eher etwas formalistisch wirkt und auch etwas trocken formuliert ist, lässt sich sogar dazu verleiten, über »unheilige Geister« zu spekulieren, die es ja bei einem Heiligen Geist auch geben müsse.[377] Er kommt dazu, weil als eine Geistesgabe bei Paulus auch die Fähigkeit erwähnt wird, die »Geister zu unterscheiden«.

> »Die Aufforderung zum Prüfen und Unterscheiden der Geister ist deswegen nötig, weil sich die unheiligen Geister (z. B. durch die Worte der fal-

schen Propheten) nicht als solche zu erkennen geben. ... Aber gerade um diese – nicht leicht zu vollziehende – Unterscheidung zwischen Wahrheit und Lüge, Gott und Teufel geht es, wenn zur Unterscheidung und zum Prüfen der Geister aufgefordert wird. ... Welcher Geist der Heilige Geist Gottes (also Gott selbst) ist und welcher ein widergöttlicher, dämonischer Geist?«

Man sieht: Auch »moderne« Theologen bauen zuweilen nahe an der Mythologie oder nutzen zumindest mythologische Brocken und Spolien, die ihnen die theologische Tradition reichlich zur Verfügung stellt, um ihre Dogmatik zu errichten.

Und ebenso finden sich bei Härle Formen von spiritueller Überheblichkeit, die man ebenso aus der theologischen Tradition hinreichend kennt. Denn der Geist wird verantwortlich gemacht für gleich alles Gute in der Welt.

»Dann ist der Schluss zwingend [sic!], dass alle (wahrhafte) Liebe als Gabe und Werk Gottes, d. h. als Gabe und Werk des Heiligen Geistes zu verstehen ist. ... Gottes Geist verleiht Leben, und umgekehrt bewirkt der Entzug seines Geistes den Tod.«

»... Seelenvermögen, also: Fühlen, Erkennen und Wollen ... Aber dies kann so nicht von Gott gesagt werden, und es kann – was jetzt noch wichtiger ist – vom Menschen nicht gesagt werden unabhängig von seiner Gottesbeziehung. Dass der Mensch das Leben und geistige Fähigkeiten hat, wird ihm allererst von Gott verliehen.«[378]

Das Leben, die Liebe, das Denken, Fühlen und Wollen, alle geistigen Fähigkeiten stammen also von Gott, und zwar vom christlichen Gott, genauer vom Heiligen Geist. Man muss Härle und seinen Kollegen wirklich dankbar sein, dass die Welt dies endlich erfährt.

Gespensterprobleme

Die ganze Lehre vom Heiligen Geist steht auf wackeligen Füßen. Es ist ja nicht nur sein Wesen, das Theologen als schwer beschreibbar charakterisieren. Auch die Wirkungen des Geistes sind ja fragwürdig, weil teils banal, teils legendarisch und teils für heutige Ohren sogar peinlich. Und wie bei jedem theologischen Topos bietet auch die Pneumatologie eine ganze Reihe von Scheinproblemen, von denen hier nur die wichtigsten erwähnt werden sollen.

Gotteslehre

Ist der Heilige Geist eine Person?
Theologen treibt die Frage um, ob und wie der Heilige Geist als Person verstanden werden kann. Zwar haben die Konzilien die Personhaftigkeit Gottes ja festgelegt, der biblische Befund – wir sahen dies ja schon – ist aber bei weitem nicht so eindeutig. An vielen Stellen wird der Geist als Kraft beschrieben, als Eigenschaft Gottes, als eine Gabe, die den Gläubigen verliehen wird, und so eben nicht als Person. Andererseits wird vor allem im Johannesevangelium in (unhistorischen) Jesusworten ein personaler Geist nahegelegt. Die Theologen vertreten ein Sowohl-als-auch und betonen letztlich immer die Personhaftigkeit des Geistes. Sie bedienen damit die Tradition.

Kann sich der Heilige Geist wandeln?
Vorstellungen können sich ändern. Theologen haben nicht nur Probleme mit den Differenzen zwischen einem personalen und einem nichtpersonalen Geistverständnis. Auch den alttestamentlichen Geist muss man mit dem neutestamentlichen irgendwie verbinden. Denn Gott kann ja nicht heute so und morgen so handeln. Im Alten Testament begegnet der Geist Gottes als schöpferischer Gottesgeist, im Neuen Testament aber ist er mit der Vorstellung von Christus (der Christologie) verbunden. Im AT zielt sein Wirken auf das Volk Israel, im NT aber ausgeweitet auf den ganzen Erdkreis. Im AT ergreift der Geist einzelne Helden, die Richter oder Könige. Der Geist Gottes äußert sich dabei markant in militärischen Kategorien. Der Geist sorgt für charismatische Gotteskrieger und militärische Siege. Im Richterbuch sorgen begeisterte Gotteskrieger dafür, dass die Feinde Israels gedemütigt, bekämpft und unterjocht werden. Ein solches Verständnis, das den Geist Gottes mit Kriegen und Morden in Verbindung bringt, das geht heute gar nicht mehr, von so etwas wollen Gläubige nichts mehr wissen. Für sie äußert sich der Geist sanft wie ein warmer Sommerwind und harmlos wie eine Friedenstaube, er ist verantwortlich für alles Gute, was auf der Welt geschieht, und zeigt sich nur von seiner allerbesten Seite. Der Heilige Geist ist domestiziert, wie auch der alttestamentliche Gott selbst domestiziert und vorzeigbar gemacht wurde.

Für Historiker ist die Sache einfach: Die Vorstellung vom Geist hatte eben zu verschiedenen Zeiten unterschiedliche Ausprägungen, wobei es auch vorkommen kann, dass Vorstellungen sich komplett wandeln. So gab es auch ein Neben- und Hintereinander von personaler und nichtpersonaler Geistvorstellung, die Historiker in ihrem Werden und Vergehen zu beschreiben suchen. Dogmatikern reicht dies nicht. Für sie kann sich ein Gott unmöglich derart wandeln. An die Stelle eines historischen Ansatzes tritt eine Geschichtsideologie.

Wie in ein enges Korsett werden Altes und Neues Testament in die Fiktion einer Heilsgeschichte hineingezwungen. Unterschiede werden zwar registriert, zuweilen wird sogar von »Widersprüchen« gesprochen,[379] aber letztlich dann doch alles zu einem einheitlichen Paket verklammert und auf die Reise geschickt.

Wie vertragen sich menschlicher und göttlicher Geist im Menschen?

Wenn man wie die Theologen annimmt, dass der Geist Gottes von Menschen Besitz ergreift, stellt sich sofort das (Schein-)Problem, wie sich Gottesgeist und menschlicher Geist zueinander verhalten. Müsste nicht der doch unendliche und dominante Geist Gottes den menschlichen Geist völlig absorbieren wie ein Ozean einen Tropfen Wasser? Wenn der Kuchen spricht, haben die Krümel Pause? Und tatsächlich wird der Geist ja als hauptverantwortlich dafür gesehen, dass Menschen zum Glauben kommen, d. h. dass ihr innerer Personkern total umgewandelt wird. Aber wenn das so ist: Wie verhält es sich dann mit der menschlichen Freiheit? Wird der Mensch dann nicht zu einer Marionette Gottes? Denn der Mensch braucht ja zumindest noch so viel Freiheit, dass er sündigen *kann*, sonst macht ja das ganze Erlösungsgeschehen keinen Sinn mehr. Also versuchen Theologen mit viel Eloquenz beiden Anforderungen gerecht zu werden.

Ein weiterer Aspekt: Der Theologe Bultmann bezeichnete »einen Menschen, der sich durch den Eingriff dämonischer oder göttlicher Mächte gespalten wähnt, [als] *schizophren*.«[380] Deshalb wollte er den Heiligen Geist, entmythologisiert, als eine *Möglichkeit menschlichen Verhaltens* verstehen. Aber natürlich bleibt dann der Heilige Geist als Person völlig auf der Strecke. Noch moderner könnte man den Heiligen Geist als Metapher verstehen. *Metapher* ist ein Lieblingsbegriff moderner Theologie. Doch mit Gott oder dem Heiligen Geist als einer bloßen Metapher hätte sich in der Alten Kirche, im Mittelalter und in der Reformation kein Theologe abspeisen lassen. So ein Sprachgebrauch hätte nach Ketzerei gerochen. Doch die Theologen sind unsicher und verlegen geworden, sie vertreten nur noch mit schlechtem Gefühl die traditionellen Dogmen ihrer Religion, und viele sind dabei offenbar der Meinung, dass die Gottesvorstellung, wenn überhaupt, dann nur noch auf sprachlichem Wege gerettet werden könne.

Warum werden manche Menschen vom Geist erreicht und andere nicht?

Dass Gott höchstpersönlich den Glauben wirkt, steht für die Theologie fest, wir sprachen schon darüber. Der Heilige Geist hat manche Menschen in den

Glauben berufen. Wenn das so ist: Warum sind dann nur so wenige berufen worden? Und nach welchen Kriterien fand die Auswahl statt? Und es erhebt sich erneut der Einwand, dass Menschen dann doch gar nicht schuld an ihrem Unglauben sind. Gott habe in seinem unergründlichen Ratschluss beschlossen, dass der Geist Gottes einigen verweigert wird. Ein solcher Willkür-Gott, den u. a. Augustinus und Luther tatsächlich noch vertreten haben, wirkt auf heutige Gläubige aber befremdlich. Und widerspricht er nicht auch dem Satz »Gott ist gerecht«? Und ebenso dem Satz »Gott ist Liebe«. Wieder sind die Theologen zur Quadratur des Kreises gezwungen, verurteilt, an den begrifflichen Abgründen, die sich rechts und links von ihnen auftun, entlang zu tänzeln.

Wirkt der Heilige Geist auch außerhalb der Kirche?

Wo nichts wirkt, kann auch nicht »außerhalb« wirken. Diese einfache Einsicht würde das Scheinproblem, das sich in dieser Frage äußert, eliminieren. Doch diesem Weg können Theologen nicht folgen, auch wenn er noch so zielführend ist.

Früher war die theologische Welt einfacher. Alles, was außerchristlich war und was nicht mit der katholischen oder protestantischen Dogmatik in Übereinstimmung gebracht werden konnte, war heidnisch oder ketzerisch und per se nicht positiv bewertbar. So exklusiv und restriktiv will aber heute kein »moderner« Theologe mehr denken, der die Fülle der weltweiten religiösen Äußerungen auch nur annähernd in den Blick bekommen hat. Das Christentum ist nur eine Religion unter vielen. Wie geht man mit den anderen Religionen um? Wie begründet man dennoch den Primat des Christentums?

Eine Strategie besteht darin zu behaupten, dass auch in anderen Religionen der Geist Gottes wirksam sei. Der katholische Theologe Karl Rahner hat von Transzendenzerfahrung gesprochen, die in allen Religionen anzutreffen ist, und die letztlich immer eine Erfahrung des Heiligen Geistes sei, auch wenn den Gläubigen anderer Religionen dies nicht bewusst sei. Rahner sah deshalb überall »anonymes Christentum«. Hans-Martin Barth leitet aus der (wie wir gesehen haben, falschen) Vorstellung, dass der Glaube nur zustande kommen kann durch den Heiligen Geist, ab, dass es dann eine »geradezu logische Voraussetzung [ist], dass der Geist auch außerhalb der Kirche wirkt.«[381] Und Barth lässt es nicht nur beim Geist bewenden, sondern schiebt anderen Religionen auch noch Jesus Christus unter:

> »Ihre Pointe [der christlichen Rede vom Geist] liegt vielmehr darin, dass sie das Prinzip des Lebens, wie es in jedem Samenkorn und in jeder Zelle

des menschlichen Körpers wirkt, mit dem Geist identifiziert, von dem Jesus Christus getragen war.«[382]

Barth unterscheidet sich aber immerhin wohltuend von Konzeptionen, die meinen, dass nur andere Religionen vom Christentum zu lernen haben. Er fragt auch danach, was das Christentum selbst von anderen Religionen lernen kann.

»Aber es kommt darauf an, außerchristliche Konzepte von *Geist* daraufhin zu untersuchen, ob der dreieine Gott durch sie der Christenheit eine vertiefte Einsicht in sein Geistwirken schenken könnte.«[383]

Barth denkt da an »spirituell vernachlässigte Bereiche« wie Atmung und Gestik, aber auch an »Eros und Sexualität«, die es als Kräfte zu entdecken gelte. In der Tat hat gerade das Christentum in diesem Bereich einen schwarzen Fleck. Aber der Weg sollte wohl weniger der sein, von anderen Religionen lernen zu wollen, als sich vielmehr überhaupt von religiösen Deutungen völlig natürlicher Phänomene zu verabschieden.

Schöpfungslehre – Der christliche Gott als Erschaffer des Universums?

Die klassische christliche Schöpfungslehre mit Paradiesgarten und einer Siebentagewoche mutet aus heutiger Sicht an wie der Blick auf eine Puppenstube. Juden, Christen und Muslime konnten lange keine blasse Ahnung von den Dimensionen haben, die das, was sie als »Himmel und Erde« bezeichneten, wirklich hatte. Sie wussten weder etwas von den gewaltigen Entfernungen, die heutige Physiker nur in Lichtgeschwindigkeiten beschreiben, noch von der unermesslichen Zeit, die dieses Universum schon besteht und noch bestehen wird. Was sie als Sterne sahen und als Leuchten verstanden, die ihr Gott dort oben aufgehängt hatte, waren oft genug schon andere Galaxien, deren Licht uns aus Zeiten erreicht, da die Erde noch gar nicht bestanden hat. Und nicht einmal von den Dimensionen auf der »Erde« hatte man eine hinreichende Vorstellung, die sich für antike Menschen an den äußeren Grenzen von Ägypten oder Mesopotamien oder der iberischen Halbinsel im Meer oder ins unbekannte Land verlor. Ein Schauder wäre ihnen durch die Glieder gefahren, hätten sie auf einem Globus den Mittelmeerraum in seinem Verhältnis z. B. zu Asien oder dem Pazifik betrachten können.

Weil dies aber nicht möglich war, konnte man sich als Mittelpunkt der Welt verstehen, sowohl irdisch wie kosmisch. Der ganze Himmel drehte sich um die Erde, alles schien auf sie hingeordnet. Und in ihr auf den Menschen als die Krone der Schöpfung. Da war die religiöse Welt noch in Ordnung und es ließ sich leicht von einer göttlichen »Schöpfung« sprechen. Die Schöpfungsvorstellungen der Religionen zeigen sich (zumindest in den westlichen Religionen) immer sehr provinziell und heimelig wie in einem Bilderbuch für Kinder. Und es muss für Gläubige früherer Zeiten eine gewaltige Desillusionierung gewesen sein, als diese Schöpfungsidylle durch die Entwicklung einer modernen Kosmologie immer mehr demontiert worden ist. Die Naturwissenschaften haben den Religionen ihren Himmel regelrecht weggerechnet und die Erde aus dem Zentrum des Universums in den äußeren Spiralnebel einer gewöhnlichen Galaxie versetzt, in eine von einhundert Milliarden Galaxien. Da kreist die Erde um eine Sonne, von der es alleine in unserer Galaxie ebenfalls einhundert Milliarden andere Sonnen gibt.

Je größer das Universum wurde, desto weniger ließ sich ein Ort finden, wo man Gott noch unterbringen konnte. Er lässt sich nicht mehr wie bei den Alten über dem Sphärenhimmel denken, wo man auf seinen Thron stoßen würde, wenn man nur hoch genug fliegen könnte. Und selbst wenn es eine Schöpfung gegeben hat, wäre das, was die Theologie lange meinte beschreiben zu können, nicht mehr als eine Momentaufnahme eines winzigen Teils eines unbeschreiblich großen Universums. In etwa so, als würde man von einem Elefanten nur eine einzige winzige Körperzelle beschreiben. Mit der Gewöhnlichkeit und der Provinzialität unseres Sonnensystems sind auch alle dort verehrten Götter zur Provinzialität verurteilt.

Spricht die Theologie nach wie vor vollmundig von *Gott* und *Christus*, so hat sie in der Schöpfungslehre schon seit Jahrhunderten den Rückwärtsgang eingelegt, muss aber weiterhin behaupten, noch »nach vorn« unterwegs zu sein. Die Demontage des alttestamentlichen Gottes hat die Archäologie, die des neutestamentlichen Gottes die historisch-kritische Forschung herbeigeführt. Aber davon wissen außer den Professoren an den Universitäten nur wenige. Doch die Erkenntnisse der modernen Kosmologie lassen auch gewöhnliche Gläubige die Aussage, ausgerechnet der christliche Gott habe dieses Universum geschaffen, und ihm sei es dabei um die Liebe gerade zu den Menschen gegangen, fragwürdig und antiquiert erscheinen.

Theologen auf dem Rückzug

Das Alte Testament hat keine einheitliche Weltentstehungslehre. Am Anfang der Bibel stehen gleich zwei Schöpfungsgeschichten. In der Erzählung vom Paradies (Gen 2) tritt Gott quasi als Gärtner auf, der den ersten Menschen Adam aus Erde schafft und die erste Frau aus seiner Rippe bildet. Nüchterner, weil auch um Jahrhunderte jünger, wirkt da die Erzählung von der Erschaffung der Welt durch das Wort in sieben[384] Tagen in Gen 1. Wegen des Schematismus der Erzählung und dem Umstand, dass hier Gestirne als bloße Lampen verstanden werden (und nicht als Götter), wollen Theologen hier so etwas wie »Aufklärung« wahrnehmen.

Die Schöpfungserzählungen in Gen 1-2 sind literarisch nicht ohne Reiz, besonders wenn man ins Detail geht. Was sie aber zum Problem macht, ist, dass sie fast während der gesamten Kirchengeschichte und auch schon in jüdischer Zeit eben nicht als *Erzählungen* verstanden worden sind, sondern als glaubwürdige *Berichte* von der Erschaffung der Welt und des Menschen. Gerade die Paradiesgeschichte haben die Theologen aller Zeiten nach Kräften ausgeweidet. Sie haben aus ihr weitreichende Schlüsse besonders im Blick auf die theologische Lehre vom Menschen (theologische Anthropologie) gezogen. Was das Wesen des Menschen ist, meinte man besonders aus der Paradiesgeschichte ablesen zu können. Auf das daraus entstehende defizitäre »christliche Menschenbild« kommen wir noch zu sprechen.

Über viele Jahrhunderte gab es keinen Unterschied zwischen Schöpfungslehre und Kosmologie. Der Anspruch der Theologie auf Welterklärung war total. Die Welt erklärte man sich mit der Bibel in der Hand und konnte sich u. a. darauf berufen, dass auch Jesus und auch Paulus offenbar den Schöpfungserzählungen Glauben schenkten, und Paulus sie sogar in seiner Theologie mit eingebunden hat. Seit der frühen Neuzeit jedoch ist die Theologie mit ihrer Schöpfungslehre auf dem Rückzug. Lange hatte sie versucht, ihren Gott in den Geheimnissen zu verorten, die auch eine zunehmende Welterkenntnis immer noch bot. Wo man sich etwas nicht erklären konnte, sahen Theologen ein Geheimnis und Gott selbst am Walten. So hatte man ja schon im Alten Testament den Regenbogen nicht als Lichtspiegelung, sondern als ein Zeichen Gottes verstanden. Aber mit jeder neuen wissenschaftlichen Erkenntnis, die ohne Gott auskam, wurde Gott wieder ein Stück aus der Welt herausgedrängt. Vor zweihundert Jahren schon hatte der Theologe Schleiermacher gefragt:

»Wie lange wird er [der Schöpfungsglaube] sich noch halten können gegen die Gewalt einer aus wissenschaftlichen Kombinationen, denen sich niemand entziehen kann, gebildeten Weltanschauung?«[385]

Der Beweis ist der natürliche Feind des Glaubens wie der Berg der natürliche Feind des Radfahrers ist. Naturwissenschaftliche Welterkenntnis macht glaubensmäßige Begründungen und Erklärungen obsolet, auch für die meisten Gläubigen selbst. Und dass es ein unwürdiges Schauspiel für einen Gott ist, nur noch für Erklärungs*lücken* gebraucht zu werden und, wenn diese dann durch neue Erkenntnisse geschlossen werden, Gott aufzufordern, sich wie Karl der Käfer vom Acker zu machen, das wurde auch immer mehr Theologen klar. Statt wie früher der Kosmologie die Richtung vorzugeben oder gar mit ihr in Wettstreit über die bessere Welterklärung zu treten, begnügte man sich zunehmend damit, Gott wenigstens als die graue Eminenz im Hintergrund zu behaupten, die letztlich ja auch die Naturgesetze geschaffen habe. Geradezu peinlich sind die Versuche von Frömmlern, z. B. die Saurier in einem biblischen Lebensalter von 6000 Jahren noch unterzubringen oder ernsthaft die Verwandtschaft des Menschen mit anderen Primaten aus dem biblischen Schöpfungs*bericht* in Gen 1 abzustreiten. Sehr einfach gestrickte Gläubige tun dies heute noch, aber klügere Theologen haben längst nachgegeben und das Feld den Naturwissenschaftlern überlassen.

So lehnt man heute dasjenige gestenreich ab, was man jahrhundertelang wie selbstverständlich vertreten hatte, nämlich die biblischen Erzählungen als Weltentstehungsbericht zu verstehen. »Das biblische Schöpfungszeugnis will ... keine Weltentstehungstheorie, sondern Bekenntnisaussage sein«, meint heute Hans-Martin Barth.[386] Aus dem spekulativen Scheinproblem der Alten, ob ein Schöpfungstag nun 12 oder 24 Stunden gedauert habe, und wo im Zusammenhang der Schöpfungslehre noch manch anderes Kuriosum verhandelt wurde, ist so etwas wie ein bloßer Glaubensanspruch geworden. »Schöpfungsglaube ist nicht Theorie über den Weltanfang, sondern das Vertrauen darauf, dass Gottes Geschichte Welt und Zeit umgreift und lebensschöpferisch Tag für Tag bestimmt«, meint die Theologin Schneider-Flume.[387] Ähnlich der Theologe Christofer Frey:

> »Nimmt man auch hier die Existenz eines wie auch immer gearteten »ersten Ereignisses« an, so ist der Glaube an Gott noch nicht betroffen, weil der mit dem Anfang nicht ein zeitliches Moment, sondern den tragenden Grund alles zufälligen Geschehens meint.«[388]

Die Theologen belächeln heute jeden, der die Schöpfungsgeschichten für bare Münze nimmt, so als hätten sie dies nicht selbst fast durch die ganze Theologiegeschichte hindurch getan und gelehrt. Hilflos wirken dabei theologische Versuche, die biblischen Erzählungen doch noch irgendwie mit modernen kosmologischen Erkenntnissen kompatibel zu machen. Besonders beliebt ist hier immer noch der Hinweis, dass in der Bibel zwar von Schöpfungstagen die Rede ist, dass aber nach Psalm 90 vor Gott »tausend Tage wie ein Tag« sind. Doch auch diese »Interpretation« wirkt noch sehr unbedarft angesichts der Zeiträume, die die Kosmologie und die Physik zu beschreiben suchen. Theologen haben lernen müssen, dass sie in der Kosmologie nichts zu sagen haben und dass sie dies besser auch akzeptieren. Sie können nicht mitreden, denn sie haben nichts zu sagen. Den Verzicht darauf verkaufen sie aber gerne als Tugend. Die Wissenschaft wird »freigegeben«, wie es Theologen gerne gönnerhaft formulieren. Die Welt hat ihre Gesetze, »die zu erforschen nun fortan nicht Theologie, Schöpfungslehre, sondern schlechthin Naturwissenschaft ist« meint Trillhaas. Und »diese Natur gibt uns auch, wenn wir sie forschend befragen, nicht die Antworten Gottes, sondern *ihre* Antworten.«[389] Heinrich Ott formuliert es ebenso deutlich:

> »Wir müssen ... jedem Glauben an eine Autorität der weltbildlichen Elemente der biblischen Schriften entschlossen den Abschied geben und auf jegliche apologetischen Teil-Rettungsversuche verzichten ... Stattdessen gilt es den Aspekt des Glaubenszeugnisses ... herauszuarbeiten«[390]

An die Stelle der theologischen Bevormundung der Naturwissenschaften ist ein Perspektivismus getreten. Die Rede von der göttlichen Schöpfung wird nun als eine andere Perspektive, eine andere Sicht auf die Wirklichkeit verstanden, die neben die naturwissenschaftliche Sicht tritt und dort auch Bleiberecht hat. Als eine andere Sicht auf die Wirklichkeit sei der Schöpfungsglaube durch wissenschaftliche Erkenntnisse »nicht betroffen«. Wahrheit ist Ansichtssache.

> »Perspektivische Wahrheit: Naturwissenschaften und christlicher Glaube verhalten sich wie zwei unterschiedliche Perspektiven – ein Gemälde kann aus der Sicht eines Künstlers oder eines Chemikers betrachtet werden.«[391]

Es müsse »darum gehen, Schöpfungsglauben und Naturwissenschaft als methodisch eigenständige Perspektiven zu verstehen, die aber gleichwohl nicht in jeweils getrennten Bereichen gültig sind, sondern die als verschiedene Perspektiven auf die eine Welt wahrgenommen und kritisch zusammenerzählt werden müssen,« meint Schneider-Flume.[392]

Was sich so harmonisch und um Verständigung bemüht anhört, entlarvt sich leicht als absurd, wenn man statt der durch die westliche Sozialisation gewohnten christlichen Schöpfungslehre einfach die Mythen anderer Religionen annimmt. Nimmt man z. B. germanische Schöpfungsmythen, könnte man von den Riesen der Vorzeit sprechen oder von der Erschaffung der Zwerge. Die Menschen werden in der germanischen Mythologie teilweise auf einen göttlichen Vorfahren zurückgeführt. In der japanischen Mythologie ist der Urzustand der Welt ein Ei, in dem Himmel und Erde noch ungeschieden waren. Die Götter entstanden selbst aus einer Art schilfartiger Sprossen. Bei den Maya erschaffen mehrere Götter die Welt, die ersten Menschen werden von ihnen in Affen verwandelt. Jede Kultur und Religion hat ihre eigenen und z. T. sehr kunstvollen Weltentstehungsmythen geschaffen, was würde man auch anderes erwarten? Doch niemand würde in solchen Erzählungen mehr sehen als den schriftlichen Niederschlag von Fragen, die die Menschen bewegt haben. Es ist Literatur, nicht mehr und nicht weniger, und sie entspringt der menschlichen Phantasie.

Wenn nun aber heutige Theologie meint, solche literarischen Zeugnisse als eine eben andere Perspektive neben die wissenschaftliche Kosmologie und Anthropologie stellen zu können, dann ist dies, gelinde gesagt, überaus selbstbewusst, weniger höflich ausgedrückt anmaßend und lächerlich. So wie uns über dem Weltei brütende Götter und germanisch-mythologische Zwerge nichts über den *tatsächlichen* Zustand und die Entstehung der Welt sagen können, so auch nicht die christlichen Schöpfungsmythen mit der Erschaffung der halben Menschheit aus einer Rippe oder der anderen Hälfte aus Lehm, mit einem Paradies und einer sprechenden Schlange. Die Theologie hat neben den Naturwissenschaften kein Mitspracherecht, wenn es um das Eigentliche der Naturwissenschaften geht. Die Theologie hat alles von der wissenschaftlichen Kosmologie und Physik zu lernen, die wissenschaftliche Kosmologie aber nichts, nicht das Geringste von der Theologie.

Und doch meinen Theologen, dass gerade *ihre* bestimmte Religion, ihr Weltei einen Mehrwert an Welterklärung bringt. Trillhaas schreibt: »Schöpfungsglaube enthält ein aller Natureinsicht und allem Weltverstehen gegenüber überschießendes Element.«[393] Und Hans-Martin Barth schreibt: »Christlicher Schöpfungsglaube und Naturwissenschaften können einander nicht ersetzen, bleiben aus der Sicht des Glaubens aber aufeinander bezogen.«[394] Dem ist entschieden zu widersprechen. Es muss klar sein, wer hier Herr und wer Hund ist. Die Theologie hat gegenüber den Naturwissenschaften keinerlei Erkenntnisüberschuss vorzuweisen. Ganz im Gegenteil mussten die Naturwissenschaften und die moderne Kosmologie, als sie herangingen, ein einheitliches und verständliches Weltbild zu erkennen, erst das religiöse Gerümpel und den Muff von eintausendfünfhundert Jahren aus dem Wege räumen. Theologie hat die Scheinprobleme immer nur ummöbliert, erst die moderne Wissenschaft hat sie aus dem Haus geworfen. Die historischen Disziplinen der Theologie, also Altes und Neues Testament und die Kirchengeschichte, haben durchaus erstaunliche und wichtige Ergebnisse bzw. Zwischenergebnisse erzielt. Doch der Beitrag der Dogmatik oder der sog. Systematischen Theologie, der Königsdisziplin der Theologie, ihr innerer Kern, ist bei Lichte betrachtet doch gleich null. Hier gilt es schon als Fortschritt und als innovativ, wenn ein alter Irrweg nach Jahrhunderten wieder aufgenommen wird, mal wieder Paulus oder Luther oder Thomas von Aquin wiederentdeckt wird. Die Art und Weise, wie alter Quark immer wieder neu getreten wird, definiert die theologischen Schulen.

Neben der wissenschaftlichen Welterkenntnis hat eine theologische jedenfalls nichts verloren, mag sie sich auch noch so sehr auf eine »andere Perspektive« berufen. Die Theologie *er*klärt nicht die Welt, sie *ver*klärt sie. Dieser Einsicht können sich die Theologen aus verständlichen Gründen nicht anschließen. Wenig liest man in ihren Dogmatiken über moderne kosmologische Theorien, wobei man allerdings zugestehen muss, dass diese Materie auch sehr schwer in der Tiefe zu begreifen ist. Man muss schon etwas von Mathematik und Physik verstehen. *Meta*physik reicht eben nicht.

Rückzugsgefechte

Von unseren in diesem Buch besprochenen Theologen geht kaum einer auf die wissenschaftliche Kosmologie näher ein, obwohl dies beim Thema »Schöpfung« oder »Weltentstehung« doch nahe liegen könnte. Lediglich Wilfried Härle hat dazu ein paar Absätze in seine Dogmatik aufgenommen und zitiert vor allem Paul Davies und sein Buch »Gott und die moderne Physik«. Ebenso liest man fast nichts zur Evolutionslehre, obwohl sich auch dieses Thema beim Thema »Schöpfung« doch geradezu aufdrängt. Hans-Martin Barth, der ja meinte, dass Schöpfungsglaube und Naturwissenschaften aufeinander bezogen sein sollten, kann dann doch nicht aus seiner theologischen Haut:

»Die Evolution ist kein blinder Vorgang und kein zufälliges Interdependenzgeschehen, sondern zu verstehen von Jesus Christus als dem Liebenden, dem Gekreuzigten, dem Rettenden her!«[395]

Das klang bei Darwin dann doch ein wenig anders. Theologen können es nicht lassen, um alle wissenschaftliche Welterklärung doch noch so etwas wie eine theologische Klammer zu machen, die Wissenschaft doch noch zu vereinnahmen und auf vermeintlich größere Zusammenhänge hinzuweisen. Bei der Theologin Gunda Schneider-Flume findet man Ähnliches:

»Kein biologischer Lebensanfang ist außerhalb der Geschichte Gottes. Auch als biologischer Lebensanfang ist Leben in der Geschichte Gottes, geschenktes, gewährtes und bewahrtes Leben.«[396]

Solche reinen Glaubenssätze sind bei »modernen« Theologen selten und werden vermieden, brechen aber dann doch immer wieder durch. Sie bedienen die Erwartung nach Kirchlichkeit und persönlicher Gläubigkeit bei Gläubigen und Theologiestudenten. Da helfen dann auch Einsichten wenig, wie sie von Theologen eben auch immer wieder formuliert werden:

»Es geht nicht an, Sätze zu behaupten, die ausgesprochenermaßen wissenschaftlich nicht verifizierbar sind.«[397]

Ein richtiger Satz, aber aus der Feder eines Dogmatikers dann doch verwunderlich. Könnte man doch meinen, das Geschäft der Theologie bestehe eben genau darin: Sätze zu behaupten, die wissenschaftlich nicht verifizierbar sind. Die Rede von einem Schöpfergott ist problematisch geworden. Es geht aber eben auch nicht ohne ihn (oder »ohne sie«, wie die feministische Theologie formulieren würde). Schön formuliert stellt Schneider-Flume fest:

> »Wegen Unerheblichkeit ist die Rede von Gott und insbesondere die vom Schöpfergott im Meer der Gleichgültigkeit versunken.«[398]

Recht hat sie. Und doch müssen Theologen versuchen, dem Schöpfergott und der Rede über ihn einen Rettungsring zuzuwerfen. Schon das Glaubensbekenntnis, auf das viele Theologen vereidigt worden sind, verlangt es von ihnen. So gehen die Versuche denn weiter, obwohl man zwar vollmundig die »Mündigkeit« der Naturwissenschaften anerkennt, diese aber dann doch nur als vorletzte Weisheit und unter theologischem Vorbehalt zu sehen. Der Theologe Härle meint:

> »Die Schöpfung ist der innere Grund der Weltentstehung. … Die – naturwissenschaftlich mehr oder weniger vollständig erklärte – Weltentstehung ist der äußere Grund der Schöpfung; die Schöpfung hingegen ist der innere Grund der Weltentstehung.«[399]

Auch hier erleben wir wieder das theologische Vorzeichen vor der Weltformel, die ontologische Vorordnung religiöser Kategorien vor naturwissenschaftlichen Erkenntnissen, mit der die Theologie erneut versucht, sich wichtig zu machen. Die unüberprüfbare und insofern phrasenhafte Anmerkung, dass alles doch ganz anders verstanden werden muss, das gutsherrliche und aufmunternde Lächeln über die Bemühungen der Naturwissenschaftler, deren Bemühungen aber doch unzureichend sind, weil sie den wirklichen Zusammenhang der Dinge nicht verstehen; so etwas vermag nur der Glaube.

Aber damit hat es dann auch sein Bewenden. Eine inhaltliche Füllung dieser Allgemeinaussage findet nicht statt. Es ist nur die Behauptung des bloßen »Dass«, eine reine Glaubensaussage im Brustton der Überzeugung vorgetragen.

> »Die Tatsache, dass jemand in der Lage ist, die Entstehung eines Menschen oder einer anderen Kreatur restlos zu erklären, ändert aus der Sicht des im Kleinen Katechismus zu Worte kommenden Schöpfungsverständnisses nichts an der Wahrheit des Satzes: *Ich glaube, dass mich Gott geschaffen hat samt allen Kreaturen.*«[400]

Formal ist das korrekt. Man kann alles Mögliche annehmen und an alles Mögliche glauben. Man kann nicht völlig ausschließen, dass jetzt gerade, während Sie das lesen, ein Monster mit Messer und Gabel hinter ihnen steht und sie gleich gesittet verspeisen wird. Aber es macht eben keinen Sinn, die Welt mit Geistern und Göttern zu bevölkern, wo diese nicht nötig sind. Und es ist nicht nötig, nachdem man verstanden hat, wie ein Verbrennungsmotor funktioniert, noch anzunehmen, dass ein Gott, ein Dämon oder das Fliegende Spaghettimonster noch eigens dafür sorgen müsste, dass ein Auto fährt. Auf solche Sentimentalitäten braucht selbst der für viel Geld bei Ebay versteigerte alte Golf des Papstes keinerlei Rücksicht zu nehmen.[401]

Die Flucht in die *creatio continua*

Doch die Theologen nehmen offenbar tatsächlich einen solchen Gottesfunken an, der den Motor der Schöpfung zur Zündung bringt. Und mehr noch: der ihn auch am Laufen hält. Sie verstehen Schöpfung nicht nur als etwas, was vor langer Zeit geschah, sondern ebenso als etwas, was sich permanent ereignet. Der Fachbegriff hierzu lautet *creatio continua* (anhaltende oder fortdauernde Schöpfung). Theologen meinen, dass diese Welt nur besteht, weil Gott sie beständig im Sein erhält. In allem sei er gegenwärtig und garantiert so den Fortbestand und das Funktionieren seiner Schöpfung. Der Theologe Paul Althaus schreibt:

»Das Geschaffene hat nicht in sich die Kraft zu sein, die Mächtigkeit zu dauern, … sondern das Sein, das Dauern geschieht in jedem Augenblick allein durch denselben wirkenden Schöpferwillen, der den Anfang der Welt setzte. … Der Schöpfungsakt ist demnach nichts Einmaliges, Vergangenes, sondern er dauert an und ist gegenwärtig.«[402]

Die Lehre einer *creatio continua* ist nicht neu, sondern gehört seit 2000 Jahren zum Grundbestand christlicher und auch schon jüdischer Theologie. Für ein »modernes« Verständnis von Schöpfung hat dieser Begriff eine entlastende Funktion, führt er doch weg von für heutige Ohren eher märchenhaften Zügen einer Schöpfungslehre mit Paradies, Obstbäumen und einem noch nackten Erzelternpaar. An die Stelle mythologischer Erzählungen tritt ein Prinzip, mit dem sich für Theologen besser leben und argumentieren lässt, das Prinzip der permanenten Anwesenheit Gottes in der Welt, verquast ausgedrückt die »originäre und kontinuierliche Präsenz der Transzendenz in der Immanenz«.

Joest schreibt: »Gottes schöpferisches Handeln durchwirkt Natur und Geschichte und ist als ein Geschehen in der Zeit auszulegen.«[403] Auch hier haben wir wieder den Versuch, Welt und Weltgeschehen unter theologischen Vorbehalt zu setzen und zu suggerieren, dass man nicht wirklich Erkenntnis erlangen kann, wenn man die Theologen nicht mit ins Boot nimmt. Denn *sie* weisen auf die Dimension hin, ohne die alles Erkennen nur Stückwerk sei. Doch auch hier hat die Theologie mit dem Äußern dieser Vermutung schon alles Pulver verschossen, denn es folgt nichts daraus, keine detailliertere Beschreibung dessen, was man sich denn unter dieser *Präsenz Gottes* vorzustellen habe oder wie die Naturgesetze sich zu dieser Gottespräsenz verhalten und zusammenzudenken sind. Es bleibt bei der bloßen Behauptung »Gott steht hinter allem, was geschieht.« Gläubige überzeugt dies, aber man muss eben schon gläubig sein, um davon überzeugt zu werden.

Der Theologe Joest weist noch darauf hin, »dass das naturwissenschaftliche Weltbild nicht als Darstellung aller Wirklichkeit schlechthin, sondern als ein unter bestimmten Abstraktionen und unter den Bedingungen einer bestimmten Befragungsmethode sich zeigender Aspekt des Wirklichen zu verstehen ist.«[404] Natürlich ist auch dies richtig, und eine reflektiert forschende Naturwissenschaft weiß sehr genau um die mögliche Vorläufigkeit ihrer Ergebnisse und darüber, dass sie nur ausschnitthaft die Wirklichkeit beschreiben kann. Doch mit diesem Wissen und in ihrem Forschen ist sie derart erfolgreich, dass es unsinnig wäre, religiöse Hypothesen anzunehmen, für die nicht einmal Theologen belastbare Hinweise anbringen können. Und es war ja immer die Theologie und selten die Naturwissenschaft, die meinte, eine Gesamterklärung von Welt und Wirklichkeit liefern zu können. Die Hybris, die Überheblichkeit, die den modernen Naturwissenschaften gerne von religiöser Seite vorgeworfen wurde und wird; eben sie ist ja gerade das Charakteristikum von Religion. Nicht die Naturwissenschaften wollen, wenn sie forschen und die Welt verändern, »sein wie Gott«, sondern die Religion und die Gläubigen propagieren dies, wenn sie sich einbilden, ewig zu leben (eine göttliche Eigenschaft!) oder wenn sie den Menschen Jesus von Nazareth zu einem Gott verklären.

Der Urknall und eine Schöpfung aus dem Nichts

Die Theologen mischen sich heute in der Regel nicht mehr in naturwissenschaftliche Diskussionen ein, weil sie die Erfahrung machen mussten, dass ihr Gott mit jeder neuen wissenschaftlichen Erkenntnis an Glaubwürdigkeit eher verloren hat. Um den Kampf mit der Evolutionslehre oder der modernen Kosmologie aufzunehmen; dazu sind die theologischen Waffen einfach zu schwach. Gegen Mathematik, Evidenz und Empirie der Naturwissenschaften wirken sie wie Lichtschwerter von Jedi-Rittern aus der Spielzeugabteilung eines Kaufhauses. Deshalb weicht man besser aus. Wie die Welt funktioniert, da stimmen auch Theologen zu, das sollen die Naturwissenschaftler erklären. Man begnügte sich im Allgemeinen *nolens volens* mit der theologischen Phrase, dass Gott letztlich hinter allem stünde.

Aber im Konkreten schien zumindest die Entstehung des Universums noch Wohnraum für einen Gott zu bieten. Denn da, wo selbst Mathematik und Physik versagen, am Ursprung, dem sog. Urknall,[405] wo es noch keine Naturgesetze gab: könnte da nicht Gott dingfest gemacht werden? Diese Hoffnung verband sich gerne mit dem Gedanken einer *creatio ex nihilo*, also einer Schöpfung aus dem Nichts. Auch die *creatio ex nihilo* gehört zum festen Inventar theologischer Dogmatiken und wird auch heute noch gerne z. B. in Predigten angeführt. Das ist eigentlich merkwürdig, denn sie taucht in der Bibel nur am Rande auf. Gen 1 und 2 beschreiben ja gerade *keine* Schöpfung aus dem Nichts. Gen 2 nennt eine Ödnis als Anfangszustand, weil es noch nicht geregnet hat. Nach Pflanzen und Tieren wird schließlich der Mensch geschaffen, der Mann aus Erde, die erste Frau aus der Rippe des Mannes.[406] Und in Gen 1 mit der Erschaffung der Erde in sieben Tagen war wohl an ein Ur-Chaos gedacht, wie es auch Mythologien anderer Völker kannten. Dennoch hat sich in der Theologie der Gedanke einer Schöpfung aus dem Nichts durchgesetzt. Es passte einfach gut, man meinte damit die Voraussetzungslosigkeit und die göttliche Souveränität besonders deutlich zum Ausdruck bringen zu können.[407]

Der Gedanke einer Schöpfung aus dem Nichts in der Unbestimmtheit des »Urknalls« schien Theologen geheimnisvoll genug, um hier einen Gott unterbringen zu können. Bekanntester Verfechter hierfür war kein Geringerer als Papst Johannes Paul II. Im Jahre 1981 hatte die römische Kurie einige bedeutende Kosmologen eingeladen, um mit ihnen über die Entstehung des Universums zu diskutieren. Der Papst sagte zur Eröffnung, die Wissenschaft möge doch den Urknall als »Refugium Gottes« unangetastet lassen.[408] Schon vor ihm hatte Papst Pius XII. im Jahr 1951 erklärt, dass die Vorstellung vom Urknall mit der Bibel zu vereinbaren sei.

> »Es war damit das erste Mal, dass die Naturwissenschaft einen Glaubensgrundsatz zu bestätigen schien. Dies bekräftigte der vatikanische Astronom William Stoeger mit den Worten: *Die Erkenntnis vom Urknall hat das Bild Gottes veredelt.*«[409]

Beim festen Willen, die Theologie doch noch mit der Wissenschaft in Übereinstimmung zu bringen, haben sich die Päpste aber wohl auch hier zu früh gefreut. Tatsächlich kennt auch die Physik die Entstehung aus dem Nichts. Wilfried Härle geht als einziger unserer hier behandelten Theologen auf diese

Sache ein und zitiert, wie schon erwähnt, Paul Davies und sein Buch »Gott und die moderne Physik«. Demnach gibt es in Mikrowelt der Quanten das Phänomen, dass Teilchen aus dem Nichts entstehen und wieder verschwinden.

»Bei diesem bemerkenswerten Szenarium entsteht der ganze Kosmos vollständig in Übereinstimmung mit den Gesetzen der Quantenphysik *einfach aus dem Nichts* und erzeugt dabei alle Materie und Energie, die nötig ist, um das Universum zu errichten, das wir jetzt vor uns sehen. Dazu gehört die Schaffung aller physikalischen Dinge einschließlich Raum und Zeit. Wir sind an die Vorstellung gewöhnt, dass man *etwas hergibt und etwas anderes dafür herausbekommt*, aber die Vorstellung, etwas für nichts oder aus nichts zu erhalten, ist uns fremd. Doch erzeugt die Welt der Quantenphysik durchweg etwas aus Nichts. Die Quantentheorie der Gravitation lässt sogar die Annahme zu, dass wir alles für nichts bekommen.«[410]

Auf diese Weise könnte auch unser Universum insgesamt entstanden sein; durch Quantenfluktuation. Der Physiker Stephen Hawking hat dies in seinem Buch »Der große Entwurf« beschrieben. Und sein Fazit lautet: Solche Fluktuationen geschehen unablässig und sind nachweisbar. Ein Gott wird damit für die Entstehung des Universums entbehrlich. Man braucht ihn nicht, er hat auch beim Urknall keine Funktion mehr.

Doch was zieht der Theologe Härle, der in seiner Dogmatik das Davies-Zitat bringt, daraus für Schlüsse? Er sucht Anschluss an die theologische Tradition und bei einem Gewährsmann, der von Kosmologie sicherlich wenig Ahnung hatte: bei Martin Luther:

»Der Gedanke, den Paul Davies an der ursachlosen Entstehung des Universums verdeutlicht, dass hier nämlich im Gegensatz zum bekannten Denkmuster etwas, alles *für nichts*, also gratis, gegeben werde lässt sich gut mit Luthers Aussage aus dem Kleinen Katechismus verbinden, dass *das alles aus lauter väterlicher, göttlicher Güte und Barmherzigkeit ... gegeben ist.*«[411]

So sieht die Auseinandersetzung von Theologen mit moderner Kosmologie also aus: Auf der Suche nach Anknüpfungspunkten und Übereinstimmungen der theologischen Tradition mit modernen wissenschaftlichen Erkenntnissen muss man, bei 2000 Jahren Kirchengeschichte, immer irgendwo fündig werden, wenn man nur lange genug sucht. Und was nicht passt, wir passend gemacht. Immerhin wissen die Teilchen nun, die durch Quantenfluktuation entstehen, warum sie auf der Welt sind; nämlich durch die väterliche und göttliche Güte und Barmherzigkeit. Auf diesem Niveau – und Härle zeigt ja im Unterschied zu seinen Kollegen zumindest ein gewisses Problembewusstsein – auf diesem Niveau findet die Auseinandersetzung der Theologie mit der

Naturwissenschaft statt. Ist es da ein Wunder, dass Theologen zwar gerne mit Naturwissenschaftlern diskutieren möchten, die Begeisterung bei Naturwissenschaftlern sich aber eher in Grenzen hält?

Scheinprobleme der Schöpfungslehre
Ist die Schöpfung gut oder schlecht?

Die biblischen Schöpfungserzählungen der Genesis sind religionsgeschichtlich wertvolle und auch literarisch schön gestaltete Texte und gehören sicherlich mit Recht zum Kulturerbe der Menschheit. Ihr großes Manko ist jedoch – doch dafür können sie nichts –, dass Religionen sich auf sie berufen und sie seit mehr als 2000 Jahren immer wieder aus dem Literarischen ins Historische zu übertragen versuchen. Naive Gläubigkeit liest die Schöpfungsgeschichten als wirklich geschehene Geschichte und lädt jedes Detail mit bedeutungsschwangeren Erklärungen auf. Und so hat es die universitäre Theologie bis hin zur Aufklärung ebenfalls getan. Heutige Pfarrer und andere studierte Theologen lehnen ein solch primitives Verständnis in der Regel ab, können sich aber schlecht dagegen wehren, wenn vor allem evangelikale Gruppen, die ja zweifelsfrei zu den engagiertesten und lautesten Christen gehören, meinen, die Schöpfungsgeschichten wörtlich verstehen zu müssen.

Heutige Theologen an Universitäten, die in ihren Dogmatiken beim Thema *Schöpfungslehre* angelangt sind, haben nun aber ein Problem. Das Thema »Schöpfung« lässt sich gar nicht entfalten, wenn man auf die beiden Schöpfungserzählungen des Buches Genesis verzichtet. Das wollen Theologen jedoch auch nicht. Es kommt zum eigentümlichen Umstand, dass, obwohl ein wörtliches Verständnis abgelehnt wird, man dennoch in Dogmatiken die Schöpfungserzählungen bis in Details hinein implizit als geschehen voraussetzt – freilich, ohne dies explizit selbst zu glauben oder auch nur zu sagen. Aber jeder Theologe baut die Quintessenz und die Aussagen der literarischen Texte aus Gen 1 und 2 so in seine Dogmatik ein, als wäre es tatsächlich ein historisches Geschehen gewesen. Man argumentiert mit einem angeblich seligen Zustand am Anfang der Menschheitsgeschichte, mit einem Menschenpaar, mit einem Versucher, einem Sündenfall und mit dem Rauswurf aus dem Paradies. Theologen ziehen konkrete Schlüsse aus diesen Erzählungen, leiten das Wesen des Menschen aus ihnen ab, bilden ganze Anthropologien aus ihnen heraus und verknüpfen diese kunstvoll mit anderen Teilen der Theologie, z. B. der Christologie oder der Versöhnungslehre. Alles wird in den Dogmatiken so verarbeitet, als wären die Schöpfungsmythen eben keine Mythen, als wäre dies alles wirklich geschehen. Theologen ziehen reale Schlüsse aus rein fiktiven Erzählungen und vermischen so Literatur und Historie, Phantasie und Wirklichkeit.

Es ist in etwa so, als wollten heutige Theologen aus der mythologischen Erzählung von Prometheus, der die Menschen aus Ton geschaffen und ihnen das Feuer gebracht hat, wofür er von Zeus bestraft worden ist, eine Theologie herleiten. Als würden sie zwar zugestehen, dass es sich dabei »nur« um Mythologie bzw. Literatur handelt, aber dennoch in dicken Büchern Überlegungen darüber anstellen, was es bedeutet, dass das Feuer einst von Prometheus gebracht wurde, ob der Gebrauch des Feuers nicht dem göttlichen Willen widerspricht, welche Stellung Prometheus zu anderen Göttern hat, ob man ihn verehren oder eher verachten sollte, ob man ihm mehr gehorchen solle als Zeus, etc. Niemand würde solche Theologen ernst nehmen, man würde ihnen mit Recht vorwerfen, einen Sprung in einen anderen und gegenläufigen Bereich (gr. eine *metabasis eis allo genos*) zu betreiben, die Ebenen zu verwischen. Genau so jedoch arbeiten christliche Theologen, wenn es um die Schöpfungslehre geht. Veranschaulichen lässt sich das sehr schön an dem theologischen Scheinproblem, ob die Schöpfung gut oder schlecht ist.

Vor dem eigenen Nachdenken (und oft auch stattdessen) suchen Gläubige ihre Welterkenntnis aus Bibelversen herauszulesen. Diese haben für sie unbedingte Autorität. Der sich im Zirkel bewegende Gläubige stößt bei der Frage, wie die Welt insgesamt zu beurteilen ist, auf Gen 1,31, wo als Fazit des Schöpfungshandelns Gottes gesagt wird: »Und Gott sah alles, was er gemacht hatte, und siehe, es war sehr gut.« Für einfache Gläubige ist die Frage damit entschieden. Und obwohl es sich nur um eine mythologische Erzählung handelt, deklarieren selbst an einer Universität lehrende Theologen die Aussage »Die Welt ist gut geschaffen« als unumstößliche Wahrheit. Sie nehmen sie zur Kenntnis und argumentieren mit ihr weiter, als handele es sich um ein mathematisches Gesetz. Eine ganze Weltsicht wird so aus einem winzigen Verslein extrahiert und fortan von Theologen nicht mehr hinterfragt. Der unbekannte Autor dieses Verses, ein namenloser Priester im fünften oder vierten vorchristlichen Jahrhundert vermutlich in Jerusalem, hat hier, ohne dass er dies geahnt haben dürfte, ein theologisches Axiom geschaffen, dass noch 2500 Jahre später volle Gültigkeit besitzt. Jedenfalls unter Theologen. Hätte unser namenloser Priester bei seiner Niederschrift einen schlechten Tag gehabt, er mit Bauchschmerzen am Schreibpult gestanden, weil der Hammel vom Mittagessen vielleicht doch schon zu lange in der Sonne gegangen hatte, dann hätte er diesen

Vers vielleicht weggelassen oder von der Schöpfung als »im Ganzen gut« gesprochen. Und auch dieser Satz hätte Theologiegeschichte gemacht und wäre in Predigten über Jahrhunderte als biblische Weisheit gepriesen worden. Es ist faszinierend, wie die Geschichte immer wieder an einzelnen Punkten zu kulminieren scheint, und eher unbedeutende Ereignisse und Personen plötzlich weltweite und über Jahrhunderte, gar Jahrtausende wirkende Folgen nach sich ziehen. Bei aller Faszination ist es aber auch erschreckend, welches Gewicht auch heute noch Theologen einzelnen Worten zuerkennen, nur weil diese zufällig in antiken Urkunden stehen. Wie sie sie fraglos übernehmen und auf solchen unsicheren Fundamenten theologische Luftschlösser bauen.

Problematisch wird es schon, wenn sich an anderen Stellen in den heiligen Schriften plötzlich ganz andere Tendenzen finden. In Gen 8,21 liest man: »Denn das Dichten und Trachten des menschlichen Herzens ist böse von Jugend auf.« Man stutzt: Also kann die Schöpfung doch nicht so »sehr gut« sein, wie ein paar Kapitel vorher behauptet. Zudem wissen ja auch Gläubige von Naturkatastrophen, menschlichem Leid, Krankheit und Tod. Auch da passt die Charakterisierung »sehr gut« nur mit einem gehörigen Schuss Blauäugigkeit oder Zynismus.

Nun, Gen 8,21 stammt sicher von einem anderen Autor als Gen 1,31. Der auch in diesem Fall unbekannte Autor hat offenbar einfach eine andere Meinung gehabt, war mental düsterer angelegt, hat vielleicht schon Schlimmes erlebt und vielleicht einen gewissen Hang zur Misanthropie. Das könnte ja sein, wer weiß das schon? Aber Theologen nehmen auch *seine* Äußerung, eben weil sie in der »heiligen Schrift« steht, als unumstößliche Wahrheit, nicht als private Meinung oder als Niederschlag von Literatur, sondern für nicht weniger als eine Wesensbestimmung des Menschen. Auch diese vielleicht sehr zufällige Äußerung erhält den Rang eines theologischen Axioms und hat ihn bis heute behalten.

Den Theologen ist es (zumindest in diesem Fall) gelungen, beide Sichten zu harmonisieren, so dass beide Aussagen in unbeschädigter Autorität bestehen bleiben können. Die mythologische Erzählung vom Sündenfall kann hier Hilfsdienste leisten. Demnach waren Welt und Mensch einstmals perfekt geschaffen. Dann aber hat der Mensch durch den Sündenfall nicht nur sein Verhältnis zu seinem Schöpfer schwer geschädigt, sondern auch die ihn umgebende Natur. Der Mensch hat durch seine falsche Entscheidung die Welt in seinen Niedergang hineingezogen. Theologen sprechen davon, dass die ganze Schöpfung eine *gefallene Schöpfung* sei (obwohl sich ja nur der Mensch unkorrekt verhalten hat).

Bemerkenswert ist, dass diese ganze Konstruktion nur den Mythos von Paradies und Sündenfall nacherzählt. Man darf ruhig davon ausgehen, dass sicher kein an einer Universität lehrender Theologe der Meinung ist, es habe je einen Urstand der Menschheit gegeben, ein Paradies und ein einzelnes Menschenpaar am Anfang. Gebildete Theologen verstehen dies natürlich rein bildlich oder symbolisch. Aber dennoch ziehen sie Schlüsse und Lehren aus diesen mythologischen Erzählungen, als handele es sich um Polizeiberichte. An Hunderten von Stellen in ihren Dogmatiken tauchen Charakterisierungen von Mensch und Welt auf, die sich eben genau aus diesen mythologischen Erzählungen speisen und anders auch nicht ableitbar wären. Der Mythos ist bei den Theologen zwar vorderhand Literatur, inhaltlich und letztlich aber doch die korrekte und nicht diskussionsfähige Beschreibung der Welt. Theologie kann sich eben nicht vom Mythos verabschieden, ohne sich von sich selbst zu verabschieden.

Die Frage, ob die Welt gut oder schlecht ist, die in den Dogmatiken immer einen breiten Raum eingenommen hat, ist eine mythologisch angehauchte Frage. Es ist naiv und kurzsichtig, eine Antwort aus Bibelversen herleiten zu wollen. Und sie versucht moralische Kriterien auf natürliche Vorgänge anzuwenden. Es ist eine naive Frage, die so nur Theologen stellen können. Bei der Frage nach dem christlichen Verständnis des Menschen (theologische Anthropologie) wird dies deutlich werden.

Was machte Gott vor der Schöpfung?

Gott wird ja als ewig gedacht. Das Universum ist aber »erst« 13 Milliarden Jahre alt. Was hat Gott also vorher getan? Warum ist er nicht in sich und mit sich zufrieden gewesen, sondern hat sich vor diesen 13 Milliarden Jahren plötzlich entschlossen, das Universum hervorzubringen? Was hat ihn zu dieser kuriosen Idee bewogen? Und wenn die Bibel und die Theologen alle Schöpfungstätigkeit zielgerichtet auf die Erschaffung des Menschen hin zulaufen lassen: Warum hat Gott dann ein solch großes Universum geschaffen? Wenn es nur um den Menschen und diese Erde ging, hätte es eine Galaxie oder ein einziges Sonnensystem doch auch getan? Und müssten nicht zwingend alle anderen Planeten unbewohnt sein, damit die Theologie die Mittelpunktstellung des Menschen noch durchhalten kann? Und warum sind zwischen der Schöpfung und der Entstehung des Menschen fast 5 Milliarden Jahre vergangen? Warum die vielen Arten, die entstanden und wieder ausgestorben sind? Warum hatte Gott einen solchen Spaß an Sauriern, die ja die Erde über

Dutzende von Millionen Jahren bewohnt hatten? Fragen, die nach Auskunft der Gläubigen sich nach dem Tode alle klären werden. Man darf gespannt sein.

Braucht Gott die Schöpfung?
Man könnte zügig antworten: Weil es keinen Gott gibt und auch keine Schöpfung, ist die Frage sinnlos und beschreibt wieder ein klassisches Scheinproblem. Doch es hat die Theologen immer beschäftigt, ob Gott sich genötigt sah, die Welt ins Leben zu rufen. Theologen können hierzu eine unterschiedliche Haltung einnehmen. Viele sehen darin einen Akt der Freiheit Gottes, der eben als solcher nicht mehr zu hinterfragen sei. So denkt es sich auch Trillhaas:
> »Die Schöpfung der Welt ist ein freier Akt Gottes, da ihr nichts außer Gott selbst vorausgedacht werden kann ... So ist auch der Gedanke abzuweisen, dass Gott einer Schöpfung bedürfe.«[412]

Es gab jedoch in der Theologiegeschichte auch immer wieder Positionen, die meinten, Gott habe gar nicht anders gekonnt; er musste die Schöpfung ins Werk setzen. Besonders in der Mystik und im Deutschen Idealismus ereignete sich die Selbsterkenntnis Gottes auf dem Weg über die geschaffene Welt, den Menschen und die Weltgeschichte. Solche Positionen waren immer verdächtig, schienen sie doch Gott einer Nötigung auszusetzen, so als brauche ein Gott zu seiner Existenz den Menschen. Aus religionskritischer Sicht ist dies auch tatsächlich so; Götter brauchen das menschliche Gehirn als ihr natürliches Biotop. Außerhalb dieses Biotops sind sie nicht lebensfähig.

Wie ist das Verhältnis Gottes zu den Tieren?
Dieses Scheinproblem ist eigentlich erst im Zuge der Ökologiebewegung populär geworden. Dass Tiere »Mitgeschöpfe« sind, kann man zwar aus der Bibel ableiten, spielte jedoch in der Theologie bis vor einigen Jahren keinerlei Rolle. Die Auskunft der Theologen zu den Tieren erschöpfte sich meist im Hinweis auf das *dominium terrae*, also den göttlichen Herrscherauftrag des Menschen auch über die Tiere. Anders als z. B. im Hinduismus oder Buddhismus war den Christen das Schicksal von Tieren bis vor ein paar Jahren immer egal.

Ist auch das Böse von Gott geschaffen?
Die Frage berührt das Theodizeeproblem, von dem oben schon die Rede war, und das von den Theologen gerne bei der Schöpfungslehre mitverhandelt wird. Wie schon beschrieben, gerät man in Denkaporien, wenn man einerseits die göttliche Freiheit betont, nach der Gott tun und lassen kann, was er will, er andererseits aber auch als liebender Gott geglaubt wird, der Über-

schwemmungen und Erdbeben eigentlich gar nicht zulassen dürfte. Man wird ruhig annehmen dürfen, dass die Theologen hierzu auch künftig keine Lösung präsentieren können. Für eine säkular-naturalistische Weltsicht existiert das Problem jedoch gar nicht.

Wie passen naturwissenschaftliches und biblisches Weltbild zusammen?

Diese Frage klingt wie das Thema eines Wochenendseminars einer Evangelischen Akademie. Man meint sie schon oft gehört zu haben. Wie voreingenommen sie ist, erkennt man daran, dass wohl niemand die Frage stellen würde, wie denn das Weltbild der Kelten oder Germanen mit den modernen Naturwissenschaften zusammenpasst, oder das Weltbild des Azteken oder der Babylonier. Denn die Antwort läge auf der Hand: Natürlich ist das Weltbild der Germanen in keinster Weise erkenntnisfördernd für eine moderne Kosmologie. Es ist zumindest für uns heute »nur« noch Literatur (und nicht einmal aus erster Hand). Als solche hat es sein Recht. Es wäre aber unangebracht, alten germanischen Vorstellungen von Himmel und Jenseits irgendeine Bedeutung darüber hinaus zuzuerkennen. Man machte sich ja lächerlich. Doch beim biblischen Weltbild wird genau dies getan. Für viele christlich sozialisierte Menschen tritt die »biblische Weltsicht« sogar scheinbar ebenbürtig neben eine naturwissenschaftliche Weltsicht, als »alternative« Perspektive mit Anspruch zumindest auf Teilwahrheit. Und der Wunschtraum vieler Gläubigen ist, dass beide nicht gegeneinander stehen, sondern sich sogar vereinen könnten. Die Theologie möchte mitreden, hat aber, wie wir sahen, gerade auf dem Gebiet der modernen Kosmologie und Naturwissenschaften einfach nicht mehr beizutragen als ein paar theologische Phrasen und Gemeinplätze. Das biblische Weltbild ist Literatur und es ist Vergangenheit, mythisch vorgestellte Vergangenheit. Als Literatur muss sich das biblische Weltbild nicht beweisen. Es darf aber auch nicht beanspruchen bei einer naturwissenschaftlichen und kosmologischen Erkenntnis der Welt mitreden zu wollen. Davon versteht es nichts.

Wie passen Schöpfung und Erlösung zusammen?

Theologisches »Denken« verzahnt gerne das Schöpfungshandeln des trinitarischen Vaters mit dem Erlösungshandeln des trinitarischen Sohnes, was im Sinne der Trinitätslehre ohnehin nicht getrennt werden darf. Die Schöpfung gilt in der klassischen Dogmatik als das erste Werk der Trinität nach außen (*ad extra*). Jesus war also auch bei der Schöpfung schon irgendwie mit beteiligt.

Vom Alten Testament her ist dies natürlich problematisch, denn Jesus wird bei der Schöpfung in Gen 1 und 2 ja nirgendwo erwähnt. Und es ist sicher für gläubige Juden schwer zu ertragen, dass Christen ihren Gottessohn nachträglich noch mit eingebaut haben. Denn das Johannesevangelium beginnt in Joh 1,1 mit »Am Anfang war der Logos«. In Anlehnung an Gen 1,1 »Am Anfang schuf Gott Himmel und Erde« wird Jesus so als präexistent beschrieben, also als schon vor aller Zeit existierend. Das Neue Testament hat auch an anderen Stellen Jesus so etwas wie eine Mittlerfunktion bei der Schöpfung zugesprochen (Kol 1,12-20; Eph 1,3-14; Hebr 1,1-4). Es sind späte Schriften im Neuen Testament, die Jesus einen solchen Rang zuerkennen wollen, den Verfassern der synoptischen Evangelien wäre das sicher noch nicht eingefallen. Doch die christologische Rakete war dabei, die Erdumlaufbahn zu verlassen, um den Menschen Jesus von Nazareth dorthin zu bringen, wo er nach Meinung späterer Theologen einfach hingehörte; zu seinem Vater in den Himmel. Und nach langem Flug durch ein Universum theologischer Streitereien kam er im vierten Jahrhundert tatsächlich oben an.

Die Bedeutung Jesu auch bereits für die Schöpfung nahmen die Theologen dann zu allen Zeiten gerne auf. Im zwanzigsten Jahrhundert vertrat sie klassisch der Theologe Karl Barth mit seiner Aussage, *die Schöpfung sei der äußere Grund des Bundes, der Bund [...] innerer Grund der Schöpfung*.[413] Damit hat Barth den Bund (gemeint ist das Heilswerk Jesu Christi) sogar noch der Schöpfung vorgeordnet und stellt damit die gewöhnliche Heilsgeschichte in ihrer Reihenfolge auf den Kopf. Wegen solcher theologischen Gymnastik, die er zudem sprachlich anspruchsvoll und griffig zu verpacken wusste, erfreute sich Karl Barth im 20. Jahrhundert großer Sympathien unter Theologen. Doch die Verbindung *Schöpfung – Erlösung* ist natürlich eine rein theologische Figur, wie die Begriffe, aus denen sie besteht, rein religiöse Begriffe sind, ohne Kaufkraft außerhalb der Parallelwelt des Glaubens.

Die Welt der Engel und Dämonen

Die traditionelle Schöpfungslehre hatte über Jahrhunderte feste Topoi im Programm, die für heutiges Verständnis besonders antiquiert wirken. Das sog. Nicänische Glaubensbekenntnis rühmt den Vatergott als Schöpfer des Himmels und der Erde, von allem *Sichtbaren und Unsichtbaren* (*factor coeli et terrae, visibilium omnium et invisibilium*). Was aber ist mit dem *Unsichtbaren* gemeint?

Gedacht ist an Engel und Dämonen, die in den Dogmatiken in den Kapiteln über die Schöpfungslehre ihren Ort finden.[414] Wir sind damit erneut auf einem Gebiet, das auch vielen gebildeten Christen ausgesprochen fragwürdig ist. Denn Engel und Dämonen sind auch für viele Gläubige Ausdruck einer überlebten Mythologie oder eines primitiven Volksaberglaubens. Das inbrünstige Beten zu irgendwelchen Engeln und Erzengeln besonders im katholischen Bereich irritiert selbst gläubige Katholiken. Für viele ist hier die Grenze zum religiösen Kitsch überschritten. Und dass Engel vor allem im Aberglauben von Esoterikern eine wichtige Rolle spielen, wäre wohl selbst Engeln, gäbe es sie, vermutlich unangenehm.

Engel sind jedoch keine Erfindung der Esoterikszene, obwohl ihre real-positive Wirkung sich dort zumindest in schönen Umsatzzahlen und phantasievollen Geschäftsideen zeigt. Der Engelglaube war bereits in der Antike so etwas wie ein universaler Aberglaube, der nicht an bestimmte Religionen und Völker gebunden war. Der Gedanke, dass Götter Helfer brauchen, die ihren Willen den Menschen überbringen und für die Götter wirken, legt sich für gläubige Gemüter offenbar einfach nahe. In der Religionsgeschichte begegnen deshalb Engel auf Schritt und Tritt. Auch im Alten Testament tauchen sie gelegentlich auf, meist als Boten Gottes und ohne dass ihre Existenz explizit thematisiert würde. Zur Zeit des Neuen Testaments war der Glaube an sie weit verbreitet, ein Volksaberglaube, den auch Jesus geteilt haben dürfte. Von einzelnen Engeln bis hin zu Engelsmächten (Eph 1,21f.; Kol 1,16) gingen die noch nicht systematisierten Vorstellungen, wobei die Zwischenwesen, von den auch Paulus sprach (Röm 8,38f.), auch negativ verstanden werden konnten.

Ordnung in das Chaos des Engelwesens brachte das Buch über die himmlische Hierarchie des *Dionysios Areopagita* im fünften nachchristlichen Jahrhundert. Er teilte die Engelschar quasi trinitarisch in drei mal drei Chöre auf, darunter Engel, Erzengel, Cherubim und Seraphim. Es ist kein Ruhmesblatt für die mittelalterliche Theologie, dass vor allem Thomas von Aquin meinte, die *Angelologie* (Engellehre) besonders ausarbeiten zu müssen. Luther war hier zurückhaltender. Doch welchen Rückschlag auch hier die Reformation gebracht hat (die geistesgeschichtlich eher dem Mittelalter zuzurechnen ist als der frühen Neuzeit), zeigt sich in der Ausbildung der nachreformatorischen Scholastik, wo auch die Engellehre breit wieder aufgenommen wurde. Nach dem Theologen Leonhard Hutter (gest. 1619)

> »... sind die Engel aus nichts geschaffen, doch weiß man nicht, an welchem Schöpfungstage [ein schönes Scheinproblem, hwk]. Sie sind geistige Wesen, zu Gottes Ebenbild geschaffen, es kommt ihnen Vollkommenheit (wenn auch in geringerem Maße als Gott), Weisheit, Gerechtigkeit und Heiligkeit zu. Sie sind ganz gut und mit freiem Willen ausgestattet, doch

ist es möglich, dass sie ihren freien Willen auch zum Bösen missbrauchen. Der Zweck ihrer Erschaffung ist der Dienst Gottes, die Behütung der Auserwählten und der Genuss der ewigen Seligkeit. Nach dem Fall der bösen Engel sind die angeli boni [gute Engel] geblieben, wie sie geschaffen wurden. Doch wurden sie darin *confirmiert*. Eine Ordnung der guten Engel ist zu bejahen, doch ist sie unbekannt. Ihr officium [ihr Beruf] ist nunmehr (nach Jes 6) der ununterbrochene Lobpreis Gottes, himmlischer Botendienst, die Bewahrung der Frommen, die Heimführung der Seelen nach dem Tode (Lk 16,22) und der Hilfsdienst im Jüngsten Gericht. Die angeli mali [böse Engel] sind nach freiem Willen gefallene Engel. Der Anlass zu ihrem Fall war die Verblendung durch die eigene Würde (superbia peccatum Satanae); sie sind ohne jede Hoffnung zur ewigen Verdammnis verurteilt. Ihre opera ac studia [Werk und Bestreben] sind die Schmähung Gottes, die Störung der Anordnungen Gottes, die Hemmung des Evangeliums in der Welt, die Verfolgung der Frommen und die Freude über die Sünde der Gottlosen und über ihre Verdammung.«[415]

Woher wissen Theologen das alles? Man ist immer wieder erstaunt, welch detaillierte Angaben man bei aller Phrasenhaftigkeit dann doch zuweilen von Theologen zu hören bekommt. Natürlich besonders von Theologen aus einer Zeit, wo das Fragen nach Begründungen noch als unschicklich galt, zumindest für den religiösen Bereich. Das Heranbringen von Bibelzitaten oder einschlägigen Stellen bei den Kirchenvätern reichte als Begründung völlig aus. Der Aberglaube der Älteren setzte sich in der Phantasie der Jüngeren fort, nur unterschieden durch kleine Akzentverschiebungen, die dann regelmäßig zu theologischen Neuansätzen aufgeblasen werden. Theologie war so jahrhundertelang eine Form von geistiger und geistlicher Inzucht. Ohne den frischen Wind neuer Gedanken und den Humus wirklicher Kritik. Kein Wunder, dass die Theologie nichts Positives zum Neuaufbau einer modernen Welt beigetragen hat, sondern eher im Gegenteil den Erkenntnisfortschritt der Menschheit nach Kräften zu hindern suchte.

»Aber das sind doch längst vergangene Zeiten, wir haben uns doch total geändert«, meint man »moderne« Theologen erwidern zu hören. Und natürlich ist das zu einem Teil richtig. Wer heute als Dogmatiker eine Angelologie schreibt, macht sich auch bei seinen Professorenkollegen damit lächerlich. Man belässt es besser bei einer *geschichtlichen* Darstellung des Engelglaubens. Ideengeschichte ist nie unseriös, Ideen sind es zuweilen schon. So kann Wilfried Härle die altprotestantische Engellehre mit Recht als »spekulativ und konstruiert«[416] bezeichnen. Die Ausarbeitung der Engellehre und das Bedürfnis nach genauen Angaben habe die Theologie »in die größten Schwierigkeiten verwickelt«, so der Theologe Trillhaas.[417] Aber die Engellehre hat nun mal Tradition in Kirche und Dogmatik, und es besteht immer die Gefahr, dass, wenn man mit mythologischen Vorstellungen wie Engeln und Dämonen aufräumt, auch Gott selbst versehentlich mit abgeräumt wird. Deshalb ist von Theologen bei aller raunenden Skepsis in der Regel keine eindeutige Ablehnung dergestalt zu hören, dass sich hinter Engels- und Dämonenvorstellungen etwas anderes verbirgt als menschliche Phantasie, Wunschdenken und Verdrängung. Ein Hintertürchen zumindest wird überall offen gelassen. Der Theologe Heinrich Ott jedenfalls sieht »keinen Grund, sich selber zum Anwalt einer rein naturalistischen und empiristischen Weltanschauung zu machen.«[418] So als sei man z. B. mit der klaren Äußerung, es gebe keine Zwerge, Trolle, Einhörner, Lindwürmer, Butzemänner, Zahnfeen oder Wolpertinger[419] schon zum Vertreter einer »rein naturalistischen und empiristischen Weltanschauung« geworden. Theologen meinen offenbar ernsthaft, es sei eine *kritischere* Position, wenn man die Existenz dieser Damen und Herren zumindest offen lässt.

Der Theologe Härle versucht es mit einer Entmythologisierung. Er meint, die Frage *Gibt es Engel* führe

> »in die falsche Richtung. Es gibt keinen Grund zu der Annahme, unter der Vielzahl der Geschöpfe Gottes gebe es eine Art von Geschöpfen, die als *Engel* zu bezeichnen seien (so wie es Pflanzen, Tiere, Menschen, Gestirne, Land und Meer gibt). Aber: Es ereignet sich, es geschieht, dass Menschen (und vielleicht sogar Tieren) eine Begegnung widerfährt, in der ihnen die bedrohliche oder rettende Wirklichkeit Gottes auf spürbare Weise so nahe kommt, dass sie dessen innewerden, dass ihnen auf leibhaftige Weise das Wirken Gottes zuteil geworden ist. Der Bote, durch den dies geschieht, mag im Traum begegnen, in einem Bild, einem Musikstück oder in einem Menschen aus Fleisch und Blut (der u. U. davon selbst nichts weiß) oder in einer Gestalt, die in die alltägliche Erfahrung überhaupt nicht einzuordnen ist. Entscheidend ist nicht die Gestalt und Erscheinungsweise des Boten, sondern sein Auftrag.«[420]

Jeder Mensch kann auf diese Weise zu einem *Engel für andere* werden. Ein schöner Gedanke, gegen den nun ja niemand etwas einwenden kann. Und so ist diese Strategie bei Theologen sehr beliebt. Man kann sie sich ähnlich formuliert auch bei Margot Käßmann oder Anselm Grün gut vorstellen. Seltsam nur, dass Härle in seiner Dogmatik zwei Seiten früher noch ganz anders redet.

Da warnt er noch vor einer »verniedlichenden« und »einseitig positiven« Sicht auf die Engel und verweist auf ihr Gegenbild, die Dämonen und den Teufel, »zumal in der Bibel an vielen Stellen von beidem die Rede ist. Es gibt nicht zwei Arten von Boten Gottes (gute und böse), sondern es gibt nur die von Gott gewollten und bejahten Boten Gottes, nämlich die Engel, denen mit den Dämonen und Teufeln die von Gott nicht gewollten, aber zugelassenen Wirkweisen des Bösen gegenüberstehen.«[421]
Also gibt es Engel doch? Und sind doch nicht nur metaphorisch zu verstehen? Das passte aber dann gar nicht zum ohnehin widerwilligen Programm einer Entmythologisierung. Auch hier gilt erneut: Widersprechen Sie nicht den Theologen; warten Sie, bis sie es selbst tun.

Noch schwerer als mit Engeln tun sich Theologen mit Dämonen. Nach Möglichkeit verschweigen sie sie ganz, und dies, obwohl sie im Neuen Testament viel häufiger auftauchen als Engel. Mehr noch als diese könnten deshalb Dämonen auf ihr angestammtes Recht pochen, auch in einer evangelischen Dogmatik angemessen gewürdigt zu werden. Es scheint ein Zug des historischen Jesus gewesen zu sein, Dämonen ausgetrieben und als Exorzist aufgetreten zu sein. Was hat er da eigentlich getan? Diese Frage führt Theologen in Verlegenheit. Denn wenn Menschen heute meinen, sie seien von einem Dämon besessen, handelt es sich wohl um Patienten mit einer neurotischen oder psychotischen Störung. Sie brauchen keine Exorzisten, sondern Ärzte und Therapeuten. Ausfahrbefehle Jesu, seine Gespräche mit Dämonen, ihre Verbannung in einer Schweineherde haben zwar im Katholizismus bis heute zu »Ausbildungsstellen« für Exorzisten[422] geführt, müssen aber aus heutiger Sicht als Unsinn oder Quacksalberei klar benannt werden. Eine Kassenzulassung für seine Exorzismen würde Jesus jedenfalls heute nicht bekommen.

Beim Thema *Dämonen* versucht es nun Trillhaas mit einer Entmythologisierung. Er will das Böse als die Mächte beschreiben, die »versuchlich auf den Menschen Einfluss nehmen«.

»Dieses fremde Element im eigenen Willen nimmt uns mit, trägt uns fort, reißt uns hin, sei es zum Guten, sei es zum Bösen. Die Sexualität wurde immer als ein Urbild dieser Entfremdung des eigenen Willens von uns selbst empfunden. Der Mythus vom Sündenfall hat seine Wahrheit darin, dass die *Idee* zum Fall nicht von dem Menschen stammt, sondern ihm eingegeben ist.«[423]

Es mutet klassisch an, dass Trillhaas 1962 beim Thema *Dämonen* und *Versuchung* offenbar zuerst an Sexualität denkt. Aber auch er plädiert letztlich dafür, dass die Glaubenslehre »einen freien Raum für die Aussage solcher Erfahrungen geistiger Mächte [Engel, Dämonen] offen lassen« muss.[424]

Zu den »geistigen Mächten« hat die Theologie früher immer auch den Teufel gezählt. Er galt als ein Geschöpf Gottes, weshalb er in den Dogmatiken meist in der Schöpfungslehre mitbehandelt wurde. Auch Jesus hat an ihn geglaubt und auch hier wenig Willen und Energie besessen, sich vom Aberglauben seiner Zeit abzusetzen. Teufels- und Höllenglaube wurde von der christlichen Kirche besonders im Mittelalter, aber darüber hinaus auch bis in unsere Zeit hinein massiv propagiert. Man darf sagen, dass hier das eigentliche Verbrechen oder das Hauptverbrechen der Kirche liegt. Dass sie mit ihrem Teufels- und Höllenwahn über Jahrhunderte die Seelen von Millionen Gläubigen verletzt und gemartet hat. Ungebildeten und einfachen Menschen hat sie mit ihren Schreckensphantasien und gepredigten Jenseitsängsten oft schwere seelische Schäden zugefügt, gerne in Verbindung mit einer Verächtlichmachung und Verurteilung der Sexualität. Die Zahl der individuellen und kollektiven Neurosen und Psychosen, die durch die Predigt der Kirche hervorgerufen worden sind, geht in die Millionen und hat die seelische Verfassung ganzer Jahrhunderte vergiftet und entstellt. Sie nahm es dabei in Kauf, dass sie mit der demagogischen Rede einer ewigen Verdammnis und unendlicher Höllenqualen auch ihre eigene »gute Botschaft« von der Liebe Gottes konterkarierte.

Dass dem so war, haben »moderne« Theologen heute besser erkannt. Seit der Aufklärung hat der Teufel deshalb kein leichtes Leben mehr. Er verfällt immer mehr einer *damnatio memoriae*. Der Teufel ist heute für »aufgeklärte« Theologen kein Thema. Sie lassen ihn links liegen wie seine Dämonen und wie die Engel. Der Schwefelgeruch der Mythologie, der bei diesem Thema besonders schnell in die Nase steigt, behagt ihnen gar nicht. So wird der Teufel heute geradezu stiefmütterlich behandelt. Die Universitätstheologen überlassen ihn der katholischen Kirche und evangelikalen Gruppen, denen sonst etwas fehlen würde, mit dem sie drohen können. In der Dogmatik von Trillhaas nimmt die ganze »unsichtbare Schöpfung« gerade einmal sieben Seiten in Anspruch, und Christofer Frey widmet dem Teufel in seinem Repetitorium der Dogmatik nur ganze 15 Zeilen.

Die Theologen tun gut daran, denn auch dieses Lehrstück, versucht man es auszubreiten, führt nur zu einer Fülle von Scheinproblemen. Warum hat Gott einen Widersacher geschaffen? War der Teufel einst ein guter Engel? Hat Gott den Teufel gewollt? Warum hindert er ihn nicht, die Menschen zu verführen? Ist die Hölle ewig, oder wird auch einst der Teufel selig werden? Wer ist für die Sünde verantwortlich, der Teufel oder die Menschen (oder indirekt auch Gott)? Wie muss man sich die Hölle vorstellen? Und stimmt es, dass dort Sünder nicht nur mit Feuer gequält werden, sondern sogar mit britischer Küche und Heino-Postern?

Ein ganzer Strauß von schillernden Scheinproblemen blüht Theologen, die sich ernsthaft mit dem Teufel beschäftigen wollen. Und die unrühmliche Geschichte dieser Vorstellung ist so negativ, dass die Theologen hier sogar auf die sonst immer gern gebrachte Begriffsgeschichte verzichten. Häufiger liest man lediglich in den Dogmatiken, dass das Thema ja gar nicht so wichtig sei.

»Man kann diese Zurückhaltung dann zu dem Satz verdichten, dass weder der Lehre von den Engeln noch der über den Teufel *Heilsbedeutung* zukommt.«[425]

Eine von Theologen erzeugte Zwangsvorstellung wird auf diese Weise wieder theologisch abgewiegelt. Und man hat auch schon einen Trost parat für die, die einst in der Hölle schmoren müssen: »Mach Dir keine Gedanken, das hat ja alles keine Heilsbedeutung.«

Aliens auf Papstaudienz

In den Dogmatiken gibt es eine bemerkenswerte Leerstelle, die mehr als Engel, Teufel und Dämonen die Theologen eigentlich beschäftigen sollte. *Außerirdische* kommen in den christlichen Dogmatiken nicht vor.

Intelligentes Leben auf anderen Planeten konnte für die Theologie kein Thema sein, solange man meinte, dass Sterne und Planeten nur zur Beleuchtung den Nachthimmel schmücken und es außerhalb der Erde keine zweite Erde gab. Die Theologen haben schmerzhafte Erkenntnisprozesse durchmachen müssen, als die Kosmologie die Erde aus dem Zentrum des Universums an den Rand einer Galaxie verfrachtete, von denen es noch dazu Milliarden gibt. Die Entdeckung von Hunderten von Planeten lässt inzwischen den Schluss zu, dass auch die Zahl der Planeten mit erdähnlichen Bedingungen in die Milliarden gehen. Könnte es nicht auch auf ihnen intelligentes Leben geben? Und sehr reizvoll ist der Gedanke, was es für die Theologie bedeuten würde, wenn Außerirdische eines Tages z. B. direkt auf dem Petersplatz in Rom landen würden.

Bislang gibt es noch keinen Beweis für die Existenz Außerirdischer. Irgendwelche Sichtungen oder Entführungen durch Außerirdische gehören ins Reich der Phantasie, sind Wichtigtuerei oder Ausdruck des *morbus daeniken*. Seriös dagegen ist das SETI-Projekt (*Search for Extraterrestrial Intelligence*), das seit Jahrzehnten das Weltall nach Radiowellen abhört, die von intelligenten Lebewesen stammen könnten. Bisher zwar ohne Erfolg, allerdings sind die Bereiche, die bisher untersucht werden konnten, auch sehr klein. Wissenschaftler gehen davon aus, dass die Wahrscheinlichkeit für die Existenz von außerterrestrischem Leben eher höher anzusetzen ist als dass es nicht existiert. Über diese Frage soll hier aber nicht spekuliert werden. Allerdings müsste die bloße *Möglichkeit* einer Existenz intelligenten außerirdischen Lebens eigentlich wie ein Damoklesschwert über der Theologie schweben. Große Teile der theologischen Dogmatiken müssten dann umgeschrieben werden, wenn überhaupt die christliche Theologie mit ihrer erdgebundenen Provinzialität dann nicht endgültig den Weg ins religionsgeschichtliche Museum antreten müsste, wo die griechischen, römischen und germanischen Götter schon Hände reibend auf sie warten.

Zwar fänden Außerirdische schnell ihren Platz in den christlichen Dogmatiken; sie gälten als Geschöpfe Gottes und würden zur *unsichtbaren Schöpfung* gezählt. Ihr Platz wäre also wie der von Engeln und Dämonen in der Schöpfungslehre. Auch Engel und Dämonen können sich ja potenziell zeigen, auch wenn sie zur unsichtbaren Welt gehören. Die Probleme aber, die Außerirdische in ihren Raumschiffen für die Theologie mit sich brächten, wären enorm. Denn Theologie und Kirchen haben ohnehin schon große Probleme, gegenüber anderen Religionen ihren Glauben als den richtigen zu behaupten. Wie viele Köche den Brei verderben, verderben viele Religionen die Wahrheit. Ihre bloße Vielzahl macht Religionen unseriös. Kämen nun auch noch weitere Völker auf anderen Planeten hinzu, wäre die Konkurrenz der Weltanschauungen ja noch größer.

Die Theologie würde plötzlich mit Wesen konfrontiert, die sie gar nicht auf dem Schirm hatte und die weder in der Bibel noch in Dogmatiken bisher aufgetaucht waren. Manche besonders fromme Christen behaupten: *Weil* sie nicht in der Bibel auftauchen, könne es keine Außerirdischen geben. Aber z. B. Fahrräder tauchen im Alten Testament ebenfalls eher selten auf. Das »Wort Gottes« listet zwar akribisch Völker- und Volksgruppen auf, die vor 2500 Jahren existierten, hatte aber offenbar keine Ahnung davon, was über unseren Köpfen vor sich geht, also (grob gerechnet) von 99,99999999 % der Wirklichkeit. Für eine antike Schrift verzeihlich, aber als Gotteswort dann doch etwas dürftig. Vielen Gläubigen würde der provinzielle Charakter ihres Glaubens erst so richtig klar werden. Für die Theologie aber wäre dies erst der Anfang. Die Ankunft von Außerirdischen würde keinen dogmatischen Stein mehr auf dem anderen lassen, durch einen Kurzbesuch zwängen sie die irdisch-christliche Theologie, praktisch alle Gebiete ihrer Dogmatik neu zu schreiben und zu durchdenken.

Wie baut man Außerirdische in eine christliche Dogmatik ein? Die *Schöpfungslehre* müsste plötzlich erklären, woher sie kommen, in welcher Stellung sie zum Schöpfergott des Alten Testaments stehen und in welchem Verhältnis zum Menschen. Die Theologie der frühen Neuzeit hätte sicher versucht, sie an einem bestimmten Schöpfungstag unterzubringen. Ein geringes Problem gegenüber anderen Fragen. Warum hat Gott woanders offenbar auch noch gewirkt, und wie? Zumindest den Theologen hätte er doch darüber mal was sagen können. Und mit wie vielen Gruppen von Außerirdischen soll die Schöpfungslehre denn nun kalkulieren? Gab es auch bei den Aliens so etwas wie einen Sündenfall? Ist die Sündhaftigkeit damit eine universale Konstante? Oder wenn nicht: Christliche Theologie geht ja davon aus, dass die Sündhaftigkeit des Menschen seinen Tod bewirkt; sind Außerirdische, die nicht sündhaft sind, dann unsterblich? Und wer wäre denn dann das Ebenbild Gottes: die Menschen oder die Außerirdischen? Oder beide? Oder auch alle anderen Wesen im Weltall? Wie könnte der Mensch weiterhin Krone der Schöpfung sein, wenn Geist und Intellekt der fremden Besucher sich als dem Menschen weit überlegen herausstellen würden?

In der *Gotteslehre* wäre die Verwirrung noch größer. Technologisch wären uns die Außerirdischen ja überlegen, denn sonst würden sie nicht uns besuchen, sondern wir sie. Was ist, wenn sie eine eigene Gottesvorstellung, eine eigene Religion mitgebracht hätten: Hätte deren Gott nicht einen viel höheren Anspruch auf Glaube als ein bronzezeitlicher Jahwe? Müsste er nicht ein wenig kompetenter angenommen werden als die irdischen Götter? Oder sollen die Menschen dennoch anfangen, auch die Außerirdischen zu missionieren und sie zu treuen Gliedern z. B. der katholischen Kirche zu machen?

Solche Fragen müssten sich die Kirchen dann stellen. Oder wenn sich herausstellen würde, dass die Außerirdischen Atheisten sind und den Menschen mitteilen würden, dass alle höheren Spezies im Universum Atheisten seien und Religion bei ihnen in etwa den Status hat wie bei uns ein Neandertaler: Müsste das nicht das Gottesbild der Kirchen gewaltig ins Wackeln bringen? Nach der Existenz eines Heiligen Geistes oder eines Gottessohnes würde man sich gar nicht mehr zu fragen wagen. Angesichts der theologischen Probleme, die mit dem Auftauchen von Außerirdischen plötzlich auf die Kirchen zukämen, würden sie sich nach der guten alten Zeit zurücksehnen, wo man sich lediglich gegenüber Katholiken oder Protestanten abgrenzen musste.

In der *Christologie* wäre die Verlegenheit ebenfalls mit Händen zu greifen, verkünden die Kirchen doch seit ihrer Entstehung, dass das zentrale Heilsereignis des noch klein gedachten Universums vor 2000 Jahren in einem Teil einer unruhigen römischen Provinz stattgefunden hat. Warum ausgerechnet auf unserer Erde? Welche Bedeutung hat Christus für die Außerirdischen? Sind die Außerirdischen auch heilsbedürftig? Ist Christus auch für sie gestorben? Und wenn ja, wie hätten sie davon erfahren sollen? Soll der Auslandsdienst der EKD Missionare auf den Weg schicken und im Kirchlichen Amtsblatt Pfarrstellen auf Alpha Centauri ausschreiben? Oder soll man davon ausgehen, dass es auch auf ihrem Heimatplaneten eine Menschwerdung Gottes bzw. besser eine *Alienwerdung Gottes* gegeben hat? Und damit vielleicht auf jedem Planeten mit intelligenten Wesen? Die zweite Person der Trinität hätte wie der Nikolaus, der die Kinder dieser Welt mit Geschenken versorgt, ganz schön zu tun, um in der dann doch knappen Lebenszeit des Universums von ca. 26 Milliarden Jahren auch ja alle bewohnten Planeten zu erreichen. Kommen auch die Außerirdischen einst in den Himmel, wenn sie sich taufen lassen? Müssen sie sich, wenn sie sich für die katholische Kirche entscheiden, auch dem Dogma der Unfehlbarkeit und der leiblichen Aufnahme Mariens in den Himmel unterwerfen? Oder erteilt ihnen der Papst Dispens? Wenn auch sie ewig leben, wie soll man sich das Zusammensein von Außerirdischen und Menschen im Himmel vorstellen? Auf alle Fälle wird wohl alles viel bunter (multi-kulti) sein, als sich Oberkirchenräte das bisher gedacht haben. Es ist fast schade, dass es auch *diesen* Himmel nicht gibt; man könnte sicher interessante Bekanntschaften machen.

Kaum ein Theologe hat sich die Konsequenzen klargemacht. Das tatsächliche Auftauchen von Außerirdischen bei uns hätte so gewaltige Auswirkungen für die Theologie, dass die sog. kopernikanische Wende, die am Beginn der Neuzeit die Erde aus dem Mittelpunkt des Universums verbannte, dagegen geradezu Kinderkram wäre. Von diesem Schock würde sich die Theologie vielleicht nie mehr erholen. Wenn Außerirdische nach ihrer Landung nicht sofort um ein Gespräch mit Margot Käßmann oder um eine Papstaudienz nachsuchen würden, hätten die Kirchen ein gewaltiges Problem. Die theologischen Dogmatiken jedenfalls wären sichtbar als das, was sie jetzt schon sind: sprachgewandte Verschwendung von Papier und geistigen Ressourcen. Alle Gebiete der Dogmatik müssten völlig neu formuliert werden, und die Probleme dabei wären so übergroß, dass sicher viele protestantische Theologen eine weiße Fahne schwenken und offen ins Lager derjenigen überwechseln würden, denen sich viele insgeheim ohnehin schon zurechnen, aber aus beruflichen

Rücksichten nicht offen bekennen können: das Lager einer aufgeklärten und naturalistischen Weltsicht. Für diese stellt die Erkenntnis, nicht alleine im Universum zu sein, kein größeres Problem dar.

Einer der wenigen Theologen, die diesen Problemkreis überhaupt einmal benannt und angedacht haben, ist der Münchener »Fundamentaltheologe« Armin Kreiner mit seinem Buch »Jesus, UFOs, Aliens – Außerirdische Intelligenz als Herausforderung des Glaubens.«[426] Sein Buch ist entstanden aus einem gemeinsamen Seminar mit dem bekannten Physiker Harald Lesch zum Thema »Gott und SETI« an der LMU München. Kreiner beschreibt auf amüsante Art die Konsequenzen und Fragen, denen sich die Theologie stellen müsste, würden tatsächlich eines Tages Außerirdische die Erde besuchen. Ausgangspunkt für ihn ist ein Gedanke des Aufklärers Thomas Paine, dass die Vielzahl der Welten eigentlich die Glaubwürdigkeit der christlichen Lehren zutiefst erschüttern müsste. Bekannte Theologen wie Paul Tillich, Hans Küng, Karl Rahner oder der Prediger Billy Graham, von seinen Anhängern liebevoll »das Maschinengewehr Gottes« genannt, würden zwar mit der Möglichkeit außerirdischen Lebens zumindest rechnen, denken jedoch nicht weiter darüber nach und erklären auch die »Aliens« zu Geschöpfen Gottes. So einfach geht es nicht, wie Kreiner meint und für einen katholischen Theologen fast ein wenig subversiv, aber lesenswert ausführt.

Die göttliche Vorsehung

Die Schöpfungslehre hat ihr irrationales Pulver aber noch nicht verschossen. In Dogmatiken findet sich in ihrer Nähe ebenso ein Kapitel über die göttliche Vorsehung (*providentia dei*). Zur Vorstellung Gottes gehört seine Allwissenheit als Eigenschaft notwendig hinzu. Denn natürlich kann ein Gott von den Ereignissen nicht wie die Menschen überrascht werden; als Gott sieht er sie natürlich voraus und wirkt auch im Hintergrund auf sie ein. Die klassische Dogmatik unterschied hier als Wirkungsweisen Gottes die *Conservatio*, den *Concursus* und die *Gubernatio*. Die Conservatio meinte das Wirken Gottes, sofern es überhaupt Sein im Sein erhält. Der Concursus meint die Mitwirkung Gottes bei allem, was geschieht. Und die Gubernatio meinte die Steuerung des Weltgeschehens auf bestimmte Absichten oder Ziele hin. Die altprotestantische Dogmatik unterschied bei der Steuerung (*Gubernatio*) dann einerseits die Zulassung (*permissio*), wenn Gott eine Handlung geschehen lässt, dann die Hinderung (*impeditio*), wenn Gott eine Handlung oder ein Geschehen verhindert, und schließlich die Leitung (*directio*), wenn Gott alles Geschehen und auch die Menschen so lenkt, dass sie »letztlich seinen Zwecken dienen müssen, selbst wenn das gar nicht in der ursprünglichen Absicht lag.«[427] Und es sind die Frommen und Gläubigen, die nach klassischer Ansicht besonders von der göttlichen Vorsehung profitieren.

Die altprotestantische Dogmatik war besessen von dem Wunsch, alles Geschehen zwischen Gott und Mensch möglichst exakt und mit klaren Unterscheidungen zu beschreiben. Zu keiner Zeit (außer vielleicht im Hochmittelalter) sind die Scheinprobleme der Theologie so schön zergliedert worden. Und wenn ein Gott plötzlich nicht mehr wüsste, wie er sich verhalten sollte; er könnte es in den Dogmatiken des 16. und 17. Jahrhunderts leicht nachschlagen.

Auch mit diesem Lehrstück haben heutige Theologen wieder Probleme (mit welchen eigentlich nicht?). Trillhaas meint:

»Es ist natürlich ein Leichtes, diese Form der Lehre [die klassische Vorsehungslehre] zu kritisieren. Sie ist ganz an den Begriffsapparat der aristotelisch-scholastischen Ontologie gebunden und strotzt von Inkonsequenzen. Sie wirkt stellenweise wie eine schiedlich-friedliche Abgrenzung der Zuständigkeiten zwischen göttlicher und menschlicher Freiheit. Sie rechnet ganz naiv mit einer Bevorzugung der Frommen.«[428]

Modernes Denken versteht den Weltlauf als autonom und den Gesetzen von Ursache und Wirkung unterworfen, die Geschichte als von Menschen, Verhältnissen und Zufällen bestimmt. Auch Theologen tun sich heute schwer, daneben noch einen wirkenden Gott mitzudenken oder ihn (nach den gewaltigen Katastrophen des 20. Jahrhunderts) gar als geschichtslenkend zu begreifen. Der Theologe Rochus Leonhardt meint:

»Es ist schwierig, das Wirken Gottes in der geschichtlichen Wirklichkeit mit dem Lauf der Natur und dem Handeln des Menschen in einen plausiblen Zusammenhang zu bringen.«[429]

Der Vorsehungsglaube führt in ähnliche Probleme, wie wir sie schon vom Theodizeeproblem her kennen. Wenn Gott alles vorhersieht und lenkt, warum ist die Welt dann, wie sie ist? Lenkt er sie nicht ziemlich lausig? Und wenn es der Mensch ist, der für das Schlechte verantwortlich ist: Warum setzt sich der Wille Gottes nicht durch? Und wie ist überhaupt das Verhältnis zwischen menschlichem und göttlichem Willen und Handeln? Ist Gott als Schöpfer des Menschen nicht letztlich auch für das schlechte Handeln der Menschen verantwortlich? Wer gibt sich hier zu wenig Mühe?

»Der Mensch denkt – Gott lenkt«, lehren uns Kirche und Theologie. »Der Mensch denkt, *dass* Gott lenkt«, lehrt der gesunde Menschenverstand, und mit ihm die Einsicht, dass Gläubige immer dazu neigen, selbst sehr negative Geschehnisse glaubenskompatibel interpretieren. Selbst Kriege und Katastrophen, der frühe Tod von Kindern oder eigenes Leiden werden glaubensgemäß umgebogen und in eine vermeintlich höhere Ordnung eingefügt. Was sich nicht wegerklären lässt, verschwindet im schwarzen Loch des göttlichen Geheimnisses. Nicht Gott, sondern die Gläubigen lassen sich »alle Dinge zum Besten dienen«. Der Trostfaktor, den diese gläubige Strategie tatsächlich bietet, wird erkauft durch partiellen Realitätsverlust.

Wie sinnvoll sind Gebete?

Wenn die göttliche Vorsehung die Welt lenkt und erhält: Kann man ihr vielleicht dennoch etwas auf die Sprünge helfen? Kann der Mensch Einfluss nehmen auf die göttliche Weltordnung oder zumindest auf den Ablauf einzelner Geschehnisse? Mit solchen Fragen ist man innerhalb der Vorsehungslehre bei den Themen *Gebet* und *Wunder* angekommen.[430] Beides passt mit der Vorsehung nicht recht zusammen.

Dankgebete sind weniger das Problem. Gläubige danken für alles Mögliche, von der verschwundenen Erkältung bis zum Dank für das Ende eines Krieges. Ein Gott kann sich solche Gebete in aller Ruhe anhören, ohne tätig werden zu müssen. Problematisch aber sind Bittgebete. Auch hier findet sich eine bunte Vielfalt vom Bitten um den Sieg der Lieblingsmannschaft bis hin zur Befreiung aus Krankheit oder Sklaverei. Aber hier ist ein Gott plötzlich gefordert. Es wird etwas von ihm verlangt, man erwartet etwas von ihm. Er soll eingreifen, obwohl doch laut Vorsehungsglaube alles bestens geordnet ist. Der Beter eines Bittgebets verlangt nicht weniger als dass Gott seinen Plan abändern, aktiv eingreifen soll in den Gang der Geschehnisse, er verlangt nicht weniger als ein Wunder. Das macht das Bittgebet – das haben Theologen natürlich gesehen – im Grunde zu einer ungeheurer Anmaßung des Geschöpfs gegenüber dem Schöpfer. Das Bittgebet ist eine Form von Nötigung, ein Herummäkeln am Weltaufbau mit Hinweisen für Gott, wie er es besser machen kann. Aus Sicht der Theologen stellt das Bittgebet eine eigentlich inakzeptable und theologisch unreflektierte Form des Gebets dar. Eigentlich müsste man es verbieten.

Eigentlich: Doch was dem entgegensteht ist, dass Jesus selbst vor allem in Bittgebeten gebetet hat. Das (vermutlich historische) Vaterunser ist ein reines Bittgebet, und in der Bergpredigt fordert Jesus geradezu auf »Bittet, so wird euch gegeben« (Mt 7,7). Bei Johannes findet sich der (unhistorische) Satz:

»Wenn ihr den Vater um etwas bitten werdet in meinem Namen, wird er es euch geben.« (Joh, 16,23). Jesus zeigt sich hier theologisch wenig auf der Höhe auch der damaligen rabbinischen Diskussion zum Thema. Er scheint eher von einem auch heute noch oft anzutreffenden naiven Volksglauben beeinflusst zu sein, dass nämlich Gott tatsächlich helfen und eingreifen wird. Mit seinen echten oder ihm in den Mund gelegten Aussagen, dass man nur genug glauben müsse und dann alles erhalten könne, hat er, ohne es zu ahnen, ganze Mönchsgenerationen und Millionen Gläubige in die Ratlosigkeit oder Verzweiflung getrieben, wenn sie feststellen mussten, dass ihr Glaube offenbar zu gering war. Dass hier einfach romantischer Unsinn geredet wurde, konnte man dem Gottessohn ja unmöglich unterstellen, also musste der Fehler beim Gläubigen selbst liegen. Theologen jedoch interpretieren die theologischen Defizite ihres Herrn natürlich positiv. Sie benennen die Argumente gegen das Bittgebet, loben dann aber das »Kindliche«, »das schlechterdings Unverrechenbare am christlichen Gebet, dass wir *kindlich* bitten dürfen.«[431]

Doch Gebete helfen dem Beter tatsächlich, und zwar ganz gleich, ob es sich um ein Dank- oder ein Bittgebet handelt. Und es spielt dabei praktischerweise auch gar keine Rolle, zu welchem Gott gebetet wird. Denn allein das Aussprechen von Wünschen und Problemen, der Anschein des Dialogs mit der Gottheit (der ja in Wirklichkeit nur ein Monolog ist) hat offenbar eine beruhigende und reinigende, eine kathartische Funktion. Gebete hatten so zu allen Zeiten zumindest eine Placebowirkung. Kein Gott hilft, aber im Gebet hilft der Beter sich selbst.

Wunder

Die Vorstellung, dass es Wunder geben könnte, gefährdet aus theologischer Sicht schon die Lehre von der göttlichen Vorsehung. Die Theologie hätte durchaus zum Ergebnis kommen müssen, dass Wunder der Hoheit Gottes abträglich sind, und dass die Harmonie des Kosmos und der göttlichen Schöpfung sich gerade in der Lückenlosigkeit der Naturgesetze zeigt. Von Theologen wird dies zuweilen auch so gesagt. Trillhaas meint:

»Der Zusammenhang der Natur ist Gottes eigenes Schöpfungswerk, und es wäre ein Selbstwiderspruch in Gott, würde er wieder aufheben, was er geschaffen hat.«[432]

Und schon Schleiermacher hatte Wunder quasi als Eingeständnis einer unvollkommenen Welt betrachtet und wollte von ihnen nichts wissen. »Mir ist alles Wunder«, meinte er in seinen *Reden über die Religion*. Doch was diesen vermeintlich geistigeren, reflektierteren Standpunkt wieder so immens stört, sind die handgreiflichen Wundergeschichten, an denen Gläubige so viel Gefallen finden und die für sie wichtiger sind als alle theologischen Bedenken. Mirakelhaftes, Wunder, Fernheilungen, Telepathie; alles findet sich eben leider auch schon im Neuen Testament und bei Jesus selbst.

Gläubige sind wundersüchtig. Sie wollen ihre Götter am Werk wähnen, sie eingreifen sehen ins Weltgeschehen und sich einen gewissen Einfluss auf deren Wunderwirken zumindest offenhalten. Es ist deshalb verständlich, dass Wunder von allen Religionen berichtet werden. Im Neuen Testament wirkt Jesus wie selbstverständlich Wunder, heilt und treibt die Dämonen aus. Als Exorzist und Wunderheiler bewegt sich Jesus auch in diesem Fall nicht auf dem Niveau späterer Theologie, sondern ist eingebunden in den antiken Aberglauben, der die Welt mythisch und mirakelhaft verstand. Auch seinen Jüngern und Aposteln, auch Paulus wird diese Fähigkeit zu Wundern zugetraut, ja darüber hinaus auch noch falschen Messiassen und Propheten (Mt 24,23-24). Sie war also noch *nicht* – wie für heutige Gläubige – Ausweis von Göttlichkeit oder Gottgesandtheit. Wunder gehörten zum religiösen Alltagsgeschäft.

Das Thema »Wunder« wird traditionell meist im Rahmen der Vorsehungslehre behandelt. Wunder sind dort Ausdruck der außergewöhnlichen Vorsehung (*providentia extraordinaria*), in Ergänzung der *providentia ordinaria*, die oben beschrieben wurde. Heute ist auch die Wunderlehre ein ungeliebtes Kind der Theologie, denn zu eindeutig ist auch für Theologen der kausale und natürliche Aufbau der Welt, wo aktuell handelnde Götter eher stören. Und mehr noch hat sich die moderne Welt entfernt von der mythischen Vorzeit, zu der in der Wunderfrage auch noch das Neue Testament gehört. Im 20. Jahrhundert hat dies vor allem der Marburger Theologe Rudolf Bultmann zum Ausdruck gebracht. Man könne nicht das elektrische Licht anknipsen oder einen Radioapparat bedienen und »gleichzeitig an die Geister- und Wunderwelt des Neuen Testaments glauben«.[433]

Die Wunder in der Antike und im Neuen Testament wurden ganz zweifellos als objektives Geschehen, als geschehene Geschichte verstanden. Heutige Theologie jedoch versucht aus ihnen ein subjektives Geschehen zu machen und den Wunderbegriff so zu vernebeln. Trillhaas:

»Das Wunder ist ein subjektiver Begriff. Es hat seinen Sitz in der unverrechenbaren Seite des Lebens, es bezeichnet die Erfahrung einer unverdienten und unvermuteten Möglichkeit, die wider Erwarten realisiert worden ist.«[434]

In einem solchen Wunderbegriff lässt sich jedoch alles unterbringen, z. B. auch eine unerwartete Gehaltserhöhung. Was antike Menschen damit meinten, wird so gerade nicht erreicht. Auch die Auskunft von Schleiermacher, das Wunder sei nichts »Wunderliches«, sondern einfach der »religiöse Name für *Begebenheit*«, ist eine moderne Umdeutung, um den Wunderbegriff erträglich zu machen, geht aber an seinem Kern vorbei, der eben ein mythologischer Kern ist. Hans-Martin Barth schreibt, dass auch in jüdischer Sicht eine Aufklärung des Wunderbegriffs versucht wird.

»Das eigentliche Wunder Gottes besteht darin, dass er Israel aus Ägypten befreit hat – oder dass jeden Morgen die Sonne aufgeht.«[435]

Bedenken wir, dass es historisch gesehen gar keine »Befreiung aus Ägypten« gegeben hat, und dass die Tatsache, dass die Sonne aufgeht, ein Phänomen ist, das sich überall im Universum milliardenfach wiederholt, bleibt ebenfalls nicht viel »Wunder« mehr übrig. Doch es komme auf die Wahrnehmung der Schöpfung als Wunder insgesamt an. Wunder können sich überall einstellen. Jüdischer Glaube, so wieder Hans-Martin Barth, antwortet auf

»... einzelne Wahrnehmungen aus der Wunderwelt der Schöpfung, beim Essen und Trinken, angesichts von Naturschauspielen oder im Blick auf die Gaben von Menschen ... mit einem spezifischen Lobpreis (*beracha*). Solcher Lobpreis kann sich auch auf die Vorgänge im eigenen Körper beziehen und beispielsweise nach der Verrichtung der Notdurft [sic!] sich einstellen.«[436]

Auf der Toilette findet so aber eben auch eine Entleerung des Wunderbegriffs statt. Nichts bleibt mehr von etwas Besonderem, Unerhörtem, Außergewöhnlichem. Das Wunder wird veralltäglicht, wenn das Alltägliche wunderbar wird. Es verschwindet das Kantige und Anstößige der antiken Mirakel. Doch genau so sieht meist die Hauptstrategie der Theologie im Umgang mit Wundern aus.

Gerne werden Wunder aber auch verstanden als etwas, das auf die kommende Vollendung hinweist. In diese Richtung denkt der Theologe Joest: Das Wunder

»... will verstanden sein nicht als beliebige Durchbrechung des *normalen* Weltlaufs, die Gott kraft seiner Allmacht eben je und dann bewirken kann, sondern als Vorzeichen der endgültigen Aufhebung aller Unheilszwänge, in die der Mensch als Sünder, in seiner Abkehr von Gott gebunden ist.«[437]

Auch die Aussage von der Bedeutungslosigkeit des Wunders wird von Theologen gerne bemüht. Wie der Glaube an Dämonen und Engel nicht »heilsnotwendig« ist, sind Wunder »kein Gegenstand unseres Glaubens, sondern sie sind höchstens Illustrationen und Kommentare für das Wort. In diesem Sinne sind sie unverzichtbar, so verzichtbar, d. h. im literarkritischen Sinne preiszugeben, sie im Einzelnen sein mögen.«[438] Im Übrigen jedoch steht es für

Trillhaas, von dem das letzte Zitat stammt, »außer Zweifel, dass Jesus außerordentliche Macht über die Geister gehabt hat, dass er Dämonen austreiben und Menschen gesund machen konnte.«[439]

So direkt liest man dies allerdings selten in Dogmatiken. Denn wenn Theologen schon Scheinprobleme nicht lösen können, so tun sie dies zumindest in virtuoser Sprache. Bedeutungsschwangere und dehnbare Begriffe, Bilder und Bezüge täuschen eine gedankliche Tiefe vor, die die Sache selbst nie hergeben könnte. Der saure Wein der theologischen Aporien wird in jeder modernen Dogmatik in neue Schläuche gefüllt, sprachlich-hermeneutisch umetikettiert, um dann als neuer Jahrgang der nächsten studierenden Theologengeneration Sinn und Verstand zu benebeln. »Moderne« Dogmatiker gaukeln Bedeutsamkeit vor, und dass man auch im 21. Jahrhundert noch mit Begriffen wie *Schöpfung*, *Vorsehung* und *Wunder* verantwortlich und intellektuell aufrichtig umgehen könnte. Obwohl doch das theologische Haus nicht nur an dieser Stelle schon lichterloh brennt.

Dabei könnte man auch hier die vorgeblichen Probleme mit leichter Hand und nachhaltig vom Tisch wischen. Wenn man annimmt, dass es weder Schöpfung noch Vorsehung noch Wunder gibt und die theologischen Axiome auch hier nicht mehr sind als Worthülsen und Phrasen ohne realen Inhalt, lösen sich die daraus entstehenden Scheinprobleme rückstandsfrei in Wohlgefallen auf. Der verführerische Reiz der Konversion von einer religiösen zu einer naturalistischen Weltsicht liegt in einem enormen Erkenntnisfortschritt mit einem gewaltigen Erklärungspotenzial. Kein noch so reflektierter Glaube kann da mithalten, da kann er noch so dreieinig sein. Umgekehrt wäre ein säkular eingestellter Mensch, würde er plötzlich religiös werden, sofort mit einer Fülle von Scheinproblemen konfrontiert, die alle Theologen nur beschreiben, aber nicht lösen können, weil Scheinprobleme eben *per definitionem* nicht lösbar sind; es sei denn, mit Scheinlösungen.

Theologische Anthropologie – Absurdes über den Menschen

Wie es Ber*glauben* gibt, so gibt es auch ein Aber*denken*. Aber*denken* ist der Begriff, der die Tätigkeit der Universitätstheologen treffend charakterisiert, zumindest der Dogmatiker oder »Systematiker« unter ihnen.[440] Aber*denken* ist die akademische Form des Aber*glaubens*. In ihr wird von vom Staat gut bezahlten Gelehrten und mit hohem intellektuellem und sprachschöpferischem Aufwand der Aberglaube der einfachen Gläubigen salonfähig, diskussionswürdig und intellektuell vermittelbar zu machen versucht.

Wenn Theologen in den Hobbykellern der Wirklichkeit mit ihren theologischen Modelleisenbahnen sich eine Parallelwelt schaffen, an deren Systematisierung und Perfektionierung sie ein Leben lang basteln. Wenn sie mit Begriffen hantieren, für die sie außer diesen selbst keinen belastbaren Wirklichkeitsbeleg vorweisen können: *Offenbarung, Gott, Heiliger Geist, Trinität, Schöpfung.* Wenn sie das Nichtvorhandene dennoch munter miteinander in Beziehung setzen und für Scheinprobleme Scheinlösungen entwickeln und bereithalten – dann mag man dies großzügig noch als Liebhaberei durchgehen lassen. Und nichtvorhandenen Göttern tut es ja nicht weh, wenn man sie philosophisch unzulänglich beschreibt oder sie mit einem galiläischen Wanderprediger des ersten Jahrhunderts in Verbindung bringt.

Anders aber sieht es aus bei der Lehre vom Menschen, der Anthropologie. Denn Menschen sind real, und deshalb muss man auch an die theologische Anthropologie einen höheren Anspruch auf Wirklichkeitsbeschreibung stellen als bei der Frage, ob der Geist Gottes noch eine Chance hat, in den Abendmahlskelch zu geraten, wenn dieser geschlossen ist, oder ob ein Schöpfungstag 12 oder 24 Stunden gedauert hat, oder ob sich auf der Arche Noah auch Saurier befunden haben.[441] Mehr als bei Fragen der speziellen Gotteslehre könnten Menschen bei der Lehre vom Menschen die für die Theologie immer gefährliche Frage stellen: *Hallo, stimmt das denn überhaupt?* Die theologische Anthropologie muss zumindest in gewissem Maße für eine Hinterfragung offen sein. Dies soll in diesem Kapitel hier unsere Aufgabe sein, und am Ende des Kapitels dann eine Gegenüberstellung vom viel beschworenen *Christlichen Menschenbild* und einer wissenschaftlich-säkularen Sicht auf den Menschen erfolgen.

Der Mensch als Sünder

Was ist der Mensch aus christlicher Sicht? Wer diese Frage stellt, erhält von Theologen eine höchst seltsame Antwort. Zwei Eckpunkte markieren vor allem die christliche Sicht auf den Menschen
   Der Mensch ist ein Sünder.
   Der Mensch ist das Ebenbild Gottes.
Besonders die klassische Theologie liebte die Gegensätze und hatte wenig Sinn für Zwischentöne. Während der Mensch völlig negativ als Sünder beschrieben wird, wird er zugleich als Ebenbild Gottes völlig positiv definiert. Nun könnte man nicht ohne logische Gründe fragen: Wenn der Mensch ein Sünder ist, aber eben auch das Ebenbild Gottes: Müsste dann nicht auch Gott ein Sünder sein? Doch so fragen Theologen natürlich nicht.

Das Aufblasen des Sündenbegriffs

Wo christliche Theologie vom Menschen redet, da ist die Sünde allgegenwärtig. Keine andere Religion hat einen solch aufgeblasenen Sündenbegriff in ihren Glauben integriert. Paulus und Augustinus, in ihrem Gefolge vor allem auch Luther und die Reformatoren tragen die Hauptschuld an einer überzogenen und völlig absurden Definition des Menschen, die aber, eben weil sie heutige westliche Menschen in der Regel mit ihrer Sozialisation mitbekommen haben, kaum als solche wahrgenommen oder hinterfragt wird. Den Menschen als Sünder zu definiere, ist jedoch bei Lichte besehen eine unverschämte Verächtlichmachung des Menschen mit einem starken Hang zur Misanthropie (Menschenhass). Wer würde seine Mitmenschen, seine Freunde, Verwandten, seine Arbeitskollegen oder wen auch immer zuerst als »Sünder« wahrnehmen und nicht als Menschen? Die Theologie jedoch tut dies unumwunden und gnadenlos. Theologische Anthropologie lebt geradezu von der Verächtlichmachung des Menschen. Friedrich Nietzsche hat dies zweifellos richtig erkannt und auch deutlich ausgesprochen.

Der Begriff »Sünde« begegnet zwar schon im Alten Testament. Er meint dort die Störung eines behaupteten Gemeinschaftsverhältnisses zwischen Gott und Mensch, die Nichtbeachtung der göttlichen Gebote, ein Abweichen vom rechten Weg, die Verfehlung eines Zieles, im Frühjudentum dann konkret die Nichteinhaltung des jüdischen Gesetzes. Nicht zuletzt diente der Opferkult, das rituelle Töten von Tieren oder das Verbrennen von Feldfrüchten etc. dazu, dieses gestörte Gemeinschaftsverhältnis wieder zu kitten. Was im Prinzip aber eben auch möglich war. Mit dem Christentum erhielt diese Sicht dann aber eine deutliche Verschärfung. Aus der Fehlhaltung des Menschen, die man korrigieren konnte, wurde immer mehr eine *Sphäre der Sünde*, die dunkle Seite der Macht, fast schon eine metaphysische Größe, die den Menschen versklavt und die nicht selten auf den Teufel zurückgeführt wurde.

Die Christen haben einerseits die Sünde bis zur Unerträglichkeit aufgeblasen, andererseits aber den Menschen den klassischen Weg zur Entsühnung durch Opfer abgeschnitten. Gefangen und ausgeliefert an die Macht der Sünde sitzt der Mensch nun im Kerker seiner selbst und kann nur durch Christus befreit werden, der natürlich durch die Kirche und ihre Sakramente vermittelt wird. Sie verwaltet den einzigen offenen Notausgang im brennenden Welttheater. Wer ihn nicht nutzt, wird sterben.

Besonders die Reformatoren haben sich alle Mühe gegeben, den Menschen in einem möglichst schlechten Licht erscheinen zu lassen. Denn je schlimmer der Mensch als Sünder beschrieben wurde, desto leuchtender konnten sie die göttliche Gnade über ihm leuchten lassen. Alle Menschen sind, so stellt die *confessio augustana* (CA II) fest, »von Mutterleib an voll böser Lust und Neigung«, sie sind »in Sünden empfangen« worden. Für Luther ist der Mensch

»… der Macht des Teufels unterworfen, der Sünde und dem Tod, beiden mit eigenen Kräften unüberwindbaren Übeln auf ewig ausgeliefert.«[442]

Die Sünde wird mehrfach als Seuche oder Krankheit beschrieben, die den Menschen gefangen hält und die noch dazu angeboren ist. Und während die Katholiken zumindest noch die Möglichkeit des Menschen zum Guten einräumten, kannten die protestantischen Gnadentheologen eben eine solche Gnade nicht. Der lutherische Theologe Matthias Flacius (gest. 1575) wollte gar die Sünde als das substanzhafte Wesen des Menschen definieren.[443]

Nichts war mehr zu spüren vom aufrechten Menschen der Antike oder auch nur vom positiven Menschenbild der Renaissance oder des Humanismus. Schon die christlichen Theologen der Antike haben aus den Menschen Kranke gemacht, die auf die durch die Kirche vermittelten Gnadenmittel angewiesen sind. Sie haben eingebildete Kranke produziert, die sich tatsächlich zunehmend als krank empfanden, je länger man ihnen dies einredete. Die fatalen Auswirkungen, die eine solche Lehre und Predigt vom Menschen bei den zumeist ungebildeten und realen Menschen auslöste, die Verkrümmungen, Minderwertigkeitsgefühle, Schuldgefühle, die religiösen Neurosen, die Jenseitsängste und Höllenfurcht, die ein solches Menschenbild über Jahrhunderte verursachte, kann man vielleicht als das größte Verbrechen einer Kirche ansehen, weil jeder Gläubige in seinen Bann gezogen wurde. Noch heute leiden Millionen Menschen unter der absurden Vorstellung, sie seien todeswürdige Sünder, weil ihnen Theologen dies über Jahrhunderte eingeredet haben. Und wer dies in seiner Jugend gehört hat, wird dies nie mehr ganz los.

Sind »moderne« Theologen heute in vielem vorsichtiger geworden, so fällt auf, dass auch deren Dogmatiken sich geradezu überschlagen mit ihrer Lust, den Menschen als Sünder zu brandmarken. Die Verunglimpfung des Menschen ist gute theologische Tradition und Angelpunkt des theologischen (Miss-)Verständnisses vom Menschen überhaupt. Wilfried Joest spricht von der »unentrinnbaren Faktizität der Sünde«,[444] der Theologe Härle von der »versklavenden Wirkung der Sünde« und von der »Heillosigkeit und Verlorenheit des eigenen Lebens«,[445] Pöhlmann von »Verlorenheit, Scheitern, Misslingen«. Der Mensch unter der »Herrschaft der Sünde« lebt in der »Selbstzerstörung«.[446] Für Trillhaas ist der Mensch als Sünder ein »Zerstörer, Widersprecher und Grenzüberschreiter«.[447] Da klingt es schon fast harmlos, wenn Hans-Martin Barth »nur« von einer »fundamentale[n] Beziehungsstörung« spricht.[448]

Man fragt sich bei solchen Invektiven, ob »moderne« Theologen denn nun gar nichts von einer modernen Anthropologie gelernt haben, von den Erkenntnissen der Psychologie, der Soziologie, der Neurophysiologie, nichts wissen von Entwicklungspsychologie, von philosophischer Anthropologie oder auch nur vom Menschenbild anderer Religionen. Warum wird eine solch absurde und primitive Definition des Menschen als Sünder immer noch wie eine Monstranz der christlichen Anthropologie vorangetragen? Aber natürlich sind den Theologen Erkenntnisse der modernen Sozialwissenschaften nicht unbekannt, und sie können sie in Halbsätzen durchaus würdigen. Doch dann erfolgt unausweichlich wieder der theologische Rückstoß, der sie *nolens volens* wieder in die Bahnen der Lehrtradition und zu einem mythischen und vorwissenschaftlichen christlichen Menschenbild zwingt.

Da wirkt es schon dreist, wenn man nicht selten vom Anspruch liest, mit der theologischen sogar eine umfassendere Anthropologie vertreten zu wollen und damit den modernen Sozialwissenschaften irgendwie voraus zu sein. Der Theologe Frey meint:

> »Die theologische Anthropologie will *den ganzen Menschen* in den Blick nehmen (anders als empirische Humanwissenschaften, die jeweils bestimmte Aspekte untersuchen).«[449]

Schon immer beanspruchten die Theologen, die Deutungshoheit darüber zu haben, wie der Mensch zu verstehen sei. Schon Luther hatte formuliert:

> »Die Theologie aber definiert aus der Fülle ihrer Weisheit den ganzen und vollkommenen Menschen.«[450]

Theologen wissen es einfach besser. Gegen die »Fülle der Weisheit« ist man machtlos. Zwar warnt der Theologe Joest davor,

> »dass die theologische Anthropologie sich in beziehungslosem Abseits oder gar in arrogantem Besserwissen allen in nicht-theologischer Anthropologie entwickelten Einsichten entgegensetzen dürfte … Wir werden die empirischen Erkenntnisse über den Menschen, die in unserer Gegenwart vorliegen, zumindest zur Kenntnis zu nehmen und zu beachten haben.«[451]

Aber auch dies ist nur ein Schön-Wetter-Gedanke. Auch Joest reiht sich wie seine Kollegen bald wieder in die Phalanx der Sünden-Apologeten ein. Man darf fragen, ob sich die Theologie nicht besonders durch ihre Anthropologie lächerlich macht, indem sie auf einem Menschenbild beharrt, dessen archaische Primitivität für jeden, der sich von christlicher Sozialisation halbwegs freigeschwommen hat, doch so klar ersichtlich ist. Der Mensch ist Sünder – das ist viel zu platt, um wahr zu sein.

Die Ableitung des Menschenbilds aus der Mythologie

Theologische Anthropologie kann nicht Schritt halten mit modernen anthropologischen Konzeptionen. Weil sie Rücksicht auf die theologische Tradition nehmen muss, weil sie z. B. nicht vernachlässigen kann, was ein antiker Prediger wie Paulus in seinen Briefen über den Menschen geschrieben hat, hat sie schon lange den Anschluss an einen verantwortbaren und damit auch verantwortlichen Diskurs über den Menschen verloren. Verantwortlich deshalb, weil die Frage des Menschenbilds eben direkte Auswirkungen hat auf eine Gesellschaft, auf ethische Fragen und auf die Gesetzgebung. Doch wer wissen will, was der Mensch ist, darf nicht die Theologen fragen. Nicht nur darf man ihnen nicht irgendwie einen Vorrang gegenüber z. B. den Sozialwissenschaften einräumen. Auch schon der Anspruch auf Gleichrangigkeit der theologischen Anthropologie als einer unter vielen Zugangsmöglichkeiten zum Menschen wäre vermessen und muss zurückgewiesen werden. Zugespitzt formuliert: Die

Theologie trägt *nichts* zur Erkenntnis des Menschen bei, aber *alles* zur Verwirrung der Erkenntnis über ihn.

Durch nichts wird dies deutlicher als durch die Frage, woher denn die Theologie ihre Weisheiten über den Menschen hat. Und woher die »Sünde« kommt. Theologische Anthropologie leitet sich nicht aus wissenschaftlichen Überlegungen oder empirischen Untersuchungen her, nicht aus der Untersuchung psychologischer oder soziologischer Sachverhalte, sondern schlicht aus der Mythologie. Ausgangspunkt und Grundlage der theologischen Lehre vom Menschen ist nach wie vor der sog. zweite Schöpfungsbericht in Gen 2, die Erzählung der Erschaffung des Mannes in einem Paradiesgarten durch Lehm, die Erschaffung der Frau aus einer Rippe des Mannes, das Verbot an beide, die Früchte von einem bestimmten Baum zu essen, die Versuchung zuerst der Frau durch die Schlange, die Übertretung schließlich des göttlichen Gebots, der Zorn Gottes darüber und der Rauswurf aus dem Paradies. Aus der literarischen Erzählung eines Schöpfungsmythos heraus meint die Theologie eine Lehre vom Menschen entwerfen zu können, die dem 21. Jahrhundert nicht nur gerecht wird, sondern ihm sogar überlegen ist.

Es sei gleich angemerkt, dass natürlich heute kein Theologe tatsächlich der Meinung ist, dass es so etwas wie ein Paradies oder einen Sündenfall tatsächlich gegeben hat. Nur fundamentalistische, evangelikale und auch sonst sehr einfach gestrickte Gläubige sehen in Gen 2 ein historisches Geschehen. Nein, die literarische Form wird schon klar erkannt. Aber dennoch – und das ist der Sündenfall der theologischen Anthropologie – werden aus der Mythologie anthropologische »Erkenntnisse« gewonnen und abgeleitet, so als wäre dies doch alles wirklich geschehen. Die »Lehre« vom Urstand und Sündenfall ist nach wie vor in theologischen Dogmatiken präsent.

Über 1700 Jahre hatten die Theologen mit der Paradies- und Sündenfallgeschichte keinerlei Probleme. Sie stand in der Bibel und wurde als historisches Geschehen nicht angezweifelt. Unter Rückgriff auf die Paradiesgeschichte teilte die Theologie die Anthropologie in zwei Phasen oder Stände ein, den *status integritatis* und den *status corruptionis*.[452]

Die heile Welt (der *status integritatis*) lag am Anfang der Menschheit. Nur die beiden Urmenschen Adam und Eva haben sie noch kennengelernt. Sie war gekennzeichnet durch, wie der Theologe Joest es beschreibt,

»volle, von Zweifel und Dunkelheit ungetrübte Erkenntnis Gottes in eins mit völliger, freier Einstimmung seines Willens in Gottes Willen« und eine »ungebrochene innere Verbundenheit mit Gott«.[453]

Der ursprüngliche Mensch war ausgezeichnet durch eine ursprüngliche Gerechtigkeit (*iustitia originalis*), er besaß eine »besondere geistige und sittliche Vollkommenheit«[454] und sogar leibliche Perfektion. Adam und Eva waren als Menschen völlig leidensfrei, litten weder Hunger noch Durst, keine Mühe durch Arbeit oder Krankheit. Sie lebten mit wilden Tieren friedlich zusammen und kannten auch keinen Tod. Sie waren unsterblich.

Doch dann kam der Sündenfall. Der *status corruptionis* bezeichnet keinen Ist-Zustand von Mitarbeitern auf dem städtischen Bauamt, sondern meint generell den Menschen nach dem Sündenfall. Adam und Eva, so die klassische Lehre der Kirche, haben sich verführen lassen und sind selbst schuldig geworden, weil sie Gottes Verbot, vom Baum der Erkenntnis zu essen, übertreten haben. Zur Strafe wurden sie aus dem Paradies hinausgeworfen, müssen nun arbeiten, werden von den Leiden des Lebens geplagt und haben auch ihre Unsterblichkeit verloren. Der Tod ist die Strafe für ihre Sünde. Auch die ursprüngliche Harmonie mit den mitgeschaffenen Tieren wurde durch die Sünde Adams und Evas zerstört. Und der Sündenfall war so einschneidend, dass er auch noch alle nachfolgenden Generationen betrifft: Die Sünde wurde vererbt auf alle Menschen, die später geboren wurden. Deshalb ist auch der heutige Mensch der gefallene Mensch.

Die peinliche Lehre von der Erbsünde

Und deshalb gibt es aus theologischer Sicht zunächst einmal keinen Unterschied zwischen Beethoven und Stalin, zwischen Franz von Assisi und Pol Pot, Hitler und dem Leser dieses Buches.[455] Alle sind nach klassischer theologischer Lehre sündig, weil Adam und Eva sündig geworden sind. Adam und Eva tragen die Schuld, wenn morgens um halb sechs der Wecker klingelt, wenn um elf schon der Magen knurrt, man erkältet ist; aber auch, wenn man unerträgliche Schmerzen hat, wenn man leidet und sterben muss. Auch Säuglinge, die noch zu gar keiner eigenständigen reflektierten Handlung in der Lage sind und eben erst das Licht des Lebens erblickt haben, sind nach klassischer theologischer Lehre Sünder, die den Tod verdient haben. Welch ein absurdes und grausames Menschenbild, das Gläubigen über Jahrhunderte von ihrer Kirche übergestülpt worden ist.

Die Sünden- und Erbsündenlehre hat einem oft eher optimistischen Menschenbild in der Antike den Garaus gemacht und den Menschen in eine babylonische Gefangenschaft der Kirche gezwungen. Schon beim Kirchenvater Tertullian findet sich um 200 eine Erbsündenlehre, aber ausgebaut und wirkmächtig wurde sie erst durch Augustinus. Der Wahnsinn wurde bei ihm Methode, oder wie es der Theologe Pöhlmann freundlicher formuliert: »Augustinus erfasst wie kein Theologe der Alten Kirche die Tiefendimension der Sünde.«[456] Augustinus vertrat vor allem gegen die Pelagianer, die dem Menschen eine Mitwirkung am Heil und die Anrechnung guter Werke durchaus zugestehen wollten, seine dunkle Sündenlehre. Sie entfaltete, auch wenn sie im Mittelalter nur abgeschwächt vertreten wurde, eine enorme Fernwirkung. Die Erbsünde war auch für die Reformatoren eine »so tiefe Verderbung menschlicher Natur, dass nichts Gesundes oder Unverderbtes an Leib und Seele des Menschen, seinen innerlichen und äußerlichen Kräften geblieben« ist.[457] Der Heidelberger Katechismus sieht den Menschen als »von Natur geneigt, Gott und (s)einen Nächsten *zu hassen*« (Frage 5), die verderbte Natur komme »aus dem Fall und Ungehorsam unserer ersten Eltern«.

Mit der Aufklärung und auch mit der Aufklärungstheologie musste sich natürlich besonders die Erbsündenlehre heftige Kritik gefallen lassen. Denn welchen Wert habe ethisches Handeln noch, so wurde gefragt, wenn doch alles nur vor dem dunklen Hintergrund der Erbsünde sich ereigne? Der Gedanke der Erbsünde hindere den Menschen geradezu daran, sittlich und moralisch zu handeln. Und er relativiere auch konkrete Aktsünden, ja entschuldige sie vielleicht sogar. Die zunehmende Einsicht in die Fiktionalität der Paradies- und Sündenfallgeschichte tat ein Übriges, um diese »Lehre« selbst für Theologen in einem fragwürdigen Licht erscheinen zu lassen. Nun, der aufklärerische Sturm hat sich gelegt, die Lehre von der Erbsünde hat er nicht hinwegfegen können. Wie gehen nun zeitgenössische Theologen mit der Erbsünde um?

Zunächst einmal wird sie umbenannt. Der Begriff »Erbsünde« lässt allzu sehr an Vererbung und Geschlechtsakt denken. Zwar hatten es Augustinus und Luther genau so verstanden, doch diese Assoziationen sind heutigen Theologen eher unangenehm. Wilfried Joest spricht deshalb lieber von »Grundsünde«, der Theologe Härle redet lieber von der »Wurzel der Sünde«. Damit vermeidet man vorderhand auch einen Rekurs auf das Stammelternpaar und lenkt den Blick lieber auf den konkreten Menschen. Ja zuweilen wird der Gedanke, dass man die Schuld der Voreltern angerechnet bekommt, sogar als eine »Verhöhnung der Gerechtigkeit Gottes« bezeichnet.[458] Doch solches Aufbegehren hält nie lange an, denn Dogmatiker sind es gewöhnt, ihr Denken selbst zu disziplinieren und bekenntniskompatibel zu halten.

Natürlich wird versucht, die Erbsünde umzuinterpretieren. Paul Althaus, nicht nur Freund des Führers und bekennender Antisemit, sondern auch ein sehr einflussreicher Theologe des 20. Jahrhunderts, will wie viele andere Adam nicht als eine konkrete Person verstanden wissen, sondern als Ausdruck des Menschen an sich. Adam symbolisiert für ihn so etwas wie »die ursprüngliche Einheit aller Menschen«.[459] Dass ein einstmals historisch verstandenes Geschehen zu einem Symbol uminterpretiert wird, ist theologisches Tagesgeschäft. Symbolisierungen helfen über so manche Peinlichkeit der Heiligen Schrift und der theologischen Tradition hinweg. Und das Wort »Symbol« klingt dabei auch so wunderbar modern. Und auch Schleiermacher wollte die Erbsünde nicht als Ausrutscher eines einzelnen Menschen in mythischer Vorzeit verstanden wissen, sondern als »die Gesamttat und Gesamtschuld des menschlichen Geschlechtes«.[460] Theologen des 19. Jahrhunderts verstanden die Sünde soziologisch. »Jeder Mensch wächst in eine Umgebung hinein, in der bereits Sünde geschieht; er wird durch das, was andere tun, ins Mittun hineingezogen und wirkt durch sein Mittun wieder auf andere zurück.«[461]

Paul Tillich, der vor den Nazis in die USA emigrieren musste, und dessen Theologie sich eng anlehnt an philosophische Begrifflichkeiten vor allem des Existentialismus, ist ein Beispiel für ein *positives* Verständnis vom Sündenfall. Denn auch das ist möglich, ja wurde sogar von der Philosophie vorgedacht. Vor allem im Deutschen Idealismus wurde der Sündenfall positiv gesehen. Immerhin geht es ja in der biblischen Geschichte um das Verbot, vom Baum der Erkenntnis zu essen. Und natürlich will sich ein Philosoph so etwas nicht sagen lassen, auch nicht von einem Gott. Was ist das auch für ein seltsames Verbot? Selbstverständlich beachtet man das Verbot, Erkenntnisse zu erlangen, nicht, und selbstverständlich lässt man sich nicht vorschreiben, wo man erkennen darf und wo nicht. Für Hegel ist die heile Welt des Urstands vor dem Fall auch ein Stadium der Bewusstlosigkeit. Aus diesem muss der Mensch heraus, um wahrhaft Mensch zu werden. Deshalb war der Sündenfall geradezu notwendig. Der Mensch *muss* die Erfahrung von Gut und Böse machen, will er nicht wie ein Tier dahindämmern, der Sündenfall wird nicht nur zum Schritt in die Erkenntnis, sondern ist auch ein Schritt in die Freiheit. In den Bahnen Hegels nun versteht Paul Tillich den Sündenfall als den »Übergang von der Essenz zur Existenz«, aus der »träumenden Unschuld« hinein in die Selbstverwirklichung.[462] Erst so ist wahres Menschsein möglich.

Moderne Gedanken, die ein mythologisches Geschehen gesellschaftsfähig machen, aber natürlich nichts mehr damit zu tun haben, wie es einst gemeint war.

Die Erbsünde der Theologen

Die Erbsünde der Theologie besteht darin, dass sie auch im 20. und 21. Jahrhundert immer noch von einer Erbsünde reden zu müssen meint. Die Theologen schaffen es einfach nicht, vom Zug abzuspringen, der nach Nirgendwo fährt, sich aus der feierlichen Fronleichnamsprozession auszuklinken, um in einer profanen, aber realen Kneipe zu verschwinden. Denn dort sitzen die wahren Menschen, und nicht in den Dogmatiken der Theologen. Doch die Tradition lässt die Theologen nicht los, und sie lassen die Tradition nicht los. Schon der Sündenbegriff ist antiquiert und mythologisch aufgeladen, schon dieser geht an einem nüchternen und differenzierten Blick auf den Menschen völlig vorbei, ist ein theologisches Axiom, das sich einfach nicht bewährt hat. Wie viel mehr noch die Erbsünde? Sie wird abgeleitet aus einer antiken Erzählung eines unbekannten Autors von vor zweieinhalbtausend Jahren. Sie ist doch nur ein Traum, aus dem die Theologen sich weigern, aufzuwachen. Sie ist nur Literatur.

Natürlich wissen heutige Theologen dies selbst. Nicht zuletzt haben Theologen – in diesem Fall Alttestamentler – die Fiktionalität der sog. Schöpfungsberichte ja selbst erkannt, als die meisten Gläubigen und die verfasste Kirche sie noch für die Beschreibung eines historischen Geschehens hielten. Und auch kein Dogmatiker, der an einer staatlichen Universität lehrt (bei kirchlichen oder freikirchlichen »Ausbildungsstätten« ist dies oft anders), hält Adam und Eva für historische Personen. Aber das Elend der Theologie liegt darin, dass dennoch aus diesen *fiktiven* Erzählungen *reale* Schlüsse gezogen werden. Zwar hat es nie ein Paradies gegeben; dennoch sprechen auch heutige Theologen von einem »Urstand«, von einer »ursprünglichen Gerechtigkeit«, von einem ehemals friedlichen Miteinander von Gott und Mensch, so als wäre die Paradiesgeschichte dennoch real. Zwar hat es nie ein Stammelternpaar gegeben; dennoch sprechen heutige Theologen von deren Eigenschaften und Charakterzügen und bringen diese mit realen Menschen in Verbindung, so als seien auch die Stammeltern real. Zwar hat es nie einen Sündenfall gegeben; dennoch sprechen heutige Theologen vom schuldhaften Herausfallen des Menschen aus der Verbundenheit mit Gott, so als wäre die Paradiesgeschichte dennoch real geschehen. Weitreichende »Wahrheiten« über den heutigen Menschen werden aus fiktiven Erzählungen eruiert, die vielleicht schon in der Bronzezeit kursierten. Ein geradezu lächerliches Vorgehen, absurd und unlogisch und antiquiert. Nicht nur die Theologie insgesamt, auch die theologische Anthropologie ist im Kern Mythologie, an staatlichen Hochschulen gelehrte Mythologie.

Theologen sind Gefangene der dogmatischen Tradition, und sie sorgen mit ihren Dogmatiken dafür, dass auch die nächsten Generationen von Priestern, Pfarrern und Gläubigen Gefangene eines absurden Menschenbilds bleiben, dass auch diese – so wie sie selbst – den Sprung in die Wirklichkeit nicht schaffen. Und so gibt es keinen »modernen« Theologen, der nicht sogar dem Erbsündenbegriff etwas Positives abgewinnen kann oder zumindest die theologische Tradition rechtfertigt. Trillhaas sieht darin ein »Geheimnis zum Ausdruck kommen«, Härle beharrt partout darauf, »das peccatum originale mit einzubeziehen und ernst zu nehmen«.[463]

Der Sprung in eine unideologische und wissenschaftliche Sicht des Menschen, der von ihnen verlangt würde – dies kann man zur Entschuldigung der Dogmatiker anführen – wäre auch allzu groß. Denn es geht eben nicht nur um die Ansicht vom Menschen, die Anthropologie. Die christliche Anthropologie ist nur *ein* Teil eines umfassenden theologischen Systems, einer religiösen Parallelwelt, die mit den anderen Teilen meist untrennbar verbunden ist. Denn ohne einen möglichst scharfen Sündenbegriff gibt es keine Notwendigkeit einer Erlösung des Menschen. Ohne eine notwendige Erlösung des Menschen aber gibt es keine Notwendigkeit für einen Erlösergott, die zweite Person der Trinität. Eine funktionslose zweite Person der Trinität aber wäre unnötig, mithin auch die Trinität selbst. Ohne Trinität aber bricht die christliche Gottesvorstellung in sich zusammen, mit Auswirkungen auch auf die Schöpfungslehre und die Eschatologie (die Lehre von den letzten Dingen). Alles steht miteinander in Verbindung und hängt zusammen. Man kann eben nicht aus dem theologischen Kartenhaus einfach die Anthropologie herausziehen, ohne dass alles zusammenbricht. Theologen können nicht so einfach nur in *einem* Punkt umschwenken, ohne dass dies Auswirkungen für das Ganze des vorgeblichen Systems hätte. Wenn erst einmal wie auf einer Bowlingbahn die rollende Kugel ein paar theologische Kegel umwirft, fliegt auch der Rest gerne auseinander. Nichts bleibt mehr sicher.

Dogmatiker wissen das und achten darauf, dass das Ganze des theologischen Hauses doch noch irgendwie erhalten und erkennbar bleibt. Mit dieser Absicht sind sie Dogmatiker geworden. Sie wollen nicht erkennen, was die Welt im Innersten zusammenhält. Es genügt ihnen, Wege zu finden, um die Theologie zusammenzuhalten. Um ihre Aufgabe sind sie wirklich nicht zu beneiden. Aber man sollte sie auch nicht bedauern.

Gefallene Engel und Gottes Teufel – Woher kommt die Sünde?

Wenn Gott die Welt gut geschaffen hat, woher kommt dann die Sünde? Unter Absehung dessen, dass es sich hier wieder um ein Scheinproblem handelt – denn weder hat ein Gott die Welt gut geschaffen noch gibt es die Sünde, so wie Theologen sie verstehen – folgen wir auch hier interessehalber den Holzwegen der theologischen Tradition. Der zweite Petrusbrief hält noch eine ganz mythologische Erklärung bereit.

»Denn Gott hat die Engel, die gesündigt haben, nicht verschont, sondern hat sie mit Ketten der Finsternis zur Hölle verstoßen und übergeben, um sie für das Gericht zu bewahren.« (2. Petr. 2,4)

An diesem Vers wird die »Theorie« vom Engelssturz festgemacht. Nicht nur die Menschen, auch die Engel haben gesündigt. Eine mythologische Aussage wird mit Hilfe von noch mehr Mythologie immer absurder. Das Elend wird in einem kosmischen Geschehen verankert, das man sich dann wohl vor Adam und Eva vorzustellen hat. Immerhin hat das eine entschuldigende Wirkung, denn wenn selbst die Engel scheitern, kann man den armen Menschen doch keinen so schweren Vorwurf machen. Aber genau darum ist diese »Lösung« eher schlecht angesehen, vor allem bei Protestanten. Sie geben lieber dem Menschen alle Schuld. Nach der *confessio augustana* von 1530 ist der »verkehrte Wille« des Menschen die Hauptursache (CA 19) der Sünde. Aber er wird dabei sowohl bei Lutheranern wie Reformierten (Heidelberger Katechismus, Frage 9) assistiert vom Teufel. Der Teufel stiftet klassisch die Menschen zur Sünde an, die Menschen aber tun sie. Der Teufel wird damit ebenfalls Bestandteil der theologischen Anthropologie, die, wie wir gesehen haben, ohnehin schon völlig von mythologischen Vorstellungen zusammengehalten wird. Wir hörten schon, dass heutige Theologen eben wegen dieser mythologischen Anklänge lieber nicht vom Teufel reden wollen. Dennoch hält dies z. B. den Theologen Härle nicht davon ab zu betonen, es erscheine »nicht nur als möglich, sondern als durchaus sachgemäß, vom Teufel, Satan und von Dämonen zu reden.«[464] Doch solange Teufel, Satan und Dämonen von Theologen als »sachgemäß« angesehen werden, darf man mit Fug und Recht die theologische Anthropologie als unsachgemäß bezeichnen.

Und das nächste Scheinproblem folgt schon auf dem Fuße. Denn der Teufel ist ja auch ein Geschöpf Gottes. Muss man also deshalb annehmen, dass in letzter Konsequenz doch Gott selbst Urheber der Sünde ist? Eltern haften für ihre Kinder! Hans-Martin Barth macht darauf aufmerksam, dass sogar Luther dieser Gedanke nicht fremd war:

»Der Teufel ist Gottes Teufel! Luther geht noch einen Schritt weiter: *Ich muss dem Teufel ein Stündlein die Gottheit gönnen, und unserm Gott die Teufelheit zuschreiben lassen.*«[465]
Natürlich ist der Gedanke einer Verursachung der Sünde durch Gott selbst nur selten gedacht worden. Doch woher kommt denn nun das Böse? Theologen wissen keinen Rat. Der Theologe Joest gibt dies freimütig zu: Das Böse ist »das schlechthin Unbegreifliche, Unerklärbare. Die Theologie hat nicht nur bisher noch keine befriedigende Antwort auf die Frage gefunden, warum das Böse in der Schöpfung Gottes möglich ist und wirklich wurde. Sie hat grundsätzlich keine Antwort auf diese Frage.«[466]
Und man darf hinzufügen: Daran wird sich auch künftig nichts ändern, solange die Theologie meint, in gespielter Rationalität die Eckpunkte ihres Menschenbildes aus heiligen Schriften extrahieren zu müssen. Das Mittelalter ist vorbei.

Die Sünde in anderen Religionen

Zu einer Sozialisation in einem christlich-abendländischen Umfeld gehört der Sündenwahn unbedingt dazu. Früher war er eine anthropologische Konstante. Dass Kindern im Religionsunterricht heute meist kein solch trauriges Menschenbild mehr vermittelt wird, ist jüngeren Datums. Im Kommunions- oder Konfirmationsunterricht, wo Priester oder Pfarrer unterrichten, sieht es sicher noch düsterer aus. Ältere berichten häufig, dass sie noch in ihrer Jugend einen stockkonservativen und katechismusorientierten Unterricht mit viel Auswendiglernen, Sünde und Teufel haben ertragen müssen.

Christlich sozialisierte Abendländer haben deshalb kein Bewusstsein dafür, dass andere Religionen vom exaltierten und aufgeblasenen Sündenbegriff des Christentums weit entfernt sind. Ja mehr noch: Der Begriff »Sünde« ist etwas, was sich überhaupt nur bei den drei monotheistischen Religionen findet. Der Buddhismus kennt »keine *Sünde*, kein Vergehen gegen irgendeine Gottheit, das bestraft oder gerächt werden müsste, sondern allein die fortwirkende Tat.«[467] Das Karma vererbt sich und bestimmt die Grundlinien des Lebens bei der nächsten Inkarnation. Und für große Teile des Buddhismus kann es schon deshalb kein Auflehnen gegen Gott geben, weil es keinen Gott gibt. Die Sündennot in den westlichen Religionen muss Buddhisten fremd, fragwürdig und vor allem unnötig vorkommen. Ebenso kennt der Hinduismus, bei allen Absurditäten, die diese Religion sonst auszeichnet, keinen Sündenbegriff. Das Grundübel ist dort keine vererbte Schuld, sondern das »Nicht-Wissen«.[468] Ein

Großteil der Menschheit lebt also, obwohl religiös gebunden, seit Jahrtausenden ganz ohne das inflationäre Sündenverständnis der Christen.

Der Islam kennt zwar die Sünde, aber sie spielt dort keine beherrschende Rolle. Der Mensch kann sündig werden, ohne dass die Sünde quasi als metaphysische Kraft oder Sphäre verstanden wird.

»Das schwerste Vergehen gegenüber Allah besteht in der *Beigesellung*, also der Infragestellung bzw. Bestreitung der Einzigkeit Gottes, wie sie der Islam im Polytheismus und auch im Christentum wahrzunehmen meint.«[469]

Zwar kennt der Islam auch den Sündenfall, allerdings ohne dass er deswegen eine Lehre von der Erbsünde ausgebildet hätte. Anders als im Christentum wird der Mensch auch als viel freier gegenüber ethischen Geboten und der Annahme des Glaubens verstanden. Er kann Moslem werden, wenn er will, während (etwas verkürzt gesagt) Menschen nur Christen werden können, wenn Gott dies will.

Auch das Judentum versteht den Menschen als viel freier in der Entscheidung. Nach jüdischem Verständnis kann der Mensch die Entscheidung zum Glauben selbst vollziehen, er kann das Gesetz beachten. Die Sünde ist beherrschbar, der Mensch ist ihr nicht hilflos ausgeliefert.

»Die Sünde ist zwar unvermeidlich, aber keine metaphysische Größe, die den Menschen zu Boden drückt. Der Mensch ist nicht dazu verurteilt, mit ständigen Schuldgefühlen umherzugehen.«[470]

Und das Judentum kennt auch keine Erbsünde. Sie ist damit ein rein christlicher Aberglaube. Judentum und Islam haben deshalb ein viel freundlicheres Menschenbild als die Christen. Dass das Christentum heute eher positiver verstanden wird, der Islam eher negativer, hängt damit zusammen, dass das Christentum eine durch die Aufklärung geläuterte Religion ist, der Islam jedoch nicht. Will man beide Religionen vergleichen, muss man den mittelalterlichen Islam mit dem mittelalterlichen Christentum vergleichen, und nicht die moderne westliche Welt mit heutigen islamischen oder halbislamischen Staaten.[471]

Der tiefere Grund des christlichen Sündenwahns

Das christliche Verständnis der Sünde ist Ausdruck eines religiösen Extremismus, dies sollten sich Gläubige klar machen. Die absurde Grundannahme, dass der Mensch als Sünder treffend beschrieben werden kann, ist nicht nur in den Augen der modernen Human- und Sozialwissenschaften barer Unsinn, sondern wird so auch von den anderen Religionen nicht geteilt. Und andere

Religionen kennen auch keine Erbsünde. Doch warum hat sich ausgerechnet im Christentum diese menschenfeindliche und verzerrte Sicht auf den Menschen entwickelt? Wie kann man so krumm denken?

Der Grund für den christlichen Sündenwahn liegt außerhalb der Anthropologie. Er liegt im Tode Jesu begründet bzw. darin, dass Jesus einen gewaltsamen Tod erlitten hat. Dieser Tod Jesu wurde von seinen ersten Anhängern noch nicht als heilbringend angesehen, sondern nur als das »typische« Schicksal eines Propheten oder gerechten Mannes verstanden und beklagt, also als negatives Geschehen interpretiert. Doch dann suchten seine Gläubigen – er war ja inzwischen vom Verkündiger zum Verkündigten geworden – auch seinem Tode einen Sinn abzugewinnen. Es konnte der »Messias« oder der »Sohn Gottes« doch nicht ohne Grund einen solchen Tod gestorben sein. Wie Gläubige überall einen göttlichen Plan erkennen wollen, so musste bei Jesu eigenem Tod das Gefühl der kognitiven Dissonanz besonders schmerzhaft sein. Um dem zu begegnen, entwickelte man den Gedanken, dass Jesus freiwillig einen solchen Tod gestorben war. Und dass er es stellvertretend für die Menschen getan hat. Damit wurde sein Tod nun positiv gesehen. Wenn es aber nötig war, dass ein Gott (als der Jesus ja letztlich angesehen wurde) für die Menschen sterben musste; dann muss die Sünde der Menschen ja aber viel größer und weitreichender gedacht werden als dies das Judentum bisher meinte. Aus diesem Grund haben die Christen den Sündenbegriff aufgeblasen, radikalisiert und ins Phantastische gesteigert. Fast lag daran eine gewisse Zwangsläufigkeit. Anders ausgedrückt: Wäre Jesus nicht in Jerusalem gekreuzigt worden, sondern hätte seine Predigttätigkeit fortgesetzt und wäre als alter Mann in seiner Heimat oder sonstwo friedlich gestorben – ein solch übertriebener Sündenbegriff wäre einfach nicht nötig gewesen. Die christliche Dogmatik erklärt das Sterben ihres Gottes daraus, dass die Sünde der Menschen so groß gewesen sei. Doch die Reihenfolge war genau anders herum. *Weil* Jesus am Kreuz starb, musste die Sünde diesem Geschehen angepasst und aufgeblasen werden. Nur so konnte man dem an sich sinnlosen Tode Jesu am Kreuz einen Sinn abgewinnen. Dass Menschen über Jahrhunderte von der Kirche als Sünder diffamiert wurden, hat also seinen letzten Grund in der Hinrichtung Jesu auf Golgatha. Nicht das ist das Tragische, dass dort ein Mensch vermutlich sinnlos getötet wurde. Die eigentliche Tragik des Geschehens war, dass damit ein Menschenbild eine Nährlösung bekam, aus der sich die Unkultur und die Lehre von einem geknechteten, einem hoffnungslos schlechten, einem gebeugten und auf Erlösung angewiesenen Menschen entwickeln konnten. Auf Golgatha wurde deshalb auch der weltoffene, aufrechte und optimistische

Mensch der Antike gekreuzigt. Und bis zu seiner Auferstehung in der Renaissance sollten noch viele Jahrhunderte vergehen.

Moderne Theologen und die Sünde

Es sind nicht nur die Inhalte; allein schon der Begriff »Sünde« atmet den kirchlichen Muff von 2000 Jahren. Er ist Menschen, die nicht ohnehin schon christlich sozialisiert wurden, gar nicht mehr zu vermitteln. Denn er resultiert nicht aus einem gesunden Menschenverstand, sondern aus einer religiös-dekadenten und dogmatischen Sicht auf den Menschen. Anders ist es mit dem Begriff »Schuld«. Darunter kann sich jeder etwas vorstellen, von Schuld im juristischen Sinne bis hin zu nicht justiziabler persönlicher Schuld im zwischenmenschlichen Bereich. Es gehört zum Wesen des Menschen, dass er kein Heiliger ist und Fehler macht. Aber auch, dass er auch an sich selbst und an den Verhältnissen arbeiten kann. Es wäre jedoch eine völlige Verzerrung und unzulässige Übertreibung, würde man aus seiner natürlichen Anlage der Unvollkommenheit den Grund für sein Todesurteil ableiten. Genau dies macht jedoch die Theologie. Sie übertreibt schamlos und verallgemeinert. So als hätte jeder Musiker den Tod verdient, der nicht wie Beethoven komponieren kann. Und dazu noch alle, die sich gar nicht für Musik interessieren. Doch der Mensch ist, wie er ist, und muss zuerst einmal in seinen Möglichkeiten, aber auch in seinen Begrenzungen wahrgenommen werden. In dieser Richtung denken die modernen Sozialwissenschaften. Doch die Theologie macht ihm permanent zum Vorwurf, dass er nicht perfekt ist. Sie nimmt den Menschen nicht ernst, sondern unterwirft ihn ihrem Dogmenwahn. Sie beleidigt und verunglimpft den Menschen, damit an anderer Stelle die Dogmatik besser passt und der sinnlose Tod Jesu am Kreuz doch noch eine Sinntransfusion erhält.

Wenn also *eine* Definition des Menschen als absurd und unsachgemäß aus einem verantwortbaren Diskurs über die Anthropologie ausgeschlossen werden muss, dann ist es die christliche Aussage, dass der Mensch ein Sünder sei. Darin zeigt sich gerade kein Blick auf den »ganzen und vollkommenen Menschen« (Luther). Wer wissen will, was der Mensch ist, darf nicht die Theologen fragen.

Theologen wissen um die Problematik, der ein Begriff wie »Sünde« heute ausgesetzt ist. Sie beklagen, dass er zu einem »Ausdruck einer etwas ironischen Alltagssprache geworden« ist (Pöhlmann) oder dass er »empfunden wird als ein Versuch, Menschen ein schlechtes Gewissen zu machen, sie kleinzuhalten und zu überwachen, um sie (besser) beherrschen zu können« (Härle). Aber sie können sich natürlich dennoch nicht von ihm trennen. Denn die Sünde ist ein Eckstein des christlichen Glaubens, ohne den man den dogmatischen Bau nicht hochziehen kann. Theologen hängen an der Sünde, denn sie ist ihr Kind. Und Hans-Martin Barth formuliert es klar: »Aus christlicher Sicht ist der Begriff *Sünde* ... unersetzbar.«[472] Und beim Reden über den Menschen gilt: »Sachgemäßer Ausgangspunkt muss das Sündenbekenntnis des Sünders sein!«[473]

Wenn Theologen ein »verflachtes Sündenverständnis« beklagen, in dem »die Tiefendimension der Sünde« kaum noch sichtbar ist (so Härle), so darf man dies eben nicht als eine Degenerationserscheinung verstehen oder als Akt der Verdrängung, sondern als eine gesunde Vernatürlichung eines von jeher schon degenerierten theologischen Begriffs. Karl Barth war noch der Meinung: »Die menschliche Sünde verwehrt uns doch den Ausblick auf die menschliche Natur.«[474] Doch es verhält sich eben genau anders herum: Die Theologie hat mit ihrem Sündenwahn den Blick auf den Menschen verstellt.

Die Gottebenbildlichkeit des Menschen

Übertreibt und verzerrt die Theologie, wenn sie den Menschen als *Sünder* definiert, so muss man ihr dies bei der anderen großen Definition des Menschen ebenso vorwerfen, nämlich dann, wenn sie den Menschen als *Ebenbild Gottes* definiert. Am Anfang unseres Kapitels über den Menschen sprachen wir von diesen beiden Eckpunkten der theologischen Anthropologie. Wurde der Mensch eben noch in Tod und Sündhaftigkeit verhaftet beschrieben, so wird er nun quasi in göttliche Sphären gehoben; ein Wechselbad der Definitionen. Über weite Strecken der Theologiegeschichte spielte der Begriff der Gottebenbildlichkeit jedoch kaum eine Rolle. Antike, mittelalterliche und frühneuzeitliche Theologie beschrieben den Menschen primär als Sünder und knüpften mit der Erlösung durch Christus daran an. Seit der Aufklärung aber änderte sich der Schwerpunkt. Einer positiveren Sicht auf den Menschen konnte und wollte sich die Theologie nicht verschließen, und so wurde die Gottebenbildlichkeit stärker betont, meinte man doch den Begriff der »Menschenwürde«, der im Zuge der Aufklärung an Einfluss gewann, irgendwie mit der Gottebenbildlichkeit in Verbindung bringen zu können.

Heutige Professoren an Universitäten, aber auch die telegenen Vertreter des EKD-Protestantismus werden nicht müde, die Gottebenbildlichkeit ständig im Munde zu führen. Wie man eben noch die Sündhaftigkeit des

Menschen in den dunkelsten Farben malte, wird nun die Gottebenbildlichkeit des Menschen über die Maßen gerühmt. Für Hans-Martin Barth ist sie »die Grundaussage christlicher Anthropologie«.[475] Für Trillhaas bezeichnet die Gottebenbildlichkeit »den höchsten Würdenamen des Menschen. Dieser Würdename ist unverzichtbar.« Er »ist das Höchste, was von ihm ausgesagt werden kann, seine eigentliche Würdebezeichnung.«[476] Und auch für den Theologen Härle ist der Mensch als Bild Gottes »die entscheidende theologische Aussage über den Menschen.«[477]

Auf der Suche nach der Gottebenbildlichkeit?

Schwieriger wird es, wenn man nachfragt, was denn mit dem schillernden Begriff der *Gottebenbildlichkeit* eigentlich gemeint sei. Denn wie ein Regenbogen wirkt dieser Begriff zwar aus der Ferne beeindruckend, ist aber äußerst schwer zu fassen. Gehen wir etwas auf die Suche.

Bedenkt man die Bedeutung, die dieser Begriff zumindest heute hat, fällt auf, dass er in der Bibel nur äußerst spärlich und auch erst sehr spät vorkommt. Man findet ihn nur an wenigen Stellen im Alten Testament und nur an solchen, die der sog. Priesterschrift (P) zuzuordnen sind, der jüngsten der Überlieferungs- und Überarbeitungsschichten, aus denen das Alte Testament besteht. Das alte Israel kannte offenbar noch keine Gottebenbildlichkeit, erst nach dem babylonischen Exil taucht der Begriff überhaupt auf, und nicht in ausgearbeiteter Form. Die Hauptstellen finden sich am Anfang der Bibel:

Und Gott sprach: Lasst uns Menschen machen, *ein Bild, das uns gleich sei*. Sie sollen herrschen über die Fische im Meer und die Vögel am Himmel und das Vieh und über die ganze Erde und über alles Gewürm, das auf Erden kriecht. Und Gott schuf den Menschen *ihm zum Bilde, zum Bilde Gottes schuf er ihn;* und schuf sie als Mann und Frau. (Gen 1,26-27)

Dies ist das Buch von des Menschen Abstammung. Da Gott den Menschen schuf, *machte er ihn nach dem Bilde Gottes.* (Gen 5,1)

Wer Menschenblut vergießt, dessen Blut soll auch durch Menschen vergossen werden; denn Gott hat den Menschen *zu seinem Bilde gemacht.* (Gen 9,6)

In frühjüdischer Zeit kurz vor der Zeitenwende kamen weitere Stellen hinzu, so in der *Weisheit Salomos* (2,13) oder im Buch *Jesus Sirach* (17,3). Der Theologe Joest fragt mit Recht, ob diese spärlichen Belege in der Lage sind, »überhaupt schon das ganze Schwergewicht [zu] tragen, mit dem spätere dogmatische Reflexion den Begriff der Gottebenbildlichkeit befrachtet hat«.[478]

Dabei wäre es durchaus nicht das erste Mal, dass schwergewichtige theologische Aussagen an ein paar dürren Versen festgemacht werden. Aber mehr noch stellt sich die Frage, was denn nun mit dieser dunklen Aussage gemeint sein soll. Was könnte den Menschen denn gottähnlich machen?

Fragen wir vielleicht zunächst, was denn den Menschen zum Menschen macht und ihn vom Tier unterscheidet. Was ist seine *differentia specifica*? Hier wird eine ganze Reihe von Punkten diskutiert. Ist es die Sprache des Menschen, sein aufrechter Gang, sein Denkvermögen, seine Geschichtlichkeit, seine Transzendierungsfähigkeit, Kulturfähigkeit? Sein Abstraktionsvermögen, die Fähigkeit zur Religion, zur Philosophie? Ist es seine Seele, sein Wille, sein Gewissen, seine Sozialität, seine Fähigkeit zu ethischem Handeln? Oder ist es seine Geschlechtlichkeit?

Seltsamerweise scheinen die eben zitierten biblischen Texte Gottebenbildlichkeit gerade so etwas wie Geschlechtlichkeit nahezulegen, denn die Schaffung zum Bilde Gottes wird verdeutlicht mit »als Mann und Frau«. Soll man also annehmen, dass der Mensch erst in der Polarität von Mann und Frau ganz Mensch ist? Dies ist durchaus möglich, aber was hätte das mit Gott zu tun? Spiegelt sich hier vielleicht noch die alte Dualität vom Gott Jahwe und seiner Gefährtin Aschera wider, der die Menschen nun in ihrer Geschlechtlichkeit entsprechen sollen? Der geheimnisvolle Plural »Lasst *uns* Menschen machen« könnte ein Hinweis darauf sein.[479] Nur war zur Zeit der Priesterschrift P der Ascheraglaube vermutlich längst getilgt.

Moderne Theologen werden jedenfalls mit einem geschlechtlichen Gott nicht so recht glücklich. Ist es dann vielleicht die Sprache, die den Menschen zum Ebenbild Gottes macht? Der Theologe Werner Elert, wie sein Kollege Paul Althaus mit peinlicher Nähe zum NS-Regime, war dieser Meinung. Doch dies ist ebenfalls schwierig, denn Kommunikation gibt es auch unter Tieren in vielfältiger Weise. Eine klassische Definition des Menschen ist die von Aristoteles als Lebewesen mit Vernunft (gr. *zoon logon echon*, lat. *animal rationale*). Doch auch hier sah man früher die Unterschiede zwischen Mensch und Tier viel grundsätzlicher als in der modernen Biologie oder Anthropologie, die ja mehrere Vorformen zum *homo sapiens* kennt, von der Entwicklung des Gehirns weiß und Übergangsstadien kennt. War also der Neandertaler schon ein Ebenbild Gottes? Oder vielleicht gerade er? Andererseits aber müsste man den Abstand zwischen menschlicher und göttlicher Rationalität sich eigentlich unendlich groß denken. Und selbst ein Einstein wäre dann immer noch so weit von der göttlichen Vernunft entfernt, dass man nicht wirklich von Ebenbildlichkeit sprechen könnte. Andere Eigenschaften des Menschen, wie Geschichtlichkeit, Sozialität, Kulturfähigkeit beschreiben zwar den Menschen, wollen aber zu einem Gott nicht so recht passen.

Heutige Theologen beschreiben die Gottebenbildlichkeit gerne in Beziehungskategorien. Für Härle ist die Gottebenbildlichkeit »die Existenz im Gegenüber und in Beziehung zu Gott insgesamt«.[480] Nun kann man zwar den Menschen als Gegenüber und in Beziehung zum Menschen verstehen, denn beide agieren auf Augenhöhe. Aber Gott als Gegenüber des Menschen? Da wird der Gedanke schon schräg, denn auch hier müsste der unendliche qualitative Unterschied zwischen Gott und Mensch ein echtes »Gegenüber« eigentlich unmöglich machen. Es wäre in etwa so (nur ein sehr schwacher Vergleich), als wolle man einer Ameise vermitteln, dass der Elefant ihr »Gegenüber« sei.

Wenn der Theologe Härle meint, es sei die »Bestimmung zur Liebe«, die den Menschen kennzeichnet, so hatten wir oben schon beschrieben, dass gerade der Begriff der »Liebe« ganz aus dem innermenschlichen Bereich gewonnen wird und nicht so ohne Weiteres auf z. B. Tiere und eben auch nicht auf Götter übertragen werden kann, ohne sich dem berechtigten Vorwurf gegenüber zu sehen, man denke »anthropomorph«.

Was ist also eigentlich mit Gottebenbildlichkeit gemeint? Selbst Theologen wissen wieder einmal keine einleuchtende Antwort und gestehen dies zuweilen auch ein. Schon Schleiermacher hat dies im 19. Jahrhundert einräumen müssen. Die Analogie zwischen Mensch und Gott sei nicht durchführbar, denn entweder müsse man Gott dann Eigenschaften zueignen, »bei denen als göttlich sich nichts denken lässt, oder auch dem Menschen solche, die als menschliche nicht gedacht werden können«.[481] Und der Theologe Trillhaas warnt denn auch davor, zu viel zu spekulieren:

»… wir müssen uns dabei den Genuss versagen, unsere Phantasie schweifen zu lassen, und müssen dem Anreiz widerstehen, eine moderne Persönlichkeitslehre oder dgl. in den Begriff der *imago dei* [Gottebenbildlichkeit] hineinzugeheimnissen.«[482]

Der Begriff der Gottebenbildlichkeit, den moderne Kirchenvertreter gerne im Munde führen, kann also inhaltlich gar nicht gefüllt werden. Die unbekannten antiken Autoren haben den Theologen da ein paar harte Nüsse vorgegeben, die sich offenbar nicht knacken lassen.

Doch es gibt vielleicht dennoch eine Lösung für das Problem: Vermutlich geht man viel zu anspruchsvoll an den Begriff heran und er ist viel einfacher gemeint. Es geht gar nicht um so anspruchsvolle Begriffe wie *Geist* oder *Vernunft*. Der Begriff *Gottebenbildlichkeit* meinte ursprünglich wohl die Vorstellung, dass Gott *so aussieht* wie ein Mensch. Die antiken Menschen im

Vorderen Orient waren weit entfernt von den gelehrten Distinktionen heutiger Theologen und ebenso weit entfernt von den Anfängen des philosophischen Denkens im alten Griechenland. Götter wurden oft in *Menschengestalt* vorgestellt. Der Alttestamentler Gerhard von Rad sah als Hintergrund der Gottebenbildlichkeit deshalb die Vorstellung eines Jahwe in Menschengestalt. Und der Dogmatiker Trillhaas muss einräumen:
> »Es entspricht der naiv-mythologischen Aussage, dass im Hintergrund der Erzählung die Vorstellung von Jahwes Menschengestalt steht.«[483]

Dem entspricht auch, dass das Wort *Bild* nicht modern als ein Symbol oder eine Vergeistigung zu verstehen ist, sondern ganz konkret die Statue eines Herrschers meinte, sein Standbild. Und es kommt hinzu, dass die Vorstellung einer Gottähnlichkeit keine israelitische oder jüdische Vorstellung ist. Denn schon im alten Ägypten wurden die Pharaonen (als Herrschergestalten) gottähnlich und als Ebenbilder Gottes angesehen und bezeichnet. Und damit löst sich, wenn man auf die Wurzeln zurückgeht, auch der Begriff der *Gottebenbildlichkeit*, ein Lieblingswort aller modernen Theologen und Kirchenvertreter, unspektakulär in archaische Vorstellungen auf. Einer der Hauptbegriffe der christlichen Anthropologie stammt also aus dem »heidnischen« Ägypten und hatte ursprünglich mit dem Gott Jahwe nichts zu tun. Eher war z. B. an den ägyptischen Sonnengott *Re* gedacht, der ja in Kreuzworträtseln zuweilen noch anzutreffen ist. Den Begriff der *Gottebenbildlichkeit*, in den die Theologen so viel hineingeheimnissen, kann man eigentlich nur verwenden, wenn man seine Ursprünge ignoriert und dann auch noch darauf verzichtet, den Begriff inhaltlich zu füllen, ihn also als bloße Worthülse verwendet

Jesus als Bild Gottes

Doch es gibt eine Verwendung für den Begriff *Gottebenbildlichkeit*, auf den die Dogmatiker allesamt gerne rekurrieren. Aber er taucht erst im Neuen Testament auf, wo Jesus als das Bild Gottes bezeichnet wird. Paulus schreibt von der »Herrlichkeit Christi, der das Ebenbild Gottes ist« (2. Kor 4,4), der Kolosserbrief bezeichnet Jesus als »das Ebenbild des unsichtbaren Gottes« (Kol 1,15), und der Hebräerbrief spricht von ihm als Abglanz und Ebenbild von Gottes Wesen (Hebr 1,3). Drei Punkte sind hier von Interesse:

Erstens haben wir mit dieser Bezeichnung eine bemerkenswerte Begriffsverschiebung. Denn das Alte Testament sieht den Menschen *insgesamt* als Ebenbild Gottes an, aber das Neue Testament verengt diese Sicht auf Christus hin. Indem dieser hervorgehoben wird, müsste für die »normalen« Menschen eigentlich die Gottebenbildlichkeit zurückgenommen werden.[484] Damit könnten auch Kirchen und Theologen eigentlich nicht mehr mit der Gottebenbildlichkeit *des Menschen* argumentieren. Sie tun es aber dennoch, denn das Wort klingt in Sonntagspredigten einfach zu schön.

Zweitens ist die Bezeichnung Jesu als Bild Gottes eigentlich eine Untertreibung. Denn die dogmatische Entwicklung hat in Jesus ja bald nicht nur ein *Bild* Gottes gesehen, sondern Gott selbst, die zweite Person der Trinität. Streng genommen waren die neutestamentlichen Briefautoren, auch Paulus, dogmatisch noch unbedarft, denn sie haben Jesus, dessen Wiederkunft man erwartete und erflehte, ja noch lange nicht mit Gott identifiziert. Dies blieb erst einer abgehobenen Theologie im vierten Jahrhundert vorbehalten unter Verketzerung aller anderen auch vorhandenen dogmatischen Strömungen. Erst mit Blick auf das vierte Jahrhundert kann man davon sprechen, dass der christliche Glaube bzw. Aberglaube voll entwickelt war. Aber Jesus als Bild Gottes – diese Rede sollte sich dogmatisch für Theologen eigentlich verbieten. Aber auch sie klingt eben allzu schön und findet sich zudem noch im Neuen Testament.

Drittens stellt sich dann aber die Frage, wie man die Gottebenbildlichkeit Jesu inhaltlich füllen kann. Und hier geraten die Theologen einerseits ins Schwärmen, andererseits ins Schwafeln. Wenn es um Jesus geht, ist man immer wieder erstaunt, wie geradezu euphorisch und über die Maßen positiv er beschrieben wird, wie idealisiert, gänzlich frei von Fehlern oder Versuchungen, als wunderbarer Mensch und verständnisvoller Gott, der uns kennt und liebt. Theologen sprechen von Jesus wie Pubertierende von ihrer ersten Liebe. Obwohl gestandene Männer und Frauen, sind sie dennoch gerne bereit, jede Bodenhaftung zu verlieren. Dabei sollten sie eigentlich wissen – denn alle Dogmatiker haben ja auch ausgewiesene neutestamentliche Kenntnisse – dass die synoptischen Evangelien noch kein ideales Bild von Jesus zeichnen, dass sie ihn zornig zeigen, hilflos, verzweifelnd, mit absurden Höllen- und Gerichtsvorstellungen, verhaftet einem religiösen Partikularismus oder gar Nationalismus, und keineswegs als Freund der ganzen Menschheit. Und außerdem beschäftigt mit einer Verkündigung vom nahen Reiche Gottes, das bis heute nicht eingetroffen ist. Theologen sollten zudem eigentlich wissen, dass Idealisierungen das Hauptkennzeichen aller Heiligenlegenden sind, so dass schon das Johannesevangelium Ausdruck von religiöser Schwärmerei und deshalb historisch völlig wertlos ist. Anders als von einfachen Gläubigen sollte man von Universitätstheologen aber eine differenziertere Stellungnahme erwarten können. Doch wenn es um Jesus geht, dann scheinen die Dogmatiker ihr neutestamentliches Proseminar und mehr noch alles exegetische Grundwissen verloren zu haben, alles Eckige an seinem Wesen wird rundgeglaubt, alles hochgelobt. Und nur noch der verklärte Jesus des Johannesevangeliums hat das Sagen.

In der Christologie wird uns dies noch beschäftigen, aber schon hier bei der behaupteten Ebenbildlichkeit Jesu kann man die religiösen Wunschvorstellungen gut nachzeichnen. Unter Beiseitelassung aller kritischen Fragen und völliger Missachtung der Quellensituation wird Jesus von Professoren der Theologie in den schillerndsten Farben gemalt. Der Theologe Joest schreibt:

> »Jesus steht vor uns als der eine Mensch, der in ungeteilter Zuwendung zum Vater lebt, in der vollkommenen Hingabe an seinen Willen, die nicht *das Eigene sucht*, und in dem ganzen Vertrauen auf seine Liebesmacht, die keine Sorge um das eigene Leben kennt.«[485]

Ungeteilte Zuwendung und *vollkommene Hingabe*: Woher hat Joest das? Jedenfalls nicht aus der exegetischen Forschung. Hier wird eine in eigene Worte gehüllte Dogmatik abgespult, eine Bedeutung Jesu scheinbar gefunden, die doch schon am Beginn des Suchens feststand und vorgegeben war. Rochus Leonhardt schreibt, dass in »Jesus Christus als dem Ebenbild Gottes die geschöpfliche Bestimmung des Menschen zur Gemeinschaft mit Gott vollkommen realisiert ist«.[486] Jenseits von Vollkommenheit können oder wollen Dogmatiker Jesus offenbar nicht beschreiben. Für Pöhlmann ist Jesus das Bild Gottes »par excellence ... das einzig wahre Nach- und Abbild Gottes ... und zugleich das Ur- und Vorbild.«[487] An vielen Stellen wird Jesus als der »wahre Mensch« gedeutet, offenbar der einzige, der jemals gelebt hat.

Aus vergleichsweise dürren historischen Quellen entwickeln die Theologen ausgedehnte Charakterstudien der göttlichen oder menschlichen Persönlichkeit und werden nicht müde, auch kleinste und vielfach sicher rein zufällige Details beweihräuchernd ins Jesusbild mit einzubauen. Ohne den Universitätstheologen hier zu nahe treten zu wollen: Aber so lobhudelnd stellt man sich auch eine Rede über Mohammed aus dem Munde islamischer Gelehrter vor. Kein moderner Biograph würde so arbeiten. Oder jedenfalls nicht, wenn er seriös bleiben will. Doch Theologen schreiben auch heute noch die Heiligenlegende fort, die die Schriften des ersten Jahrhunderts in Ansätzen, die theologische Tradition dann im Vollsinne ihnen überliefert hat. Einerseits sind sie zur Idealisierung verdammt, andererseits aber wollen offenbar auch sie selbst nichts anderes als idealisieren.

Auch über Jesus gibt es natürlich kritische Bücher. Aber wohl keines stammt aus der Feder eines beamteten Theologieprofessors, der noch – z. B.

in kirchlichen Examensprüfungen – in Diensten der Kirche steht oder der mit ihr ein gutes Verhältnis haben will. Eine Kritik an Jesus, an seinem Lebensirrtum des bevorstehenden Reiches Gottes, seinem Teufels-, Dämonen- und Höllenaberglauben, seinem offenbaren religiösen Extremismus, der ihn letztlich den Kopf kostete, oder auch nur seiner radikalen Ablehnung der Ehescheidung findet sich nirgends. Kein beamteter Theologe an einer Universität erlaubt sich hier ein kritisches Wort. Den HErrn kritisiert man nicht! Und nicht nur Dogmatiker, die schon qua Amt zum gelehrten Lobpreis verpflichtet sind, sondern sogar Neutestamentler stimmen in ihren Kommentaren zum Neuen Testament oft genug ins unkritische Hosianna ihrer Kollegen ein. Auf Jesus kommen wir gleich noch zu sprechen.

Fragwürdiges am christlichen Menschenbild

Die beiden Eckpunkte der christlichen Anthropologie, der Mensch als *Sünder* und der Mensch als *Ebenbild Gottes,* erweisen sich beide als sehr unsachgemäße Beschreibungen des Menschen. Sie sind Ausdruck eines gewissen religiösen Extremismus, der freilich meist nicht so als solcher empfunden wird. In religiöser Verbrämung tragen sie nichts bei zu einem realistischen und nüchternen Bild des Menschen. Selbst wenn sich die Theologie nicht über andere Disziplinen zu erheben versucht, die sich mit dem Menschen beschäftigen und sich einbringt »in den Streit um den Menschen – als Humanwissenschaft!«,[488] kann man doch unmöglich eine Sichtweise ernst nehmen, die schon in ihren Prämissen so grobe Verzerrungen aufweist. Man verzichtet besser auf die Hilfe von Theologen; denn die Erkenntnis des Menschen ist auch so schon schwer genug.

Bürgerliche Freiheit, oder doch nur christliche Freiheit?

Dass medienaffine Vertreter des Protestantismus gerne das Wort »Freiheit« im Munde führen, wenn sie die Vorzüge des Glaubens und des Christentums rühmen, sollte zumindest verwundern. Eigentlich müsste es aber entrüsten. Denn moderne EKD-Vertreter verwechseln christliche Freiheit mit bürgerlicher Freiheit, sind sich dessen aber offenbar nicht bewusst. Nur das Wort ist gleich, aber die christliche Freiheit ist lediglich ein Zerrbild von Freiheit. Das Wort »Freiheit« geht aber auf ein vielzitiertes Pauluswort im Galaterbrief zurück:

> Zur Freiheit hat uns Christus befreit! So steht nun fest und lasst euch nicht wieder das Joch der Knechtschaft auflegen! (Gal 5,1)

Hier nun meinen Christen schon bei Paulus ein modernes Freiheitsverständnis festmachen zu können. Schon er habe zur Freiheit aufgerufen, und Christus mache frei. Wer allerdings den Kontext beachtet, in dem die zitierten Worte stehen, muss erkennen, dass Paulus hier nur von der »Freiheit *von der Beschneidung*« spricht. Schon die nächsten Verse verdeutlichen dies:

> Hört, was ich, Paulus, euch sage: Wenn ihr euch beschneiden lasst, wird Christus euch nichts nützen. Ich versichere noch einmal jedem, der sich beschneiden lässt: Er ist verpflichtet, das ganze Gesetz zu halten. Wenn ihr also durch das Gesetz gerecht werden wollt, dann habt ihr mit Christus nichts mehr zu tun; ihr seid aus der Gnade herausgefallen. (Gal 5,2-4)

Paulus pflanzt hier kein Freiheitsbanner, sondern meint hier schlichtweg nur, dass die Christen sich nicht mehr an das jüdische Gesetz halten müssen. Er muss dies betonen, weil offenbar Gegner aus der Jerusalemer Urgemeinde in seine Gemeinden eingedrungen sind und die Frischbekehrten nötigen, sich beschneiden zu lassen und das jüdische Gesetz zu übernehmen. Doch noch ein weiteres Mal spricht Paulus im selben Kapitel von Freiheit:

> Ihr seid zur Freiheit berufen, Brüder. (Gal 5,13a)

Und auch hier ist an keine bürgerlicher Freiheit gedacht. Denn hier meint Paulus die Freiheit von den leiblichen Begierden, vom *Fleisch*, wie Paulus sagt.

> Denn das Begehren des Fleisches richtet sich gegen den Geist, das Begehren des Geistes aber gegen das Fleisch; beide stehen sich als Feinde gegenüber, sodass ihr nicht imstande seid, das zu tun, was ihr wollt. (Gal 5, 15)

Dieser Vers gehört zu den Quellentexten für die christliche Leib- und Lebensverachtung, die so viel Leid über die Gläubigen gebracht hat. In solchen Versen konnte sich ein christlicher Fanatismus wiederfinden, der in mittelalterlichen Klöstern die Mönche zur *Abtötung des Fleisches* durch Askese und Selbstquälerei verleitet und der sie zu Millionen in einen frühen Tod getrieben hat. In solchen Versen konnte sich die Verächtlichmachung der Freuden des Lebens wiederfinden, der Sexualität, des guten Essen, ja der Lebensfreude überhaupt. Der grimmige Wanderprediger Paulus, der seine theologischen Gegner mit den unflätigsten Beschimpfungen bedenken konnte, hat seinen Nachfolgern mit solchen Worten die eigene Verklemmtheit mit ins Nest gelegt. Mittelalterliche Mönchstheologen, aber auch schon Augustinus, haben dieses Ei ausgebrütet und den Meister an Radikalität noch weit überholt.

Mit Freiheit in einem modernen Sinn hat dies alles nichts zu tun. Wo sollte ein religiöser Mensch der Antike diese auch her haben, könnte man zur Entschuldigung von Paulus fragen. Aber es sind ja moderne Auslegungen heutiger Theologen, die in seinen Worten finden wollen, was nicht vorhanden sein kann. Und es ist nicht das erste Mal, dass Verse oder Versteile als Beleg für irgendetwas herangezogen werden, ohne auf den Kontext zu achten.

Den Begriff *Freiheit* versteht die Theologie nicht als die Möglichkeit, in freier Selbstbestimmung und ohne Furcht vor Konsequenzen etwas zu tun oder zu lassen, sondern in aller Regel nur als *missbrauchte Freiheit*. Wenn der Mensch sündigt, hat er seine Freiheit missbraucht, die Sünde ist geradezu ein Ergebnis der Freiheit. »Sünde ist verkehrte, selbstwidersprüchliche Freiheit.« Und die Hauptsünde ist die Abkehr von Gott. »Die Sünde bricht auf im Gottesverhältnis. Sie vollzieht sich in der Abkehr von Gott als Verkehrung der Freiheit.«[489]

Der Freiheitsbegriff des Christentums ist eben nur eine kastrierte Freiheit, eine Scheinfreiheit. Denn entscheidet sich der Mensch dazu, seine Freiheit nicht im Rahmen der herrschenden religiösen Ideologie zu nutzen, also gläubig und ein treues Glied der Kirche zu werden, dann hat er seine Freiheit eben »missbraucht« und muss mit Konsequenzen rechnen. Christliche Freiheit ist eben *nicht* die Möglichkeit, sich für oder gegen Gott und den Glauben zu entscheiden, ohne dass dies negative Konsequenzen hat. Vielmehr gilt: »Wer aber nicht glaubt, der soll verdammt werden.« (Mk 16,16) Christliche Freiheit ähnelt der Freiheit des Opfers eines Straßenräubers, das sich mit Blick auf eine geladene Pistole der Frage gegenüber sieht: *Geld oder Leben?* Christliche Freiheit ähnelt der Freiheit der Menschen in der DDR, mitten auf dem Alexanderplatz gegen Erich Honecker zu demonstrieren. Doch wer diese Freiheit nutzte, verschwand in Bautzen. Die christliche Freiheit ist eben nicht die Freiheit des Andersdenkenden, sondern meint nur den Zwang, sich freiwillig für Gott und den Glauben zu entscheiden.

Wie anders sollte wohl auch der Freiheitsbegriff einer Religion oder einer Kirche aussehen, die sich bis in die Neuzeit hinein für die allein seligmachende gehalten hat? Und man hätte doch erwarten dürfen, dass sich der Gedanke der Freiheit, wenn er denn so genuin christlich ist, wie Theologen gerne behaupten, doch irgendwie in 1000 Jahren mittelalterlicher Geschichte hätte äußern müssen. Es dürfte keine Frage sein, dass sich genau das Gegenteil gezeigt hat, nämlich Unfreiheit und Gängelung. Selbst Luther, den sogar Nichtreligiöse als eine Art Freiheitskämpfer sehen, war zwar an einer *Freiheit von Rom,* aber doch in keinster Weise an bürgerlichen Freiheiten interessiert. Schon die Religionsfreiheit endete bei Täufern, Andersgläubigen und vor allem den Juden.

Die drei monotheistischen Religionen haben *per se* ein fragwürdiges Verhältnis zur Freiheit. Sie müssen es haben, denn sie definieren sich regelrecht in Abgrenzung zur Welt der Ungläubigen. Doch religiöse Rechthaberei verträgt sich nicht mit Meinungsfreiheit, mit Pressefreiheit, mit Religionsfreiheit, mit Toleranz. Wo moderne Vertreter des Protestantismus hier christliche Werte erkennen wollen, verwechseln sie Werte der Aufklärung mit christlichen Werten, so wie sie christliche Freiheit mit bürgerlicher Freiheit verwechseln.

Ein Mensch ohne Gott ist kein Mensch

Trotz dieser eklatanten Mängel kommt das christliche Menschenbild auch heute noch mit einem bemerkenswerten Selbstbewusstsein und Sendungsbewusstsein daher. Eine interessante Wandlung hat es allerdings gegeben. Während frühere Theologie die eigene christliche Position heraushob (*Wir haben was, was du nicht hast*), sprechen heutige Theologen eher von Mängeln auf Seiten der Andersgläubigen und Nichtgläubigen (*Denen fehlt doch etwas*). Während z. B. unser Grundgesetz davon ausgeht, dass alle Menschen im Prinzip gleich sind und gleiche Würde haben, machen Theologen – auch »moderne« Theologen – hier Einschränkungen. Um wirklich im Vollsinne Mensch sein zu können, bedarf es, so sagen sie, einer Gottesbeziehung. Nur wer einen Gott hat, könne wahrhaft Mensch sein. Vom alten christlichen Dünkel, etwas Besseres zu sein, ist die mehr allgemein formulierte Ideologie geblieben, dass ein Leben ohne Gott letztlich ein entfremdetes, sein Ziel verfehlendes Leben ist.

Ohne ein Glaubensfundament sei alles Nichts. Selbst gute Taten und an sich lobenswerte Tugenden sind fragwürdig, wenn ein Gottesbezug fehlt. So hatte schon Augustinus die Tugenden der Heiden, die er nicht leugnen konnte, abwertend als nur »glänzende Laster« bezeichnet. Heiden können gar nicht wirklich gut handeln, weil ihr Leben eben von der Grundsünde, der Trennung von Gott aus gelebt werde. Es ist erschreckend, dass auch heutige Theologen noch ähnlich reden können. Und den Andersgläubigen, vor allem aber den Nichtgläubigen auch gleich moralisch abqualifizieren. So schreibt der Theologe Härle:

> »Dass dies dem Menschen fehlt [die ungebrochene Gemeinschaft mit Gott] und dass der Mensch statt dessen [sic!] von *Selbstsucht und Gier* getrieben wird, das ist die Sünde des Menschen.«[490]

Wo der Gottesbezug fehlt, kann doch nur Mangel und moralische Minderwertigkeit vorliegen. So muss man Härle hier wohl verstehen. Ob er dies mit vollem Verstand so meint oder ob er auch hier wieder nur im Sumpf der theologischen Tradition watet, bleibt offen. Der vorgebliche Mangel ist jedenfalls für ihn so stark, dass der Mensch ohne Gott seine Lebensbestimmung verfehlt. »Wenn wir Gott nicht trauen können, wie könnte dann unser Leben überhaupt gelingen?« fragt Härle weiter. Und da er an anderer Stelle die Lebensbestimmung des Menschen (sehr modern) als »Liebe« versteht, kann der nichtgläubige Mensch nur ein Versager sein, denn Sünde ist »ihrem Wesen nach stets Verfehlung der Liebe.«[491]

Auch bei Joest liest es sich ähnlich. Der moderne Mensch lebe »im Versagen des Glaubensvertrauens zu Gott ... und daher [sic!] in *Selbstsorge und Gleichgültigkeit* gegen den Nächsten.«[492] Der Ungläubige ist »versklavt in sich selbst«. Für den Theologen Paul Tillich führe die Trennung vom »Grund des Seins« (sein modernes Wort für Gott) zu »Selbstliebe«, »Hochmut« bzw. »Hybris« und »Begierde« bzw. »Wille zur Macht.«[493] Und für den Theologen Emil Brunner sind wir »gerade so viel Mensch, als wir Gottes Wort in unserem Herzen widerhallen lassen«.[494] Was man ja wohl im Umkehrschluss so verstehen muss, dass Nichtgläubige keine richtigen Menschen sind.

Sind das verbale Ausrutscher von Extremisten unter den Theologen? Keineswegs; alle soeben zitierten Theologen gelten als gemäßigt und (bis auf Brunner) als theologisch »liberal«. Der als gemäßigt geltende Katholik und ehemalige Vorsitzende der Katholischen Bischofskonferenz, Erzbischof Robert Zollitsch, formulierte beim Neujahrsempfang am 14.1.2014 ähnlich:

»Einem Volk ohne Gott fehlt die Mitte; ein Volk ohne Gott gleicht einer hohlen Fassade ohne wohnlichen Kern. Der Schritt ist nicht weit: Von einer geistig entkernten Gesellschaft zum gewissenlosen Menschen, der keine innere Verpflichtung mehr spürt.«

Das Schwarz-Weiß-Denken früherer Theologie wirft also immer noch deutliche Schatten. Dabei müssten doch Gelehrte an Universitäten durchaus in der Lage sein, solche religiösen Kurzschlüsse als solche zu erkennen und nicht weiter zu verbreiten. Und selbst Erzbischöfen sollte man dies zutrauen. Oder soll man sie beim Wort nehmen und die Welt nach ihren Kategorien beschreiben? Dann besteht Ostdeutschland, wo ja ca. 80 % der Menschen ohne Gott leben, aus egoistischen, selbstverliebten, von Selbstsucht und Gier getriebenen Sündern, die versklavt sind in sich selbst, befangen in Selbstsorge und Gleichgültigkeit und unfähig zur Liebe ebenso wie zur Hilfe für den Nächsten. Und Ähnliches gälte für Schweden oder Tschechien und viele andere Länder. Müsste nicht, angesichts dieser großen menschlichen Tragödie, die UNO einen Einmarsch in Leipzig oder Rostock ernsthaft in Erwägung ziehen? Oder zumindest flächendeckend Bibeln über den betroffenen Gebieten abwerfen?

Doch glücklicherweise besteht die Verwirrung nicht bei den Menschen, die ohne Gott auskommen, sondern offenbar nur bei Kirchenmännern und Theologen, die sich von gefährlichen Phrasen der theologischen Tradition einfach nicht trennen können, die sie mit ihrem Theologiestudium schon falsch vermittelt bekamen und nun selbst weitervermitteln.

Es ist auch typisch, dass zwar allgemein von »Gott« gesprochen wird, aber natürlich immer der *christliche* Gott gemeint ist. Denn welcher christliche Theologe würde schon meinen, dass der Glaube an Poseidon oder an Allah, an Baal oder an Thor den Menschen dazu verhilft, wahrhaft Mensch zu sei? So etwas traut man nur dem christlichen Gott zu. Deshalb ist eine Rede wie die von Erzbischof Zollitsch, der ebenfalls noch davon redet, dass Menschen, die ohne den Glauben an Jesus Christus leben, ohne einen Sinnhorizont leben, nicht nur eine Beleidigung der »Ungläubigen«,[495] sondern ebenso eine unverschämte Diffamierung der Gläubigen anderer Religionen.

Könnte man nicht mit viel mehr Recht behaupten, dass echtes Menschsein nicht da beginnt, wo Menschen an Gott glauben, sondern vielmehr da, wo dieser Glaube überwunden wird? Erst wo der Mensch sich erkennt als Teil einer biologischen Evolution und nicht als Geschöpf altorientalischer, griechischer oder germanischer Götter, wo er mündig geworden ist, auf solche Hilfskonstruktionen zu verzichten? Wo er seinem sozialen Umfeld selbst Gesetze, eine Ethik, Werte gibt und nicht auf göttliches Recht angewiesen ist? Wo er frei geworden ist sowohl von Himmelreichs- wie Höllenmythen? Wo er nicht heimlich flüchtet in ein erhofftes Jenseits, sondern im Diesseits Hoffnung weckt und seine Welt zu bessern sucht? Es sollte zur Würde des Menschen gehören, sich nichts vorzumachen und nichts vormachen zu lassen. Wie es für Kinder gut und richtig ist, dass sie den Glauben an den Weihnachtsmann oder den Osterhasen irgendwann ablegen und später belächeln – denn dies gehört zum Erwachsenwerden unbedingt dazu – ist es da nicht auch nötig, dass der Mensch sich von den Göttern als den Weihnachtsmännern und Osterhasen der Erwachsenen emanzipiert und sie dort ansiedelt, wo sie herkommen und ihre kulturelle Nische haben: im Reich der Sagen und Märchen?

Vom Niedertreten der Kreatur – Der biblische Herrschaftsauftrag

Die Hypothek eines absurden christlichen Menschenbildes lastet noch in mancherlei Hinsicht auf dem Denken und Handeln christlich sozialisierter Menschen. Moderne Anthropologie sieht den Menschen eingebunden in seine Umwelt und als einen Teil von ihr. Christliche Anthropologie jedoch hat aber immer die Differenz zwischen Gott und Umwelt gelehrt. Deutlicher Ausdruck dafür war der angebliche Herrschaftsauftrag, den der Mensch über die Tierwelt von Gott übertragen bekommen hat. Der Mensch soll *gewaltsam herrschen* über die Tierwelt (Gen 1,26-28; 9,2-3; Ps 8,7). Das hebräische Verb *radah*, dass hier verwendet wird, meint ein *Niedertreten*, so wie man eine Kelter niedertritt. Keine Spur ist vorhanden vom z. B. auf Kirchentagen gern propagierten *Miteinander der Schöpfung*. Vielfach haben frühere Theologen angenommen, dass eben in diesem Herrschaftsauftrag Gottes, dieser Lizenz zum Töten, sich die Gottebenbildlichkeit des Menschen im Eigentlichen zeigt.

Furcht und Schrecken vor euch sei über allen Tieren auf Erden und über allen Vögeln unter dem Himmel, über allem, was auf dem Erdboden wimmelt, und über allen Fischen im Meer; in eure Hände seien sie gegeben. Alles, was sich regt und lebt, das sei eure Speise; wie das grüne Kraut habe ich euch alles gegeben. (Gen 9,2-3)

Eine von vielen äußerst peinlichen Stellen für einen heutigen, sich in vielen Teilen als grün-alternativ verstehenden EKD-Protestantismus, der verzweifelt versucht, aus den doch klaren Worten dennoch positiv ein »Anvertrauen der Schöpfung« zu destillieren. Vermutlich so, wie man ein Lamm einem Metzger »anvertraut«. Der Theologe Joest spricht wie viele andere verharmlosend von einem »Kulturauftrag«, und dieser kann – typisch für eine weichgespülte Theologie, die ihre eigenen Wurzeln verleugnet – nur »als ein verantwortliches Verwalten verstanden werden.«[496] Nach dem Theologen Härle kann der Herrschaftsauftrag sogar »nur im Geist der Liebe verstanden und wahrgenommen werden.«[497]

Es mag ja auf viele sympathisch wirken, wenn Theologen nicht wie fundamentalistische Hardliner am Wortlaut der Bibel kleben, aber es wäre auf alle Fälle ehrlicher, wenn Theologen nicht nur uminterpretieren und schönreden, sondern ruhig auch einmal den Mut haben festzustellen, dass die Heilige Schrift hier unverantwortlichen Unsinn enthält, von dem man sich nur in aller Form distanzieren kann. Doch sie ahnen offenbar die Gefahr, dass sich dann Menschen auch nach anderen Stellen im Neuen und Alten Testament auf die Suche machen, die ebenfalls sehr fragwürdig sind. Also hüllt man besser fragwürdige Bibelstellen weiter in den Mantel der Beschwichtigung.

Einen sehr merkwürdigen Gedanken äußert der Theologe Härle. Er meint davor warnen zu müssen, dass eine moderne nichtreligiöse Anthropologie eine Sonderstellung des Menschen im Kosmos ablehnt, denn man »muss sich darüber klarwerden, welche immensen Konsequenzen dies bis hin zum Verbot der Vernichtung von Krankheitserregern hätte.«[498] Man muss das zweimal lesen, aber offenbar meint Härle, dass die Ablehnung einer Sonderstellung des Menschen auch automatisch Krankheitserregern ein »Lebensrecht« zuspricht. Versteht dies Härle tatsächlich so, würde dies allerdings eine bedenkliche Naivität im Denken dieses hochgehandelten Systematikers bedeuten. Wir wollen deshalb annehmen, dass er sich hier nur sehr ungeschickt ausdrückt, und empfehlen dringend eine Korrektur in der nächsten Auflage seines Buches.

Es erübrigt sich festzustellen, dass eine moderne und nichtchristliche Anthropologie den Menschen als Teil des Ökosystems Erde sieht, den Gesetzen und auch Zufällen der Evolution unterworfen, keineswegs ihre Krone, sondern wie alles nur eine Durchgangsstation und vielleicht ein Irrweg der Entwicklung. Auch wenn der Mensch Eigenschaften hat, die sich so im »Tierreich« nicht finden, darf man doch nicht vergessen, dass auch *seine* Existenz sich letztlich zurückführen lässt auf kleine Einzeller im Ur-Ozean. Ein Gott, der eine Sonderstellung des Menschen begründen wollte, hätte sich da schon etwas Originelleres einfallen lassen müssen.

Das christliche Menschenbild vom Herrschen über die Schöpfung stammt aus einer Zeit, in der der Mensch sich gegen eine feindliche Umwelt noch behaupten musste und wo von wilden Tieren für ihn noch eine reale Gefahr ausging. Das »Herrschen« über die Natur konnte so lange geradezu als »Verheißung« verstanden werden. Doch heute ist die Situation völlig anders. Ideologisch wiederholte Verse in sog. Heiligen Schriften werden einer Situation der ökologischen Krise und der Überbevölkerung nicht gerecht, ja sie behindern eher verantwortliches Handeln.

Die Abwertung der Frauen

Fast könnte man meinen, es habe irgendwann in ferner Vergangenheit einmal eine gemeinsame Konferenz aller Religionen gegeben, auf der man vor allem eines gemeinsam beschlossen hat: ein Bündnis gegen die Frauen und ihre Abwertung in kultischer und gesellschaftlicher Hinsicht. Denn die Unterdrückung der Frauen scheint weitgehend eine Konstante bei ansonsten doch sehr verschiedenen Religionsausprägungen zu sein. Matriarchale Gesellschaften, die feministische Theologinnen gerne finden wollen, existierten wohl nur in der Literatur. Und die Herrschaft des Mannes über die Frau wurde fast immer auch religiös gerechtfertigt. Man kann deshalb sagen, dass erhöhte Frauenfeindlichkeit mit erhöhter Religiosität Hand in Hand geht. Selbst im Christen- und Judentum, die ja die Aufklärung durchlaufen haben, werden Frauen desto mehr verachtet, je frömmer man sich gibt. Und es hat sich gezeigt, dass sich erst in Gesellschaften, in denen die Religion ihre führende Rolle verloren hat, die Stellung der Frau verbessern konnte. Religion ist ein »Menschheitsproblem«,[499] die Hälfte der Menschheit müsste dies eigentlich besonders deutlich empfinden. Seltsam genug, dass Frauen dennoch oft zu den überzeugtesten Gläubigen gehören.

Im alten Israel waren Frauen vom Kult ausgeschlossen, männliche Priester konnten sich an ihnen »verunreinigen« und so selbst zeitweise kultunfähig werden. Im Judentum galten Frauen lange als unfähig zum Thora-Studium. Und orthodoxe Juden danken noch heute im täglichen Morgengebet:

Gelobt seist du, Ewiger, unser Gott, König der Welt,
dass du mich nicht als Frau erschaffen hast.

Der Islam bietet ebenfalls wenig Hoffnung für eine Frauenbefreiung. Rein rechtlich sind Frauen weniger »wert«. Das Wort zweier Frauen ist vor Gericht so viel wert wie das Wort eines Mannes. Musliminnen sitzen tiefverschleiert in Talkshows und preisen die religiöse Freiheit, die im Islam herrsche. Und reagieren gereizt und fühlen sich missverstanden, wenn man sie mit dem Wort des Propheten konfrontiert:

Die Männer haben Vollmacht und Verantwortung gegenüber den Frauen, weil Gott die einen vor den anderen bevorzugt hat und weil sie von ihrem Vermögen (für die Frauen) ausgeben … Ermahnt diejenigen, von denen ihr Widerspenstigkeit befürchtet, und entfernt euch von ihnen in den Schlafgemächern und schlagt sie. Wenn sie euch gehorchen, dann wendet nichts Weiteres gegen sie an.[500]

Der Hinduismus verwehrt Frauen ebenfalls das Studium von »heiligen« Texten. Frauen sind vom Ansehen her den niedrigsten Kasten zugeordnet. Hans-Martin Barth weist darauf hin:

»Der faktisch entwürdigenden Situation der Frau, die in ihrer Religion keine emanzipatorischen Vorbilder findet, steht die überreiche Symbolik des Weiblichen in der hinduistischen Mythologie gegenüber.«[501]

Wir haben damit eine ähnliche Situation wie im Katholizismus, wo eine totale Überhöhung des Marienglaubens mit einer faktischen Missachtung wirklicher Frauen in Kult und Hierarchie korrespondiert.[502]

Dass Frauen im Christentum den Männern nachgeordnet sind, war doch bis weit in die zweite Hälfte des letzten Jahrhunderts überhaupt keine Frage. Dies ergab sich schon zwingend aus der Paradies- und Sündenfallgeschichte. Denn zuerst wurde der Mann geschaffen, dann die Frau. Und es war die Frau, die zuerst gesündigt und dann ihren Mann dazu verführt hat.

> Von einer Frau nahm die Sünde ihren Anfang,
> ihretwegen müssen wir alle sterben. (Jesus Sirach 25,24)

Welche Stellung Jesus zu Frauen hatte, lässt sich schwer sagen. Am wahrscheinlichsten ist es, dass er sich in dieser Frage kaum von seiner Umwelt unterschieden hat, auch wenn eine politisch korrekte Theologie dies heute gerne anders sehen will. Selbst wenn es in den Anfängen eine Höherschätzung der Frau gegeben haben sollte, so wurde diesem schon im Neuen Testament ein Riegel vorgeschoben. Schon Paulus schreibt, nicht mal 30 Jahre nach Jesu Tod:

> Ihr sollt aber wissen, dass Christus das Haupt des Mannes ist, der Mann aber das Haupt der Frau und Gott das Haupt Christi. ... Der Mann darf sein Haupt nicht verhüllen, weil er Abbild und Abglanz Gottes ist; die Frau aber ist der Abglanz des Mannes. Denn der Mann stammt nicht von der Frau, sondern die Frau vom Mann. Der Mann wurde auch nicht für die Frau geschaffen, sondern die Frau für den Mann. (1. Kor 11,3; 7-9)

Deutlicher kann man doch gar nicht formulieren. Daran ändern auch Weisungen für den Mann nichts, er solle seine Frau achten. Spätere Stellen im Neuen Testament zitieren die nun schon zur Tradition gewordene paulinische Sicht.

> Ihr Frauen, ordnet euch euren Männern unter wie dem Herrn (Christus); denn der Mann ist das Haupt der Frau, wie Christus das Haupt der Kirche ist; er hat sie gerettet, denn sie ist sein Leib. Wie aber die Kirche sich Christus unterordnet, sollen sich die Frauen in allem den Männern unterordnen. (Eph 5,22-24; ähnlich 1. Petr. 3,1)

> Eine Frau soll sich still und in aller Unterordnung belehren lassen. Dass eine Frau lehrt, erlaube ich nicht, auch nicht, dass sie über ihren Mann herrscht; sie soll sich still verhalten. Denn zuerst wurde Adam erschaffen, danach Eva. Und nicht Adam wurde verführt, sondern die Frau ließ sich verführen und übertrat das Gebot. (1. Tim 2,11-14)

Alles Verse, die jahrhundertelang nicht aufgefallen waren, weil die absurde christliche Sicht und die biblischen Schöpfungsmythen als wirklich geschehen missverstanden worden sind. Doch Stellen wie die eben zitierten sind heute Pfahl im Fleisch einer doch modern sein wollenden Theologie. Theologen versuchen sie nach Möglichkeit zu ignorieren und verfallen dann in bekannte Beschwichtigungsstrategien. Es ist absurd, aus solchen Texten zwanghaft noch etwas für »die heutige Zeit« oder den »heutigen Menschen« herauszufiltern. Hier ist nicht Interpretation gefordert, sondern ein klarer Traditionsbruch. Hier ist die Entscheidung gefordert zwischen Neuem Testament und der Erklärung der Menschenrechte, zwischen Aberglaube und Aufklärung.

Ein kleiner Schritt für einen säkularen Menschen, aber ein großer Schritt für Theologen.

Die Defizite des christlichen Menschenbilds

Im Rahmen dieses Buches über die Scheinprobleme der Theologie kann nicht auf alle Bereiche eingegangen werden, bei denen der Verdacht besteht, dass christliche Positionen auf fragwürdigen Fundamenten beruhen. Dazu gehören viele relevante Fragen: das Verhältnis von Kirche und Staat, Christentum und Diktaturen, das Verhältnis zur Demokratie, die Kirchensteuer, staatlicher Religionsunterricht, die religiöse Erziehung allgemein, die prinzipielle Gleichheit aller Menschen, der Priesterbegriff (im Katholizismus), die innerkirchliche Demokratie, Glaubens- und Gewissensfreiheit, die Meinungsfreiheit, die körperliche Unversehrtheit von Kindern, Beschneidung, Prügelstrafe und die Religionsfreiheit für Kinder. Es gehörte hierher das Verhältnis von Kirche und Theologie zur Sexualität, zur Homosexualität, zur Ehe, zu gleichgeschlechtlichen Gemeinschaften, zu Scheidung und zur Abtreibung, zur Tierethik, zu Sklaverei und Rassismus, zur Todesstrafe, zum Recht auf einen selbstbestimmten Tod und vieles andere mehr.

Zu fast allen diesen Fragen haben die Kirchen Leichen im Keller, deren Präsenz sich auch durch weihrauchartige Verlautbarungen und telegen vorgetragene Bekenntnisse zur Moderne für einen kritischen Zeitgenossen nur schwer überdecken lässt. Auf nur einige dieser Fragen einzugehen, ergäbe ein weiteres Buch. An dieser Stelle soll nach den Ausführungen zur christlichen Anthropologie hier nur noch eine Gegenüberstellung des christlichen und des humanistisch-säkularen Menschenbilds erfolgen. Viele der auch bisher nicht genannten Unterschiede können so deutlich werden, wobei auch Bereiche aufgeführt werden, die zwar nicht streng der christlichen *Anthropologie* zuzurechnen sind, aber doch starken Einfluss auf sie haben.

	Christliches Menschenbild	Säkular-humanistisches Menschenbild
Geltung der Bibel	Die Bibel ist Gottes Wort. Als solche ist sie *Heilige Schrift*. Auch wenn nicht alles so geschehen ist, wie in der Bibel erzählt, lehrt sie uns doch unbedingt, oder zumindest in besonderer Weise, wie Mensch und Welt tatsächlich zu verstehen sind.	Die Bibel ist weder Gottes Wort noch ist sie heilig. Sie ist »nur« eine Sammlung antiker Schriften. Zwar ist sie Teil des kulturellen Überlieferungsschatzes der Menschheit, doch ihre Lehren und Anschauungen sind Ausfluss von Literatur und zeitgebunden, und eben nicht von unumstößlicher Wahrheit.
Mensch als Gottes Schöpfung	Gott hat den Menschen geschaffen.	Der Mensch ist ein Geschöpf der Evolution. Das Leben hat sich selbst entwickelt. Ein Gott war dazu nicht nötig und ist auch eher hinderlich zum Verständnis der Welt.
Mensch als Krone der Schöpfung	Der Mensch ist die Krone der Schöpfung. Gott hat ihn so gewollt. Er wird ihn bewahren bis in Ewigkeit.	Der Mensch ist weder Endpunkt noch Höhepunkt, sondern nur Zwischenergebnis der biologischen Evolution. Sein Fortbestand ist durchaus ungewiss.
Urstand der Menschen	Einst gab es eine Zeit, in der die Menschen in Harmonie mit sich selbst und mit Gott lebten.	Eine »heile Welt« hat es nie gegeben. Die Paradiesgeschichte ist nur eine mythologische Erzählung. Goldene Zeitalter entspringen der Phantasie der Menschen.
Sündenfall	Der Mensch hat durch seine Schuld die einstmals heile Welt zerstört. Er brachte die Sünde in die Welt. Die desolate Situation der Welt wird erklärbar aus diesem Urgeschehen.	Paradies- und Sündenfalllegenden sind rein literarische Produkte. Auf keinen Fall darf man sie als Historie verstehen oder aus ihnen irgendwelche »Wahrheiten über den Menschen« ableiten.
Erbsünde	Schon Säuglinge sind Sünder, weil sie in Sünde gezeugt oder/ und durch die Sündhaftigkeit ihrer Eltern oder der Stammeltern (Adam und Eva) belastet sind. Schon kleine Kinder haben den Tod *verdient*, können aber durch die Taufe und den Glauben gerettet werden.	Die *Erbsünde* ist nur ein Spitzenausdruck für ein pervertiertes christliches Bild vom Menschen als Sünder. Kleine Kinder haben das Leben und nicht den Tod *verdient*.

Gottebenbildlichkeit	Der Mensch ist das Ebenbild Gottes. Deshalb hat der Mensch dem Wesen Gottes zu entsprechen und ihm zu dienen.	Der Mensch ist das Ebenbild des Menschen. Nicht irgendwelchen Göttern, sondern dem Mitmenschen soll der Mensch dienen.
Sünde	Die Sünde ist eine reale Macht, die den Menschen versklavt.	Die Sünde ist ein bloßer mythologischer Begriff. Es ist nicht die Sünde, sondern der Sünden*begriff*, der die Menschen versklavt hat.
Sündhaftigkeit	Der Mensch ist wesenhaft ein Sünder. Nur Christus und die Kirche können ihn retten.	Der Mensch ist, wie er ist, fähig zu Gutem wie zu Schlechtem. Er braucht keinen Erlöser.
Würde des Menschen	Nur der gläubige Mensch ist wahrer Mensch und erfüllt seine von Gott gegebene Bestimmung.	Die Würde des Menschen ist unantastbar. Sie eignet jedem Menschen gleich welcher Religion oder Weltanschauung.
Freiheitlich-demokratische Grundordnung	Eine freiheitlich-demokratische Grundordnung ist der Bibel fremd. Menschen werden als Untertanen verstanden. Der Mensch sei untertan der Obrigkeit, die als von Gott eingesetzt verstanden wird (Röm 13).	Eine freiheitlich-demokratische Grundordnung ist konstitutiv für ein säkular-humanistisches Menschenbild. Sie will freie Bürger und keine Untertanen. Sie ist sich bewusst, dass kein Gott jemals irgendwo eine Regierung eingesetzt hat. Dies haben stets Menschen getan.
Untertanengeist	Paulus rät Sklaven, Sklaven zu bleiben. Unterordnung wird als Tugend verstanden. Die Unterordnung unter den göttlichen Willen findet ihre Entsprechung in der Unterordnung unter die von Gott eingesetzte »Obrigkeit«.	Es geht um eine Befreiung des Menschen aus allen unmenschlichen Verhältnissen. Der Mensch definiert sich nicht aus dem Gegenüber von herrschendem Gott und dienendem Mensch, sondern dem Neben- und Miteinander von Mensch und Mensch.
Kirche und Staat	Alle Obrigkeit leitet sich von Gott her. Deshalb hat seinerseits der Staat Kirche und christliches Bekenntnis zu schützen (traditionelles Verständnis). Für andere Religionen gilt dies nicht in gleichem Maße.	Kirche und Staat müssen getrennt sein. Ein Gemeinwesen mit Anhängern aus unterschiedlichen Religionen ist nur weltanschaulich-neutral denkbar.

Rechtsgeltung	Man muss Gott mehr gehorchen als den Menschen.	Alle Menschen eines staatlichen Gemeinwesens unterliegen der gleichen Rechtsprechung. Religiöse Betätigung darf staatliches Recht nicht brechen.
Menschenrechte	In der biblischen Überlieferung kommt das Wort »Menschenrechte« nirgendwo vor. Heutige Christen müssen sie umständlich »herleiten«.	Die Geltung der Menschenrechte ist unabdingbarer Bestandteil einer säkular-humanistischen Weltsicht.
Gleichheit	Die Bibel selbst bestätigt Unterschiede zwischen Freien und Sklaven sowie Männern und Frauen. Andersgläubige und Nichtreligiöse haben schwere Defizite. Ihnen fehlt der richtige Glaube. Dafür werden sie im Endgericht zur Rechenschaft gezogen.	Alle Menschen sind vor dem Gesetz gleich und haben gleiche Rechte.
Priester und Laien	Es gibt Menschen, die sakramental besonders hervorgehoben sind. Sie haben eine höhere Würde als gewöhnliche Menschen (Priester und auch Mönche; nicht im Protestantismus).	Alle Menschen sind gleich.
Toleranzgedanke	»Du sollst keine anderen Götter haben neben mir.« Bibel und traditionelles Christentum kennen keinen Toleranzgedanken, denn er ist unvereinbar mit dem christlichen Anspruch, die wahre Religion zu sein. Modernes Christentum muss den Toleranzgedanken in die Bibel mühsam hineininterpretieren.	Toleranz gegenüber Andersdenkenden ist elementarer Bestandteil einer säkular-humanistischen Weltsicht. Sie ist Grundlage des menschlichen Zusammenlebens.

Freiheits-gedanke	»Wer aber nicht glaubt, der soll verdammt werden« (Mk 16,16). Der Mensch ist zwar frei, doch wer seine Freiheit falsch nutzt, etwa nicht an Gott glaubt, verfällt dem Gericht.	Der Mensch ist frei, unabhängig von dem, was er glaubt. Die Grenze seiner Freiheit ist nur der berechtigte Wunsch anderer auf ebensolche Freiheit. Der Mensch darf für den Gebrauch seiner Freiheit nicht bestraft werden. Christliche Freiheit ist Scheinfreiheit, die bürgerliche Freiheit steht höher.
Stellung zur Frau	Die Bibel bestätigt eindeutig die Vorrangstellung des Mannes. Die Frau ist nur »Abglanz« des Mannes und hat mindere Rechte.	Mann und Frauen sind rechtlich gleichgestellt. Niemand darf wegen seines Geschlechts bevorzugt oder benachteiligt werden.
Frau als Sünderin	Die Frau ist in besonderem Maße Sünderin. Eva hat sich verführen lassen und wurde dann selbst zur Verführerin.	Das ist aus religiöser Mythologie hergeleiteter Unsinn.
Sexualität	Sexualität hat den Makel des Körperlichen (gegenüber dem Geistigen) und ist Ausdruck der Sündhaftigkeit des Menschen. Sexualität hat nur in der Ehe ihr volles Recht.	Sexualität ist etwas Natürliches und in keiner Weise negativ zu bewerten. Sie gehört zu einem gesunden Menschsein hinzu.
Homo-sexualität	Homosexualität ist Sünde, wie die Bibel eindeutig bestätigt. Wenn auch die Neigung zur Homosexualität noch nicht sündhaft ist, so ist es doch deren Ausübung (so der Katholizismus).	Homosexualität ist wie Heterosexualität etwas Natürliches.
Ehe	Die Ehe ist die einzige erlaubte Form der sexuellen Gemeinschaft zwischen Mann und Frau. Sie ist von Gott als Lebensordnung eingesetzt. Der Staat soll diese Lebensordnung schützen.	Erwachsene Menschen haben das Recht, ihre Lebensordnung selbst zu gestalten und in allen gegenseitig gewünschten Verbindungen zusammen zu leben. Kirche und Staat haben im Schlafzimmer nichts verloren.
Ehescheidung	Jesus hat die Ehescheidung klar abgelehnt. Ehescheidung ist Sünde.	Das Leben lehrt, dass selbst bei besten Absichten Ehen scheitern können. Ein Schuldbegriff, gar ein Sündenbegriff, ist da völlig fehl am Platz.

Leibfeindlichkeit	Der Leib ist zwar kein Feind des Geistes, er widerstreitet aber oft dem Geist. Askese und Verzicht können christliche Lebenshaltungen sein. Geist und Seele sind der eigentliche Kern des Menschen. Das Wichtigste aber ist seine unsterbliche Seele, die dem Menschen von Gott geschenkt ist.	Leib und Seele gehören zusammen, der Mensch darf sich freuen an irdischen Genüssen. Askese ist heilbar. Ob die Seele nicht nur Ausdruck für eine besondere Form der Körperlichkeit ist, ist durchaus strittig. Eine unsterbliche Seele gibt es nicht.
Andere Religionen	Entscheidend am Christentum ist der Glaube an die Heilsbedeutung Christi. Andere Religionen, die dem nicht zustimmen können, haben bestenfalls Keime der Wahrheit. Deshalb ist christliche Mission nötig und von Jesus auch geboten.	*Alle* Religionen sind Ausdruck von Irrationalität und Wunschdenken. Sie sind nur in dem Sinne als besser oder schlechter zu beurteilen, wie sie selbstbestimmtes Menschsein mehr behindern oder weniger behindern. Christliche Mission bedeutet aber zunächst einmal nur die Ersetzung eines Aberglaubens durch einen anderen.
Religionsfreiheit	Religionsfreiheit ist unbiblisch. Denn die Wahrheit muss *er*kannt und *be*kannt werden, sie darf nicht infrage gestellt werden. Nichtchristen sind »arme, gänzlich verlorene Heiden« (Karl Barth). Man muss ihnen helfen.	Religionsfreiheit, religiöse Toleranz und das Recht, auch gar keiner Religion anzugehören, sind unabdingbare Grundlage einer säkular-humanistischen Gesellschaft. Das Recht auf Religionsfreiheit musste in Gegnerschaft zum Christentum erkämpft werden.
Glaube	Glaube ist ein Geschenk Gottes. Er selbst weckt ihn oder weckt ihn nicht. Warum dies so ist, ist ein göttliches Mysterium, das der Mensch nicht hinterfragen soll.	Glaube ist das Ergebnis einer Sozialisation in einem bestimmten religiösen und sozialen Umfeld. Geglaubt wird an *den* Gott, der durch Eltern, Freunde und Umfeld vermittelt wurde.
Stellung zu Jesus	Jesus ist (traditionell) der Sohn Gottes, wahrer Mensch und wahrer Gott, Teil der Trinität. Oder er ist (modern) Urbild oder Idealbild des Menschen, Ebenbild Gottes, mit perfekter Gottesbeziehung und untadeligem Charakter.	Jesus war ein antiker Wanderprediger. Er ist kein Idealbild, sondern war ein Mensch mit Stärken und Schwächen. Im Zentrum seiner Lehre stand der Irrtum vom nahe bevorstehenden Reich Gottes. Er verstand sich als gläubiger Jude und kann als religiöser Partikularist kein Vorbild für eine moderne und weltoffene Gesellschaft sein.

Tod	Der Tod ist »der Sünde Sold«, also Strafe für die sündige Verfasstheit der Menschen oder Ergebnis des Sündenfalls von Adam und Eva.	Der Tod ist keine Strafe, sondern das natürliche Ende des Lebens, das zur Evolution notwendig dazugehört. Der Preis des »Leben-Dürfens« ist das »Sterben-Müssen« (J. Kahl).
Unsterblichkeit	Der ganze Mensch als Neuschöpfung oder die Seele des Menschen wird in Ewigkeit weiterleben, entweder bei Gott oder in der Hölle.	Eine säkular-humanistische Weltsicht lehnt die christliche Todesverdrängung ab. Mit dem Tod stirbt auch die Seele. Das Akzeptieren, dass das eigene Leben endlich ist, gehört zum Mündigwerden des Menschen hinzu.
Selbstbestimmter Tod	Selbstbestimmter Tod ist Selbstmord. Er ist eine Sünde, denn das Leben ist von Gott gegeben, und nur er hat das Recht es wieder zu nehmen.	Selbstbestimmter Tod ist kein Mord. Der Mensch, nicht irgendein Gott ist Herr seines Lebens. In ausweglosen Situationen oder perspektivloser Krankheit hat der Mensch das Recht, seinem eigenen Leben ein Ende zu setzen. Zur Würde des Menschen gehört das Recht auf einen selbstbestimmten Tod.
Teufel	Der Teufel ist (traditionell) als Person zu verstehen und ein Widersacher Gottes. Er verführt den Menschen zur Sünde und ist der »Fürst der Hölle«. Oder (modern, aber nicht biblisch) er ist keine Person, nicht »der Böse« sondern nur Ausdruck »des Bösen«, Metapher, Ausdruck für die Entfremdung des Menschen, für ungerechte Verhältnisse.	Die traditionelle Rede vom Teufel ist primitive Mythologie. Und die Teufelsvorstellung ist so vorbelastet, dass sie als Metapher für irgendetwas kaum verwendet werden kann.
Hölle	Nicht bekehrte Sünder, Ungläubige oder Andersgläubige erwarten nach dem Tod als Strafe ewige Qualen in der Hölle.	Die Vorstellung einer Hölle ist primitive Mythologie. Die von der Kirche geschürte Höllenangst hat jahrhundertelang Millionen von Menschen tyrannisiert und seelisch geschädigt.

Gericht	Nach dem Tod erwartet den Menschen ein Endgericht, das über seine Taten richten wird, mehr aber noch darüber, ob man den rechten Glauben gehabt hat.	Eine säkulare Weltsicht weiß, dass es keine ausgleichende göttliche Gerechtigkeit gibt. Deshalb müssen Menschen versuchen, im Diesseits an gerechten Verhältnissen mitzuarbeiten.
Vernichtung der Menschheit	Die Menschheit kann sich nicht selbst vernichten. Das würde Gott niemals zulassen. Aber er selbst wird am Jüngsten Tag die Vernichtung dieser Welt einleiten, nach der dann das Reich Gottes beginnt.	Die Menschheit kann sich sehr wohl selbst vernichten. Dafür aber gibt es keine Vernichtung der Welt durch einen Gott. Endzeitplagen und apokalyptische Vorstellungen sind Ausdruck primitiver Mythologie.
Gang der Geschichte	Die Geschichte der Welt ist Heilsgeschichte, die von einer guten über eine gefallene Schöpfung schließlich zur Wiederherstellung einer heilen Welt im Gottesreich führt. Christus ist die Mitte der Geschichte, Gott lenkt sie in seinem Sinne.	Die Vorstellung einer von Gott geleiteten oder gelenkten Geschichte ist Mythologie. Es gab keinen heilen Anfang, und es wird »heile« Verhältnisse nur dann geben, wenn der Mensch diese herbeiführt. Die Vorstellung von Jesus als »Mitte der Zeit« ist Ausdruck christlicher Überheblichkeit.
Caritas	Nur der Glaube macht frei zur wirklichen Liebe und Fürsorge für andere Menschen. Deshalb ist die *richtige* Dogmatik eine Voraussetzung für die *richtige* Ethik.	Dass Menschen anderen Menschen helfen, liegt im Wesen des Menschen, vor allem seiner Empathiefähigkeit begründet. Tätige Hilfe für andere Menschen ist kein Ergebnis von Religion, sondern eine evolutionäre Gegebenheit.
Adressaten der Ethik	Wir sollen Gott lieben und unseren Nächsten lieben.	Weil es keine Götter gibt, ist der Mitmensch die Zielperspektive ethischen Handelns.
Nächstenliebe	»Du sollt Deinen Nächsten lieben«!	Du sollst Deinen Nächsten achten!
Tierethik	Der Mensch ist der Tierwelt entgegengesetzt. Sie sind von Gott in seine Gewalt gegeben. Eine Tierethik gibt es im Christentum und der Bibel nicht.	Der Mensch ist keine isolierte Spezies, sondern selbst (exponierter) Teil der Tierwelt. Eine säkulare Tierethik muss dem Rechnung tragen.

Herrscher über die Natur	Der Mensch soll sich Natur und Welt »untertan machen«. Er hat einen göttlichen Herrschaftsauftrag erhalten und vertritt Gott gegenüber der restlichen Schöpfung.	Der Mensch steht nicht der Natur gegenüber, sondern ist ein Teil von ihr. Das traditionelle christliche Verständnis einer Herrschaft über die Natur ist überholt und schädlich.
Wahrheitswahn	Es gibt eine absolute Wahrheit. Sie spiegelt sich in der Offenbarung in Jesus Christus und in den Heiligen Schriften. Papst und kirchliches Lehramt können diese Wahrheit klar definieren (nur im Katholizismus).	Absolute Wahrheitsansprüche stehen dem Suchen nach Wahrheit gerade im Wege. Man kann nach der Wahrheit streben. Sie aber besitzen zu meinen, ist Ausdruck von Ideologie und geistiger Dekadenz.
Wissenschaft	Wissenschaft kann helfen, die Welt besser zu verstehen. Sie darf sich jedoch nicht absolut setzen.	Wirkliche Wissenschaft arbeitet immer im Bewusstsein der Vorläufigkeit von Erkenntnissen. Es ist demgegenüber gerade die Theologie, die sich anmaßt, über den Dingen zu stehen und ewige Wahrheiten zu formulieren.
Sinn des Lebens	Der Sinn des Lebens besteht für alle Menschen darin, den christlichen Gott zu erkennen und ihm zu dienen. Einen anderen Sinn kann es nicht geben. Wer dies nicht erkennt, hat sein Leben verfehlt.	Es gibt keinen Sinn des Lebens für *alle* Menschen. Jeder Mensch ist aufgerufen, seinem Leben selbst einen Sinn zu geben. Der Mensch verfehlt sein Leben, wenn er sich von anderen, von politischen oder religiösen Ideologien kritiklos einen Sinn vorschreiben lässt.

Bei der Frage, welche Sicht die sympathischere ist, werden selbst Christen sich eher an die rechte Spalte halten wollen. Die realistischere Sicht ist sie ohnehin. Besonders Vertreter eines sich als modern empfindenden westlichen Protestantismus werden geradezu körperliche Abneigungen gegen die klassische Beschreibung des christlichen Menschenbilds verspüren. Denn natürlich verstehen sie sich als aufgeklärt, natürlich betonen sie die Geltung der Menschenrechte, natürlich denken sie demokratisch-rechtsstaatlich, sind gegen eine Benachteiligung von Frauen und haben den Gedanken der Toleranz ebenso verinnerlicht wie den christlich-grünen Gedanken einer *Bewahrung der Schöpfung*. Aber das Bewusstsein dafür, wie weit man sich mit all dem eigentlich schon von christlicher Dogmatik und christlicher Tradition verabschiedet hat, ist kaum vorhanden. Genau dies werfen ihnen die Frommen vom christlichen rechten Rand mit Recht vor. Tatsächlich vertreten moderne protestantische Aushängeschilder und Funktionsträger der Kirchen oftmals Werte der Aufklärung und der heidnischen Antike, sind aber subjektiv davon überzeugt, es seien christliche Werte. Man muss annehmen, dass sie wirklich davon überzeugt sind, dass sich die Menschenrechte doch noch in einem Paulusbrief irgendwie finden lassen oder Jesus ein großer Frauenbefreier war. Nicht nur politische, auch christliche Sonntagsredner wissen offenbar nicht, wovon sie reden, wenn sie von einem positiven christlichen Menschenbild reden.

Man kann geradezu froh sein, dass unsere Gesellschaft *eben nicht* vom christlichen Menschenbild bestimmt ist. Es herrscht viel eher ein säkulares und an Aufklärung und Antike orientiertes, eher humanistisches Menschenbild vor. Auch dies freilich, ohne dass es den meisten Menschen bewusst ist. Dieses säkular-humanistische Menschenbild rekurriert nicht auf Jerusalem, sondern auf Rom und Athen, wurzelt nicht oder nur wenig in spezifisch christlichen Kategorien, sondern mehr in Kategorien der heidnischen Antike, der Renaissance, des Humanismus und dann maßgeblich in der europäischen Aufklärung. All das, was unser Gemeinwesen bestimmt und uns wert und wichtig ist: Toleranz, Meinungsfreiheit, Glaubens- und Gewissensfreiheit, Gleichheit, Rechtsstaatlichkeit, die Trennung von Kirche und Staat, Demokratie, das Recht auf Individualität und der freien Entfaltung der Persönlichkeit, der unantastbaren Menschenwürde und der unverlierbaren Menschenrechte; all das ist aus antiken Vorläufern und Wurzeln in der europäischen Aufklärung grundgelegt und musste oft gegen den erbitterten Widerstand der Kirche durchgesetzt worden. Und mehr noch: die Freiheit von Kunst und Wissenschaft, Literatur und Philosophie, der Sexualität und alternativer Lebensentwürfe, die Interkulturalität und die Offenheit für fremde Kulturen und Religionen ohne christliche Bevormundung; auch diese unverzichtbaren Werte sind den biblischen Schriften völlig fremd. Es sind keine Früchte von Kirche und Christentum, sondern sie wurden erst ermöglicht mit der Zurückdrängung von Christentum und Kirche. Gott bewahre uns vor dem christlichen Menschenbild; unsere Gesellschaft hat etwas Besseres verdient.

Christologie – Die Erfindung des Gottmenschen

Den Christen ist ihr Christus abhanden gekommen. Wie der alttestamentliche Gott Jahwe im Brennglas der wissenschaftlichen Forschung von einem Herrn der Welt und Schöpfer des Kosmos zu einer eher späten und unbedeutenden Figur des altorientalischen Götterpantheons wurde, wie seine dunklen Anfänge als Berg- oder Wettergott im edomitischen Bergland, als Götze von nomadischen oder halbnomadischen Verehrern wenig von dem repräsentieren, als den ihn heutige Gläubige sehen wollen; so hat auch sein vorgeblicher Sohn Jesus von Nazareth – von seinen Gläubigen als wahrer Mensch und wahrer Gott bekannt – den Sprung von einem mythologischen zu einem wissenschaftlichen Weltbild hin nicht unbeschadet überstanden. Der einst große und beeindruckende Vogel der Christologie, der über Jahrhunderte in luftiger Höhe über dem christlichen Abendland seine Kreise zog, ist von den Vertretern einer kritischen Erforschung des Neuen Testament so gewaltig gerupft worden, dass es den Anschein hat, jetzt könne eigentlich nur noch der Kochtopf folgen. Dennoch versuchen Professoren der Theologie unermüdlich, seine Flugfähigkeit wenigstens noch verbal aufrechtzuerhalten. Von *Jesus Christus* ist nur noch *Jesus von Nazareth* übrig geblieben. Der Christus ist den Christen abhanden gekommen. Doch noch nicht bei allen Gläubigen hat sich dies schon herumgesprochen.

Die Christologie als Zentrum der Theologie

Bei der Frage, wer Christus ist, befinden wir uns unbestreitbar im Zentrum des christlichen Glaubens bzw. Aberglaubens. Immerhin hat das Christentum darin nicht nur seinen Namen, sondern auch seine unbestreitbare Mitte. Es gab Theologen (z. B. Karl Barth), die aus der Christologie alle anderen Gebiete der Theologie heraus entwickelt haben. Ohne Christus kein christlicher Glaube und auch kein Christentum.

Einigkeit herrscht deshalb auch unter »modernen« Theologen über die zentrale Stellung der Christologie. Hans-Martin Barth hält fest: »Das Bekenntnis zu Jesus als dem Christus ist das Herzstück des christlichen Glaubens«.[503] Joest meint: »In systematischer Hinsicht bildet die Christologie die Mitte, von der her sich das Ganze christlicher Theologie erschließt.«[504] Und für Trillhaas wie andere ist die Christologie die »Mitte und der Grund des christlichen Glaubens«.[505] »Auf diesem Artikel stehet alles«, formulierte schon in der Reformation in den Schmalkaldischen Artikeln.[506] Die Christologie ist der »Schlüssel zur christlichen Theologie« (Hans-Martin Barth). »Jesus ist der Christus« ist die Kurzformel des christlichen Glaubens, betont Gunda Schneider-Flume mit Blick schon auf das Neue Testament.[507]

Diese Auflistung könnte man noch beliebig verlängern. Doch es soll mit ihr nur verdeutlicht werden, dass in der Christologie auch der neuralgische Punkt der christlichen Theologie überhaupt liegt. Wenn vom Schiff der Kirche die Christologie erschüttert würde, hätte das Auswirkungen auf die Schwimmfähigkeit des ganzen Kahns. Und genau dies ist seit der Aufklärung in massiver Weise geschehen. Die historische Kritik hat diese offene Flanke der Dogmatik längst sturmreif geschossen durch das permanente Bombardement kritischer Anfragen und historischer Erkenntnisse.

Historischer Jesus und dogmatischer Christus

Schon die Religion des alten Israel leitete sich (jedenfalls nach Auskunft der Theologen!) nicht vom Mythos her, sondern verstand sich geschichtlich. Jahwe trat als Gott in die konkrete Geschichte ein und schloss Bündnisse (Bundesschlüsse) mit seinem auserwählten Volk. In der Geschichte sollte sich die Treue Gottes zu seinem Volk erweisen. Wir haben gesehen, dass dieser Ansatz sich in der Geschichte Israels nicht wirklich bewährt hatte, ja dass die Konstruktion eines in die Geschichte eingreifenden und sein Volk beschützenden Gottes selbst ein Stück Mythos war, eine Geschichtsideologie. Das Christentum rekurriert nun ebenfalls auf die Geschichte, nämlich auf das Auftauchen des Gottmenschen Jesus in einem konkreten geschichtlichen Rahmen. Vorgeblich also auch hier statt eines Mythos ein konkretes Geschehnis am Anfang. Doch Jesus wurde zwar als Mensch geboren, aber von seinen Gläubigen zunehmend mythologisch ausstaffiert.

Es nur wenige an Universitäten lehrende Neutestamentler (in Deutschland ist es kein Einziger), die davon ausgehen, dass Jesus von Nazareth *keine* historische Person, sondern sein Auftreten nur eine Legende gewesen sei. Dass ein Jesus von Nazareth also tatsächlich gelebt hat, ist allgemeiner Konsens. Und für frühere Jahrhunderte war dies natürlich nicht einmal eine Frage. Der biblische Jesus war der dogmatische Christus, und umgekehrt. Naive voraufklärerische Frömmigkeit verstand die biblischen Erzählungen als historische Geschehnisse. Und die Dogmatik war (zumindest im Protestantismus) geronnene Schriftauslegung. Der Glaube hatte wenig Blick für die Unterschiede in den Evangelien oder die stark unterschiedlichen Jesusbilder der Bibel. Ein inneres Bedürfnis nach Harmonisierung machte aus den vielfältigen Schriften des Neuen und Alten Testament »Die Schrift« bzw. das »Wort Gottes.« Ebenso fromme wie schlecht informierte Gläubigkeit sieht das auch heute noch so.

Lessing hat mit der Veröffentlichung der Schriften von Herman Samuel Reimarus (ab 1774) das Bewusstsein dafür geweckt, dass der Jesus der Kirche vielleicht ein ganz anderer war. Reimarus sah Jesus als politischen Befreier seines Volkes. Doch er sei gescheitert und am Kreuz hingerichtet worden. Seine Jünger hätten den Leichnam gestohlen, seine Auferstehung verkündigt und aus seiner politischen eine geistliche Botschaft für die Welt gemacht.[508]

Plötzlich war sie da, die Suche nach der Wirklichkeit nicht *in*, sondern *hinter* den Überlieferungen der bis dahin »Heiligen Schrift«. Die »Leben-Jesu-Forschung« war geboren und führt seit mehr als 200 Jahren zu einer Fülle von Versuchen, den wahren und von der Kirche unverfälschten Jesus zu entdecken. Naturgemäß waren es vor allem Professoren der Theologie, die unter Aufnahme moderner Forschungsmethoden der profanen Historiker diese Methoden auch auf die biblischen Schriften anwandten. Albert Schweitzer hat der Geschichte dieser Erforschung (bis zum Beginn des 20. Jahrhunderts) ein sehr lesenswertes Denkmal gesetzt.[509] Schweitzer kam zu einem negativen Ergebnis und wies nach, dass die Ausleger zumeist von eigenen Prämissen heraus »ihr« Leben Jesu konstruierten. Wer Jesus wirklich war und was er gesagt hat, schien auf Grund der Quellenlage jedoch nicht mehr rekonstruierbar zu sein.

Nachdem dies im Gefolge der Theologie Karl Barths und des Neutestamentlers Rudolf Bultmann für einige Jahrzehnte als nicht opportun galt, wurde 1954 von Bultmanns Schüler Ernst Käsemann die Frage nach dem historischen Jesus erneut gestellt. Käsemann formulierte sowohl das Dilemma der Jesusforschung wie auch die Verpflichtung dazu:

»Bei einem Leben Jesu kann man schlechterdings nicht auf äußere und innere Entwicklung verzichten. Von der letzten wissen wir jedoch gar nichts, von der ersten fast gar nichts [...] Nur Phantasie kann sich zutrauen, aus diesen kümmerlichen Anhaltspunkten das Geflecht einer auch im Einzelnen nach Ursache und Wirkung bestimmbaren Historie herauszuspinnen.«

Dennoch, so Käsemann, kann man nicht übersehen »dass es nun doch Stücke in der synoptischen Überlieferung gibt, welche der Historiker als authentisch einfach anzuerkennen hat, wenn er Historiker bleiben will.«[510]

Eine Biographie Jesu, gar eine moderne psychologische Nachzeichnung seiner Entwicklung lässt sich aufgrund der Quellenlage schlechterdings nicht mehr schreiben. Die Evangelien als weithin früheste Quellen bilden bereits ein relativ spätes Stadium der Überlieferung ab, dessen mündliche Vorstufen nicht oder kaum noch rekonstruierbar sind. Zudem wurde anfangs noch keine zusammenhängende Geschichte vom Leben Jesu erzählt, sondern nur einzelne Episoden oder Sprüche aus seinem Leben tradiert. Karl Ludwig Schmitt hat mit seinem Buch »Der Rahmen der Geschichte Jesu« (1919) den Nachweis erbracht, dass erst die Evangelisten – vor allem Markus – aus den Einzelperikopen einen halbwegs zusammenhängenden Geschehensablauf komponiert haben. Die Bergpredigt (Mt 5-7) z. B. hat es so nie gegeben. Sie ist eine Zusammenstellung von Überlieferungsgut, das der Evangelist in einen erfundenen Rahmen eingefügt hat. Dennoch, so die Meinung der Forschung bis heute, lassen sich zumindest einzelne Eckdaten zum Leben Jesu erheben und bei aller Vorsicht auch Grundtendenzen seiner Anschauungen eruieren. Historiker haben einfach die Verpflichtung, dem nachzugehen.

Welche Begebenheiten oder Worte Jesu tatsächlich auf ihn selbst zurückgehen, wird sicher auch künftig sehr unterschiedlich beurteilt werden. Unter diesem Vorbehalt soll im Folgenden versucht werden, den Stand der neutestamentlichen Forschung zum historischen Jesus in den Ergebnissen zu skizzieren, ohne dass hier Extrempositionen zum Ausdruck kommen (etwa die, es habe Jesus als historische Person gar nicht gegeben), die ohnehin im deutschen Sprachraum hierzu kaum anzutreffen sind.[511]

Wie beurteilt die Forschung Jesus von Nazareth?

Kindheit und Jugend Jesu

Über Jesu Leben vor seinem öffentlichen Auftreten wissen wir fast nichts. Man muss davon ausgehen, dass sein Leben bis zu diesem Zeitpunkt wohl unspektakulär verlief oder zumindest nichts Überlieferungswürdiges enthält. Jesus ist in Nazareth in Galiläa aufgewachsen und hat als eine Art Bauhandwerker (*tekton*) gearbeitet. Er war offenbar der älteste, aber nicht der einzige

Sohn seiner Eltern. Vier Brüder und mehrere Schwestern werden erwähnt. Wir wissen nichts über die Einflüsse, denen er als Kind ausgesetzt war, ob er lesen oder schreiben konnte, ob er mehr von der Welt kannte als die enge Umgebung seiner Vaterstadt, ob er mit der hellenistischen Kultur in Kontakt kam, gar mit der Philosophie, oder ob er nur religiösen Einflüssen ausgesetzt war oder selbst sich aussetzte. Hat Jesus, der später selbst als Gott verehrt wurde, vielleicht sogar als Bauhandwerker beim Wiederaufbau der von Herodes Antipas zerstörten Stadt Sephoris, einer hellenistischen Stadt in unmittelbarer Nähe zu Nazareth, zu tun gehabt, vielleicht sogar an der Ausbesserung und baulichen Unterhaltung von Tempeln mitgewirkt? Wir wissen es nicht. War er verheiratet, wie für einen Mann in seinem Alter üblich, oder fühlte er sich eher zu Männern hingezogen? Wie das Verhältnis zu seinen Eltern, zu seinen Geschwistern sich gestaltete, welche Schicksalsschläge er hatte erleben und verarbeiten müssen – nichts von alledem, was für eine moderne Biographie unabdingbar ist, lässt sich aus den Quellen noch ablesen. Das Leben Jesu lag im Dunkeln, bevor es mit seinem gewaltsamen Tod auch schon ein jähes Ende fand. Nur ein bis maximal drei Jahre hat seine öffentliche Wirksamkeit gedauert. Schriftliches hat er nicht hinterlassen.

Es ist verständlich, dass die Überlieferung sich mit dieser Lücke in der Biographie Jesu nicht abfinden konnte. Matthäus und Lukas bereits bringen deshalb Geburts- und Kindheitsgeschichten. In der Forschung herrscht Einigkeit darüber, dass es sich dabei fast ausschließlich um Legenden handelt. Die wundersame Geburt ist eine Erfindung der Evangelisten oder ihrer Vorgänger in der mündlichen Tradition. Die Volkszählung, die in der Bibel erwähnt wird, fand nicht statt. Der Evangelist Lukas verwechselt sie – ca. 80 Jahre nach dem Geschehen – mit einer anderen Volkszählung im Jahre 6 n. Chr., die sich zudem gar nicht auf Galiläa bezogen hatte. Dass Jesus in Bethlehem geboren wurde, ist mit hoher Wahrscheinlichkeit nicht zutreffend. Er stammte wohl tatsächlich aus dem unbedeutenden Nazareth. Man erkennt darin das theologische Interesse, Jesus in der Abstammungslinie des Königs David unterzubringen. Dieser Absicht dienten schon die fiktiven Stammbäume, die Matthäus und Lukas bringen. Doch es gab keinen Zug nach Bethlehem, keinen Stall, keine Krippe, keine Hirten, keine Weisen aus dem Morgenland. Von einem Kindermord durch Herodes weiß der jüdische Historiker Josephus nichts, obwohl Josephus sonst sehr bemüht ist, Herodes in einem möglichst negativen Licht zu zeichnen. Es gab auch keine Flucht der heiligen Familie nach Ägypten, dafür aber das Bestreben der Evangelisten, passende Bibelzitate als »Schrifterfüllungen« anzubringen, sowie ganz allgemein das Bedürfnis, schon die Geburt des Helden, des Messias, des Gottessohns als von göttlichen Zeichen begleitet zu sehen. Erst recht sind Engelsverkündigung, das *Magnificat* der Maria, die Verknüpfung der Geburtsgeschichte Jesu mit der von Johannes dem Täufer rein legendär und ausschließlich theologisch motiviert. Nichts davon hat sich wirklich ereignet. Das ergibt sich auch schon daraus, dass, als Jesus seine öffentliche Wirklichkeit endlich beginnt, seine Familie offenbar überrascht ist. Sie halten ihn für verrückt (Mk 3,21) und wollen ihn an seiner Tätigkeit hindern. Dabei hätten sie doch wissen müssen, mit wem sie es zu tun haben, hätte es so etwas wie eine wundersame Geburt tatsächlich gegeben. Kein ernst zu nehmender Neutestamentler sieht in den Geburtsgeschichten mehr als den Niederschlag von Legenden.

Auch von ihrer Jungfrauenschaft wusste Maria, die Ehefrau und gestandene Mutter von mindestens sieben Kindern, damals noch nichts. Noch für Paulus, der eine natürliche Geburt Jesu voraussetzt (Gal 4,4) war Maria keine Jungfrau, und auch das Markusevangelium kennt diesen Gedanken noch nicht. Er hat sich eingetragen einerseits aus antiken heidnischen Parallelen und andererseits aus einem Übersetzungsfehler der *Septuaginta*, dem griechischen Alten Testament, wo in Jes 7,14 eine junge Frau (hebr. *Almah*) fälschlich zu einer Jungfrau (gr. *Parthenos*) gemacht wird. Bedenkt man, wie vor allem der Katholizismus auch dogmatisch mit der Jungfräulichkeit Mariens hausieren geht, mag man erahnen, wie auch in anderen Bereichen der Dogmatik theologisch aufgeblasene Vorstellungen sich nicht von der historischen Wirklichkeit beeindrucken lassen. Für die Forschung sind solche Vorstellungen jedoch leicht durchschaubar. Und auch dass die »Schriftbeweise«, die vor allem der Evangelist Matthäus häufig bringt, oft vorne und hinten nicht passen, ist den Neutestamentlern hinlänglich bekannt.

Taufe und Täufer

Auf relativ sicherem historischem Grund befinden wir uns demgegenüber bei der Taufe Jesu. Taufe und Kreuzigung dürften die beiden sichersten Eckdaten des Lebens Jesu sein. Die Taufe Jesu ist es deshalb, weil sie für die Gläubigen später zu einem Problem wurde. Denn warum hat sich Jesus, der doch später als sündlos angesehen worden ist, der Sündertaufe durch Johannes unterzogen? Auch dies ist wieder ein Scheinproblem, denn offenbar hat sich Jesus, in Unkenntnis späterer Konzilsbeschlüsse, eben durchaus nicht für sündlos gehalten. Wie er sich ja auch mit seiner Gebetsbitte *Vergib uns unsere Schuld* keine Sonderstellung einräumt. Jesus war einer von vielen, der zu Johannes dem Täufer kam, um sich taufen zu lassen.

Die Evangelisten bemühen sich, die Rolle des Täufers herunterzuspielen und Jesus als die eigentliche Hauptperson erscheinen zu lassen. In der Forschung tendiert man jedoch deutlich dazu, den Täufer als Lehrer und Jesus als Schüler zu sehen. Dafür spricht, dass Jesus mit seiner späteren Verkündigung an die Verkündigung des Täufers anknüpft, und dass man noch im Neuen Testament erkennen kann, dass Jesus zeit seines Lebens offenbar eine hohe Meinung von Johannes hatte. Er hat ihn geradezu für den Größten unter den Menschen gehalten (Lk 7,28, vermutlich echt). Johannes war demgegenüber nie ein »Zeuge Jesu« (so der Theologe Gerd Theißen), seine Stellung zu Jesus ist deutlich reservierter. Wir wissen noch aus neutestamentlichen Texten, dass auch Johannes Jünger hatte (z. B. Lk 5,33; 7,18; 11,1) und dass es bis ins zweite Jahrhundert hinein eine gewisse Rivalität zwischen den Jesus- und den Johannesjüngern gegeben hat. Der Theologe Vielhauer vermutet: »Er [Jesus] hat vermutlich eine Zeit lang zu den Johannesjüngern gehört.« Und der Theologe Conzelmann rechnet mit der Möglichkeit, dass die Jünger des Johannes (später) nicht Jesus, sondern Johannes für den Messias gehalten haben. Klar ist auf alle Fälle, dass die Darstellung von Johannes dem Täufer als Vorläufer und Vorankündiger Jesu (dabei hat Johannes die Ankunft *Jahwes* verkündet, nicht die Ankunft Jesu!) christlicher Apologetik entspringt und die Anhänger Jesu mit der offenbar nicht zu leugnenden Tatsache der Sündertaufe Jesu klarkommen müssen.

Jesus als Apokalyptiker

In der neutestamentlichen Forschung herrscht Einigkeit darüber, dass der Hauptinhalt der Verkündigung Jesu der unmittelbar bevorstehende Anbruch der Gottesherrschaft war, wie dies z. B. in Mk 1,15 ausgedrückt wird. »Das Reich Gottes ist nahe herbeigekommen.« Diese Botschaft hatte schon sein (vermutlicher) Lehrer Johannes der Täufer verkündet. Beide rechneten mit dem baldigen Ende der bestehenden Welt und dem Beginn der Herrschaft Gottes. Das Gottesreich war dabei noch kein Reich über den Himmeln, sondern fromme Juden stellten es sich höchst irdisch vor. Vom Himmel sollte es sich quasi auf die Erde herabsenken, die irdischen Verhältnisse nicht ersetzen, sondern wandeln. Gott selbst sollte dann herrschen, und auch die anderen Völker wären dann gezwungen, seine Herrschaft anzuerkennen.[512]

Jesus und Johannes waren beide Apokalyptiker. Es war das Verdienst der sog. religionswissenschaftlichen Schule zu Beginn des 20. Jahrhunderts, diesen zentralen Aspekt der Predigt Jesu erkannt zu haben. Und mit ihm die Fremdheit, die diese Erkenntnis bei modernen Menschen erzeugen muss.[513] Denn bis zu dieser Erkenntnis galt Jesus im sog. Kulturprotestantismus des 19. Jahrhundert als *Bringer einer neuen Sittlichkeit*, Modell eines *idealen Menschen, Verkündiger der Liebe und der Menschheitsgemeinschaft*. Albert Schweitzer hat sich ironisch über diese Versuche geäußert, in Jesus die Werte und Wertvorstellungen zu finden, die seine Interpreten auch selbst vertraten. Wie sie also ihr Wunschdenken auf Jesus übertrugen und ihn in den Grenzen des eigenen Denkens interpretierten. Doch nun wurde klar: Dieser Jesus hat nicht die *Unsterblichkeit* oder den *unendlichen Wert der Menschenseele* (Adolf von Harnack) verkündet, er hat wie die Apokalyptiker seiner Zeit ein Endzeitgeschehen gepredigt und erwartet. Wie ein heutiger *Zeuge Jehovas* hat er das Ende der bisherigen Welt erwartet. Und wie sie und wie alle diese Enthusiasten und Endzeitträumer hat er sich geirrt. Denn das Reich Gottes ist nicht gekommen.

Plötzlich erkannte man die Fremdheit (und auch die Peinlichkeit) von Jesusworten wie Mk 9,1: »Es stehen einige hier, die werden nicht sterben, bis sie das Reich Gottes kommen sehen in Kraft.« Und dass er seine Jünger zur Verkündigung ausgesandt hatte mit den Worten: »Ihr werdet mit den Städten Israels nicht zu Ende sein, bis der Menschensohn kommt« (Mt 10,23). Auch in Mk 13,30 findet sich seine Naherwartung klar ausgesprochen: »Wahrlich, ich sage euch: Dieses Geschlecht wird nicht vergehen, bis dies alles geschehen sein wird.« Für die Historizität dieser Worte spricht, dass sie sich schon bei Abfassung des ältesten Evangeliums quasi als falsch herausgestellt hatten und überholt waren. Rudolf Bultmann jedenfalls fasst es zusammen: »Es bedarf keines Wortes, dass sich Jesus in der Erwartung des nahen Weltendes getäuscht hat.«[514]

Um das Gottesreich kreisen auch viele Gleichnisse, von denen die meisten in der Forschung als authentisch angesehen werden. Das Gottesreich war eben *der* zentrale Punkt seiner Verkündigung. Doch der Irrtum Jesu setzte sich fort im Glauben seiner Nachfolger. Die Urgemeinde vertrat ebenso eine Naherwartung, sie wartete auf das Hereinbrechen der Herrschaft Gottes und nun auch auf die Wiederkunft Jesu als Messias. Ebenso rechnet Paulus in seinen Briefen mit dem baldigen Ende der jetzigen Welt. Er geht davon aus, dass einige seiner Zeitgenossen dies noch erleben werden. »Wir werden nicht alle sterben« (1. Kor 15,51-52; vgl. auch 1. Thess 4,13-17). Und noch bis ins zweite Jahrhundert hinein hatten das Nichteintreffen des Reiches Gottes und das Ausbleiben der Wiederkunft Jesu für Irritation unter den ersten Christen gesorgt, die den Irrtum ihres Herrn irgendwie verarbeiten mussten.

Beschränkung auf Israel

In Lichte des Irrtums Jesu muss auch sein Jüngerkreis gesehen werden. Jesus sammelt nicht die Repräsentanten einer künftigen Weltgemeinschaft, kein Konzilium der Religionen oder einen Weltrat der Kirchen, sondern er sammelt zwölf Jünger, gemäß der überkommenen Vorstellung einer heilen (und im Übrigen nie so bestandenen) Beziehung zwischen Gott und den zwölf Stämmen Israels. Worum es ihm ging, war die Wiederherstellung und Verherrlichung Israels, die mit Gottes Hilfe nun endlich geschehen sollte und unmittelbar bevorstand. Die Menschen anderer Völker oder anderer Religionen lagen *nicht* in seinem Gesichtsfeld. Für sie hatte er kein Wort. Noch im Neuen Testament lässt sich diese Haltung Jesu ablesen, wenn er seine Jünger auffordert: »Geht *nicht* der Heiden Straßen und betretet auch keine Stadt der Samaritaner. Geht vielmehr zu den verlorenen Schafen des Hauses Israel. Geht also und verkündet: Das Himmelreich ist nahe herbeigekommen.« (Mt 10,5b-7) Noch deutlicher wird Jesus im Gespräch mit einer Nichtjüdin, die ihn um die Heilung ihrer Tochter bittet: »Ich bin nur gesandt zu den verlorenen Schafen des Hauses Israel.« (Mt 15,24) Für die »Heiden« erklärt sich Jesus als nicht zuständig. Seine Botschaft richtet sich nur an Juden, und er schärft dies seinen Jüngern eindringlich ein. Für die Forschung sind diese Belege gewichtig, eben weil sich darin eine Haltung spiegelt, die dem späteren Programm einer Weltmission eigentlich klar widersprochen hat. Die sich auf Jesus berufende Gemeinde hat bald gehandelt. Der sog. *Taufbefehl*, den der Evangelist Matthäus am Ende seines Evangeliums bringt (Mt 28,18-20): »Gehet hin in alle Welt...« ist – hierüber herrscht zumindest weitgehende Einigkeit unter den Exegeten – eine Erfindung des Matthäus, für den die sog. Heidenmission schon eine Realität ist, als er sein Evangelium verfasst. Dagegen kann man aus der Apostelgeschichte und den Paulusbriefen noch ersehen, dass die allererste Urgemeinde sich noch an Jesu Weisung gehalten hat, sich von Nichtjuden fernhielt und Gesetze wie die Beschneidung noch befolgte. Jesus aber war kein Ökumeniker, sondern ein religiöser Partikularist und Nationalist. Die Ausweitung des Christentums über den engen jüdischen Bereich hinaus war ein Werk vor allem von Paulus, der damit sein eigenes und anderes Evangelium schafft und seinem Herrn hier wie in so vielen anderen Punkten nicht gefolgt ist.

Die Lehre Jesu

Unter offensichtlicher Meidung hellenistischer und heidnischer Städte zieht Jesus mit seinen Jüngern in Galiläa herum. Er predigt in Synagogen und diskutiert über religiöse Fragen. Seine Tätigkeit beschreibt der Neutestamentler Gerd Theißen als *Wanderrabbi, Wandercharismatiker* oder *Wanderradikaler*. Zweifellos muss er eine gewisse persönliche Ausstrahlungskraft besessen haben, muss, obwohl vermutlich ohne Schulbildung und Analphabet[515], über rhetorische Fähigkeiten verfügt und authentisch gewirkt haben. Solche Menschen treten ja in allen möglichen Völkern, Religionen oder sozialen Gebilden immer mal wieder auf. Und Menschen lassen sich dann oft mehr von der Ausstrahlung als von den Inhalten faszinieren. Auch Jesus muss als Mensch fasziniert haben, denn seine Lehre enthielt, auch hier gibt es eine weitgehende Übereinstimmung unter den Exegeten, wenig Neues. Nicht neu war seine Predigt vom Reich Gottes, nicht neu die Meinung, dieses Reich stehe unmittelbar bevor, nicht neu auch sein Bußruf deswegen. Nicht neu war sein Doppelgebot der Liebe, das sich schon im Alten Testament, aber auch in zeitgenössischen rabbinischen Texten findet. Selbst die Feindesliebe findet sich an einzelnen Stellen schon im Alten Testament. Man ist dann doch erstaunt, dass diese Erkenntnisse, die von Neutestamentlern stammen, heute auch von Dogmatikern zuweilen bestätigt werden. So resümiert Hans-Martin Barth zur Lehre Jesu: »Inhaltlich scheint seine Botschaft weithin wenig originell.«[516] Trillhaas bemerkt über den als Rabbi herumziehenden Exorzisten und Prediger des bevorstehenden Reiches Gottes lapidar: »Diese Figur ist an sich ohne Besonderheiten.«[517] Und der Theologe Joest bemerkt, dass Jesus als Gleichniserzähler und Lehrer, auch als Wundertäter »keineswegs einzigartig« gewesen sei.[518] Wir merken uns diese Charakterisierungen und werden später sehen, wie die gleichen Theologen an anderer Stelle auch wieder ganz anders reden können.

Der Theologe Hans-Martin Barth hat recht, wenn er feststellt: »Wirkungsgeschichtlich wesentlicher aber war, dass Jesus schließlich selbst in seine eigene Botschaft hineingeriet: Der Bote selbst wurde zur Botschaft, der Verkünder zum Verkündigten.«[519]

Das nämlich war das Entscheidende. Aus dem, der das Reich Gottes erwartet hatte, wurde der, dessen Wiederkunft nun die Christen selbst erwarteten. Aus dem Verkündiger ist der Verkündigte geworden, so der Neutestamentler Rudolf Bultmann. Jesus aber, auch in dieser Frage herrscht weitgehende Einigkeit unter den Exegeten, dieser Jesus hat sich nicht selbst verkündigt. Er war nicht selbst Inhalt des Evangeliums, das er verkündigt hat. Wie Johannes der

Täufer verstand er sich vermutlich nur als Hinweiser und Mahner. Von den Ergebnissen der Jesusforschung her gesehen hat es also keinen Rückhalt, dass Jesus später sogar zum Gott und einem Teil der Trinität gemacht wurde. Seine Gläubigen haben ihn dazu gemacht, er selbst wusste davon nichts und hätte als frommer Jude, der er zweifellos was, schon den Gedanken daran als blanke Blasphemie empfunden.

Mit Jesus als Apokalyptiker können heutige Gläubige wenig anfangen. Seine heutigen Verehrer wollen in ihm eher den zeitlosen Gutmenschen sehen, den guten Hirten, der zu Nächstenliebe und Barmherzigkeit aufruft. In diesem psychologisch verständlichen Wunsch nehmen unglaublich viele verkitschte Jesusbilder ihren Anfang. Zweifellos war die Liebesbotschaft für Jesus weitaus weniger zentral als für seine Verehrer. Gäbe es nur das Markusevangelium – wir wüssten kaum etwas von dem zur Nächstenliebe aufrufenden Jesus. In diesem ältesten Evangelium spielt dieser Gedanke nur eine untergeordnete Rolle, viel präsenter ist die Gottesherrschaft. Dieser Gedanke ist heutigen Gläubigen fremd, doch der Gedanke eines liebenden Jesus schmeichelt seinen Gläubigen wie auch den Dogmatikern. Er bestimmt heute auch viele Dogmatiken. Härle z. B. spricht von »bedingungslose[r] Liebe« (S. 320), Hans-Martin Barth von der »Plausibilität der Liebe«, die den Gehalt der Verkündigung Jesu ausgemacht habe (S. 364). Und natürlich ist immer wieder vom Wesen Gottes die Rede, das ja, wie könnte es anders sein, für Christen natürlich die Liebe ist. Solchen blümelnden und an der Grenze zum Kitsch angesiedelten Charakterisierungen von Jesus können und wollen sich auch Universitätsprofessoren nicht entziehen. Wir kommen unten noch darauf zu sprechen.

Wunder und Exorzismen

Jesus wird in den Evangelien als Exorzist und Wundertäter geschildert. Allen Neutestamentlern ist klar, dass die Wundertätigkeit Jesu innerhalb von wenigen Jahrzehnten sich massiv gesteigert hat. Mit Jesus geschah das, was bei der Entstehung von Heiligenlegenden auch später häufig zu beobachten ist. Die vorgebliche Gottesnähe des religiösen Helden wird durch eine immer größere Zahl von Wunderlegenden bestätigt. Dabei muss man jedoch beachten: Wenn heutige Gläubige in der Wundertätigkeit Jesu quasi so etwas wie den Beweis seiner Göttlichkeit sehen wollen, war man in der Antike zurückhaltender. Denn Wundertäter gab es in der Antike viele. Wunder waren Ausweis einer charismatischen Begabung, kamen in vielen Religionen vor. Und Wundertäter waren gläubigen Juden auch z. B. aus den Schriften des Alten Testaments bekannt. Auch Pseudomessiassen wurden Wunder zugetraut (Mk 13,22). Josephus berichtet gleich von einer ganzen Reihe von Wundertätern im Judäa des ersten Jahrhunderts, von Regenmachern oder Brotvermehrern (wie Jesus). Vom neupythagoräischen Wanderphilosophen Apollonius von Tyana, dessen Biographie Philostrat hinterlassen hat, wird berichtet, dass er ein totes Mädchen wieder zum Leben erweckt hat (vgl. die Auferweckung der Tochter des Jairus, Lk 7,11-17). Wie Jesus wurde auch Apollonius auf wundersame Weise geboren, wie Jesus hat er Dämonen ausgetrieben und ist nach seinem Tode seinen Anhängern erschienen. Heilungswunder gab es zu Tausenden. Sie wurden z. B. in Epidauros berichtet und gesammelt und Asklepios, Serapis oder Isis zugewiesen, so wie man sie heute in Lourdes der Muttergottes zuschreibt. Konkrete Erscheinungsformen des Aberglaubens wechseln zwar häufig, Grundstrukturen tauchen aber immer wieder auf.

Viele Wunder Jesu im Neuen Testament lassen sich auf die Aufnahme alttestamentlicher Vorlagen (z. B. Speisungswunder) zurückführen, auf die Übernahme heidnischer Traditionen (das Weinwunder zu Kana als ehemaliges Dionysoswunder), auf Dublettenüberlieferungen (Speisung der Vier- und der Fünftausend) oder auf Steigerungen von Evangelist zu Evangelist (Mk 1,20 und Mt 8,28-34). Wo Markus noch davon spricht, dass Jesus *viele* geheilt hat (Mk 3,10), hat er bei Matthäus schon *alle* geheilt (Mt 4,24). Besonders spektakuläre Wunder wie die Sturmstillung und der Seewandel gelten in der Forschung klar als nachösterlich, also als Erfindungen der Gemeinde.

Doch lassen sich Wunder auch im Leben Jesu verankern? Vor allem zwei Sachverhalte belegen, dass der Glaube an Jesus als Wundertäter aus vielleicht unscheinbaren Anfängen erwachsen ist. Da ist zunächst einmal der oben schon erwähnte Besuch des Paulus bei Petrus in Jerusalem, der ca. im Jahre 35 stattfand, also nur wenige Jahre nach Jesu Tod (Gal 1,18). Paulus besucht den Hauptjünger Jesu und bleibt volle 15 Tage bei ihm (eigentlich eine der großen Begegnungen der Weltgeschichte, was meist jedoch übersehen wird). Wir dürfen davon ausgehen, dass Paulus diesen Hauptjünger ordentlich ausgefragt haben wird über das, was Jesus gesagt und getan hat. Aus erster Hand quasi hat Paulus sicherlich Informationen erhalten, für die jeder Neutestamentler heute bereit wäre, zehn Jahre seines Lebens zu opfern. Paulus, dieser Paulus wäre in der Lage gewesen (anders als der vermutlich ungebildete Fischer Petrus), so etwas wie ein Leben Jesu niederzuschreiben. Hätte er es getan, wir hätten heute eine ausgezeichnete Quelle. Doch Paulus schweigt. Er bringt in seinen Briefen praktisch keine Jesusworte und er erwähnt auch keine Wunder. Ja er erklärt sogar, dass der irdische Jesus, also der Jesus, wie er gelebt hat, uns nichts angehe (2. Kor 5,16).[520] Paulus geht es nur um den gekreuzigten und erhöhten Herrn. Was liegt näher als anzunehmen, dass das, was Paulus von Petrus erfahren hat, im Wesentlichen unspektakulär gewesen sein muss?

Und ein zweiter Hinweis zum Auftreten Jesu als Wundertäter: In der Forschung ist seit Langem klar, dass Matthäus und Lukas neben dem Markusevangelium noch eine zweite Quelle schriftlich vorgelegen hat, die sog. Logienquelle Q. Man geht heute davon aus, dass Q älter ist als das Markusevangelium. Die Überlieferung von Q lässt sich am besten im ländlichen Bereich Judäas verorten, vielleicht in Galiläa. Sie hat noch ganz klar das Judentum im Blick und kennt noch keine Öffnung hin zur Heidenmission. Von Jesus als Wundertäter wird jedoch nur in einer einzigen Geschichte gesprochen, nämlich der Geschichte vom Hauptmann von Kapernaum.[521] Wobei man jedoch einräumen muss, dass in Q überwiegend Worte Jesu überliefert wurden und kaum Geschehnisse. Dennoch dürfte auch Q als Beleg gelten, dass die Vorstellung von Jesus als Wundertäter, wenn überhaupt, dann nur marginal ausgeprägt gewesen ist.

Trotz allem geht die neutestamentliche Forschung davon aus, dass Jesus als Wundertäter und vor allem als Exorzist aufgetreten ist. Damit ist noch nicht gemeint, dass Neutestamentler heute glauben, Jesus habe tatsächlich Wunder gewirkt. Sondern es ist erst einmal nur die Erkenntnis, dass wir aufgrund der Quellenlage einfach nicht näher herankommen. Die Dogmatiker jedoch scheinen durchweg geneigt, Jesus übernatürliche Fähigkeiten zuzusprechen. Dabei hüten sie sich natürlich, konkrete Wunder als historische Geschehnisse zu benennen (was ihre Vorgänger in früheren Jahrhunderten noch problemlos getan hatten), aber sie spielen mit der Vorstellung des Wundertäters und bauen sie in ihre Dogmatiken ein. Eher nebenbei bekennen sie sich zur Wundertätigkeit Jesu. So meint Hans-Martin Barth vorsichtig: »Charismatische Heilungen können nicht ausgeschlossen werden.«[522] Und der Theologe Joest meint: »Was Jesus an Wundern wirkte, das konnte er nur kraft der Gottesgemeinschaft.«[523] Insgesamt aber hält man sich eher zurück und ist sich bewusst:

»Die biblische Rede von *Wundern* ist tatsächlich nicht frei von Elementen, die dem heutigen Weltbild widersprechen ... Parapsychologische Phänomene wie *Telepathie* oder *Fernheilung* scheinen nicht zu fehlen. (vgl. Lk 7,1-10; Act 10)«[524]

Von magischen Handlungen, die den Geruch der Bauernfängerei haben, die aber eben auch von ihm berichtet werden, will man Jesus weitgehend freihalten. Und Trillhaas meint sogar, dass »jedenfalls das Wunder aus allen christologischen Beweisen auszuscheiden hat.« Wobei er sicher recht hat mit der Aussage, dass aber »vor allem die biblischen Berichte und Zeugnisse von *Wundern* sich als stärker erwiesen haben als der Intellekt ihrer Kritiker.«[525] Gegen das Glauben-Wollen kann man mit Argumenten kaum etwas ausrichten.

Für was hat sich Jesus gehalten?

Kann man Jesus für den Messias oder den Gottessohn halten und bekennen, wenn er offenbar nicht einmal sich selbst so gesehen hat? Wenn er sich selbst nur als Mahner und Verkündiger begriffen hat, aber keineswegs selbst für sich den Anspruch erhoben hat, mehr zu sein als ein Mensch? Muss dann nicht alle Christologie ins Leere laufen? Und sich damit auch das Christentum insgesamt als eine gewaltige geistesgeschichtliche Luftnummer erweisen?

Die Frage, ob Jesus ein sog. messianisches Selbstbewusstsein gehabt hat, hat die neutestamentliche Forschung heftig bewegt. Sie wird immer auch verortet mit den christologischen Titeln, die zur Zeit Jesu im Umlauf waren und die er selbst verwendet haben *könnte*. Hat er sie auf sich bezogen? Sehen wir und einige Möglichkeiten näher an.

Sohn Gottes: Dieser Begriff hat einen fundamentalen Wandel durchgemacht. Mit Abschluss der altkirchlichen Christologie wurde damit die zweite Person der Trinität bezeichnet. Zugrunde lagen diesem Verständnis Vorstellungen der griechischen Philosophie, welche u. a. die strenge Unterscheidung des Göttlichen vom Menschlichen vertrat. Mittelalterliche Theologie konnte sich die Wendung »Sohn Gottes« gar nicht anders vorstellen als in den Denkkategorien einer hochgezüchteten Christologie der Alten Kirche. Von diesem Verständnis war man aber zur Zeit Jesu noch weit entfernt. »Sohn Gottes« bezeichnete im Judentum immer etwas Menschliches und in keinem Fall etwas Göttliches. Das Göttliche war im strengen monotheistischen Glauben nur Gott selbst vorbehalten. Söhne Gottes: Das waren nach jüdischem Verständnis besonders hervorgehobene *Menschen*. Die Könige Israels wurden als Söhne Gottes angesehen, ohne dass sie deshalb mehr waren als Menschen. Auch Propheten und einfache Gläubige konnten als Söhne Gottes verstanden werden. Jesus selbst spricht von den Söhnen Gottes (im Plural) und meint damit Menschen, die Frieden stiften (Mt 5,9). Die Forschung ist sich weitgehend einig, dass sich Jesus selbst nicht als *Sohn Gottes* bezeichnet hat. Selbst wenn er dies getan hätte, wäre dies immer noch fundamental vom späteren Sohnverständnis des Dogmas entfernt.

Messias: Messias bedeutet einfach nur *Gesalbter*. Jeder König Israels konnte als Messias, als *Gesalbter*, angesehen werden, da die Königssalbung zur

Inthronisation immer dazugehörte. Daneben gab es apokalyptische Vorstellungen, wonach in der Endzeit auch ein Messias auftreten sollte. Doch auch dieser von den Juden erwartete Messias wurde immer als Mensch verstanden, zwar als ein besonders herausgehobener Mensch, aber keinesfalls als ein göttliches Wesen. Dabei gab es durchaus sehr unterschiedliche Vorstellungen. Es gab Endzeiterwartungen, die ganz ohne Messiasfigur auskamen, wo Gott allein und ohne Hilfspersonal das Regiment übernimmt. Dagegen erwartete man in der Gemeinde von Qumran gleich zwei Messiasse. Zuweilen hatte man in der Geschichte Israels auch Personen der Vergangenheit als Messias erwartet oder bezeichnet, der Bekannteste war der Perserkönig Kyros, der in Jes 45,1 als Messias bezeichnet wurde. Die neutestamentliche Forschung ist sich auch weitgehend darin einig, dass sich Jesus auch nicht als Messias bezeichnet hat. Selbst wenn er dies getan hätte, wäre dies noch immer fundamental vom späteren Verständnis der Kirche entfernt, wo Messias und Gottessohn und die zweite Person der Trinität als verschiedene Ausdruckweisen desselben Sachverhalts verstanden wurden. Davon konnte Jesus noch nichts ahnen.[526]

Menschensohn: In den Evangelien spricht Jesus häufig vom Menschensohn. Das Wort *Menschensohn* findet sich im Danielbuch und einigen späteren apokryphen Schriften (Äthiopischer Henoch, 4. Buch Esra). Der Menschensohn wurde als Krieger vorgestellt. Der *Menschensohn* konnte als eine endzeitliche Gestalt verstanden werden, welcher von Gott die Herrschaft übertragen werden soll oder durch den die ungläubigen Völker vernichtet werden. In diesem Verständnis ist der Menschensohnbegriff Ausdruck eines religiösen Nationalismus. Daneben konnte *Menschensohn* aber auch ganz profan einfach *Mensch* bedeuten oder *irgendein Mensch* oder auch einfach nur *Ich*.[527] Dass Jesus die Wendung *Menschensohn* verwendet hat, halten die meisten neutestamentlichen Forscher für wahrscheinlich.[528] Aber in welchem Sinne?

Man unterscheidet drei Bedeutungsrichtungen. Die Wendung *Menschensohn* begegnet in den Leidensankündigungen Jesu. Doch diese gelten in der Forschung stark mehrheitlich als nachösterliche Erfindungen (sog. *vaticinia ex eventu*). Daneben gibt es bei Jesus Worte vom kommenden Menschensohn. Die meisten Forscher gehen davon aus, dass Jesus, wenn er vom kommenden Menschensohn gesprochen hat, sich nicht mit diesem identifiziert hat. Jesus hätte dann wie andere vor ihm Endzeitvorstellungen vertreten, zu denen eben auch ein *Menschensohn* gehörte. Wie andere hätte auch er selbst auf ihn gewartet. Und schließlich finden sich auch Worte vom gegenwärtigen Menschensohn, wo zuweilen die Möglichkeit besteht, diese einfach nur mit *Ich* zu übersetzen (»Die Füchse haben Gruben, und die Vögel unter dem Himmel haben Nester; aber der Menschensohn hat nichts, wo er sein Haupt hinlegen kann; Mt 8,20).

So haben wir denn den interessanten Sachverhalt, dass die weitaus meisten neutestamentlichen Forscher an deutschen Universitäten die Meinung vertreten, Jesus habe keinerlei christologische Titel auf sich bezogen, er habe sich nicht selbst als Messias, als Gottessohn oder auch als Menschensohn bezeichnet. Hätte er es irgendwann getan, dann hätten sich seine Jünger nach seiner behaupteten Auferstehung doch sicherlich daran erinnert, und sein Selbstbekenntnis wäre überliefert worden. Doch stattdessen gab es eben wegen seines eigentlich unmessianischen Erscheinungsbilds nach seinem Tod reichlich Erklärungsbedarf. Im ältesten Markusevangelium gebietet Jesus z. B. nach Wundern immer wieder seinen Jüngern, man solle nicht davon sprechen. William Wrede hat mit einem vielbeachteten Buch[529] daraus den Schluss gezogen, dass das Leben Jesu im Wesentlichen unmessianisch war, und die Schweigegebote nur den Sinn haben zu erklären, warum der Messias (als den man ihn ja inzwischen glaubte) nicht auch als solcher aufgetreten sei. Das Messiasgeheimnis sollte die Lücke schließen zwischen dem eigentlich unmessianisch auftretenden Jesus und dem Glauben seiner ersten Anhänger. Die Kernthese seines Buches wird auch heute noch als richtig angesehen.

Jesus hat sich also selbst nicht als Messias etc. gesehen oder bezeichnet. Theologen müssen zugeben, dass – wie man in der Theologie sagt – Jesus keine *exklusive Christologie* vertreten hat. Aber mit diesem negativen Ergebnis kann man sich schwer abfinden. Deshalb findet sich in der theologischen Literatur oft der Hinweis, Jesus liefere aber doch zumindest den Anhalt für eine *implizite Christologie*. Theologen sprechen hier gerne vom Vollmachtsbewusstsein Jesu, von seinem unerhörten Selbstbewusstsein, seinem Vollmachtsanspruch, den Jesus gehabt habe. Und das heißt übersetzt: eigentlich hat sich Jesus dann doch für mehr als einen normalen Menschen gehalten. Härle meint beispielsweise:

> »Es spricht vieles für die Annahme, dass Jesus von Nazareth nicht mit dem expliziten Anspruch auftrat, der Offenbarer Gottes zu sein, dass er aber in seiner Verkündigung und in seinem Wirken implizit einen solchen Anspruch erhoben hat. ... In den christologischen Hoheitstiteln, die die Urgemeinde ihm beilegte, und in den christologischen Aussagen, die sie über ihn machte, explizierte sie diesen impliziten Anspruch.«[530]

Pöhlmann meint, dass

> »Jesus mit einer unerhörten Vollmacht auftrat, nämlich mit der Vollmacht Gottes, mit dem Vollmachtsanspruch, an Gottes Stelle uns zum Heil zu

reden und zu handeln. Dieser unerhörte Vollmachtsanspruch, wie er etwa in den Antithesen der Bergpredigt zum Ausdruck kommt, ist implizite Christologie, weil er eine Einheit Jesu mit Gott voraussetzt.«[531]
Damit gerät die Theologie aber in höchstem Maße in die Spekulation hinein (obwohl: ihr eigentliches Terrain!), denn nun wird aus dem, was Jesus *nicht* gesagt hat, oder aus Zusammenhängen ganz anderer Geschichten oder Worte doch noch versucht, bei ihm ein messianisches oder christologisches (oder wie auch immer) Bewusstsein festzumachen. Obwohl sie wissen, dass jedes überlieferte Wort eine lange Traditionsgeschichte hinter sich hat, wollen sie *zwischen den Zeilen* lesen und auf ein »Bewusstsein« schließen, das sich offen daliegend eben nicht finden lässt. Albert Schweitzer hatte schon vor solchen Psychologisierungen gewarnt. Und auch der Theologe Trillhaas meint:

»Die Reflexion über das Selbstbewusstsein Jesu öffnet der psychologischen Vermutung Tür und Tor. Mit ihr betreten wir ein ungewisses, wenn nicht gar ein verbotenes Feld theologischer Aussagen.«[532]

Immer wieder leuchtet sie in den Dogmatiken auf, die Ahnung, etwas Unangemessenes, Unpassendes zu tun, den Bogen des Sagbaren zu überspannen. Dass dennoch dicke Dogmatiken entstehen, zeugt davon, dass solche Momente intellektueller Anfechtung immer wieder glücklich überwunden worden sind. Und als Beobachter fragt man sich dann: Soll man gratulieren oder eher kondolieren?

Zwischenfazit: Jesus ohne Kitsch

Es ist ein sehr nüchternes Bild, das uns die historische Kritik von jenem Jesus von Nazareth liefert, den die Christen als Gott bzw. Teil der göttlichen Trinität ansehen. Jesus kam als vermutlich ältester Sohn einer Kleinbauern- oder Handwerkerfamilie im unbedeutenden Nazareth in Galiläa auf die Welt. Über seine Kindheit und Jugend wissen wir nichts. Die Geburtsgeschichten, die die Evangelisten Matthäus und Lukas überliefern, sind historisch völlig wertlos, weil sie sehr spät erst bezeugt und aus klar erkennbaren theologischen Intentionen heraus entstanden sind. Über seine Persönlichkeitsentwicklung, seine Prägungen, seine Freunde, seine sexuelle Ausrichtung, sein Elternhaus und sein Aussehen wissen wir nichts. Möglicherweise konnte er weder lesen noch schreiben. Vielleicht waren er und seine Brüder beim Wiederaufbau der in der Nähe von Nazareth gelegenen Stadt Sephoris beteiligt, einer modernen hellenistischen Stadt mit Theater und gepflasterten Straßen. Doch einen Beweis gibt es dafür nicht. Man wird davon ausgehen müssen, dass er bis zum

Alter von etwa dreißig Jahren eher unauffällig und unspektakulär gelebt hat. Als sicher kann seine Taufe durch Johannes den Täufer gelten, denn dieses biographische Faktum versuchten seine ersten Anhänger später zu relativieren. Jesus dürfte einer der vielen gewesen sein, die sich von der Endzeitpredigt des Täufers haben beeindrucken lassen. Möglicherweise war Jesus nach seiner Taufe noch eine Zeitlang ein Jünger des Johannes. Als Jesus seine eigene Predigttätigkeit beginnt, sind jedenfalls die Parallelen zur Verkündigung des Täufers unübersehbar. Auch genoss Johannes im Denken Jesu ein unvermindert hohes Ansehen.

Jesus war (oder wurde durch Johannes) ein Vertreter eines apokalyptisch geprägten Judentums. Der Kern seiner Botschaft war das unmittelbar bevorstehende Reich Gottes, das direkte Eingreifen Gottes in den Lauf der Geschichte durch Aufrichtung einer nicht jenseitig gedachten, sondern einer irdischen Königsherrschaft. Jesus rief wie der Täufer als Vorbereitung hierzu die Menschen zur Buße auf, er hat aber offenbar nicht selbst getauft. Vielmehr sammelte er eine Schar von 12 Schülern um sich, deren symbolische Zahl so etwas wie das Abbild des neuen Israel war. Mit ihnen zog er predigend in Galiläa umher und verbreitete in Reden und Gleichnissen seine Zentralbotschaft der anbrechenden Gottesherrschaft. Im Zentrum seiner Verkündigung hat sich Jesus geirrt, denn das Reich Gottes ist nicht gekommen. Der Irrtum Jesu setzte sich fort im Glauben der Urgemeinde und auch der paulinischen Verkündigung und führte später zu einer ersten frühen Krise der sich aus dem Judentum herausemanzipierenden christlichen Gemeinde.

Man kann ihn wohl am ehesten als Rabbi ansehen, wobei sein Wanderpredigertum diese Kategorie jedoch eher sprengt. Vielleicht wurde er dazu getrieben durch die noch in den Evangelien erkennbare Ablehnung in seiner Vaterstadt Nazareth und auch durch seine Familie, die ihn offenbar für verrückt hielt und an seiner Tätigkeit hindern wollte.

Jesus diskutierte mit Pharisäern und Schriftgelehrten über die rechte Auslegung und das rechte Verständnis der alten Schriften, und es gelang ihm offenbar, auch über den engen Jüngerkreis hinaus Sympathisanten zu finden. Dies wird nicht ohne ein ausgeprägtes rhetorisches Talent möglich gewesen sein. Neue Lehren hat Jesus dabei offenbar nicht vertreten. Spätere christliche Überlieferung stellt ihn als in Opposition zu den religiösen Repräsentanten seiner Religion vor, doch war es wohl eher so, dass er sich mit seiner Verkündigung durchaus noch in den akzeptierten Grenzen des Judentums bewegte. Bei allen durchaus vorhandenen Humanisierungstendenzen dürfte er dem jüdischen Gesetz insgesamt positiv gegenübergestanden haben. Jesus sprach sich auch an keiner Stelle gegen die Beschneidung aus, und auch den Tempelkult in Jerusalem hat er im Prinzip akzeptiert. Dies zeigt sich auch darin, dass die Urgemeinde in Jerusalem (im Unterschied zu Paulus) die Gültigkeit der Thora und des Tempelkults nicht infrage stellte.

Jesus war gläubiger Jude und ist es bis zu seinem Tode auch geblieben. Dazu gehörte auch seine Reserviertheit gegenüber Andersgläubigen. Er meidet sichtlich die hellenistischen Städte seiner Umgebung und sieht sich nur gesandt »zu den verlorenen Schafen des Hauses Israel«. Er war kein religiöser Universalist, sondern vertrat einen jüdisch-nationalistischen Partikularismus. Seine Predigttätigkeit verschaffte ihm eine gewisse Popularität zumindest in Galiläa und seinem näheren Umfeld. Er stand im Ruf, Wunder zu wirken und Dämonen austreiben zu können. Spätere christliche Überlieferung hat dieses Motiv stark ausgebaut. Dass sich Jesus als Bußrufer und Verkündiger der nahen Gottesherrschaft verstand, scheint klar. Dass er sich selbst darüber hinaus auch eine Rolle bei der Aufrichtung der Gottesherrschaft zumaß, ist unsicher. Vermutlich hat er sich selbst nie explizit als Messias oder Endzeitmittler bezeichnet.

Seine öffentliche Wirksamkeit dauerte vielleicht nicht länger als ein Jahr. Zum Passahfest verließ er seine galiläische Heimat und zog mit seinen Jüngern nach Jerusalem. Dort ist er aus nicht genau erkennbaren Gründen mit den herrschenden Autoritäten in Konflikt geraten und von der römischen Besatzungsmacht als Aufrührer gekreuzigt worden.

Erst einmal nur bis hierher – mit Tod und Auferstehung Jesu werden wir uns weiter unten noch beschäftigen.

Dogmatiker und ihr Desinteresse am historischen Jesus

Das Bild der Forschung über Jesus wirkt blass und nüchtern. Es fehlen ihm noch die Konturen der altkirchlichen Konzilien, der Weihrauch späterer Jahrhunderte. Und hätten Theologen von Anfang an gewusst, was sie sich damit einhandeln, hätten sie das Fragen nach dem historischen Jesus besser sein lassen. Doch nun ist er in der Welt, und Dogmatiker müssen sich fragen, wie sie sich zu ihm verhalten sollen.

Weil es zum christlichen (wie auch schon zum jüdischen) Gottesverständnis gehört, dass man sich Gott als geschichtseingreifend vorstellt, kann man eigentlich schlecht sagen, dass einem der historische Jesus eigentlich egal ist. Man liefe dann Gefahr, aus Jesus so etwas wie ein Prinzip oder einen bloße Legende zu machen. Und das will man nicht. Also fehlt es in den Dogmatiken nicht an Lippenbekenntnissen, dass historische Forschung und auch die Forschung zum historischen Jesus sinnvoll und wichtig sei. Jesus soll sich nicht in einen Mythos auflösen. Hans-Martin Barth meint: »Folglich muss ich mich auf das historische Zeugnis einlassen, das als solches ernst genommen sein will«.[533]

Es gab in der Antike gnostische Spekulationen über einen Logos, der die Erlösung bringt. Dieser Logos wurde geschichts- und damit auch gesichtslos verstanden. Davon wollen Theologen den christlichen Glauben an Jesus absetzen. »Tatsächlich liefe das Bekenntnis zu Jesus als dem Christus Gefahr, sich zu einem allgemeinen Gedankengut zu verflüchtigen, wenn es nicht Anhalt an der konkreten Geschichte hätte.«[534] Ähnlich hatte schon der Neutestamentler Ernst Käsemann nach dem Zweiten Weltkrieg das Interesse am historischen Jesus begründet und die sogenannte zweite Frage nach dem historischen Jesus eingeleitet. Auch Joest meint, die Theologie »hat keinen rechtmäßigen Grund, die historische Frage nach dem irdischen Jesus abzuweisen.«[535] Und Trillhaas betont: »Jedenfalls besteht ein theologisches Interesse daran, dass die geschichtliche Frage gestellt wird. Wir müssen wissen, wer Jesus wirklich war. ... Die Frage nach der tragfähigen Grundlage unseres Glaubens ist uns unverzichtbar aufgegeben.«[536]

So weit, so gut. Doch sieht man sich dann an, welchen Stellenwert der historische Jesus und die Forschungen über ihn in den Dogmatiken wirklich einnehmen, erkennt man schnell, dass es den Dogmatikern auch hier wieder genügt, wenn sie »Problembewusstsein« artikulieren. Man muss ja aus den eigenen Worten und Bekenntnissen nicht auch noch Konsequenzen ziehen. Die Forschungen zum historischen Jesus sollten eigentlich in christlichen Dogmatiken eine zentrale Rolle spielen, geht es doch immerhin darum, was der (wenn man so will) »Stifter« der Religion gewollt, gesagt und getan hat. Wo sollte sich denn sonst theologisches Interesse stärker konzentrieren als genau in dieser Frage? Doch der historische Jesus und die Erkenntnisse der Forschung über ihn spielen über die oben genannten Lippenbekenntnisse hinaus in den Dogmatiken keine Rolle. Man erkennt dies an den wenigen Seiten, die dieser Frage in den Dogmatiken eingeräumt werden. So finden sich in Härles Kapiteln zur Christologie, die einen Umfang von ca. 55 Seiten haben, gerade einmal fünf Seiten, die auf die Frage eingehen, wer Jesus vermutlich gewesen ist. Die zentrale Frage des christlichen Glaubens ist nur ein Randthema für ihn. Härle ist darin nicht einmal ein Außenseiter, sondern ein typischer Vertreter seiner theologischen Zunft. Bei Hans-Martin Barth, der sich in seiner Dogmatik auf ca. 70 Seiten mit der Christologie beschäftigt, findet das Thema direkt auf ebenfalls maximal fünf Seiten statt.[537] Deutlich mehr geht es ihm um »Jesus als der Christus«, »Außerchristliche Mittlergestalten« oder »Integrale Christologie«. Man erfährt in Barths Dogmatik über den historischen Jesus nur wenig mehr als über den historischen Buddha oder den historischen Mohammed. Der Theologe Trillhaas bringt in seiner Dogmatik immerhin ein ganzes Kapitel zur Frage nach dem historischen Jesus (Kap. 17), das macht immerhin neun Seiten bei einem Umfang (Christologie und Soteriologie) von ca. 60 Seiten. Aber auch dieses Kapitel fragt weniger historisch als mehr dogmatisch nach der Person Jesu. Bei Christofer Frey wird die Frage nach dem historischen Jesus sogar nur in einem Exkurs abgehandelt (4 Seiten von 54), wo er im Wesentlichen Forschungsgeschichte referiert.

Wie erklärt sich dieses krasse Missverhältnis? Warum behandeln alle Dogmatiker die Dogmenentwicklung in der Alten Kirche so ausführlich und wollen offenbar kein Grüppchen mit irgendwelchen Sonderlehren vergessen, aber stellen sich zu keiner Zeit die Frage, wer denn Jesus historisch verantwortbar vermutlich gewesen ist und was er vermutlich gewollt hat? Warum widmen sie in ihren Dogmatiken den christologischen Aufgliederungsschemata der altprotestantischen Orthodoxie so viel Raum, doch fragen oft nicht einmal im Ansatz, inwieweit dies alles mit dem historischen Jesus überhaupt in Einklang bringen ist? Warum sind die Dogmatiker so sichtlich am dogmatischen Christus interessiert und so offensichtlich am historischen Jesus uninteressiert?

Die Antwort ist einfach: Weil der historische Jesus einfach dogmatisch nichts zu bieten hat. Er ist viel zu uninteressant und fremdartig, als dass man mit ihm Kirche machen könnte. Denn hat man diesen Jesus erst einmal von später christlicher Überlieferung befreit, wird ein Mensch sichtbar, der für christliche Theologie und Verkündigung nur schwer zu verwenden ist und einen eher spröden Eindruck macht. Er gehörte einer anderen Religion an, war ein frommer Jude von seiner Geburt bis zu seinem Tod. Mit dem späteren Christentum hatte dieser Jesus nichts oder fast nichts zu tun. Und man wird sagen dürfen: in seinem Glauben war er ein religiöser Extremist. Ein Fabulierer mit der irrigen Meinung, das Ende der Welt stünde unmittelbar bevor. Der seine Jünger aussendet, um diesen (heute offensichtlichen) Aberglauben in seiner Umwelt publik zu machen. Und der seinen Extremismus und seine religiöse Überspanntheit schließlich am Kreuz bitter hat bezahlen müssen. Dieser Jesus von Nazareth ist so weit vom dogmatischen Christus der Kirche entfernt, dass man seine konkrete Existenz eher verschweigt als befragt. Man will eher *nicht* wissen, wer er wirklich war (und noch mehr: wer er *nicht* war), und nimmt in Dogmatiken lieber Zuflucht zur Tradition, bringt ein paar Scheinprobleme zur Darstellung, liefert ein paar Scheindefinitionen und Scheinlösungen, grenzt sich bedeutungsschwanger von anderen Scheinlösungen und realen Kollegen ab, und lässt diesen galiläischen Wanderprediger besser da, wo er hingehört: im ersten Jahrhundert. Bei der Ausfeilung einer christlichen Dogmatik jedenfalls würde er nur stören. Den großen Arzt und Menschenfreund Albert Schweitzer aber hat das Bild von Jesus als antikem Apokalyptiker mit lächerlicher Naherwartung derart befremdet, dass er zu der Einsicht kam, dieser Jesus sei für eine heutige Verkündigung einfach nicht mehr relevant. Schweitzer wandte sich von der Theologie ab und gründete in Lambarene sein Urwald-Hospital.

Der historische Jesus ist unwichtig

»Was kümmert es mich, was Jesus gewollt hat: Ich treibe hier Theologie!« In der Deutlichkeit dieses (leider nur erfundenen) Satzes würden Theologen nicht reden. Der faktische Verzicht auf den realen Jesus will distinguierter formuliert sein.

Der Rekurs auf Paulus bietet sich hier an, der, wie oben schon angemerkt, am Leben Jesu nicht interessiert ist, den Jesus »nach dem Fleische« nicht kennen will, sondern der nur am *erhöhten Herrn* interessiert ist. In dieser Einschätzung spiegelt sich vielleicht die Ernüchterung wider, die Paulus nach den Gesprächen mit Petrus über Jesus (Gal 1,18) empfunden haben wird. An Paulus anknüpfend kann der Theologe Bultmann provokant formulieren, dass der historische Jesus einfach theologisch unbedeutend ist. In seiner berühmten »Theologie des Neuen Testaments« gehört die Verkündigung Jesu deshalb auch nicht zu den *Inhalten*, sondern nur zu den *Voraussetzungen* neutestamentlicher Theologie. Was Jesus für ihn interessant macht, ist Jesu Ruf, sich nicht auf sich, sondern auf Gott zu verlassen. Dieser gelte auch heute. Und überhaupt galt für ihn: Der Glaube darf sich nicht von zufälligen historischen Sachverhalten abhängig machen. Ähnlich hatte es auch schon der Philosoph (oder doch eher Theologe?) Sören Kierkegaard gesehen.

Den meisten Theologen formulierte Bultmann zu scharf, sie wollten Jesus durchaus noch eine gestaltende Rolle bei der Entstehung der frühen Kirche zubilligen. Doch geblieben ist die Aussage, dass es für den Glauben nebensächlich sei, ob bestimmte Dinge nun passiert seien oder nicht. Es sei gerade ein Glaube gefordert, der glaubt, ohne sich versichern zu wollen. Und man betont, man glaube nicht an den historischen Jesus, sondern an den Christus der Kirche. Der wirkliche Jesus sei der »gepredigte Christus« und eben nicht der historische Jesus, formulierte der Theologe Martin Kähler.[538] In diesem Sinne schreibt auch die Theologin Schneider-Flume:

»Gegenstand christologischen Denkens ist also nicht eine historische Gestalt, eine Persönlichkeit der Weltgeschichte ... Thema der Christologie ist Jesus Christus, der Glauben provoziert«.[539]

Und der Theologe Joest meint:

»Den Ergebnissen der historischen Jesusforschung kommt keine konstitutive Bedeutung für die Christologie zu. ... den Glauben kann die Forschung nicht begründen«[540]

Das ist die Hauptstrategie, mit den für Kirche und Glauben durchweg negativen Erkenntnissen der historischen Jesusforschung klarzukommen. Der Jesus der Forschung wird für bedeutungslos erklärt, denn jeder Gläubige muss sich ja selbst vom Glauben ergreifen lassen, muss selbst den *Sprung* machen. Der Glaube kann nicht andemonstriert oder bewiesen werden.

Dies ist zwar einerseits richtig. Aber was wäre, wenn die historische Forschung z. B. durch neue Quellenfunde schlüssig nachweisen könnte, dass es eine Person Jesus von Nazareth gar nicht gegeben hätte, dass er »nur« eine literarische Fiktion ist. Bei allem Betonen, dass der Glaube sich nicht abhängig machen darf von historischen Erkenntnissen: Müsste nicht diese grundlegende Entdeckung dann doch Auswirkungen auf den Glauben haben? Könnte man weiterhin diesem Jesus Kirchen bauen und zu ihm beten, wenn nachweisbar wäre, dass er nur eine literarische Erfindung ist? Oder machte man sich nicht spätestens dann als Gläubiger lächerlich? Auf einen Glauben, der sich von keinerlei Fakten beeindrucken lässt, braucht wirklich kein Gläubiger stolz zu sein. Und tatsächlich sind die Kirchen nur deshalb lebensfähig und kann eine universitäre Dogmatik nur deshalb existieren, weil sie permanent an den Ergebnissen der neutestamentlichen Forschung vorbeischielt und die wirklich grundsätzlichen Anfragen, die sich von dort eigentlich aufdrängen, einfach nicht an sich heranlässt.

Professorale Schwärmereien

Der Banalität des Erdenlebens Jesu, seiner für uns fremden apokalyptischen Erwartung einer Gottesherrschaft steht nun aber eine dogmatische Bedeutungsüberhöhung entgegen, die sich geradezu zu überschlagen droht. Wirklich *alle* Theologen stimmen derart in einen Christushymnus ein, dass man nun wirklich denken könnte, sie hätten was geraucht. Was der historische

Jesus einfach nicht hergibt, das wollen sie mit einer Phalanx aus Superlativen und Übertreibungen ihm hinterhertragen.

Nobody is perfect? Diese schlichte Weisheit trifft eben auf Jesus nicht zu. Wo normale Menschen Fehler machen, Höhen und Tiefen haben, wird Jesus von der versammelten Dogmatikergemeinde als vollkommener Mensch geschildert. Er ist der Mensch, wie er sein sollte, meint der Theologie Tillich. Das Wirken Jesu: Für Härle hat es »den Charakter der heilsamen Zuwendung zu den Menschen um ihretwillen, also den Charakter der Liebe.«[541] Ihn nur »als ethisches Vorbild, … Wundertäter, Sozialreformer oder Gesetzgeber« zu sehen (was ja einer nüchternen Betrachtung vielleicht näher käme), das lehnt Härle explizit ab. Jesus repräsentiert voll die »Selbstoffenbarung Gottes« (S. 319), die »bedingungslose Liebe« (S. 320), wie es sonst nicht in einem Menschen möglich ist. Denkt man an die dünne Überlieferungsgrundlage, die wir von Jesus von Nazareth haben, fragt man sich schon, woher Härle seine Erkenntnisse hat. Doch er ist nur *eine* Stimme in einem vielstimmigen Chor. Trillhaas spricht von Jesus, im Rückgriff auf die Tradition, von dem »Anfänger einer neuen Menschheit«, von einem zweiten Adam, vom »Stifter des neuen Bundes« oder zweiten Mose, vom »Geber eines neuen Gesetzes«, dem »Urbild aller alttestamentlichen Typen«, vom »Stifter der Kirche«… »Er bringt nicht nur ein Wort, eine Lehre von Gott zu uns, sondern er ist überdies selbst dieses Wort. In ihm kommt Gottes Reich. In ihm begegnet uns die Wahrheit.«[542]

Für die Theologin Schneider-Flume zeigt sich in ihm die »Überfülle des Erbarmens, die in Jesu Auftreten, in seinem Wirken und in der Erzählung der Gleichnisse kontrafaktisch in die Wirklichkeit einbricht.«[543] Er bringt die »neue Wirklichkeit« zur Sprache. Für den Theologen Ebeling repräsentiert Jesus eine »absolute Sonderstellung«. Und diese Sonderstellung bedingt für ihn die »Absolutheit des Christentums«. Solche Aussagen sind kaum noch steigerbar. Doch der katholische Theologe Teilhard de Chardin setzt noch eins drauf. Bei ihm mutiert dieser Wanderprediger aus Galiläa, der möglicherweise nicht einmal lesen und schreiben konnte, zum »Christus-Universalis als das (organische) Zentrum des ganzen Universums«, als die treibende Kraft der Evolution (»Christus-Evolutor«) und als ihr letztes Ziel (»Omega«).[544] Bei solchen Worten hat man fast Verständnis dafür, dass die katholische Kirche Teilhard ein Schweigegebot auferlegt hat.

Doch woher kommen all diese Überhöhungen, Idealisierungen und Verbrämungen? Natürlich aus einer wirklichkeitsfremden dogmatischen Tradition. Die Theologen bekennen sich zwar artig zum geschichtlichen Jesus wie zu einer Ehefrau, ihre Leidenschaft aber gilt dem dogmatischen Christus als ihrer heimlichen Geliebten. Nur die Liebe (die angenehmste Form des Wahnsinns) kann erklären, warum gestandene Männer und Frauen, die sich selbst als Wissenschaftler verstanden wissen wollen, wenn sie von Jesus reden, ins Schwärmen geraten wie pubertierende Pennäler. Und alle Mahnungen der Historiker vor Idealisierung in den Wind schlagen wie diese den Rat von Eltern und Freunden. Auch wenn der Bräutigam in Wirklichkeit nur ein Traum ist – er ist doch so schön und offenbar allemal eine Auszeit von der Wirklichkeit wert.

Selbst bei Theologen, bei denen mit Recht gefragt werden kann, ob sie eigentlich noch auf dem Boden der kirchlichen Lehre stehen, finden wir diesen Rausch der Euphorie. Dorothee Sölle meint: »Ich halte Jesus von Nazareth für den glücklichsten Menschen, der je gelebt hat.« Für sie ist er eine »voll entfaltete Persönlichkeit, eine hervorragende Identität mit Phantasie«.[545] Man fragt sich: Wie kommt Sölle zu derart weit reichenden Psychologisierungen einer antiken Person, über die wir fast nichts wissen? Woher nimmt sie ihre Weisheit? Und neben der theologischen Tradition ist es offenbar auch blankes Wunschdenken, das ihre Erkenntnis leitet. Wunschdenken und Tradition sind der Stoff, aus dem die theologischen Träume sind.

Wie tief sich dieses völlig verklärte Bild von Jesus in das kollektive Bewusstsein des Abendlands eingegraben hat, zeigt sich bei Menschen, die auf den ersten Blick mit der Kirche gar nicht verbunden sind. Immanuel Kant sah in Jesus zwar keinen Gottessohn, aber immerhin doch »das Ideal der Gott wohlgefälligen Menschheit, mithin einer moralischen Vollkommenheit«.[546] Das ist ja auch nicht gerade wenig. Ernst Bloch meint: »Ein Mensch wirkte hier als schlechthin gut, das kam noch nicht vor.«[547] C. G. Jung verstand ihn als vorbildlichen Menschen, als christlichen Humanist, als Märtyrer, als ganzheitlichen Menschen. Tucholsky sah in ihm den »großen Revolutionär und reinen Menschen«, Romano Guardini verstand ihn als »Herr« und spricht von »Herrentum« und »Adel«: »Nie wird ein Hauch von Furcht an ihm fühlbar, nie ein Ausweichen, nie eine falsche Klugheit«.[548] Und Erich Fromm spricht von Jesus als der »Verkörperung des Seins und der Idee, dass Nichthaben die Voraussetzung des Seins ist«. Jesus ist ein »Held der Liebe, ein Held ohne Macht, der keine Gewalt anwandte, der nicht herrschen wollte«.[549]

Diese Aufzählung ließe sich noch beliebig verlängern. Viele Äußerungen erklären sich dabei auch aus Gründen der Polemik. Denn indem man den reinen Menschen Jesus pries, übte man auch indirekt Kritik an der unreinen und irdischen Kirche. Dennoch schwingt auch bei Kirchenfernen vielfach eine echte Begeisterung für diesen Jesus mit. Der Weihrauch der Jahrhunderte, mit dem die Kirche diese am meisten überschätzte Figur der Weltgeschichte umgibt, hat die Luft derart vernebelt, dass auch diejenigen den Weg ins Freie nur schwer finden, die sich ernsthaft darum bemühen.

Nüchtern betrachtet: Positives und Negatives im Wirken Jesu

Dogmatiker sind zugegebenermaßen die Letzten, von denen man ein realistisches Jesusbild erwarten darf. Dies gehört einfach nicht zu ihrer Stellenbeschreibung. Und selbst ihre neutestamentlichen Kollegen haben da Schwierigkeiten. Auch sie gehen allzu nüchternen Beschreibungen dieses Jesus von Nazareth gerne aus dem Weg. Sie haben zumindest eine starke Neigung, sich glaubens- und kirchenkompatibel zu äußern, wie es von ihnen als Professoren der Theologie ja auch erwartet wird. Deshalb sind auch sie nicht unschuldig, wenn ein überdrehtes und völlig unrealistisches Jesusbild der nächsten Theologengeneration vermittelt wird. Indem ihr christologischer Jubel zwar vielstimmig, aber so einhellig ist in seinen Übertreibungen und Überzeichnungen, vermitteln sie jungen Theologiestudenten das Gefühl, die christologischen Superlative seien denkbar oder seien sogar der Sache angemessen. Nüchterne Stimmen, die sich um ein differenziertes Jesusbild bemühen, gibt es an den Universitäten in aller Regel nicht. Das Koordinatensystem ist deshalb permanent verschoben: Kirchliche Positionen sind eigentlich extreme und widerlegte Anschauungen, gelten aber als Regel und werden akzeptiert, während kritische Positionen (z. B. die von Gerd Lüdemann) als »extremistisch« verunglimpft werden.

Wenn es um Jesus geht, erteilen die Theologen sich selbst Dispens von einer kritischen Darstellung und akzeptieren und praktizieren das, was sie bei einer Darstellung z. B. des Lebens Caesars streng vermeiden würden: Kritiklosigkeit, mangelnde Distanz zum Gegenstand und Schwarz-Weiß-Denken. Dass dieser Jesus wie jeder Mensch auch negative Aspekte gehabt haben *muss*, gerät nicht in ihr Blickfeld, obwohl sich sogar in den neutestamentlichen Schriften vieles hierzu findet. Doch beginnen wir mit dem Positiven.

Was auch Nichtchristen immer wieder gefällt, ist, dass Jesus sich über die Gesetzesforderungen seiner Religion hinwegsetzen konnte, wenn die konkrete Situation dies erfordert. »Das Gesetz ist um des Menschen willen da, nicht der Mensch um des Gesetzes willen«. Wer würde da nicht freudig zustimmen? Seine Jünger lässt er am Sabbat Ähren raufen, und er hilft auch am Sabbat, auch wenn dies die religiösen Autoritäten für einen schlechten Zeitpunkt halten.

Ritus und Liturgie scheinen eine untergeordnete Rolle für ihn gespielt zu haben. Seine Jünger lässt er nicht fasten. Von seinen Gegnern wird er als »Fresser und Weinsäufer« bezeichnet. Das bedeutet positiv, dass er kein Asket war und sich offenbar freuen konnte an den schönen Dingen des Lebens. Gegenüber Johannes dem Täufer, der aus der Wüste kommt und sich von Heuschrecken und wildem Honig ernährt, wirkt Jesus freundlicher und menschlicher.

Auch in der Frage nach *Rein und Unrein* scheint Jesus im Vergleich zu seiner Umwelt erstaunlich modern. Es macht ihm nichts aus, dass seine Jünger mit ungewaschenen Händen essen und damit die Reinheitsgesetze verletzen. Nicht was von außen in den Menschen kommt, macht ihn unrein, sondern was aus ihm heraus kommt. Eine schöne Haltung, jedenfalls wenn dieses Wort tatsächlich auf Jesus zurückgehen sollte, was verschiedentlich bezweifelt wird.

Sein Evangelium der nahen Gottesherrschaft hat er vor allem an Arme und Randgruppen der Gesellschaft gerichtet. Die Forderung nach sozialer Gerechtigkeit findet sich u. a. in der recht alten Logienquelle Q und im Lukasevangelium. Jesus hatte keine Berührungsängste mit »Zöllnern und Sündern«. Den Reichtum hat er kritisiert, aber den Armen das Reich Gottes zugesprochen. Er lädt sie ein, daran teilzunehmen wie an einem königlichen Festmahl. Offenbar hat er dazu nichts weiter gefordert als den Willen umzukehren und wirklich Buße zu tun. Keine Zeremonie war dazu notwendig, kein Opfer von Tieren oder Feldfrüchten, erst recht nicht eines Gottessohns. Weit entfernt ist sein Denken von der Blut- und Wundentheologie des Paulus und der späteren Kirche.

Selber offenbar arm zieht er predigend im Lande umher und spricht mit Autorität, aber nicht so wie die »Schriftgelehrten und Pharisäer«. Jesus konnte die Menschen begeistern, er rief sie heraus aus ihren Bindungen und hoffte mit ihnen auf das Neue, Unerhörte, das alle Verhältnisse umdrehen wird und das mit der baldigen Aufrichtung der Gottesherrschaft anbricht. Ihr Kommen beschreibt er in phantasiereichen Gleichnissen, die sich den Hörern eingeprägt haben. Er vermittelt Hoffnung und spricht von Gott als von dem liebenden Vater, der sich freut über jeden verlorenen Sohn, der heimkehrt. Dass er am Ende seines Lebens mit der Staatsmacht in Konflikt gerät und ihr unterliegt, macht ihn zum Märtyrer, der für seinen Glauben einsteht und Respekt abnötigt.

Alle diese Beschreibungen sind gut und richtig und werden in theologischen und religiösen Büchern und von Kanzeln herab seit Hunderten von Jahren immer wieder betont und nach allen Richtungen durchdekliniert. Was aber in Dogmatiken, Predigten und der Unmenge an Jesusbüchern durchweg fehlt, sind die negativen Seiten dieses Jesus von Nazareth, ohne die es kein halbwegs rundes Bild von seiner Erscheinung geben kann. Auch diese sollen hier nur angedeutet werden.

Jesus war ein Irrender. Das Zentrum seiner Lehre bestand in einem fundamentalen Irrtum. Er war Apokalyptiker. Wie viele nach ihm und vor ihm hat er sich betören lassen vom Gedanken, am Ende der Zeiten zu leben und die Gottesherrschaft anbrechen zu sehen. Dies hat sein Denken bestimmt und seine Predigt beflügelt. Das Gottesreich aber kam nicht. Seine Fähigkeit, Menschen faszinieren zu können, hat er genutzt (natürlich ohne dass ihm dies bewusst war), um andere Menschen zur Teilnahme an seinem Irrtum zu bewegen. Sein unbedingter Ruf in die Nachfolge führte in die Irre.

Jesus war ein religiöser Partikularist und Nationalist. Anders als dies Kirche und Gläubige heute sehen wollen, hatte dieser Jesus keine Botschaft *für die Menschheit*. Er war gläubiger Jude und ist dies bis zum Ende seines Lebens geblieben. Menschen anderer Religionen galt seine Lehre nicht, »Ungläubige« hat er gemieden. Nur die »verlorenen Schafe des Hauses Israel« waren in seinem Blickfeld. Er hatte kein Wort für die Christen und für uns. Auch sein Verhältnis zum jüdischen Gesetz muss man sich viel positiver vorstellen als die christliche Polemik dies später zugelassen hat. Dass die Urgemeinde sowohl Tempelkult, Gesetz und Beschneidung beachtet hat, und der Jesusbruder Jakobus von allen, die über ihn schreiben, als »der Gerechte« bezeichnet und geachtet wird, lässt erkennen, dass schon Jesus selbst bei aller Freiheit der Interpretation sich nicht von der Gesetzlichkeit verabschiedet hat. Wer Jesus also heute nachfolgen will – und romantische Gläubige in aller Welt liegen einem ja ständig damit in den Ohren – der müsste eigentlich zuerst einmal Jude werden. Außerhalb des Judentums gab es für Jesus kein Heil.

Jesus repräsentierte auch viel zeitgenössischen Aberglauben. Als ein Kind seiner Zeit hat er den Höllenglauben geteilt. Mit dem Ort, wo »Heulen und Zähneklappern« herrscht, hört man ihn häufig drohen. Und trotz der Ablehnung einer Unterscheidung von Rein und Unrein sieht er die Welt unter Schwarz-Weiß-Kategorien und teilt sie ein in Gut und Böse. Er teilte auch den zeitgenössischen Glauben an den Teufel und an ein Endgericht. Wie er seine frohe Botschaft vom Reiche Gottes mit diesen doch negativen Faktoren ins Verhältnis setzte, wissen wir nicht. Hat er sie überhaupt wahrgenommen? Geriet auch er schon damit in ähnliche Aporien und Scheinprobleme wie die sich später auf ihn berufenden Theologen?

Jesu Lehre war nicht neu. Wie viele Charismatiker, Demagogen und begnadete Redner wirkte er offenbar mehr durch seine Erscheinung und sein

Auftreten als durch seine Lehre. Sein Gebot der Nächstenliebe, das heute an ihm so gerühmt wird, findet sich in den ältesten Quellen keineswegs so dominant, wie es spätere Gläubige gerne hätten. Hat er sie vertreten, dann bleibt immer noch unklar, ob sie sich auch auf Nichtjuden bezogen hat. Es spricht eher einiges dagegen.

Jesu Lehre war auch widersprüchlich. Einerseits betont er, dass schon ein böser Gedanke die Verurteilung des Menschen im göttlichen Gericht nach sich ziehen kann, doch andererseits hält er sich selbst nicht zurück, wo es um das »Natterngezücht« der Pharisäer und Schriftgelehrten geht. »Heiliger Zorn«, wie seine Gläubigen später entschuldigend sagen. Doch seine angebliche Liebesbotschaft geht einher mit der Verfluchung ganzer Städte. Wenn sein Nachfolgeruf keine Rücksicht darauf verlangt, ob man noch vorher seine Eltern begraben darf, dann war seine Verkündigung nicht ohne Grausamkeit und mit einer bedenklichen Vernachlässigung des Gebots der Elternehrung. Wut und sogar Jähzorn (Verfluchung eines Feigenbaums) haben diesen Jesus offenbar ebenso begleitet wie vielleicht sein Liebesgebot.

Jesu Verkündigung war nicht frei von religiösem Kitsch. Vielleicht verdankt er ihm bei seiner weitgehend ungebildeten Zuhörerschaft sogar einen Gutteil seines Erfolgs; er wäre damit nicht der Erste gewesen. Wenn er dazu aufruft, sich nicht um das Essen zu sorgen, weil dies die »Vögel im Himmel und die Blumen auf dem Felde« ja auch nicht tun, und wenn er meint, dass man alles erreichen könne, wenn man nur fest genug glaubt, dann hat man zumindest ein sehr fragwürdiges Niveau der Argumentation erreicht. Wunschdenken und Selbstsuggestion wird man auch seiner »voll entfalteten Persönlichkeit« (Schneider-Flume) oder diesem »Ideal moralischer Vollkommenheit« (Kant) zusprechen müssen.

Jesus war ein Extremist. Sein Ende bezeugt seinen religiösen Extremismus, seine Exaltiertheit kostete ihn den Kopf. Zwar kennen wir die genauen Gründe seiner Hinrichtung nicht, aber nur weil er zur Liebe zwischen den Menschen aufgerufen hat, gar zur Feindesliebe zu den Römern, werden ihn diese Römer sicherlich nicht hingerichtet haben. Er muss für sie auch politisch gefährlich gewesen sein. Und vielleicht hat er am Ende seines Lebens sich doch zunehmend als Messias verstanden, wie es so viele andere vor und nach ihm in diesem unruhigen ersten Jahrhundert in Judäa getan haben. Es greift möglicherweise zu kurz, wenn ihn unsere Theologen gerne als unpolitischen Menschen darstellen wollen. Allein sein Zentralbegriff »Reich Gottes« war in seiner Umwelt eminent politisch aufgeladen, denn er beinhaltete praktisch immer eine Beseitigung der römischen Herrschaft, an deren Stelle ja dann

Gott herrschen soll. Erst später, nach dem Untergang Israels im Jüdischen Krieg haben Christen wie Juden das Reich Gottes unpolitisch in den Himmeln verortet. Man wäre gerne beim Prozess Jesu, wenn es überhaupt einen gegeben hat, dabei gewesen und hätte seine Verteidigungsrede gehört, um die Motive dieses später zum Gott erklärten Menschen, der kein einziges Wort schriftlich hinterlassen hat, besser zu verstehen.

Anhaltspunkte für die gerade skizzierten negativen Seiten Jesu finden sich noch deutlich in den Evangelien, und dies, obwohl die Evangelien natürlich je später je mehr ein deutliches Interesse hatten, Jesus zu glorifizieren. Und als hätten sie sich abgesprochen, verweigern die Dogmatiker hartnäckig den Blick auf diese fragwürdigen und negativen Aspekte Jesu. Es scheint ihnen allemal wichtiger zu sein, ein Zerrbild zu pflegen und weiter vor dem dogmatischen Idealbild zu räuchern, statt ihrem Jesus, so wie er vermutlich gewesen ist, wirklich auf die Spur zu kommen. Die Jesusbilder der Dogmatiker erweisen auch die Dogmatiker (soweit ich sehe allesamt) als Verfechter einer Jesus-Ideologie. Es sieht bei ihnen etwas zwar gelehrter aus, doch auch sie tanzen mit den einfachen Gläubigen um das goldene Kalb, den selbst geschaffenen Gott, einen erfundenen Christus.

Kreuz und Auferstehung

Es war die erste große theologische Leistung der keimenden Kirche, den Tod Jesu am Kreuz umgedeutet zu haben. Aus dem religiösen Verlierer (oder dem gescheiterten Revolutionär) hat sie einen Sieger gemacht. Dass Jesus tatsächlich am Kreuz einen schändlichen Verbrechertod gestorben ist, den die Römer politischen Aufrührern vorbehielten, darin gibt es nichts zu rütteln. Die Hinrichtung Jesu ist für Historiker das sicherste Faktum seiner kurzen Wirksamkeit. Die frühen Christen leugnen dieses Faktum nicht. Und für die Juden ist der Tod Jesu bis heute ein klarer Beweis dafür, dass dieser Jesus unmöglich in besonderer Nähe zu Gott gestanden haben kann oder gar der Messias war.

Sein Tod war für die Jünger ein Schock. Der Mann, der eben noch in Galiläa mit offenbar nicht geringem Erfolg gepredigt hatte, in dessen Schatten sie gelebt hatten, zieht wie so viele zum Passahfest nach Jerusalem und wird dort verhaftet und hingerichtet. Hätte Jesus als Messias oder als Gottessohn dies nicht voraussehen können? So fragen seine Anhänger später und erfinden die sog. Leidensweissagungen, nach denen Jesus klassisch dreimal seinen bevorstehenden Tod ankündigt. Die Leidensankündigungen gelten in der Forschung einhellig als *sekundär* oder *nachösterlich* (wie sich die Neutestamentler vornehm ausdrücken), als Fälschungen, wenn man das Kind beim Namen nennt. Viel wahrscheinlicher ist es, dass Jesus seine Jünger eben nicht auf seine Verhaftung und seinen Tod vorbereitet hat, denn seine Jünger fliehen in Panik aus der Stadt und sind bei seiner Hinrichtung nicht mehr vor Ort. Viel spricht deshalb dafür, dass auch Jesus selbst von diesem Ausgang der Geschichte überrascht war. Er hatte ihn nicht erwartet und nicht geplant.

Was genau zu seiner Verhaftung geführt hat, wie genau die Anklage lautete, ist ungewiss. Hat er tatsächlich im Tempelvorhof die Tische der Geldwechsler umgestoßen, nach dem Johannesevangelium dabei sogar bewaffnet (Joh 2,15)? Im Tempel galt die tyrische Währung, und die Geldwechsler waren schlichtweg nötig für den Kultbetrieb. Man könnte verstehen, dass die Römer angesichts des mit Pilgern überfüllten Jerusalems und der permanenten Gefahr eines Aufstands den Unruhestifter dingfest gemacht haben. Oder hat Jesus »nur« mit aufrührerischen Reden gegen den Tempelkult auf sich aufmerksam gemacht? Wollte er mit seinem Auftreten die sadduzäische Oberschicht bewusst provozieren, die nicht wenig vom Tempelkult profitierte und mit den Römern in friedlichem Einvernehmen stand? So die häufigsten Vermutungen der Neutestamentler. Aber die genauen Anklagepunkte sind uns nicht bekannt, nachösterliche christliche Deutungen des Geschehens haben gerade die Passion Jesu mehr überwuchert als alles andere. War er ein Revolutionär, der seinen Aberglauben eines Reiches Gottes auch unbedingt in der Hauptstadt verkünden wollte? Hat er es sich zumindest gefallen lassen, dass Menschen ihn für den Messias halten wollten? Hat er sich selbst gar zum König der Juden (so der Kreuzestitulus) erklärt?

Oder war Jesus vielleicht auch nur ein Opfer seiner Überheblichkeit? Aus der galiläischen Provinz kommend, wo er eine Anhängerschaft und einen Sympathisantenkreis sammeln konnte, kam er in die Großstadt und hat vielleicht mit übereilten Aktionen oder leichtfertigen Reden sich in kurzer Zeit mächtige Feinde gemacht. Vielleicht hat er die Situation einfach völlig falsch eingeschätzt, vielleicht entstand sein Wille, sich irgendwie vor so vielen Menschen produzieren zu müssen, ganz spontan? Ein Tod aus religiöser Überheblichkeit? Oder lag seinem Ende doch irgendwie doch ein Plan zugrunde? Wollte er das Reich Gottes durch sein Handeln herbeizwingen? Hat er erst am Kreuz seinen fatalen Irrtum erkannt? »Mein Gott, warum hast du mich verlassen...« Fünf Jahre ihres Lebens gäben nun erneut die Neutestamentler, wenn sie Einblick in so etwas wie die Prozessakten zum Fall Jesu bekämen, oder wenn sie (dann legten sie noch einmal fünf Jahre drauf) gar für ein verlängertes Wochenende unsichtbar die Tage von der Ankunft Jesu in Jerusalem bis zu seiner Hinrichtung und seiner behaupteten Auferstehung in einem Zeitsprung miterleben könnten.

Spätere Dogmatik jedenfalls sieht in allem ein sinnhaftes und folgerichtiges Geschehen, das Abrollen eines göttlichen Weltplans, und in einem schändlichen Tod eines geschundenen Menschen irgendwo am Hinterteil des Römischen Reiches den Mittelpunkt der christlichen Heilsgeschichte. Doch damit beschreiben sie nur den Endpunkt der dogmatischen Entwicklung. Der Tod Jesu musste dazu erst von einem negativen in ein positives Ereignis umgedeutet werden. Es lässt sich aus einzelnen Formulierungen im Neuen Testament noch rückschließen, dass die ältesten Deutungen des Todes Jesu seinen Tod noch negativ sehen. Man konnte Jesu Tod verstehen als ein *typisches gewaltsames Prophetengeschick* (Lk 13,34; Mt 23,31).[550] Auch Paulus kann diese Vorstellung noch referieren (1. Thess 2,14-16), auch wenn er sonst eine andere Vorstellung vertritt. Tendenz dieser Vorstellung: *Es ist mal wieder typisch, wie die Mächtigen mit einem Propheten wie Jesus umgegangen sind.* Bemerkenswert ist an dieser Interpretation: Der Tod Jesu hat noch keinerlei sühnende Funktion, er wird als nur negativ angesehen. Sein Tod ist ein Beweis für die Schlechtigkeit der Menschen. Es ist aufschlussreich, dass die älteste Quelle zum Leben Jesu, die Logienquelle Q, den Tod Jesu offenbar auch in diesem Kontext gesehen hat. Und dass Q Jesus noch nicht als *Messias* verstanden hat, sondern mehr als prophetischen Weisheitslehrer. Q verwendet überwiegend den Titel *Menschensohn* und versteht darunter den kommenden Menschensohn, aber offenbar nicht Jesus selbst. Wir sind bei dieser Deutung des Todes Jesu ganz in der Nähe des Glaubens der Urgemeinde, die Jesus zwar verehrt, aber noch so, dass es mit ihrem jüdischen Glauben verhältnismäßig problemlos zu vereinbaren war. Jakobus, der leibliche Bruder Jesu, der lange die Urgemeinde in Jerusalem geleitet hat, wird noch als »der Gerechte« bezeichnet. Allerdings erwartete die Urgemeinde die Rückkehr Jesu *als* Messias. Den irdischen Jesus hat sie offenbar noch nicht als Messias gesehen; erst mit seiner Auferstehung sei er quasi zum Messias befördert worden.

Eine weitere Deutungsmöglichkeit sah Jesu Tod als typisches *Leiden des Gerechten*. Die Passion bei Markus scheint aus dieser Vorstellung heraus noch gestaltet worden zu sein, denn Psalm 22, den Jesus nach Markus betet, passt gut zu diesem Schema. Jesus stirbt den Tod eines gerechten und aufrechten Menschen. Bemerkenswert ist auch hier, dass der Tod selbst negativ gesehen wird und dass ihm ebenfalls noch keine Sühnefunktion zukommt.

»Gerade für die frühe Gemeinde war es jedoch keineswegs von Anfang an klar ersichtlich, welchen Sinn das Kreuzesgeschick Jesu eigentlich haben sollte. Das zeigt sich etwa an der Emmaus-Geschichte oder an der Tatsache, dass es im Neuen Testament einzelne Bekenntnisformeln gibt, die das Kreuz übergehen.«[551]

Durchgesetzt hat sich aber bald die Deutung des Todes Jesu *als stellvertretendes Leiden*. Das ist die Sicht des Paulus, die uns heute quasi »normal« vorkommt. Dabei war sie ursprünglich nur eine von mehreren unterschiedlichen Deutungen, den Tod Jesu am Kreuz zu verstehen. Ein gerechter Mensch, der Unrecht zu erleiden hat; das wäre auch für heutige Menschen ein nachvollziehbarer Gedanke gewesen. Doch mit der Deutung des Todes Jesu als stellvertretendes Sterben für die Sünden der Menschheit; damit hat sich eine extreme und absurde Sicht Geltung verschafft, ein archaischer Blutopfergedanke, eine mythologische Zumutung, von der sich heute auch viele Christen gerne verabschieden würden.

Die Anfänge des Auferstehungsglaubens

Außergewöhnlich deutlich fasst der Theologe Trillhaas (obwohl Dogmatiker!) das Wirken Jesu bis zu seinem Tode zusammen:

»Der sog. historische Jesus und der Christus, an den die Gemeinde glaubt, sind nicht identisch. Ob Jesus sich selbst verkündigt hat, ist zum mindesten sehr fraglich. Die christologischen Würdenamen sind ihm von der Gemeinde beigelegt worden. Jesus ist im Wesentlichen eschatologischer Prophet gewesen. Jesu Wirken ist mit seinem Tode zu Ende. Hat Jesus die nahe Parusie verkündigt und sie zur Basis seiner Forderung nach Umkehr und seiner rigorosen Ethik gemacht, so gilt, dass diese Voraussetzung nicht eingetreten ist, dass er also gescheitert ist. In der Geschichte dieses historischen Jesus kommt Ostern nicht vor.«[552]

Jesus hatte mit seiner Auferstehung[553] nicht das Geringste zu tun. Sein Weg endet als gescheiterter Radikalist und Apokalyptiker am Kreuz. Der Rest war Sache seiner Gläubigen. Diese deuteten seinen schändlichen Tod in ein Heilsgeschehen um und verkündeten darüber hinaus auch noch seine Auferstehung. Sühnetod und Auferstehung widersprechen sich dabei eigentlich, denn wenn Jesus wirklich für die Sünden der Menschen gestorben ist, dann macht es doch wenig Sinn, wenn er drei Tage später wieder auftaucht. Was wäre denn das für ein seltsames Opfer gewesen? Dann könnte man ja denken, sein Tod war gar nicht so ernst gemeint. Tod nur für drei Tage? – Damit kann man leben. Viele Eltern wären froh, wenn ihre Kinder mal für drei Tage aus dem Haus wären. Die Auferstehung Jesu konterkariert seinen Sühnetod.

Solche Ungereimtheiten entstehen, wenn zwei Gedankenkreise sich unabhängig voneinander entwickeln und dann in einer Art Gesamttheorie (hier einer Dogmatik) verbunden werden müssen.

In der neutestamentlichen Forschung wird unterschieden zwischen kurzen und bekenntnisartigen Formeln, die die Auferstehung bezeugen (Röm 10,9; 1. Thess 1,10; 1. Kor 6,14) und den ausführlichen Auferstehungslegenden, die erzählen, wie der auferstandene Jesus seinen Jüngern erschienen ist. Die Auferstehungslegenden gelten in der Forschung fast allgemein als unhistorisch, als nachträgliche Erfindungen der Gemeinde oder der Evangelisten. Jeder Evangelist bringt auch andere Geschichten, und keine zwei stimmen überein. Dies hängt vielleicht damit zusammen, dass das Markusevangelium in seiner ältesten Form keine Auferstehungsgeschichten enthalten hat. Es endete ursprünglich mit der Geschichte vom leeren Grab, Mk 16,8. Erst im zweiten oder dritten Jahrhundert wurden an das Markusevangelium Erscheinungsgeschichten angefügt, die aus den späteren Evangelien übernommen wurden, also von ihnen literarisch abhängig sind. Offenbar spielte die Auferstehung Jesu in der Frühzeit noch keine so große Rolle. Dies wird auch durch die Logienquelle Q bestätigt, die ebenfalls weder Passions- noch Auferstehungslegenden bringt. Die Evangelisten Matthäus und Lukas fanden also in ihren Hauptquellen keine Auferstehungsgeschichten vor. Vieles von dem, was sie dennoch bringen, lässt sich sprachlich und inhaltlich aus deren eigenen theologischen Prämissen herleiten. Sie haben zumindest teilweise die Auferstehungsgeschichten selbst erfunden.

Trotz dieses negativen Befunds in den Evangelien ist der Auferstehungsglaube selbst bei den ersten Anhängern Jesu jedoch sehr früh nachzuweisen. Paulus bringt knapp 20 Jahre nach Jesu Tod in 1. Kor 15,3b-5 eine Formel, die er offenbar schon lange kennt und die von Erscheinungen Jesu spricht. Ja er sagt, dass auch ihm selbst Jesus erschienen sei. Diese Verse im Korintherbrief gelten als Schlüsselstelle zum Verständnis des Auferstehungsglaubens. Denn Paulus verwendet für die Erscheinung Jesu, die er selbst erlebt hat, das gleiche Verb wie bei den Erscheinungen vor den anderen Jüngern, nämlich *ophte*, den Aorist des griechischen Verbs *orao*. Und dies heißt übersetzt: *Er erschien*. Die Bekehrung des Paulus, auf die dieser anspielt, wird in der Apostelgeschichte aber als eine *Vision* geschildert, also als das Sehen von etwas, was andere nicht wahrnehmen konnten. Die meisten Neutestamentler gehen deshalb davon aus, dass der Auferstehungsglaube seinen Ursprung in *Visionen* einzelner Jünger hatte, die meinten, dass ihnen Jesus *erschienen* sei.

Wie sind nun solche Erscheinungen zu beurteilen? In der Forschung unterscheidet man die subjektive und die objektive Visionstheorie. Nach der subjektiven sind es schlicht Einbildungen gewesen, denen nichts zugrunde lag als die Ergriffenheit und der Eindruck, den dieser Jesus bei seinen Jüngern sicherlich hinterlassen hat. Man weiß ja aus der Religionsgeschichte und auch der Psychologie, dass die religiöse Ergriffenheit in der Lage ist, das Wirklichkeitsempfinden von Menschen massiv zu stören und zu verfremden. Die Erscheinung Jesu, offenbar zuerst bei Petrus, hätte dann dazu geführt, dass auch andere Jünger plötzlich Erscheinungen hatten. Und der nächste, dem sie davon erzählten, wäre vielleicht schon mehr von der Realität des Geschehenen überzeugt gewesen als die Erzähler selbst. Die subjektive Visionstheorie beschreibt also ein Kopfkino, das sich durch die mündliche Weitergabe verselbstständigt und verstärkt hat. Die objektive Visionstheorie (meist von konservativen Exegeten vertreten) will dagegen hier etwas am Werk sehen, das sich außerhalb der Psyche der Jünger ereignet habe.

Sicher ist, dass der Gedanke einer Auferstehung Jesu für seine Zeitgenossen *nicht* bedeutet hat, dass er damit z. B. als Messias bestätigt gewesen wäre oder gar als ein Teil der Trinität (die ja noch gar nicht erfunden war), sondern die Auferstehung war sicherlich nur Ausdruck einer Wertschätzung Jesu durch Gott selbst im Sinne von »Gott hat ihn nicht im Tode gelassen«. Denn aus den alten Schriften wusste man, dass Gott wohlgefällige Menschen zuweilen aus dem Todesschicksal herausnahm, sie konnten noch vor ihrem Tod zu Gott *entrückt* werden. Henoch und dem Propheten Elia wurde dies nachgesagt. Damit war aber keinesfalls die Vorstellung verbunden, sie seien deshalb göttlich gewesen. So war auch der Gedanke der Auferstehung Jesu ursprünglich nur ein nachträglicher Beleg für Jesu Verbundenheit mit Gott. Dem entspricht auch der Sprachgebrauch, der in einer älteren Form davon spricht, dass Jesus *auferweckt* wurde (wobei also Jesus rein passiv gedacht war), aber wo man in jüngeren Formulierungen davon sprechen konnte, dass er *auferstanden* sei (wo also Jesus aktiv ist).

Es gäbe jedoch noch eine andere Möglichkeit, um zu erklären, wie der Auferstehungsglaube entstanden sein könnte. Es sei vorausgeschickt, dass diese Sicht heute *keine* Anerkennung durch Neutestamentler findet, wir also hier den Mainstream der Forschung verlassen. Aber man findet diesen Gedanken ähnlich schon bei Reimarus. Er geht davon aus, dass die Jünger die Auferstehung Jesu erfunden haben, dass es sich also nicht um eine unbewusste Selbsttäuschung, sondern eine bewusste Täuschung gehandelt habe. Denn schon in der Antike ist aufgefallen, dass es keine neutralen Zeugen für eine

Auferstehung Jesu gegeben hat. Der Auferstandene hat sich nur seinen Jüngern gezeigt, er hat es offenbar nicht für nötig empfunden (warum eigentlich nicht?) z. B. dem Pilatus zu erscheinen und das (allerdings unhistorische) Gespräch über die Wahrheit fortzusetzen. Nur seine Jünger behaupteten seine Auferstehung, und das sind natürlich die denkbar schlechtesten Zeugen. Wäre es nicht möglich, dass die Auferstehung sich tatsächlich am besten als Erfindung der Jünger erklärt? Denn nach dem Tode ihres Meisters standen die Jünger plötzlich selbst in der ersten Reihe, wurden befragt, hofiert und wertgeschätzt als die, die der Meister selbst ausgewählt hatte. Die Verehrung, die Jesus zu Lebzeiten zweifellos entgegengeschlagen ist, strahlte nun auch auf sie ab. Und was sollten sie nach dem Tode Jesu tun? Sollten sie zurück zu ihren Fischerbooten und ihr vorheriges karges Leben wieder aufnehmen? Wieder in der Bedeutungslosigkeit verschwinden? Oder hielt man die Flamme am Brennen und bestätigte die außergewöhnliche Erscheinung Jesu durch die Kunde seiner Auferstehung? Jesu Jünger konnten sich der sozialen (und auch finanziellen?) Wertschätzung der Jesusverehrer auf jeden Fall sicher sein. In der Literatur liest man zwar oft, das Bekenntnis zu Jesus sei gefahrvoll gewesen, aber das ist bei genauerem Hinsehen so nicht richtig. Denn unmittelbar nach Jesu Tod gab es eben noch keine Verfolgungssituation, der seine ersten Jünger ausgesetzt waren. Die Verehrung Jesu samt der Verkündigung seiner Auferstehung als Zeichen der Wertschätzung durch Gott konnte noch gänzlich im Rahmen des Judentums erfolgen. Die Jünger hatten also nichts zu verlieren, aber mancherlei Vorteile durch die behauptete Auferstehung ihres Herrn. Nicht dass man dies nach heutigem Stand belegen oder gar beweisen könnte, aber psychologisch wäre es erklärbar und verständlich. Auf göttliche Mirakel, Theologenkonstruktionen wie *objektive Visionen* etc. könnte man bei dieser Erklärung ebenfalls verzichten.

Am Anfang der nachösterlichen Gemeinde stand das Bekenntnis zur Auferstehung Jesu. Dieses erscheint aber anfangs noch merkwürdig blass, es wird nur das bloße *Dass* seiner Auferstehung verkündet. Vielleicht hatte es ursprünglich nur den Sinn, die Bedeutung dieses Jesus zu betonen, ohne dass man konkrete Erscheinungsgeschichten verlangte. Trifft dies zu, dann ist es jedenfalls nicht so geblieben. Spätere Gläubige verlangten handfeste Geschichten, und die Evangelisten lieferten sie, aus uns unbekannten Traditionen oder aus eigener Feder. Dabei entstanden nicht nur kaum zu harmonisierende Erzähltraditionen mit unterschiedlichen theologischen Ausrichtungen; es auch wurde »vergessen«, eine Geschichte zu erfinden, in der Petrus und der Auferstandene die Hauptrolle spielten, denn nach der paulinischen Formel in

1. Kor. 15 war Petrus ja der erste Auferstehungszeuge. Aber die Evangelisten, von denen unklar ist, wo sie ihre Evangelien geschrieben haben, wussten vielleicht gar nichts von der Tradition, die Paulus zitiert und die ihm offenbar so wichtig war.

Dafür wusste Paulus aber offenbar noch nichts von einem leeren Grab. Alle vier Evangelisten berichten darüber, und jeder mit deutlichen Abweichungen.[554] Ob es historisch ist, ist umstritten. Es spricht einiges dafür, dass es überhaupt kein Grab Jesu gegeben hat, denn Hingerichtete wurden oft bewusst nicht begraben, sondern Geiern und Hunden zum Fraß überlassen. Die Römer wollten damit demonstrieren, was mit denen geschieht, die sich ihrer Herrschaft widersetzen. Und weiter setzt der Glaube an die Auferstehung nicht unbedingt ein leeres Grab voraus. Denn es gibt viele Menschen, die nach dem Tod von nahen Angehörigen meinen, der geliebte Verstorbene sei ihnen noch irgendwie erschienen. Doch keiner würde annehmen, dass der Leichnam deshalb nicht mehr in seinem Grab sei. Ein angebliches Grab Jesu wird in Jerusalem jedenfalls in den ersten zwei Jahrhunderten nicht verehrt.

Moderne Theologen und eine mirakulöse Auferstehung

Die Auferstehung Jesu ist das Zentralwunder des Christentums. Theologen können sich nicht so einfach davon distanzieren und sie freimütig als Legende einstufen, wie man beispielsweise die Herkunft einer »gewöhnlichen« Wundergeschichte Jesu aus der nachösterlichen Gemeinde zugestehen kann. Mit der Auferstehung steht mehr auf dem Spiel. Schon der Apostel Paulus, der uns ja keine Wunder Jesu berichtet, legt auf das Wunder *an* Jesus allergrößten Wert.

»Wenn aber Christus nicht auferweckt worden ist, dann ist euer Glaube nutzlos und ihr seid immer noch in euren Sünden.« (1. Kor 15,17)

Deshalb wollen Dogmatiker – anders als viele Neutestamentler – nicht von subjektiven Visionen sprechen. »Die Aussage [der] Präsenz des Auferstandenen« dürfe »nicht preisgegeben werden« (Joest). Sie betonen die Einzigartigkeit des Geschehens und die »Gottestat«, die sich aber nicht mit Mitteln der historischen Kritik erweisen lasse. Die Auferstehung Jesu »entzieht sich jeder wissenschaftlichen Verifizierung und Analyse.«[555] Was fast wie das Eingeständnis der Fragwürdigkeit klingt, ist in Wahrheit eine Immunisierungsstrategie. Dahinter steht der Gedanke: Wenn es nicht historisch-kritisch verifiziert werden kann, dann kann es ebenso auch nicht falsifiziert werden. Und in dieser Unmöglichkeit, letztlich nicht beweisen zu können, dass die Auferstehung *nicht* geschehen sei, richten es sich die Theologen gemütlich ein, so wie sie dies bei der Frage, ob es einen Gott gibt, der auch nicht eindeutig widerlegt werden kann, auch schon tun. Im Hintergrund dieses Denkens steht die Anschauung von Ernst Troeltsch,[556] dass alles historische Geschehen sich in Analogie zu anderem Geschehen ereigne und beschreiben lasse, untereinander in Beziehung (Korrelation) steht und so auch historisch zu beurteilen sei. Zweifellos hat Troeltsch die Prinzipien, die historische Arbeit kennzeichnen, richtig beschrieben. Dogmatiker meinen sie nun für sich nutzbar machen zu können. Die Auferstehung Jesu sei ein singuläres Geschehen gewesen, zu dem es keine Analogie gibt. Also kann dieses Geschehen auch nicht in Korrelation zu anderem Geschehen stehen, und weil dies so ist, entzieht sich die Auferstehung auch der historischen Kritik. Man könnte hier einräumen, dass z. B. die Himmelsreise Mohammeds, der mit einem sagenhaften Reittier in den Himmel aufbricht und zu einer unbekannten Kultstätte gelangt, sich ebenso der historischen Kritik entzieht, denn auch dieses Geschehen wäre ja ohne Analogie. Auf diese Weise könnte jede phantastische Erzählung diskussionswürdig werden, und auch die berühmte Teekanne von Bertrand Russell, die ja, wie man weiß, zwischen Erde und Mars auf einer Umlaufbahn die Sonne umkreist, wäre ebenso wenig beweisbar wie widerlegbar. So hat dies Ernst Troeltsch sicherlich nicht verstanden wissen wollen.

Und außerdem kommt hinzu, dass die Auferstehung tatsächlich nicht so analogielos ist, wie die Dogmatiker meinen.

»Vor Christus standen von den Toten auf der babylonische Tammuz (*treuer Sohn*), dessen Kult sich bis nach Jerusalem ausgebreitet hatte, der syrische Adonis (*Herr*), der phrygische Attis, der ägyptische Osiris, der thrakische Dionysos u. a. Manche dieser Götter erduldeten Leid oder Martern, einige starben am Kreuz; selbst Sühnecharakter besaß manchmal ihr Tod.«[557]

Für die Kirchenväter in ihrer antiken Umgebung jedenfalls war Auferstehung nichts Neues. Sie konnten für ihre Verkündigung der Auferstehung Jesu sogar daran anknüpfen.

Doch die Argumentationsrichtung hat sich seitdem umgedreht. Dass man auf antiken Märkten ausrufen konnte: »Jungfrauengeburt, Wunder und Auferstehung: Seht her, unser Jesus hatte das auch« – dies wirkt heute eher als Gegenbeweis. Der Glaube an Jesus und an seine Auferstehung wird eingereiht in den antiken Aberglauben. Und eben in diesen Kontext gehört er auch hinein. Bis sich diese Einsicht aber allgemein durchgesetzt haben wird, werden noch Jahrhunderte vergehen. Auch der Glaube an Zeus, an Baal, an Thor hat sich noch zäh gehalten, als die Religionsprozession längst schon einen Altar weiter war. Jedem religiösen Glauben ist es bestimmt, einst zum Aberglauben zu werden. Und das stellt keine Dekadenz dar, sondern ist ein Vorgang von Reifung.

Wundererzählungen irgendwelcher Religionen sind für christliche Theologen natürlich Produkt menschlicher Erfindungskraft. Bei anderen Religionen gibt man sich aufgeklärt, doch vom eigenen mirakulösen Überlieferungsgut versucht man zu retten, was zu retten ist. Selbst heute noch, nach 200 Jahren kritischer Forschung, möchten einzelne Theologen die Auferstehung noch als wirkliches Geschehen verstanden wissen und nicht nur als »Glaubenszeugnis«. So versteht der Theologe Pannenberg die Auferstehung als historisch geschehen. Er beruft sich dabei auf das zweifellos hohe Alter des von Paulus übermittelten Auferstehungsbekenntnisses in 1. Kor 15. Zudem habe Paulus die Jünger, die die ersten Erscheinungen hatten, vielfach noch persönlich gekannt. Warum solle die Auferstehung also nicht wirklich geschehen sein? Sogar Profanhistoriker müssten laut Pannenberg die Historizität der Auferstehung Jesu feststellen können. Es sei eine Einschränkung von Wirklichkeit, wenn man annehme, nur weil es keine Analogie im Sinne Troeltschs gebe, könne etwas nicht geschehen sein.[558]

Die Theologin Schneider-Flume scheint dem zuzustimmen. Einerseits betont sie, dass das »Geschehen der Auferweckung ... nicht objektivierbar und historisch greifbar« sei, um dann zwei Seiten weiter doch festzustellen: »Es gibt keinen Anlass, an der Historizität der Erscheinungsberichte zu zweifeln«.[559] Wer dies doch tut und erklärt, »es handle sich dabei um eine subjektive, psychisch bedingte Vision«, dann zeuge dies »von einer eingeschränkten Wirklichkeitssicht.«[560] Man darf mit Recht fragen, ob die eingeschränkte Wirklichkeitssicht nicht eher unserer Theologin anzulasten ist. Schneider-Flume bringt dazu noch einige theologische Schwurbeleien:

»Die Auferstehung Jesu Christi, seine Auferweckung durch Gott ist Gottes Durchbrechung der Welt des Todes, der Lebensfeindschaft und der Lieblosigkeit. Durch die Auferstehung ist Jesus Christus heute gegenwärtig, aufgrund der Auferstehung können Menschen durch den Glauben gerechtfertigt leben.«[561]

Große Worte: *Durchbrechung der Welt des Todes, der Lebensfeindschaft*; das klingt heroisch und wichtig, ist genauer betrachtet jedoch nur eine Ansammlung theologischer Phrasen, bloßes Wortgeraune mit einer angemaßten Bedeutsamkeit. Solche Währung wird mit Recht nur in Theologenkreisen akzeptiert. Ein Meister dieser Vernebelungsrhetorik ist der Theologe Dalferth:

»Das christliche Auferweckungsbekenntnis [...] ist Ausdruck einer fundamentalen Erfahrungsintensivierung durch hermeneutische Selbstanwen-

dung und als solches ein hermeneutisches Ereignis, das die Welt verändert hat.«[562]
Fundamentale Erfahrungsintensivierung durch hermeneutische Selbstanwendung? Wieder so ein theologischer Luftballon, der sich vor den spitzen Nadeln der Kritik hüten muss. Da möchte man selbst mal das Evangelium zitieren: »Und es erschienen ihnen diese Worte, als wär's Geschwätz, und sie glaubten ihnen nicht.« (Lk 24,11) Doch wer wie Dalferth formulieren kann, wird es in der Theologie weit bringen.

Andere machen es griffiger, so Pöhlmann: »Er könnte heute nicht zu uns kommen, wäre er nicht damals aus dem Grabe gekommen.« Und auch für Karl Barth führt kein Weg an der realen Auferstehung Jesu vorbei. Man dürfe nicht versuchen, sie umzudeuten, wie das z. B. Rudolf Bultmann getan hat. Dieser hatte behauptet, Jesus sei »ins Kerygma auferstanden«, also (lediglich) in die Predigt der Kirche. Von mythologischen Erzählungen eines auferweckten und nun herumwandelnden Toten hielt Bultmann nämlich nichts. Es ergäbe sich dann auch das Problem, wie der lebende Tote wieder von der Erde verschwindet. Eine Himmelfahrt Jesu, wieder eine mythologische Vorstellung, wird dann fast zwingend.

So weit wie Pannenberg, der sogar den profanen Historikern zumuten will, die Auferstehung Jesu als historisches Faktum endlich anzuerkennen, geht heute kaum ein Theologe. Auch für sie wagt sich Pannenberg da einfach zu weit vor. Dass es Bezeugungen der Auferstehung gegeben hat und dass man Zeugen benennen kann, macht eben noch keine Wirklichkeit bei Geschehnissen aus, die normalerweise außerhalb des menschlichen Erfahrungszusammenhangs liegen. Man müsste sonst alles Mögliche als historisch ansehen. Beispielsweise berichtet Josephus in seinen *Antiquitates* vom Exorzismus eines gewissen Eleazar. Augenzeuge war nicht nur Josephus selbst, sondern auch der Kaiser Vespasian. In Gegenwart des Kaisers habe dieser Eleazar eine ganze Reihe von Kriegern von bösen Geistern geheilt. Die Dämonen wurden den Kriegern dabei aus den Nasen gezogen und mussten schwören, nicht wieder in die Menschen zurückzukehren. Wir haben damit ein Wunder, das wesentlich besser bezeugt ist als viele Wunder Jesu. Als Gewährsleute fungieren immerhin ein bekannter Geschichtsschreiber und sogar ein römischer Kaiser. Müsste es sich nach Pannenbergs Kriterien also auch hier um ein historisches Geschehen handeln? Oder sollte man hier nicht eher mit Troeltsch sagen: Wunder widersprechen dem Zusammenhang der menschlichen Welterfahrung; es gibt sie heute nicht, also hat es sie damals auch nicht gegeben. Und was die Auferstehung anbelangt: Auch von Elvis geht das Gerücht, er sei von den Toten auferstanden. Unschwer dürften sich heute sogar noch befragbare Zeugen dafür finden lassen. Die Auferstehung von Elvis wäre insofern wesentlich besser belegt als die von Jesus. Müsste nun also Pannenberg nicht auch von der Auferstehung von Elvis ausgehen, wenn er sogar schon die von Jesus für historisch beweisbar hält? Man merkt schnell, wohin es führt, wenn man die historische Kritik so weit aufweicht, dass die eigenen Schnurren oder die Schnurren der eigenen Religion noch Einlass erhalten. Ist die Tür erst einmal auf, hat man das Haus plötzlich voller ungebetener Gäste, die ebenfalls bedient werden wollen.

Vom Aufblasen des christologischen Luftballons

Jesus von Nazareth war zweifellos eine tragische Gestalt der vorderorientalischen Religionsgeschichte des ersten Jahrhunderts. Als Rabbi und Wanderprediger verkündete er ein Reich Gottes, das nie gekommen ist, zugunsten eines Volkes, das nicht erlöst wurde, sondern seinen eigentlichen Leidensweg erst noch vor sich hatte. Schließlich wurde Jesus ein Opfer seiner eigenen religiösen Überspanntheit und starb einen schändlichen Tod am Kreuz. Ein warnendes Beispiel dafür, was Religion aus Menschen machen kann. Sein hohes *Selbstbewusstsein*, das Theologen gerne rühmen, war in Wirklichkeit Ausdruck einer Bewusstlosigkeit und einer Wirklichkeitsverzerrung, wie sie vielen frommen Menschen eigen ist. Völlig beherrscht von seiner Wahnidee des unmittelbar bevorstehenden Gottesreiches, hat er sich selbst vermutlich jedoch keine andere Rolle als die des Mahners zur Umkehr eingeräumt, sich also nicht selbst als Messias oder Gottessohn oder Menschensohn verstanden und bezeichnet. Hätte er es getan, hätte er sich selbst als jemand verstanden, der den Gang der Geschichte (vielleicht durch sein Leiden) beschleunigen, quasi den neuen Äon herbeizwingen kann, hätte er sich selbst eine Rolle zugedacht bei der Aufrichtung der Gottesherrschaft – der Grad seines Gotteswahns müsste noch höher veranschlagt werden. Die neutestamentliche Forschung hat die Profanität und auch die Provinzialität dieses bald zum Gott Erklärten eigentlich schlüssig aufgezeigt, auch wenn sie diese Erkenntnisse als Gelehrte, die ihre Stellung auch dem guten Einvernehmen mit der Kirche verdanken, nicht an die große Glocke hängen. Doch überklar ist: Dieser Jesus des ersten Jahrhunderts hat mit dem Christus der Kirche nicht das Geringste zu tun. Frühere Jahrhunderte haben dies nicht wissen können und sind damit teilweise entschuldigt. Aber heute ist Theologie als Ganzes und besonders die Dogmatik nur möglich in Absehung oder Nichtbeachtung oder Bagatellisierung der historisch-kritischen Forschung zu Jesus und dem frühen Christentum.

Eigentlich könnte das Geschäft der Christologie wegen hinreichend erwiesener Gegenstandslosigkeit also hier beendet werden und man sich ernsthaften Problemen zuwenden. In Wirklichkeit fängt es für die Dogmatiker jedoch hier erst an. Als der irdische Jesus starb, erblickte der dogmatische Christus das Licht der Welt. Und dessen Geschichte währte nicht wie beim Irdischen nur ein oder drei Jahre, sondern hat inzwischen fast 2000 Jahre hinter sich. Am dogmatischen Christus sind auch sich heute als modern gebende Dogmatiker interessiert, aber nicht an dem befremdlichen galiläischen Apokalyptiker. Und es waren die Dogmatiker, die Jesus zu seiner Himmelfahrt verholfen haben. Ohne ihre wortreiche Hilfe hätte er selbst das nie geschafft und als frommer Jude vermutlich auch gar kein Interesse daran gehabt.

Stationen der Vergöttlichung des Menschen Jesus von Nazareth

Aus dem *Verkündiger* ist der *Verkündigte* geworden; dieses vielzitierte Wort beschreibt treffend den grundsätzlichen Wandel im Jesusbild. Der Mensch Jesus, in dessen Botschaft zwar Gott, aber nicht Jesus selbst hineingehörte, wurde nach seinem Tod schrittweise in einen Gott umgeglaubt. Das frühe Wachsen der Christologie kann man im Neuen Testament noch nachverfolgen. So zeigt sich zu Beginn des Römerbriefs noch ein frühes Stadium. Jesus wird als ein *Nachkomme Davids* bezeichnet, der *eingesetzt* ist als Sohn Gottes, *seit der Auferstehung* von den Toten (Röm 1,1-4). Erst ab der Auferstehung also wird die Sohnschaft datiert. In der Apostelgeschichte finden wir eine ähnliche Vorstellung (Apg 13,32-33). Die *höheren Weihen* hat Jesus erst ab und mit der Auferstehung erhalten.

Dazu passt, dass die Logienquelle Q Jesus keineswegs als Messias, sondern als eine Art prophetischen Weisheitslehrer verstanden hat, als letzten Mahner vor der Gottesherrschaft und Einforderer sozialer Gerechtigkeit. Das Schwergewicht liegt auf der Betonung des kommenden Menschensohns. Die Urgemeinde wartete offenbar darauf, dass der tote und auferstandene Jesus in Bälde *als* Messias wiederkommen würde, und betet um dessen baldiges Erscheinen das Stoßgebet *Maranatha* (1. Kor. 16,22: Unser Herr, komm!). Jesus befindet sich hier noch und noch für lange Zeit im Mensch-Gott-Übergangsstadium.

Das Markusevangelium datiert die Hoheit Jesu schon früher. Schon zum Zeitpunkt der Taufe Jesu lässt der Evangelist die Gottesstimme aus dem Himmel ertönen, die Ps 2,7 zitiert: »Mein Sohn bist Du, heute habe ich Dich gezeugt.« Es ist die alte Adoptionsformel, mit der die Könige Israels als Söhne Gottes angenommen und anerkannt worden sind.

Die Kindheitsgeschichten bei Lukas und Matthäus verschieben den Beginn der Würde Jesu dann noch weiter nach hinten. Schon vor der Geburt ist klar, wer hier geboren werden wird. Erst hier ergibt so etwas wie Jungfrauengeburt einen Sinn, während die früheren Vorstellungen noch von der vollen Menschlichkeit Jesu ausgegangen sind. Auch Paulus hatte diese alte Vorstellung noch vertreten, wenn er betont, Jesus sei »von einer Frau geboren und unter das Gesetz getan« (Gal 4,4). Paulus wusste noch nichts von einer Jungfrauengeburt, auch davon hatte ihm Petrus bei der denkwürdigen Begegnung mit ihm (Gal 1,18) nichts erzählt. Auch Petrus war natürlich dieser Gedanke noch fremd. Wann und ob Maria selbst je davon erfahren hat, wissen wir nicht. Wer wie sie mehr als sechs Kinder großziehen muss, hat für Jungfräulichkeit einfach keine Zeit.

Doch noch immer war eine Steigerung möglich. Sie lieferte das Johannesevangelium, das jüngste Evangelium, vermutlich erst nach dem Jahr 100 entstanden, mit seinem Anfangssatz: *Am Anfang war der Logos* (das Wort). Dies ist eine Anlehnung an den Beginn des Buches Genesis: *Am Anfang schuf Gott Himmel und Erde.* Für den mit dem Logos identifizierten Jesus heißt das nicht weniger, als dass auch er präexistent gedacht werden soll und damit mit fast göttlicher Würde. Während also der Evangelist Markus Jesus noch als einen charismatisch begabten *Menschen* gesehen hat, lässt der Evangelist Johannes seinen Jesus fast schon wie einen Gott über die Erde wandeln. Und während der Jesus des Markus noch das *Reich Gottes* verkündigt hat, spielt dieser Gedanke bei Johannes keinerlei Rolle mehr. Bei ihm verkündigt Jesus sich selbst. Der ungläubige Thomas kann Jesus, gar nicht so ungläubig, anreden mit »*Mein Herr und mein Gott*«, während der Jesus des Markusevangeliums den Dämonen und anderen noch verboten hatte, ihn anzureden. Bei Markus ließ sich Jesus noch die Anrede als *Rabbi* oder *Meister* gefallen, was für Johannes fast schon eine Blasphemie darstellt. Die Bescheidenheit, die Jesus bei Markus noch an den Tag legt (»Was nennst Du mich gut? Niemand ist gut als Gott allein«, Mk 10,18) verwandelt sich bei Johannes in Prahlerei (»Wer unter euch kann mich einer Sünde zeihen?«, Joh 8,46). Es besteht kein Zweifel: Der christologische Zug stand unter Dampf und hatte schon kräftig an Fahrt aufgenommen. Er war auf dem Weg in die äußersten Enden des römischen Reiches. Aber den historischen Jesus hatte man an einem Bahnhof irgendwo in der galiläischen Provinz zurückgelassen. Lange war dies niemand aufgefallen. Erst mit dem Anheben der Aufklärung wurde seine Abwesenheit überhaupt bemerkt.

Die Dogmenbildung der Alten Kirche

Schon im Neuen Testament gab es also sehr unterschiedliche Antworten auf die Frage, wer Jesus denn eigentlich war. Und wenn er als eschatologische Heilsgestalt gesehen wurde, ab wann dies geschah. Fromme Gläubige, die die Bibel als »Wort Gottes« und ohne gravierende inhaltliche Widersprüche sehen wollen, müssten eigentlich verzweifeln, würden sie registrieren, wie unterschiedlich der Jesus des Paulus und der des Johannesevangeliums ist, oder der des Markusevangeliums und der des Hebräerbriefes. Doch so genau lesen sie ihre Bibel erstens nicht, und zweitens ohnehin immer nur durch die schwarze Brille der Dogmatik.

Es gibt im Neuen Testament keine einheitliche Christologie. Dies sollte auch noch in den folgenden Jahrhunderten so bleiben. Die altkirchliche Christologie, die in ihrem Ergebnis uns heute so monolithisch erscheinen mag, war das vorläufige Endergebnis eines wilden Nebeneinanders und Durcheinanders sehr unterschiedlicher Strömungen, die erst später mit Bezeichnungen wie »orthodox«, »katholisch« oder »ketzerisch« etikettiert worden sind. Es hat sehr lange gedauert, bis aus Jesus ein gleichberechtigter Gott wurde. Bis ins vierte Jahrhundert hinein konnte man durchaus ein guter Christ sein, obwohl man Jesus als Gott untergeordnet (subordiniert) verstanden hat. Die Evangelisten (über weite Strecken sogar Johannes) sahen Jesus selbstverständlich Gott untergeordnet, und auch Paulus hatte daran keine Zweifel. Und lange wollte man Jesus überhaupt nicht als eine göttliche Person verstehen (und der Gefahr des Polytheismus damit entgehen). Die sog. *Monarchianer* – wir sprachen oben schon von ihnen – verstanden Jesus entweder als einen besonders begabten Menschen, der von Gott mit einer besonderen Kraft ausgestattet worden ist, oder der von Gott adoptiert wurde (*dynamistischer* oder *adoptianischer Monarchianismus*). Hier wurden Gott und Jesus klar voneinander getrennt. Die sog. *modalistischen Monarchianer* sahen zwischen Gott und Jesus nur nominelle Unterschiede. Für sie gab es eigentlich keine Trennung zwischen Vater und Sohn. Deshalb konnten sie sagen, dass am Kreuz auch der Vater gelitten hat (*Patripassianer*).

Über viele Jahre und sogar Jahrhunderte war der Arianismus überaus einflussreich. Der alexandrinische Presbyter Arius verstand Jesus nicht als von Ewigkeit her seienden Gott, sondern als Geschöpf. Er stellte ihn sich wie einen antiken Halbgott vor und wehrte sich dagegen, in ihm mehr sehen zu wollen als ein Werk des göttlichen Vaters. Für ihn war Jesus natürlich *nicht* eines Wesens mit dem Vater. Arius konnte sich dabei auf Stellen des Neuen Testaments berufen (Joh 14,28; Mt 19,17) und darauf, dass die Bibel Jesus als zum Vater betenden Menschen schildert. Der später als ein typischer Ketzer angesehene Arius vertrat damit eine Christologie, die bei aller Irrationalität auch hier doch noch ein gutes Stück weniger radikal und abgehoben war als der Extremismus, der sich dann durchgesetzt hat. Hatte das Konzil von Nicäa 325 schon die Wesenseinheit von Jesus und Gott behauptet (definiert), legte das Konzil von Chalcedon 451 die Zweinaturenlehre fest, nach der Jesus wahrer Gott und wahrer Mensch gewesen ist, also in etwa wahrer Kreis und wahres Dreieck. Die eigentliche Denkunmöglichkeit versuchte man dennoch zumindest negativ zu bewerkstelligen, in dem man aussagte, wie man die Doppelnatur Christi sich *nicht* vorzustellen hatte, nämlich *unvermischt, unveränderlich, ungetrennt* und *unteilbar*. Die göttliche Natur habe dabei die menschliche Natur Christi so in sich aufgenommen, dass sie nun eine Einheit bilden, aber ohne miteinander zu verschmelzen. Wie das im Einzelnen zu verstehen ist, lassen Sie sich am besten einmal von Ihrem Pfarrer oder Priester in Ruhe erklären.

Den Theologen ist durchaus bewusst, dass sie hier vor einem unlösbaren Problem stehen, das man bestenfalls negativ beschreiben kann. Hans-Martin Barth meint: »Das christologische Problem wird nicht gelöst, sondern offengehalten. Wer Jesus Christus ist, kann nicht abschließend und erschöpfend in Worte gefasst werden.«[563] Für Joest ist das Nebeneinander der beiden Naturen Christi »jenseits logischer Denkbarkeit«,[564] eine »Paradoxie«. Und Trillhaas warnt gar davor, dieses »Geheimnis« näher beschreiben zu wollen. Man müsse »dem naheliegenden Bedürfnis nach Vorstellbarkeit und Anschaulichkeit widerstehen, das am Anfang aller Häresien steht.«[565] Dass das ganze christologische Gebäude vielleicht deshalb undenkbar und unbeschreibbar ist, weil es einfach völlig falsch ist, wäre doch eigentlich der nächstliegende Gedanke. Für Theologen ist er jedoch so klar nicht sagbar, denn nicht nur die Dogmatik der Alten Kirche basiert darauf, sondern neben dem Katholizismus auch die Reformation und viele nachfolgende theologische Strömungen.

Die Anfänge waren einfach und auch psychologisch so verständlich. Die Gläubigen wollten die Würde dieses Jesus von Nazareth immer weiter erhöhen, sie fühlten sich offenbar innerlich genötigt dazu und schlugen den Weg in Richtung seiner Vergöttlichung ein. Die Dogmatiker meinten den richtigen Weg zu kennen, doch kamen sie schnell an immer mehr Denkgabelungen und wurden gezwungen (bzw. zwangen sich selber), den Holzweg, auf dem sie sich befanden, fortwährend als *richtigen* Weg zu *definieren* und sich von den Wegen anderer Theologen (ebenfalls Holzwege!) zu distanzieren. Große Theologen wie Augustinus, Luther oder Karl Barth zeichnen sich dadurch aus, dass sie mit großer innerer Überzeugungskraft und viel rhetorischem Geschick in der Lage sind, eine Anhängerschaft einen bisher nicht begangenen oder schon etwas zugewachsenen Holzweg neu zu führen. Die Summe ihres Lebens ist eine zeitgemäß definierte Verwirrung, sie hinterlassen neue oder als neu ausgegebene Scheinprobleme und Scheinlösungen. So sind sie dafür mitverantwortlich, dass auch die nächste Theologengeneration sich nicht eingestehen muss, dass man viel zu lange schon in der falschen Richtung unterwegs ist. Dogmatiker wissen genauso wenig wie einfache Gläubige, wo es lang geht, können dies aber einfach schöner formulieren.

Die Konzile von Konstantinopel der Jahre 553 und 681 haben die christologischen Scheinprobleme weiter ausgemauert. Immer weiter versuchte man die göttliche und menschliche Natur Christi auszutarieren, sprach von einer Inverwirklichung der menschlichen Natur im göttlichen Logos (*Enhypostasie*) und davon, dass die menschliche Natur Christi keine eigene Hypostase hat (*Anhypostasie*). Müssen die beiden Naturen denn eigentlich nicht auch zwei Willen haben? Tatsächlich verurteilte das Konzil von 681 die Anschauung (anderer Christen), dass Christus nur einen (den göttlichen) Willen (*thelema*) gehabt habe. Nein, es seien zwei Willen in Jesus gewesen, die sich aber natürlich nicht entgegengestanden haben.

»Die zwei natürlichen Willen sind einander nicht entgegengesetzt – das sei ferne! –, wie die ruchlosen Häretiker behaupteten; vielmehr ist sein menschlicher Wille folgsam und widerstrebt und widersetzt sich nicht, sondern ordnet sich seinem göttlichen und allmächtigen Willen unter«.[566] Die Entschiedenheit, mit der solche Definitionen und Abgrenzungen nicht nur vorgetragen, sondern auch blutig gegen Andersabergläubige durchgesetzt wurden, bringt heutige Theologen dann schon in Verlegenheit. In ihren Dogmatiken referieren sie ebenso eifrig die dogmengeschichtliche Entwicklung wie sie die Forschungen zum historischen Jesus ignorieren. Dabei scheinen sie aber oft selbst peinlich berührt davon zu sein, wie ihre Vorgänger sich mit Definitionen und offenbar schwindelfrei weit aus dem Fenster lehnten. Doch halbherzig nur und nur in einzelnen Sätzen melden sie Bedenken an. Trillhaas kann von den hier verhandelten Theologen noch am deutlichsten werden. Er spricht von der »Nötigung«, sich »von den alten Formeln unabhängig« zu machen. »Schon die Verrechnung der jeweils göttlichen und der menschlichen Natur zustehenden Eigenschaften [führe] in schwere Aporien.«

Es müsse »der bewusste Verzicht auf die alte Personmetaphysik geübt werden« mit ihrer »veralteten und von uns schlechterdings nicht mehr zu vertretenden Psychologie«. Doch muss er trotz aller offenen Worte diese gleich selbst wieder einschränken:

> »Aber wenn wir auch nicht mehr so argumentieren können wie die Väter, so heißt das nicht, dass sie zu ihrer Zeit auf falschen Wegen waren.«[567]

Dabei wäre genau dies nötig: Das Eingeständnis, dass es nicht nur unpassende Definitionen, veraltete Vorstellungen, einzelne Übertreibungen, eine missverständliche Terminologie oder eine falsche Akzentsetzung sind, die die Arbeit an der Christologie behindern, sondern dass diese theologische Disziplin als solche völlig gegenstandslos ist, eine Ausgeburt frommer Phantasie und übertriebener Lust am Spekulieren. Es gab einen Jesus von Nazareth, doch es hat nie einen *Christus* gegeben. Er ist nur eine Erfindung seiner Gläubigen, wie die Geschichte seiner Erforschung hinreichend belegt hat. Der Christus der Kirche ist ein Geschöpf der Kirche. Mit der Erkenntnis, dass die Christologie als Ganzes gegenstandslos ist, verschwänden dann auch die Scheinprobleme, die aus ihr entspringen und den Theologen so viel Kopfschmerzen bereiten. Doch haben sie sich ein ganzes Theologenleben so daran gewöhnt, dass ihnen ohne dieses chronische Leiden fast etwas fehlen würde. Und auch eine grundsätzliche Wendung im Denken wäre ja ebenfalls nicht schmerzfrei.

Christologische Spitzfindigkeiten

Für Reformation und nachlutherische Orthodoxie war das altkirchliche christologische Dogma kein Thema, sie haben es akzeptiert. Es sind weitere Irrationalitäten hinzugekommen. Denn wenn man z. B. an Hexen glaubt, wird irgendwann einer die Frage stellen, wie schnell diese denn fliegen können. So wurde auch die Person Jesu weiter theologisch seziert. Theologen unterschieden die beiden »Stände« Jesu, seinen Zustand der Entäußerung (*status exinanitionis*), der von seiner Geburt bis zu seiner Grablegung reichte, und den Status der Erhöhung (*status exaltationis*) mit den Hauptstationen Höllenfahrt, Auferstehung, Himmelfahrt und dem »Sitzen zur Rechten Gottes«. Zwischen Lutheranern und Reformierten entbrannte nun ein Streit über die Frage, ob die Höllenfahrt zum Stand der Erniedrigung (so die Reformierten) oder zum Stand der Erhöhung gerechnet werden müsse, wie die Lutheraner meinten. Zweifellos ein sehr schönes Scheinproblem, das in den Dogmatiken zwar jeweils brav referiert, aber natürlich nicht als solches erkannt und benannt wird. Was moderne Leser an dieser Frage eher erstaunen mag ist, dass überhaupt von einer *Höllenfahrt Christi* die Rede ist. Tatsächlich ist die Höllenfahrt Christi aber fester Bestandteil des apostolischen Glaubensbekenntnisses: »Hinabgestiegen in das Reich des Todes«. Die altkirchlichen Theologen meinten allen Ernstes, dass die Seele Jesu[568] zwischen Karfreitag und der Auferstehung in die Unterwelt gestiegen sei, um dort die Seelen der Gerechten seit Adam zu befreien. Hintergrund für diese höchst seltsame Lehre sind zwei dürre Verse im Neuen Testament (Eph 4,9 und 1. Petr 3,19), die man bekenntnismäßig zu bedienen müssen meinte. Einzelne, vielleicht eher gedankenlos hingeworfene Sätze in einer später geheiligten Schrift haben auch hier im Laufe der Jahrhunderte einen Berg an Auslegungsliteratur verursacht.

Ein weiteres Scheinproblem war der Streit zwischen den theologischen Fakultäten der Universitäten Gießen und Tübingen über die Frage, ob Jesus im *status exinanitionis*, also während seines irdischen Lebens, auf den Gebrauch der göttlichen Eigenschaften, die er ja als wahrer Gott unbedingt hatte, verzichtet hat (*kenosis*; das meinten die Gießener) oder ob er die göttlichen Eigenschaften verborgen (*krypsis*) gebraucht habe, wie die Tübinger meinten. Auch dies eine Frage, die aus heutiger Sicht mindestens so spannend ist wie die Frage, wie das Wetter vor fünf Jahren war. Und dass die Fronten dieses jahrzehntelangen Konflikts mit den räumlichen Grenzen zweier theologischer Fakultäten übereinstimmten, trägt auch nicht gerade zur Seriosität des Unternehmens Theologie bei.

Solche Spitzfindigkeiten wurden im Zuge der beginnenden Aufklärung selbst Theologen suspekt. Denn seit der Aufklärung kämpfen die Kirchen weniger mit dem konfessionellen Gegner als mehr mit dem Rücken zur Wand gegen das kritische Denken, das ihre Glaubensgrundlagen auflöst wie ein Aspirin im Wasserglas. Die Christologie wurde nun besonders angegriffen. Und die Impulse zu einem doch erstaunlichen Neuanfang kamen auch aus der Theologie und der Dogmatik selbst. Die alten dogmatischen Glaubensfestungen wurden als zunehmend untauglich zur Verteidigung des christlichen Glaubens empfunden. Man suchte nach neuen Wegen und Verständnismöglichkeiten. Die alte Zweinaturenlehre, die Christus als wahren Gott und zugleich als wahren Menschen verstand, stieß schon wegen ihrer Uneinsichtigkeit und Widersprüchlichkeit auf Kritik. Aber was sollte man an ihre Stelle setzen? Bevor wir uns mit dieser Frage beschäftigen, muss aber davon gesprochen werden, was denn dieser Jesus der Kirche für die Menschen getan haben soll. Wir fragen nach dem *Werk Christi*.

Soteriologie – Das Werk des Gottmenschen
Ein absurdes Erlösungsgeschehen am Kreuz

Wie die Alte Kirche die Person Jesu aufgeblasen hat, wie sie aus dem frommen jüdischen Wanderprediger und verschrobenen Endzeitpropheten mit der Tendenz zur Selbstgefährdung einen Gott und einen Gottmenschen gemacht hat und ihn dabei in seinem Wollen und seinem Charakter völlig verdreht hat, so hat sie auch sein »Werk« völlig entleert und umgedeutet und an die Stelle seiner Verkündigung des Gottesreiches ihn selbst als Verkündigten gesetzt. Es ist in der neutestamentlichen Forschung weitgehend akzeptiert, und wir haben schon mehrfach darauf hingewiesen, dass Jesus zwar das nahe Reich Gottes, aber nicht sich selbst verkündigt hat. Und ebenso wird auch die grundlegende Differenz zwischen seiner »Heilslehre« und der dogmatisierten Heilslehre der Kirche (der sog. Soteriologie) allgemein konstatiert. Kurz: Jesus war nicht nur der, als den ihn die Kirche verkündigt, sondern er auch nicht das getan, was sie ihm unterstellt. Jesus von Nazareth ist die am meisten überschätzte Person der Weltgeschichte.

Das *Werk Christi* ist noch wichtiger als seine Person. Denn wen sollte ein vom Himmel herabgestiegener Gottessohn interessieren, warum seine Doppelnatur die Theologen beschäftigen, wenn damit nicht für die Gläubigen etwas herausspringt? Es geht nicht primär darum, wer Christus war, sondern was er angeblich für die Menschen getan hat. Die Heilslehre, die Soteriologie, ist also im Prinzip der Christologie vorgeordnet. Jesu *Werk am Kreuz* wird damit zum Mittelpunkt des Christentums. Von hier aus haben viele der maßgeblichen Theologen ihre Dogmatiken entwickelt, besonders natürlich protestantische Theologen, bei denen die Rechtfertigung des Sünders im Mittelpunkt des Verständnisses von Gott und Welt stand. Die Rechtfertigung des Sünders wurde für den Protestantismus der wichtigste Artikel. Er war der *articulus stantis et cadentis ecclesiae* (der Artikel, mit dem die Kirche steht und fällt). »Christologie ist Soteriologie«, so – kurz und treffend – die Theologin

Schneider-Flume.[569] Und für Hans-Martin Barth ist es undenkbar, von der »*Person* Jesu Christi zu sprechen, ohne sein *Werk* zu bedenken. Christologie ist ohne Soteriologie nicht sie selbst.«[570]

Dennoch ist die Soteriologie ebenso wie die Christologie nicht einheitlich. Im Wesentlichen unterscheidet man drei Interpretationen dessen, was Jesus für uns getan haben soll. Und alle können sich (natürlich) auf irgendwelche Bibelstellen berufen. In der Antike und noch bis weit ins Mittelalter wurde das Werk Jesu vor allem in einem Triumph über die widergöttlichen Mächte gesehen. »Dazu ist der Sohn Gottes erschienen, dass er die Werke des Teufels zerstöre« (1. Joh 3,8). Christus ist der, der in die Unterwelt steigt, mit dem Teufel kämpft und als Sieger hervorgeht. Ein naiver Teufelsglaube, die Scheidung der Welt in Gut und Böse, Jesus als Kämpfer und Held: Das passte in das einfache Weltbild des zumeist ungebildeten Kirchenvolks des ersten Jahrtausends und ist vielfach auch heute noch in Gläubigen verinnerlicht. Es war und ist dies der *klassische Typus* der Versöhnungslehre. Doch Hans-Martin Barth fragt mit Recht kritisch an:

»Wie soll sich dieses Argumentationsmuster darstellen lassen, ohne dass man in krause Mythologie gerät? Selbst wenn man säkular von Mächten und Mechanismen der Entfremdung ausgeht, von denen der Tod Jesu erlöst, bleibt die Frage, wie das denn zugehen soll, zumal ein dualistisches Denken hier kein befriedigendes Modell abgeben kann.«[571]

Andere Theologen äußern sich ähnlich. So geht es also nicht. Vom klassischen Typus der Versöhnungslehre ist der sog. *lateinische Typus* unterschieden. Er ist seit dem Mittelalter bestimmend und hat über Reformation, Orthodoxie und konservative Strömungen der Theologie den Weg bis in unsere Zeit geschafft, obwohl auch diese »Lösung« einige mythologische Zumutungen beinhaltet. Denn Jesus wird hier nicht als Sieger, sondern als Opfer verstanden. Er ist das »Lamm, das die Sünde der Welt trägt« (Joh 1,29). Wie ein Opfertier wurde er stellvertretend für uns und unsere Sünden abgeschlachtet. In der Theologie des Hebräerbriefes bringt er sich selbst als Opfer dar. Sein Tod ist die Sühne für unsere Sünden (Röm 3,25). Hier geht es nicht um Kampf mit einem Teufel, sondern um den »Loskauf« des Sünders aus der Gewalt der Sünde. Das Befremdliche der Vorstellung zeigt sich auch hier. Es ist vor allem der Gedanke des Opfers, das heute gerne metaphorisch verstanden wird, aber zur Zeit seiner Entstehung einherging mit antiken Opfervorstellungen, Tempeln, Opfersteinen, ritueller Tötung und Blutkult.[572] Es ist eine primitiv-archaische Vorstellung. Und es wird damit auch ein äußerst fragwürdiges Gottesbild transportiert: Ein zorniger Willkürgott muss durch blutige Opfer besänftigt werden. Hans-Martin Barth meint, »es ergibt sich das Bild eines wild gewordenen Vaters, der sich seinen Zorn besänftigen lässt oder in einem masochistischen Akt der Selbstüberwindung auf eine gegebene Situation eingeht.«[573] Auch dies ist richtig gesehen. Hubertus Mynarek kann es (weil nicht wie Barth kirchlich gebunden) noch deutlicher formulieren:

> »Der christliche Gott als der universale Sado-Masochist, als ein sado-masochistisches Monstrum! ... Sadistisch erschafft er die Welt mit all ihren Übeln und Leiden, masochistisch erleidet er sie!«[574]

Mynarek hat hierbei die Trinitätslehre im Blick, wo der Gott, der das Opfer bringt, im Prinzip derselbe ist, der es empfängt, was dem unappetitlichen Gedanken eines Blutopfers noch logische Absurditäten hinzufügt. Dabei lässt sich eben das »Versöhnungsgeschehen« praktisch nicht mehr »verstehen«, wenn man nicht von einer Trinität ausgeht.

Anselm von Canterbury hat im 10. Jahrhundert mit seinem Buch *Cur deus homo* (Warum Gott Mensch geworden ist) versucht, dem Geschehen so etwas wie eine innere Notwendigkeit zu geben. Seine Sicht der Versöhnung wurde für viele Jahrhunderte maßgebend. Nach Anselm hat der Mensch gegen Gott gesündigt und deshalb den Tod verdient. Gott kann diese Sünde nicht einfach vergeben, denn das würde seiner Gerechtigkeit widersprechen. Es muss eine Satisfaktion (Genugtuung) erfolgen. Da die Sünde aber so groß und gegen Gott gerichtet ist, kann die Genugtuung vom Menschen nicht geleistet werden, dies könnte nur ein Gott tun. Gleichzeitig muss sie aber doch vom Menschen erfolgen. Also ist (nach theologischer Logik) ein Gottmensch nötig, der stellvertretend für die Menschen das Opfer bringen kann, das dann den Menschen zukommt.

Diese Erklärung erscheint vielen Theologen noch am einleuchtendsten oder zumindest am wenigsten widersprüchlich. Doch ergeben sich auch aus dieser Scheinlösung wieder neue Scheinprobleme. Es wurde gefragt, ob Anselms Gott denn überhaupt eine Satisfaktion nötig hat. Warum kann er nicht *einfach so* vergeben? Menschen tun das im normalen Umgang doch auch, und es wäre grotesk, wenn man für jede Ungerechtigkeit, die einem im normalen Lebensvollzug von anderen zugefügt wird, Genugtuung verlangen würde. Warum kann Gott diese Großmut nicht aufbringen? Für Anselm geht das wegen der göttlichen »Gerechtigkeit« nicht. Doch gibt es daneben nicht auch die göttliche Barmherzigkeit? Luther konnte mit Anselms Konstruktion wenig anfangen. Für Luther hat Gott aus reiner Liebe gehandelt, doch Anselm macht daraus eine Art göttlichen Verwaltungsakt. Auch die Theologin Schneider-Flume gibt zu bedenken: »Die Auslegung Anselms macht es unmöglich, das Kreuzesgeschehen als Ereignis der Liebe Gottes zu verstehen.«[575] Und es bleibt immer noch Gott, der nicht über seinen Schatten springen kann und der ein Opfer nötig hat, damit sein Zorn beschwichtigt werden kann. Und wer muss herhalten? Gottes eigener Sohn, der zudem noch schuldlos sein muss, denn nur so kann sein Opfer stellvertretend für die Menschen erfolgen. Der Theologe Härle sieht darin

> »eine erhebliche gedankliche Schwierigkeit, wenn man sich klarmacht, wie Gott dieser Weltordnung Genüge tut: durch den Sühnetod eines Unschuldigen. Ist dies nicht eher eine erneute schreiende Ungerechtigkeit?«[576]

Tilmann Moser hat dies noch deutlicher aussprechen können. Zwar hat Gott den Abraham (Gen 22) zuletzt noch daran gehindert, seinen eigenen Sohn Isaak zu opfern. »Bei deinem eigenen Sohn warst du dann ungenierter und hast deinem Sadismus freien Lauf gelassen.«[577]

Und nicht nur Theologen fragen, ob denn überhaupt der Gedanke, dass man Schuld und Strafe für jemand anderen übernehmen kann, nicht heutzutage völlig abwegig erscheint. Jesus als eine Art »Prügelknabe« für die Menschheit? Härle meint:

> »Sünde und Schuld und darum auch Sühne gehören zu den Dingen, in denen ein Mensch prinzipiell unvertretbar ist. Dies gehört zur unaufgebbaren Würde der Person.«[578]

Ein Blutopfer im 21. Jahrhundert?

Und auch die unselige Opfervorstellung liegt »modernen« Theologen schwer im Magen. Sie kommt so deutlich aus primitivem religionsgeschichtlichem Kontext, dass jeder Gelehrte, der sie heute vertritt, sich innerlich für sie zu schämen scheint und verzweifelt nach Umdeutungsmöglichkeiten sucht. Gerne wird in diesem Zusammenhang gesagt, dass das Opfer Jesu das endgültige Opfer war, das nicht mehr wiederholt werden muss, und dass es nun keine Opfer mehr brauche. Das Christentum habe deshalb die Opfervorstellung der Religionsgeschichte »radikal überwunden« (Härle). So jedenfalls würden es Theologen gerne verstanden wissen. Doch damit bleibt das Opfer des unschuldigen Gottessohns immer noch bestehen, ja wird zum Kern des Christentums. Die »Nekrophilie christlicher Kreuzesvorstellungen« (Schneider-Flume) in jeder Kirche, das Vorhandensein eines (Opfer-)Altars, die Bedeutung von Blut und Tod als Kernbestandteile christlicher Messen, Eucharistien und Bekenntnisse haben den Opfergedanken eben nicht mit dem Tod Christi aus der Kirche herausgeschafft, sondern ihn erst recht dort verankert. Von den Kruzifixen der Kirchen wird uns nicht nur ein Gemarterter und Gefolterter im Todeskampf präsentiert, sondern ebenso eine primitive und im 21. Jahrhundert eigentlich nicht mehr für möglich gehaltene Opfer- und Erlösungsvorstellung.

Auf der Flucht vor dieser Vorstellung (die ja, je frömmer die Gläubigen, desto mehr immer noch vorhanden ist) ist bei Theologen die Umdeutung sehr beliebt, dass es ja nicht Gott sei, der ein Opfer fordert, sondern dass es vielmehr Gott ist, der das Opfer bringt. Gott hat also die Initiative übernommen, nicht Menschen müssen etwas tun, Gott kommt ihnen quasi durch sein Opfer entgegen. Härle spricht von einem »paradoxen Rollentausch«, durch den Gott selbst zum Opfer wird. Auf diese Weise soll es gelingen, den Kreuzestod Jesu als Liebesakt Gottes darzustellen. In der theologischen und religiösen Literatur ist dieser Gedanke äußerst beliebt. Doch ist auch er bei näherem Hinsehen nicht geeignet, das Anstößige und Absurde des blutigen Todes eines Unschuldigen zu vertreiben. Die Kirchen werden ihren toten Gott nicht mehr los.

Sollte man sich deshalb nicht gänzlich von der Vorstellung einer Erlösung am Kreuz verabschieden? Der Theologe Rudolf Bultmann hat dies getan. In seinem berühmten Entmythologisierungsaufsatz von 1941 hatte er geschrieben: »Welch primitive Mythologie, dass ein menschgewordenes Gotteswesen durch sein Blut die Sünden der Menschen sühnt!«[579] Bultmanns Satz und Vortrag traf mitten ins Zentrum des christlichen Glaubens und hat (nach dem Krieg) für erhebliche Irritation vor allem in den protestantischen Kirchen gesorgt. Für evangelikale Hardliner wurde Bultmann damit zum roten Tuch, und frömmlerische Protestbewegungen arbeiteten sich an ihm ab.[580] Aber auch Bultmann bleibt bei aller Radikalität dann doch auf halbem Wege stehen und versucht mit Hilfe der Philosophie Heideggers und fragwürdigen, aber halbwegs gläubig klingenden Formulierungen dann doch noch die Kurve hin zur Kirchlichkeit auch seiner Theologie zu bekommen. Brav sammelt der Radikalist als Mitglied im Kirchenvorstand in Marburg am Ausgang der Kirche über Jahre hinweg die Kollekte ein. Die Konsequenz, dieser »primitiven Mythologie« endlich den Laufpass zu geben statt sie nur umzuinterpretieren, zieht auch er nicht. Aber das wäre von einem Professor der Theologie dann vielleicht auch zu viel verlangt. Es hätte den Verlust von Reputation, Lehrstuhl und vielem anderem bedeutet. Dass er kirchlich blieb, war aber ein Vorbild auch für andere kritisch denkende Theologen, bei der Herde zu bleiben. Sogar Bischöfe konnten sich so als Bultmann-Schüler verstehen.[581]

Als zumeist christlich sozialisierter Abendländler ist einem der Gedanke vertraut geworden, dass wir erstens Sünder sind und dass uns zweitens ein Gott von diesen Sünden erlöst hat. Die geschmacklose Darstellung eines gequälten Menschen ist uns gegenwärtig und erregt kaum Verwunderung. Wir sind es gewohnt, dass uns in architektonisch schön gestalteten Kirchenbauten oft ein Panoptikum des Grauens erwartet, mit aus ihren Gräbern hervorkriechenden Leichen, ausgemalten Höllenqualen, den geschundenen Leibern von Heiligen, deren Todesarten nur allzu oft sprechender Ausdruck einer perversen religiösen Phantasie sind. Die »primitive Mythologie« wohnt noch in unseren Kirchen, die sich nicht so salopp entrümpeln lassen wie die Dogmatiken der Theologen. Nur vor dem Hintergrund einer solchen christlichen Sozialisation erscheint der Kreuzestod des Gottessohnes als Heilsgeschehen vertraut und akzeptabel und nicht als das, was er eigentlich ist: ein primitiver religiöser Extremismus. Denn wie sonst würde man eine Gruppe von Gläubigen beurteilen, die plötzlich behaupten würde, die Welt wäre von der großen Muttergöttin geschaffen, und deren inkarnierte Tochter wäre rituell ertränkt worden, um damit die Ahnen zu erlösen? Natürlich erschiene das heutigen Europäern als Ausdruck primitiver Mythologie, und jeder ihrer Anhänger erschiene vielleicht nicht gefährlich, aber auf jeden Fall lächerlich. Keiner käme auf die Idee, einen dieser Vertreter in eine Talkshow einzuladen oder ernsthaft von dieser Gruppe einen Beitrag für einen ethischen Diskurs zu erwarten, sie gar als Mitglieder in Ethikkommissionen zu berufen. Ein von einer Jungfrau geborener Gottessohn, der am Kreuz und durch sein Blut die Menschen von der Macht der Sünde erlöst hat, ist aber immer noch akzeptabel. Es besteht überhaupt kein Zweifel, dass uns spätere Jahrhunderte für diesen primitiven Aberglauben auslachen werden.

Zurück zur Erde: Der Absturz Jesu in der Aufklärung

Zweifellos war nicht die Reformation, die ja nur zu einer Konfessionalisierung des Glaubens bzw. Aberglaubens, zu einer neuen Scholastik und zum Dreißigjährigen Krieg führte, der entscheidende kulturgeschichtliche Einschnitt des Abendlands, sondern die Aufklärung. Sie war nicht – und in Deutschland schon gar nicht – antichristlich eingestellt, wenn auch vielfach antikirchlich. Statt der ausdefinierten Dogmatik betonte man die Ethik und wollte nur noch das akzeptieren, was der Vernunft zugänglich und dem Fortschreiten der Menschheit hilfreich sein konnte. Damit brachen schlechte Zeiten für die Kerngebiete christlicher Theologie an, für die Lehre von Christus und seinem Heilswerk. Vielfach ohne dass man sich explizit von den alten dogmatischen Festlegungen distanzierte, fand dennoch fast eine Art Revolution innerhalb der Theologie statt, gegenüber denen sich die konfessionellen Festlegungen und Abgrenzungen wie Belanglosigkeiten ausmachten. Nachdem die Alte Kirche aus dem Menschen Jesus von Nazareth einen Gott gemacht hatte, Jesus mit Hilfe des Glaubenstreibsatzes seiner Anhänger und von phantasiebegabten Theologen wie eine Rakete in himmlische Sphären geschossen wurde und dort lange verblieben war, wurde Jesus nun vom Himmel wieder auf die Erde zurückgeholt. Die Aufklärung hat Jesus zu seiner zweiten Menschwerdung verholfen.

Statt in den klassischen Bahnen der Zweinaturenlehre als wahrer Gott und wahrer Mensch wurde Jesus nun als *Urbild* oder *Idealbild* des Menschen verstanden. Man spricht deshalb auch von *Urbildchristologie* oder *Vorbildchristologie*. Jesus wurde als eine Art Modell für wahres und authentisches Menschsein beschrieben. Das Göttliche wurde nicht direkt verneint, aber nach Möglichkeit nicht mehr erwähnt. Für Friedrich Schleiermacher, der als wichtigster Vertreter dieser neuen Richtung in der Theologie gelten kann, war Jesus das »Urbild des Menschen«. Er hatte »eine wesentliche Unsündlichkeit und eine schlechthinnige Vollkommenheit«.[582] Mit großen Worten und ernsthaft vorgetragen wird hier jedoch kaschiert, dass die Gottheit Jesu offenbar keine Rolle mehr spielt. Der dogmatische Christus wird (bei aller Verstaubtheit) gegen das Linsengericht einer bloß innerpsychischen Disposition Jesu eingetauscht; so haben es jedenfalls Schleiermachers Kritiker gesehen. Anders als andere Menschen habe Jesus nach Schleiermacher (nur) eine »stetige Kräftigkeit des Gottesbewusstseins« gehabt. Fortan überboten sich Theologen damit, (nur noch) die herausgehobene Menschheit Jesu über alle Maßen zu rühmen. Für den Theologen Albrecht Ritschl war Jesus der »vollendete Offenbarer Gottes« und »das offenbare Urbild der geistigen Beherrschung der Welt«, der Gedanke der »Gottheit Christi« sei nur »Ausdruck der Wertschätzung seiner Gemeinde«. Auch für den Theologen Wilhelm Herrmann[583] war Jesus nicht mehr wesensgleich mit Gott. Wesentlich an Jesus sei seine »sittliche Energie« gewesen und seine »Zuversicht zu der Liebe Gottes«.[584] Und Ernst Troeltsch sah Jesus als »Zentralmensch« an und als »Urbild des christlich-persönlichen Lebens«, als »Symbol des Glaubens«. Jesus ist nicht Gott, sondern nur noch der »Führer zu Gott«.[585]

Doch obwohl man bereit war, Jesus nicht mit einer *Christologie von oben*, sondern mit einer *Christologie von unten* zu beschreiben, machte man sich immer noch etwas vor und war noch längst nicht auf dem Boden der Tatsachen angelangt. Denn es ist ja immer noch eine halbe Mythologie, Jesus als den vollkommenen Menschen, als Urbild, als perfekt und als sündlos zu sehen und zu rühmen. Wer das tut, ist noch immer nicht völlig religiös ausgenüchtert. Die Einsicht fehlte und fehlt der Theologie bis heute, dass wir Jesus (wie auch alle anderen Menschen) niemals als Idealbild verstehen dürften, sondern eben als Mensch mit Stärken und Schwächen, lobenswerten, aber auch fragwürdigen Zügen sehen müssen, ihn nicht als über den Zeiten, sondern endlich auch als in seiner Zeit stehend begreifen müssen. Dunkle und fragwürdige Seiten an der Person Jesus von Nazareth wurden oben ja schon angerissen. Der Nebel der Dogmatik, der aus dem Menschen Jesus von Nazareth einen Geist macht und seine Konturen verschwimmen lässt, muss verschwinden, will man ihn wirklich als den sehen, der er war. Und wenn der Entnebelte sich einfach nicht mehr für eine religiöse Verehrung eignet, dann hat man das zu akzeptieren. Aber eben weil Theologen die begründete Ahnung haben, dass nicht mehr viel übrig bleibt, wenn sie versuchen, Jesus scharf zu sehen, setzen sie die Brille lieber gar nicht erst auf. Der Jesus der Theologie speist seine Existenz also noch immer aus einer maßlosen Übertreibung, auch bei »radikalen« Theologen wie Bultmann oder Sölle oder Herbert Braun.

Und hinzu kommt noch die Schwammigkeit der neuen Begrifflichkeiten. Denn was bitte soll gemeint sein mit Ausdrücken wie »Zentralmensch« oder »Urbild des christlich-persönlichen Lebens«? Was ist denn genau gemeint mit der »stetigen Kräftigkeit des Gottesbewusstseins«? Das sind doch Fluchten auf wohlklingende Begriffsinseln, solche Beschreibungen leben doch augenscheinlich davon, dass der Hörer das Bedeutungsschwangere, das sie hervorrufen, selbst mit eigenen nebulösen Vorstellungen füllen und verstärken soll. Mit solchen sprachlichen Manövern hofft die Theologie bis heute nicht nur eine Gotteslehre, sondern sogar so etwas wie eine Christologie noch irgendwie hinzubekommen und das Radar des gesunden Menschenverstands unterfliegen zu können.

Was wird aus dem Heilswerk Jesu?

Doch wie stellt man sich unter dem Segel der neuen Begrifflichkeiten das Heilswerk Jesu vor? Was wird aus der Soteriologie? Wie soll ein Mensch – und möge er auch noch so vollkommen sein – für uns jemals eine Heilsbedeutung erlangen können? Bei aller Primitivität und Lächerlichkeit der Vorstellung, dass ein Gottwesen, weil es die Menschen oder zumindest seine Anhänger liebt, quasi sich selbst ein Opfer bringt und stirbt, um eine stellvertretende Erlösung zu bewirken: Nähme man einmal an, Jesus wäre gar kein Gottwesen gewesen, dann würde seine Heilsfunktion für uns (*pro nobis*) noch fragwürdiger. Die Demontage der Christologie demontiert auch die Soteriologie, die Herabsetzung seiner Person relativiert auch sein Werk. »Moderne« Theologen haben nun die Aufgabe, eben diesem entgegenzureden. Ein schwerer Stand. Schleiermacher lag sehr daran, dass Jesus nicht zu einem bloßen Prinzip verkommt, zum ethischen Vorbild für Menschlichkeit, als den ihn eine rationalistische Theologie im Nachgang der Aufklärung gerne sehen wollte, dass er nicht austauschbar wurde, sondern seine einmalige Bedeutung behielt. Was Jesus nach Schleiermacher von anderen unterschied, war, wie wir hörten, die »stetige Kräftigkeit seines Gottesbewusstseins«. Darin war Jesus einmalig, meint Schleiermacher. Und die Erlösung sieht nach Schleiermacher nun so aus, dass der Gläubige in diese »stetige Kräftigkeit des Gottesbewusstseins« mit aufgenommen wird. Das Gottesbewusstsein Jesu befreit den Menschen von der »Gottvergessenheit«.

Und das soll dann alles gewesen sein? Dafür der ganze Aufwand? Nicht nur dass auch hier wieder nebelige Begrifflichkeiten auftauchen; aus einer rein psychologischen Disposition beim »Erlöser« bleibt nur das ebenfalls rein psychologische Gefühl eines Mitgenommenseins und nun Dazugehörens übrig. Ist das nicht etwas dünn? – So mussten Zeitgenossen fragen. Steht damit die Theologie nicht eigentlich mit leeren Händen da?

Der Theologe Paul Tillich redet ähnlich davon, dass Jesus die Gläubigen in das »Neue Sein« aufgenommen habe. Mit durchaus guten Anleihen bei der Existenzphilosophie unterscheidet Tillich *essentiales* und *existentiales* Sein, das Sein, wie es sein soll, von dem, wie es wirklich ist. In Jesus nun sei beides zusammengefallen, denn Jesus war nach Tillich ein wirklicher Mensch und zugleich so, wie ein Mensch sein soll. Als solcher konnte nur Christus das »Neue Sein« den Menschen bringen und die Entfremdung des alten Menschen beenden. Die Menschheit Jesu betont Tillich dabei derart stark, dass er es auch ablehnt, Jesus als »ohne Sünde« zu verstehen. »Zu Jesu menschlicher *Endlichkeit* gehört die *Echtheit seiner Versuchungen* genauso wie sein *Irrtum*«.[586] Schleiermacher hatte Jesus die Sündlosigkeit dagegen noch zugestanden. Aber wie Schleiermacher oder mehr noch als bei ihm hinterlässt Tillich Ratlosigkeit für denjenigen, der wirklich versucht zu verstehen, was hinter dem »Neuen Sein« eigentlich zu verstehen ist. Tillich schreibt als Theologe außergewöhnlich eindrücklich und beziehungsreich, auch weil er nicht wie andere eine Scheu hat, philosophische Begrifflichkeiten zu verwenden. Er will den allgemeinen Fragen des Menschseins mit theologischen Antworten begegnen, doch mehr als eine sprachlich gut konstruierte theologische Fassade kann auch er nicht aufbauen, auch »seine« Theologie ist letztlich nicht wirklichkeitstauglich, ja nicht einmal frömmigkeitstauglich oder kirchentauglich, denn es ist ihm nicht gelungen, obwohl zweifellos einer der großen Theologen des zwanzigsten Jahrhunderts, damit schulbildend oder nachhaltig zu wirken.

Die Auflösung von Christologie und Heilswerk Jesu ist anderswo noch stärker spürbar. Für Dorothee Sölle ist Jesus nur noch Vorbild und Lehrer, aber natürlich einer, der besonders vorgelebt habe, was die »Kraft der Hingabe« bedeutet. Jesus habe es vorgelebt, und wir sollen nun seinem Beispiel folgen. Auch Sölle gelingt letztlich kein realistisches Bild, keines, das frei ist von Idealisierungen und gut gemeinten Unterstellungen.

Eine (später so genannte) liberale Theologie fühlte sich einfach gedrängt, Jesus und sein Heilswerk auf neuen Wegen zu denken. Doch von Anfang an empfand man dabei auch ein Ungenügen und das Gefühl eines Verlusts. Deshalb war es nur eine Frage der Zeit, bis es eine konservative Reaktion geben musste. Die Theologen im 20. Jahrhundert sehnten sich vielfach wieder nach der heilen Welt des dogmatischen Christus zurück und fanden in der Theologie Karl Barths und seiner Schule das Heil. Im 20. Jahrhundert, in dem die neutestamentliche Forschung so große Fortschritte machte, war die Dogmatik vielfach in der anderen Richtung unterwegs.

Dogmatik wider besseres Wissen

Bei der Vielstimmigkeit der Theologen wird eine Stimme immer besonders überhört, nämlich die Stimme von Jesus selbst, um die sich angeblich in der Theologie alles dreht. De facto ist christliche Theologie jedoch überhaupt nur möglich unter permanenter Missachtung des Mannes aus Nazareth. Der historische Jesus spielt für die Theologie keinerlei Rolle, der dogmatische Christus hat ihn schon kurz nach seinem Tod verdrängt. Täglich noch vor dem Aufstehen sollten deshalb vor allem Dogmatiker immer wieder daran erinnert werden, dass aus historisch-kritischer Sicht dieser Jesus weder eine Christologie noch eine Soteriologie vertreten hat noch begründen kann. Jesus hat sich als frommer Jude natürlich nicht als ein gottähnliches Wesen gesehen und allein den Gedanken als reine Blasphemie empfunden. Er verkündete das Reich Gottes, aber nicht sich selbst. Er gehörte nicht in das Evangelium hinein, das er verkündigt hat. Sein Tod, der vermutlich unbeabsichtigt war, hatte für ihn keine Heilsbedeutung oder gar eine sühnende Funktion. Um sich für das Reich Gottes zu rüsten und in den Genuss der Vergebung der Sünden zu kommen, musste kein Blut fließen. Nach allem, was wir wissen, bestand ein guter Teil der Popularität Jesu eben gerade darin, dass er Randgruppen und Sündern der Gesellschaft das Reich Gottes und Sündenvergebung zusprach, ohne dass dafür mehr nötig gewesen wäre als eine innere Umkehr und der Wunsch, ein gottgefälliges Leben zu führen. Jesus verkündigte gerade das, was Theologen später oft als »billige Gnade« verunglimpften. Zwar waren ihm die Opfergebräuche seiner Umwelt sicher bekannt, aber sie spielten für sein »Evangelium« keine Rolle. Meilenweit war jener Jesus, der Bauhandwerker oder Kleinbauer aus der galiläischen Provinz, entfernt von jenem Paulus, dem studierten Theologen, der, indem er Jesus selbst in seine Theologie einbaute und ihn zum Erlöser machte, das Werk seines Herrn eben nicht ausformuliert, sondern verfälscht hat. Es führt fast kein Weg vom Denken und Glauben des Jesus von Nazareth zum Denken und Glauben des Paulus. Eigentlich gehören sie zwei verschiedenen Religionen an. Hätten sie sich gekannt, sie hätten sich sicher nicht verstanden. Weil aber Paulus in der theologischen Tradition immer als der korrekte und geniale Interpret der Lehre Jesu galt, war die Theologie fast von Anfang an der Meinung, sie verkünde die Lehre Jesu, wo sie doch nur die Lehre des Paulus verkündet hat. Auch Luther und die Reformation, die anstelle lehramtlicher Dekrete wieder allein zur Heiligen Schrift wollten, kamen nicht bis Jesus, sondern nur bis Paulus. Es war einer späteren kritischen Forschung vorbehalten, sowohl die Zeitgebundenheit der Verkündigung Jesu wie auch die Unterschiede zwischen Paulus und Jesus zu konstatieren.

Dogmatiker betreiben heute eigentlich Theologie *wider besseres Wissen* oder unter Nichtbeachtung der Forschungsergebnisse zum historischen Jesus, verlassen sich weiterhin auf Bibel und Bekenntnis und die kirchliche Tradition. Die prinzipielle Unaufrichtigkeit dieses Unternehmens wird nicht als solche wahrgenommen oder verdrängt, weil Theologen sich ja wissen als Exponenten einer noch immer einflussreichen Weltreligion, weil sie Kollegen haben, die ähnlich denken wie sie, mit denen sie sich austauschen oder von denen sie sich abgrenzen. Aber auch diese kommen ohne die Realisierung der Erkenntnis aus, dass die Grundlagen ihrer Wissenschaft und ihres Glaubens nicht existieren, eigentlich nie existiert haben. Auch diese treiben weiter Dogmatik, als wäre nichts geschehen, und entsprechen damit der Erwartungshaltung, die Kirchen wie Gläubige an sie herantragen. Dafür erhalten sie Ansehen, eine Stellung an einer Universität mit Reputation und den damit verbundenen Annehmlichkeiten. Es ist doch alles in bester Ordnung, abgesehen eben von dem kleinen Makel, dass das Unternehmen als Ganzes eine Luftnummer ist. Das war zwar früher und in früheren Religionen auch schon so. Aber im Gegensatz zu früheren Gottesgelehrten könnten die heutigen dies eigentlich wissen.

Also geht es weiter mit einer Wissenschaft, die bestimmte Dinge besser nicht wissen will und die sich mehr an der Ausschmückung von Scheinproblemen erfreut als diese endlich aus dem Weg zu räumen. Die Dogmatik des 20. Jahrhunderts war konservativer als die des 19. Jahrhunderts, was vor allem an Karl Barth und seiner Schule lag. Mit der Kraft seiner Sprache half er einer schwächlich und debil gewordenen Dogmatik wieder auf die Beine, erneuerte die Trinitätslehre, die Zweinaturenlehre, das Opfer am Kreuz, fabulierte über Engel und erstickte mit Tausenden von Seiten Dogmatik in vielen dicken Bänden jeden theologischen Widerstand. Seine sympathische Stimme mit Schweizer Dialekt und sein Stehen auf der richtigen Seite im sog. »Kirchenkampf« unterstützten die Vormachtstellung seiner Theologie und seiner theologischen Schule. Dabei war der vermeintliche Neueinsatz ein Rückschritt in eine Art Neo-Orthodoxie. Und natürlich fand sich auch bei ihm nur wieder eine Anknüpfung an Paulus, nicht an Jesus. Barth hatte wohl recht damit, dass sich Theologie nur »treiben« lasse, wenn sie an die »Alten« anknüpft. Die theologischen Traditionen von alter Kirche und Reformation gaben einfach mehr her als die Gefühlsduseleien eines Schleiermacher oder das abgehobene Rühmen des *unendlichen Werts der Menschenseele* eines Adolf von Harnack. Aus den Versatzstücken der theologischen Tradition ließ sich allemal noch ein kräftiger Eintopf mit Speck zaubern, während es Barths liberale Vorgänger mit ihren Kochkünsten kaum zu einer Gemüsebrühe gebracht hatten. Karl Barth ist Held eines wirklich grandiosen Rückzugsgefechts der Theologie und verantwortlich dafür, dass unsere heutigen Theologen sich auch weiterhin im Geiste des 16. Jahrhunderts äußern können, ohne ein schlechtes Gewissen zu haben und ohne den großen Meister unbedingt als ihren direkten Lehrer zu sehen.

Moderne Theologen und die Kreuzigung der intellektuellen Redlichkeit

Es gehört zum guten Ton »moderner« Theologen, Problembewusstsein zu zeigen und den Leser selbst auf Probleme, Denkschwierigkeiten oder gar Aporien der theologischen Tradition hinzuweisen. Wie haben dies an allen Haltestellen ihrer Dogmatiken beobachten können. Aber wo immer man sich tagsüber auch »rumtreibt« und wie keck man sich auch zuweilen zu äußern wagt: Letztlich kehrt man brav zu Muttern und zur theologischen Tradition zurück. Der Theologe Härle problematisiert wie alle »modernen« Theologen zwar die Zweinaturenlehre, aber steht letztlich dann doch positiv zu ihr. Er spricht von der »Zumutung … das Undenkbare zu glauben«,[587] aber will sich dieser Zumutung eben auch nicht entziehen. Die »Denkbarkeit der christologischen Zentralaussage[n]«[588] steht für ihn letztlich fest.

»Zwischen Jesus Christus und Gott besteht insofern Wesenseinheit, als Jesus Christus vollkommen bestimmt ist von dem Wesen Gottes, das Liebe ist. Deswegen kann (und muss) gesagt werden: Er hat am Wesen Gottes teil; er ist eines Wesens mit Gott.«[589]

Doch liest man genau, werden dennoch Unterschiede zum christologischen Zentraldogma der Alten Kirche deutlich. Denn die Doppelnatur Christi war einst substanzhaft verstanden worden, Härle versteht sie aber als »Liebe« sehr modern, man könnte sagen, *typisch modern*. Altertümlich und wieder ganz im Rahmen der Tradition klingt seine Betonung der »Sündlosigkeit Jesu Christi«, natürlich unter Absehung der ziemlich sicheren Meinung der Forschung, dass sich Jesus selbst eben *nicht* als sündlos verstanden hat. Was soll's?

Frömmigkeits- und bekenntniskompatibel und ganz in mythologischen Kategorien und dazu noch im Anschluss an Luther kann Härle auch das Heilswerk Jesu beschreiben:

»Indem Jesus Christus die Macht des fordernden und anklagenden Gesetzes, die Macht der Sünde und des Todes bis auf den Grund durchleidet, überwindet, ja besiegt er diese Mächte, die den Menschen in ihrer Gefangenschaft halten. Die widergöttlichen Mächte toben sich sozusagen an ihm aus.«[590]

Jesus würde schallend lachen, könnte er diese Zeilen lesen. Man müsste ihm vorher jedoch zumindest ein paar Windungen der Dogmengeschichte erklären, damit sie für ihn überhaupt verständlich wären. Aber für Christen, Härles Studenten und ihn selbst klingt es vermutlich fast logisch. Zwar hat Härle eingeräumt, dass die Versöhnungslehre »zu den schwierigsten, wichtigsten und klärungsbedürftigsten Stücken der Dogmatik«[591] gehört, und dass sie als »unverständlich, fremd oder sogar als abstoßend« empfunden werden kann; aber daraus folgen keine Konsequenzen bei ihm, sondern letztlich nur Apologetik.

Hans-Martin Barth sinniert vordergründig über eine »Reinterpretation der Zweinaturen-Christologie«. Letztlich meint er, dass man über Chalzedon, also das Konzil des Jahres 451, wo sie definiert worden ist, nichts weiter feststellen kann als die Denkunmöglichkeit:

»Man kann, von Chalcedon belehrt, festhalten: Über das Paradoxon kommt man in der Christologie nicht hinaus; hält man es fest, so urteilt man in Wahrheit christologisch sachgemäß.«[592]

Barth selbst bezeichnet dies zwar als »Kapitulation vor der Zweinaturen-Christologie«. Aber es folgt natürlich nichts daraus, erst recht natürlich keine Infragestellung des Ganzen von Christologie und Soteriologie. Was sicher auch daran liegt, dass Barth, wie wir gesehen haben, für »seine« Theologie die Tradition einfach braucht, vor allem die Trinitätslehre. Theologen können auch deshalb keinen *Schnitt* machen, weil sie viel zu sehr selbst am Spinnennetz der Dogmatik mit gewebt haben, das sie nun gefangen hält. Wo sie sich kritisch äußern, kann dies immer nur Binnenkritik sein. Wirkliche und fundamentale Kritik an der Theologie und ihren Kernsätzen kann deshalb fast nur von außen kommen. Sie wird dann in aller Regel, weil sie ja von »Laien« kommt, erst gar nicht zur Kenntnis genommen. Dabei wären besonders Theologen für eine Kritik am Christentum geradezu prädestiniert, da sie tatsächlich viel besser als Fachfremde wissen könnten, wo in den Kellern von Kirche und Theologie die Leichen liegen. Und ein bekannter Dogmatiker und Professor an einer Universität, der sich entschließen würde, »die Seiten zu wechseln« hin von einer dogmatischen zu einer vernünftigen und rationalen Sicht auf Welt und Religion, könnte wahrlich nicht nur für Aufsehen, sondern auch für Aufklärung sorgen.

Doch ist es natürlich sicherer, sich auf den vorgezeichneten Bahnen zu bewegen, auch wenn der Weg wie in einem Karussell immer nur im Kreise geht und im Blickfeld immer nur die gleichen Scheinprobleme auftauchen. Durch ihre Dogmatiken und ihre vom Staat finanzierte Lehrtätigkeit nehmen die Lehrer ihre Studenten mit aufs Karussell und vermitteln ihnen den Eindruck, die Scheinprobleme seien natürlich schwierig, aber irgendwie schon lösbar. Sie machen sie glauben, man käme wirklich voran. Junge Studenten der Theologie, die meist selbst aus religiösem Umfeld kommen, und die oft nur eine bessere Bestätigung für den ohnehin schon vorhandenen Glauben suchen, machen es ihnen aber auch leicht.

Die Dogmatik von Wilfried Joest wurde und wird von Theologiestudenten seit Jahrzehnten gerne zur Examensvorbereitung verwendet. Man erfährt aus beiden Bänden auch in der Tat viele Hintergrundinformationen zur Dogmenentwicklung, aber wird natürlich in keinster Weise mit einer wirklich kritischen Sicht auf die grundlegenden Defizite der Dogmatik und der Theologie überhaupt konfrontiert. Vielmehr wird eklektisch das Treibholz aus der theologischen Tradition zusammengetragen, das Joest tauglich erscheint, um daraus seine eigene Dogmatik zu zimmern. »Eigen« nicht im Sinne von »neu«, sondern nur als neue Kombination und Anordnung schon bekannter Versatzstücke. So machen das doch alle.

Joest sieht natürlich, dass eine Kultordnung, bei der »zur Sühne Opferblut fließen muss«, für uns etwas »Fernes und Fremdes geworden ist«.[593] Dennoch behält er diese Vorstellung bei und ebenso den Gedanken der Stellvertretung, dem er eine »Schlüsselstellung zur Deutung des Kreuzes« zuweist.[594]

Und auch der Opfergedanke findet sich erwartungsgemäß bei Joest, auch wenn er den Tod Jesu ebenfalls erwartungsgemäß als letztes Opfer sieht.

»Als Opfer in diesem Sinne ist der Gekreuzigte andererseits ... derjenige, der kraft seiner Selbsthingabe den mörderischen *Opfermechanismus* durchbricht und Versöhnung für alle schafft.«[595]

So verstanden kann Joest das Kreuz sogar zu einem »Symbol der Liebe Gottes« erklären und feststellen: »Der Weg der Liebe Gottes [geht] durch das Gericht«.[596]

Doch andererseits bietet Joest auch modernere Vorstellungen. Beides wird munter gemischt. Denn modern betont Joest in Jesus mehr den Menschen als den Gott, Jesus sei vor allem »wahrer Mensch«. Und dabei begegnen erneut die schon bekannten Übertreibungen. Jesus habe

»allein hat Menschsein in ungebrochener Entsprechung zu Gott [ge]lebt ... So hat er das Doppelgebot der Liebe erfüllt ... In Jesus ist der Mensch erschienen, in dem die geschöpfliche Bestimmung des Menschen, in antwortender Entsprechung *Ebenbild* Gottes zu sein, wahrgemacht ist. ... Jesus Christus ist der neue Adam ... An ihm als dem vollkommenen Ebenbild Gottes ist die wahre, Gott in Wahrheit entsprechende Menschlichkeit des Menschen zu erkennen.«[597] Etc. etc.

Doch dieser so restlos perfekte Mensch ist nur wieder das schon bekannte Gespenst der Theologie, nun schon ein alter Bekannter. Und sein Heilswerk besteht nach Joest (lediglich) in einer Art Vorbildcharakter:

»Jesus [hat] als der wahre Mensch das rechte Verhalten des Menschen zu Gott exemplarisch gelebt und dadurch seinen Nachvollzug ermöglicht.«[598]

Und auch diese Schwachstelle ist uns schon bekannt, die sich zeigt, wenn man sich von der klassischen Heilslehre verabschiedet: Man kann dann nicht mehr schlüssig begründen, worin denn nun das »Werk Christi« eigentlich bestand. Denn selbst wenn man die naiven, aber inzwischen traditionellen Überhöhungen dieses perfekten Menschen Jesus mit vollzieht, wird doch keineswegs deutlich, wieso dies Auswirkungen auf andere Menschen haben sollte. Oder wird, weil Mozart gelebt hat und vielleicht »urbildlich« gezeigt hat, was wahre Musik ist, irgendjemand anderes dadurch musikalischer? Hat auch Mozart dann mit seinem Genie im Sinne Joests »Nachvollzug ermöglicht«? Und wenn ein Sportler die einhundert Meter unter fünf Sekunden läuft; wird die Menschheit dann sportlicher? Wie sollte aus solchen Leistungen jemals mehr entstehen als eine verständliche Bewunderung und vielleicht ein Ansporn, sich selbst mehr anzustrengen? Wie kann daraus mehr werden als ein gutes Beispiel? Und deshalb: Wie kann Jesus als Mensch, selbst wenn er ein noch so tadelloses Verhältnis zu seinem Gott hat, heilswirkend für andere gedacht werden über sein Beispiel hinaus? Moderne Theologen wollen aber offenbar genau dies vermitteln. Sie wollen die Heilswirkung Jesu mit nebeligen Worten herbeireden und hoffen, dass keiner so genau hinhört.

Joest formuliert seine hochgezüchtete Christrose folgendermaßen:

»Damit gelangen wir zu der Kernthese der hier vorgelegten Christologie: Jesus ist das Person-Sakrament der die Sünder annehmenden Gemeinschaft Gottes mit den Menschen. Nur so kann er zugleich das *exemplum* eines aus der Kraft dieser Gemeinschaft neu werdenden Menschenlebens sein.«[599]

Innerhalb der theologischen Schrebergartenkolonie werden solche Aussagen problemlos akzeptiert. Hauptsache scheint zu sein, dass man zu klanglich schönen Formulierungen gelangt. Wer würde denn ernsthaft erwarten, dass sie auch noch stimmen müssten? Und ebenso gehört ein ins Predigthafte gehender Ton bei den fragwürdigsten Stellen der Dogmatik zum üblichen Standard der *kirchlichen Wissenschaft*. Auch die Theologin Schneider-Flume beherrscht diese Disziplin:

«Im Tod leidet Gott und *schafft so aus Liebe neues Leben*. Mit anderen Worten: Im Kreuz sind auch Gottferne, Gottverlassenheit und lebenszerstörerische Lebenswidrigkeit *in Gott hineingenommen und überwunden*.« (S. 235)

»Mit dem Leben und Leiden und mit dem Tod Jesu Christi geht Gott selbst an den Ort von äußerster Lebensfeindschaft, Lebenszerstörung, Lieblosigkeit und Gottlosigkeit, an den Ort, wo der tödliche Riss durch das Sein klafft, *und schafft Leben neu*.« (S. 250)

Was Schneider-Flume eigentlich meint mit dem »*schafft Leben neu*« und »*in Gott hineingenommen und überwunden*«, könnte sie wohl selbst nicht erklären, weil es sich auch hier letztlich um bloße theologische Phrasen handelt, die eine höhere oder tiefere Bedeutung nur vorgaukeln. Die religiöse Trivialliteratur von Margot Käßmann bis Anselm Grün ist voll von solchen Begriffswölkchen, und auch sich wissenschaftlich verstehende Theologen an Universitäten sondern sie gelegentlich ab. Dann ist auch der Verweis auf das »Geheimnis« oder das »Paradox« nicht mehr weit, mit dem die Theologie seit ihrem Entstehen die eigene argumentative Hilflosigkeit verbrämen muss. Und das geht dann bei anderen Theologen auch ohne Gesäusele, indem man sich eben einfach traditioneller äußert. Das Fazit der Christologie sieht bei Pöhlmann so aus:

»Jesus Christus ist wahrer Gott und wahrer Mensch. Dies Geheimnis soll in seiner Dichte stehen gelassen und nicht durch eine abgezirkelte Begriff-

lichkeit rational aufgelöst werden. Dieses Geheimnis kann *um*schrieben, nicht *be*schrieben werden. Jesus Christus ist wahrer Gott, nicht nur ein mit Gott besonders geeinter Mensch ... Wäre Jesus nicht Gott, sondern nur ein Mensch, dann hätte er uns nicht erlöst, weil der Mensch sich nicht selbst erlösen kann.«[600]
So ist eben in der Theologie alles möglich, sowohl ein Rückgriff auf »Glaubenswahrheiten« aus einer Zeit, in der es noch wirkliche römische Kaiser gab, als auch der meist stille Abschied von dieser Tradition und eine Form der »Neuformulierung«, die im Prinzip fast ohne einen Gott auskommt. »Moderne« Theologie ist meist ein Mischmasch von beidem.

Schlusswort: Das Elend der Theologie

Eine wirklich »moderne« Theologie gibt es eigentlich nicht und kann es auch nicht geben. Diesen Eindruck muss man gewinnen, wenn man die maßgeblichen zeitgenössischen Dogmatiken zu den theologischen Topoi befragt, wie wir es hier getan haben. Zwar versäumen es die Dogmatiker nicht, an vielen Stellen auf moderne Fragen der Zeit und daraus erwachsende Anfragen an die Theologie einzugehen. Sie zeigen verbal Verständnis für Kritik, Offenheit für naturwissenschaftliche Sichtweisen und sogar Sympathie mit den Gläubigen anderer Religionen. Das Bekenntnis zur Toleranz ist für sie durchaus nicht nur ein Scheinbekenntnis.

Doch was die guten Ansätze dann immer wieder zunichtemacht, ist die ständige Rücksichtnahme auf die theologische Tradition, der sich, so abstrus diese in Details wie in den Hauptlinien auch sein mag, Dogmatiker immer wieder verpflichtet fühlen. Ja sie wären keine Dogmatiker geworden, wenn sie sich nicht schon im Studium dieses geistige und geistliche Korsett angepasst hätten, wenn sie nicht da schon gelernt hätten, nicht das zu denken und zu vertreten, was offen zutage liegt, sondern sich von traditionell weit überschätzten Autoritäten wie den Kirchenvätern, Reformatoren und kirchlichen Bekenntnissen – und natürlich auch von den biblischen Schriften – ihre Weltsicht vorschreiben zu lassen. Dogmatiker an Universitäten denken zwar; aber mehr noch werden sie gedacht. Sie werden fremdbestimmt von einer Tradition, als deren Adepten sie sich verstehen und auch bewusst verstehen wollen. Ihr Denken ist Ausdruck einer Bewusstseinsspaltung; auf der einen Seite steht der durchaus vorhandene Wille, moderne Erkenntnisse zu akzeptieren und zu würdigen, doch zugleich auf der anderen Seite die Bereitschaft, diese Erkenntnisse, wo Dogmatik und Kirche dies verlangen, zu verschweigen, umzudeuten oder sprachlich zu relativieren. Dogmatiker an einer Universität kann man letztlich nur werden, wenn man bereit ist, sich vor der religiösen Tradition und ihren toten Paladinen ehrfürchtig zu verneigen, wenn dies opportun ist. »Moderne« Dogmatiker äußern sich zwar kritisch, die Kritik darf aber für sie niemals das letzte Wort haben. Und sie zensieren sich selbst. Die theologische Tradition sorgt für die Schere im Kopf, von der sie bereitwillig Gebrauch machen.

Wie anders ist es möglich, dass man die sehr dürftigen Anfänge des alttestamentlichen Gottes einfach ignoriert, dass man von *Heilsgeschichte* spricht, obwohl die Eckdaten dieser Heilsgeschichte mehr als fragwürdig sind, die Erzväter wohl nie wirklich existiert haben, es keinen Exodus aus Ägypten gab, offenbar auch keinen Mose, keine »Landnahme« und vielleicht noch nicht einmal ein Großreich Davids. Was Archäologen und auch Alttestamentler nachlesbar hierzu herausgefunden haben – Dogmatiker ignorieren es nahezu vollständig. Es kommt in ihren Dogmatiken nicht vor, als habe es eine kritische Forschung hierzu nie gegeben.

Und wie ist es möglich, dass auch die Erkenntnisse über Jesus von Nazareth, wie sie nicht zuletzt von ihren neutestamentlichen Kollegen formuliert worden sind, ebenso für sie keine Rolle zu spielen scheinen. Dass Jesus sich keineswegs als Messias verstanden hat, dass er keineswegs die Absicht hatte, eine neue Religion zu gründen, er sich keineswegs als sündlos sah, sich einreihte mit seinen Glaubensbrüdern in die Verehrung des einen Gottes, aber nie und nimmer sich als gläubiger Jude selbst eine göttliche Verehrung angemaßt hätte. Dass er keine »Botschaft für die Welt« hatte, sondern sich nur gesandt sah zu seinen Glaubensbrüdern, und dass er spätere dogmatische Kapriolen wie die Zweinaturenlehre, die Trinitätslehre oder die ewige Jungfrauenschaft seiner Mutter aus innerster Überzeugung abgelehnt hätte. Dogmatiker werden nicht müde zu betonen, dass sich Dogmatik immer auf den »HErrn« rückbeziehen müsse. Tatsächlich jedoch lässt sich Dogmatik und Theologie überhaupt nur betreiben, wenn man diesen Jesus von Nazareth als Person permanent ignoriert und seinen innersten Willen umbiegt. Mit der Kreuzigung konnten ihm die Römer nur sein Leben nehmen. Doch die christlichen Dogmatiker haben ihm seine Persönlichkeit geraubt, haben den frommen Juden Jesus von Nazareth zu einem Gottessohn umgeglaubt und ihn auf den Gottesthron gesetzt, wo doch nach jüdischem Glauben nur Gott selbst sitzen darf.

Offenbar sahen sie sich dazu genötigt. Denn mit dem wirklichen Jesus ließ sich keine Kirche bauen. Zweifellos war Jesus mit seiner nahen Erwartung des Reiches Gottes ein Irrender gewesen, ein religiöser Phantast, der sein Volk wie viele Phantasten als Mittelpunkt der Welt sah. Vielleicht auch ein politischer Aufrührer, als der er ja am Kreuz auch gestorben ist. Er war ein Kind seiner unruhigen Zeit und wäre uns heute sehr fremd. Die Erkenntnis seiner Fremdheit und seiner Provinzialität, die Einsicht, dass dieser Mensch nichts mit unserer

Zeit zu tun hat, sind vielleicht die tiefsten Einsichten der Forschung über ihn. Mittelalter und Reformation, die Jesus wie selbstverständlich als Gottessohn verehrten, haben dies einfach noch nicht wissen können. Insofern kann man früheren Dogmatikern weniger Vorwürfe machen. Umso mehr aber kann man heutigen Dogmatikern, die doch alle sehr genau über die Künstlichkeit und das Gewordensein ihres Gottessohns Bescheid wissen, den Vorwurf nicht ersparen, wider besseres Wissen einen Mythos aufrechtzuerhalten.

Die Situation der Theologie ist viel ernster als dies Dogmatiker wahrhaben wollen. Die Dogmatik sollte eigentlich mausetot sein, weil sie nach über 200 Jahren historisch-kritischer Forschung in fast allen ihren Teilen als widerlegt angesehen werden muss. Das Christentum ist eigentlich keine Frage des Glaubens mehr, denn noch vor allem Glauben fallen die Bekenntnis-Eckdaten, wie sie Alte Kirche, Mittelalter und Reformation noch überzeugt vertreten haben, heute allesamt durch das Raster der intellektuellen Redlichkeit. Sie sind Ausdruck von Literatur, mehr nicht. Wer jetzt noch glaubt, ist einfach nur schlecht informiert oder tut dies aus Trotz.

Eine »moderne« Theologie kann es deshalb aus Prinzip nicht geben, denn eine Theologie, die sich dieser Situation ehrlich stellen würde, müsste sich eigentlich wegen hinreichend belegter Gegenstandslosigkeit selbst auflösen. Das kann man als Dogmatiker natürlich nicht wollen, und deshalb tut man geschäftig und bastelt in den theologischen Fakultäten weiter kreativ an Scheinlösungen für Scheinprobleme. Und unser Gemeinwesen leistet sich aus Tradition auch weiterhin für ca. 280 Millionen Euro jährlich an staatlichen Universitäten gelehrte Mythologie, gläubiges Denken und konfessionell gebundene Wahrheiten.

Literaturverzeichnis

Die im Buch häufiger zitierten Dogmatiken und Kompendien
Barth, Hans-Martin, Dogmatik. Evangelischer Glaube im Kontext der Weltreligionen, 3. Aufl., 2008
Frey, Christofer (Hg.), Repetitorium der Dogmatik, 7. Aufl., 2000
Härle, Wilfried, Dogmatik, 3. Aufl., 2007
Joest, Wilfried / von Lüpke, Johannes, Dogmatik I: Die Wirklichkeit Gottes, 5. Aufl., 2010
Joest, Wilfried / von Lüpke, Johannes, Dogmatik II: Der Weg Gottes mit dem Menschen, 5. Aufl., 2012
Leonhardt, Rochus, Grundinformation Dogmatik, 4. Aufl., 2009
Ott, Heinrich, Die Antwort des Glaubens. Systematische Theologie in 50 Artikeln, 3. Aufl., 1981
Pöhlmann, Horst Georg, Abriss der Dogmatik. Ein Kompendium, 4. Aufl., 1985
Schneider-Flume, Gunda, Grundkurs Dogmatik, 2. Aufl., 2008
Trillhaas, Wolfgang, Dogmatik, 1962

Weiterführende religionskritische Literatur
Albert Hans, Joseph Ratzingers Rettung des Christentums. Beschränkungen des Vernunftgebrauchs im Dienste des Glaubens, 2008
Augstein, Rudolf, Jesus Menschensohn, 1972
Bergmeier, Rolf, Schatten über Europa. Der Untergang der antiken Kultur, 2012
Buggle, Franz, Denn sie wissen nicht, was sie glauben. Oder warum man redlicherweise nicht mehr Christ sein kann. Eine Streitschrift, 2004
Czermak, Gerhard, Problemfall Religion. Ein Kompendium der Religions- und Kirchenkritik, 2014
Dawkins, Richard, Der Gotteswahn, [4]2007
Deschner, Karlheinz (Hg.), Das Christentum im Urteil seiner Gegner, 1986
Deschner, Karlheinz, Der gefälschte Glaube. Eine kritische Betrachtung kirchlicher Lehren und ihrer historischen Hintergründe, 2004
Deschner, Karlheinz, Abermals krähte der Hahn. Eine kritische Kirchengeschichte, Taschenbuchausgabe [2]1996
Deschner, Karlheinz, Kriminalgeschichte des Christentums, 10 Bde., 1986ff.
Flasch, Kurt, Warum ich kein Christ bin, 2013

Finkelstein, Israel / Silberman, Neil. A., David und Salomo. Archäologen entschlüsseln einen Mythos, TB-Ausgabe 2009
Finkelstein, Israel / Silberman, Neil. A., Keine Posaunen vor Jericho. Die archäologische Wahrheit über die Bibel, Sonderausgabe 2006
Frerk, Carsten, Violettbuch Kirchenfinanzen. Wie der Staat die Kirchen finanziert, 2010
Harris, Sam, Brief an ein christliches Land, 2008
Henkel, Peter, Irrtum Unser! oder Wie Glaube verstockt macht, 2012
Hitchens, Christopher, Der Herr ist kein Hirte. Wie Religion die Welt vergiftet, ^{2}2007
Hoerster, Norbert, Die Frage nach Gott, ^{2}2007
Kahl, Joachim, Das Elend des Christentums oder Plädoyer für eine Humanität ohne Gott, ^{9}1976
Kahl, Joachim, Weltlicher Humanismus. Eine Philosophie für unsere Zeit, ^{3}2007
Kubitza, Heinz-Werner, Der Jesuswahn. Wie die Christen sich ihren Gott erschufen. Die Entzauberung einer Weltreligion durch die wissenschaftliche Forschung, 2011
Kubitza, Heinz-Werner, Verführte Jugend. Eine Kritik am Jugendkatechismus Youcat. Vernünftige Antworten auf katholische Fragen, 2011
Lehnert, Uwe, Warum ich kein Christ sein will. Mein Weg vom christlichen Glauben zu einer naturalistisch-humanistischen Weltanschauung, 2009
Lüdemann, Gerd, Das Jesusbild des Papstes. Über Joseph Ratzingers kühnen Umgang mit der Schrift, ^{2}2007
Lüdemann, Gerd, Die Auferweckung Jesu von den Toten. Ursprung und Geschichte einer Selbsttäuschung, 2002
Lüdemann, Gerd, Jesus nach 2000 Jahren. Was er wirklich sagte und tat, ^{2}2004
Mackie, John L., Das Wunder des Theismus, 1985
Mynarek, Hubertus, Papst-Entzauberung. Das wahre Gesicht des Joseph Ratzinger und die exakte Widerlegung seiner Thesen, 2007
Onfray, Michel, Wir brauchen keinen Gott. Warum man jetzt Atheist sein muss, ^{3}2007
Ranke-Heinemann, Uta, Eunuchen für das Himmelreich. Katholische Kirche und Sexualität, ^{11}1989
Ranke-Heinemann, Uta, Nein und Amen. Mein Abschied vom traditionellen Christentum, ^{7}2002
Russel, Bertrand, Warum ich kein Christ bin, 1968

Schmidt-Salomon, Michael, Manifest des evolutionären Humanismus. Plädoyer für eine zeitgemäße Leitkultur, 2. Aufl. 2006

Schmidt-Salomon, Michael, Keine Macht den Doofen. Eine Streitschrift, 2012

Schnädelbach, Herbert, Religion in der modernen Welt, 2009

Tilly, Michael / Zwickel, Wolfgang, Religionsgeschichte Israels. Von der Vorzeit bis zu den Anfängen des Christentums, 2011

Warraq, Ibn, Warum ich kein Muslim bin, 2. Aufl. 2007

Endnoten

1 Hans-Martin Barth, Dogmatik. Evangelischer Glaube im Kontext der Weltreligionen, 3. Aufl., 2008; Christofer Frey (Hg.), Repetitorium der Dogmatik, 7. Aufl., 2000; Wilfried Härle, Dogmatik, 3. Aufl., 2007; Wilfried Joest / Johannes von Lüpke, Dogmatik I: Die Wirklichkeit Gottes, 5. Aufl., 2010; dieselben: Dogmatik II: Der Weg Gottes mit dem Menschen, 5. Aufl., 2012; Rochus Leonhardt, Grundinformation Dogmatik, 4. Aufl., 2009; Heinrich Ott, Die Antwort des Glaubens. Systematische Theologie in 50 Artikeln, 3. Aufl., 1981; Horst Georg Pöhlmann, Abriss der Dogmatik. Ein Kompendium, 4. Aufl., 1985; Gunda Schneider-Flume, Grundkurs Dogmatik, 2. Aufl., 2008; Wolfgang Trillhaas, Dogmatik, 1962
2 Vgl. Rolf Bergmeier, Schatten über Europa. Der Untergang der antiken Kultur, 2012
3 Vgl. Friedrich Prinz (Hg.), Mönchtum und Gesellschaft im Frühmittelalter, hier besonders den Aufsatz von Prinz: Zur geistigen Kultur des Mönchtums im spätantiken Gallien und im Merowingerreich, S. 265-353
4 Augustinus, De Trinitate XII,15,25; vgl. Wilfried Joest / Johannes von Lüpke: Dogmatik I, S. 47 (im Folgenden: Joest, Dogmatik)
5 Wolfgang Trillhaas, Dogmatik, 1962, S. 10
6 Christofer Frey (Hg.), Repetitorium der Dogmatik, 7. Aufl., 2000, S. 213 (im Folgenden: Frey, Repetitorium)
7 Dass aber auch die liberale protestantische Kirche zu Restriktionen greifen kann, zeigte der Fall des Göttinger Neutestamentlers Gerd Lüdemann, der die Auferstehung Jesu offen leugnete. Das Verhältnis von Kirche und Staat sowie Staat und Theologische Fakultäten kann im Rahmen dieses Buches nur gestreift werden.
8 Trillhaas, Dogmatik, S. 50
9 Hans-Martin Barth, Dogmatik. Evangelischer Glaube im Kontext der Weltreligionen, 3. Aufl., 2008, S. 85
10 Wilfried Härle, Dogmatik, 3. Aufl., 2007, S. 36
11 Siehe Rochus Leonhardt, Grundinformation Dogmatik, 4. Aufl., 2007, S. 134
12 Ebenda
13 Trillhaas, Dogmatik, S. 9
14 Trillhaas, Dogmatik, S. 48
15 Trillhaas, Dogmatik, S. 49
16 Trillhaas, Dogmatik, S. 52
17 Trillhaas, Dogmatik, S. 5
18 Trillhaas, Dogmatik, S. 1
19 Trillhaas, Dogmatik, S. 7
20 Karl Barth, Kirchliche Dogmatik (KD) I,1, S. 6
21 Horst Georg Pöhlmann, Abriss der Dogmatik. Ein Kompendium, 4. Aufl., 1985, S. 32 (im Folgenden: Pöhlmann, Dogmatik)
22 Karl Barth, Dogmatik im Grundriss, 2.Aufl., 1947, S. 13
23 Joest, Dogmatik I, S. 42f.
24 Frey, Dogmatik, S. 32f.; 42
25 Trillhaas, Dogmatik, S. 56
26 Joest, Dogmatik I, S. 16
27 Leonhardt, Grundinformation Dogmatik, S. 142
28 Pöhlmann, Dogmatik, S. 20
29 Joest, Dogmatik I, S. 17
30 Barth, KD I,1, S. 23
31 Zitat siehe Pöhlmann, Dogmatik, S. 26
32 Trillhaas, Dogmatik, S. 23
33 Pöhlmann, Dogmatik, S. 27
34 Pöhlmann, Dogmatik, S. 33
35 Trillhaas, Dogmatik, S. 16
36 Hans-Martin Barth, Dogmatik, S. 10
37 Karl Barth, Dogmatik im Grundriss, S. 5
38 Karl Barth, KD I,1, S. 16
39 Karl Barth, Dogmatik im Grundriss, S. 10
40 Emil Brunner, Dogmatik I, 1946, S. 3
41 Trillhaas, Dogmatik, S. 10
42 Trillhaas, Dogmatik, S. 13
43 Ebenda
44 Franz Overbeck, Kirchenlexikon, Bd. 5, S. 533
45 Trillhaas, Dogmatik, S. 13
46 Hans-Martin Barth, Dogmatik, S. 18
47 Trillhaas, Dogmatik, S. 29/33: »Glaubenssätze ... bedürfen wie alle wissenschaft-

lichen Sätze ihrer Begründung; ihre Gründe freilich sind sui generes.«
48 Trillhaas, Dogmatik, S. 20
49 Heinrich Scholz: Wie ist eine evangelische Theologie als Wissenschaft möglich? In: Zwischen den Zeiten, 1931
50 Karl Barth, Dogmatik im Grundriss, S. 13
51 Trillhaas, Dogmatik, S. 11
52 Im Editorial »Wissen statt Glauben«, Materialien und Informationen zur Zeit, MIZ, 3/2004
53 Hermann Deuser, Kleine Einführung in die Systematische Theologie, 1999, S. 27
54 Trillhaas, Dogmatik, S. 52
55 Joest, Dogmatik I, S. 44
56 Trillhaas, Dogmatik, S. 10
57 Pöhlmann, Dogmatik, S. 34
58 Härle, Dogmatik, S. 17
59 Trillhaas, Dogmatik, S. 49
60 Trillhaas, Dogmatik, S. 50
61 Vgl. Frey, Dogmatik, S. 33: Habermas nennt als dritte Kategorie noch *systematische Handlungswissenschaften* (Ökonomie, Politik, Soziologie).
62 Leonhardt, Grundinformation Dogmatik, S. 145
63 Härle, Dogmatik, S. 8f
64 Joest, Fundamentaltheologie, S. 252f; vgl. Leonhardt, Grundinformation Dogmatik, S. 144
65 Trillhaas, Dogmatik, S. 50
66 Härle, Dogmatik, S. 26f.
67 Carsten Frerk, Violettbuch der Kirchenfinanzen, 2010, S. 136
68 Härle, Dogmatik, S. 82
69 Härle, Dogmatik, S. 125
70 Vgl. Joest, Dogmatik I, S. 19
71 Härle, Dogmatik, S. 86; 83
72 »Bei [Karl] Barth ist immer noch die Erbschaft des Supranaturalismus lebendig.« Trillhaas, Dogmatik, S. 44
73 Hans-Martin Barth, Dogmatik, S. 157
74 Wir kommen unten noch ausführlicher auf die »Schöpfungslehre« zu sprechen.
75 Vgl. Gerhard Czermak, Problemfall Religion. Ein Kompendium der Religions- und Kirchenkritik, 2014
76 Joest, Dogmatik I, S. 88
77 Die Vernunft sei die »höchste Hure, die der Teufel hat«, so Luther (WA 521, S. 126). An anderer Stelle: »Wer ein Christ sein will, der steche seiner Vernunft die Augen aus.«
78 Leonhardt, Grundinformation Dogmatik, S. 153
79 Luther, Der Prophet Jona; vgl. Leonhardt, Grundinformation Dogmatik, S. 154
80 Karl Barth, KD I,2, S. 327
81 Auf die Darstellung der Gottesbeweise, die eigentlich als Teil der *natürlichen Theologie* hierher gehören, die aber schon in Tausenden von Büchern traktiert wurden, verzichten wir in diesem Buch.
82 Karl Barth, KD I,2, S. 357
83 Joest, Dogmatik I, S. 27
84 Hans-Martin Barth, Dogmatik, S. 144
85 Mehr hierzu bei Joest, Dogmatik I, S. 38
86 Barth hat besonders mit der sog. Bhakti-Frömmigkeit und der Jodo-Shinshu-Frömmigkeit auseinandergesetzt; vgl. Hans-Martin Barth, Dogmatik, S. 112
87 Karl Barth, KD I/2, S. 376; Hans-Martin Barth, Dogmatik, S. 112, meint: »Das klingt unangenehm, ja unerträglich triumphalistisch.«
88 Karl Barth, KD I/2, S. 376, zitiert nach Hans-Martin Barth, Dogmatik, S. 113
89 Zu *Lumen gentium* siehe: Leonhardt, Grundinformation Dogmatik, S. 125f.
90 Hans-Martin Barth, Dogmatik, S. 107
91 Hans-Martin Barth, Dogmatik, S. 8
92 Hans-Martin Barth, Dogmatik, S. 200
93 Hans-Martin Barth, Dogmatik, S. 171
94 Härle, Dogmatik, S. 86f.
95 Etwa: »Warum sitzen Sie jetzt am Frühstückstisch und sind nicht in der Kirche? Sie haben dreißig Minuten!« Welche Headline könnten Sie sich vorstellen? Mailen Sie an heinz-werner-kubitza@tectum-verlag.de. Bahnbrechende naturwissenschaftliche Erkenntnisse können Sie gerne als Anhang beifügen.
96 Oder bewiese das nur die Existenz des 1. FC Köln? In vergangenen Jahren wären für die leidgeplagten Fans des FC schon zwei Siege als Gottesbeweis durchgegangen.
97 Trillhaas, Dogmatik, S. 68
98 Hans-Martin Barth, Dogmatik, S. 62
99 Eilert Herms, Offenbarung, S. 180/182, zitiert nach Leonhardt, Grundinformation Dogmatik, S. 161
100 Hans-Martin Barth, Dogmatik, S. 158

101　Franz Buggle hat die vielen Stellen im Alten und Neuen Testament aufgelistet, die einen kriegerischen und intoleranten Gott mit schweren ethischen Defiziten zeigen; vgl. Franz Buggle, Denn sie wissen nicht, was sie glauben. Oder warum man redlicherweise nicht mehr Christ sein kann. Eine Streitschrift, 2004
102　Alle drei Zitate (zwei von Jesus, eines von Petrus) gelten in der Forschung als Fälschungen.
103　Ernst Troeltsch, Die Absolutheit des Christentums, zit. nach Leonhardt, Grundinformation Dogmatik, S. 121; dort noch mehr zu Troeltsch und seinem Buch.
104　Ebenda, S. 123
105　Hans-Martin Barth, Dogmatik, S. 40f.
106　Härle, Dogmatik, S. 107
107　Härle, Dogmatik, S. 108
108　Härle, Dogmatik, S. 101
109　Trillhaas, Dogmatik, S. 1
110　Härle, Dogmatik, S. 109
111　Hans-Martin Barth, Dogmatik, S. 63
112　Hans-Martin Barth, Dogmatik, S. 162
113　Hans-Martin Barth, Dogmatik, S. 164
114　Paul Tillich, Gesammelte Werke (GW) VIII, S. 196
115　Härle, Dogmatik, S. 180
116　Härle, Dogmatik, S. 181
117　Ebenda
118　Leonhardt, Grundinformation Dogmatik, S. 162
119　Trillhaas, Dogmatik, S. 18
120　Tillich, GW VIII, S. 196
121　Trillhaas, Dogmatik, S. 32
122　Joest, Dogmatik I, S. 17
123　Härle, Dogmatik, S. 69
124　Hans-Martin Barth, Dogmatik, S. 82
125　Hans-Martin Barth, Dogmatik, S. 138
126　Hans-Martin Barth, Dogmatik, S. 81
127　Hans-Martin Barth, Dogmatik, S. 213
128　Trillhaas, Dogmatik, S. 30
129　Pöhlmann, Dogmatik, S. 28
130　Hans-Martin Barth, Dogmatik, S. 71
131　Martin Laube, Theologie und neuzeitliches Christentum. Studien zu Genese und Profil der Christentumstheorie Trutz Rendtorffs; unter Verweis auf Friedrich Gogarten, Verhängnis und Hoffnung der Neuzeit. Die Säkularisierung als theologisches Problem, S. 12
132　Hans-Martin Barth, Dogmatik, S. 73
133　IDEA Spektrum 38.2012, S. 13
134　Zitiert nach Leonhardt, Grundinformation Dogmatik, S. 179
135　Trillhaas, Dogmatik, S. 12
136　Trillhaas, Dogmatik, S. 21
137　Trillhaas, Dogmatik, S. 22
138　Trillhaas, Dogmatik, S. 24
139　Vom Virus des Glaubens, Schriftenreihe der Giordano Bruno Stiftung, Bd. 2, S. 33
140　Richard Dawkins, Der Gotteswahn, S. 263
141　Richard Dawkins, Viruses of the Mind (1993), in Übersetzung zitiert nach http://vafpage.de/christ.html (1.9.2014)
142　Richard Dawkins, Der Gotteswahn, S. 263
143　Richard Dawkins, Viruses, a. a. O.
144　Richard Dawkins, Viruses, a. a. O.
145　Richard Dawkins, Viruses, a. a. O.
146　Richard Dawkins, Viruses, a. a. O., mit Bezug auf ein Zitat von Douglas Adams.
147　Richard Dawkins, Viruses, a. a. O.
148　So in Kahls Aufsatz »Kritik am Neuen Atheismus. Richard Dawkins aus der Sicht Ludwig Feuerbachs; im Internet verfügbar unter http://www.kahl-marburg.privat.t-online.de/Kahl_LF_Dawkins.pdf
149　Richard Dawkins, Viruses, a. a. O.
150　Armin Geus, Die Krankheit des Propheten. Ein pathographischer Essay, 2011, S. 13
151　Dies ist in Lateinamerika völlig anders, wo der Anteil der Pfingstkirchen in den letzten 20 Jahren bedrohlich zugenommen hat.
152　Hans-Martin Barth, Dogmatik, S. 157
153　Vgl. hierzu das Buch von Israel Finkelstein / Neil Asher Silberman, David und Salomo. Archäologen entschlüsseln einen Mythos, 2009
154　Leonhardt, Grundinformation Dogmatik, S. 181
155　Vgl. Pöhlmann, Dogmatik, S. 60
156　Härle, Dogmatik, S. 131
157　Katechismus der Katholischen Kirche (KKK), 2003, 115-119 (online verfügbar)
158　»Mit dieser Forderung hat Luther der modernen Bibelauslegung wichtige Impulse gegeben.« Leonhardt, Grundinformation Dogmatik, S. 185
159　Trillhaas, Dogmatik, S. 89

160 Trillhaas, Dogmatik, S. 92
161 Karl Barth, KD I/2, S. 79
162 Joseph Ratzinger, Jesus von Nazareth, Prolog – Die Kindheitsgeschichten, 2012, S. 29, 58
163 Vgl. Trillhaas, Dogmatik, S. 93
164 Adolf von Harnack, Marcion, 1921, S. 248f.
165 Joest, Dogmatik I, S. 66; 71
166 Joest, Dogmatik I, S. 69
167 Joest, Dogmatik I, S. 70
168 Trillhaas, Dogmatik, S. 94
169 Hartmut Gese, Vom Sinai zum Zion. Alttestamentliche Beiträge zur biblischen Theologie, 1974; Peter Stuhlmacher, Biblische Theologie des Neuen Testaments, 1992/93.
170 Hermann Spieckermann, Die Verbindlichkeit des Alten Testaments. Unzeitgemäße Betrachtungen zu einem ungeliebten Thema, in: Biblische Hermeneutik, JBTh 12 (1997), 1998, S. 25–51
171 Trillhaas, Dogmatik, S. 75
172 Ibn Warraq, Warum ich kein Muslim bin, 2. Aufl., 2007, S. 156
173 Zit. nach Warraq, Warum ich kein Muslim bin, S. 158; vgl. insgesamt Ali Dashti, 23 Jahre. Die Karriere des Propheten Muhammed
174 Zit. nach Warraq, Warum ich kein Muslim bin, S. 163. Das Alte Testament wird von Nöldeke positiver beurteilt.
175 Zu den Wundern Jesu siehe Heinz-Werner Kubitza, Der Jesuswahn. Wie die Christen sich ihren Gott erschufen. Die Entzauberung einer Weltreligion durch die wissenschaftliche Forschung, 2011, S. 110-123
176 Ratzinger, Jesus von Nazareth. Prolog – die Kindheitsgeschichten, 2012. Ein erschütternder Beleg dafür, dass Katholizismus offenbar nur jenseits von intellektueller Redlichkeit noch möglich ist.
177 Hans-Martin Barth, Dogmatik, S. 177
178 Vgl. Trillhaas, Dogmatik, S. 79
179 Vgl. Pöhlmann, Dogmatik, S. 62
180 Trillhaas, Dogmatik, S. 78. Die Einheitlichkeit der Schrift sei »eine unhistorische Konstruktion.« (S. 74)
181 Vgl. Trillhaas, Dogmatik, S. 79
182 Frey, Dogmatik, S. 215
183 Frey, Dogmatik, S. 217
184 Härle, Dogmatik, S. 119ff.
185 Härle, Dogmatik, S. 120
186 Härle, Dogmatik, S. 123
187 Härle, Dogmatik, S. 123
188 Härle, Dogmatik, S. 122
189 Hans-Martin Barth, Dogmatik, S. 178
190 Hans-Martin Barth, Dogmatik, S. 221, auch für das vorige Zitat
191 Joest, Dogmatik I, S. 57
192 Joest, Dogmatik I, S. 58
193 Vgl. Frey, Dogmatik, S. 214
194 Frey, Dogmatik, S. 216
195 Hans-Martin Barth, Dogmatik, S. 180
196 Pöhlmann, Dogmatik, S. 68f.
197 Joest, Dogmatik I, S. 63
198 Ernst Käsemann, Exegetische Versuche und Besinnungen, Bd. 1, S. 214-223. Härle verdreht den Sinn der Aussagen Käsemanns und behauptet, der Kanon »bewahrt« in der Vielzahl der kirchlichen Richtungen die Einheit der Kirche; vgl. Härle, Dogmatik, S. 134
199 Frey, Dogmatik, S. 214
200 Trillhaas, Dogmatik, S. 75
201 Karl Barth, KD I/2, S. 571-585
202 Joest, Dogmatik I, S. 73
203 Joest, Dogmatik I, S. 75
204 Joest, Dogmatik I, S. 74
205 Immer noch sehr lesenswert hierzu: Albert Schweitzer, Geschichte der Leben-Jesu-Forschung, 2. Aufl., 1913
206 Vgl. Peter Henkel, Irrtum Unser! oder Wie Glaube verstockt macht, 2012
207 Hans-Martin Barth, Dogmatik, S. 176
208 Buggle, Denn sie wissen nicht, was sie glauben.
209 Frey, Dogmatik, S. 24
210 Leonhardt, Grundinformation Dogmatik, S. 190
211 Frey, Dogmatik, S. 17
212 Joest, Dogmatik I, S. 33
213 Joest, Dogmatik I, S. 35
214 Trillhaas, Dogmatik, S. 67
215 Joest, Dogmatik I, S. 74
216 Trillhaas, Dogmatik, S. 83f.
217 Hans-Martin Barth, Dogmatik, S. 180
218 Michael Tilly / Wolfgang Zwickel, Religionsgeschichte Israels. Von der Vorzeit bis zu den Anfängen des Christentums, 2011, S. 75
219 In: Tilly/Zwickel, Religionsgeschichte Israels, S. 76

220 Bernhard Lang, Jahwe, der biblische Gott. Ein Portrait, 2002, S. 218
221 Ebenda
222 Tilly/Zwickel, Religionsgeschichte Israels, S. 79, im Folgenden: Zwickel
223 Zwickel nennt an weiteren Stellen noch: Lev 26,4; Dtn 5,11-17; 11,14-17; 28,12; 1 Sam 12,17f.; 1 Kön 8,36; 17,1; Hi 5,10.36f.; 37,6; 38,28; Ps 65,10-14; 104,13; 135,7; Jes 30,23ff.; Jer 5,24; 10,13; 14,22; 51,15f.; Hos 4,18; 6,3; Jod 1,9-20; 2,12-27; 3,18; Am 4,7; Hagg 1,8ff.; Sach 10,1; 14,17; Mal 3,10 ff.
224 Zwickel, Religionsgeschichte Israels, S. 77. Er begründet dies damit, dass unter den Leuten Davids sich viele Personennamen finden, die Jahwe als theophores Element beinhalten, z. B. Benaja, Joab, Joschafat, Seraja, Urija, Jonathan und viele weitere.
225 So z. B. bei Sigmund Freud und dem Ägyptologen Jan Assmann.
226 Vgl. Zwickel, Religionsgeschichte Israels, S. 81
227 Zwickel, Religionsgeschichte Israels, S. 81
228 Zwickel, Religionsgeschichte Israels, S. 91
229 Zwickel, Religionsgeschichte Israels, S. 112
230 So Zwickel, Religionsgeschichte Israels, S. 95f.
231 Christian Frevel: Aschera und der Ausschließlichkeitsanspruch YHWHs, 2 Bde., 1995
232 »Gottes geschiedene Frau heißt Aschera«; Die Welt, Artikel vom 23.12.2012
233 Ebenda
234 Pöhlmann, Dogmatik, S. 106; 120
235 Israel Finkelstein / Neil A. Silberman, Keine Posaunen vor Jericho. Die archäologische Wahrheit über die Bibel, Sonderausgabe 2006, S. 32
236 Finkelstein/Silberman, Keine Posaunen vor Jericho, S. 48
237 Ebenda, S. 46
238 Ebenda, S. 49
239 Ebenda
240 Martin Noth hält Jakob in diesem Zusammenhang für älter als Abraham.
241 Kubitza, Der Jesuswahn, 2011, S. 38
242 Man kann seine Mumie heute noch im ägyptischen Museum in Kairo bestaunen.
243 Hierzu wie zu weiteren Details zur Exodustradition vgl. Finkelstein/Silberman, Keine Posaunen vor Jericho, S. 61-85
244 Nebenbei: Für Gläubige würde es auch bedeuten, dass der Gott, der das Meer geteilt hat, um die Ägypter zu vernichten, es nur wenige Jahre später zugelassen hat, dass ein viel weniger mächtiger Pharao das Volk Israel dezimiert hat.
245 Finkelstein, Keine Posaunen vor Jericho, S. 73
246 Finkelstein, Keine Posaunen vor Jericho, S. 77, auch zum Folgenden.
247 Ebenda, S. 78
248 Ebenda, S. 81
249 Die Rede ist von Hazor, Aphek, Lachisch und Meggido. Vgl. Finkelstein, Keine Posaunen vor Jericho, S. 105
250 Finkelstein, Keine Posaunen vor Jericho, S. 108. Die Autoren sehen den literarischen Sinn in der Absicht Josias, ein großes Gesamtreich wieder zu errichten, nachdem das Nordreich Israel von den Assyrern vernichtet worden war. Josua sei deshalb auch mit königlichen Zügen ausgestattet, Josia habe sich als neuen Eroberer verstanden. Seine Großreichsträume zerplatzten bald, die Legende von der durch Jahwe machtvoll durchgeführten »Landnahme« aber blieb bis heute bestehen.
251 Finkelstein, Keine Posaunen vor Jericho, S. 129ff.
252 Finkelstein, Keine Posaunen vor Jericho, S. 150
253 Finkelstein, Keine Posaunen vor Jericho, S. 159
254 Von unseren Dogmatikern reißt lediglich Hans-Martin Barth das Thema an: »Die Übernahmen aus vorisraelitischer, kanaanäischer Mythologie, aus Ugarit, Babylon, Ägypten im Alten Testament sind Legion … Ohne ihre synkretistischen Elemente ist die jüdisch-christliche Tradition also überhaupt nicht zu denken.«(Hans-Martin Barth, Dogmatik, S. 160) Aber damit erschöpft sich seine kritische Sicht auch schon.
255 Selbst oder gerade ein Mann wie der zurückgetretene Papst Ratzinger hat zuweilen wenig mit den Erzvätern anfangen können: »Abraham, Isaak, Jakob, Mose erscheinen mit all ihren Schlichen und ihrer Schläue, mit ihrem Temperament und ihrer

Neigung zur Gewaltsamkeit zumindest recht mittelmäßig und armselig neben einem Buddha, Konfutse oder Laotse ... Vor der Erhabenheit mythischen Denkens erscheinen die Träger der Geschichte des Glaubens beinahe pöbelhaft.« Joseph Ratzinger, Glaube, Wahrheit, Toleranz, 4. Aufl. 2005, S. 34; zit. nach Hubertus Mynarek, Papst-Entzauberung. Das wahre Gesicht Joseph Ratzingers und die exakte Widerlegung seiner Thesen, 2007, S. 6
256 Joest, Dogmatik I, S. 146
257 Härle, Dogmatik, S. 211
258 Härle, Dogmatik, S. 278, unter Hinweis auf eine Definition von Karl Barth, KD II/1, S. 301. Härle und Barth denken hier vielleicht an trinitarische Spekulationen, aber bei Lichte betrachtet ist ein solcher Satz völlig sinnfrei.
259 Aus Luthers siebter Invokavitpredigt vom 15. März 1522
260 Pöhlmann, Dogmatik, S. 124
261 Gunda Schneider-Flume, Grundkurs Dogmatik, 2. Aufl., 2008, S. 119; 121
262 Pöhlmann, Dogmatik, S. 127
263 Joest, Dogmatik I, S. 128
264 Joest, Dogmatik I, S. 118f.
265 Trillhaas, Dogmatik, S. 104
266 Ebenda
267 Trillhaas, Dogmatik, S. 105
268 Vgl. Leonhardt, Grundinformation Dogmatik, S. 211f. Dass in der »Gegenwartsphilosophie«, wie Leonhardt meint, ein »intensives Interesse« an der Frage der Beweisbarkeit Gottes herrsche, dürfte wohl etwas übertrieben sein.
269 Richard Swinburne, Die Existenz Gottes, 1987
270 Vgl. Schneider-Flume, Grundkurs Dogmatik, S. 132
271 Trillhaas, Dogmatik, S. 106
272 Schneider-Flume, Grundkurs Dogmatik, S. 133
273 Hans-Martin Barth, Dogmatik, S. 259. Man wird wohl sagen dürfen – und wir kommen noch vielfach darauf zu sprechen – dass sie nicht nur auf einen Holzweg geführt hat, sondern dass sie insgesamt ein Holzweg ist.
274 Obwohl: Man stelle sich die Irritation zum Beispiel der Deutschen Bischofskonferenz vor: Gott würde sich tatsächlich unwiderleglich und beweiskräftig offenbaren, doch seine Verlautbarung wäre in arabischer Sprache verfasst.
275 Trillhaas, Dogmatik, S. 101
276 Härle, Dogmatik, S. 248
277 Joest, Dogmatik I, S. 147
278 »Jesus lebt« prangte auch viele Jahre in großen Lettern auf einer Marburger Hauswand. Als diese neu gestrichen und zu diesem Zweck ein Gerüst aufgestellt war, ergänzten Studenten den Satz nicht unoriginell mit »in einer gleichgeschlechtlichen Beziehung«.
279 Vgl. Rochus, Grundinformation Dogmatik, S. 118
280 Vgl. Joest, Dogmatik I, S. 144
281 Zitiert nach Pöhlmann, Dogmatik, S. 123
282 Ebenda, S. 134
283 Johan Schloemann in der Weihnachtsausgabe 2006 der Süddeutschen Zeitung.
284 Wikipedia, Art. »Bibel in gerechter Sprache«, (30.10.2013). Nicht Gott hat dann Josua aufgetragen, die Kanaanäer zu töten, sondern »sie« hat es getan. Also wenn das kein Fortschritt ist?
285 Auf Idealisierungen im Jesusbild kommen wir unten noch zu sprechen.
286 Trillhaas, Dogmatik, S. 126 bemerkt: »Ich kann unmöglich alle denkbaren Begriffe auf Gott hin steigern. Spinoza hat in diesem Zusammenhang ironisch auf das Dreieck verwiesen.«
287 Hierzu meint Trillhaas: »Der negative Weg, auf dem Gott das, was ihm nicht zukommt, ausdrücklich abgesprochen wird, führt nicht zu einem Ziel, weil man als Ergebnis dieses Weges wirklich nichts von Gott wissen kann und – wenn das Spiel ernst ist –, nichts wissen darf.« Trillhaas, Dogmatik, S. 126
288 Die altprotestantische Eigenschaftslehre wird schon bei Pöhlmann, Dogmatik, S. 108ff. zusammengefasst.
289 Vgl. Pöhlmann, Dogmatik, S. 110
290 Zitiert nach Schneider-Flume, Grundkurs Dogmatik, S. 185
291 Trillhaas, Dogmatik, S. 121
292 Die Dogmatik von Hans-Martin Barth bildet hier eine Ausnahme. Er weist zumindest auf den Graben hin. Den von

ihm bereitgestellten Brücken vertraut man sich aber besser nicht an.
293 Schneider-Flume, Grundkurs Dogmatik, S. 181
294 Ebenda
295 Härle, Dogmatik, S. 258
296 Ebenda. Bei der göttlichen Eigenschaft der *Allwissenheit* sieht er ebenfalls eine »Tendenz zu einer deterministischen Sicht der Wirklichkeit ... ein Gefühl des Überwacht- und Kontrolliertwerdens.« (S. 260)
297 Vgl. Pöhlmann, Dogmatik, S. 118
298 Dennoch hat Barth noch andere »Vollkommenheiten« bei Gott entdeckt, nämlich Gnade und Heiligkeit, Barmherzigkeit und Gerechtigkeit, Geduld und Weisheit, Einheit und Allgegenwart, Beständigkeit und Allmacht sowie Ewigkeit und Herrlichkeit; vgl. Pöhlmann, Dogmatik, S. 119
299 Härle, Dogmatik, S. 256
300 Härle, Dogmatik, S. 243
301 Härle, Dogmatik, S. 256
302 Härle, Dogmatik, S. 236
303 Joest, Dogmatik I, S. 148ff.
304 Joest, Dogmatik I, S. 151
305 Ebenda
306 Erst in späterer Zeit entwickelte sich die Vorstellung einer Art Völkerwallfahrt zum heiligen Berg Zion. Die Mitte aber war Israel, alle anderen Völker hatten anzureisen.
307 Pöhlmann, Dogmatik, S. 119
308 Wobei dies beim nächsten Beziehungskrach vielleicht doch ein hilfreiches theologisches Argument sein könnte. Aber sagen Sie ja nicht, dass ich ihnen dazu geraten habe.
309 Härle, Dogmatik, S. 269
310 Ebenda
311 Joest, Dogmatik I, S. 150
312 Pöhlmann, Dogmatik, S. 119
313 Katholischer Erwachsenenkatechismus (KEK) I, S. 424
314 KEK I, S. 425
315 Ebenda
316 Vgl. Norbert Hoerster, Die Frage nach Gott, 2005; John Leslie Mackie, Das Wunder des Theismus, 2013
317 Zit. nach Art. Holocaust-Theologie, in Wikipedia, (12.10.2013)
318 So Joel Teitelbaum in: Aviezer Ravitzky, Messianism, Zionism and Jewish Religious Radicalism, S. 124, zit. nach Wikipedia, Art. Holocaust-Theologie.
319 Jürgen Moltmann, Der gekreuzigte Gott, S. 262. Zur Thematik eines leidenden Gottes vgl. die treffenden Anfragen bei Thomas Rießinger: Joseph Ratzinger: Ein brillanter Denker? Kritische Fragen an den Papst und seine protestantischen Konkurrenten, 201, S. 173ff.
320 Zit. nach Rießinger, Joseph Ratzinger, S. 174
321 Joachim Kahl, Weltlicher Humanismus, 2005, S. 107
322 Rießinger, Joseph Ratzinger, S. 176
323 Margot Käßmann, zit. nach Wikipedia, Art. Theodizee, (12.10.2013), dort ohne Quellenangabe.
324 Dietrich Bonhoeffer, Widerstand und Ergebung. Briefe und Aufzeichnungen aus der Haft, DBW 8, S. 534f.
325 Vgl. Hans Jonas, Der Gottesbegriff nach Auschwitz. Eine jüdische Stimme
326 Hans Jonas, Der Gottesbegriff nach Auschwitz, zit. nach Schneider-Flume, Grundkurs Dogmatik, S. 200
327 Vgl. Pöhlmann, Dogmatik, S. 133
328 Joest, Dogmatik I, S. 173
329 Schneider-Flume, Grundkurs Dogmatik, S. 201
330 Hans-Martin Barth, Dogmatik, S. 242
331 Hans-Martin Barth, Dogmatik, S. 275
332 Schneider-Flume, Grundkurs Dogmatik, S. 201
333 Vgl. das Kapitel »Die göttliche Trinität« in meinem Buch: Der Jesuswahn. Wie die Christen sich ihren Gott erschufen, S. 243-246, Zitat S. 243
334 Hans-Martin Barth, Dogmatik, S. 335
335 Ebenda, vgl. auch Art. »Triaden, religionsgeschichtlich« in: Religion in Geschichte und Gegenwart (RGG³), Bd. 6, Sp. 1023
336 So z. B. Schneider-Flume, Grundkurs Dogmatik, S. 140
337 Frey, Repetitorium der Dogmatik, 7. Aufl., 2000, S. 101
338 Dieses bekannte Jesuswort ist nach Ausweis der Forschung unhistorisch wie der ganze »Missionsbefehl« Jesu. In der Urkirche wurde nur auf »den Namen Jesu« getauft; vgl. z. B. Apg 2,36; 8,16; Gal 3, 27, Röm 6,3.
339 Trillhaas, Dogmatik, S. 108
340 Leonhardt, Grundinformation Dogmatik, S. 221
341 Hans-Martin Barth, Dogmatik, S. 278

342 Hans-Martin Barth, Dogmatik, S. 280
343 Trillhaas, Dogmatik, S. 109
344 Schneider-Flume, Grundkurs Dogmatik, S. 137. Dennoch sei der dreieinige Gott »konkret in der Welt und schafft Heil«; ein Satz, den man wie alle theologischen Sätze nicht auf die logische Folter spannen darf und der nur »unter Theologen« akzeptiert wird.
345 Vgl. die Auflistung bei Pöhlmann, Dogmatik, S. 110
346 Leonhardt, Grundinformation Dogmatik, S. 226
347 Vgl. Trillhaas, Dogmatik, S. 110
348 Trillhaas, Dogmatik, S. 118. Als wenn die »dogmatische Überanstrengung« von Bibelstellen nicht gerade das Hauptgeschäft der Dogmatik wäre.
349 Schneider-Flume, Grundkurs Dogmatik, S. 141
350 Joest, Dogmatik I, S. 332
351 R. A. Lipsius, Lehrbuch der evangelischen protestantischen Dogmatik, 1876, S. 275f.; zit. nach Pöhlmann, Dogmatik, S. 111
352 Eberhard Jüngel, Gott als Geheimnis der Welt, 1977, S. 522, 524f., 530ff, zitiert nach Pöhlmann, Dogmatik, S. 129. Hans-Martin Barth meint: »Die in dieser Konzeption zutage tretenden spekulativen und tautologischen Elemente mögen etwas Abweisendes haben.« Der »Gewinn« liege jedoch »in der entschlossenen Verankerung der Trinitätslehre im Kreuzesgeschehen.« Hans-Martin Barth, Dogmatik, S. 283
353 Hans-Martin Barth, Dogmatik, S. 232
354 Hans-Martin Barth, Dogmatik, S. 274
355 Hans-Martin Barth, Dogmatik, S. 275
356 Hans-Martin Barth, Dogmatik, S. 286
357 Joest, Dogmatik I, S. 332
358 Hans-Martin Barth, Dogmatik, S. 413
359 Trillhaas, Dogmatik, S. 408
360 Härle, Dogmatik, S. 357
361 In unserem Zusammenhang so z. B. bei Pöhlmann, Dogmatik und Leonhardt.
362 Hans-Martin Barth, Dogmatik, S. 275
363 Härle, Dogmatik, S. 360. Nur acht Seiten weiter aber ist der Heilige Geist für ihn dennoch »keine irrationale oder antirationale Wirklichkeit«, sondern er »erhellt, betätigt« und »bestätigt« sogar die Vernunft.
364 Hans-Martin Barth, Dogmatik, S. 414
365 Zu den Unterschieden in der Auffassung vom Heiligen Geist bei Paulus und dem Johannesevangelium vgl. Trillhaas, Dogmatik, S. 412ff.
366 Trillhaas, Dogmatik, S. 436
367 Siehe vor allem 1. Kor. 12,6-10; 13,2; Röm 12,6-8
368 Vgl. Trillhaas, Dogmatik, S. 427
369 Hans-Martin Barth, Dogmatik, S. 421
370 Härle, Dogmatik, S. 381
371 Ebenda
372 Härle, Dogmatik, S. 372
373 Härle, Dogmatik, S. 365
374 Trillhaas, Dogmatik, S. 426
375 Vgl. Joest, Dogmatik I, S. 272f.
376 Härle, Dogmatik, S. 357; 359. Und Hans-Martin Barth hält es »durchaus für möglich, die gesamte Dogmatik unter pneumatologischer Perspektive zu entfalten«; vgl. Hans-Martin Barth, Dogmatik, S. 413
377 Härle, Dogmatik, S. 366-69
378 Härle, Dogmatik, S. 369; 370; 362
379 So z. B. Joest, Dogmatik I, S. 275
380 Zit. nach Joest, Dogmatik I, S. 284
381 Hans-Martin Barth, Dogmatik, S. 418
382 Ebenda
383 Hans-Martin Barth, Dogmatik, S. 437, das folgende Zitat auf S. 436.
384 Nicht in sechs Tagen, wie man häufig liest. Am siebten Tag hat Gott nach Vorstellung des frühen Judentums den Sabbat geschaffen.
385 Schleiermachers zweites Sendschreiben an Lücke, zitiert nach Heinrich Ott, Die Antwort des Glaubens, Systematische Theologie in 50 Artikeln, 3. Aufl., 1981, S. 159
386 Hans-Martin Barth, Dogmatik, S. 457
387 Schneider-Flume, Grundkurs Dogmatik, S. 306
388 Frey, Repetitorium der Dogmatik, S. 153
389 Trillhaas, Dogmatik, S. 144; 143
390 Ott, Die Antwort des Glaubens, S. 165
391 Hans-Martin Barth, Dogmatik, S. 457
392 Schneider-Flume, Grundkurs Dogmatik, S. 307
393 Trillhaas, Dogmatik, S. 132
394 Hans-Martin Barth, Dogmatik, S. 480
395 Hans-Martin Barth, Dogmatik, S. 447
396 Schneider-Flume, Grundkurs Dogmatik, S. 307

397 Trillhaas, Dogmatik, S. 137
398 Schneider-Flume, Grundkurs Dogmatik, S. 303
399 Härle, Dogmatik, S. 419f.
400 Härle, Dogmatik, S. 419
401 Obwohl man andererseits sagen muss, dass manches dafür spricht, dass es dann doch eher das Fliegende Spaghettimonster ist, das hier seine nudeligen Hände im Spiel hat. Doch weder beim ADAC noch im Vatikan hat sich dies bisher herumgesprochen.
402 Paul Althaus, Die christliche Wahrheit, 7. Aufl., 1966, zitiert nach Pöhlmann, Dogmatik, S. 149
403 Joest, Dogmatik I, S. 162. Ersetzt man hier »Gott« einfach mal durch »Allah«, dann erhält man das Pendant aus muslimischer Sicht. Aber alles wirkt gleich viel fremder und indiskutabler. Hier zeigt sich wie so oft die Auswirkung einer westlichen Sozialisation, die man nie ganz los wird und die uns beigebracht hat, der christliche Gott sei irgendwie »wirklicher« als seine Kollegen aus anderen Religionen.
404 Joest, Dogmatik I, S. 160
405 Das Wort ist irreführend, denn es knallte damals nichts. Auch gab es keinen hellen Lichtblitz, wie man sich dies gerne vorstellt. Das Licht kam später, es geschah alles in völliger Dunkelheit.
406 Ein nicht ganz politisch korrekter Witz behauptet, die Frau sei nicht aus einer Rippe des Mannes geschaffen, sondern aus seinem Gehirn. Denn die Rippen hat er ja alle noch.
407 Biblische Stellen, die man mit einer *creatio ex nihilo* in Verbindung bringen könnte, finden sich lediglich in 2. Makk 7,28; Röm 4,17 und Hebr 11,3.
408 www.focus.de, Art. Stephen Hawkings 70. Geburtstag, vom 8.1.2012
409 Zitiert nach Bernd Vowinkel, http://giordanobrunostiftung.wordpress.com/2009/04/24/ urknall-und-schopfungsakt/
410 Paul Davies, Gott und die moderne Physik, S. 57f.
411 Härle, Dogmatik, S. 422
412 Trillhaas, Dogmatik, S. 136
413 Karl Barth, Kirchliche Dogmatik, III,1, S. 107
414 Wilfried Härle behandelt sie in seiner Gotteslehre, S. 296ff.
415 So die Zusammenfassung von Hutters Engellehre bei Trillhaas, Dogmatik, S. 146
416 Härle, Dogmatik, S. 299
417 Trillhaas, Dogmatik, S. 146
418 Ott, Die Antwort des Glaubens, S. 168
419 Es ist ein böswilliges Gerücht, ein Wolpertinger sei in den 80-ern mal bayerischer Ministerpräsident gewesen.
420 Härle, Dogmatik, S. 299
421 Härle, Dogmatik, S. 297
422 »Teufelsaustreibung ist Nächstenliebe«. Dies meint jedenfalls der Präsident der »Internationalen Vereinigung der Exorzisten«, Francesco Bamonte, (natürlich aus) Rom. Es dürfe nicht vergessen werden, »dass unter Jesu Geboten an die Kirche auch jenes ist, in seinem Namen Dämonen auszutreiben.« Papst Franziskus habe wiederholt über die Existenz des Teufels und der Dämonen gesprochen und schätze die Arbeit von Exorzisten; so IDEA-Spektrum 29.2014, S. 12.
423 Trillhaas, Dogmatik, S. 150
424 Trillhaas, Dogmatik, S. 152
425 Trillhaas, Dogmatik, S. 148
426 Zu diesem Buch finden Sie eine Rezension des Autors in: Aufklärung und Kritik, 4/2012, S. 283-286
427 Trillhaas, Dogmatik, S. 155
428 Trillhaas, Dogmatik, S. 156
429 Leonhardt, Grundinformation Dogmatik, S. 248
430 Ausführlichere Erwägungen des Autors zum Thema Wunder und zu den Wundern Jesu finden sich bei Kubitza, Der Jesuswahn, S. 110-123
431 Trillhaas, Dogmatik, S. 164
432 Trillhaas, Dogmatik, S. 167
433 Rudolf Bultmann, Kerygma und Mythos I, S. 136
434 Trillhaas, Dogmatik, S. 169
435 Hans-Martin Barth, Dogmatik, S. 463
436 Hans-Martin Barth, Dogmatik, S. 462
437 Joest, Dogmatik I, S. 167
438 Trillhaas, Dogmatik, S. 171f.
439 Trillhaas, Dogmatik, S. 171
440 Die historisch arbeitenden Theologen, also Neu- und Alttestamentler und Kirchengeschichtler, sind damit nicht gemeint.

441 Dies sind keineswegs erfundene Beispiele. Das Sammeln und Auflisten solcher in der Kirchengeschichte auftretenden »Probleme« ergäbe ein amüsantes Buch.
442 Martin Luther, Disputatio de homine, zit. nach Leonhardt, Grundinformation Dogmatik, S. 266
443 Das ging dann selbst vielen Protestanten zu weit. Sie sprachen vom *error Flacii* (Irrtum des Flacius).
444 Joest, Dogmatik II, S. 78
445 Härle, Dogmatik, S. 479; 456
446 Pöhlmann, Dogmatik, S. 191; 187
447 Trillhaas, Dogmatik, S. 216
448 Hans-Martin Barth, Dogmatik, S. 492
449 Frey, Repetitorium der Dogmatik, S. 165
450 Luther, Disputatio de homine, zit. nach Leonhardt, Grundinformation Dogmatik, S. 265f.
451 Joest, Dogmatik II, S. 14f
452 Die klassische Lehre kannte sogar noch zwei weitere Stände, nämlich den *status gratiae* (des erlösten Menschen) und schließlich den *status gloriae* (das Leben der Menschen im späteren Himmelreich) bzw. den *status damnationis* (die Hölle).
453 Joest, Dogmatik II, S. 21f.
454 Trillhaas, Dogmatik, S. 179
455 Die Theologie kennt zwar den Unterschied zwischen Erbsünde (*peccatum originale*) und Tatsünden (*peccata actualia*). Besonders nach klassischer protestantischer Lehre aber gibt es keinen Weg, aus eigener Kraft, z. B. durch gute Werke oder auch neun Symphonien, dem ewigen Tod zu entgehen. Nur die Kirche kann den Menschen von einem Zustand erretten, von dem er ohne sie keine Kenntnis hätte.
456 Pöhlmann, Dogmatik, S. 180
457 So die *formula concordiae* (FC Epit. I,8).
458 Pöhlmann, Dogmatik, S. 192
459 Zitiert nach Pöhlmann, Dogmatik, S. 189
460 Vgl. Schleiermachers Glaubenslehre, §§ 70-72, zit. nach Trillhaas, Dogmatik, S. 201
461 Vgl. Joest, Dogmatik II, S. 78
462 Paul Tillich, Systematische Theologie, Band II, S. 35ff.; 40
463 Trillhaas, Dogmatik, S. 202f.; Härle, Dogmatik, S. 477
464 Härle, Dogmatik, S. 492
465 Luther, Weimarer Ausgabe WA 31/1, S. 250, 35f.; zit. nach Hans-Martin Barth, Dogmatik, S. 495
466 Joest, Dogmatik II, S. 86
467 Hans-Martin Barth, Dogmatik, S. 509
468 Ebenda, S. 513
469 Ebenda
470 Ebenda, S. 499
471 Der Begriff *Mittelalter* oder gar *dunkles Mittelalter* gab es im Islam überhaupt nicht. Die Jahrhunderte des sog. christlichen Mittelalters waren für den Islam vielmehr eine Zeit hoher Geistigkeit und relativer Toleranz. Deutlich wird dies bei einem Vergleich des kulturell hochstehenden maurischen Spanien mit z. B. dem Reich des Analphabeten Karl dem Großen. Hierzu lesenswert: Rolf Bergmeier, Christlich-abendländische Kultur. Eine Legende, 2014
472 Hans-Martin Barth, Dogmatik, S. 489
473 Hans-Martin Barth, Dogmatik, S. 495 (Ausrufezeichen im Original)
474 Karl Barth, Kirchliche Dogmatik, III/2, S. 51.54
475 Hans-Martin Barth, Dogmatik, S. 484
476 Trillhaas, Dogmatik, S. 212; 205
477 Härle, Dogmatik, S. 434
478 Joest, Dogmatik II, S. 36
479 Erich von Däniken sieht im Plural »Lasset uns« fremde Astronauten am Werk, die die Erde besuchen und sich mit »Menschentöchtern« gepaart hätten. Ein Gedanke, der sich zwar nicht wissenschaftlich, aber für Däniken zumindest finanziell bewährt hat.
480 Härle, Dogmatik, S. 435
481 Friedrich Schleiermacher, Glaubenslehre, § 61,4, zit. nach Trillhaas, Dogmatik, S. 211
482 Trillhaas, Dogmatik, S. 212
483 Trillhaas, Dogmatik, S. 212
484 Der frühe Karl Barth kannte keine Gottebenbildlichkeit des Menschen. Für ihn war Christus das einzige Ebenbild Gottes. Später hat er das zurückgenommen.
485 Joest, Dogmatik II, S. 63f.
486 Leonhardt, Grundinformation Dogmatik, S. 264
487 Pöhlmann, Dogmatik, S. 176f.

488 So Hans-Martin Barth, Dogmatik, S. 482, Ausrufezeichen im Original. An anderer Stelle freilich will sich Barth nicht mit dieser bescheidenen Rolle für die Theologie zufriedengeben.
489 Beide Zitate bei Joest, Dogmatik II, S. 58
490 Härle, Dogmatik, S. 461f.
491 Härle, Dogmatik, S. 466
492 Joest, Dogmatik II, S. 68
493 Zit. nach Frey, Repetitorium der Dogmatik, S. 182
494 Paul Tillich, Systematische Theologie, zit. nach Pöhlmann, Dogmatik, S. 166
495 Wolfgang Klosterhalfen hat deshalb eine Anzeige wegen Volksverhetzung gegen Erzbischof Zollitsch gestellt, sicher nicht in der Annahme, dass hier wirklich ermittelt wird, aber um das Bewusstsein dafür zu wecken, wie ausgrenzend und ehrabschneidend Theologen sich auch heute noch äußern; vgl. www.reimbibel.de/Zollitsch.htm
496 Joest, Dogmatik II, S. 41
497 Härle, Dogmatik, S. 438
498 Härle, Dogmatik, S. 425
499 Gerhard Czermak, Problemfall Religion. Ein Kompendium der Religions- und Kirchenkritik, 2014
500 Sure 4,34; zur Stellung der Frau in den Religionen vgl. Hans-Martin Barth, Dogmatik, S. 496ff.
501 Hans-Martin Barth, Dogmatik, S. 507
502 Aus diesem Grunde sind auch weibliche Figurinen, die Archäologen ausgraben, kein Hinweis auf eine untergegangene matriarchale Kultur. Künftige Archäologen, wenn sie in Tausenden von Jahren z. B. Passau ausgraben, könnten wegen der vielen Marienfiguren dann auch den Katholizismus für eine matriarchale Religion halten.
503 Hans-Martin Barth, Dogmatik, S. 343
504 Joest, Dogmatik I, S. 174
505 Trillhaas, Dogmatik, S. 247
506 Bekenntnisschriften der Lutherischen Kirche (BSLK), S. 415f.
507 Schneider-Flume, Grundkurs Dogmatik, S. 207
508 Reza Aslan hat in seinem lesenswerten Buch »Zelot. Jesus von Nazaret und seine Zeit«, 2014, Jesus mit einer Reihe von guten Argumenten wieder als politischen Revolutionär verstanden.
509 Albert Schweitzer, Von Reimarus zu Wrede, 1906, später unter dem Titel »Geschichte der Leben-Jesu-Forschung«
510 Ernst Käsemann, Das Problem des historischen Jesus, in: Exegetische Versuche und Besinnungen, 1954, S. 212f.
511 Eine ausführliche Darstellung dessen, was sich über Jesus von Nazareth sagen lässt, findet sich bei Heinz-Werner Kubitza: »Der Jesuswahn. Wie die Christen sich ihren Gott erschufen. Die Entzauberung einer Weltreligion durch die wissenschaftliche Forschung«, S. 65-232
512 Dies beinhaltet aber immer auch eine Abschaffung der römischen Herrschaft in Israel. Insofern war die Predigt vom Reich Gottes auch immer eminent politisch zu verstehen und Prediger, die vom Reich Gottes sprachen, politisch immer verdächtig. Möglicherweise ist Jesus viel mehr gescheiterter Revolutionär gewesen, als sich dies in den Evangelien widerspiegelt. Nach der Zerstörung Jerusalems erst hätten sowohl Judentum wie frühes Christentum dann das Reich Gottes »in den Himmeln« verortet. Vgl. hierzu das Buch »Zelot. Jesus von Nazaret und seine Zeit«, von Reza Aslan, 2014.
513 Maßgebend vor allem das Buch von Johannes Weiß, Die Predigt Jesu vom Reiche Gottes, 1892
514 Rudolf Bultmann, Das Urchristentum im Rahmen der antiken Religionen, 1949, S. 22
515 »Die Römer verwendeten den Begriff *tekton* umgangssprachlich für jeden ungebildeten und analphabetischen Kleinbauern, und Jesus war wahrscheinlich beides.« Aslan, Zelot, S. 68
516 Hans-Martin Barth, Dogmatik, S. 363
517 Trillhaas, Dogmatik, S. 278
518 Joest, Dogmatik I, S. 183
519 Hans-Martin Barth, Dogmatik, S. 364
520 Bultmann meint: »Der Christos *kata sarka* [der irdische Jesus] geht uns nichts an. Wie es in Jesu Herzen ausgesehen hat, weiß ich nicht und will ich nicht wissen.« Rudolf Bultmann, Zur Frage der Christologie, in: Glaube und Verstehen I, S. 101
521 Wobei man jedoch einräumen muss, dass in Q überwiegend Worte Jesu überliefert wurden und kaum Geschehnisse.
522 Hans-Martin Barth, Dogmatik, S. 372

523 Joest, Dogmatik I, S. 222
524 Hans-Martin Barth, Dogmatik, S. 455
525 Trillhaas, Dogmatik, S. 171; 168
526 Obwohl die Anschauung, Jesus habe sich selbst für den Messias gehalten, erklären würde, warum er in Jerusalem verurteilt und hingerichtet wurde, nämlich als politischer Aufrührer, wie der Kreuzestitulus »König der Juden« bezeugt. Auch die für Gläubige heute schwer verständliche Stelle, wo Jesus zum Kauf von Waffen auffordert (Lk 22,36), und warum die Jünger bei seiner Gefangennahme bewaffnet waren (Mt 26,52-54), würden sich dann besser erklären lassen. Für die Römer hätte es jedenfalls keinen Grund gegeben, einen Mann hinzurichten, der lediglich zur Nächstenliebe aufgerufen hat. Dass Jesus eigentlich ein gescheiterter politischer Aufrührer war, meinte schon Reimarus. Vielleicht hatte er recht damit. Die Quellenlage ist jedoch so dünn, dass sich hier kaum etwas Definitives wird sagen lassen.
527 Vgl. Gerd Theißen / Annette Merz, Der historische Jesus. Ein Lehrbuch, 3. Aufl., 2001, S. 470-480
528 Bekannte Ausnahme ist Philipp Vielhauer, der alle Menschensohnworte Jesu für unhistorisch hält.
529 William Wrede, Das Messiasgeheimnis in den Evangelien, 1901
530 Härle, Dogmatik, S. 90
531 Pöhlmann, Dogmatik, S. 243
532 Trillhaas, Dogmatik, S. 282
533 Hans-Martin Barth, Dogmatik, S. 346
534 Hans-Martin Barth, Dogmatik, S. 373
535 Joest, Dogmatik I, S. 183
536 Trillhaas, Dogmatik, S. 276; 283
537 Wobei sich natürlich historisch-kritische Anmerkungen schon immer wieder verstreut finden.
538 Martin Kähler, Der sogenannte historische Jesus und der geschichtlich biblische Christus, 1892; ein Zentraltext in der Geschichte der Leben-Jesu-Forschung.
539 Schneider-Flume, Grundkurs Dogmatik, S. 206
540 Joest, Dogmatik I, S. 184
541 Härle, Dogmatik, S. 315
542 Vgl. Trillhaas, Dogmatik, S. 274
543 Schneider-Flume, Grundkurs Dogmatik, S. 295
544 Zit. nach Hans-Martin Barth, Dogmatik, S. 374
545 Zit. nach Schneider-Flume, Grundkurs Dogmatik, S. 210
546 Immanuel Kant, Die Religion innerhalb der Grenzen der bloßen Vernunft, zit. nach Schneider-Flume, Grundkurs Dogmatik, S. 211
547 Auch für das Folgende: zit. nach Pöhlmann, Dogmatik, S. 238f.
548 Ebenda
549 Ebenda, S. 239
550 Vgl. Marie-Louise Gubler, Die frühesten Deutungen des Todes Jesu, Dissertation 1977
551 Hans-Martin Barth, S. 364; z. B. 1. Tim 3,16: »... offenbart im Fleisch ... aufgenommen in Herrlichkeit.«
552 Trillhaas, Dogmatik, S. 281
553 Zur Auferstehung Jesu vgl. weit ausführlicher, als dies hier geschehen kann: Kubitza, Der Jesuswahn, S. 176-209
554 Die Legenden vom leeren Grab eignen sich hervorragend, um Evangelikale und Fundamentalisten, die von der Irrtums- und Widerspruchslosigkeit der »Heiligen Schrift« reden, vom Gegenteil zu überzeugen (dummerweise klappt dies immer nur in der Theorie), denn jeder Evangelist kocht hier sein eigenes Süppchen.
555 Joest, Dogmatik I, S. 251; 193
556 Ernst Troeltsch: Über historische und dogmatische Methode in der Theologie, GV II, 1898
557 Karlheinz Deschner, Abermals krähte der Hahn. Eine kritische Kirchengeschichte, Taschenbuchausgabe, 2. Aufl., 1996 (Taschenbuchausgabe), S. 112f.
558 Vgl. Wolfhart Pannenberg, Grundzüge der Christologie, S. 96f.
559 Schneider-Flume, Grundkurs Dogmatik, S. 256; 258
560 Schneider-Flume, Grundkurs Dogmatik, S. 256f.
561 Schneider-Flume, Grundkurs Dogmatik, S, 255
562 Ingolf Dalferth, Volles Grab, leerer Glaube?, in: Zeitschrift für Theologie und Kirche 95 (1998), S. 385, Anm. 15
563 Hans-Martin Barth, Dogmatik, S. 350
564 Joest, Dogmatik I, S. 198
565 Trillhaas, Dogmatik, S. 262

566 So die Festlegung des Konzils, zitiert nach Leonhardt, Grundinformation Dogmatik, S. 281
567 Trillhaas, Dogmatik, S. 273, die vorherigen Zitate S. 272f.
568 Jedenfalls wenn Jesus eine eigenständige Seele gehabt hat. Denn die Vorstellung einer Trennung des Menschen in Leib und Seele ist eine griechische Vorstellung, von der eher unwahrscheinlich ist, dass Jesus sie gekannt und geteilt hat. Und dass die Seele Jesu sogar nach dem Tode noch »arbeiten« muss, relativiert zwar wieder den Tod Jesu, aber dafür würde der Gedanke sehr schön zur viel späteren protestantischen Arbeitsethik passen.
569 Schneider-Flume, Grundkurs Dogmatik, S. 214, ebenso Pöhlmann, Dogmatik, S. 200
570 Hans-Martin Barth, Dogmatik, S. 388
571 Hans-Martin Barth, Dogmatik, S. 366
572 Pöhlmann meint, Christus »ist Sieger, weil Schlachtopfer«.
573 Hans-Martin Barth, Dogmatik, S. 367; aber für Barth ist natürlich das alles kein Grund, sich nicht doch in diesem Fahrwasser zu bewegen. Man muss halt Sünde, Stellvertretung und Opfer einfach neu »interpretieren«.
574 So Mynarek in einer Rezension des Humanistischen Pressedienstes (hpd), http://hpd.de/node/15987
575 Schneider-Flume, Grundkurs Dogmatik, S. 245
576 Härle, Dogmatik, S. 323
577 Tilmann Moser, Gottesvergiftung, 1976, S. 20
578 Härle, Dogmatik, S. 323
579 Rudolf Bultmann, Neues Testament und Mythologie, 1941
580 Z. B. die sog. »Bekenntnisbewegung Kein anderes Evangelium«
581 So Adolf Wüstemann, der Bischof der Kirche von Kurhessen-Waldeck (1945-1962).
582 Zit. nach Pöhlmann, Dogmatik, S. 210f.
583 Ebenda
584 Ebenda
585 Ebenda; Pöhlmann spricht von einer »liberalen Reduktionschristologie« (S. 212).
586 Zit. nach Pöhlmann, Dogmatik, S. 217
587 Härle, Dogmatik, S. 343
588 Ebenda
589 Härle, Dogmatik, S. 344
590 Härle, Dogmatik, S. 337
591 Härle, Dogmatik, S. 321
592 Hans-Martin Barth, Dogmatik, S. 351
593 Joest, Dogmatik I, S. 226
594 Joest, Dogmatik I, S. 236
595 Joest, Dogmatik I, S. 237
596 Joest, Dogmatik I, S. 238. Zur Liebe gehört eben auch Gewalt, könnte man etwas überspitzt sagen.
597 Joest, Dogmatik I, S. 216
598 Ebenda
599 Joest, Dogmatik I, S. 220
600 Pöhlmann, Dogmatik, S. 236f.

380 Seiten, Hardcover
Format 14,8 x 21 cm
19,90 € [D] / 20,60 € [A]
ISBN 978-3-8288-2435-5

Heinz-Werner Kubitza

Der Jesuswahn

Wie die Christen sich ihren Gott erschufen
Die Entzauberung einer Weltreligion durch
die wissenschaftliche Forschung

Die Bibel ist das am meisten überschätzte Buch der Weltliteratur, Jesus von Nazareth die am meisten überschätzte Person der Weltgeschichte. Mit solchen Thesen hinterfragt der Autor, selbst promovierter Theologe, die in Europa vorherrschende Weltreligion des Christentums. In gut lesbarer Form und nicht ohne Ironie wird gefragt, ob die Bibel denn tatsächlich ein gutes und ethisch wertvolles Buch sei, wie die Kirchen immer wieder behaupten, oder ob sich im Alten Testament nicht vielmehr ein zorniger Kriegsgott austobt und das Neue Testament für das Ende der Zeiten die Vernichtung aller Ungläubigen ankündigt. „Wer da glaubt und getauft wird, der soll selig werden, wer aber nicht glaubt, der soll verdammt werden." (Mk 16,16).
Und es wird gefragt, ob sich die Kirchen denn zu Recht auf jenen Jesus von Nazareth berufen, den sie als Gottes Sohn verkündigen. Denn die wissenschaftliche Forschung hat längst erkannt, dass Jesus ein ganz anderer war und mit dem Jesus der Kirchen fast nichts gemein hat. Das Christentum bewegt sich in der Weltgeschichte ohne Fahrschein.
Dieses Buch richtet sich sowohl an Gläubige und Anhänger der Kirchen, die sich nicht scheuen, auch mit unangenehmen Fakten konfrontiert zu werden, als auch an der Kirche Fernstehende, die immer schon vermutet hatten, dass mit dem Christentum etwas nicht stimmen kann.

Dr. Heinz-Werner Kubitza ist Inhaber des Tectum Wissenschaftsverlags in Marburg. Er hat in Frankfurt, Tübingen, Bonn und Marburg Evangelische Theologie studiert. Kubitza ist Mitglied im Beirat der Giordano-Bruno-Stiftung, die sich für Aufklärung und eine humanistische Ethik einsetzt.

208 Seiten, Paperback
Format 14,8 x 21 cm
12,95 €
ISBN 978-3-8288-2800-1

Heinz-Werner Kubitza
Verführte Jugend
Eine Kritik am Jugendkatechismus Youcat
Vernünftige Antworten auf katholische Fragen

Der Jugendkatechismus Youcat soll den Nachwuchs der katholischen Kirche weltweit auf Linie bringen. Und in 25 Sprachen übersetzt soll er für die katholische Kirche besonders unter Kindern und Jugendlichen Menschen fischen. Allein zum Weltjugendtag in Madrid wurde er 700.000-mal verteilt. Was Jugendliche oder Gläubige aber nicht so einfach merken können: Der Youcat ist unseriös. Er ist unseriös, weil er so tut, als wäre man bei seiner Erstellung ernsthaft an einem Gespräch mit Jugendlichen interessiert gewesen. Die katholische Kirche definiert Dogmen, sie diskutiert sie nicht. Er ist unseriös, weil er den Jugendlichen ein Bild von Jesus und den ersten Christen vermittelt, das in der neutestamentlichen Wissenschaft und bei Historikern längst als widerlegtes katholisches Wunschdenken gilt. Und er ist unseriös, weil er offenbar in voller Absicht diese Erkenntnisse der Forschung verschweigt.
Diese katholischen Nebel versucht das Buch von Kubitza zu vertreiben. Zu den 165 katholischen Fragen des Youcat, die die Grundlagen der katholischen Lehre betreffen, gibt er 165 kritische Antworten. Jugendliche und Erwachsene erfahren, wie fragwürdig und absurd viele zentrale Aussagen der katholischen Kirche sind. Und sie erkennen, was ihnen mit dem Youcat wirklich verkauft werden soll: keine Religion, sondern eine religiöse Ideologie.
Dieses Buch wendet sich an alle, die sich für die katholische Kirche engagieren wollen oder dies bereits tun. Niemand sollte dort mittun, der nicht auch die kritischen Einwände kennt. Es zeigt aber auch nichtreligiösen Menschen, mit welchen unlauteren Mitteln und Tricks die katholische Kirche arbeitet, um Menschen zu fischen. – Ohne ein Geleitwort des Papstes.

480 Seiten, Hardcover
Format 17 x 24 cm
24,95 € [D] / 25,70 € [A]
ISBN 978-3-8288-3285-5

Gerhard Czermak
Problemfall Religion
Ein Kompendium der Religions- und Kirchenkritik

Religion ist ein Menschheitsproblem. Skandale um sexuellen Missbrauch, unzeitgemäße Einstellungen zu Sexualfragen, beschämende Positionierung im Nationalsozialismus und in anderen Rechtsdiktaturen, schlimme Heiligsprechungspolitik einerseits, Glaubensverluste andererseits: Die Kirchen stecken tief in der Krise. Aber auch für andere Religionen gilt: Die Struktur jeglichen religiösen Denkens ist eine Gefahr für eine friedliche Welt. Die historisch und aktuell ununterbrochene Kette gravierender Desaster macht es schwer, das angebliche „überstrahlende Gute" zu sehen.
Gerhard Czermak argumentiert in Problemfall Religion hart, aber fair. Seine Anklage insbesondere gegen die christlichen Kirchen ist so breit aufgestellt wie bestürzend konkret. Dabei wirbelt er nicht bloß Staub aus längst vergangenen Zeiten auf, sondern bringt auch aktuelle Fakten ans Licht, die selbst Gläubigen noch gänzlich unbekannt sein dürften. Aber wen wundert das schon – die Kirchen leben eben auch von der Unkenntnis ihrer Anhänger.

Dr. jur. Gerhard Czermak hat u.a. das Lehrbuch *Religions- und Weltanschauungsrecht* publiziert (Springer 2008) sowie das umfangreiche Lexikon *Religion und Weltanschauung in Gesellschaft und Recht* (Alibri 2009). 1997 erschien bei Rowohlt sein Buch *Christen gegen Juden*. Czermak ist Beiratsmitglied der Giordano-Bruno-Stiftung, die sich für Aufklärung und eine humanistische Ethik einsetzt.

216 Seiten, Klappenbroschur
Format 14,8 x 21 cm
17,95 € [D] / 18,50 € [A]
ISBN 978-3-8288-3365-4

Joachim Kahl
Das Elend des Christentums
oder Plädoyer für eine Humanität ohne Gott

1968: Der ‚frisch gebackene' Doktor der Theologie Joachim Kahl tritt aus der Kirche aus und veröffentlicht im Rowohlt Verlag *Das Elend des Christentums*. Das Buch des erst 27-jährigen erlebt einen beispiellosen Erfolg, verkauft sich in kürzester Zeit über 100.000-mal und wird in vier Sprachen übersetzt. Es liefert die religionskritische Begleitmusik zur Studentenbewegung und trifft einen Nerv der Zeit. Die jetzt vorliegende dritte Auflage ist ergänzt um ein neues Vorwort und ein beachtenswertes Interview mit Kahl.

Dass Kahl schonungslos die Widersprüchlichkeiten von Kirche und Christentum aufzeigt, und dass er dies in einer wortgewaltigen und bildreichen Sprache tut, macht *Das Elend des Christentums* zu einem Klassiker der Religionskritik.

Dr. Dr. Joachim Kahl wurde durch sein Theologiestudium Atheist. Zu seinen akademischen Lehrern zählten u. a. Theodor W. Adorno, Jürgen Habermas und Alexander Mitscherlich. Nach seiner Zweitpromotion in Philosophie war er Lehrbeauftragter an der Universität Marburg und Bildungsreferent beim Bund für Geistesfreiheit in Nürnberg. Seine Abkehr vom Marxismus erfolgte im Kontext der friedlichen Revolution in der DDR. 2005 erschien sein Buch *Weltlicher Humanismus. Eine Philosophie für unsere Zeit*.